U0457874

RENMIN PEISHENYUAN
PEIXUN JIAOCHENG

人民陪审员
培 训 教 程

国家法官学院◎编

中国政法大学出版社

2014·北京

声　　明　　1. 版权所有，侵权必究。

2. 如有缺页、倒装问题，由出版社负责退换。

图书在版编目（ＣＩＰ）数据

人民陪审员培训教程/孙本鹏主编. —北京：中国政法大学出版社，2014.6
ISBN978-7-5620-5457-3

Ⅰ. ①人… Ⅱ. ①孙… Ⅲ. ①陪审制度－中国－岗前培训－教材 Ⅳ. ①D926.2

中国版本图书馆CIP数据核字(2014)第109027号

出 版 者　　中国政法大学出版社

地　　址　　北京市海淀区西土城路 25 号

邮寄地址　　北京 100088 信箱 8034 分箱　邮编 100088

网　　址　　http://www.cuplpress.com（网络实名：中国政法大学出版社）

电　　话　　010-58908285(总编室)　58908334(邮购部)

承　　印　　固安华明印业有限公司

开　　本　　720mm×960mm　1/16

印　　张　　31

字　　数　　572 千字

版　　次　　2014 年 6 月第 1 版

印　　次　　2014 年 6 月第 1 次印刷

定　　价　　65.00 元

国家法官学院教材编审委员会

主　任◎黄永维

副主任◎郝银钟　曹士兵　陈海光

人民陪审员培训教程

主　编◎孙本鹏

副主编◎贺　庆　袁登明　金俊银

撰写人◎（按笔画顺序排序）

王　立　王雅琴　刘　柳　刘凌梅

吕　方　朱　昆　吴光荣　杨小利

郑末媚　金俊银　施新洲　胡　岩

胡云红　胡田野　袁登明　梁　欣

鲍爱东

编写说明

　　人民陪审员制度是我国司法民主的重要体现，是人民群众监督审判工作、促进司法公正的有效途径，对于贯彻落实审判公开、司法为民具有十分重要的意义。2004 年 8 月 28 日，第十届全国人民代表大会常务委员会第十一次会议通过了《关于完善人民陪审员制度的决定》（以下简称《决定》），同年 12 月最高人民法院、司法部联合印发了《关于人民陪审员选任、培训、考核工作的实施意见》（以下简称《意见》），2009 年最高人民法院又下发了《人民陪审员管理办法》（以下简称《办法》）。按照《决定》、《意见》、《办法》的规定，人民陪审员五年为一个任期。2010 年 6 月 29 日，最高人民法院已发了《关于进一步加强和推进人民陪审工作的若干意见》，2014 年全国法院新一轮人民陪审员的选任、培训工作将陆续展开。按照《办法》规定，为落实人民陪审员上岗培训的要求，我们组织国家法官学院师资力量编写了《人民陪审员培训教程》（以下简称《教程》）一书。《教程》共分四编、二十章，基本涵盖了人民陪审员应掌握的相关知识，适用于人民陪审员上岗培训及自学。

　　由于时间紧迫、水平有限，无论在编写体例，还是在编写内容方面，均会存在不足与疏漏，在此恳请各级法院培训机构的教师同仁及参加培训的人民陪审员学员提出宝贵意见和建议，以便在今后培训教材的编写中加以改进，共同为人民陪审员培训工作做出更大的贡献。

《人民陪审员培训教程》编写组

目录
Contents

第三编　民商事审判篇

第四编 行政审判篇

第一编　基础知识篇

第一章　司法制度概述

第一节　司法与司法制度

一、司法的概念和特点

（一）司法的概念

在我国，司法的概念分为广义和狭义两种。广义的司法是指国家司法机关及司法组织在办理诉讼案件和非讼案件过程中的执法活动；司法机关包括负责侦查、检察、审判、执行的公安机关（含国家安全机关）、检察机关、审判机关、监狱机关，甚至还包括不属于机关的司法组织，如律师、公证、仲裁组织。狭义的司法又称法的适用，通常是指国家司法机关及其司法人员依照法定职权和法定程序，具体运用法律处理案件的专门活动，对实现立法目的、发挥法律的功能具有重要的意义；司法活动指人民法院和人民检察院，依照法定职权与程序适用法律进行诉讼案件处理的专门活动，具体包括人民法院对刑事、民事和行政案件的审判、执行活动以及人民检察院在刑事、民事和行政案件中的检察活动。

（二）司法的特点

司法有以下几个显著的特点：

1. 司法的民主性。我国是人民民主专政的社会主义国家，一切权力属于人民，人民群众作为国家的主人，有权监督司法机关的活动。宪法规定，人民是国家的主人，一切权力属于人民，人民可以通过各种途径和形式，依法管理国家事务和社会事务，有权对司法活动实行监督。从而使司法权保持其应有的人民性，要求司法人员应当以对人民高度负责的态度，主持社会正义、维护司法公正、清正廉洁、秉公执法，要自觉接受人民的监督。司法的目的是为民服务，司法裁判在保持司法的独立性的同时，应当体现民众的意愿，反映民众的呼声，顺应民意，为人民执法，让人民满意。司法权来源于人民，司法人员要端正态度，在每一起具体案件的审理过程中都要切实做到为民做主，为民排忧解难。

我国司法历来强调司法权来源于人民，强调司法的民主性，才能真正明确司法权的性质和来源。司法权如果没有必要的监督和制约，必然会导致腐败，会导致司法的专横和腐化。在司法改革过程中，在强化司法独立性的同时，还需要加强司法的民主性，司法公开背景下的司法独立才能使人民法院在享有独立的司法权的同时，主动接受民主监督；尤其在目前司法腐败、裁判不公现象屡屡出现的情况下，加强对司法的民主监督十分必要。从司法实践上来看，目前屡屡出现的司法不公和司法腐败现象，在很大程度上也是与民众的监督缺位有关。最近《最高人民法院（关于推进司法公开三大平台建设的若干意见）的通知》，是为了进一步深化司法公开，打造阳光司法工程，全面推进审判流程公开、裁判文书公开、执行信息公开三大平台建设，增进公众对司法的了解、信赖和监督的重要措施。

2. 司法的终局性。案件进入司法程序后，由司法机关依法作出的生效判决、裁定、决定、裁决，便可视为最终的解决，不能再由任何机关和个人再进行处理，以此来维护司法的权威性。针对一度盛传的"黑头文件（法律）不如红头文件、红头文件不如无头文件（领导批条）"等顺口溜现象，中共中央办公厅、国务院办公厅于 2014 年 3 月 19 日印发《关于依法处理涉法涉诉信访问题的意见》，强调把解决涉法涉诉信访问题纳入法治轨道。对诉访分离标准的界定使司法部门和政府部门的职能划分更加明确，这有利于维护司法权威。司法机关成为终极裁判，不仅有利于解决缠访缠讼问题，还可以提高司法效率，节约司法资源。

3. 司法的中立性。这是司法公正的必然要求。司法的中立性表现在两个方面：一是人民法院和人民检察院依照法律独立行使审判权和检察权，这是宪法中明确规定的，它要求司法机关行使司法权时，不受行政机关、社会团体和个人的干涉。十八届三中全会《中共中央关于全面深化改革若干重大问题的决定》中再次提出"确保依法独立公正行使审判权检察权"，说明该要求的重要性。二是人民法院在审理案件过程中，居于中立地位，不因当事人的年龄、性别、职业、健康状况、生活习惯等偏袒或歧视。

司法的公正性与效率性等特性，限于篇幅，不再赘述。

二、司法制度的概念和特征

司法制度是关于司法机关及其他的司法性组织的性质、任务、组织体系、组织与活动的原则以及工作制度等方面规范的总称。司法制度是一整套严密的司法制度体系，在整个国家体制中具有非常重要的地位和作用。司法机关的任务是依照法律保护全体公民的各项基本权利和自由以及其他合法权益，保护公共财产和公民私人所有的合法财产，维护社会秩序，保障社会主义现代化建设事业的顺利进行，依照法律惩罚少数犯罪分子。

司法制度具有如下特征：①广泛的人民性与鲜明的政治性相统一；②司法公正性与社会和谐性相统一；③权力的制约性与功能的配合性相统一。

第二节 审判制度

审判制度是随着人民法院的产生与发展而形成的独立法律制度。可以这样说，审判制度就是人民法院制度，是把人民法院的设置、法官任命与管理、审判组织与活动包括在内的法律制度，具体分为人民法院的性质、任务、设置，以及审判组织、原则及程序等方面的制度。宪法、人民法院组织法、法官法以及刑事法、民事法和行政诉讼法等法律中，对审判制度分别做了相应的规定。

我国宪法明确规定，中华人民共和国人民法院是国家的审判机关。同时，宪法还规定，人民法院依照法律规定独立行使审判权，不受行政机关、社会团体和个人的干涉，由此也决定了人民法院的独立地位。最高人民法院是国家的最高审判机关。最高人民法院监督地方各级人民法院和专门人民法院的审判工作，上级人民法院监督下级人民法院的审判工作。最高人民法院对全国人民代表大会及其常务委员会负责。地方各级人民法院对产生它的国家权力机关负责。

审判制度具有以下特征：首先，人民法院由国家权力机关产生并受其监督。宪法规定，审判机关由人民代表大会产生并受其监督，有权审议审判机关的报告、提出质询、罢免、选举或决定任命人民法院院长、审判员。其次，人民法院统一设立并独立行使审判权。虽然在司法实践中，还存在行政机关对审判机关进行干涉的现象，但随着司法体制改革的深化，这种现象有望得到解决。

一、人民法院的设置和职权

根据宪法和人民法院组织法的规定，人民法院是国家审判机关，地方各级人民法院、专门人民法院的审判工作统一接受最高人民法院的监督。地方各级人民法院根据行政区划设置，专门人民法院根据需要设置。

（一）地方各级人民法院

地方各级人民法院分为基层人民法院、中级人民法院、高级人民法院。

1. 基层人民法院。根据人民法院组织法和三大诉讼法的规定，基层人民法院包括县、自治县人民法院，不设区的市、市辖区人民法院，其职权是：①审判刑事、民事和行政案件的第一审案件，但是法律、法令另有规定的除外。对于所受理的案件，认为案情重大应当由上级人民法院审判的时候，可以请求移送上级人民法院审判。②处理不需要开庭审判的民事纠纷和轻微的刑事案件。③指导人民调解委员会的工作。为便利人民诉讼，由基层人民法院根据地区特点、人口状况设立若干人民法庭作为派出机构，职权是审理一般民事和轻微刑事案件，指导人民调解委员会的工作，进行法制宣传，接待群众来访。派出法庭的判决和裁定属于基层人民法院的判决和裁定。

2. 中级人民法院包括在省、自治区内按地区设立的中级人民法院，在直辖市内设立的中级人民法院，省、自治区辖市和自治州的中级人民法院。根据人民法院组织法与三大诉讼法的规定，其职权为：

（1）审判案件范围：①法律规定由它管辖的第一审案件。按照刑事诉讼法的规定，中级人民法院管辖的第一审刑事案件是：危害国家安全案件；可能判处无期徒刑、死刑的普通刑事案件；外国人犯罪的刑事案件。按照民事诉讼法的规定，中级人民法院管辖的民事案件是重大涉外案件，在本辖区内有重大影响的案件，最高人民法院指令中级人民法院管辖的案件。根据行政诉讼法的规定，中级人民法院管辖的第一审行政案件是：确认发明专利权案件；海关处理的案件；对国务院各部门或者省、自治区、直辖市人民政府所作的具体行政行为提起诉讼的案件；本辖区内重大、复杂的案件。②基层人民法院移送的第一审案件。③对基层人民法院判决和裁定的上诉案件和抗诉案件。④人民检察院按审判监督程序提出的抗诉案件。中级人民法院对它所受理的刑事、民事和行政案件，认为案情重大应当由上级人民法院审判的时候，可以请求移送上级人民法院审判。

（2）监督辖区内基层人民法院的审判工作。对基层人民法院已经发生法律效力的判决和裁定，如果发现确有错误，有权提审或者指令基层人民法院再审。

3. 高级人民法院设于省、自治区、直辖市，根据人民法院组织法、三大诉讼法及相关规定，其职权主要有：①审判案件范围：法律、法规规定由它管辖的第一审重大或复杂的刑事案件、民事案件和行政案件；下级人民法院移送审判的第一审案件；对下级人民法院判决和裁定的上诉案件和抗诉案件；人民检察院按照审判监督程序提出的抗诉案件。②复核中级人民法院判处死刑的、被告人不上诉的第一审刑事案件，其中同意判处死刑的，报请最高人民法院核准；不同意判处死刑的，可以提审或者发回重审。③复核中级人民法院判处死刑缓期二年执行的案件。④监督辖区内下级人民法院的审判工作。对下级人民法院已经发生法律效力的判决和裁定，如果发现确有错误，有权提审或者指令下级人民法院再审。

（二）专门人民法院

专门人民法院是指根据实际需要在特定部门设立的审理特定案件的人民法院，目前在我国设军事、海事、铁路运输人民法院等专门人民法院。

1. 军事法院。军事法院是基于军队体制的特殊性而设立的，任务是通过审判维护国家法制和军队秩序，维护军人和其他公民的合法权利。军事法院分设三级：中国人民解放军军事法院；各大军区、军兵种级单位的军事法院；兵团和军级单位的军事法院。各级军事法院均设立审判委员会。军事法院的管辖范围，仅限于受理特定的刑事案件，即现役军人的刑事案、军队在编职工的刑事案和最高人民法院授权审判的刑事案件。

2. 海事法院。海事法院管辖第一审海事案件和海商案件。针对各海事法院判决或裁定的上诉案件，由所在地高级人民法院受理。

3. 铁路运输法院。铁路运输法院设两级，即铁路管理局中级铁路运输法院和铁路管理分局基层铁路运输法院。中级铁路运输法院的审判活动受所在地高级人民法院监督。截至 2012 年 6 月底，铁路运输法院整体纳入国家司法体系。

（三）最高人民法院

最高人民法院是国家的最高审判机关，依法行使国家最高审判权，同时监督地方各级人民法院和专门人民法院的工作。根据我国宪法、人民法院组织法与三大诉讼法的规定，最高人民法院的职权是：①监督地方各级人民法院和专门人民法院的工作。对地方各级人民法院和专门人民法院已经发生法律效力的判决和裁定，如果发现确有错误，有权提审或者指令下级人民法院再审。②审判下列案件：法律规定由它管辖的和它认为应当由自己审判的第一审案件；对高级人民法院、专门人民法院判决和裁定的上诉案件和抗诉案件以及最高人民检察院按照审判监督程序提出的抗诉案件；核准判处死刑的案件。③对于人民法院在审判过程中如何具体应用法律、法令的问题进行解释。④领导和管理全国各级人民法院的司法行政工作事宜。

二、法官制度

法官是依法行使国家审判权的审判人员，包括各级人民法院的院长、副院长、审判委员会委员、庭长、副庭长、审判员和助理审判员。法官的职责是参加合议庭或独任审判案件。法官制度是由《中华人民共和国法官法》（以下简称《法官法》）来规定的。《法官法》于 1995 年 2 月 28 日通过，2001 年 6 月修订，共 17 章 53 条，对法官的选任资格、选任方式、任职期限、奖励惩处、物质待遇等方面进行了制度性规定。

（一）法官的任职资格

根据《法官法》第 9 条的规定，担任法官必须首先具备法官的资格条件。担任法官要具备的条件是：具有中华人民共和国国籍；年满 23 岁；拥护中华人民共和国宪法；有良好的政治、业务素质和良好的品行；身体健康；高等院校法律专业本科毕业或者高等院校非法律专业本科毕业具有法律知识，从事法律工作满

2 年，其中担任高级人民法院，最高人民法院法官，应当从事法律工作满 3 年；获得法律专业硕士学位、博士学位或者非法律专业硕士学位、博士学位具有法律专业知识，从事法律工作满 1 年的，其中担任高级人民法院、最高人民法院法官，应当从事法律工作满 2 年。另外，根据《法官法》第 10 条的规定，曾因犯罪受过刑事处罚或曾被开除公职的人均不得担任法官。

（二）法官的任免

法官的任免依照宪法和法律规定的权限和程序。各级人民法院院长由同级人民代表大会选举和罢免，任期与本级人民代表大会每届任期相同，副院长、审判委员会委员、庭长、副庭长和审判员由本院院长提请同级人民代表大会常务委员会任免。助理审判员由本院院长任免。专门人民法院因其设置的特殊性，故法官法规定，专门人民法院法官由全国人民代表大会常务委员会另行规定任免办法。

初任法官要经过严格考核，按照德才兼备的标准，从具备法官条件的人员中提出人选。担任院长、副院长、审判委员会委员、庭长、副庭长，应当从法官或其他具备法官条件并具有实际工作经验的人员中提出人选。

《法官法》第 15 条规定，法官不得兼任人民代表大会常务委员会的组成人员，不得兼任行政机关、检察机关以及企业、事业单位的职务，不得兼任律师。这有利于保证法官的公正，维护法官的良好形象。《法官法》第 13 条规定，对于丧失国籍的，经考核不称职的，因违纪、违法犯罪不能继续任职的，以及因健康等原因长期不能履行职务的法官，应依法提请免除其法官职务。此外，《法官法》第 16 条还规定了法官的任职回避制度。

（三）法官的保障

根据法官法的规定，法官在履行职责时应有的保障是：

1. 职业保障。履行职责应当具有相应职权和工作条件；依法审判案件不受行政机关、社会团体和个人的干涉；非因法定事由、法定程序，不被免职、降职、辞退或处分。

2. 工资保障。法官按规定获得劳动报酬，享受保险、福利待遇。

3. 人身保障。法官的人身、财产和住所安全受法律保护。

4. 其他保障。法官有辞职、提出申诉或控告、参加培训等权利。

限于篇幅，对法官晋升、奖惩及应享有的退休、辞职、培训、申诉控告等权利不再赘述。

三、审判组织

人民法院审判案件是通过一定的组织形式进行，这种审理与裁判的组织形式，通常称为审判组织。根据人民法院组织法和相关法律规定，人民法院的审判组织目前有以下三种形式：

（一）独任庭

独任庭是由审判员一人审判简易案件的组织形式。依照法律规定，独任庭审判的案件是：

1. 第一审的刑事自诉案件和其他轻微的刑事案件。

2. 基层人民法院和它派出的人民法庭审判的简单民事案件和经济纠纷案件。

3. 适用特别程序审理的案件，除选民资格案件或其他重大疑难案件由审判员组成合议庭审判外，其他案件由审判员一人独任审判。

独任庭审判的案件，均按简易程序进行，在便于当事人参加诉讼、节省人力物力的同时提高了审判效率，但仍然要执行审判公开、回避、辩护、两审终审等原则与制度，确保办案质量。

（二）合议庭

合议庭是由 3 名以上审判员或者审判员和人民陪审员集体审判案件的组织形式。人民法院对第一审刑事、民事和经济纠纷案件，除一部分简易案件实行独任审判外，其余的案件都由审判员 3 人或审判员和人民陪审员共 3 人组成合议庭进行审判；第一审行政案件一律由合议庭审判；第二审案件、再审案件和死刑复核案件全部由合议庭审判。合议庭是人民法院审判案件的基本审判组织，组成人员应当为单数，通常由院长或者庭长指定审判员一人担任审判长。院长或庭长参加审判案件的时候则自己担任审判长。合议庭评议案件时，如果意见分歧，应当少数服从多数，但是少数人的意见应当记入评议笔录，由合议庭的组成人员签名，对案件负共同的审判责任。对于疑难、复杂、重大的案件，合议庭认为难于决定的，应提请院长决定提交审判委员会讨论决定，审判委员会的决定，合议庭应当执行。

（三）审判委员会

依照《人民法院组织法》第 10 条的规定，各级人民法院设立审判委员会。审判委员会委员由人民法院院长提请同级人民代表大会常务委员会任免。审判委员会由院长主持，其任务主要有：①总结审判经验。②讨论重大的或者疑难的案件。③讨论其他有关审判工作的问题。审判委员会由院长或委托一名副院长主持，审委会会议必须由超过半数以上的委员出席方可举行，审委会作出决议，须经审判委员会全体委员半数以上通过。

四、审判的基本原则

审判的基本原则是指人民法院在审判活动中必须遵循的基本行为准则，它贯穿于审判活动的全过程，并对审判活动具有普遍的指导意义。根据宪法和三大诉讼法的规定，人民法院进行审判活动除了必须遵循司法活动的基本原则外，还必须遵循审判活动的特有原则。这些原则包括：不告不理原则、审判独立原则、审判公开原则、审判民主原则、审判及时原则。

（一）不告不理原则

不告不理，是指没有原告起诉，人民法院不能进行审判。具体包括：首先是没有原告的起诉，人民法院不得启动审判程序，即原告的起诉是人民法院启动审判程序的先决条件；其次是人民法院审判的范围应与原告起诉的范围相一致，人民法院不得对原告未提出诉讼请求的事项进行审判。审判的不告不理原则，是人民法院审判中立的基本要求。不告不理原则是现代各国诉讼法普遍确立或实际执行的一项重要审判原则。我国三大诉讼法虽然没有明确规定不告不理的审判原则，但从其有关规定可以看出，如果没有人民检察院提起的公诉或自诉人提起的自诉，人民法院不得主动进行审判。民事、行政诉讼中如果没有原告的起诉，人民法院便不能立案受理，更不能进行审判；并且对不属于原告诉讼请求的事项，人民法院也不得进行审理和判决。

（二）审判独立原则

宪法、人民法院组织法和三大诉讼法均规定，人民法院依照法律规定独立行使审判权，不受行政机关、社会团体和个人的干涉。对于法官独立审判的规定，《法官法》第 8 条规定，法官享有"依法审判案件不受行政机关、社会团体和个人的干涉"的权利。在最高人民法院 2013 年 9 月 6 日公布的《关于切实践行司法为民大力加强公正司法不断提高司法公信力的若干意见》中，要求全体法官坚决贯彻人民法院依法独立行使审判权的宪法原则，坚决抵制各种形式的地方和部门保护主义，坚决排除权力、金钱、人情、关系等一切法外因素的干扰。要求各级人民法院的院长、副院长、审判委员会委员、庭长和副庭长，要坚决支持合议庭和独任庭依法公正审理案件。

（三）审判公开原则

根据《宪法》第 125 条的规定，人民法院审理案件，除法律规定的特殊情况外，一律公开进行。对依法不公开审理的案件也要公开宣判。公开审判，就是对全社会公开，将庭审全过程公开，除合议庭评议外，允许公民旁听。对依法应予以公开审理的案件，人民法院在开庭前要公布案由、当事人的姓名、开庭时间和地点。2013 年 11 月 27 日，在全国人民法院司法公开工作推进会上，最高人民法院院长周强亲自按下启动中国裁判文书网和各高级人民法院裁判文书平台联通的按钮。同时要求，要推进审判流程公开、裁判文书公开、执行信息公开三大平台建设，全面深化司法公开，努力实现阳光司法，不断提升司法公信力，让人民群众在每一个司法案件中都感受到公平正义。推进司法公开，要实现"四个转变"：变被动公开为主动公开、变内部公开为外部公开、变选择性公开为全面公开、变形式公开为实质公开，不断完善三大平台的互动功能、服务功能和便民功能。

依照《人民法院组织法》第 7 条的规定，下列三种案件不公开审理：涉及国家机密的案件；涉及个人隐私的案件；未成年人犯罪的案件。此外，根据民事诉讼法的规定，离婚当事人和涉及商业秘密案件的当事人申请不公开审理的，可以不公开审理。

（四）审判及时原则

审判及时，是指人民法院审判案件应在法律规定的期限内进行，不仅不允许超过法定审限，而且应尽量做到快速结案。西方有法谚说："迟来的正义非正义。"就是说迟来的公正在某种程度上来说就是不公正。三大诉讼法对人民法院审判案件的期限均作了具体明确的规定。例如，刑事诉讼法规定，人民法院审理第一审公诉案件和上诉、抗诉案件，均应在受理后 2 个月内宣判或审结，至迟不得超过 3 个月；人民法院适用简易程序审理案件，应当在受理后 20 日以内审结；人民法院按照审判监督程序重新审判的案件，应当在作出提审、再审决定之日起 3 个月内审结，需要延长的，不得超过 6 个月。民事诉讼法规定，人民法院适用普通程序审理的案件，应当在立案之日起 6 个月内审结；有特殊情况需要延长的，由本院院长批准，可以延长 6 个月；还需要延长的，报请上级人民法院批准；适用简易程序审理案件，应当在立案之日起 3 个月内审结；审理对判决的上诉案件，应当在第二审立案之日起 3 个月内审结，有特殊情况需要延长的，由本院院长批准；审理对裁定的上诉案件，应当在第二审立案之日起 30 日内作出终审裁定；适用特别程序审理的案件，应当在立案之日起 30 日内或者公告期满后 30 日内审结，有特殊情况需要延长的，由本院院长批准，但审理选民资格的案件除外。

最高人民法院 2011 年印发《关于加强人民法院审判管理工作的若干意见》第 10 条规定，要切实加强审判效率管理，提高审判效率。实行审限提示与预警，规范延长、扣除案件的审限审批手续，强化对案件审限的管理，促进法定审限内结案。要建立健全案件催办、督办制度，强化均衡结案意识，形成符合审判工作规律的收结案动态平衡机制，实现均衡结案。

此外，还有直接、言词原则，集中审理原则。直接、言词原则，是指审理案件的审判人员（包括法官和陪审员）必须在法庭上亲自听取当事人、证人和其他诉讼参与人的口头陈述，对于案件事实和证据必须由双方当事人当庭口头提出并以口头辩论和质证的方式进行庭审调查。直接、言词原则是直接原则和言词原则的合称。需要注意的是，人民法院在按普通程序审理案件时应当严格遵循直接、言词原则，而按简易程序审理案件时则可以有所例外。集中审理原则，又称不间断审理原则，是指法庭对各类诉讼案件的审理原则上应当持续进行，除了必要的休息时间以外，不得中断审理。这是为了便于审判人员通过持续的庭审活动形成对案件事实和证据的清晰的、完整的印象；有利于审判人员免受庭外各种因素的干扰和影响，保持其独立与公正地位；还有利于人民法院及时审结案件，提高审判效率。

五、审判制度的主要内容

（一）两审终审制

人民法院实行四级两审终审制，即设四级人民法院，两审终审。根据案件的性质和难易划分审级管辖。《人民法院组织法》第 11 条第 1 款规定："人民法院审判案件，实行两审终审制。"两审终身制是指一个案件经过两级人民法院审判就宣告终结的制度。同时还规定，如果对第一审案件的判决或裁定不服，当事人可以在法定期限内向上一级人民法院提出上诉；如果人民检察院认为一审判决或裁定确有错误，可以在法定期限内向上一级人民法院提出抗诉。如果在上诉期限内，当事人不上诉、人民检察院不抗诉，这个一审判决或裁定就是发生法律效力的判决和裁定。

两审终审制的同时，还存在例外情况，即所谓的"一审终审"和"三审终审"。首先，最高人民法院管辖的案件实行"一审终审"，不存在上诉或抗诉而引起的二审程序问题。其他还包括基层人民法院按照民事诉讼法规定的特别程序而审理的案件，如选民资格案件、宣告失踪、死亡案件、认定公民无民事行为能力、限制行为能力案件，以及认定财产无主案件。其次，判处死刑的案件实行"三审终审"。因为判处死刑的案件必须要经过"第三审程序"即死刑复核程序的审判，其判决、裁定才能交付执行。

（二）回避制度

回避制度是司法活动中的一项重要制度，指司法人员如侦查人员、检察人员与审判人员，如果与其经办的案件或者案件的当事人有某种特殊的关系，可能影响案件的公正处理，便不得参加处理这个案件的制度。

根据刑事诉讼法规定，审判人员、检察人员、侦查人员有下列情形之一的，应当自行回避，当事人及其法定代理人也有权要求他们回避：①是本案的当事人或者是当事人的近亲属的；②本人或者他们的近亲属和本案有利害关系的；③担任过本案的证人、鉴定人、辩护人或者附带民事诉讼当事人的代理人的；④与本案当事人有其他关系，可能影响公正处理案件的；⑤审判人员接受当事人及其委托的人的请客送礼，或违反规定会见当事人及其委托的人的，除应当依法追究其法律责任外，当事人及其法定代理人有权要求他们回避。根据相关规定，这一规定也适用于民事、行政诉讼中的审判人员。

回避的范围。根据三大诉讼法的规定，回避不仅适用于审判员、助理审判员和人民陪审员，而且也适用于参与案件讨论并作出决定的审判委员会委员以及书记员、翻译人员和鉴定人。

回避的种类。依照三大诉讼法的规定与司法实践，回避可以分为三类，自行回避、申请回避与指令回避。

审判人员的回避，由本院院长决定；院长的回避，由本院审判委员会决定。

（三）辩护制度

我国宪法以及《人民法院组织法》第8条规定，被告人有权获得辩护。辩护就是指刑事诉讼中的犯罪嫌疑人、被告人及其辩护人针对控方的指控，根据事实和法律，提出有利于犯罪嫌疑人、被告人的事实和依据，以证明犯罪嫌疑人、被告人无罪、罪轻或应当减轻、免除处罚，维护犯罪嫌疑人、被告人的合法权益的诉讼活动。刑事诉讼法进一步规定，人民法院有义务保证被告人获得辩护，并对实行这一原则和制度作出具体规定。犯罪嫌疑人、被告人除自己行使辩护权以外，还可以委托1~2人作为辩护人。

公诉案件自被侦查机关第一次讯问或者采取强制措施之日起，犯罪嫌疑人有权委托辩护人。自诉案件的被告人有权随时委托辩护人。可以作为辩护人的人有：①律师；②人民团体或者犯罪嫌疑人、被告人所在单位推荐的人；③犯罪嫌疑人、被告人的监护人、亲友。但正在被执行刑罚或依法被剥夺、限制人身自由的人不得担任辩护人。按照刑事诉讼法的规定，刑事审判中的辩护可分为若干种形式：自行辩护、委托辩护和指定辩护。指定辩护又分为若干种情形：公诉人出庭公诉而被告人因经济困难或其他原因，被告是盲、聋、哑或未成年人，或者是尚未完全丧失辨认或者控制自己行为能力的精神病人，以及被告人可能判处死刑而没有委托辩护人的等，人民法院、人民检察院和公安机关应当请司法行政管理部门指定承担法律援助的律师为其提供辩护。

其他还有合议制度、死刑复核制度、审判监督制度、司法协助制度等，限于篇幅，不再赘述。下面重点讲述人民陪审员制度。

六、人民陪审员制度

人民陪审员参与审判案件，充分体现我国社会主义司法民主、司法为民。我国宪法规定，中华人民共和国的一切权力属于人民。人民陪审员制度是人民群众参与司法的有效途径，体现了我国的司法民主。对于促进我国的司法公正，方便人民群众参与审判、监督审判，保证司法公正和效率都起着非常重要的作用。

（一）人民陪审员制度的规范和完善

2010 年 1 月 14 日，《最高人民法院关于人民陪审员参加审判活动若干问题的规定》（以下简称《规定》）和《最高人民法院关于人民陪审员工作若干问题的答复》的施行，对于规范、促进人民陪审员选任和完善人民陪审员制度起到重大作用，也是最高人民法院落实中央司法体制和工作机制改革任务的一项重要举措。其实早在 2004 年 8 月 28 日，第十届全国人大常委会第十一次会议就通过了《关于完善人民陪审员制度的决定》（以下简称《决定》），最高人民法院、司法部在 2004 年 12 月 13 日，联合印发了《关于人民陪审员选任、培训、补助、考核工作的实施意见》，在人民陪审员的选任、培训、补助、考核等方面进行了细化。2004 年 12 月 9 日，最高人民法院与国家发展和改革委员会联合下发的《关于做好中西部地区基层人民法庭规划和建设工作的通知》中，明确将人民陪审员办公室纳入人民法庭建设规划中。2005 年 4 月 15 日，最高人民法院在与财政部共同下发的《关于人民陪审员经费管理有关问题的通知》中，明确要求将人民陪审员履行职务的经费纳入预算，全额予以保证。各级人民法院在实践中也主动采取很多有效措施保障人民陪审员在案件审理过程中行使法定职权，为人民陪审员在增强司法透明度及提高司法公信力方面发挥作用提供了平台。

（二）人民陪审员行使权利的法律保障

1. 最高人民法院《决定》第 1 条规定："人民陪审员依照本决定产生，依法参加人民法院的审判活动，除不得担任审判长外，同法官有同等权利。"第 11 条和 17 条又对人民陪审员的权利和责任作了规定。这些规定明确了人民陪审员在参加人民法院的审判活动时与法官具有同等法律地位。

2. 以立法的形式，厘定人民陪审员参与的案件范围。如《最高人民法院关于人民陪审员参加审判活动若干问题的规定》（2009 年 11 月 23 日最高人民法院审判委员会第 1477 次会议通过，自 2010 年 1 月 14 日起施行），第 1 条规定，人民法院审判第一审刑事、民事、行政案件，属于下列情形之一的，由人民陪审员和法官共同组成合议庭进行，适用简易程序审理的案件和法律另有规定的案件除外：①涉及群体利益的；②涉及公共利益的；③人民群众广泛关注的；④其他社会影响较大的。第 2 条规定，第一审刑事案件被告人、民事案件原告或者被告、行政案件原告申请由人民陪审员参加合议庭审判的，由人民陪审员和法官共同组成合议庭进行。人民法院征得前款规定的当事人同意由人民陪审员和法官共同组成合议庭审判案件的，视为申请。第 3 条规定，第一审人民法院决定适用普通程序审理案件后应当明确告知本规定第 2 条的当事人，在收到通知 5 日内有权申请由人民陪审员参加合议庭审判案件。人民法院接到当事人在规定期限内提交的申请后，经审查符合本规定的，应当组成有人民陪审员参加的合议庭进行审判。

3. 明确当事人申请适用陪审的权利以及采用随机抽取的方式确定参与案件审理的陪审员。最为重要的是，《决定》中明确了人民陪审员参加案件审理的经济补偿标准及经费来源。

（三）人民陪审员参与审判案件的意义

1. 人民陪审员与法官共同行使国家审判权，充分体现了人民当家做主与依法治国的有机统一。有利于提高审判工作的透明度，进一步落实司法公开原则的要求。

2. 人民陪审员参与审判，可以督促法官秉公办案，帮助法官避免产生先入为主的偏见，防止法官专断。专家型陪审员更是可以利用自己的专业知识，解决审判中的疑难问题，有助于查清事实，正确适用法律。

3. 更为重要的是，代表民意的人民陪审员参与审判案件，更注重从社会道德标准的角度对案件进行评断，使司法更加贴近民众生活，反映社会的价值观念和道德准则，使裁判结果达到法律效果与社会效果的有机统一，更容易为社会公众所信任和接受，有利于维护司法权威。

（四）在减刑、假释案件审理中引入人民陪审员制度

2014 年 6 月 1 日起施行的最高人民法院《关于减刑、假释案件审理程序的规定》第 4 条规定："人民法院审理减刑、假释案件，应当依法由审判员或者由审判员和人民陪审员组成合议庭进行。"此前《刑法》第 79 条和第 82 条的规定，人民法院应当依法组成合议庭审理减刑、假释案件，最高人民法院的这一规定明确了人民陪审员可以参加合议庭审理。正如最高人民法院新闻发言人所说："在减刑、假释案件审理中引入人民陪审员制度，有利于人民陪审员代表社会公众更深入地了解和参与减刑、假释案件的审理，拓宽了公众的参与渠道，确保减刑、假释案件审理程序更加公开和透明。"

第三节　检察制度

一、检察制度概述

检察制度是指国家设立专门机关代表国家检控违法犯罪以督促法律实施的制度，根据宪法和人民检察院组织法的规定，人民检察院是国家的法律监督机关，行使国家的检察权。检察制度是指包括检察机关的性质、任务、组织体系、组织

和活动原则以及工作制度的总称。

（一）检察机关的设置

根据《人民检察院组织法》第 2 条第 1 款的规定，中华人民共和国设立最高人民检察院、地方各级人民检察院和军事检察院等专门人民检察院。

最高人民检察院是国家最高检察机关，领导地方各级人民检察院和专门检察院的工作。地方各级人民检察院包括省、自治区、直辖市人民检察院；省、自治区、直辖市人民检察院分院，自治州和省辖市人民检察院；县、市、自治县和市辖区人民检察院；专门人民检察院主要包括军事检察院、铁路运输检察院，各级人民检察院都是与各级人民法院相对应而设置的，以便依照刑事诉讼法规定的程序办案。这种自上而下的排列反映了检察机关上下级是领导和被领导的关系及其集中统一的特点，这与人民法院上下级之间监督与被监督的关系有显著不同。为了维护国家法制的统一，检察机关必须一体化，必须具有很强的集中统一性。

人民检察院依照法律规定独立行使检察权，不受行政机关、社会团体和个人的干涉。最高人民检察院对全国人民代表大会及其常务委员会负责。地方各级人民检察院对产生它的国家权力机关和上级人民检察院负责。人民检察院由同级人民代表大会产生，向人民代表大会负责并报告工作。

（二）检察机关的职权

根据宪法、人民检察院组织法和其他相关法律规定，人民检察院行使下列职权：

1. 依法对国家工作人员的职务犯罪案件进行立案侦查的权力。

2. 代表国家依法提起公诉、追究犯罪。

3. 在刑事案件中依法决定是否逮捕、起诉，对侦查活动是否合法实行监督。

4. 对人民法院的审判活动是否合法实行监督，发现确有错误的，依法按照审判监督程序提出抗诉。

5. 对监狱、看守所和劳动教养机关的活动是否合法实行监督。

最高人民检察院除以上各项职权外，还拥有检察解释权、向全国人大及常委会提出议案权、法律案提出权、法律解释要求权、法律审查要求权、引渡请求审查权、限制追诉的承诺权等特定职权。

（三）检察机关的内部组织机构

人民检察院的内部组织机构，主要包括检察委员会及其他具体工作机构。根据 1983 年修订的《人民检察院组织法》、最高人民检察院 2000 年《检察改革三年实施意见》以及 2001 年《地方各级人民检察院机构改革意见》，根据检察机关内部设置应当遵守全面履行法律监督职能、检察一体、检察官相对独立、内部互相制约、加强业务部门精简非业务部门以及因地制宜的六项原则，人民检察院对内部各部门进行职责权限的科学划分大致包括：刑事检察、经济检察、法纪检察、监所检察、民事检察和行政检察等业务机构，专门设立反贪局，建立举报中心，直接针对贪污、贿赂、渎职、侵权等犯罪行为的部门。

二、检察工作制度

检察工作制度是根据检察业务的范围和活动而形成的一些规则制度，主要有：

（一）人民监督员制度

1. 人民监督员制度的确立。为深化检察体制和工作机制改革，发展和完善中国特色社会主义检察制度，保证检察机关依法独立公正行使检察权，进一步规范人民监督员工作；各级检察机关要结合工作实际，及时总结实践经验，积极推进人民监督员制度的法制化。最高人民检察院第十一届检察委员会第四十五次会议于 2010 年 10 月 26 日通过《最高人民检察院关于实行人民监督员制度的规定》，在执行 2003 年公布并于 2004 年修订的《关于实行人民监督员制度的规定（试行）》的基础上，进一步全面推行人民监督员制度。

2. 人民监督员制度的作用和意义。

（1）人民监督员制度有利于促进检察机关公正廉洁执法。人民监督员参与检察机关的执法办案活动，严格依法监督案件，并将自己亲身参与执法办案的感受与收获，积极向社会宣传，有力地提升了检察机关的执法公信力。2010 年 10 月，最高人民检察院在充分总结试点经验的基础上，决定在全国检察机关全面推行人民监督员制度，同时将人民监督员的选任方式改革为由上级检察院统一选任，将人民监督员的监督范围扩大到检察机关查办职务犯罪案件工作中具有终局性决定权的主要环节。

（2）人民监督员破解了"谁来监督监督者"的难题。首先，人民监督员直接介入检察机关的执法办案活动，有权了解案情和有关法律适用情况，有权阅知案件主要证据，从而为人民群众有效监督检察权的行使提供了可靠的制度保障，切实防止了执法不公正、不文明、不规范、不廉洁等问题的发生。其次，有利于将法律规定与社情民意、公序良俗等更好地结合起来，提高检察人员做群众工作的本领，使案件的处理兼顾法、理、情，增强处理决定的说理性和说服力，真正让群众和当事人听得懂、听得明白，心悦诚服地接受处理决定，最大限度地化解矛盾纠纷、减少社会对抗。

（二）自侦制度

自侦制度是指人民检察院根据刑事诉讼法中有关职能管辖的规定对由其直接

受理案件立案并侦查的制度。为了加强对国家公职人员遵守法律与恪守职责的监督，加强对公民权利的保障，根据刑事诉讼法与人民检察院组织法的规定，授权检察机关对贪污贿赂案件、渎职案件及侵犯公民民主权利等犯罪案件进行立案侦查。

根据最高人民检察院 1998 年初制定的《关于人民检察院直接受理立案侦查案件范围的规定》共有四类 53 种案件由检察院直接立案侦查：①刑法分则第八章规定的贪污贿赂犯罪及其他章中明确规定依照第八章相关条文定罪处罚的犯罪案件，包括贪污案，挪用公款案，受贿案等；②刑法分则第九章规定的渎职犯罪案件，包括滥用职权案，玩忽职守案，枉法追诉、裁判案等；③国家机关工作人员利用职权实施的下列侵犯公民人身权利和民主权利的犯罪案件，包括非法拘禁案，非法搜查案，刑讯逼供案等；④国家机关工作人员利用职权实施的其他重大的犯罪案件，需要由人民检察院直接受理的时候，经省级以上人民检察院决定，可以由人民检察院立案侦查。

（三）其他检察工作制度

1. 人民检察院对公安机关（包括国家安全机关）的刑事侦查活动实行监督的侦查监督制度，如审查批准逮捕、审查起诉、对侦查活动的监督等。

2. 根据刑法和刑事诉讼法的规定实行公诉制度。

3. 对人民法院的民事、刑事、行政等审判活动进行监督的制度。此外还有对刑事判决的执行和监所的监督制度。如对执行死刑判决的监督，对监所执行刑罚的监督，对看守所和劳动教养的活动是否违法进行监督等。

三、检察官制度

检察官制度是指国家制定专门的法律对在检察机关中行使国家检察权的检察官依法进行科学管理的制度。它包括检察官职责、权利义务、资格条件、任免、考核、培训、奖惩、工资福利、辞职、退休等一系列规定。1995 年 2 月 28 日第八届全国人民代表大会常务委员会第十二次会议通过了《中华人民共和国检察官法》，1995 年 7 月 1 日起该法正式实施。

（一）检察官的条件与任免

检察官包括各级人民检察院的检察长、副检察长、检察委员会委员、检察员和助理检察员。检察官任职条件、任免制度、晋升与奖惩制度与法官大致相同，限于篇幅，不再赘述。不同之处在于：检察长由本级人民代表大会选举和罢免，但地方各级人民检察院检察长的任免，须报上一级人民检察院检察长提请该级人民代表大会常务委员会批准。

（二）检察官的人员设置

各级人民检察院设检察长一人，副检察长和检察员若干人。检察长统一领导检察院的工作。

人民检察院内部设立检察委员会。《人民检察院组织法》第 3 条第 2 款规定："各级人民检察院设立检察委员会。检察委员会实行民主集中制，在检察长的主持下，讨论决定重大案件和其他重大问题。如果检察长在重大问题上不同意多数人的决定，可以报请本级人民代表大会常务委员会决定。"人民检察院的检察长统一领导检察院的工作。

第二章 社会主义法治理念

有人说，中国社会缺少法治精神，缺少的是对于法治的理解和对于法律的价值信仰，而要真正有效地推行法治，必须深深根植于法治精神的普及。正如习近平所指出的，理想信念就是人们精神上的"钙"，没有理想信念，理想信念不坚定，精神上就会"缺钙"，就会得"软骨病"。随着全面推进依法治国，建设社会主义法治国家进程的加快，就需要大力"补钙"，弘扬社会主义法治精神，树立社会主义法治理念。社会主义法治理念是对社会主义法治的性质、功能、价值取向以及实现途径等基本问题的集中概括和系统认识，是法治的普遍性与特殊性的统一、政治性与人民性的统一、科学性与开放性的统一。无论是从社会主义法治理论的研究和倡导，还是从社会主义法治国家的建设和实践，社会主义法治理念都是我们需要不断加强的。

第一节 树立社会主义法治理念是
时代发展的要求

社会主义法治理念是建立在马克思主义理论基础上的、反映和指导中国特色社会主义法治实践的现代法治理念。

一、法治中国建设要求树立社会主义法治理念

自 1978 年 12 月党的十一届三中全会提出"发展社会主义民主，健全社会主义法制"的政治要求，到 1996 年 3 月八届全国人大四次会议通过的《国民经济和社会发展"九五"计划和 2010 年远景目标纲要》提出"依法治国，建设社会主义法治国家"的战略目标，再到 1997 年 9 月党的十五大提出"依法治国，建设社会主义法治国家"的基本治国方略，最后到 1999 年 3 月九届全国人大二次会议通过的宪法修正案规定"中华人民共和国实行依法治国，建设社会主义法治国家"。无论是执政党的治国方略要求，还是国家宪法对国家属性的规定，都明确了依法治国的执政原则和建设社会主义法治国家的政治目标。

对于法治国家构建的任务来说，"如果国内不具备创建法治国家以及随后使之正常运行的现实的主、客观条件，那就谈不上成功地完成这一任务"。党的十八届三中全会通过的《中共中央关于全面深化改革若干重大问题的决定》明确

提出要"建设法治中国"。然而正如习近平在首都各界纪念现行宪法公布施行30周年大会上所强调指出的那样，我国当前在法治建设方面还存在诸多不足，主要表现在：保证宪法实施的监督机制和具体制度还不健全，有法不依、执法不严、违法不究现象在一些地方和部门依然存在；关系人民群众切身利益的执法、司法问题还比较突出；一些公职人员滥用职权、失职渎职、执法犯法甚至徇私枉法严重损害国家法制权威；公民包括一些领导干部的宪法意识还有待进一步提高。这与全面推进依法治国和建设社会主义法治国家的要求是不相适应的，其中社会主义法治理念的缺乏是一个较为突出的因素。因此，当前培育并树立社会主义法治理念是建设社会主义法治国家的基础性工程。

社会主义法治理念是以社会主义社会制度、经济制度、文化制度和政治制度为前提的一种对于法律本质、作用、地位、价值与追求的思想意识的一系列价值观判断的总和。从根本上说，社会主义法治理念构成社会主义阶段的政治灵魂，是社会主义核心价值体系重要组成部分，反映了社会主义本质和法律的价值观。可见，社会主义法治理念是社会主义核心价值观的重要内容，因此应在塑造社会主义核心价值观的过程中深入开展法制宣传教育，弘扬社会主义法治精神，树立社会主义法治理念，增强全社会学法遵法守法用法意识。

中共中央曾印发《关于认真学习宣传贯彻党的十八大精神的通知》，明确了在新的历史条件下夺取中国特色社会主义新胜利要牢牢把握以下基本要求：必须坚持人民主体地位，必须坚持解放和发展社会生产力，必须坚持推进改革开放，必须坚持维护社会公平正义，必须坚持走共同富裕道路，必须坚持促进社会和谐，必须坚持和平发展，必须坚持党的领导，并使之成为全党全国各族人民的共同信念。社会主义法治理念是体现社会主义法治内在要求的一系列观念、信念、理想和价值的集合体，是指导和调整社会主义立法、执法、司法、守法和法律监督的方针和原则。把握社会主义法治理念，必须从中国社会主义国体和政体出发，立足社会主义市场经济和民主政治发展的时代要求，以科学发展观和社会主义和谐社会思想为指导，深刻地认识社会主义法治的内在要求、精神实质和基本规律，系统地反映符合中国国情和人类法治文明发展方向的核心观念、基本信念和价值取向。树立法律权威的观念，要特别强调维护法制统一，反对地方和部门保护主义，反对把个人或组织凌驾于法律之上的法律工具主义。

二、社会主义法治理念的渊源与概念的提出

（一）社会主义法治理念的渊源

马克思主义法治思想是社会主义法治理念的理论基础，中国传统法律思想是社会主义法治理念的文化渊源，西方资本主义法治思想为社会主义法治理念提供了有益的借鉴。

马克思主义法治思想，主要包括马克思、恩格斯、列宁、毛泽东的法治思想和中国特色社会主义理论体系中的法治思想，是马克思主义国家与法的理论的组成部分，是社会主义法治建设和社会主义法治理念的理论基础。马克思主义法学以唯物史观为理论基础，科学地揭示了法的本质，系统地论证了法的起源、功能和作用，精辟地回答了法律实践中提出的有关问题，从而实现了世界法学史上的伟大革命。其本体论、价值论和方法论，尤其是关于法与经济的关系、关于法的本质、关于人权、关于人民主权、关于人的自由和解放、关于法律权威和关于法的职能的经典论述，是社会主义法治理念极为宝贵的理论渊源。中国特色社会主义法治思想，包括邓小平理论、"三个代表"重要思想和科学发展观中的法治思想，是改革开放以来中国共产党把马克思主义法治思想应用于治国理政的实践，并在实践中丰富和发展马克思主义法治思想的结晶，是马克思主义法治思想中国化的重要成果。

中国传统法律文化内涵十分丰富，既存在着历史的局限性，也蕴含着值得借鉴和继承的合理成分。民为邦本的思想就是民本观，强调在人民与国家、政权、君主、官吏等关系中人民处于根本的地位；公正执法是中国古代思想家和政治家倡导的重要执法原则；用法律来治理国家作为一种治国理政的策略在中国有着悠久的历史；在中国传统法治思想中，礼法并用的思想长期占据主导地位。中国传统法律思想既是社会主义法治理念的文化背景和历史土壤，也是社会主义法治理念的文化资源。但是，中国特色社会主义法治不是中国传统法律文化的直接延续，而是在批判地吸收、扬弃的基础上借鉴其有益成分。

法治作为治理国家的现实制度与资本主义的产生密切相连，因为法律成为取代专制君主的新兴统治者即资产阶级的权力基础，法治成为确保市场经济所需要的治理模式，具体表现为公民权利的自由、财产权的私有制、民主权的政治参与和市场规范的竞争体制，等等。可见，西方资本主义法治理念是在反对封建专制并伴随着市场经济、资本和权力在全球范围的扩张过程中而形成、发展和传播的。因此，它既有人类社会发展过程中所积淀下来的诸如民主、自由、平等、人权等积极因素，也有在人类社会发展特定历史阶段上存在的历史性、阶级性、种族性和区域性等方面的局限性。西方资本主义法治理念的核心内容与价值仅仅回应了当时当地资本主义国家的经济基础的需要，不仅具有阶级的局限，而且有强烈的时代以及地域的印记。社会主义法治理念既有包容一切先进的法治理念的进步性，又有立足现实、强调历史发展阶段的具体性。忽略其进步性，容易导致迁就人治的现实倾向；忽略其具体性，则容易导致超越现实可能性的空想或思想混乱。

（二）社会主义法治理念的提出

马克思主义法律思想、中国传统法律思想和西方资本主义法治理念对社会主义法治理念的产生和发展都提供了思想渊源。社会主义法治理念是在认真总结我国法制建设实践经验、借鉴人类法治文明成果的基础上提出来的。我国老一辈革命家、法学家董必武在《人民法院审判工作报告》中曾指出："消除人民意志中从旧社会遗留下来的一切落后的和污浊的影响，代之以新民主主义的法治观念和道德观念""使法庭成为宣传我们政策法律，宣传我们国家法治精神的讲台"。"社会主义法治理念"这一重要命题，最早是胡锦涛同志在 2005 年 12 月提出的。在 2006 年 4 月，中央政法委根据胡锦涛同志的进一步批示举办社会主义法治理念研讨班，罗干同志在研讨班的讲话中将社会主义法治理念的基本内容概括为：依法治国、执法为民、公平正义、服务大局、党的领导。

社会主义法治理念的提出，是基于对苏联及东欧社会主义国家民主法治建设历史悲剧的总结和反思，也是基于中国法治建设的历程及其成就。中国共产党作为执政党，确立了依法治国基本方略，实现了领导干部职务和政治生活的法治化转变，中国共产党依法执政能力显著增强，基本形成了以宪法为核心的中国特色社会主义法律体系，人权得到可靠的法律保障，促进经济发展与社会和谐的法治环境不断改善，依法行政和公正司法水平不断提高，对权力的制约和监督得到加强。这些都为社会主义法治理念的形成奠定了较为扎实的现实基础。

具体而言，依法治国是我们党在总结长期的治国理政经验教训基础上提出的治国基本方略。依法治国方略的确立和实践，是我们党治国理政观念的重大转变，是实现国家长治久安的重要保障，是发展社会主义民主政治的必然要求。执法为民是社会主义法治的本质要求，是执政为民理念的具体体现，其基本内涵包括以人为本、保障人权、文明执法等内容。以人为本是执法为民的根本出发点，保障人权是执法为民的基本要求，文明执法是执法为民的客观需要。公平正义是人类社会的共同理想，是社会主义法治的价值追求，是社会主义和谐社会的基石，也是中国共产党人的一贯主张。只有全党全社会共同信仰、树立并践行公平正义的法治理念，社会各方面的利益关系才能得到妥善协调，人民内部矛盾和其他社会矛盾才能得到正确处理，社会公平正义才能得到切实实现和维护。服务大局是社会主义法治理念的基本内涵之一，是社会主义法治的重要使命。服务大局要求牢牢把握大局，紧紧围绕大局，切实立足本职，全面保障服务社会主义经济建设、政治建设、文化建设、社会建设以及生态文明建设，建设富强民主文明和谐的社会主义国家。建设社会主义法治国家，最根本的是要把坚持党的领导、人民当家做主和依法治国有机统一起来。坚持党的领导是建设社会主义法治的根本保证。

三、社会主义法治理念的重要现实意义

社会主义法治理念的重大意义在于其重要的理论指导地位。首先，社会主义法治理念是马克思主义法治思想中国化的最新成果；其次，它是中国特色社会主义理论体系的重要组成部分；最后，它是社会主义法治建设的指导思想。社会主义法治理念的作用在于：它是我国一切立法活动的思想先导，是我国行政机关及其工作人员实现严格公正文明执法的思想基础，是确保我国司法机关坚持正确方向、实现司法公正的思想保障，是建设社会主义法治文化、增强全社会法律意识的价值指引，是发展法学教育、繁荣法学研究的重要保障。社会主义法治理念的提出，科学回答了"什么是社会主义法治国家"和"怎么样建设社会主义法治国家"这一重大理论和实践问题，标志着我们党对建设中国特色社会主义法治国家的规律、中国共产党执政规律有了更加深入的认识和把握。

中央政法委 2010 年在《〈社会主义法治理念〉学习纲要》中进一步将社会主义法治理念的意义高度概括为："法治理念是谋划法治战略的基准，是制定法律的依据，是实施法律的指导，也是理解并遵守法律的参照。因此，法治理念的形成和提出，既是一个国家实行法治的必要前提，也是一个国家法治基本成熟的明确标示。"它指出："以当代中国社会实践为背景而形成的社会主义法治理念，是迄今为止人类历史上第一次出现的以社会主义为本质属性的系统化的法治意识形态"，它"创造了全新的法治意识形态，从根本上改变了西方资本主义法治意识形态一统天下的局面，由此形成了人类法律思想领域中社会主义法治理念与资本主义法治理念既彼此对立、又相互共存于当今世界的总体格局，极大地丰富了人类法律思想和法治理论的内涵；社会主义法治理念的确立，不仅为中国自主地走社会主义法治道路奠定了坚实的理性基础，同时也为人类法治文明作出了重要贡献"。

当然，任何一个新生事物和理论都有一个不断发展和完善的过程，社会主义法治理念的内涵也同样如此。法治不仅是人类社会发展过程中的一项历史成就，还是一种法制品德、一种道德价值和一种社会实践。有人把法治的要件或要素归结为十个方面，即"法治的十大规诫"：有普遍的法律、法律为公众知晓、法律可预期、法律明确、法律无内在矛盾、法律可循、法律稳定、法律高于政府、司法权威和司法公正。也有人把法治概念分解为十个层次：社会秩序和治安、政府活动的法律依据、行使权利的限制、司法独立、行政机关服从司法机关、法律之下人人平等、基本的公义标准、合乎人权的刑法、人权和自由、人的价值和

尊严。

在中央政法委提出五个内涵之后，有学者就提出了不同观点。有人认为当前对社会主义法治理念之内容的概括和表述是对社会主义法治理念内容的揭示且是诸多内容选项之一而非全部，从总体上看还不够全面、不够准确，有必要予以调整补充，并建议最好拿掉"执法为民"、"服务大局"，增加"发展民主、保障人权、宪法至上"的内容。也有人明确指出"执法为民的实质就是法治为民"，因而提出建议用"法治为民"取代"执法为民"。社会主义法治理念的发展性是基于其实践性，其内涵应与法治实践有机结合起来，因此有人提出，社会主义法治理念的第一层面即外在方面中最重要的有三个要素，"党的领导的理念、人民民主的理念和服务大局的理念"；第二层面的要素包括"尊重和保障人权的理念、公平正义的理念、诚实守信的理念、正当程序的理念与和谐善治的理念"。当然，这些争论和探讨与社会主义法治理念的基本内涵并不冲突。社会主义法治理念五个方面的内容相辅相成，其中依法治国是社会主义法治的核心内容，执法为民是社会主义法治的本质要求，公平正义是社会主义法治的价值追求，服务大局是社会主义法治的重要使命，党的领导是社会主义法治的根本保证。在教育活动中，要引导广大法官及其他工作人员深刻理解社会主义法治理念的深刻内涵，全面、准确把握理论精髓和实践要求，努力澄清各种模糊认识，以理论上的清醒带动行动上的自觉。

把握社会主义法治理念基本特征和本质属性，对于正确理解和牢固树立社会主义法治理念，指导推动社会主义法治实践，加快建设社会主义法治国家，具有十分重要的意义。

第二节　社会主义法治理念的基本内容

社会主义法治理念的基本内容包括五个方面，即依法治国、执法为民、公平正义、服务大局、党的领导。

一、依法治国是社会主义法治的核心内容

（一）依法治国是社会主义法治的核心内容，是我们党领导人民治理国家的基本方略

依法治国，就是广大人民群众在党的领导下，依照宪法和法律规定，通过各种途径和形式管理国家事务，管理经济文化事业，管理社会事务，保证国家各项工作都依法进行，逐步实现社会主义民主的制度化、法律化，使这种制度和法律不因领导人的改变而改变，不因领导人的看法和注意力的改变而改变。1997 年，

党的十五大报告把"依法治国,建设社会主义法治国家"确立为治国基本方略。1999 年,九届全国人民代表大会第二次会议将"依法治国,建设社会主义法治国家"写入了宪法修正案。2007 年,党的十七大报告从坚持和发展中国特色社会主义的战略高度,提出"全面落实依法治国基本方略,加快建设社会主义法治国家"。2012 年,党的十八大报告提出法治是治国理政的基本方式,要"全面推进依法治国",推进科学立法、严格执法、公正司法、全民守法,坚持法律面前人人平等,保证有法必依、执法必严、违法必究。2013 年,党的十八届三中全会明确提出"建设法治中国",坚持依法治国、依法执政、依法行政共同推进,坚持法治国家、法治政府、法治社会一体建设。这不仅标志着我们党最终战胜和彻底抛弃了封建"人治"思想的羁绊,坚定不移地选择了社会主义法治的治国道路,从而完成了我们党执政治国理念的一次深刻而重大的转变,也标志着我们党对社会主义法治国家建设提出了新的要求。

(二) 依法治国的理念包含着人民民主、法制完备、树立宪法法律权威、权力制约等内容

1. 依法治国与人民民主。依法治国是我们党治国理政观念的重大转变,标志着我们党最终战胜和彻底抛弃了封建"人治"思想的羁绊。依法治国是实现国家长治久安的重要保障,因为法律具有权威性、稳定性和可预期性,只有厉行法治,实行依法治国,才能为国家的长治久安提供有力的法治保障。邓小平同志深刻指出:"为了保障人民民主,必须加强法制。必须使民主制度化、法律化,使这种制度和法律不因领导人的改变而改变,不因领导人的看法和注意力的改变而改变。"实行依法治国,就是把社会主义民主与社会主义法制紧密结合起来,实现民主的制度化、法律化,从而保证人民群众在党的领导下,依法通过各种途径和形式管理国家事务,管理经济文化事业,管理社会事务,真正当家做主。全面落实依法治国方略,必将有力推动社会主义民主的不断发展。人民民主是依法治国的政治基础和前提。依法治国的前提是要有法可依,依法治国的"法"应当是体现人民意志和利益的"法",是中国共产党领导人民制定和实施的"法",而不是当权者的个人意志和工具。人民民主与社会主义法制是唇齿相依、相辅相成的。只有坚持和发扬人民民主,依据宪法和法律实现好、维护好、发展好最广大人民的根本利益,最大限度地保护好、发挥好人民群众的积极性和创造性,依法治国、建设社会主义法治国家,才能有坚实的基础。只有健全社会主义法制,实行依法治国,才能切实保障人民的主人翁地位,保证公民享有广泛的权利与自由;人民才能通过法定的各种形式参政、议政,管理国家和社会事务,使自己的权利得以实现,使受侵犯的权益得到救济。在我国,人民代表大会是人民当家做

主的主要组织形式，也是依法治国的主要组织保障。

2. 依法治国与法制完备。法制完备是指一个国家法律体系的健全、完善、规范、系统、协调和统一。法制完备首先是指形式意义上的完备，即法律制度的类别齐全、规范系统、内在统一。要建立一个门类齐全、结构严谨、内部和谐、体例科学的法律体系，做到上下（上位法与下位法）、左右（此部门法与彼部门法）、前后（前法与后法）、内外（国内法与国际法）彼此之间统一、协调，不相互矛盾和彼此脱节。实质意义上的完备则指法律制度适应社会发展的需要，满足社会发展的客观要求，同时符合公平正义的价值要求。实施依法治国、建设社会主义法治国家所要求的法制完备，既是形式上完备的法律体系，又是适应我国社会发展需要的法律制度。实现法制完备必须认真制定和实施立法规划，坚持科学立法、民主立法，提高立法质量。

3. 依法治国与树立宪法法律权威。宪法和法律是人民利益的集中表达和体现，是党巩固执政地位的法制保障。树立宪法法律权威，对推进依法治国，加快建设社会主义法治国家具有根本的意义和作用。树立宪法法律权威，必须切实维护社会主义法律体系的统一和尊严。树立宪法法律权威，必须树立和维护执法部门的权威和公信力。树立宪法法律权威，是指宪法和法律在国家和社会生活中享有崇高的威望，得到广泛的认同和普遍的遵守；宪法和法律在调控社会生活方面发挥基础和主导的作用，一切国家权力和其他社会规范只能在宪法和法律的支配下发挥作用。

4. 依法治国与权力制约。权力制约是法治国家的基本特征。权力制约，要求职权由法定，要求有权有责，要求用权受监督，要求违法受追究。依法治国的关键在于依法制权，规范约束公权力，防止其滥用和扩张，保障人民权益。没有权力制约，依法治国也就无从谈起。建立健全决策权、执行权、监督权既相互制约又相互协调的权力结构和运行机制，是建设社会主义法治国家的基本要求和特征。

二、执法为民是社会主义法治的本质要求

执法为民是社会主义法治的宗旨和目的的体现，不仅对执法活动有着明确的指向作用，而且对立法、公民法律意识的培养等整个法治建设都有着重要意义。执法为民是社会主义法治的本质要求，是执政为民理念的具体体现，其基本内涵包括以人为本、保障人权、文明执法等内容。以人为本是执法为民的根本出发点，保障人权是执法为民的基本要求，文明执法是执法为民的客观需要，在司法领域表现为司法为民。当然这里的"执法"是在广泛的内涵和外延意义上讲的，是指社会主义法治实践的全部活动，不仅仅局限于行政机关或者司法机关的执法或司法行为。

（一）坚持人民主体地位，必须以保证人民当家做主为根本

习近平曾指出："我们的人民热爱生活，期盼有更好的教育、更稳定的工作、更满意的收入、更可靠的社会保障、更高水平的医疗卫生服务、更舒适的居住条件、更优美的环境，期盼着孩子们能成长得更好、工作得更好、生活得更好。人民对美好生活的向往，就是我们的奋斗目标。"密切党群、干群关系，保持同人民群众的血肉联系，始终是我们党立于不败之地的根基。一个政党，一个政权，其前途和命运最终取决于人心向背。如果我们脱离群众、失去人民的拥护和支持，最终也会走向失败。为人民服务是党的根本宗旨，以人为本、执政为民是检验党一切执政活动的最高标准。任何时候都要把人民利益放在第一位，始终与人民心连心、同呼吸、共命运，始终依靠人民推动历史前进。执法为民是中国共产党始终坚持立党为公、执政为民宗旨的必然要求，是执政理念在法治工作领域的直接体现和最终落实，是执法机关贯彻落实"三个代表"重要思想、科学发展观的必然要求。执法为民是"一切权力属于人民"的宪法原则的具体体现。我国宪法明确规定"中华人民共和国的一切权力属于人民"，一切国家机关和国家工作人员必须"努力为人民服务"。人民主权是执法为民的前提条件。执法为民是社会主义法治始终保持正确方向的根本保证，应牢固树立和大力弘扬执法为民理念，用社会主义的法治理念统一执法指导思想，克服和纠正执法人员中存在的种种不正确的执法观念和意识，确保执法工作始终保持为人民服务、为社会主义服务的正确方向。因此，要坚定不移走中国特色社会主义政治发展道路，坚持国家一切权力属于人民的宪法理念，发展更加广泛、更加充分、更加健全的人民民主，最广泛地动员和组织人民依照宪法和法律规定行使国家权力，共同建设，共同享有，共同发展，成为国家、社会和自己命运的主人。

（二）以人为本是执法为民的根本出发点

以人为本，是科学发展观的核心，也是执法为民的根本出发点。坚持以人为本，就是在执法目的上要以维护最广大人民群众的根本利益为本，在执法标准上以人民群众满意为本，在执法方式上充分依靠人民群众，实行专门机关和群众路线相结合。执法工作坚持以人为本，就是要尊重人的法律主体地位，突出人在执法中的地位和作用，强调尊重人、理解人、关心人，始终把实现好、维护好、发展好最广大人民的根本利益作为全部执法工作的根本出发点和落脚点。执法依靠人民，要求执法者学会并善于做群众工作。做群众工作，必须怀着对人民群众的深厚感情，心胸坦荡，切实维护人民群众的合法权益，用公正赢得人民群众的拥护；必须要有耐心与恒心，经常深入群众，与人民群众打交道、交朋友；必须提

高政策法律水平，熟悉政策法规，深谙法律精神，善于析法说理，特别是既会说法言法语，又会说群众语言，把法言法语变成群众听得懂的群众语言，做到以法服人，以理服人。

（三）保障人权是执法为民的基本要求

人权是公民的基本权利，是同一定的社会历史条件相联系的具体的权利，是普遍性与特殊性的统一。人权的内容、实现程度和享受范围，都受特定社会历史条件的制约。法治是人权保障的重要方式。尊重和保障人权，是我国宪法规定的一项基本原则。执法为民最基本的要求就是要尊重和保障人权，切实维护公民的合法权利。保障人民群众的公民和政治权利，一方面要求执法机关严密防范、严厉打击各种侵犯公民和政治权利的违法犯罪活动，保障人民群众的公民和政治权利不受违法犯罪的侵害；另一方面要求执法机关在执法办案过程中严格依法办事，切实尊重和保障当事人的合法权利，保障当事人的合法权利不受执法机关滥用执法权力的侵害。保障人民群众的经济、社会、文化权利，就是要加强经济、社会、文化领域立法、执法工作，保障和促进经济、社会、文化事业的发展与繁荣。对一些特定群体给予特殊保护，是人权保障的重要内容，是社会文明进步的重要标志，也是保障社会公平正义的必然要求。

（四）文明执法是执法为民的客观需要

文明执法是社会主义道德规范对执法机关的基本要求，是落实执法为民、构建社会主义和谐社会的客观需要，是社会主义政治文明和法治进步的表现。执法理念文明，就是要求各级执法机关和执法人员树立正确的、先进的执法思想观念；执法制度文明，就是指各项执法制度和机制要符合全面建设小康社会、构建社会主义和谐社会的要求；执法行为文明，就是指执法的方式方法和执法过程要符合法定要求；文明执法，还要求执法者保持良好的形象。

三、公平正义是社会主义法治的价值追求

社会主义法治理念中的公平正义，是指社会全体成员能够按照宪法和法律规定的方式公平地实现权利和义务，并受到法律的保护。公平正义作为社会主义法治的价值追求，是由我们党和国家的性质决定的，是时代的要求，也是人民群众的期盼。

（一）公平正义是社会主义法治建设的根本目标

公平正义是衡量法治实现程度的重要标尺。依法治国、建设社会主义法治国家的目标，就是在全社会实现公平正义。公平正义是新时期广大人民群众的强烈愿望，只有在法律制度上充分体现公平正义，从分配、教育、就业、社会保障、政府施政、执法司法等方面采取有效措施，致力于消除各种导致社会不公的矛盾和问题，才能满足人民群众对公平正义的要求。公平正义是立法、行政和执法司法工作的生命线。立法、行政和执法司法机关必须把维护社会公平正义作为首要价值追求，贯穿于各项工作制度的实施和各个工作环节，真正做到科学立法、依法行政、严格执法、公平司法，切实担当起维护社会公平正义的神圣责任。

（二）法律面前人人平等是公平正义的首要内涵

我国《宪法》第33条明确规定："中华人民共和国公民在法律面前一律平等。任何公民享有宪法和法律规定的权利，同时必须履行宪法和法律规定的义务。"法律面前人人平等，是社会主义法治的基本原则，是公平正义的首要内涵，也是实现公平正义的前提和基础。平等对待，就是指法律对所有社会成员一视同仁，以同样的标准对待。反对特权，是法律面前人人平等的必然要求。任何组织或个人都必须遵守宪法和法律，都没有超越宪法和法律的特权，违反宪法和法律的行为都必须受到追究，不得使任何公民承担法律以外的义务和受到法律以外的处罚。同时，不允许使任何在社会关系中处于弱势地位的公民受到歧视待遇。

（三）合法合理是公平正义的内在品质

合法就是合乎宪法和法律规定，合理就是合乎理性，符合事物的内在规律。一切组织或个人追求的公平正义和实现公平正义的方式，只有既合法又合理，反映社会整体价值观和公众利益，才能为社会公众所认可和接受。宪法和法律是根据民主程序制定的，充分体现了人民的利益和意志，本身就蕴涵着公平正义的精神。不论是立法、行政和执法司法机关的公务行为，还是社会成员的各种活动，只要是严格依法进行的，就可以说合乎了公平正义的形式要求。利益均衡，既是合法合理的重要指标，也是公平正义的重要体现，既要照顾弱势群体，也要保护其他群体和阶层的合法利益，更要妥善处理好个人利益和集体利益、局部利益和整体利益、当前利益和长远利益的关系。重视法、理、情的统一是我国的法律文化传统，人民群众衡量公平正义的一个重要标准就是不仅要合法，还要合理合情。我们应该牢固树立公平正义的理念，从根本上维护最广大人民群众利益，严格执法，公正司法，以法析理，融情入法。

（四）程序正当是实现公平正义的方式与载体

正义不仅应当实现，而且应当以人们看得见的方式实现。程序是运送正义的方式。程序正当，是指立法、行政和执法司法机关的活动必须严格遵守法定程序的规定，保障法律制定的科学性，保证案件及时正确处理，确保公正、民主、效率、人权保障、权力制约与监督等价值目标得以实现。在行政和执法司法工作中，尊重和保障当事人的知情权、控告权、陈述权、辩护权、公开审判权等程序性权利，也是实现当事人各方充分参与、确保程序公正的重要体现。裁判中立要求裁判者与争议双方及决定结果没有利害关系，不偏袒任何一方，任何人不得成为自我案件的裁判者。裁判者的中立和权力制约，是我国法治程序建设的重要原则。阳光是最好的防腐剂。只有实行程序公开，才能将程序运作过程置于社会公众监督之下。程序公开必须依法进行，必须把握一定的原则和界限，做到合法、合理、合情、适度。程序正当的一个突出功能就是对权力可能被滥用有较强的预防和制约作用，能够克服立法执法司法者的随意性，因此应建立分工明确、权力对权力、权利对权力的制约以及完善的内外部监督机制。

（五）及时高效是衡量公平正义的重要标尺

迟来的正义为非正义，执法效率对于实现公平正义至关重要。一场旷日持久的官司，可以把一个家庭、一个企业拖垮，虽然最终可能赢得官司，但公平正义就已经大打折扣。及时高效，要求在最短的时间内，以最小的成本投入、最低的资源消耗实现最大程度的公平正义。习近平指出，促进社会公平正义是政法工作的核心价值追求。从一定意义上说，公平正义是政法工作的生命线，司法机关是维护社会公平正义的最后一道防线。政法战线要肩扛公正天平、手持正义之剑，以实际行动维护社会公平正义，让人民群众切实感受到公平正义就在身边。要重点解决好损害群众权益的突出问题，决不允许对群众的报警求助置之不理，决不允许让普通群众打不起官司，决不允许滥用权力侵犯群众合法权益，决不允许执法犯法造成冤假错案。

公平正义是中国特色社会主义的内在要求，必须在全体人民共同奋斗、经济社会发展的基础上，加紧建设对保障社会公平正义具有重大作用的制度，逐步建立社会公平保障体系。社会主义法治理念中的公平正义建立在现代法制理念的基础上，它要求司法合法合理、平等对待、及时高效、程序公正等。落实到司法实践工作中，就是要求做到：坚持秉公执法；坚持以事实为依据、以法律为准绳；坚持实体公正和程序公正并重；坚持公正与效率并重，以公开促公正。司法通过依法惩罚犯罪，解决个人、组织以及国家机关之间的纠纷，向社会宣示社会正义的存在，引导人们树立正义的观念，促成权利的实现，维系、生成正常的社会秩序，推动公平正义在全社会的实现。

四、服务大局是社会主义法治的重要使命

服务大局是社会主义法治理念的基本内涵之一，是社会主义法治的重要使命。服务大局要求牢牢把握大局，紧紧围绕大局，切实立足本职，全面保障服务社会主义经济建设、政治建设、文化建设、社会建设以及生态文明建设，建设富强民主法治文明和谐的社会主义国家。

社会主义法治的重要使命是服务党和国家大局，这是社会主义法律的本质和法治工作的性质所决定的，是社会主义国家建设和法治实践的经验总结。服务大局是社会主义法律的必然要求。社会主义法律是以工人阶级为领导的全体人民普遍意志和根本利益的体现，即社会主义国家意志的体现。作为上层建筑，法律必须反映和服务于经济基础，维护社会主义市场经济秩序，为各种市场主体创造自由公平、规范有序、安全稳定的环境，保障服务社会主义市场经济发展。服务大局是法治工作的性质和地位所决定。现阶段，党和国家大局是全面建设小康社会、推进中国特色社会主义事业，社会主义法治必须致力于实现党和国家这一根本任务，维护党和国家这一根本利益。

（一）把握大局是服务大局的前提条件

服务大局的首要前提，是要正确认识大局，牢牢把握大局。深刻认识大局的基本特征，才能正确认识和把握大局。首先，要把握大局的根本性，紧紧抓住大局不动摇。要始终保持维护大局的政治敏感性，主动批驳错误的思想和行为。法治工作尤其要旗帜鲜明地对一切干扰、冲击、危害大局的言论、行为开展斗争。其次，要把握大局的统领性，自觉在大局指引下行动。法治工作要从建设中国特色社会主义事业的全局出发，树立大局意识，养成全局思维，以大局为统率开展各方面工作，出现利益冲突时主动服从大局。再次，要把握大局的历史性，有效服务不同时期党和国家大局。法治工作必须牢牢把握党和国家在不同历史时期的根本任务或中心工作，找准法治建设与党和国家工作大局的结合点以及服务大局的工作着力点，努力为不同历史时期的大局服务。最后，还要把握大局的层次性，正确处理国家大局与地方大局的关系。当不同层次"大局"之间出现冲突和矛盾时，各级各地"大局"要服从国家"大局"，低层次的"大局"要服从高层次的"大局"，确保各个层次的"大局"始终指向党和国家大局，符合党和国家根本利益，服从并服务于党和国家大局。

（二）围绕大局是服务大局的根本保证

围绕大局，要求社会主义法治坚持服务大局的目标和方向，紧紧围绕大局来展开，以服务大局的成效来检验，全面保障服务中国特色社会主义事业。社会主义法治决策部署以服务大局为目标方向，就是要高举中国特色社会主义伟大旗帜，以邓小平理论和"三个代表"重要思想为指导，深入贯彻落实科学发展观，全面落实依法治国基本方略，加快建设社会主义法治国家，努力完善立法、严格执法、公正司法、自觉守法、繁荣法学研究，为深化改革开放、推动科学发展、促进社会和谐提供有力保障。各项法治工作以服务大局为基本准则，工作成效以服务大局为检验标准，全面保障服务社会主义经济建设、政治建设、文化建设、社会建设以及生态文明建设。

社会主义法治保障服务社会主义社会建设，就是要建立健全与和谐社会相适应的法律体系，维护社会公平正义，保障和促进社会和谐。健全社会保障体系，促进教育、卫生等社会事业发展；推进社会管理体制改革创新，推动完善社会管理，健全党和政府主导的维护群众权益机制，完善法律、行政、经济等多种手段相结合的社会矛盾化解机制，最大限度增加和谐因素，减少不和谐因素。政法机关和广大干警要把人民群众的事当作自己的事，把人民群众的小事当作自己的大事，从让人民群众满意的事情做起，从人民群众不满意的问题改起，为人民群众安居乐业提供有力法律保障。要深入推进社会治安综合治理，坚决遏制严重刑事犯罪高发态势，保障人民生命财产安全。

社会主义法治服务大局的要求落实到部门、单位和个人，就是要立足本职，切实履行好岗位职责，发挥好职能作用。打牢思想基础，加强大局意识、政治意识和服务意识，始终胸怀大局，保持清醒的政治头脑，坚决贯彻执行党的路线、方针和政策，主动拓展服务内容和领域，创新服务思路和措施；全面充分履职，坚决反对各种形式的不作为，既要防止单纯片面地讲服从，忽视社会主义法治建设自身规律和发展创新，不敢理直气壮地依法履行职责，甚至有法不依、执法不严、违法不究，又要防止缺乏工作热情，消极被动，不负责任，懈怠职责，甚至放弃职责履行；依法正确履职，依法履行职责的根本目的是保障和服务大局，不能不顾大局去"发挥"职能，割裂法治建设与改革发展、与党和国家大局的关系，脱离目标方向孤立看待、推进法治工作，也不能违反法律规定去"服务"大局，脱离法定职能，乱作为，滥用权力，影响妨碍大局。正确处理好法律效果、政治效果和社会效果之间的关系。坚持宪法法律至上、党的事业至上、人民利益至上的有机统一，坚持法律效果、政治效果和社会效果的内在一致性。

五、党的领导是社会主义法治的根本保证

党的领导是社会主义法治的根本保证，是社会主义各项事业取得胜利的根本保证。政党领导国家和政府是世界各国的普遍现象。坚持中国共产党的领导，是实施依法治国方略，推进社会主义法治建设，建设社会主义法治国家的根本保证。建设社会主义法治国家是一项伟大的系统工程，需要有组织、有领导、有计划地进行。面对法治建设的艰巨任务和复杂环境，只有坚持党的领导，发挥党总揽全局、协调各方的领导作用，才能加快推进我国的民主法制建设，为中国人民的自由和幸福提供坚实的法治保障。

中国共产党与西方政党的本质不同表现在政党的产生方式、根本属性、政治目标、组织形式和政治功能等各方面以及与国家政权建设、经济发展、文化建设、社会管理和人自身的发展的关系上，最重要的一点是政党与国家政权的关系上。美国政治学者塞缪尔·亨廷顿说："一个强大的政党能够以一个制度化的公共利益来取代四分五裂的个人利益。能够为超越狭隘地方观念的效忠和认同奠定基础，成为维系各种社会力量的纽带。"中国共产党的领导地位是在长期革命斗争中逐步形成的，是中国人民从长期奋斗历程中得出的最基本、最重要的结论。中国共产党的领导，是历史的选择，是人民的选择。坚持党的领导是党的先进性决定的，党的先进性的根本体现在于能够遵循社会发展的客观规律，始终走在时代潮流的前列，代表中国先进生产力的发展要求，代表中国先进文化的前进方向，代表中国最广大人民的根本利益。中国共产党处于中国政治体系的最核心层，履行着对政治系统全面的领导功能。这种领导功能主要包括三个方面：通过领导权力机关制定宪法和法律，制定路线、方针和政策实施政治领导；通过向权力机关、政府机关和司法机关以及军事机关输送精英实施组织领导；通过意识形态对政治系统实施思想领导。党的领导，主要是思想领导、政治领导和组织领导。党对社会主义法治的思想领导，就是要坚持马克思主义在法治领域的指导地位。马克思主义是我们立党立国的根本指导思想，我国社会主义法治建设必须坚持以马克思主义为指导，绝不能搞指导思想多元化。坚持马克思主义的立场、观点和方法，坚持中国特色社会主义理论体系，坚持解放思想、实事求是、与时俱进、求真务实。党对社会主义法治的政治领导，主要是政治原则、政治方向、重大决策的领导，核心是路线、方针和政策的领导。坚持走中国特色社会主义法治发展道路，坚持和完善中国特色社会主义司法制度，坚持党的路线方针政策。党对社会主义法治的组织领导，主要是通过推荐重要干部，加强立法、执法、司法机关党的组织建设，充分发挥党组织的作用，推动党的路线方针政策在法治领域得到贯彻落实。坚持党管干部的原则，加强党的各级组织建设，构建符合时代精神的组织领导格局。因此，应依法设定党在领导过程中的各种重要关系，为党的领导权的行使提供法律依据。要按照社会主义法治建设的要求，重点规范党同人民代表大会和各级政府及司法机关的关系，完善有关法律和制度，保证党在人民代表大会制度框架下，更好地行使对法治工作的领导权。

我国的社会主义法治建设一直是由中国共产党领导并推动的，并取得了举世瞩目的伟大成果。当前，我国的社会主义法治建设面临着许多重大历史课题，法治建设实践充分证明，只有坚持党的领导，才能切实保证国家法律的统一实施，才能将法律所确定的人民群众当家做主，管理国家事务、社会事务、经济和文化事务的根本利益落到实处。党既领导人民制定宪法法律，也领导人民执行宪法法律，做到党领导立法、保证执法、带头守法。政法工作要自觉维护党的政策和国家法律的权威性，确保党的政策和国家法律得到统一正确实施。要正确处理坚持党的领导和确保司法机关依法独立公正行使职权的关系。各级党组织和领导干部要支持政法系统各单位依照宪法法律独立负责、协调一致开展工作。党委政法委要明确职能定位，善于运用法治思维和法治方式领导政法工作，在推进国家治理体系和治理能力现代化中发挥重要作用。人民法院必须接受党对人民法院工作的领导不动摇，坚决贯彻党的路线、方针、政策，在党的领导下依法独立审判。党对司法工作的领导是路线、方针、政策的领导，是政治、思想、组织的领导，不仅不影响人民法院依法独立审判案件，而且还有力地保证了人民法院依法独立审判工作的开展。正如罗干同志曾指出："党中央和各级党委坚持谋全局，把方向，抓大事，不插手、不干预司法机关的正常司法活动，不代替司法机关对案件定性处理，不指派司法机关处理法定职责以外的事务。"

对于司法机关而言，严格依照宪法和法律，正确处理党的政策和国家法律的关系，因为党的政策和国家法律都是人民根本意志的反映，在本质上是一致的。严格依法独立公正行使审判权就是坚持党的领导。党的领导和人大监督非但不是人民法院依法独立公正行使审判权的障碍，反而能切实保障人民法院依法独立公正行使审判权。党的领导是社会主义法治的根本保证，是社会主义各项事业取得胜利的根本保证。衡量人民法院是否坚持党的领导，不是看它在办理个案中是否听从了某个组织或某位领导的意见，而是看它是否严格遵守了法律。宪法规定了人民法院必须依法独立行使审判权，这与坚持党的领导并不矛盾，相反从根本上是一致的。党通过法律把执政方针转化为国家意志，通过支持人民法院独立办案贯彻依法治国的基本方略，把国家和社会事务纳入法治轨道；人民法院在党的领导下独立行使审判权，在忠实贯彻执行法律的过程中体现党的意志，服务党的大局，维护党的权威。

第三节　社会主义法治理念教育是
一项长期任务

内因是发展变化的根据，外因是发展变化的条件，外因通过内因起作用。只有牢固树立社会主义法治理念，各级政权机关及其工作人员才能真正依法执政、执法为民，人民群众才能真正尊重法律、遵守法律。虽然新中国成立60多年来，特别是社会主义改革开放30多年来，我国经济实现了快速发展，但是由于地区之间、城乡之间发展不平衡，不同社会成员收入分配不平衡等问题，产生了大量社会矛盾。在法治建设方面的具体制度还不健全，有法不依、执法不严、违法不究现象依然存在，执法司法问题依然突出，部分公职人员滥用职权、失职渎职、执法犯法甚至徇私枉法的情况依然严重，公民包括一些领导干部的法治意识依然有待提高。对这些问题，我们必须高度重视，切实加以解决。如何使各级领导干部和全体执法人员坚持依法治国、执法为民，切实维护公平正义；如何教育引导全体公民知法守法，自觉通过法律渠道来表达诉求、维护自身合法权益，是我国法治建设进程中必须解决好的一个重大现实课题。

一、社会主义法治理念教育是党的一项长期工作

全面建成小康社会，加快推进社会主义现代化，实现中华民族伟大复兴，必须坚定不移走中国特色社会主义道路。发展中国特色社会主义是一项长期的艰巨的历史任务，必须准备进行许多具有新的历史特点的伟大斗争。建设中国特色社会主义法治国家需要社会主义法治精神和社会主义法治理念的强大支撑。时任中共中央总书记的胡锦涛同志提出"社会主义法治理念"这一命题后，中央政法委率先在全国政法系统部署了社会主义法治理念教育活动。政法实务界开始关注并对社会主义法治理念进行总结和研究。2006年7月中央宣传部、中央政法委、司法部和中国法学会联合启动并组织法学专家，在中部十省进行"百名法学家百场报告会"活动。2007年2月中央政法委出台了深化社会主义法治理念教育的意见，全国人大常委会在《关于加强法制宣传教育的决议》中，把"进一步增强公务员社会主义法治理念，提高依法行政能力和水平"列为"五五"普法所要达到的三大目标之一。在此基础上，到2007年10月，胡锦涛同志在中国共产党第十七次全国代表大会上的报告中正式提出了"树立社会主义法治理念，实现国家各项工作法治化"的政治目标；在11月27日政治局集体学习上的讲话中，他把深入开展社会主义法治理念教育作为法制宣传教育工作的一项重要任务，并指出"要深入开展社会主义法治理念教育，增强各级党委依法执政的意识，增强各级政府依法行政的能力和水平，增强各级干部和国家机关工作人员依法办事的素质和本领"；12月26日，他又在全国政法工作会议上进一步提出"党的事业至上、人民利益至上、宪法法律至上"，这是对社会主义法治理念的进一步总结和提炼，于是又引起了学术界进一步的广泛关注和进一步的深入研究。在随后的2008年，中共中央政法委员会又下发了《关于深入开展社会主义法治理念教育的意见》，提出在政法机关所属大专院校普遍开展社会主义法治理念教育，使社会主义法治理念的教育范围得以进一步扩大。2009年9月4日中共中央政法委、中央组织部、中央宣传部、教育部在人民大会堂联合举行《社会主义法治理念读本》首发式暨座谈会，目的是广泛深入地开展社会主义法治理念教育活动，把社会主义法治理念的基本要求始终贯穿于中国社会主义法治建设的各个方面，并促进全社会、全体公民自觉树立起维护宪法法律的尊严的意识、自觉守法、用法，努力使这一科学理念深入全体公民的内心，真正做到使每一个公民都能够自觉做社会和谐的维护者、建设社会主义法治国家的促进者。

人民是历史的创造者，是社会变革的最终决定力量。因此，要坚持人民主体地位，切实保障公民享有权利和履行义务，宪法的根基在于人民发自内心的拥护，宪法的伟力在于人民出自真诚的信仰，只有保证公民在法律面前一律平等，尊重和保障人权，保证人民依法享有广泛的权利和自由，宪法才能深入人心，走入人民群众，宪法实施才能真正成为全体人民的自觉行动。要在全社会牢固树立宪法和法律的权威，让广大人民群众充分相信法律、自觉运用法律，使广大人民群众认识到宪法不仅是全体公民必须遵循的行为规范，而且是保障公民权利的法律武器。

但是，社会主义法治理念教育是一项长期任务，不可能一蹴而就。意识形态的形成是一个长期过程，各级法院既要集中开展教育，确保取得阶段性成果，又要不断总结经验，进一步建立健全长效机制。要把社会主义法治理念教育作为必修课，纳入本单位教育培训规划，并不断丰富教育的内容，不断增强教育的针对性，把这项教育深入、持久地坚持下去。

二、社会主义法治理念教育要与社会主义核心价值观结合起来

中国特色社会主义是当代中国发展进步的根本方向，独特的文化传统、独特的历史命运、独特的基本国情决定了我们必然要走适合自己特点的发展道路，中国特色社会主义是科学社会主义理论逻辑和中国社会发展历史逻辑的辩证统一。社会主义核心价值体系是中国特色社会主义法治国家建设的重要组成部分。党的十八大报告指出：社会主义核心价值体系是兴国之魂，决定着中国特色社会主义发展方向。要深入开展社会主义核心价值体系学习教育，用社会主义核心价值体系引领社会思潮、凝聚社会共识。推进马克思主义中国化、时代化、大众化，坚持不懈用中国特色社会主义理论体系武装全党、教育人民，深入实施马克思主义理论研究和建设工程，建设哲学社会科学创新体系，推动中国特色社会主义理论体系进教材进课堂进头脑。广泛开展理想信念教育，把广大人民团结凝聚在中国特色社会主义伟大旗帜之下。大力弘扬民族精神和时代精神，深入开展爱国主义、集体主义、社会主义教育，丰富人民精神世界，增强人民精神力量。倡导富强、民主、文明、和谐，倡导自由、平等、公正、法治，倡导爱国、敬业、诚信、友善，积极培育和践行社会主义核心价值观。牢牢掌握意识形态工作领导权和主导权，坚持正确导向，提高引导能力，壮大主流思想舆论。

坚持中国特色社会主义政治发展道路，关键是要坚持党的领导、人民当家做主、依法治国有机统一，就要自觉恪守宪法原则、弘扬宪法精神、履行宪法使

命；就要全面推进科学立法、严格执法、公正司法、全民守法，坚持依法治国、依法执政、依法行政共同推进，坚持法治国家、法治政府、法治社会一体建设；就要切实保障公民享有权利和履行义务，依法公正对待人民群众的诉求，努力让人民群众在每一个司法案件中都能感受到公平正义。习近平曾强调，把培育和弘扬社会主义核心价值观作为凝魂聚气、强基固本的基础工程，继承和发扬中华优秀传统文化和传统美德，广泛开展社会主义核心价值观宣传教育，积极引导人们讲道德、尊道德、守道德，追求高尚的道德理想，不断夯实中国特色社会主义的思想道德基础。要认真汲取中华优秀传统文化的思想精华和道德精髓，大力弘扬以爱国主义为核心的民族精神和以改革创新为核心的时代精神，深入挖掘和阐发中华优秀传统文化讲仁爱、重民本、守诚信、崇正义、尚和合、求大同的时代价值，使中华优秀传统文化成为涵养社会主义法治理念的重要源泉。我们说的道路自信、理论自信、制度自信从哪里来？正是来源于法治建设的实践、来源于人民的法治精神、来源于社会主义法治理念的培育和坚持。中国特色社会主义是一项前无古人的伟大事业，前进的道路上不可能一帆风顺。坚持和发展这样的大业，既不能妄自菲薄，也不能妄自尊大；既要看清我们的道路、理论、制度有着自己鲜明特色和显著优势，又要以发展的观点对待社会主义，不断有所发现、有所创造、有所前进，不断丰富中国特色社会主义的实践特色、理论特色、民族特色、时代特色。

三、社会主义法治理念教育需要建立长效机制

历史是过去的现实，现实是未来的历史。党的十八大报告指出：深入开展法制宣传教育，弘扬社会主义法治精神，树立社会主义法治理念，增强全社会学法遵法守法用法意识。提高领导干部运用法治思维和法治方式深化改革、推动发展、化解矛盾、维护稳定的能力。党虽然领导人民制定宪法和法律，但是党必须在宪法和法律范围内活动。任何组织或者个人都不得有超越宪法和法律的特权，绝不允许以言代法、以权压法、徇私枉法。社会主义法治理念的形成是一个知识与理性内化并形成稳定的内心结构的过程，是素质问题，是教育问题，更是一个文化问题，不能操之过急，需要建立社会主义法治理念教育的长效机制。

社会主义法治理念是构建法治国家的主观条件，它的根源在于我国的经济、政治、文化和社会发展的实际，反映法治的性质、宗旨、结构、功能和价值取向的一些达到理性具体的观念和信念，是立法、执法、司法、守法和法律监督的基本指导思想，是法治体系的精髓和灵魂。深入开展社会主义法治理念教育必须克服四种倾向，即克服一般化理解的倾向、简单化理解的倾向、空洞化理解的倾向和片面化理解的倾向。因此，构建和学习社会主义法治理念，不仅要坚持马克思主义的指导和具有世界眼光，还要掌握和运用科学方法。2009 年 2 月，中共中央政法委员会出台了《关于深入开展社会主义法治理念教育的意见》，为巩固和深化政法系统近年来开展社会主义法治理念集中教育取得的阶段性成果，明确提出要从五个方面深入持久地开展社会主义法治理念教育，建立健全长效工作机制，包括建立和完善集中培训制度、建立和完善巡回宣讲制度、建立和完善政法宣传舆论工作联席会议制度、建立和完善指导法学理论研究制度、建立和完善指导法学教育制度。开展好社会主义法治理念教育要实现理念教育常态化和制度化，应建立包括责任目标机制、学习培训机制、典型导向机制、拓展延伸机制、理念研究机制、考核奖惩机制和教育保障机制等在内的常态化机制。

更重要的是，一种价值观要真正发挥作用，必须融入社会生活，让人们在实践中感知它、领悟它。要注意把我们所提倡的与人们日常生活紧密联系起来，在落细、落小、落实上下功夫。我们应响应号召，切实把社会主义法治理念贯穿于社会生活方方面面。要通过司法审判、教育引导、舆论宣传、文化熏陶、实践养成、制度保障等，使社会主义法治理念内化为人们的精神追求，外化为人们的自觉行动。在教育实践中，要引导广大领导干部和人民群众深刻理解社会主义法治理念的深刻内涵，全面、准确把握理论精髓和实践要求，努力澄清各种模糊认识，以理论上的清醒带动行动上的自觉。

第三章 法官行为规范

第一节 概　述

职业道德实质上就是某种职业从业人员共同遵循的道德。法官职业道德是由职业道德中派生出来的一种具体的法律职业范畴中的司法审判职业从业者的道德。它同时具有道德的普遍特征和职业道德的共性特征，是在此基础上结合自身的司法职业特点而产生的特定职业从业人员道德规则。在这样的道德范畴中，职业是道德的特定性质取向，从业人员是特定道德的主体或承载者。离开了职业的特殊性，道德仍然是抽象的共同道德；离开了从业人员，职业道德对职业的拘束力无从附着，仍然游离于职业之外，无法自动地与职业结合。

一、法官职业

定义和理解法官职业道德，首先要对法官职业作出适当的界定。由于法官职业本身可以有狭义和广义两种界定，法官职业道德可以从狭义和广义两个层面进行理解。

什么是法官职业？长期以来，在我国并没有法官职业这一提法，人们使用的说法是司法战线、司法系统、法院系统等说法，我们并没有认真地研究法官是否可以成为一种独立的职业，或有无作为职业存在的可行性和必要性。因此，法官职业这个说法，到今天为止，依然是十分模糊、边界不清的概略性提法。在法院内部，这个说法仍显得有些底气不足，对社会职业而言，这个说法的内涵和外延都有商榷的余地。比较持之有据的说法，最早出现在21世纪之初：一是2001年10月18日，最高人民法院制定与颁布的《法官职业道德基本准则》，这是我国较早正规使用"法官职业化"一词；二是2002年7月18日，最高人民法院发布了《关于加强法官队伍职业化建设的若干意见》的文件——至于这个文件及其提出的主概念本身的性质、意义、价值和作用，本书暂不讨论。但这个文件提出了"法官职业化"这个概念，并以"法官职业化"作为一个带有某种基调的高频词汇，把10个月前颁布的《法官职业道德基本准则》中以"法官职业道德"为主调引出的"法官职业"一词，再次以"法官职业化"的方式推现于公众视野里。至于"法官职业化"内中的就里，则是其他方面讨论的问题，本书不予触及。当时那样的情形下，刚刚出现不久的"法官职业"一词并没有直接站立在社会职业的舞台上，就再次成为"法官职业化"的派生和附属用语而存在和被认知。但无论如何，毕竟这一文件又一次正式提出并通过对"法官职业化"规范使用而规范了"法官职业"在中国的语境。至少，从那个时候起，法官职业可以独立存在，并逐步走进了学术界和社会的视野。

逻辑上讲，法官职业与其他职业是有所区别的。怎样区别？我们认为：

第一，法官职业是否有别于社会一般职业？这个问题的答案毋庸置疑。法官行使国家司法权，不能被其他职业所取代。

第二，法官职业是否有别于司法职业内的其他职业，如有别于检察、律师、司法行政等？答案当然也是肯定的。司法行政属于行政序列，检察属法律监督序列，性质上不容混淆。

第三，法官职业是否有别于审判系统或体制内的其他从业人员，审判体制内的其他从业人员是否也有自己独立的职业归属？对此，《法官法》已经给出了明确回答。按照法律规定，法官是法官法规范的唯一对象。至于法院内的其他从业人员，相对司法审判业务而言，都是从属、附属和参与性质的。所以，严格地讲，他们既不是法官法的约束对象，也不是法官职业道德准则的适用对象。所以，法院内的其他从业人员，如行政人员和法警，只能参照法官职业道德基本准则执行。

第四，法官职业是否有别于同样担负司法审判职能的其他人员？这个问题的答案也是由法律直接明确规定的。在我国，担负司法审判职能的其他人员，就是指人民陪审员，他们在履行审判职能时，具有与法官完全相同的诉讼主体地位。但同时也应当看到，人民陪审员不是一种独立的职业，他们只是在从事其他职业的同时，受人民法院邀请参加有关案件的审判工作。所以，法官职业道德应当是有条件地适用于人民陪审员，即在人民陪审员依法履行审判职能时，适用于人民陪审员。人民陪审员依法履行审判职责期间，应当遵守本准则。

基于上述分析，不难对狭义的法官职业范畴给出一个较为准确的表述。即从狭义上讲，法官职业指的是在人民法院所从事的以司法审判为基本业务活动的工作岗位。广义上的法官职业实际上是狭义的法官职业所派生出来的概念，它指的是包括法官在内的司法审判业务及其相关的人民法院工作岗位。由于法院的工作岗位类别繁多，除法官之外，还有书记员、法警、行政人员、后勤人员等，他们都可以通过各种工作或其他方式与法官密切关联，都可以影响到法官的司法审判工作，从保证法官业务的客观公正的角度上讲，把他们纳入法官职业的范畴，应当说是有一定的道理的。只是这样一来，法官职业就具有了较大的包容性，其中包含着许多其他的职业类别，所以也可以把它看做是狭义的法官职业的一个延伸概念。

当我们从职业生涯的完整性来看待法官职业时，人民陪审员不同于法官，因为他们并不以此为职业。但是，尽管任何职业都是全时段的，但从业人员的职业时间并不是全时段的，即使是法官，也不是所有法官一生的职业，而是担任这个职务的时间阶段上的职业，因此，职业的全时段性并不意味着从业人员职业生涯的全时段性，相反，它所意味着的是从业人员职业上的时限性，即从业人员有着全时段从业和时限性从业的区别，法官职业的从业人员可以是职业生涯全时段的从业人员，也可以是一定时间阶段的从业人员，人民陪审员和在法院工作一定时间的工作人员，就是这种时限性从业人员，也就是说，他们是在特定的时限上的从业人员，因此他们必须在特定时限上受法官职业道德的拘束。正因为如此，法律明确规定了人民陪审员在诉讼中的地位和职能与法官的一致性，事实上，他们在诉讼活动中不仅与司法相关，而且直接关联到司法审判活动的公正和效率。所以，虽然他们并非法官职业从业人员，但在诉讼活动中必须遵循与法官同等的职业要求，包括法官职业道德规范的约束和制约。

因此，对法官职业和职业道德作较为宽泛的表述，把法官、法院其他人员和人民陪审员一体纳入法官职业道德的约束，是符合我国现阶段的基本国情的。

二、法官职业道德

法官职业的特殊性决定了法官职业道德的特殊性和独立存在的意义。

基于前述对法官职业特殊性的分析，我们认为法官职业道德即适用于法官这个特殊职业的道德。以这个特殊职业的从业人员为基本着眼点，可以这样定义法官职业道德：法官职业道德是保证法官职业从业人员正确履行法律赋予职责的特定道德要求。具体而言，它是法官职业从业人员在本职工作和业外活动中逐渐形成的基本道德观念、基本行为规范和良好职业习惯的总称。法官职业道德为法官职业从业人员的职业活动提供着约束从业者行为，调节从业人员之间的相互关系和法官职业与社会之间关系的作用，起到评价从业人员职业行为正确与否的基本判断标准作用，对从业人员具有普遍约束力，并通过这种普遍拘束力来维系司法公正、维护法律尊严。

正确理解和准确把握法官职业道德，应当着重注意以下几个方面的问题：

1. 法官职业道德的主体。所谓法官职业道德的主体，就是法官职业道德的承载者，也就是受法官职业道德约束的这个特定职业的从业人员。这个问题通俗地讲，就是法官职业道德是管谁的问题。法官职业道德的主体有三类：一是法官；二是法院其他工作人员；三是人民陪审员。我们把法官职业道德的主体确定为这样三类人员，是因为受法官职业道德约束的这个特定职业的从业人员不仅有法官，而且包括人民陪审员和法院其他工作人员。法官代表国家行使审判权，自然属于法官职业道德的主体，也是法官职业道德的主要约束对象。由于我国实行的是有中国特色的社会主义司法制度，作为人民当家做主在司法制度上的一个反映，人民群众参加审判活动的主要表现形式就是人民陪审员制度，法律保障人民陪审员在审理案件过程中，始终与法官享有同等的权利，始终与法官承担同等的义务。至于法院的其他工作人员，如法警、书记员、行政后勤人员等，虽然不是审判人员，但却是这个职业的从业人员。由于他们的言行与司法公信力的确定有着密切的联系，由于他们与法官之间的天然联系，由于他们的服务保障工作与审理案件的现实关联性，这些因素始终存在，随时可能影响司法审判活动，所以，他们也必然成为法官职业道德的主体。

2. 法官职业道德规范的对象。法官职业道德规范的对象，指的是法官职业道德规范的事项范围，即从业者做哪些事应当遵守职业道德规则。简言之，就是法官职业道德是管什么事的问题。法官职业道德规范的对象主要包括两类事项或行为：一是法官职业从业人员的履职行为；二是法官职业从业人员的非履职行为。履职行为是履行司法职务的行为，最主要的就是履行司法工作职业，代表国家行使审判权，维护公平正义和法律权威，由于这项行为直接体现法官职业的核心价值，因此法官职业道德主要是针对审判活动作出道德规范的设置。非履职行为强调的侧重点在于非履行职务时的其他行为，如参加法律咨询、外出授课、著书立说、婚姻家庭等。这些行为可能存在着对法官职业形象的影响因素，在一定条件下甚至可能影响司法公信力，以职业道德进行约束不仅对从业人员个人是必要的，对维系职业的外在形象也是必需的。

3. 法官职业道德规范的内容。法官职业道德规范的内容，是指法官职业道德规范所涵盖的范畴。简言之，就是法官职业道德在多大范围管事的问题。我们认为，法官职业道德规范的内容主要应当包含两大类：一是行为规范；二是道德理念。行为规范的内容是对从业人员业内和业外行为进行规范的各种要求的总称，道德理念是一系列与法官职业美德紧密相关的观念总称。法官职业道德理念如忠诚、为民、公正、廉洁，对法官职业从业人员的业内和业外行为起着决定性的作用，并通过从业人员具体的业内和业外行为表现出来。法官职业道德理念体现的是法官职业道德的主要价值取向，法官业内业外行为则是法官职业道德的外在表现。同时，由于行为规范包含业内和业外活动，因此，从业人员的 8 小时以外的活动，也应当置于职业道德的约束之下。

三、人民司法制度下的法官职业道德的建立

1921 年 7 月，中国共产党成立。随着人民民主政权的建立，人民司法制度也逐渐建立并发展完善。与中国共产党的政治宗旨相一致，对司法人员的基本要求是牢记"为人民服务"的宗旨，"马锡五审判方式"的推广、"便利人民群众诉讼，便利人民法院依法审判"的"两便"原则的确立，就是这一要求在人民司法制度中的具体反映。

十一届三中全会以后，随着政治、经济生活的变化，法律关系日益复杂，法院的审判工作也日益繁重，人民群众的法律意识普遍提高，对人民法院的司法要求也越来越迫切。为了回应这种变化，最高人民法院颁布了"七不许"规定和"八不准"规定，对法官的具体行为进行了明确的规范。

其中，"七不许"是指：①不许违反法律规定受理无权管辖的案件。②不许偏袒一方诉讼当事人。③不许拒不协助外地法院执行已生效的判决或为本地被执行人通风报信。④不许办"人情案"、"关系案"，为涉及自己亲戚朋友的案件说情。⑤不许滥用强制措施，以扣押"人质"作为执行的手段。⑥不许乱设机构。⑦不许泄露审判秘密和国家其他秘密。

"八不准"的规定则包括：①不准主观臆断；②不准徇情枉法；③不准贪赃枉法；④不准吃请受礼；⑤不准索贿受贿；⑥不准经商牟利；⑦不准欺压群众；⑧不准泄露机密。

随着司法改革的深入，社会经济生活日益复杂化，各类新型案件的日益增多，对人民法院公正行使司法权提出了更高的要求，与此相适应的就是对法官职业道德水平的提高也提出了新标准。

1999 年 7 月 29 日，最高人民法院发布了《关于贯彻中共中央〈关于进一步加强政法干部队伍建设的决定〉建设一支高素质法官队伍的若干意见》提出：加强职业道德教育，要结合法院审判工作的实际，深入持久地广泛开展以强化公正司法意识为主要内容的职业道德教育，教育广大法官牢记全心全意为人民服务的宗旨，模范遵守法官法和各项廉政建设的规定和要求，自重、自省、自警、自律，廉洁执法，拒腐防变，树立为人民掌好权、用好权的思想。通过开展"争创人民满意的好法院，争当人民满意的好法官"等活动，力争使法官队伍的思想作风和精神面貌有一个根本转变。严格遵守政治纪律和审判纪律。法官要"讲学习、讲政治、讲正气"，树立政治意识、大局意识，坚决维护以江泽民同志为核心的党中央的权威，一切行动听从党中央的指挥，以自己的实际工作保证党的基本路线和基本方针的贯彻执行。要严格遵守中央政法委的四条禁令：①绝对禁止政法干警接受当事人请吃、喝、送钱物；②绝对禁止对告状求助群众采取冷漠、

生硬、蛮横、推诿等官老爷态度；③绝对禁止政法干警打人骂人、刑讯逼供等违法违纪行为；④绝对禁止政法干警参与经营娱乐场所或为非法经营活动提供保护。法官不得有下列行为：①散布有损国家声誉的言论，参加非法组织，参加旨在反对国家的集会、游行、示威等活动，参加罢工；②贪污受贿；③徇私枉法；④刑讯逼供；⑤隐瞒证据或者伪造证据；⑥泄露国家秘密或者审判工作秘密；⑦滥用职权，侵犯公民、法人或者其他组织的合法权益；⑧玩忽职守，造成错案或者给当事人造成严重损失；⑨故意拖延办案，贻误工作；⑩利用职权为自己或者他人谋取私利；⑪从事营利性的经营活动；⑫私自会见当事人及其代理人，接受当事人及其代理人的请客送礼；⑬其他违法违纪行为。对违反规定者，根据《人民法院审判纪律处分办法（试行）》严肃处理。

2001 年 10 月 18 日，《法官职业道德基本准则》出台，2005 年 11 月 4 日《法官行为规范》发布试行。

2009 年 1 月 8 日上午，最高人民法院举行新闻发布会，向社会公布"五个严禁"规定：严禁接受案件当事人及相关人员的请客送礼；严禁违反规定与律师进行不正当交往；严禁插手过问他人办理的案件；严禁在委托评估、拍卖等活动中徇私舞弊；严禁泄露审判工作秘密。最高人民法院同时宣布"五个严禁"规定适用于全国四级人民法院的所有行政编制和事业编制的工作人员。

2010 年 12 月 6 日，《中华人民共和国法官职业道德基本准则》和《法官行为规范》经修订后公布。同日，最高人民法院还发布了《人民法院文明用语规范》。

第二节　忠诚司法事业

法官职业道德的根本宗旨就是保证法官正确履行法律赋予的职责，为了实现这一宗旨，对事业的忠诚自然就是职业的基本要求。职业的基本要求必须反映到职业道德层面上来，作为职业道德的基本要求。因此，忠诚司法事业必然是法官职业道德的第一要求。正是基于这种特定的、对职业的最基本要求，《法官职业道德基本准则》不仅规定了法官对司法职业忠诚的要求，而且把它作为法官职业道德中最基本和首要的职业道德要求，具体内容为：

1. 牢固树立社会主义法治理念，忠于党、忠于国家、忠于人民、忠于法律，做中国特色社会主义事业的建设者和捍卫者。

2. 坚持和维护中国特色社会主义司法制度，认真贯彻落实依法治国基本方略，尊崇和信仰法律，模范遵守法律，严格执行法律，自觉维护法律的权威和尊严。

3. 热爱司法事业，珍惜法官荣誉，坚持职业操守，恪守法官良知，牢固树立司法核心价值观，以维护社会公平正义为己任，认真履行法官职责。

4. 维护国家利益，遵守政治纪律，保守国家秘密和审判工作秘密，不从事或参与有损国家利益和司法权威的活动，不发表有损国家利益和司法权威的言论。

一、忠诚司法事业与法官职业角色、使命和态度

（一）忠诚司法事业与法官职业角色

根据《法官职业道德基本准则》的规定，法官对司法职业忠诚的具体要求首先表现在对法官职业角色定位的要求，也就是说，从职业道德的视点出发，法官在职业道德的价值体系内，它应当是中国特色社会主义事业的建设者和捍卫者。这个角色定位，说明法官不仅仅是审判系统的纯粹的裁判者、司法系统的单纯的司法者，更不只是一般意义上的法律工作者，而是在中国特色社会主义事业中有其特定身份角色价值定位的建设者和捍卫者。

实现这种特定身份角色价值定位，就要牢固树立社会主义法治理念，忠于党、忠于国家、忠于人民、忠于法律。其中，"四个忠于"是实现身份角色价值定位的标准和尺度，牢固树立社会主义法治理念是实现身份角色价值定位的前提和基础。

（二）忠诚司法事业与法官职业使命

按照《法官职业道德基本准则》的规定，法官对司法职业忠诚的具体要求也要体现在对法官职业使命定位的要求上，我们可以认为，从职业道德的语境考虑，法官在职业道德的价值体系内应当有其特殊的道德使命。这项使命就是自觉维护法律的权威和尊严。这种使命定位表明法官对司法审判职业的忠诚不仅仅是作为执行者去做事情、去应付差事、去完成任务，而是在中国特色社会主义事业中去担当其特定历史的道德使命——维护法律的权威和尊严。这个使命既是严肃的，又是神圣的。这种职业使命定位也是职业角色责无旁贷的事业要求。

担当这种特定使命，就要通过坚持和维护中国特色社会主义司法制度，认真贯彻落实依法治国基本方略，尊崇和信仰法律，模范遵守法律，严格执行法律的具体要求来实现。这种使命定位要求在法官的司法忠诚语境下构成了法官的职业道德使命体系。其中，坚持和维护中国特色社会主义司法制度是达成忠诚使命的目标要求；认真贯彻落实依法治国基本方略是达成忠诚使命的路线要求；对法律的崇、信、守、执（尊崇和信仰法律，模范遵守法律，严格执行法律），则是达成忠诚使命的具体方法要求。

（三）忠诚司法事业与法官职业态度

依照《法官职业道德基本准则》的规定，法官对司法职业忠诚的具体要求还要反映在对法官职业态度定位的要求方面，毫无疑问，从司法忠诚的总体要求出发，法官在职业道德的价值体系内必须有其特殊的态度定位。这种态度定位表现在必须认真履行法官职责，在自己的司法审判职业生涯中端正思想，明确态度，坚定不移地在中国特色社会主义事业中去认真履行其法官职责。这个职责既是其本分，又是一种对事业高度负责的道德要求。这种职业态度定位，也是其使命要求在道德范畴的必然延伸。

履行这种特定职责，就要求法官必须热爱司法事业，珍惜法官荣誉，坚持职业操守，恪守法官良知，牢固树立司法核心价值观，以维护社会公平正义为己任。

履行这种特定职责的上述具体要求，同样也是在法官司法忠诚的道德语境下构筑法官的职责体系。热爱司法事业是主观能动性上的要求，珍惜法官荣誉是荣辱观的道德要求，操守和良知则是内在道德标准和善恶判断准则的养成要求，而牢固树立司法核心价值观则是法官履职尽责的主、客观与社会效果相统一的总体要求，至于以维护社会公平正义为己任则更是职业特色的技术道德要求。

这里还需要特别强调一点，依据《法官职业道德基本准则》第 2 条的规定，法官职业道德的核心是公正、廉洁、为民。在 2010 年 3 月召开的第十一届全国人民代表大会第三次会议上，最高人民法院院长王胜俊提出人民法官应树立公正、廉洁、为民的司法核心价值观。嗣后，最高人民法院于 2010 年 8 月 5 日公布《关于进一步加强人民法院文化建设的意见》，又以正式文件的形式将公正、廉洁、为民的司法核心价值观确立下来了。2009 年 9 月 11 日，最高人民法院公布了《关于公布人民法庭庭训的通知》，根据这一文件，"公正、廉洁、为民"也是人民法庭庭训。

"公正、廉洁、为民"是法官履职尽责的主、客观与社会效果相统一的总体要求，三者是相互联系、相互支撑的，有机的、系统的整体。它总结了成功经验，又有新的提升概括；反映了现实的迫切需要，又可以最大限度地促进和形成全体人民法官的共识。更为明显的是，廉洁是法官自律上的要求，为民是一项特殊的政治要求，而公正则是社会效果上的要求。公正、廉洁、为民与忠诚共同构成了政法干警的司法核心价值观。

二、维护国家利益，遵守政治纪律

维护国家利益，遵守政治纪律，是法官必须遵循的职业道德。法官要做到：

1. 不得参加反党、反社会主义的政治活动；不得从事或参与有损国家利益和司法权威的活动，不得发表有损国家利益和司法权威的言论。

2. 不得参加邪教组织或者参与封建迷信活动；而且要向家人和朋友宣传科学，引导他们相信科学、反对封建迷信；同时，对利用封建迷信活动违法犯罪的，应当立即向有关组织和公安部门反映。

3. 因私出国（境）探亲、旅游，要如实向组织申报所去的国家、地区及返回的时间，经组织同意后方可出行；外出时，要遵守当地法律，尊重当地民风民俗和宗教习惯；注意个人形象，维护国家尊严。

三、保守秘密

法官保守的秘密分为国家秘密和案件秘密。法官无论是在案件的审理中，还是在写作、授课过程中，应当避免对具体案件和有关当事人进行评论，不披露或者使用在工作中获得的国家秘密、商业秘密、个人隐私及其他非公开信息；接受新闻媒体采访必须经组织安排或者批准；在接受采访时，不发表有损司法公正的言论，不对正在审理中的案件和有关当事人进行评论，不披露在工作中获得的国家秘密、商业秘密、个人隐私及其他非公开信息。

1. 国家秘密的范围。根据《保守国家秘密法》第9条的规定，下列涉及国家安全和利益的事项，泄露后可能损害国家在政治、经济、国防、外交等领域的安全和利益的，应当确定为国家秘密：

（1）国家事务重大决策中的秘密事项。

（2）国防建设和武装力量活动中的秘密事项。

（3）外交和外事活动中的秘密事项以及对外承担保密义务的秘密事项。

（4）国民经济和社会发展中的秘密事项。

（5）科学技术中的秘密事项。

（6）维护国家安全活动和追查刑事犯罪中的秘密事项。

（7）经国家保密行政管理部门确定的其他秘密事项。

（8）政党的秘密事项中符合前款规定的，属于国家秘密。

2. 国家秘密的密级。国家秘密的密级分为绝密、机密、秘密三级。

绝密级国家秘密是最重要的国家秘密，泄露会使国家安全和利益遭受特别严重的损害；机密级国家秘密是重要的国家秘密，泄露会使国家安全和利益遭受严重的损害；秘密级国家秘密是一般的国家秘密，泄露会使国家安全和利益遭受损害。

3. 案件秘密。案件秘密分为商业秘密、个人隐私和审判工作秘密。

（1）商业秘密。根据我国反不正当竞争法的有关规定，所谓商业秘密，是指不为公众所知悉、能为权利人带来经济利益、具有实用性并经权利人采取保密措施的技术信息和经营信息。

商业秘密具有以下特性：

第一，不为公众所知悉。但是，具有下列情形之一的，可以认定有关信息不构成不为公众所知悉：该信息为其所属技术或者经济领域的人的一般常识或者行业惯例；该信息仅涉及产品的尺寸、结构、材料、部件的简单组合等内容，进入市场后相关公众通过观察产品即可直接获得；该信息已经在公开出版物或者其他媒体上公开披露；该信息已通过公开的报告会、展览等方式公开；该信息从其他公开渠道可以获得；该信息无需付出一定的代价而容易获得。

第二，能为权利人带来经济利益，具有实用性。

第三，权利人采取了保密措施。人民法院应当根据所涉信息载体的特性、权利人保密的意愿、保密措施的可识别程度、他人通过正当方式获得的难易程度等因素，认定权利人是否采取了保密措施。具有下列情形之一，在正常情况下足以防止涉密信息泄漏的，应当认定权利人采取了保密措施：限定涉密信息的知悉范围，只对必须知悉的相关人员告知其内容；对于涉密信息载体采取加锁等防范措施；在涉密信息的载体上标有保密标志；对于涉密信息采用密码或者代码等；签订保密协议；对于涉密的机器、厂房、车间等场所限制来访者或者提出保密要求；确保信息秘密的其他合理措施。

（2）个人隐私。隐私权是指自然人享有的私人生活安宁与私人信息不被他人非法侵扰、知悉、搜集、利用和公开的一项人格权。按照张新宝教授的观点，根据我国具体情况，结合国外有关的理论科研成果，隐私权的内容主要有：①公民享有姓名权、肖像权、住址、住宅电话、身体肌肤形态的秘密，未经许可，不可以刺探、公开或传播。②公民的个人活动，尤其是在住宅内的活动不受监视、窥视、摄影、录像，但依法监视居住者除外。③公民的住宅不受非法侵入、窥视或骚扰。④公民的性生活不受他人干扰、干预、窥视、调查或公开。⑤公民的储蓄、财产状况不受非法调查或公布，但依法需要公布财产状况者除外。⑥公民的通信、日记和其他私人文件不受刺探或非法公开，公民的个人数据不受非法搜集、传输、处理、利用。⑦公民的社会关系，不受非法调查或公开。⑧公民的档案材料，不得非法公开或扩大知晓范围。⑨不得非法向社会公开公民过去的或现在纯属个人的情况，如多次失恋、被强奸等，不得进行搜集或公开。⑩公民的任何其他属于私人内容的个人数据，不可非法搜集、传输、处理利用。

（3）审判工作秘密。审判工作秘密应当属于非公开信息。审判工作秘密因为与当事人的利益密切相关，与人民法院公正审理案件有着重要关系，因此，保守审判工作秘密是法官必须遵守的职业道德。根据一些人民法院的内部规定，人民法院审判工作秘密应当包括以下内容：①审判、执行合议庭合议情况，包括合议案件的个人意见和内容。②合议庭合议案件的笔录。③主管院领导召集相关人员或庭室人员对案件处理的讨论情况及笔录。④合议庭主审人、主持人或合议庭对案件处理的请示或报告函件。⑤主管院领导或庭室负责人对法律文书签发的意见。⑥审理报告和未宣判的裁判文书及裁判内容。⑦上级人民法院或主管领导对案件处理的意见。⑧审判委员会讨论案件的情况，包括委员个人意见和尚未公开的决定。⑨审判委员会讨论案件的笔录。⑩法院内部对案件处理的往来函件。⑪地方党委、人大等机关或领导对案件处理的来函。⑫有关机关、人员、团体监督案件处理的意见函件。⑬同级或上级领导的书面批示或书面指导意见。⑭纪检监察机关根据举报线索对案件处理发出的书面监察建议。⑮其他有关涉及对案件处理的审判秘密。

　　法官在保守审判工作秘密过程中，需要做到：

　　第一，在合议过程中注意保守秘密。合议或讨论案件必须在专门合议室或会议室进行，非主管领导和无关人员应主动回避，不得旁听或打听合议情况。合议庭笔录由书记员交合议庭成员签字后，交案件承办人保管，不得带出合议场所。合议的内容和结果除参与合议的人员外，不得泄露给任何人。

　　第二，在讨论案件过程中注意保守秘密。庭室讨论案件或主管院长召集相关人员讨论案件，除参与讨论的人员外，不得泄露给任何人，其笔录由案件承办人保管；审判委员会讨论案件必须在专门会议室进行，除审判委员会委员、案件承办人、列席会议的本庭室负责人、记录人员外，无关人员应当回避，不得旁听。汇报其他案件的承办人应在该会议室外面等候；审判委员会讨论案件情况和决定，除参与讨论的人员外，不得泄露给任何人。其笔录应于当天交审判委员会委员签字，签字后交案件承办人保管，不得在记录人员手中过夜。

　　第三，法律文书的送达、保管、归档、打印要保守秘密。人民法院之间或与地方各机关之间与案件有关的函件，必须由专人送达或使用挂号信函。凡与案件处理有关的函件必须由案件承办人拆封并保密，其内容只向合议庭或主管领导报告；主管院领导或庭室主管领导签发的法律文书以及待宣判的裁判文书，由案件承办人保管。案卷材料及法律文书流转办法按照本院制定的《案卷流转办法》执行，非承办本案的审判人员和书记员以及无关人员不得经手或管理该案材料。案卷归档后，由档案员管理；裁判文书在未宣判前，不得进入本院局域网，凡在电脑上自行打印的法律文书在未宣判前均不得在局域网"网上邻居"上共享，并对使用的"文档"进行密码保护；办公室应对打字室的打印人员的保密能力进行严格考查，中标承包者及其工作人员应向法院交纳保密风险金。无关人员禁止进入打字机房。

第四，承办人阅卷时要保守秘密。承办人阅卷必须在本人办公室进行，非因特殊情况，即汇报、讨论或调阅案卷需要，不得将案卷材料带出办公室。禁止出现案卷材料无人控制现象，应做到人离卷入柜；承办人阅卷时，无关人员应主动回避，不主动回避的，承办人可以要其回避，必要时可以请求法警将其带离办公场所。

第五，接见当事人、律师等人时要注意保守秘密。当事人、律师、诉讼代理人要求复制、摘抄案卷材料，只限于法律允许其复制、摘抄的范围，涉及审判秘密的材料不得复制、摘抄；必须会见的当事人、律师、诉讼代理人等，应经庭长批准，并应当有书记员或合议庭成员在场，到会见室接待，不得在其他场所单独或私自会见，不得向其泄露案情，为其通风报信。

第六，在非工作状况下要注意保守秘密。审判人员不得在公共场所、家庭、亲友间谈论尚未宣判的案件处理情况，不得将未宣判的案件处理情况提供给新闻媒体或与本案无关人员。

第三节　保证司法公正

实现司法公正是古今中外共同追求的价值目标，也是当今社会最受百姓关注的焦点问题。司法公正与否，影响到人民群众对法律权威的认识以及建设法治国家的进程。古今中外对公正的渴求都十分强烈，但由于东西方的价值判断标准不同，对公正的理解也大相径庭。在中国古代，人们对于公正的理解是二目圆睁的獬豸，是端坐开封府的黑脸包公，是高悬在衙门正堂之上的"正大光明"的匾额，公正是通过用眼睛的观察来获取的。而在西方，正义女神则是一手拿天平，一手执宝剑，双目被布蒙住，公正是通过心灵的感受来获取的。进入 21 世纪后，最高人民法院将公正与效率列为工作主题。时任最高人民法院院长的肖扬同志曾指出："司法公正是人们寻求社会正义的最终途径；司法公正是人类自有司法活动以来不懈追求的永恒主题，是古往今来各国人民渴望实现的共同目标。司法的核心是公正。没有公正，司法就失去了赖以存在之基，失去了安身立命之本。"

基于此，《法官职业道德基本准则》将保证司法公正作为法官职业道德中一项重要的内容规定下来。

一、司法公正与独立行使审判权

我国《宪法》第 126 条明确规定："人民法院依照法律规定独立行使审判权，不受行政机关、社会团体和个人的干涉。"独立行使审判权，是人民法院公正审理案件的前提。法官在审理案件过程中，独立行使审判权需要遵循以下几个方面的内容：

1. 牢固树立独立行使审判权的意识。在审判活动中要做到独立思考、自主判断，敢于坚持原则，不受行政机关、社会团体和个人的干涉。

2. 法官还应当尊重其他法官对审判职权的依法行使，除履行工作职责或者通过正当程序外，不过问、不干预、不评论其他法官正在审理的案件。

3. 自觉遵守司法回避制度。回避制度是我国诉讼法的一项基本制度，刑事诉讼法、民事诉讼和行政诉讼法均有规定，它是指当审判人员是其审理案件的当事人或者当事人、诉讼代理人近亲属的，或者是与该案有利害关系的，或者是与该案当事人、诉讼代理人有其他关系，可能影响对案件公正审理的，应当自行回避，当事人有权用口头或者书面方式申请他们回避；如果审判人员接受当事人、诉讼代理人请客送礼，或者违反规定会见当事人、诉讼代理人的，当事人有权要求他们回避。

4. 坚持以事实为根据，以法律为准绳，努力查明案件事实，准确把握法律精神，正确适用法律，合理行使裁量权，避免主观臆断、超越职权、滥用职权，确保案件裁判结果公平公正。

二、司法公正与提高审判执行效率

公正与效率二者是相辅相成的，缺一不可。一味强调公正，而不讲求效率，当事人的合法权益不能及时得到保障，迟来的正义也就不能称之为正义；但只讲求效率，不注重案件审理的质量，也不能真正地实现司法公正。因此，司法公正与提高审判执行效率密不可分。要想在案件的审理过程中，做到公正与效率并重，必须遵循以下几方面的内容：

1. 牢固树立程序意识，坚持实体公正与程序公正并重，严格按照法定程序执法办案，充分保障当事人和其他诉讼参与人的诉讼权利，避免执法办案中的随意行为。

2. 牢固树立效率意识，科学合理安排工作，严格遵守法定办案时限，在法定期限内及时履行职责，提高审判执行效率，及时化解纠纷，注重节约司法资源，杜绝玩忽职守、拖延办案等行为。

三、司法公正与法官的中立立场

法官作为争议的解决者和裁判者，必须居于中立的地位，在案件的审理过程中，不偏不倚，才能真正地实现司法公正。

1. 审理案件保持中立公正的立场，平等对待当事人和其他诉讼参与人，不偏袒或歧视任何一方当事人。法官在案件的审理过程中，对当事人和其他诉讼参与人，要一视同仁，不能因为当事人和其他诉讼参与人的年龄、性别、职业、生活习惯和健康状况等因素，而有所偏袒和歧视。在庭审过程中，也要注意不与诉讼中的任何一方有亲近的表示。

2. 不私自单独会见当事人及其代理人、辩护人。此处的不私自单独会见当事人及其代理人、辩护人，不包括法官在办公时间会见当事人及其代理人、辩护人，或对这些人的来访进行接待，而是不能私自单独会见，这也是保证司法公正，保证法官中立立场的一个有效措施。

3. 认真贯彻司法公开原则，尊重人民群众的知情权，自觉接受法律监督和社会监督，同时避免司法审判受到外界的不当影响。贯彻司法公开原则，既能展现法官居中判案的风采，也有利于司法水平的提高。特别是裁判文书的上网，就是司法公开原则在司法领域的具体体现，不仅有利于社会和人民群众对法官的办案过程进行监督，也督促法官不断提高判案的业务水平和文字表达能力。

第四节　确保司法廉洁

胡锦涛同志于2010年4月在全党深入学习实践科学发展观活动总结大会上的讲话中指出："要始终保持高尚的精神追求和道德情操，坚持严于律己、清正廉洁，老老实实做人、干干净净做事，时刻警惕权力、金钱、美色的诱惑，坚决同一切腐败行为作斗争，用实际行动推进反腐倡廉建设，真正做到为民、务实、清廉。"

一、确保司法廉洁的基本要求

廉洁是法官职业操守中非常重要的一个要求，也是保证司法公正，提高司法公信力的重要因素。廉洁贯穿在法官职业生涯的各个阶段，是对法官塑造人生观和价值观的基本要求。公生明、廉生威，公正与廉洁互相联系，共同作用，公正是廉洁的结果，廉洁是公正的保障和基础。2013年8月22日，周强院长强调法官要把好欲望关、交友关和情趣关。这也是确保司法廉洁的一个重要因素。

二、确保司法廉洁的具体要求

1. 严格遵守廉洁司法规定，不接受案件当事人及相关人员的请客送礼，不利用职务便利或者法官身份谋取不正当利益，不违反规定与当事人或者其他诉讼参与人进行不正当交往，不在执法办案中徇私舞弊。

杜绝办理金钱案、人情案和关系案，是人民法院对法官的一贯要求。法官在审理案件和日常生活中，都要做到洁身自好，对于法律禁止所得的行为，如贩毒、涉黄等要坚决予以杜绝；对于职业禁止所得的行为，如索贿等也要坚决反对。

2. 不从事或者参与营利性的经营活动，不在企业及其他营利性组织中兼任法律顾问等职务，不就未决案件或者再审案件给当事人及其他诉讼参与人提供咨询意见，不为当事人介绍律师。

3. 妥善处理个人和家庭事务，不利用法官身份寻求特殊利益。当本人或者亲友与他人发生矛盾时，要保持冷静、克制，通过正当合法途径解决，不得利用法官身份寻求特殊照顾，不得妨碍有关部门对问题的解决。本人及家庭成员遇到纠纷需通过诉讼方式解决，对本人的案件或者以直系亲属代理人身份参加的案件，应当依照有关法律规定，平等地参与诉讼；在诉讼过程中不以法官身份获取特殊照顾，不利用职权收集所需证据；对非直系亲属的其他家庭成员的诉讼案件，一般应当让其自行委托诉讼代理人，法官本人不宜作为诉讼代理人参与诉讼。

4. 按规定如实报告个人有关事项，教育督促家庭成员不利用法官的职权、地位谋取不正当利益。法官因私出国（境）探亲、旅游，如实向组织申报所去的国家、地区及返回的时间，经组织同意后方可出行；探亲或旅游结束后，要准时返回工作岗位。

5. 受邀参加各种活动时，必须严格遵守法官职业道德和法官行为规范的具体规定。

（1）受邀请参加座谈、研讨活动时，对与案件有利害关系的机关、企事业单位、律师事务所、中介机构等的邀请应当谢绝；对与案件无利害关系的党、政、军机关、学术团体、群众组织的邀请，经向单位请示获准后方可参加。

（2）受邀请参加各类社团组织或者联谊活动时，确需参加在各级民政部门登记注册的社团组织的，及时报告并由所在法院按照法官管理权限审批；不参加营利性社团组织；不接受有违清正廉洁要求的吃请、礼品和礼金。

（3）在不影响审判工作的前提下，可以利用业余时间从事写作、授课等活动；在写作、授课过程中，应当避免对具体案件和有关当事人进行评论，不披露或者使用在工作中获得的国家秘密、商业秘密、个人隐私及其他非公开信息；对于参加司法职务外活动获得的合法报酬，应当依法纳税。

（4）接受新闻媒体对与法院工作有关的采访时，必须经组织安排或者批准；在接受采访时，不发表有损司法公正的言论，不对正在审理中的案件和有关当事人进行评论，不披露在工作中获得的国家秘密、商业秘密、个人隐私及其他非公开信息。

第五节 坚持司法为民

理论联系实际、密切联系群众、批评与自我批评是中国共产党在长期的革命斗争实践中形成的三大优良传统和作风，也是中国共产党取得革命胜利的法宝。其中的密切联系群众的作风，是指党的各级组织和党员干部要和党内外的群众结合在一起，密切党和人民群众的关系，一切为了群众，一刻也不脱离群众。这种作风，是中国共产党特有的政治优势，是我们党取得一切胜利的力量源泉和基本保证。一切工作都要从群众中来，到群众中去，只有这样才能坚持马克思主义的群众观点，将人民群众看作历史的主人，才能全心全意为人民服务。

全心全意为人民服务是中国共产党的一贯主张和宗旨，司法为民则是这一主张和宗旨在司法实践中的具体体现，也是落实科学发展观中以人为本的具体要求。这是因为中国共产党是最广大人民群众根本利益的代表者和实现者，因此，党的利益至上、人民利益至上、宪法和法律至上三者紧密地结合在一起，缺一不可。人民法官不仅是司法工作者，而且还要是群众工作者，只有牢固树立司法为民的理念，才能真正地做到人民法院为人民，人民法官为人民。

一、法官的职业道德中确立司法为民的理念贯穿于诉讼过程始终

人民法院代表国家行使审判权，是国家权力的重要组成部分。人民法院通过行使审判权和其他司法活动，对保护人民群众的生命财产安全和各项合法权益发挥了应有的作用，也有力地维护了社会秩序和经济秩序。人民法院的司法活动，关系到党和国家的形象，关系到人民群众的切身利益，关系到国家的长治久安。这就要求人民法院必须为人民掌好、用好审判权，依法公正、高效、文明地审理和执行各类案件，从本质上充分体现权为民所用、利为民所谋、情为民所系。正因如此，司法为民的理念要贯穿于诉讼过程，真正实现人民法院为人民的宗旨。

二、坚持司法为民的具体要求

1. 牢固树立以人为本、司法为民的理念，强化群众观念，重视群众诉求，关注群众感受，自觉维护人民群众的合法权益。落实司法为民的各项规定和要求，做到听民声、察民情、知民意，坚持能动司法，树立服务意识，做好诉讼指导、风险提示、法律释明等便民服务，避免"冷硬横推"等不良作风。

2. 强化群众观念。要坚持司法为民，增进群众感情，密切联系群众，建立完善领导干部接待群众制度，探索建立案件信息查询机制，推广建立诉讼服务中心，切实方便群众诉讼。

3. 注重发挥司法的能动作用，积极寻求有利于案结事了的纠纷解决办法，努力实现法律效果与社会效果的统一。

4. 认真执行司法便民规定，努力为当事人和其他诉讼参与人提供必要的诉讼便利，尽可能降低其诉讼成本。当事人口头起诉的，告知应当递交书面诉状；当事人不能书写诉状且委托他人代写有困难的，要求其明确诉讼请求、如实提供案件情况和联络方式，记入笔录并向其宣读，确认无误后交其签名或者捺印。当事人要求上门立案或者远程立案的，如果当事人因肢体残疾行动不便或者身患重病卧床不起等原因，确实无法到法院起诉且没有能力委托代理人的，可以根据实际情况上门接收起诉材料；如果当事人所在地离受案法院距离远且案件事实清楚、法律关系明确、争议不大的，可以通过网络或者邮寄的方式接收起诉材料；对不符合上述条件的当事人，应当告知其到法院起诉。

5. 尊重当事人和其他诉讼参与人的人格尊严，避免盛气凌人、"冷硬横推"等不良作风；尊重律师，依法保障律师参与诉讼活动的权利。

6. 高度重视并认真做好涉诉信访工作，切实保护信访人合法权益。

（1）及时处理信访事项，努力做到来访有接待、来信有着落、申诉有回复。

（2）依法文明接待，维护人民法院良好形象。

（3）对来信的处理，要及时审阅并按规定登记，不得私自扣押或者拖延不办；需要回复和退回有关材料的，应当及时回复、退回；需要向有关部门和下级法院转办的，应当及时转办。

（4）对来访的接待，要及时接待，耐心听取来访人的意见并做好记录；能当场解答的，应当立即给予答复，不能当场解答的，收取材料并告知按约定期限等待处理结果。

（5）来访人系老弱病残孕者，要优先接待；来访人申请救助的，可以根据情况帮助联系社会救助站；在接待时来访人出现意外情况的，应当立即采取适当救护措施。

第六节　维护司法形象

法官是人民法院履行司法职责，提供司法服务的主体。法官形象直接关系着人民法院依法履职尽责和提供司法服务的质量，关联到当事人对人民法院的看法、印象、感情和态度，影响着国家司法形象和司法公信力。在中国特色社会主义法律体系基本建成的新形势下，法治社会建设进程不断加快，社会期待司法解决的各种问题不断增加，人民群众的司法需求日益增长，为此，作为承担国家司法裁判工作的人民法院，自觉按照法官职业道德规范要求法官，自觉依据法官职业道德准则约束法官，对于维护人民法院整体形象和国家司法公信力的意义更加重大，影响更为长远。作为承担司法裁判责任的法官，建树法官良好形象，自觉置自己的言行于法官职业道德准则的框架之内，自觉纳自己的举止入法官职业道德规范拘束之下，变个人形象为法院形象，树法院形象为司法形象，立司法形象为国家形象，其要义不言自明。

任何时候，法官只有自身遵纪守法，做遵规守纪的模范，作出的裁判才会有生命力，才能让当事人真正信服。法官们良好的自我约束是建树良好形象、确保裁判公正的一大前提。只有树立法官良好的司法形象，才能够通过法官的克己行为和良好形象让各方当事人更加容易地接受各种裁判结果，确保司法公信力的不断提升。

一、加强修养是维护法官自身形象最重要的条件

加强法官自身修养，培育高尚道德操守和健康生活情趣，杜绝与法官职业形象不相称、与法官职业道德相违背的不良嗜好和行为，是提高司法公信力的前提，也是国家司法形象的正常要求。加强修养的具体做法是：

1. 坚持学习，精研业务，忠于职守，秉公办案，惩恶扬善，弘扬正义，保持昂扬的精神状态和良好的职业操守。

2. 遵守社会公德和家庭美德，维护良好的个人声誉。

（1）参加社交活动要自觉维护法官形象，不得参加有损司法职业形象的活动；严禁乘警车、穿制服出入营业性娱乐场所。

（2）家人或朋友约请参与封建迷信活动时，不得参加邪教组织或者参与封建迷信活动，并向家人和朋友宣传科学，引导他们相信科学、反对封建迷信；对利用封建迷信活动违法犯罪的，应当立即向有关组织和公安部门反映。

（3）当因私出国（境）探亲、旅游时，要遵守当地法律，尊重当地民风民俗和宗教习惯；注意个人形象，维护国家尊严。

二、遵守司法礼仪，实现文明司法，提升法院的司法公信力

遵守司法礼仪，能够进一步体现法律的权威，增强人们对法律尊严的认识，也有助于提升法院的司法公信力。遵守司法礼仪，也是实现文明司法的一个重要保证，展现了人民法院公正司法的过程。遵守司法礼仪的具体要求和做法是：

1. 坚持文明司法，遵守司法礼仪。在履行职责过程中行为规范、着装得体、语言文明、态度平和，保持良好的职业修养和司法作风。

（1）遵守司法礼仪，言语文明，举止得体。

第一，不得无故更改开庭时间。

第二，准时出庭，不迟到，不早退，不缺席；严禁酒后出庭。

第三，庭审时，坐姿端正，杜绝各种不雅动作。

第四，集中精力，专注庭审，不做与庭审活动无关的事。

第五，不得在审判席上吸烟、闲聊或者打瞌睡，不得接打电话，不得随意离开审判席。

第六，平等对待与庭审活动有关的人员，不与诉讼中的任何一方有亲近的表示。

第七，礼貌示意当事人及其他诉讼参加人发言；不得用带有倾向性的语言进行提问，不得与当事人及其他诉讼参加人争吵。

第八，严格按照规定使用法槌，敲击法槌的轻重应当以旁听区能够听见为宜。

第九，对诉讼各方陈述、辩论时间的分配与控制，要根据案情和审理需要，公平、合理地分配诉讼各方在庭审中的陈述及辩论时间；不得随意打断当事人、代理人、辩护人等的陈述；当事人、代理人、辩护人发表意见重复或与案件无关的，要适当提醒制止，不得以生硬言辞进行指责。

（2）执行着装规定，不得浓妆艳抹，不得佩带与法官身份不相称的饰物。

2. 严格遵守法官离任后的限制性规定。

（1）法官退休后应当遵守国家相关规定，不利用自己的原有身份和便利条件过问、干预执法办案，避免因个人不当言行对法官职业形象造成不良影响。

（2）《法官法》第 17 条规定，法官从人民法院离任后 2 年内，不得以律师身份担任诉讼代理人或者辩护人。法官从人民法院离任后，不得担任原任职法院办理案件的诉讼代理人或者辩护人。法官的配偶、子女不得担任该法官所任职法院办理案件的诉讼代理人或者辩护人。

第四章 法律适用方法

　　1612 年的某一天，英国法官爱德华·科克和当时的英国国王詹姆斯一世进行了一次特殊的对话。詹姆斯一世认为自己是上帝之下的最高法官，因此能够就某些法律问题作出裁断。国王是这么表达自己的理由的：法律的设立基于理性，和法官一样，国王和其他人都有理性。科克的回答是：的确，上帝赋予陛下卓越的学识和不凡的天赋，但是，陛下并不精通英国的法律，以及关乎生命、继承、物品及其臣民命运的诉讼，判决它们的不是自然理性，而是人为理性和法律判决，在一个人获得对法律的认识前，法律是需要长期学习和经验的艺术。科克由于公然反对国王对法律问题的横加干涉而在几年后被国王罢免，但科克与国王的对话，也提出了一个明确的命题：法律是一种专业理性，需要长期的学习和经验加以养成。这种专业理性中，就包含了对涉案法律事实与证据的审查与确认，对法律规则的解释，以及循环往复的法律推理论证过程，其中还夹杂着一定的价值衡量和平衡，等等。审判过程中，有关法律如何被正确适用、如何公正解决诉讼纠纷等，都需要各种方法加以统摄，这些方法可以简单统称为法律适用方法。对于法官而言，掌握法律适用方法是其职业基本素质，也是职业思维训练的重要组成部分。对于人民陪审员而言，法律适用方法也是应该掌握的司法技能，因为《全国人民代表大会常务委员会关于完善人民陪审员制度的决定》第 11 条规定："人民陪审员参加合议庭审判案件，对事实认定、法律适用独立行使表决权。合议庭评议案件时，实行少数服从多数的原则。人民陪审员同合议庭其他组成人员意见分歧的，应当将其意见写入笔录，必要时，人民陪审员可以要求合议庭将案件提请院长决定是否提交审判委员会讨论决定。"人民陪审员要在合议庭审理案件过程中真正独立行使表决权，甚至可以与法官有分歧观点并"抗衡"，而非"陪而不审"，还是要掌握基本的事实认定、法律适用的方法。在审判实践中，法律适用方法，是指审判人员（包括人民陪审员）将现行有效的法律规范适用于个案纠纷，以获得一个正当法律决定的过程中所采用或遵循的方法，具体包括如何确定法的渊源、如何认定事实、如何解释法律、如何就法律漏洞进行填补，等等。在学术界，法律适用方法也称法律方法（以区别于关注法学研究的法学方法），是应用法律的方法，是一门实用性科学，是由司法过程实现社会正义的技术。作为法院合议庭成员的人民陪审员，需要通过法律教育或司法培训，掌握这门实现正义的技术。

第一节　人民陪审员与法律思维

一、概说

说到法律教育或司法培训的目标，经常听到的一个说法是：要教育学生"像法律人一样思维"。意思是法律人的核心要素是具备法律思维，而法律思维是可以培养和训练的，即培训的目标是使受教育者养成法律理性，变成一个"法律人"。尽管法律人是一种专门的职业群体，其构成人员包含法官、检察官、律师、法学教授，然而法律人思维并非一种独立的思维类型，而是在特殊目的和制度化程序约束之下，针对一个法律主张，构建和表达合理论证，以获得一个合乎自己预期的法律裁决的思考活动。法官是法律人，不过也可能有个性化的思维。在目前中国社会背景中，人民陪审员并非真正的法律人，反而是具有多重身份者，这些身份符号包括：民意的体现者、司法活动的监督者，此外某些专业人士可以成为法官知识的补充，因此人民陪审员往往并非案件的裁判者这一单一角色，其思维也因不同的身份更具有个性化。更何况严格意义上，人民陪审员不过拥有法律上的"表决权"，而非"审判权"。学者夏南发表在《西南政法大学学报》2008年第5期的文章《人民陪审员的思维方式》指出："通过对成都市武侯区人民法院人民陪审员思维方式的解析，我们可以发现他们思维方式的特点在于——他们以'自我'为出发点对事物和现象进行认知，个人体验构成他们头脑中对事物和现象的印象，这些具化的印象就是他们比较和分析思维的素材；思维处于感性层面，对事物和现象的表征的认知丰富而细腻，缺乏抽象和概括、具体化和系统化的思维过程。""成都市武侯区人民法院人民陪审员的思维方式明显不同于具有职业思维习惯的法官群体，他们的思维方式对审判活动可能产生的影响也是可以预见的。在个人体验主导的思维方式之下，他们在审判过程中更多是在进行一个过程的体验：对审判活动的体验、对当事人陈述的体验以及对案件事实的体验，而体验的过程又是感性而直观的。因此，在这一过程中，陪审员对案件的事实更加关注，可以注意到法官在思维惯性之下忽视的细节，但他们的认知过程可能会因个人情感因素，受到当事人的情感影响，他们的价值判断过程过于感性化和细节化，可能对不同的个案作出不同的判断……"

从正面价值分析，人民陪审员个体思维方式的多元化，既是实现司法民主所必需，也是实现司法公正的必要保障。在这个意义上，我们甚至不需要人民陪审员一定要有法律思维。以陪审团制度的肇始国英国为例，由诺曼人带入，在英国获全面发展的陪审团制度中，陪审员拥有事实认定权，法官拥有法律适用权。英国著名法官丹宁勋爵之所以在《法律的未来》一书中，专辟一篇谈论英国的陪审团审判，并提出陪审团审判是"英国法律的光荣"，是因为它将原来由法官一手独揽的司法裁判权一分为二，由法官和陪审团共同行使，从而保证审判质量和司法公正性。被任命为陪审员的英国人恰恰是通过对事实的认定，来决定他们的同胞有罪还是无罪，从而在主持正义方面起了决定性的作用。因此，在英国的陪审制度中，陪审员只需要凭借一般的社会经验和生活常识判断即可对事实作出判断，甚至"假如适用法律所引起的结果，不合于严格的正义，他们就任意指责法律"。后者就是著名的陪审团专有的"法律归于无效之权"，该权力正是利用了英国诉讼制度中的两个特性：不说明理由的概括性裁决和禁止控方对无罪裁决上诉的规则。于是，陪审员在陪审团中，越具有多元化的常人思维理性，越可能达成对事实问题的多角度考量，从而更加接近本质意义上的真实。

与英美法系陪审团制度相对应的是大陆法系的参审制。以德国、法国为首的参审制是陪审员与法官共同进行事实认定和适用法律作出裁决，在表决时实行少数服从多数的制度。在参审制中，陪审员与法官具有同等的地位，陪审员同样参与所有的诉讼程序，对事实问题与法律问题均需作出自己独立的判断。陪审员的独立性可以保证他们不屈从于腐败或滥用程序，因为他们不隶属于司法体制，因此也没有兴趣因职业升迁等屈从于各种行政干预。但让陪审员不仅需要对事实问题加以判定，还要解决专业性的法律适用问题，确实有些"强人所难"，他们会因此受到法官的左右与影响，独立性也会减弱。有国外学者就一针见血地提出："非法律职业者参与审判并不是一个万无一失的保障制度。职业法官无论是在陪审团制度中，还是在混合法庭制度中，都有机会蒙骗非法律职业者。"尽管与英美陪审团制度一样，大陆法系国家的参审制追求同样的民主性价值、司法公正价值，但总体而言，陪审员角色被定位为法官的助手。"在参与型的混合法庭中，非职业法官簇拥着职业法官，明显表现出他们的辅助地位。这些象征性的安排都加深了公众眼中职业法官的高等地位，而且毫无疑问地表现出非职业法官的从属地位。"尽管针对陪审员的专业培训在一些大陆法国家得到重视，但参审制中陪审员的从属地位决定了陪审员就应该缺乏专业知识，否则就难免导致陪审员与法官之间的界限模糊，以至于消失，从而削弱陪审员参与司法程序的根本前提。既然不要求拥有法律知识，当然对法律思维的养成也没有进一步的需求。

尽管有些学者提出我国当下的人民陪审员制兼具英美陪审团和大陆法系参审制的特点，不过通说认为，借鉴于明显具有大陆法系特点的苏联参审制的人民陪审员制度，可以归入参审制序列。对于人民陪审员，《全国人民代表大会常务委员会关于完善人民陪审员制度的决定》第 15 条规定了"基层人民法院会同同级人民政府司法行政机关对人民陪审员进行培训，提高人民陪审员的素质"。说明立法者希望人民陪审员通过接受专业的培训，不断拥有较高的法律职业素养，以期其能够胜任对案件作出独立判断的职责。在这个意义上，人民陪审员应该有意识通过自我学习和接受培训，尽可能"像法律人一样思维"。当然，常人思维、常人理性、个体性思维仍然是人民陪审员的主流思维模式。

二、与法律思维有关的基本观念和意识

对人民陪审员而言，培养法律思维主要是要有以下的基本观念和意识。

1. 规则意识。所谓的"规则"，是指法律规则；"规则意识"，是指对法律的信仰以及对法律规则的尊重与遵守。规则意识由浅至深有三个层次，首先是指关于法律规则的知识。对人民陪审员而言，要对整体法律体系都有所了解并不现实，毕竟人民陪审员不是法律专家，不过他或她起码应熟悉自己陪审案件所隶属的有关部门法的规定，还有相关程序法，能够理解其中的基本法律术语，并以法律术语进行思考。比如民法中的"善意取得"就是一个法律术语，指动产占有人向第三人移转动产所有权，即使动产占有人无处分动产的权利，善意受让人仍可取得动产所有权的制度。善意取得制度是适应商品交换的需要而产生的一项法律制度。在广泛的商品交换中，从事交换的当事人往往并不知道对方是否有权处分财产，也很难对市场出售的商品逐一调查。如果受让人善意取得财产后，因为转让人的无权处分行为而使交易无效，并让受让人返还财产，则不仅要推翻已经形成的财产关系，而且使当事人在从事交易活动时，随时担心买到的商品有可能要退还，这样就会造成当事人在交易时的不安全感，也不利于商品交换秩序的稳定。第二个层次是要有遵守法律规则的愿望和习惯。这尤其表现在没有强制性力量阻止违反法律规则的时候，也自觉予以遵守。对人民陪审员而言，遵守法律规则的愿望和习惯表现为对自己所享有的审判权利（也是权力）的尊重。成为某一个合议庭的人民陪审员，即使不是当事人的选择，但对纠纷公正裁断，给予当事人权利保护，分清责任负担，对犯罪嫌疑人定罪量刑或作出无罪判断，都是基于陪审员对法律知识的了解之上，基于正确的法律推理和论证逻辑，而非权力寻租、枉法裁判的结果。规则意识的最后一个层次是遵守规则成为人的内在需要。在这种境界中，遵循法律规则已成为人的第二天性，外在规则成为人的内在素质。从规范向素质的转变，对于个人来说，意味着规则不再仅仅是一种外在强制，从而在某种意义上使人获得了真正的自由。按孔子的话来说，这就是"从心所欲不逾矩"，这也是人民陪审员制度所追求的教育公民的价值的最终实现。

2. 程序意识。"正义不仅要实现，还应当以看得见的方式实现。"伴随着改革开放 30 多年来的民主法制建设，人民群众的权利诉求日益增加，对公平正义的要求也逐步提高，在诉讼中，不仅要求实体结果上的公正，还追求程序意义上的公正。在当代中国，强化程序意识，究其实质，乃是要尊重程序的独立价值，确保程序公正。在人民陪审员陪审过程中，程序意识首先表现为严格适用程序法，按照三大诉讼法的规定依法公平对待各方当事人，平等保护当事人的诉讼权利，不得非法限制、剥夺当事人的诉讼权利。在作出有关严重影响当事人权利的决议前，应当按照法律的要求充分听取当事人的陈述、观点，并确保当事人获得必要的法律帮助。其次，对证据规则有所了解。无论是民事、刑事还是行政审判中，证据规则是保障审判质量的重要工具，因为证据规则是确认证据的范围，调整和约束证明行为的法律规范的总称。人民陪审员在对案件事实作出判断的过程中，必须以证据为依据，证据规则是判断证据是否可以成为合法证据的基本渊源。再次，效率意识。"迟到的公正就是不公正。"通常我们讲提高司法效率，就是要以最快的速度和最低的成本支出，来实现司法公正。对司法效率的关注，是为了保障程序的顺利完成，因此在三大诉讼法规定的审限内完成案件的审理是效率的首要要求。当然，法院在提高司法效率上有很多举措，包括繁简分流的方式，扩大简易程序的适用，以及推行小额速裁的做法，都是为了提高效率。最后，程序公开意识，这是程序公正基本的标准和要求。人民法院对程序公开现在已经非常重视，并将其上升为确保审判公正权威的高度。

3. 价值中立意识。所谓价值中立，在哲学意义上，是说每个人都是自己的主人，不能拿自己的标准来衡量别的人或事。在人民陪审员参与合议庭审理时，要以第三方中立观察者身份出现，在对当事人陈述、对法官指导庭审行为等的观察中要保持客观、实事求是的态度，不带偏见，从而发挥其"裁判员"、"监督员"的多层功能。俗话讲"兼听则明"，中立地听取双方当事人的陈述以及辩论，才能了解案件的全貌，既不能先入为主，也不能偏听偏信。除此之外，要善于分析和研究结果，分清表象和实质，不要被假象迷惑。人民陪审员在参加陪审时，往往容易产生"代入"情感，即与某一方当事人"感同身受"，然后根据自己的喜好、价值判断进行对错的道德判断，这个时候非常容易以道德标准而非法律标准行使表决权。尽管这种朴素的情感可能正是源自陪审员的正义感而发挥作用，但在法律人的思维中，价值中立是一种基本的形态。人民陪审员应该学会如何平衡两种不同的思维习惯。

第二节 陪审员与法律适用方法

一、法律规范的识别与适用

法官审判过程是一个依据法律规范，获得合理的裁判结果的过程。陪审员参与审判，发挥与法官同样的作用，意味着人民陪审员也必须遵循既有的法律规范，这样才能保证诉讼活动按部就班有序进行。因此，人民陪审员的法律适用方法起点，是对法律规范的识别和适用。

（一）识别

1. 法律规范。从法的渊源说起，我国法的渊源包括宪法、法律、行政法规以及地方性法规和其他规范性文件。法院在审理案件时，很多时候还要参照最高法院发布的司法解释。上述文本统称为法律规范，是裁判的合法性依据。法律规范又包括法律规则和法律原则两种规范形式。法律规则和法律原则分别以不同的方式发挥对人的行为的指引和规范作用。

（1）法律规则。法律规则经由法条表达，二者的关系是：法律规则是法条的内容，法条是法律规则的表现形式；并不是所有的法条都直接规定法律规则，也不是任何条文都完整地表述一个规则或只表述一个法律规则。我们在法律书籍中阅读到的法条都具有自身的逻辑结构，一个完整的法条，一般由"假定"、"行为模式"、"法律后果"组成。如《刑法》第 196 条第 1 款规定："有下列情形之一，进行信用卡诈骗活动，数额较大的，处 5 年以下有期徒刑或者拘役，并处 2 万元以上 20 万元以下罚金；数额巨大或者有其他严重情节的，处 5 年以上 10 年以下有期徒刑，并处 5 万元以上 50 万元以下罚金；数额特别巨大或者有其他特别严重情节的，处 10 年以上有期徒刑或者无期徒刑，并处 5 万元以上 50 万元以下罚金或者没收财产：①使用伪造的信用卡，或者使用以虚假的身份证明骗领的信用卡的；②使用作废的信用卡的；③冒用他人信用卡的；④恶意透支的。"其中，"有下列情形之一，进行信用卡诈骗活动"的语言描述属于"假定"，"使用伪造的信用卡"语言描述属于"行为模式"，"数额较大的，处 5 年以下有期徒刑或者拘役，并处 2 万元以上 20 万元以下罚金"则是"法律后果"。但很多时候，法条并非如此完全。即在语言上，这些法条都是完全的语句，但作为法条，或者是说明性的，或者是限制性的，或者是指示参照性的。如《民法通则》第 15 条规定："公民以他的户籍所在地的居住地为住所，经常居住地与住所不一致的，经常居住地视为住所。"本条文就是一个说明性法条，是对"住所"这一法律概念进行说明。如《刑法》第 10 条规定："凡在中华人民共和国领域外犯罪，依照本法应当负刑事责任的，虽然经过外国审判，仍然可以依照本法追究，但是在外国已经受过刑罚处罚的，可以免除或者减轻处罚。"该条是一个限制性法条，"在外国已经受过刑罚处罚的，可以免除或者减轻处罚"是对应负刑事责任法律后果的消极适用，即不适用。如《刑法》第386条规定："对犯受贿罪的，根据受贿所得数额及情节，依照本法第383条的规定处罚。索贿的从重处罚。"就属于指示参照性法条，即法条在其构成要件中指示参照另一法条。诸多法条，其彼此并非单纯并列，而是以多种方式相互指涉，正是通过它们彼此交织合作才产生完善的法律规范。人民陪审员在理解法条时，应该能够清楚明白各个法条的意义及其相互作用。

（2）法律原则。法律原则是指可以为法律规则提供某种基础或本源的综合性的、指导性的原理和准则。法律原则通常反映出立法者以法的形式所选择确定的基本价值，体现了法律的主旨和精神品格。与法律规则相比，法律原则的要求比较笼统、模糊，它不预先设定明确的、具体的假定条件，更没有设定明确的法律后果。它只对行为或裁判设定一些概括性的要求或标准，但并不直接告诉指明应当如何去实现或满足这些要求或标准，故在适用时具有较大的余地供法官和人民陪审员选择和灵活应用。例如行政法中的行政应急性原则、刑法中的罪刑法定原则、民法中的诚实信用原则等。法律原则可以协调法律体系中规则之间的矛盾，弥补法律规则的不足与局限，它们甚至可以直接作为法官、人民陪审员裁判的法律依据；同时，法律原则通过对法官、人民陪审员"自由裁量"的指导，不仅能保证个案的个别公正，避免僵硬地适用法律规则可能造成的实质不公正，而且使法律制度具有一定的弹性张力，在更大程度上使法律规则保持安定性和稳定性。如在著名的"泸州遗产继承纠纷案"中，被告蒋伦芳与丈夫黄永彬于1963年结婚。1996年，黄永彬认识了原告张学英，并与张同居。2001年4月22日，黄患肝癌去世，在办丧事时，张当众拿出黄生前的遗嘱，称她与黄是朋友，黄对其财产做出了明确的处理，其中一部分指定由蒋伦芳继承，另一部分总值约6万元的遗产遗赠给她，此遗嘱经公证机关于4月20日公证。遗嘱生效后，蒋却控制了全部遗产。张认为，蒋的行为侵害了她的合法权益，按《继承法》等有关法律规定，请求法院判令蒋给付遗产。一审法院就是依据《民法通则》第7条所规定的法律原则——公序良俗原则作出判决，驳回原告张学英获得遗赠财产的诉讼请求。二审法院维持了一审的判决意见。

2. 人民陪审员在识别法律规范过程中应当注意的问题。

（1）应当使用正式出版的机关刊物上公布的法律文件。在网络上寻找法律规范性文件，也尽量到全国人大、国务院、最高人民法院、最高人民检察院等官方网站或者正规的法律信息网站，要注意该法律文件是否已经修改、补充或被废止。

（2）法律规范体系有效力等级，即一切法律、法规都不得同宪法相抵触，下级立法机关制定的法律规范不得同上级立法机关制定的法律规范相矛盾。当调整同一法律关系的两种或两种以上法律规范发生矛盾时，应分情况区别对待。如果这些法律规范是由同一个机关不同时间发布的，则适用后颁布的法律规范。如果是不同级别机关颁布的，则适用上级机关颁布的，如果由同一序列同一级别的不同机关发布，则应通过相关渠道报请他们共同的上级机关进行审查并作出决定。

（3）要注意法律规范的效力范围，包括在时间、空间上的效力和对人的效力。

（4）关于法律规范的识别，还有一点需要注意，就是国家政策和民间习惯在审判中所具有的法源意义。首先，随着我国法律体系的基本建成，需要将政策作为审理案件的规范性依据的情况越来越少，但政策仍有可能成为裁判的依据。如《民法通则》第6条规定："民事活动必须遵守法律，法律没有规定的，应当遵守国家政策。"其次，习惯是一个民族或地区人们普遍遵循的行为习惯或行为方式，我国一些部门法对习惯法的法源地位予以明确认可。如《物权法》第85条规定："法律、法规对处理相邻关系有规定的，依照其规定；法律、法规没有规定的，可以按照当地习惯。"《合同法》第61条规定："合同生效后，当事人就质量、价款或者报酬、履行地点等内容没有约定或者约定不明确的，可以协议补充；不能达成补充协议的，按照合同有关条款或者交易习惯确定。"

（二）适用

法条是以语言表达行为或决定的规则。识别法条是为了更好适用法条。最基本的法条适用逻辑模式是确定法律后果的三段论法。在其中，一个完全的法条构成大前提，将某个具体的案件事实归入法条的行为模式的过程，是小前提，结论则指对此案件事实应赋予法条所规定的法律后果。具体如下：

假如任何一个案件事实实现 T，则应赋予其法律后果 R（大前提）；

特定案件事实 S 实现 T，即 S 是 T 的一个实例（小前提）；

对 S 应赋予法律后果 R（结论）。

省略大前提中的假定，可以用图表将三段论表示为：

$$S \longrightarrow R$$
$$S = T$$
$$S \longrightarrow R$$

举一个简单的例子：

法条规定：损害他人财物应当承担赔偿责任；

案件事实：甲弄坏了乙的汽车；

法律后果：甲应当为乙修车或赔偿乙若干金钱。

上述三段论是一种基本的法律推理模式，也是最基本的法律适用方法之一。但是在审判过程中，运用形式逻辑的三段论公式，往往不是首先寻找大前提，而是先定小前提，即对事实的认定。因为人民陪审员必须首先接触和认识案件事实，对事实有了基本的了解后，才能有目的地寻找法律规范。在确定了小前提后，按照形式逻辑的三段论方式推理，将小前提套入大前提，最后得出结论，即判决结果。所谓"以事实为依据，以法律为准绳"，就是对三段论的推理过程的高度概括。其模式是：小前提→大前提→结论。

目前，有些法官对于审判法律适用的三段论逻辑提出了另外一种适用方式，即首先确定小前提，事实明确后暂时形成结论，然后再寻找大前提。如果从现有的法条不能合理地推演出这个结论，则法官将进行新的结论寻找和法律推理。其模式是：小前提→初步结论→大前提→新结论。这种模式也值得人民陪审员借鉴。

这说明，法律适用方法并非机械，人民陪审员应该在基本的逻辑方法上，不断提高自己推理能力。话说回来，无论是哪种方式，寻找小前提，即事实认定，是人民陪审员法律适用方法的第一个环节。

二、事实认定

寻找小前提，需要通过"涵摄"推演。"涵摄"是逻辑学的一个术语，指"将外延较窄的概念划归外延较宽的概念之下"。即 S 是 T 的一个事例所需要的推演过程如下：

T 具有要素 m1、m2、m3 而被穷尽描述；

S 具有 m1、m2、m3 等要素；

因此 S 是 T 的一个事例。

"S 具有 m1、m2、m3 等要素"是一个事实判断，在审判中，这个事实被称为法律事实。因为事实问题是由当事人相互冲突的主张构成的，由主张之肯定和否定所组成，并通过主张之证明和反驳加以判断。由于对法律论辩至关重要的主张从来不会被证明至真实或虚假，而只能证明至一定程度的可能性，因此法律事实不等同于客观真实。

上述事实认定过程，是一个层层递进的过程。第一个层次，是当事人陈述的案件事实，即当事人所进行的涵摄推演。德国学者拉伦茨对当事人陈述的案件事实有下列精确的描述："事件必须被陈述出来,并予以整理。在无限多姿多彩,始终变动不居的事件之流中,为了形成作为陈述的案件事实,总是要先作选择,选择之时,判断者已经考量到个别事实在法律上的重要性。换言之,诉讼中呈现的待证事实已非过往发生的原初事实,而是经过了当事人筛选裁剪,并由语言加以表述的事实图景。筛选以预适用的法律为参考系,陈述则取决于当事人的主观意愿,因此作为裁判对象的事实更像是一种关于案件事实的'文本'。"待证事实自始渗入了当事人的主观因素,因此很难将其归入客观的范畴。第二个层次,法官、人民陪审员选择形成案件事实之基础的法条。裁判者以当事人呈现的案件事实文本为出发点,将可能选用的法条一个一个检视,排除认为不可适用者,同时添加在此过程认为可能适用的其他条文。例如,甲被狗咬伤,甲需要提供自己被咬伤的病情纪录、咬伤他的狗是流浪狗还是有主人的狗的事实,而狗如果有主人,主人是饲养人,还是临时管理人等事实都需要查清,据上述事实,首先应该检视我国《侵权责任法》第78条的规定,"饲养的动物造成他人损害的,动物饲养人或者管理人应当承担侵权责任"。之后,需要证明的事实是,甲对于被狗咬伤是否有过错,如果有,适用的法律是78条后半段的"但能够证明损害是因被侵权人故意或者重大过失造成的,可以不承担或者减轻责任"。再之后,需要审视民事诉讼法关于诉讼时效的规定,确认该事件发生在诉讼时效内。第三个层次,认定案件事实。裁判者认定案件事实,不应该超越当事人所主张的事实范围而追求所谓的"客观真实",反而要严格受到最高人民法院颁布的证据规则的束缚。比如传闻证据规则、举证时限、证人免于作证的特权,等等。"事实"构成证明的对象,对"事实问题"的探知可归纳为当事人提交证据并展示证据内容,事实裁判者予以斟酌认定,形成法律适用之前提的过程。

因此,人民陪审员进行事实认定的过程,是法律思维与判断的过程,所有经过法律判断的案件事实都不再是单纯的事实陈述,而是结合法律上的重要性,对事实所作的某些选择和解释。有些案件之所以定性不准、误判,就是对事实认定有误。尤其要注意的是,作为小前提的案件事实,必须是经过证据证明的法律事实。上海高院编撰的"法官智库丛书"《法律方法论》中,就举了一个以毒品犯罪中被告人贩卖目的认定为例的刑事案件中事实证据认定的例子,现摘录如下:

"①被告人购买毒品后即被查获的情况下,其购买毒品是否以贩卖为目的,直接决定其构成非法持有毒品罪还是贩卖毒品罪。由于被告人的供述对于贩卖目的证明具有重要作用,故有必要首先明确被告人陈述的证明力。但不宜作为唯一证据。""②结合其他证据或证据材料认定被告人供述的内容。如同案犯关于购买人以贩卖为目的购买的供述、证人关于被告人系以贩卖为目的购买毒品的证言、证人关于被告人近期贩卖毒品的证言、侦查机关查处的关于毒品交易情况的通话信息、纪录贩卖情况的日记账簿等。但上述证据并非能独立证明以贩卖为目的购买毒品。""③证明被告人系以贩卖为目的购买毒品的侦技信息需要法院查实才可作为定案证据。""④一并查获的电子秤、微型验钞机、分装塑料袋、短期资金往来频繁的银行进账单等物证和书证,通常不能独立证明被告人以贩卖为目的而购买。"

综上,人民陪审员在面对事实时,应该关注的是该事实是否为法律所调整、该事实是否有证据支持、证据是否确凿充分、证据与事实的关联度以及证据取得方式是否合法等。

三、法律解释

（一）如何理解法律解释

法律解释是司法裁判者对法律理解、解释和应用的过程。这里所说的法律解释,既不是立法机关,如全国人大或全国人大常委会的立法解释,也不是最高人民法院或最高人民检察院发布的司法解释,也不是行政机关对行政法规等做出的解释,更不是法学院专家学者的学理解释,而是裁判者（法官或人民陪审员）在适用法律过程中,自己对于法律条文的理解和应用。

请看以下这个案例:李某为了给亡故的弟弟配"阴婚",将本村王某已经去世多年的女儿的尸骨盗走。除此之外他还作起了"生意",将其他3位村民的妻子尸骨盗走转卖他人配"阴婚"。后李某行为暴露,公安机关以盗窃尸体罪对李某提起公诉。法院也依据《刑法》第302条的规定对李某进行了判决。对于《刑法》第302条的规定,就需要法律解释。该条规定:"盗窃、侮辱尸体的,处3年以下有期徒刑、拘役或者管制。"从字面意思理解,尸体是人死后的躯体,并非腐烂后留下的遗骨。但法官对本罪的解释,就是对尸体概念作了扩大解释,从而符合本罪所要惩罚的犯罪行为的根本目的。

根据前文对三段论具体步骤的分析可以知道,寻找可适用的法律规范及导出裁判结论时,法律解释的问题必定存在。值得注意的是,早在认定事实的过程中,法律解释的问题已然存在。因为认定事实,进行涵摄时,法官须对依证据确认的案件事实进行法律意义上的评价、解释,然后才能选择法律规范,同时根据其对法律规范的理解（解释）来解释事实,学者又称之为裁剪事实。当法官发现已确定的案件事实不充分、不足以进行涵摄或虽经裁剪仍不能有效地进行涵摄时,往往就需进行补充调查取证。因此,实际上,在法律适用过程中,解释的问题广泛存在而又无可避免,适用法律和解释法律这两种活动是关系密切、不可分割的,甚至可理解为同一件事情。所以如何对法律进行解释,即按照怎样的方法对法律进行解释就成为一个重要的问题。

（二）法律解释的方法

法律解释在西方国家是一门专门的学问。有学者研究后提出，在英美法系，法官在判词中讨论法律解释问题时，经常运用的三种方法是：①文理解释，即按成文法条文字面的意义解释；②"黄金规则"，依文理解释将产生极为不合理的结果，且非立法机关的初衷时，就应作变通的解释；③论理解释，源于"弊端规则"，指法官解释法律条文时应以立法目的为指导，尽量使有关目的得以实现，不必拘泥于字面意义。除此以外，英美法系中还有更为复杂的判例法解释规则及数量庞大的、常表现为格言、法谚的其他解释准则。在大陆法系，因为以成文法为主要法律渊源，所以关于法律规范的解释方法更为复杂、缜密，并已形成体系。一般来讲，确定法律规范意义的过程，属于狭义法律解释，从法律规范的寻找开始，直到可依涵摄进行三段论推演之前的整个活动过程，属于广义法律解释。广义法律解释包括狭义法律解释、法律漏洞的补充以及不确定概念及一般条款（如诚信原则）的价值补充。狭义法律解释方法还可以作更为详细的分类，分为文义的、体系的、法意的、扩张的、限缩的、当然的、目的的、合宪性的、比较法的、社会学的等解释方法。本书在此简略介绍一下人民陪审员如何理解和解释法律。

1. 对法律条文的字义进行标准化和可能化理解。因为法律是针对所有的人颁布的，因此对法律条文的一般性文义理解是必不可少的，不过如果某些用语在法律语言中已有特定含义，如合同、法人、善意第三人、承诺等，此时应该以此特定含义理解这些用语。也就是说，法律的特殊语言文义优于一般的语言文义，但一旦发现有可能偏离的话，要返回一般文义。如"近亲属"概念在刑事法律与民事法律中有不同的解释，刑事法律中指夫、妻、父母、子女、同胞兄弟姐妹；在民事法律中指配偶、父母、子女、兄弟姐妹、祖父母、外祖父母、孙子女、外孙子女。因此，字义或者由一般语法获得，或者由法律的特殊语法获得。但其都是法律解释中第一个指示路标，它为进一步的解释活动划定了界限。

2. 对法律进行意义脉络推演。当一种语言表达在语法上可能有多种意义时，通常可以经由使用脉络推知具体情况下应考虑何种可能性。同样，法律意义的脉络可有助于对法律条文的理解。因为法律经常由不完全的法条构成，它们与其他法条结合才构成一个完整的法律规范，因此对单个法条意义的理解，需要整体性思维。如《刑法》第266条规定了诈骗罪："诈骗公私财物，数额较大的，处3年以下有期徒刑、拘役或者管制，并处或者单处罚金；数额巨大或者有其他严重情节的，处3年以上10年以下有期徒刑，并处罚金；数额特别巨大或者有其他特别严重情节的，处 10 年以上有期徒刑或者无期徒刑，并处罚金或者没收财产。本法另有规定的，依照规定。"所谓"本法另有规定"，就是指第三章规定的集资诈骗罪等金融诈骗罪。在根据第 266 条处理普通诈骗罪时，就要注意法律的意义脉络，区分其与金融诈骗罪的区别。金融诈骗罪是特别条款，即使其法定刑低于诈骗罪，也不能按照 266 条规定处以重罚。意义脉络的标准首先要求考虑上下文脉络的关系，此外，也需要对整个法律规范体系条文中事理的一致性等进行考量。

3. 思考立法者意向的历史解释法。依语法、法律意义脉络所获得的解释结果，仍有可能包含不同的可能性。于是我们就需要思考：何种解释最符合立法者立法时的意向和想法。这里面如何找到"立法者"是个问题，一般而言，需要查询法律发展史中法律起草者一些想法的资料，如全国人大及其常委会等出版的法律解释书籍、不同的草案以及草案理由说明、法律草案讨论纪录，甚至某个起草参与者的回忆文章，等等。如《刑法》第 196 条规定："有下列情形之一，进行信用卡诈骗活动，数额较大的，处 5 年以下有期徒刑或者拘役，并处 2 万元以上 20 万元以下罚金；数额巨大或者有其他严重情节的，处 5 年以上 10 年以下有期徒刑，并处 5 万元以上 50 万元以下罚金；数额特别巨大或者有其他特别严重情节的，处 10 年以上有期徒刑或者无期徒刑，并处 5 万元以上 50 万元以下罚金或者没收财产：①使用伪造的信用卡，或者使用以虚假的身份证明骗领的信用卡的；……"理解"以虚假的身份证明"就要考虑当时的立法精神，主要是指虚假的身份证、军官证或者护照，而不包括其他个人信息，如虚假的收入证明等。

4. 客观目的论标准，也称为目的解释。立法者立法，一定有其法律目的，这种目的也是法律的客观目的。如维持秩序、进行纷争裁判等。某部部门法，也有其自身的立法目的。因此，对法律条文进行目的性解释时，不仅要符合法律的整体目的，也要符合法律的个别制度目的。如《刑法》第 213 条规定："未经注册商标所有人许可，在同一种商品上使用与其注册商标相同的商标，情节严重的，处 3 年以下有期徒刑或者拘役，并处或者单处罚金；情节特别严重的，处 3 年以上 7 年以下有期徒刑，并处罚金。"对于该条文中的"相同"进行解释，如果按照字义解释的方法，那么可能会把"相同"解释为"完全的相同"，但实际上这种解释方法是不能完全达到设置此条规定的目的的，这时就需要用目的解释的方法。设置假冒注册商标罪的目的一方面是为了保护消费者，使消费者不至于在购买商品的过程中受到限制；另一方面是为了维护商标所有者的产品声誉。如果把注册商标看做是完全相同的商标，那实践中出现的与注册商标非常相似，在视觉上混淆消费者的假冒注册商标就得不到法律的规制，而这样的注册商标与完全相同的注册商标一样，都损害了消费者和注册商标所有人的利益。因此，从这一条款设置假冒注册商标罪的目的的角度，运用刑法目的解释方法解释"相同"的含义，那些虽然不是和注册商标完全相同的但足以导致人们视觉上的混淆即在视觉上无差别的假冒注册商标同样可以认定为假冒注册商标，构成假冒注册商标罪。

上述几种主要的解释方法，人民陪审员在适用法律时可以选择使用，不过这些解释方法之间也存在一个先后关系：字义解释构成解释的出发点，同时也为解释设置界限；而在探求某用语或某语句于文字脉络中意义为何时，探求法律的意义脉络则不可缺少；然后是立法者意图，最后才是目的解释。多数情况下，这些方法基本可以满足法律解释的需要。

不过，在司法裁判中，人民陪审员与法官一样，会遇到疑难案件。此时，为了追求正当的个案裁判，还需要掌握一种方法和技能，即利益衡量，或者被称为价值衡量。

四、利益衡量

（一）利益衡量与法官的自由裁量权

利益衡量是法律适用方法中一种基于经验判断的自由裁量。当裁判者对法律进行解释后，发现有多样性的解释结果，就需要利用利益衡量的方法进行取舍。因此利益衡量是法律适用方法中在法律解释之后要运用的方法。

法律之所以赋予法官自由裁量权，是因为法律规范语言本身具有不确定性，一些规则也会使用一些宽泛的标准，因此法官需要填补法律规则留下的空隙。如一项立法规定"禁止在公园行车"，这项立法应该适用于轿车、卡车、巴士等机动车，但类似自行车、儿童滑板，甚至于一辆立于纪念基座上的"报废"坦克是否属于禁止的范畴，则需要法官运用自由裁量权加以判断。又如，在审理民事案件时，面对《合同法》第114条第1、2款的规定，"当事人可以约定一方违约时应当根据违约情况向对方支付一定数额的违约金，也可以约定因违约产生的损失赔偿额的计算方法。约定的违约金低于造成的损失的，当事人可以请求人民法院或者仲裁机构予以增加；约定的违约金过分高于造成的损失的，当事人可以请求人民法院或者仲裁机构予以适当减少"。如何判定约定的违约金"过分高"，什么是"适当减少"，都是法律规则的空白，需要法官运用自由裁量权进行确定。法官运用自由裁量权，在不同法系国家都是一项众所周知的事情。"在每一种法律体系中，当着手解释模糊不清的标准时，大量且重要的领域均留待法庭与其他官员的自由裁量权一展身手。"自由裁量是法官的一项重要的司法权利，也是司法权力，对人民陪审员而言，主要掌握其中有关利益衡量的部分即可。毕竟，人民陪审员不是专业的法官。

在当代中国整个转型体制下，法律赋予法官（陪审员）的在良知基础上对案件裁量结果的平衡，即我们经常说的"法律效果和社会效果的统一"，在某种意义上也是一种个案正义。因此，利益衡量作为法院判断疑难案件的常用方法，并没有可确定和可预测的操作程序，主要靠自由裁量。如下面的案例：2004 年，原告王某某之父王某（离婚）与被告某保险公司签订人寿保险合同，约定被保险人为王某，保险期间自 2004 年 9 月 1 日至 2009 年 8 月 31 日止；若在此期间王某身故，公司将给付保险金。同年 9 月，王某离家出走且至今下落不明。2009 年 4 月，原告向被告进行报案登记，被告要求原告向法院申请宣告王某死亡，法院于 2010 年 12 月作出宣告陈某死亡的判决，后原告申请理赔被拒遂诉至法院。此案的疑难之处在于对旧《保险法》关于责任免除条款的含义及范围认定问题。原告认为，其已于合同有效期内向被告报案，但依照宣告死亡法定程序必然超过合同有效期，保险人并未就这种事实上已免除己方责任的情形履行明确说明义务；被告则认为本案并不存在免责条款，被告依约不应承担责任。法院审理后认为，根据旧《保险法》第 17 条之规定，保险人应履行对免责条款的明确说明义务，否则其不能免除保险责任。本案虽不存在明示的免责条款，但结合宣告死亡程序的法定期间和合同有效期条款分析，被告在被保险人因下落不明被宣告死亡的情形下事实上不可能赔付，但其并未将此情形作为免责条款明确载明，也未对投保人进行明确说明，有违保险法立法所倡导的最大诚信原则。同时，根据举轻以明重的原则，对于明确规定的免责条款，保险人尚且要明确说明；对于那些并未明确约定免责的事实免责情形，其更应作明确说明，否则其更不能因此免除保险责任。故法院判决保险公司应予赔偿。该案例说明，法官在审理此案件时，综合考虑了法条、司法机构的现状和发展、原因和结果、功能和目标等，据此做出的利益衡量。

（二）利益衡量的判断方法

学理上对利益衡量有不同的描述。利益衡量，顾名思义，是在法律所保护且存在冲突的不同利益之间，如何进行权衡与选择的问题，这涉及权衡与选择的标准问题。对于这一标准，学者们从不同角度提出了许多不同的判断方法。具体而言，主要有以下两大类：

1. 常识判断。即认为不同利益之间没有固定的位阶，对利益的权衡与选择，没有特别的标准，仅需以常识作出实质判断即可。日本学者加藤一郎提出："实质性利益何者为重的价值判断与选择（法律家）的做法与外行作的判断不会有质的差异"；因此，"在最初的判断过程中，有意识地将既存的法规排除在外，首先以全部白纸的状态对这一事件应该如何处理加以考虑"。另一位日本学者星野英一亦强调，"如何来实现对立的各种价值、各种利益、各种要求的调和，以及在什么层次上进行价值判断呢？这只需要常识来加以判断就可以了"，并认为"在利益考量或价值判断中，法律家并不具有什么特殊的权威。法律家的权威在于法律技术方面，例如，逻辑的进行以及概念、制度沿革的意义等理论构成的侧面。而有关利益考量、价值判断方面，法律家只是作为一个市民、一个人就可以了。"这恰好说明了陪审员在案件审判中，作为"外行"、"常人"、"一般人"，是最适合依据自己的常识进行价值衡量，并平衡法官的专业价值判断。

2. 价值权衡。即认为对不同利益的权衡与选择，应依据一定的价值作为标准。这种作为利益衡量标准的价值，主要有以下几类：①立法宗旨。即要求"法官在阐释法律时，应摆脱逻辑的机械规则之束缚，而探求立法者在制定法律时衡量各种利益所为之取舍，设立法者本身对各种利益业已衡量，而加取舍，则法义甚明，只有一种解释之可能性，自须尊重法条之文字。若有许多解释可能性时，法官自须衡量现行环境及各种利益之变化，以探求立法者处于今日立法时，所可能表示之意思，而加取舍"。②社会需求。即要求按照社会民众对利益调整的要求来确定不同利益之间的位阶，并进行权衡与选择。作为利益衡量标准的社会需求，主要包括公共舆论、社会价值观念和社会效果等方面内容。③自然正义观念。即要求在进行利益衡量时，应当以自然正义与理性等观念作为价值判断标准，对利益进行权衡与选择。"正义观念乃是实施法律的指导原则之一，而且其意义不只局限于要求把法律规则和规范性标准公正地适用于所有属于它们调整范围之内的案件"，"在某些案件中，有必要摒弃法律中的词语，有必要遵循理性和正义所要求的东西，并为此目的实现衡平"。

人民陪审员在进行利益衡量时，要结合常人理性、智慧以及常识，同时有意识加入价值权衡，从而实现个案正义，恰如习近平总书记所指出的，要努力让人民群众在每一个司法案件中都感受到公平正义。但是，个案正义有的时候会与社会普遍正义产生对立。例如，一味追求个案正义，可能会造成情节、性质相同或类似的案件，不同法院却作出完全不同的判决；某一案件，双方当事人进行了和解或协商，甚至达成了某种交易，法官也对此进行了法律确认，虽然从表面上讲，双方当事人认为是公正和可接受的，但相对于公共秩序和公共利益来说，却可能会侵犯社会正义的存在。为了避免出现这样的问题，人民陪审员在进行利益衡量时，尽量关注以下几个方面的问题：①利益衡量应依利益位阶权衡其轻重。当利益之间互相冲突又不能使两者同时得到满足时，需要确定保护的先后顺序。其中立法的利益具有最高价值。陪审员只能在立法未作明确规定的情况下，或者在对特定的法律规范存在两种以上互相冲突的解释可能时，方可考量各种因素，进行利益衡量。②利益衡量所衡量的只能是当事人的合法利益，应排除不相关的因素的考虑。例如性别、学历、财富等因素在进行利益衡量时应予排除。③利益衡量时应遵守比例原则。比例原则是许多国家行政法上一项重要的基本原则。学术界通说认为，比例原则包含适当性原则、必要性原则和狭义比例原则三个子原则。行政法中比例原则是指行政权力的行使除了有法律依据这一前提外，行政主体还必须选择对相对人侵害最小的方式进行。比例原则在进行利益衡量时也可以借鉴。④利益衡量必须在合理限度内行使。根据审判实践，出现以下情况时，应该更多采用利益衡量的方法：立法缺失或滞后、涉及群体诉讼、舆论广泛参与、涉及行政权力、与国家经济发展和政策有关。对于上述类型的案件，人民陪审员要有一个警惕的心态，要结合合法性与结果合理性进行利益衡量。

第五章 裁判文书

裁判文书，也叫人民法院裁判文书，是指人民法院在独立行使审判权过程中，就各类案件的实体问题和程序问题依法制作的具备法律效力的文书。裁判文书既是人民法院依法独立行使审判权的文字凭证和庭审活动的忠实记录，也是人民群众了解人民法院审理工作并对此进行法律监督的途径，更是人民法院进行法制宣传的一个有力工具。

第一节 裁判文书概述

一、裁判文书的种类

裁判文书的制作主体是各级人民法院。人民法院制作的裁判文书根据不同的标准，又有不同的分类。

从学理上看，根据案件的性质不同，可以将裁判文书分为刑事裁判文书、民事裁判文书和行政裁判文书；根据处理案件的实体问题和程序问题的不同，可以将裁判文书分为刑事判决书和刑事裁定书、民事判决书和民事裁定书、行政判决书和行政裁定书；按照审判所适用的程序不同，又可分为第一审刑事判决书、第一审刑事裁定书，第一审民事判决书、第一审民事裁定书，第一审行政判决书、第一审行政裁定书，第二审刑事判决书、第二审刑事裁定书，第二审民事判决书、第二审民事裁定书，第二审行政判决书、第二审行政裁定书，再审刑事判决书、再审刑事裁定书，再审民事判决书、再审民事裁定书，再审行政判决书、再审行政裁定书。

从司法实践看，中国法院网将裁判文书的种类确定为：民事文书、刑事文书、行政文书、执行文书、涉外文书。其中，民事文书可分为普通民事文书、商事文书和知识产权文书。知识产权文书又可分为：专利、商标、著作权、不正当竞争、技术合同和其他等。

二、裁判文书与司法公开

2013 年 11 月 13 日，最高人民法院审判委员会第 1595 次会议通过了《最高人民法院关于人民法院在互联网公布裁判文书的规定》，其目的是贯彻落实审判公开原则，规范人民法院在互联网公布裁判文书工作，促进司法公正，提升司法公信力。按照该文件的规定，裁判文书上网自 2014 年 1 月 1 日起施行。最高人民法院在互联网设立中国裁判文书网，统一公布各级人民法院的生效裁判文书。

（一）裁判文书公布的范围

人民法院的生效裁判文书一般都应当在互联网公布，但有下列情形之一的除外：①涉及国家秘密、个人隐私的；②涉及未成年人违法犯罪的；③以调解方式结案的；④其他不宜在互联网公布的。

（二）裁判文书公布的技术处理

1. 需要匿名处理的裁判文书信息。人民法院在互联网公布裁判文书时，应当保留当事人的姓名或者名称等真实信息，但必须采取符号替代方式对下列当事人及诉讼参与人的姓名进行匿名处理：①婚姻家庭、继承纠纷案件中的当事人及其法定代理人；②刑事案件中被害人及其法定代理人、证人、鉴定人；③被判处 3 年以下有期徒刑刑罚以及免予刑事处罚，且不属于累犯或者惯犯的被告人。

2. 需要删除的裁判文书信息。人民法院在互联网公布裁判文书时，应当删除下列信息：①自然人的家庭住址、通讯方式、身份证号码、银行账号、健康状况等个人信息；②未成年人的相关信息；③法人以及其他组织的银行账号；④商业秘密；⑤其他不宜公开的内容。

（三）裁判文书公布的时间要求

承办法官或者人民法院指定的专门人员应当在裁判文书生效后 7 日内按照有关规定的要求完成技术处理，并提交本院负责互联网公布裁判文书的专门机构在中国裁判文书网公布。

三、裁判文书的特点

由于裁判文书是人民法院依法独立行使审判权过程中，就案件的实体问题和程序问题依法制作的具备法律效力的文书，因此，裁判文书与其他种类的文书相比，具有以下特点：

1. 必须依照有关法律规定制作裁判文书。必须依照有关法律规定制作裁判文书，也叫制作的合法性。任何裁判文书的制作都必须依照法律规定，这些法律不仅包括程序法，而且也包括实体法。这个特点涉及具体裁判文书的制作时则表现得异常明显。

2. 裁判文书的格式具有固定性。裁判文书的格式具有固定性，也被称为形式的程式性。裁判文书的程式性特点主要表现在以下两个方面：

（1）固定的结构。裁判文书的固定结构是指裁判文书的结构由首部、主体（正文）、尾部三部分组成，每一部分中层次分明，表述内容基本固定。

（2）固定的用语。这是裁判文书的格式具有固定性特点的又一个明显的表现。裁判文书的用语都是规范的统一文字，一般说来，有两种表现形式：一是采取统一印制在格式之中的方式，只需文书制作者在使用时填入适当的部分文字即可；二是虽未统一印入文书之中，但制作者必须用统一规定的文字书写。对其中稍有差别的内容，则用适当的文字加以区别。

如人民法院使用的一审刑事判决书的结尾，交代上诉权等内容的文字，虽未事先印好，但必须遵照统一规定的文字书写为"如不服本判决，可于接到判决的第二日起××日内，通过本院或者直接向××××人民法院提起上诉。书面上诉的，应交上诉状正本一份，副本×份"。

除上述固定的文字外，裁判文书中的其他段首的引语和前后段转接的用语也是固定的，如"经审理查明"、"本院认为"、"判决如下"也多是一种程式化用语，都属于裁判文书在形式上的程式性特点的具体表现。裁判文书使用固定的用语，不仅使得裁判文书表现出严肃、凝重的特点，同时，也为制作者提供了制作文书的规范用语。

3. 裁判文书的内容具有明确的法定内容。裁判文书都有其明确的法定内容，应以相关的实体法、程序法为依据。如在裁判文书中一般均应写明当事人的基本情况、案情事实、处理或请求的理由、处理或请求的意见等几部分内容。而这几部分的内容都有法定的要求写明的要素。如当事人的基本情况，自然人都应写明姓名、年龄、籍贯、民族、职业、工作单位（包括职务）和住址等。属于法人或其他组织的，除应写明单位全称、地址外，还应写明法定代表人或代表人的姓名、职务和住址。在叙述案情事实方面，在司法机关制定的裁判文书格式中，也有相应的法定要求。如《法院诉讼文书样式》在对刑事判决书的样式说明中，要求："叙述事实时，应写明案件发生的时间、地点、动机、目的、手段、行为过程、危害结果和被告人事后的态度以及涉及的人和事等要素，并以是否具有犯罪构成要件为重点，兼叙影响量刑轻重的各种情节。"这实际上是在重要的刑事裁判文书中对叙述事实所提出的必须写明的法定要素。在理由和处理意见或要求方面，同样也都有法定的要求。所以说，裁判文书的写作内容都有法律的规定性，不能有任何随意性。

4. 裁判文书使用的语言具有客观精确的特点。裁判文书的语言运用必须高度精确，这是制作文书过程中必须加以明确的因素。所谓"精"，指的是精当；所谓"确"，指的是确切、准确。概言之，要做到：是非分明，明确区分罪与非罪的界限或责任大小，特别要注意一些易混淆的概念的区别，不能含糊其辞、模棱两可。具体表现为：一是有关当事人的基本情况，应表述得完整、准确，避免出现混淆的情况；二是有关案件事实情节，要真实可靠，客观明确，证据确凿，不能夸大缩小，更不能主观臆造；三是理由的阐述应当准确全面，严格依照法律规定来分析，逻辑性强，力戒空话套话，词不达意；四是处理意见要明确具体，表述准确、恰当，适用法律正确。裁判文书的这一特点就是要求裁判文书的语言使用上要语义单一，准确精当，客观平实，符合逻辑思维习惯，为裁判文书的执行提供便捷的条件。

5. 裁判文书具有明确的法律效力。裁判文书都是为了解决一定的法律问题而制作的，因此是最讲求实效的。它不同于泛泛的宣传，更不允许空洞的说教。它所要解决的问题都是明确具体的，具有很强的针对性。人民法院所制作的裁判文书，有明显的法律效力，具有执行意义的还有强制力。我们都必须注重它的实效性。

第二节　常用裁判文书简介

全国人民代表大会常务委员会 2004 年 8 月 28 日发布的《关于完善人民陪审员制度的决定》规定，人民法院审判第一审案件，由人民陪审员和法官组成合议庭进行，适用简易程序审理的案件和法律另有规定的案件除外。因此，本部分的内容选取的文书均为一审常用裁判文书。

一、刑事裁判文书

刑事裁判文书是指人民法院在刑事诉讼中，就刑事案件的实体问题和程序问题依法制作的具有法律效力的书面文件。刑事裁判文书，主要指刑事判决书和刑事裁定书。

（一）一审刑事判决书

一审刑事判决书是指第一审人民法院对于人民检察院提起公诉的刑事案件，按照第一审普通程序审理终结后，根据已经查明的事实、证据，依据有关法律规定，作出被告人有罪或者无罪，犯什么罪，判处什么刑罚，或者免除刑罚，或者宣告无罪等处理决定时使用的裁判文书。

1. 适用条件。人民法院对于人民检察院侦查终结移送起诉的案件和自己侦查终结认为需要追究刑事责任的案件，由合议庭审理终结后，就要根据已查明的被告人的犯罪事实和有关法律规定，对被告人作出判决，制作判决书。由此，可以看出，一审刑事判决书适用的条件是：

（1）一审刑事判决适用于同级人民检察院向人民法院提起公诉的刑事案件，包括：公安机关侦查终结经人民检察院审查决定提起公诉的刑事案件、人民检察院自行侦查终结决定提起公诉的刑事案件。

（2）上述各类案件经人民法院审理终结后，根据已经查明的事实、证据和有关法律规定，作出被告人有罪或无罪，犯什么罪，适用什么刑罚或者免除刑罚的判决。

简言之，一审刑事判决书适用于按第一审普通程序进行审理后，对实体问题作出有罪判决或无罪判决等处理结论的一切公诉的刑事案件。

2. 文书种类。

（1）一审刑事有罪判决书，即案件审理终结后，第一审人民法院依据事实和有关法律作出的确认被告人有罪并追究刑事责任的书面文件。

（2）一审刑事无罪判决书，即案件审理终结后，第一审人民法院依据事实和法律作出的宣告被告人无罪的书面文件。

3. 作用与意义。

（1）一审刑事判决书是第一审人民法院审理刑事案件情况和结果的全面反映，是一审人民法院对刑事案件的被告人追究刑事责任或宣告无罪的凭证和依据，是一审人民法院代表国家行使审判权，保障法律实施的重要形式和手段，是一审人民法院依据事实和有关法律对被告人的前途和命运作出的处理决定。

（2）一审刑事判决书可以使被告人了解一审人民法院对自己的处理结果，以便决定是上诉还是服从。

（3）一审刑事判决书可以使同级人民检察院了解一审人民法院对被告人的处理情况，以便决定是抗诉还是服从。

（4）一审刑事判决书可以使上级人民法院和上级人民检察院了解下级人民法院适用法律是否正确，以便实施法律监督。

（5）一审刑事判决书可以使人民群众了解被告人的犯罪事实和处理结果，以增强法制观念。

4. 文书样式。

××××人民法院

刑事判决书

（××××）×刑初字第××号

公诉机关××××人民检察院

被告人……（写明姓名、性别、出生年月日、民族、籍贯、职业或工作单位和职务、住址和因本案所受强制措施情况等，现在何处）

辩护人……（写明姓名、性别、工作单位和职务）

×××人民检察院于×××年××月××日以被告人×××犯××罪，向本院提起公诉。本院受理后，依法组成合议庭（或依法由审判员×××独任审判），公开（或不公开）开庭审理了本案。×××人民检察院检察长（或员）×××出庭支持公诉，被告人×××及其辩护人×××、证人×××等到庭参加诉讼。本案现已审理终结。

……（首先概述检察院指控的基本内容，其次写明被告人的供述、辩解和辩护人辩护的要点）

经审理查明，……（详写法院认定的事实、情节和证据。如果控辩双方对事实、情节、证据有异议，应予分析否定。在这里，不仅要列举证据，而且要通过对主要证据的分析论证，来说明本判决认定的事实是正确无误的。必须坚决改变用空洞的"证据确凿"几个字来代替认定犯罪事实的具体证据的公式化的写法）

本院认为，……〔根据查证属实的事实、情节和法律规定，论证被告人是否犯罪，犯什么罪（一案多人的还应分清各被告人的地位、作用和刑事责任），应否从宽或从严处理。对于控辩双方关于适用法律方面的意见和理由，应当有分析地表示采纳或予以批驳〕依照……（写明判决所依据的法律条款项）的规定，判决如下：

……〔写明判决结果。分三种情况：

第一、定罪判刑的，表述为：

"一、被告人×××犯××罪，判处……（写明主刑、附加刑）；

二、被告人×××……（写明追缴、退赔或没收财物的决定，以及这些财物的种类和数额。没有的不写此项）。"

第二、定罪免刑的表述为：

"被告人×××犯××罪，免予刑事处分（如有追缴、退赔或没收财物的，续写为第二项）。"

第三、宣告无罪的，表述为："被告人×××无罪。"〕

如不服本判决，可在接到本判决书的第二日起××日内，通过本院或者直接向×××人民法院提出上诉。书面上诉的，应交上诉状正本一份，副本×份。

审判长 ×××

审判员 ×××

审判员 ×××

×××年××月××日

（院印）

本件与原本核对无异

书记员 ×××

(二) 一审刑事附带民事判决书

一审刑事附带民事判决书是指第一审人民法院在审理刑事案件过程中，在确认被告人是否承担刑事责任的同时，附带解决被告人对于被害人所遭受的物质损失 (经济损失) 是否承担民事赔偿责任而作出的书面决定。

1. 制作依据。《刑法》第 36 条第 1 款规定："由于犯罪行为而使被害人遭受经济损失的，对犯罪分子除依法给予刑事处罚外，并应根据情况判处赔偿经济损失。"

《刑事诉讼法》第 99 条规定："被害人由于被告人的犯罪行为而遭受物质损失的，在刑事诉讼过程中，有权提起附带民事诉讼。被害人死亡或者丧失行为能力的，被害人的法定代理人、近亲属有权提起附带民事诉讼。如果是国家财产、集体财产遭受损失的，人民检察院在提起公诉的时候，可以提起附带民事诉讼。"

最高人民法院《关于适用〈中华人民共和国刑事诉讼法〉的解释》(以下简称《刑事诉讼法解释》) 第 138 条第 1 款规定："被害人因人身权利受到犯罪侵犯或者财物被犯罪分子毁坏而遭受物质损失的，有权在刑事诉讼过程中提起附带民事诉讼；被害人死亡或者丧失行为能力的，其法定代理人、近亲属有权提起附带民事诉讼。"

《刑事诉讼法解释》第 142 条第 1、2 款规定："国家财产、集体财产遭受损失，受损失的单位未提起附带民事诉讼，人民检察院在提起公诉时提起附带民事诉讼的，人民法院应当受理。人民检察院提起附带民事诉讼的，应当列为附带民事诉讼原告人。"

2. 适用对象。提出附带民事诉讼的人包括：被害人、已死亡被害人的近亲属、无行为能力或者限制行为能力被害人的法定代理人、人民检察院。

附带民事诉讼中依法负有赔偿责任的人包括：刑事被告人 (公民、法人和其他组织) 及没有被追究刑事责任的其他共同致害人；未成年刑事被告人的监护人；已经被执行死刑的罪犯的遗产继承人；共同犯罪案件中，案件审结前已死亡的被告人的遗产继承人；其他对刑事被告人的犯罪行为依法应当承担民事赔偿责任的单位和个人。

3. 适用条件。附带民事诉讼的起诉条件是：①起诉人符合法定条件。②有明确的被告人。③有请求赔偿的具体要求、事实和理由。④属于人民法院受理附带民事诉讼的范围。⑤附带民事诉讼应当在刑事案件立案后及时提起，提起附带民事诉讼应当提交附带民事起诉状。

4. 审理结果。人民法院审理附带民事诉讼案件，可以根据自愿、合法的原则进行调解。经调解达成协议的，应当制作调解书。调解书经双方当事人签收后，即具有法律效力。调解达成协议并即时履行完毕的，可以不制作调解书，但应当制作笔录，经双方当事人、审判人员、书记员签名或者盖章后即发生法律效力。调解未达成协议或者调解书签收前当事人反悔的，附带民事诉讼应当同刑事诉讼一并判决。

对附带民事诉讼作出判决，应当根据犯罪行为造成的物质损失，结合案件具体情况，确定被告人应当赔偿的数额。犯罪行为造成被害人人身损害的，应当赔偿医疗费、护理费、交通费等为治疗和康复支付的合理费用，以及因误工减少的收入。造成被害人残疾的，还应当赔偿残疾生活辅助具费等费用；造成被害人死亡的，还应当赔偿丧葬费等费用。驾驶机动车致人伤亡或者造成公私财产重大损失，构成犯罪的，依照《道路交通安全法》第76条的规定确定赔偿责任。人民法院审理附带民事诉讼案件，不收取诉讼费。

5. 文书样式。

××××人民法院

刑事附带民事判决书

（××××）×刑初字第××号

公诉机关××××人民检察院

附带民事诉讼原告人（被害人）……（写明姓名、性别、出生年月日、民族、籍贯、职业或工作单位和职务、住址）

被告人……（写明姓名、性别、出生年月日、民族、籍贯、职业或工作单位和职务、住址和因本案所受强制措施情况等，现在何处）

辩护人……（写明姓名、性别、工作单位和职务）

××××人民检察院于××××年××月××日以被告人×××犯××罪，向本院提起公诉；在诉讼过程中，被害人又以要求被告人赔偿经济损失为由，向本院提起附带民事诉讼。本院受理后，依法组成合议庭（或由审判员独任审判），公开（或不公开）开庭对本案进行了合并审理，人民检察院检察长（或员）出庭支持公诉，附带民事诉讼原告人（被害人）及其代理人、被告人及其辩护人、证人等到庭参加诉讼。本案现已审理终结。

……（首先概述检察院指控的基本内容，并简述附带民事诉讼原告人起诉的民事内容；其次写明被告人供述、辩解和辩护人辩护的要点）

经审理查明，……（除详写法院认定的事实、情节和证据外，还应写明由于被告人的行为造成被害人直接经济损失的事实。如果控辩双方或一方对事实有异

议，应予分析否定。在认定事实时，不但要具体列举证据，而且要通过对主要证据的分析论证，来说明本判决认定的事实的正确性）

本院认为，……〔根据查证属实的事实、情节和法律规定，除论证被告人是否犯罪、犯什么罪，应否追究刑事责任外，还应论证被告人对被害人的经济损失应否负民事赔偿责任（一案多人的还应分清各被告人的地位、作用及其刑事和民事责任），应否从宽或从严处理。对于控、辩双方关于适用法律方面的意见和理由，应有分析地表示采纳或予以批驳〕依照……（写明判决所依据的法律条款项）的规定，判决如下：

……〔写明判决结果。分四种情况：

第一、被告人构成犯罪并应赔偿经济损失的，表述为：

"一、被告人犯罪，……（写明判处的刑罚或者免予刑事处分）；

二、被告人赔偿被害人……（写明赔偿的金额和支付日期）。"

第二、被告人构成犯罪，但不赔偿经济损失的，表述为：

"一、被告人犯罪，……（写明判处的刑罚或者免予刑事处分）；

二、被告人不承担民事赔偿责任（或免予赔偿经济损失）。"

第三、被告人不构成犯罪但应赔偿经济损失的，表述为：

"一、被告人无罪；二、被告人赔偿……（写明受偿人的姓名以及赔偿的金额和支付日期）。"

第四、被告人不构成犯罪又不赔偿经济损失的，表述为：

"一、被告人无罪；

二、被告人不承担民事赔偿责任。"〕

如不服本判决，可在接到判决书的第二日起××日内通过本院或者直接向××人民法院提出上诉。书面上诉的，应交上书状正本一份，副本×份。

审判长　×××
审判员　×××
审判员　×××
年　月　日
（院印）

本件与原本核对无异

书记员　×××

（三）一审自诉案件刑事判决书

一审自诉案件刑事判决书是指基层人民法院对于按管辖范围直接受理的告诉才处理或者其他不需要进行侦查的轻微刑事案件，依照我国《刑事诉讼法》规定的第一审程序审理终结后，就被告人是否犯罪，犯什么罪，应否受到刑事处罚依法作出处理的书面决定。

1. 制作依据。《刑事诉讼法》第 206 条规定："人民法院对自诉案件，可以进行调解；自诉人在宣告判决前，可以同被告人自行和解或者撤回自诉。……"

《刑事诉讼法解释》第 271 条第 1 款规定："人民法院审理自诉案件，可以在查明事实、分清是非的基础上，根据自愿、合法的原则进行调解。调解达成协议的，应当制作刑事调解书，由审判人员和书记员署名，并加盖人民法院印章。调解书经双方当事人签收后，即具有法律效力。调解没有达成协议，或者调解书签收前当事人反悔的，应当及时作出判决。"

2. 适用范围。一审自诉案件刑事判决书适用人民法院审理的一审自诉刑事案件。

人民法院受理自诉案件必须符合下列条件：①符合《刑事诉讼法》第 204 条、《刑事诉讼法解释》第 1 条的规定；②属于本院管辖；③被害人告诉；④有明确的被告人、具体的诉讼请求和证明被告人犯罪事实的证据。

符合《刑事诉讼法》第 204 条、《刑事诉讼法解释》第 1 条的规定，是指属于自诉案件的范围和种类，具体包括下列案件：

（1）告诉才处理的案件，包括：侮辱、诽谤案（《刑法》第 246 条规定的，但严重危害社会秩序和国家利益的除外），暴力干涉婚姻自由案（《刑法》第 257 条第 1 款规定的），虐待案（《刑法》第 260 条第 1 款规定的），侵占案（《刑法》第 270 条规定的）。

（2）人民检察院没有提起公诉，被害人有证据证明的轻微刑事案件，包括：故意伤害案（《刑法》第 234 条第 1 款规定的），非法侵入住宅案（《刑法》第 245 条规定的），侵犯通信自由案（《刑法》第 252 条规定的），重婚案（《刑法》第 258 条规定的），遗弃案（《刑法》第 261 条规定的），生产、销售伪劣商品案（刑法分则第三章第一节规定的，但严重危害社会秩序和国家利益的除外），侵犯知识产权案（刑法分则第三章第七节规定的，但严重危害社会秩序和国家利益的除外），刑法分则第四章、第五章规定的，对被告人可能判处 3 年以下有期徒刑刑罚的案件。本项规定的案件，被害人直接向人民法院起诉的，人民法院应当依法受理。对其中证据不足、可以由公安机关受理的，或者认为对被告人可能判处 3 年以上有期徒刑刑罚的，应当告知被害人向公安机关报案，或者移送公安机关立案侦查。

（3）被害人有证据证明对被告人侵犯自己人身、财产权利的行为应当依法追究刑事责任，而公安机关或者人民检察院不予追究被告人刑事责任的案件。

3. 文书格式。

××××人民法院

刑事附带民事判决书

（××××）×刑初字第××号

自诉人兼附带民事诉讼原告人……（写明姓名、性别、出生年月日、民族、籍贯、职业或工作单位和职务、住址等）

被告人……（写明姓名、性别、出生年月日、民族、籍贯、职业或工作单位和职务、住址等）。辩护人……（写明姓名、性别、工作单位和职务）

自诉人×××以被告人×××犯××罪，要求给予刑事处分，同时要求赔偿给他造成的经济损失为由，向本院提起控诉。本院受理后，依法由审判员×××独任审判（或组成合议庭），公开（或不公开）开庭审理了本案。自诉人×××、被告人×××及其辩护人×××、证人×××等到庭参加诉讼。本案现已审理终结。

……（首先概述自诉人的刑事控告和附带民事请求的基本内容，其次写明被告人陈述、辩解和辩护人辩护的要点）

经审理查明，……（除写明法院认定的犯罪事实、情节及其证据之外，还应写明被告人的行为造成被害人直接经济损失的事实。如果双方当事人对事实、情节或证据各持异议的，应当通过主要证据的分析论证，说明本判决认定的事实的正确性）

本院认为，……（根据查证属实的事实、情节和法律规定，论证被告人构成何种犯罪，对被害人的经济损失应否负民事赔偿责任，应否从宽或从严处理。对于控辩双方关于适用法律方面的意见和理由，应当有分析地表示采纳或者予以批驳）。依照……（写明判决所依据的法律条款项）的规定，判决如下：

……〔写明判决结果。分两种情况：

被告人构成犯罪并应赔偿经济损失的，表述为：

"一、被告人×××犯××罪，……（写明判处的刑罚或者免予刑事处分）；

二、被告人×××赔偿……（写明受害人的姓名以及赔偿的金额和支付日期）。"

第二、被告人构成犯罪但不赔偿经济损失的，表述为：

"一、被告人×××犯××罪，……（写明判处的刑罚或者免予刑事处分）；

二、被告人×××不承担民事赔偿责任（或免予赔偿经济损失）。"〕

如不服本判决，可在接到判决书的第二日起××日内，通过本院或者直接向××××人民法院提出上诉。书面上诉的，应交上诉状正本一份，副本×份。

审判员　×××

××××年××月××日

（院印）

本件与原本核对无异

书记员　×××

二、民事裁判文书

民事裁判文书，是指人民法院在民事或商事诉讼中，为解决诉讼当事人之间的民事权利义务的争议，就案件的实体问题和程序问题依法制作的具有法律效力的书面文件。人民法院的民事裁判文书可分为民事判决书、民事裁定书和民事调解书。

（一）一审民事判决书

一审民事判决书是地方各级人民法院在第一审民事、商事案件审理终结后，依据查明的案件事实和法律、法规、政策，对双方当事人的争议或者一方的申请作出的具有法律约束力的结论性判定。其实质是人民法院代表国家行使审判权，对案件作出权威性的结论，是国家意志的体现。民事判决的目的在于依法确认当事人之间的权利义务关系，使其由不确定状态恢复到确定状态，以利于当事人双方权利的行使和义务的履行，使社会生活归于有序。

1. 制作依据。一审民事判决书的制作依据是《民事诉讼法》第152条的规定，"判决书应当写明判决结果和作出该判决的理由。判决书内容包括：①案由、诉讼请求、争议的事实和理由；②判决认定的事实和理由、适用的法律和理由；③判决结果和诉讼费用的负担；④上诉期间和上诉的法院。判决书由审判人员、书记员署名，加盖人民法院印章"。《民事诉讼法》第153条还规定："人民法院审理案件，其中一部分事实已经清楚可以就该部分先行判决。"部分判决适用于当事人提出多项诉讼请求的案件或涉及几个当事人的案件。

2. 适用对象。一审民事判决书是对诉讼案件的判决，其目的是为了解决双方当事人之间的民事权利义务争议，适用于普通程序、简易程序。

3. 法律效力。当事人对一审民事判决不服，有权在15日之内，向上一级人民法院提出上诉。当事人逾期不上诉，该判决发生法律效力。民事判决一旦生效，就对当事人、人民法院和社会产生普遍的约束力，必须要自觉遵守。否则，要承担相应的法律责任。民事判决的法律效力主要体现在以下几个方面：

第一，由于当事人之间的权利义务关系已经判决确定，那么，判决生效后任何一方当事人不得以同一诉讼标的和理由，再向人民法院提出起诉或上诉。

第二，判决生效后，非依法定程序，任何法院不得就该案件再作出新的判决，也不得随意变更或撤销原判决。

第三，具有给付内容的判决生效后，义务人应当自动履行义务，拒不履行的，权利人有权申请人民法院强制执行。

第四，由于判决书的内容还关系着当事人的合法权益，因此，判决书的内容必须准确无误。

4. 文书样式。

××××人民法院

民事判决书

（××××）×民初字第××号

原告……（写明姓名或名称等基本情况）

法定代表人（或代表人）……（写明姓名和职务）

法定代理人（或指定代理人）……（写明姓名等基本情况）

委托代理人……（写明姓名等基本情况）

被告……（写明姓名或名称等基本情况）

法定代表人（或代表人）……（写明姓名和职务）

法定代理人（或指定代理人）……（写明姓名等基本情况）

委托代理人……（写明姓名等基本情况）

第三人……（写明姓名或名称等基本情况）

法定代表人（或代表人）……（写明姓名和职务）

法定代理人（或指定代理人）……（写明姓名等基本情况）

委托代理人……（写明姓名等基本情况）

……（写明当事人的姓名或名称和案由）一案，本院受理后，依法组成合议庭（或依法由审判员×××独任审判），公开（或不公开）开庭进行了审理。……（写明本案当事人及其诉讼代理人等）到庭参加诉讼。本案现已审理终结。

原告×××诉称，……（概述原告提出的具体诉讼请求和所根据的事实与理由）

被告×××辩称，……（概述被告答辩的主要内容）

第三人×××述称，……（概述第三人的主要意见）

经审理查明，……（写明法院认定的事实和证据）

本院认为，……（写明判决的理由）。依照……（写明判决所依据的法律条款项）的规定，判决如下：

……（写明判决结果）

……（写明诉讼费用的负担）

如不服本判决，可在本判决书送达之日起十五日内，向本院递交上诉状，并按对方当事人的人数提出副本，上诉于××××人民法院。

审判长　×××

审判员　×××

审判员　×××

××××年××月××日

（院印）

本件与原本核对无异

书记员　×××

（二）一审民事调解书

一审民事调解书是指一审人民法院在审理民事纠纷案件的过程中，通过调解促使当事人自愿达成解决纠纷的协议时，制作的具有法律效力的法律文件。

1. 制作依据。一审民事调解书的制作依据是：

《民事诉讼法》第9条规定："人民法院审理民事案件，应当根据自愿和合法的原则进行调解；调解不成的，应当及时判决。"

《民事诉讼法》第93条规定："人民法院审理民事案件，根据当事人自愿的原则，在事实清楚的基础上，分清是非，进行调解。"

《民事诉讼法》第97条规定："调解达成协议，人民法院应当制作调解书。调解书应当写明诉讼请求、案件的事实和调解结果。调解书由审判人员、书记员署名，加盖人民法院印章，送达双方当事人。调解书经双方当事人签收后，即具有法律效力。"

《最高人民法院关于适用〈中华人民共和国民事诉讼法〉若干问题的意见》（以下简称《民事诉讼法意见》）第91条规定："人民法院受理案件后，经审查，认为法律关系明确、事实清楚、在征得当事人双方同意后，可以径行调解。"

《民事诉讼法意见》第92条规定："人民法院审理民事案件，应当根据自愿和合法的原则进行调解。当事人一方或双方坚持不愿调解的，人民法院应当及时判决。人民法院审理离婚案件，应当进行调解，但不应久调不决。"

2. 适用对象。法院调解既可以依当事人的申请而开始，也可以由人民法院依职权主动开始。在审判实践中，人民法院依职权主动进行调解的居多数。人民法院受理民事案件后，应当首先考虑有无调解解决的可能，如果认为有可能调解解决，即可在征得当事人同意的前提下，由合议庭或独任审判员进行调解。凡不能调解解决和当事人一方或双方不同意调解的，人民法院不能进行调解。

双方当事人经法院调解后，达成了调解协议，经过法院审查，协议内容符合国家法律政策的，应予批准。需制作调解书的，应制作调解书并发给双方当事人。对不需要制作调解书的，协议内容应记入笔录，并由双方当事人、审判人员和书记员签名或盖章，从而结束案件的审理程序。

3. 制作内容。民事调解书要写明诉讼请求、案件事实和调解的理由及协议的内容。其中，诉讼请求是原告的主张。案件的事实包括当事人双方争议的事实和人民法院查明的事实。写法可采取归纳式，力求简略而概括，不必像判决书那样详细叙述。调解的理由是在事实清楚的基础之上，根据政策和法律规定对当事人之间的过错和责任大小，进行公正、合理的评定。为了有利于当事人的团结和协议的履行，一般可以不写调解理由或调解理由从简，与事实写在一段里。协议内容是整个调解书的核心部分。协议内容必须明确、具体，便于履行。同时，还要符合国家的法律、政策。在协议内容之后，另起一行，写明诉讼费用的负担。

4. 法律效力。《民事诉讼法》第 97 条第 3 款规定："调解书经双方当事人签收后，即具有法律效力。"按照《民事诉讼法》第 98 条的规定，下列案件调解达成协议，人民法院可以不制作调解书：①调解和好的离婚案件；②调解维持收养关系的案件；③能够即时履行的案件；④其他不需要制作调解书的案件。对不需要制作调解书的协议，应当记入笔录，由双方当事人、审判人员、书记员签名或者盖章后，即具有法律效力。

法院调解是人民法院审理民事案件，结束诉讼程序的一种方式，所以它与生效的法院判决具有同等的法律效力。主要表现在：

第一，结束诉讼程序。这是法院调解在程序方面的法律效力。它和法院判决一样，都是正常结束诉讼程序的方式。

第二，确认当事人之间权利义务关系。这是法院调解表现在实体方面的法律效力。法院调解生效后，即表明当事人之间实体权利义务和争议已得到了解决和确认。双方当事人不得就同一诉讼理由再行向人民法院提起诉讼。

第三，不得提起上诉。由于调解书是双方当事人自愿达成的，故法律规定对生效的法院调解书不得提起上诉是合情合理的。如果该调解书符合再审的条件，可以通过再审程序予以纠正。

第四，具有强制执行效力。调解书生效后，即具有执行力。如果一方当事人不自觉履行调解书中确定的义务，对方当事人可向人民法院申请强制执行。

5. 文书样式。

××××人民法院

民事调解书

（××××）×民初字第××号

原告……（写明姓名或名称等基本情况）

被告……（写明姓名或名称等基本情况）

第三人……（写明姓名或名称等基本情况）

（当事人及其他诉讼参加人的列项和基本情况的写法，与一审民事判决书样式相同）

案由：……（写明当事人的诉讼请求和案件的事实）

本案在审理过程中，经本院主持调解，双方当事人自愿达成如下协议：

……（写明协议的内容）

……（写明诉讼费用的负担）

上述协议，符合有关法律规定，本院予以确认。

本调解书经双方当事人签收后，即具有法律效力。

审判长　×××
审判员　×××
审判员　×××
年　月　日
（院印）

本件与原本核对无异

书记员　×××

（三）准许或不准许撤诉民事裁定书

准许或不准许撤诉民事裁定书是人民法院在判决宣告前，根据原告的撤诉申请，依法作出的准许其撤诉或不准许其撤诉的书面文件。

1. 制作依据。《民事诉讼法》第 145 条第 1 款规定："宣判前，原告申请撤诉的，是否准许，由人民法院裁定。"

《民事诉讼法意见》第 161 条规定："当事人申请撤诉或者依法可以按撤诉处理的案件，如果当事人有违反法律的行为需要依法处理的，人民法院可以不准撤诉或者不按撤诉处理。"

撤诉是原告所享有的诉讼权利之一,我国审判实践对撤诉采取积极的态度,支持原告在不违背法律、不损害他人合法权益的情况下自动撤诉。

申请撤诉应具备以下几个条件:

(1) 撤诉是原告行使诉讼权利的体现,应当由原告决定是否提出申请。

(2) 撤诉应由原告向受诉法院提出申请。

(3) 撤诉申请必须在诉讼程序开始之后,人民法院宣告判决之前提出。

原告申请撤诉,应当由人民法院进行审查,作出准许或不准许撤诉的裁定。

2. 适用对象。撤诉合法的,人民法院经审查后应裁定准许。撤诉不合法的,超越了合法原则,法院应裁定不准撤诉。裁定准许撤诉,在诉讼开始前,是不再进行诉讼;在诉讼开始后,是不继续进行诉讼。因此,需要以裁定的方式告知当事人。裁定不准撤诉,诉讼需要进行或继续进行,因此,也需要以裁定的方式告知当事人。至于裁定是口头还是书面形式,法律未作具体规定,但除双方当事人在场,可用口头裁定记入笔录外,一般应以书面形式为宜。

对于人民法院裁定不准许撤诉的,原告经传票传唤,无正当理由拒不到庭的,可以缺席判决。

3. 法律效力。撤诉产生以下效力:

(1) 终结诉讼程序。原告申请撤诉,经人民法院审查作出准许撤诉的裁定后,即产生终结诉讼的效力。此时,诉讼法律关系归于消灭。

(2) 原告撤回起诉后,通常视为未起诉,即视为诉讼程序没有发生,因此,原告撤诉后原则上仍可以再起诉。

(3) 诉讼费用应由原告或上诉人负担。

4. 文书样式。

××××人民法院

民事裁定书

(××××) ×民初字第××号

原告……(写明姓名或名称等基本情况)

被告……(写明姓名或名称等基本情况)

第三人……(写明姓名或名称等基本情况)

(当事人及其他诉讼参加人的列项和基本情况的写法,与一审民事判决书样式相同)

　　本案在审理　　　　　中，原告于　　年　月　日向本院提出撤诉申请。
　　本院认为……　　　　　　　　　　。依照　　　　　　　　的规定，裁定如下：

审判长　×××
审判员　×××
审判员　×××
年　月　日
（院印）

本件与原本核对无异

书记员　×××

　　（四）按撤诉处理民事裁定书
　　按撤诉处理民事裁定书是指一审人民法院在审理民事纠纷案件的过程中，依法对原告按撤回起诉处理时使用的裁定文书。
　　1. 制作依据。《民事诉讼法》第 143 条规定："原告经传票传唤，无正当理由拒不到庭的，或者未经法庭许可中途退庭的，可以按撤诉处理；被告反诉的，可以缺席判决。"
　　《民事诉讼法意见》第 143 条规定："原告应当预交而未预交案件受理费，人民法院应当通知其预交，通知后仍不预交或者申请减、缓、免未获人民法院批准而仍不预交的，裁定按自动撤诉处理。"
　　2. 适用对象。根据法律规定，有以下情形的，人民法院可以作出按撤诉处理民事裁定书：
　　（1）原告经传票传唤，无正当理由拒不到庭的，按撤诉处理。
　　（2）诉讼进行中，原告未经法庭许可中途退庭的，也可以按撤诉处理。
　　（3）应当预交而未预交案件受理费，人民法院应当通知其预交，通知后仍不预交，或者申请减、缓、免未获人民法院批准而仍不预交的，裁定按自动撤诉处理。
　　3. 法律效力。发生上述情形，人民法院按撤诉处理，作出按撤诉处理裁定书的，将产生以下效力：
　　（1）终结诉讼程序。人民法院依职权作出按撤诉处理的裁定后，即产生终结诉讼的效力。此时，诉讼法律关系归于消灭。
　　（2）按撤诉处理，通常视为原告未起诉，即视为诉讼程序没有发生，因此原告原则上仍可以再起诉。
　　（3）按撤诉处理，诉讼费用应由原告或上诉人负担。

4. 文书样式。

××××人民法院

民事裁定书

(××××) ×民初字第××号

原告×××（写明姓名或名称等基本情况）。

被告×××（写明姓名或名称等基本情况）。

第三人×××（写明姓名或名称等基本情况）。

（当事人及其他诉讼参加人的列项和基本情况的写法，与一审民事判决书样式相同）

本院在审理×××（写明当事人的姓名或名称和案由）一案中，因×××（写明原告不预交诉讼费，或经传票传唤，无正当理由拒不到庭；或到庭后未经法庭许可而中途退庭等情况）依照　　　　　　的规定，裁定如下：

本案按撤诉处理。

本案受理费　元，由原告　负担。

审判长　×××

审判员　×××

审判员　×××

年　月　日

（院印）

本件与原本核对无异

书记员　×××

三、行政裁判文书

行政裁判文书，是指人民法院在行政诉讼中，为解决行政机关的具体行政行为引起的行政争议，依照法律和行政法规、地方性法规的规定，参照有关行政规章，就案件的实体问题或程序问题制作的具有法律效力的文书。行政诉讼就其性质而言是解决行政争议的一种法律制度。《行政诉讼法》第2条规定："公民、法人或者其他组织认为行政机关和行政机关工作人员的具体行政行为侵犯其合法权益，有权依照本法向人民法院提起诉讼。"行政争议的特点是争议双方中必有一方为国家行政机关，如公安机关、税务机关、土地管理机关等。另一方则是隶属于这个行政机关行政管理权力之下的公民、法人或者其他组织。争议的焦点在于行政机关的具体行政行为是否合法。《行政诉讼法》第5条明确规定："人民法院审理行政案件，对具体行政行为是否合法进行审查。"认真制作行政裁判文书，对于严肃执法，增强人民群众和国家行政机关及其工作人员的法制观念，发展社会主义民主，健全社会主义法制，保护公民、法人和其他组织的合法权益，维护和监督行政机关依法行使行政职权，密切人民政府和人民群众的关系，都具有重要意义。

行政裁判文书主要包括行政判决书和行政裁定书。

1. 一审行政判决书的概念。一审行政判决书是指各级人民法院在受理行政诉讼案件后，按照《行政诉讼法》规定的第一审程序审理终结，依照法律和行政法规、地方性法规的规定，参照有关行政规章，就案件的实体问题作出处理决定时使用的裁判文书。

2. 一审行政判决书的制作依据。《行政诉讼法》第2条规定："公民、法人或者其他组织认为行政机关和行政机关工作人员的具体行政行为侵犯其合法权益，有权依照本法向人民法院提起诉讼。"

《行政诉讼法》第5条明确规定："人民法院审理行政案件，对具体行政行为是否合法进行审查。"

《行政诉讼法》第54条规定，人民法院经过审理，根据不同情况，分别作出以下判决：①具体行政行为证据确凿，适用法律、法规正确，符合法定程序的，判决维持。②具体行政行为有下列情形之一的，判决撤销或者部分撤销，并可以判决被告重新作出具体行政行为：其一，主要证据不足的；其二，适用法律、法规错误的；其三，违反法定程序的；其四，超越职权的；其五，滥用职权的。③被告不履行或者拖延履行法定职责的，判决其在一定期限内履行。④行政处罚显失公正的，可以判决变更。

3. 一审行政判决书的制作主体。一审判决书的制作者是第一审人民法院。所谓第一审人民法院并非单指基层人民法院。根据行政诉讼法有关受理第一审案件的职权划分，一般的第一审行政案件由基层人民法院管辖；中级人民法院管辖的第一审行政案件为确认发明专利权的案件，海关处理的案件，对国务院各部委或者省、自治区、直辖市人民政府所作的具体行政行为诉讼案件，以及辖区内重大、复杂的案件；高级人民法院管辖本辖区内重大、复杂的第一审行政案件；最高人民法院管辖全国范围内重大、复杂的第一审行政案件。

作出一审判决的行政案件，必须是按照第一审程序审理终结的行政案件，尚未审理终结的案件不能使用行政判决书；如果在审理过程中需要解决某些程序问题，则可使用行政裁定书。

4. 一审行政判决书的适用对象。第一审行政判决书是适用行政实体法和行政诉讼法的有关规定，解决当事人之间争议的实质性问题的书面文件，即人民法院依法行使审判权，对提起诉讼的公民、法人或者其他组织与被诉的行政机关之间，就争议的具体行政行为是否合法、正确，作出公正判决的书面文件。

5. 一审行政判决书的文书样式。

××××人民法院

行政判决书

　　　　　　　　　　　　　　（××××）×行初字第××号

原告……（写明起诉人的姓名或名称等基本情况）

法定代表人（或代表人）……（写明姓名和职务）

法定代理人（或指定代理人）……（写明姓名等基本情况）

委托代理人……（写明姓名等基本情况）

被告……（写明被诉的行政机关名称和所在地址）

法定代表人（或代表人）……（写明姓名和职务）

委托代理人……（写明姓名等基本情况）

第三人……（写明姓名或名称等基本情况）

法定代表人（或代表人）……（写明姓名和职务）

法定代理人（或指定代理人）……（写明姓名等基本情况）

委托代理人……（写明姓名等基本情况）

原告×××不服××××（行政机关名称）××××年××月××日（×××）×××字第××号××××处罚决定（或复议决定、其他具体行政行为），向本院提起诉讼。本院受理后，依法组成合议庭，公开（或不公开）开庭审理了本案。……（写明到庭的当事人、代理人等）本案现已审理终结。

……（概括写明被告所作的具体行政行为的主要内容及其事实与根据，以及原告不服的主要意见、理由和请求等）

经审理查明，……（写明法院认定的事实和证据）本院认为，……（根据查明的事实和有关法律规定，就行政机关所作的具体行政行为是否合法，原告的诉讼请求是否有理，进行分析论述）依照（写明判决所依据的法律条款项）的规定，判决如下：

……〔写明判决结果。分六种情况：第一，维持行政机关具体行政行为的，写："维持××××（行政机关名称）××××年××月××日（××××）×××字第××号处罚决定（或复议决定、其他具体行政行为）。"第二，撤销行政机关具体行为的，写："一、撤销×××（行政机关名称）××××年××月××日（××××）×××字第××号处罚决定（或复议决定、其他具体行政行为）；二、……（写明判决被告重新作出具体行政行为的内容。如果是不需要重新作出具体行政行为的，此项不写。如果是确认被告的具体行政行为侵犯原告合法权益而须承担行政赔偿责任的，应当写明赔偿的数额和交付时间等）。"第三，部分撤销行政机关具体行政行为的，写："一、维持×××（行政机关名称）××××年××月××日（××××）×××字第××号处罚决定（或复议决定、其他具体行政行为）的第×项，即……（写明维持的具体内容）；二、撤销×××（行政机关名称）××××年××月××日（××××）××字第××号处罚决定（或复议决定、其他具体行政行为）的第×项，即……（写明撤销的具体内容）；三、……（相对撤销部分写明判决被告重新作出具体行政行为的内容。如果是不需要重新作出具体行政行为的，此项不写。如果是确认被告侵犯原告合法权益而须承担行政赔偿责任的，应当写明赔偿的数额和交付时间等）。"第四，判决行政机关在一定期限内履行法定职责的，写："责成被告×××……（写明被告应当履行的法定职责内容和期限）。"第五，判决变更行政处罚的，写："变更×××（行政机关名称）××××年××月××日（××××）×××字第××号处罚决定（或复议决定），改为……（写明变更后的处罚内容）。"第六，单独判决行政赔偿的，写："被告×××赔偿原告×××……（写明赔偿的金额、交付时间，或者返还原物、恢复原状）等。"〕……（写明诉讼费用的负担）

　　如不服本判决，可在本判决书送达之日起十五日内，向本院递交上诉状，并按对方当事人的人数提出副本，上诉于××××人民法院。

审判长　×××

审判员　×××

审判员　×××

××××年××月××日

（院印）

本件与原本核对无异

书记员　×××

第二编　刑事审判篇

第六章　刑事诉讼的主要程序

第一节　刑事诉讼基本原则和基本制度

一、刑事诉讼的基本原则

我国的刑事诉讼是指国家专门机关在当事人及其他诉讼参与人的参加下，依照法律规定的程序，追诉犯罪，解决被追诉人刑事责任的活动。规范刑事诉讼活动的法律就是刑事诉讼法。现行刑事诉讼法典是 1979 年 7 月 1 日由第五届全国人民代表大会第二次会议通过、1980 年 1 月 1 日实施，经 1996 年 3 月 17 日第八届全国人民代表大会第四次会议修正和 2012 年 3 月 14 日第十一届全国人民代表大会第五次会议第二次修正。我国刑事诉讼法体现了惩罚犯罪与保障人权相结合、程序公正与实体公正并重、控审分离、控辩平等对抗等理念。刑事诉讼法制定实施以来，在保证刑法实施、惩罚犯罪、保护人民、保障国家安全和社会安全、维护社会主义社会秩序方面发挥了重要的作用。

刑事诉讼的基本原则是指刑事诉讼法规定的国家专门机关和诉讼参与人进行或参与刑事诉讼必须遵循的基本行为准则。刑事诉讼基本原则反映了刑事诉讼活动的基本规律，适用于刑事诉讼全过程。根据《刑事诉讼法》的规定，我国刑事诉讼的基本原则包括：①侦查权、检察权、审判权由专门机关依法行使原则；②人民法院、人民检察院依法独立行使职权原则；③公、检、法三机关分工负责、互相配合、互相制约原则；④专门机关与群众相结合原则；⑤检察监督原则；⑥以事实为根据、以法律为准绳原则；⑦对一切公民在适用法律上一律平等原则；⑧使用本民族语言文字进行诉讼原则；⑨犯罪嫌疑人、被告人有权获得辩护原则；⑩保障诉讼参与人的诉讼权利原则；⑪未经人民法院依法判决不得确定任何人有罪原则；⑫具有法定情形不予追究刑事责任原则；⑬追究外国人刑事责任适用我国刑事诉讼法原则。

二、辩护制度

（一）辩护制度概述

辩护制度，是法律规定的关于辩护权、辩护种类、辩护方式、辩护人的范围、辩护人的责任、辩护人的权利与义务等一系列规则的总称。它是犯罪嫌疑人、被告人有权获得辩护这一宪法原则在刑事诉讼中的体现和保障，是现代法治国家法律制度的重要组成部分。刑事辩护制度的设立有利于发现真相。从收集证据的过程看，刑事辩护制度不仅可以增强收集证据的全面性，同时保障了收集证据的真实性；从法官审查判断证据过程看，刑事辩护制度不仅有利于客观真相的揭示，而且有利于抑制法官的主观片面性和随意性，从而有利于司法机关准确、及时地查明案情和正确适用法律，提高案件质量。刑事辩护制度的设立还有利于实现程序正义。刑事辩护制度在实现程序正义中的作用突出表现在：有助于形成合理的刑事诉讼结构；使被指控人能够积极参与诉讼过程；对国家权力形成有力的监督和制约。在刑事诉讼中，程序正义的核心内容就是对被指控的人的个人权利加以保护，而对国家权力加以制约。刑事辩护制度对于实现程序正义的作用是其诉讼价值的最重要体现。

（二）辩护制度的基本内容

1. 辩护种类。

（1）自行辩护。自行辩护是指犯罪嫌疑人、被告人自己针对指控进行反驳、申辩和辩解的行为。自行辩护是犯罪嫌疑人、被告人行使辩护权的重要方式，它贯穿于刑事诉讼的始终，无论是在侦查阶段，还是在起诉、审判阶段，犯罪嫌疑人、被告人都有权自行辩护。

（2）委托辩护。委托辩护是指犯罪嫌疑人、被告人依法委托律师或其他公民担任辩护人，协助其进行辩护。犯罪嫌疑人、被告人在押期间要求委托辩护人的，人民法院、人民检察院和公安机关应当及时转达其要求。犯罪嫌疑人、被告人在押的，也可以由其监护人、近亲属代为委托辩护人。《刑事诉讼法》第33条规定，犯罪嫌疑人、被告人委托辩护人的情形又可分为三种情况：①犯罪嫌疑人在被侦查机关第一次讯问或采取强制措施之日起，有权委托辩护人，但是在侦查期间，只能委托律师作为辩护人。②人民检察院自收到移送审查起诉的案件材料之日起3日以内，应当告知犯罪嫌疑人有权委托辩护人。③被告人有权随时委托辩护人。即从人民检察院向人民法院提起公诉或自诉人向人民法院提交自诉状之日起，被告人就可以委托辩护人。犯罪嫌疑人、被告人在押的，也可以由其监护人、近亲属代为委托辩护人。

（3）法律援助辩护。法律援助辩护是指在遇有法定情形时，对于没有委托辩护人的犯罪嫌疑人、被告人，法律援助机构为被告人指派承担法律援助义务的律师担任其辩护人，协助其进行辩护。对于法律援助辩护的时间，只要符合法律援助的条件，在刑事诉讼的侦查、起诉、审判阶段都可以适用。

2. 辩护人范围。辩护人的范围，是指哪些人可以接受犯罪嫌疑人、被告人的委托或法律援助机构的指派，担任他们的辩护人。我国《刑事诉讼法》第32条、《律师法》以及《刑事诉讼法解释》第35条等对辩护人的范围作了明确的规定，既规定了辩护人的正面范围，又规定了辩护人的禁止范围。

《刑事诉讼法》第32条规定，犯罪嫌疑人、被告人除自己行使辩护权以外，还可以委托1~2人作为辩护人，即犯罪嫌疑人、被告人最多可以委托2名辩护人。在共同犯罪案件中，由于犯罪嫌疑人、被告人之间存在着利害关系，所以，1名辩护人不得同时接受2名以上（含2名）同案犯罪嫌疑人、被告人的委托，作为他们共同的辩护人。在刑事诉讼中，辩护人与犯罪嫌疑人、被告人一起共同承担辩护职能。

依据上述法律规定，下列人员可以担任辩护人：①律师。在法律规定的辩护人中，律师是最主要、也是最有能力切实保障犯罪嫌疑人、被告人合法权益的人。外国人、无国籍人成为犯罪嫌疑人、被告人委托律师辩护的，只能委托中国律师作为辩护人。侦查期间，犯罪嫌疑人只能委托律师作为辩护人。②人民团体或者犯罪嫌疑人、被告人所在单位推荐的人。③犯罪嫌疑人、被告人的监护人和亲友。所谓监护人，是指对未成年人和无行为能力或限制行为能力的精神病人承担保护其人身、财产和其他合法权益责任的人或单位。根据《民法通则》的规定，监护人一般由被监护人的亲属担任，没有亲属的，也可由有关的机关、团体或单位担任。

依据法律规定，下列人员不得担任辩护人：①正在被执行刑罚的人或者处于缓刑、假释考验期间的人。②依法被剥夺、限制人身自由的人。③无行为能力或者限制行为能力的人。④人民法院、人民检察院、公安机关、国家安全机关以及监狱的现职人员。⑤人民陪审员。⑥与本案审理结果有利害关系的人。⑦外国人或者无国籍人。同时，按照最高人民法院司法解释的相关规定，以上第④、⑤、⑥、⑦项规定的人员，如果是被告人的近亲属或者监护人，由被告人委托担任辩护人的，人民法院可以准许。

3. 辩护人职责。我国《刑事诉讼法》第35条规定："辩护人的责任是根据事实和法律，提出犯罪嫌疑人、被告人无罪、罪轻或者减轻、免除其刑事责任的材料和意见，维护犯罪嫌疑人、被告人的诉讼权利和其他合法权益。"《律师法》第31条规定，律师担任刑事辩护人的，应当根据事实和法律，提出证明犯罪嫌疑人、被告人无罪、罪轻或者减轻、免除其刑事责任的材料和意见，维护犯罪嫌疑人、被告人的合法权益。根据这两项规定，辩护人的责任主要有以下几项内容：

（1）只能依据事实和法律进行辩护，不得捏造事实和歪曲法律。《刑事诉讼法》第42条规定，辩护人或者其他任何人，不得帮助犯罪嫌疑人、被告人隐匿、毁灭、伪造证据或者串供，不得威胁、引诱证人作伪证以及进行其他干扰司法机关诉讼活动的行为。

（2）帮助犯罪嫌疑人、被告人依法正确行使自己的诉讼权利，并在发现犯罪嫌疑人、被告人的诉讼权利受到侵犯或剥夺时，向司法机关提出意见，要求依法制止，或者向有关单位提出控告。

（3）为犯罪嫌疑人、被告人提供其他法律帮助。辩护人应当解答犯罪嫌疑人、被告人提出的有关法律问题，为犯罪嫌疑人、被告人代写有关文书，案件宣判后，应当征求被告人对判决的意见以及是否进行上诉等。

（4）辩护人只有辩护的职责，没有控诉的义务。辩护律师对在执业活动中知悉的委托人的有关情况和信息，有权予以保密。但是，辩护律师在执业活动中知悉委托人或者其他人，准备或者正在实施危害国家安全、公共安全以及严重危害他人人身安全的犯罪的，应当及时告知司法机关。

4. 辩护人的权利和义务。我国刑事诉讼法、律师法和相关司法解释对辩护人的诉讼权利和诉讼义务进行明确的规定。

（1）辩护人的诉讼权利。根据刑事诉讼法、律师法和相关司法解释的规定，对辩护人诉讼权利的主要内容包括：

第一，独立进行辩护的权利。辩护人有权根据事实和法律独立地进行辩护，不受任何机关、团体和个人的非法限制和干涉。

第二，阅卷权。辩护律师自人民检察院对案件审查起诉之日起，可以查阅、摘抄、复制本案的案卷材料。其他辩护人经人民法院、人民检察院许可，也可以查阅、摘抄、复制上述材料。

第三，会见、通信权。辩护律师可以同在押的犯罪嫌疑人、被告人会见和通信；其他辩护人经人民法院、人民检察院许可，也可以同在押的犯罪嫌疑人、被告人会见和通信。辩护律师会见在押的犯罪嫌疑人、被告人，可以了解有关案件情况，提供法律咨询等；自案件移送审查起诉之日起，可以向犯罪嫌疑人、被告人核实有关证据。辩护律师会见犯罪嫌疑人、被告人时不被监听。但是，危害国家安全犯罪案件、恐怖活动犯罪案件、特别重大贿赂犯罪案件，在侦查期间辩护律师会见在押的犯罪嫌疑人的，应当经侦查机关许可。

第四，调查取证权。辩护律师经证人或者其他有关单位和个人同意，可以向他们收集与本案有关的材料，也可以申请人民检察院、人民法院收集、调取证据，或者申请人民法院通知证人出庭作证。辩护律师经人民检察院或人民法院许可，并且经被害人或者其近亲属、被害人提供的证人同意，可以向他们收集与本案有关的材料。应当明确的是，调查取证权是辩护律师的权利，其他一般辩护人则没有调查取证的法定权利。

第五，申请回避的权利。辩护律师和诉讼代理人与当事人一样享有申请回避、复议的权利。

第六，辩护律师言论豁免权和人身权利不受侵犯的权利。除发表危害国家安全、恶意诽谤他人、严重扰乱法庭秩序的言论外，律师在法庭上发表的代理、辩护意见不受法律追究。律师在参与诉讼活动中因涉嫌犯罪被依法拘留、逮捕的，拘留、逮捕机关应当在拘留、逮捕实施后的 24 小时内通知该律师的家属、所在的律师事务所以及所属的律师协会。《刑事诉讼法》第 42 条第 2 款规定，辩护人在参与诉讼活动时违反第 1 款规定涉嫌犯罪的，应当由办理辩护人所承办案件的侦查机关以外的侦查机关办理。辩护人是律师的，应当及时通知其所在的律师事务所或者所属的律师协会。

第七，获得通知权。人民法院决定开庭后，辩护人有权在开庭 3 日以前获得法院的出庭通知书。

第八，参加法庭调查和辩论权。在法庭调查阶段，辩护人在公诉人讯问被告人后经审判长许可，可以向被告人发问；经审判长许可，可以对证人、鉴定人发问；法庭审理中，辩护人有权申请通知新的证人到庭，调取新的物证，重新鉴定或者勘验。在法庭辩论阶段，辩护人可以对证据和案件情况发表意见，并且可以和控方展开辩论。

第九，拒绝辩护权。如果遇有当事人委托事项违法，委托人利用律师提供的服务从事违法活动或者委托人隐瞒事实的情形，律师有权拒绝辩护。

第十，申诉或控告的权利。辩护人、诉讼代理人认为公安机关、人民检察院、人民法院及其工作人员阻碍其依法行使诉讼权利的，有权向同级或者上一级人民检察院申诉或者控告。受理申诉或者控告的机关应当及时处理。对处理不服的，可以向同级人民检察院申诉；人民检察院直接受理的案件，可以向上一级人民检察院申诉。人民检察院对申诉应当及时进行审查，情况属实的，通知有关机关予以纠正。

第十一，其他权利。这些权利主要包括：辩护人在征得被告人同意后，可以对第一审判决、裁定提出上诉；辩护人有权得到与其行使辩护权有关的法律文书，如人民检察院的起诉书、抗诉书副本，人民法院的判决书、裁定书副本等；辩护人对审判人员、检察人员和侦查人员侵犯公民诉讼权利和人身侮辱的行为，有权提出控告。

（2）辩护人的诉讼义务。根据刑事诉讼法、律师法和相关司法解释的规定，对辩护人诉讼义务的主要内容包括：

第一，忠于职守的义务。辩护律师在接受委托或被指定担任辩护人以后，应当恪尽职守为犯罪嫌疑人、被告人进行辩护，并负责到底，无正当理由，不得拒绝辩护。

第二，辩护人不得帮助犯罪嫌疑人、被告人隐匿、毁灭、伪造证据或者串供，不得威胁、引诱证人作伪证以及进行其他干扰司法机关诉讼活动的行为。辩护人违反相关规定的，应当依法追究法律责任。辩护人是律师的，应当及时通知其所在的律师事务所或者所属的律师协会。

第三，保守秘密的义务。辩护律师应当保守在执业活动中知悉的国家秘密、商业秘密，不得泄露当事人的隐私。律师对在执业活动中知悉的委托人和其他人不愿泄露的情况和信息，应当予以保密。但是，辩护律师在执业活动中知悉的委托人或者其他人，准备或者正在实施危害国家安全、公共安全以及其他严重危害他人人身、财产安全的犯罪事实和信息除外。

第四，辩护人有义务遵守诉讼纪律，如按出庭通知中告知的开庭时间、地点准时出席法庭进行辩护，参加法庭审判时要遵守法庭规则，会见在押的犯罪嫌疑人、被告人时遵守看管场所的规定等。

第五，辩护律师不得违反规定会见法官、检察官。在诉讼中辩护律师不得向法官、检察官及其他工作人员请客送礼或行贿，或者指使、诱导委托人及其亲友行贿。同时，辩护律师不得私自接受委托和收取费用，收受委托人的财物。

第六，告知义务。辩护人接受犯罪嫌疑人、被告人委托后，应当及时告知办理案件的机关。《刑事诉讼法》第40条还规定了辩护人的另外一项告知义务，即辩护人收集的有关犯罪嫌疑人不在犯罪现场、未达到刑事责任年龄、属于依法不负刑事责任的精神病人的证据，应当及时告知公安机关、人民检察院。

三、强制措施制度

刑事诉讼中的强制措施，是指公安机关、人民检察院和人民法院为了保证刑事诉讼的顺利进行，依法对刑事案件的犯罪嫌疑人、被告人的人身自由进行限制或者剥夺的各种强制性方法。我国刑事诉讼法规定的五种强制措施，按照强制力度从轻到重的顺序排列，依次为拘传、取保候审、监视居住、拘留、逮捕。

（一）拘传

拘传，是指公安机关、人民检察院和人民法院对未被羁押的犯罪嫌疑人、被告人，依法强制其到案接受讯问的一种强制措施。根据我国《刑事诉讼法》、公安部《公安机关办理刑事案件程序规定》（2012年12月13日修订）、最高人民检察院《人民检察院刑事诉讼规则（试行）》（2012年11月22日公布）和最高人民法院《关于适用〈中华人民共和国刑事诉讼法〉的解释》（2012年12月20日公布）等有关规定，拘传应按照下列程序进行：

1. 由案件的经办人填写《呈请拘传报告书》，经本部门负责人审核后，由公安局局长、人民检察院检察长、人民法院院长批准，签发《拘传证》（法院称为《拘传票》）。《拘传证》上应载明被拘传人的姓名、性别、年龄、籍贯、住址、工作单位、案由、接受讯问的时间和地点，以及拘传的理由。

2. 拘传应当在被拘传人所在的市、县内进行。公安机关、人民检察院或人民法院在本辖区以外拘传犯罪嫌疑人、被告人的，应当通知当地的公安机关、人民检察院或人民法院，当地的公安机关、人民检察院、人民法院应当予以协助。

3. 拘传时，应当向被拘传人出示《拘传证》。执行拘传的公安人员或者司法人员不得少于2人。对于抗拒拘传的，可以使用诸如警棍、警绳、手铐等戒具，强制其到案。

4. 犯罪嫌疑人、被告人到案后，应当责令其在《拘传证》上填写到案时间。然后应当立即进行讯问，讯问结束后，应当由其在《拘传证》上填写讯问结束时间。犯罪嫌疑人、被告人拒绝填写的，办案人员应当在《拘传证》上注明。

5. 讯问结束后，如果被拘传人符合其他强制措施如拘留、逮捕的条件，应当依法采取其他强制措施。如果不需要采取其他强制措施，应当将其放回，恢复其人身自由。

拘传持续的时间不得超过12小时，拘传持续的时间从犯罪嫌疑人到案时开始计算。案情特别重大、复杂，需要采取拘留、逮捕措施的，经县级以上公安机关负责人批准，拘传持续的时间不得超过24小时。不得以连续拘传的形式变相拘禁被拘传人。拘传期限届满，未作出采取其他强制措施决定的，应当立即结束拘传。《刑事诉讼法》第117条第3款还明确规定，应当保证犯罪嫌疑人的饮食和必要的休息时间。

（二）取保候审

1. 取保候审的适用范围与形式。取保候审，是指在刑事诉讼过程中，公安机关、人民检察院、人民法院责令犯罪嫌疑人、被告人提出保证人或者交纳保证金，保证犯罪嫌疑人、被告人不逃避或妨碍侦查、起诉和审判，并随传随到的一种强制措施。取保候审，只是限制而不是剥夺犯罪嫌疑人、被告人的人身自由，它是一种强度较轻的强制措施。根据《刑事诉讼法》第 65 条的规定，取保候审的适用范围包括以下四种情形：①可能判处管制、拘役或者独立适用附加刑的；②可能判处有期徒刑以上刑罚，采取取保候审不致发生社会危险性的；③患有严重疾病、生活不能自理，怀孕或者正在哺乳自己婴儿的妇女，采取取保候审不致发生社会危险性的；④羁押期限届满，案件尚未办结，需要采取取保候审的。

取保候审有两种方式：一种是保证人保证方式；另一种是保证金保证方式。对同一犯罪嫌疑人、被告人决定取保候审的，不能同时适用保证人保证和保证金保证。

2. 取保候审的适用程序。取保候审在适用程序上分为两种情形：一是公、检、法机关根据案件具体情况，直接主动地决定取保候审；二是根据犯罪嫌疑人、被告人及其法定代理人、近亲属或者其所委托的律师的申请，决定取保候审。由于第二种情形在程序上更为完整，包含了第一种情形，因而这里仅就第二种情形的适用程序进行介绍。

（1）申请。根据《刑事诉讼法》第 95 条规定，有权提出取保候审申请的人员包括：犯罪嫌疑人、被告人及其法定代理人、近亲属或者辩护人。取保候审的申请，一般应以书面形式提出，只有在特殊情况下，才允许使用口头形式。

（2）决定。《关于取保候审若干问题的规定》第 2 条明确指出，对犯罪嫌疑人、被告人取保候审的，由公安机关、国家安全机关、人民检察院、人民法院根据案件的具体情况依法作出决定。具体由办案人员提出《取保候审意见书》，经办案部门负责人审核后，由县级以上公安局局长、人民检察院检察长或者人民法院院长审批、签发。

（3）执行。根据《刑事诉讼法》第 65 条的规定，取保候审由公安机关执行。值得说明的是，无论是人民法院、人民检察院、公安机关，还是国家安全机关决定采用取保候审的，保证金由县级以上执行机关统一收取和管理，县级以上执行机关应当在其指定的银行设立取保候审保证金专门账户，委托银行代为收取和保管保证金，并将指定银行的名称通知人民检察院、人民法院。

3. 被取保候审者应遵守的义务。根据《刑事诉讼法》第 69 条的规定，被取保候审的犯罪嫌疑人、被告人，在取保候审期间应当遵守如下规定：①未经执行机关批准不得离开所居住的市、县。这里的"市"，是指直辖市、设区的市的城市市区和县级市的辖区。②住址、工作单位和联系方式发生变动的，在 24 小时内向执行机关报告。③在传讯的时候及时到案。④不得以任何形式干扰证人作证。⑤不得毁灭、伪造证据或者串供。

在取保候审期间，如果被取保候审的人没有违反《刑事诉讼法》第 69 条的规定，在取保候审结束的时候，其有权凭解除取保候审的通知或者有关法律文书到银行领取退还的保证金。如果被保证人有违反上述规定的义务的行为，且保证人未履行保证义务的，将对保证人处以一定的罚款。如果已构成犯罪的犯罪嫌疑人、被告人在取保候审期间逃匿的，而保证人与该犯罪嫌疑人、被告人串通，协助他逃匿以及明知他的藏匿地点而拒不将其找回，或者拒绝向公安司法机关提供该地点的，应当依法追究保证人的刑事责任。同时，若被取保候审的犯罪嫌疑人、被告人同时也是附带民事诉讼的被告人，保证人还应当承担连带赔偿责任。

对于人民法院和人民检察院决定的取保候审，如果执行机关发现犯罪嫌疑人、被告人在取保候审期间有违反《刑事诉讼法》第 69 条规定的行为或者保证人没有履行刑事诉讼法规定的义务的，应当及时通知作出取保候审决定的人民法院和人民检察院。

根据《刑事诉讼法》第 77 条的规定，取保候审的期限最长不超过 12 个月，在取保候审期间，不得中断对案件的侦查、起诉和审理。对于发现不应当追究刑事责任或者取保候审期限届满的，应当及时解除取保候审。

（三）监视居住

1. 监视居住的适用范围。监视居住是指在刑事诉讼过程中，人民法院、人民检察院和公安机关对符合逮捕条件，但具有特定情形的犯罪嫌疑人、被告人，责令其在一定期限内不得离开指定的区域，并对其活动予以监视和控制的一种强制措施。监视居住可视为逮捕的一种替代措施。根据《刑事诉讼法》第 72 条的规定，人民法院、人民检察院和公安机关对符合逮捕条件，有下列情形之一的犯罪嫌疑人、被告人，可以监视居住：①患有严重疾病、生活不能自理的；②怀孕或者正在哺乳自己婴儿的妇女；③系生活不能自理的人的唯一扶养人；④因为案件的特殊情况或者办理案件的需要，采取监视居住措施更为适宜的；⑤羁押期限届满，案件尚未办结，需要采取监视居住措施的。

2. 监视居住的适用程序。

（1）决定。人民法院、人民检察院和公安机关对犯罪嫌疑人、被告人采取监视居住，应当由办案人员提出《监视居住意见书》，经办案部门负责人审核后，由公安局局长、人民检察院检察长、人民法院院长批准，制作《监视居住决定书》和《执行监视居住通知书》。《监视居住决定书》应当向犯罪嫌疑人、被告人宣读，犯罪嫌疑人、被告人签名、捺指印。

（2）执行。监视居住由公安机关执行。《刑事诉讼法》第 73 条规定，监视居住应当在犯罪嫌疑人、被告人的住处执行；无固定住处的，可以在指定的居所执行。对于涉嫌危害国家安全犯罪、恐怖活动犯罪、特别重大贿赂犯罪，在住处执行可能有碍侦查的，经上一级人民检察院或者公安机关批准，也可以在指定的居所执行。但是，不得在羁押场所、专门的办案场所执行。指定居所监视居住的，除无法通知的以外，应当在执行监视居住后 24 小时以内通知被监视居住人的家属。

（3）期限。根据《刑事诉讼法》第 77 条的规定，监视居住最长不得超过 6 个月。《刑事诉讼法》第 74 条也规定，指定居所监视居住的期限应当折抵刑期。被判处管制的，监视居住 1 日折抵刑期 1 日；被判处拘役、有期徒刑的，监视居住 2 日折抵刑期 1 日。

（四）拘留

1. 拘留的适用范围。刑事诉讼强制措施中的拘留，是指公安机关、人民检察院在侦查过程中，遇有紧急情况时，依法临时剥夺某些现行犯或者重大嫌疑分子的人身自由的一种强制措施。拘留的期限较短，随着诉讼的进程，拘留一定要发生变更，或者转为逮捕，或者采取取保候审或监视居住，或者释放被拘留的人。根据《刑事诉讼法》第 80 条的规定，公安机关对于现行犯或者重大嫌疑分子，如果有下列情形之一的，可以先行拘留，具体的法定情形有以下几种：①正在预备犯罪、实行犯罪或者在犯罪后即时被发觉的；②被害人或者在场亲眼看见的人指认其犯罪的；③在身边或者住处发现有犯罪证据的；④犯罪后企图自杀、逃跑或者在逃的；⑤有毁灭、伪造证据或者串供可能的；⑥不讲真实姓名、住址，身份不明的；⑦有流窜作案、多次作案、结伙作案重大嫌疑的。此外，《刑事诉讼法》第 69 条规定，对违反取保候审、监视居住规定，需要予以逮捕的，可以对犯罪嫌疑人、被告人先行拘留。

2. 拘留的适用程序。

（1）决定。公安机关依法需要拘留现行犯或者重大嫌疑分子，应由承办单位填写《呈请拘留报告书》，由县级以上公安机关负责人批准，制作《拘留证》，然后由提请批准拘留的单位负责执行。人民检察院决定拘留的案件，应当由办案人员提出意见，经办案部门负责人审核后，由检察长决定。决定拘留的案件，人民检察院应当将拘留的决定书送交公安机关，由公安机关负责执行。根据《全国人民代表大会组织法》和《地方各级人民代表大会和地方各级人民政府组织法》以及有关解释的规定，公安机关、人民检察院在决定拘留县级以上各级人民代表大会的代表、不享有外交特权和豁免权的外国人、无国籍人时，需要报请有关部门批准或者备案。

（2）执行。公安机关负责执行拘留的时候，必须向被拘留人出示《拘留证》，宣布拘留，并责令被拘留人在《拘留证》上签名、捺指印，拒绝签名、捺指印的，执行人员应当予以注明。执行拘留时，如遇有反抗，可以使用武器和戒具等强制方法，但应当适度，以使其就缚为限度。公安机关在异地执行拘留的时候，应当通知被拘留人所在地的公安机关，被拘留人所在地的公安机关应当在人员、车辆、查找拘留人等方面予以配合。《刑事诉讼法》第 84 条规定，公安机关对于被拘留的人，应当在 24 小时以内进行讯问，在发现不应当拘留的时候，必须立即释放，并发给释放证明。《刑事诉讼法》第 83 条规定，拘留后，应当立即将被拘留人送看守所羁押，至迟不得超过 24 小时。

（3）期限。对于公安机关依法决定和执行的刑事拘留，拘留的期限是法律分别规定的公安机关提请人民检察院批准逮捕的时间和人民检察院审查批准逮捕的时间的总和。公安机关对被拘留的人认为需要逮捕的，应当在拘留后 3 日以内，提请人民检察院审查批准。在特殊情况下，经县级以上公安机关负责人批准，提请审查批准的时间可以延长 1~4 日。对于流窜作案、多次作案、结伙作案的重大嫌疑分子，提请审查批准的时间可以延长至 30 日。

（五）逮捕

逮捕，是指公安机关、人民检察院和人民法院，为防止犯罪嫌疑人或者被告人逃避侦查、起诉和审判，进行妨碍刑事诉讼的行为，或者发生社会危险性，而依法剥夺其人身自由，将其予以羁押的一种强制措施。逮捕是刑事诉讼强制措施中最严厉的一种，它不仅剥夺了犯罪嫌疑人、被告人的人身自由，而且逮捕后除发现不应当追究刑事责任和符合变更强制措施的条件以外，对被逮捕人的羁押期间一般要到人民法院判决生效为止。我国的逮捕可以分为法定逮捕与酌定逮捕两大类，法定逮捕又可以分为一般情形下的法定逮捕和特殊情形下的法定逮捕两类。

1. 法定逮捕。

（1）一般情形下的法定逮捕。我国《刑事诉讼法》第 79 条第 1 款规定，对有证据证明有犯罪事实，可能判处徒刑以上刑罚的犯罪嫌疑人、被告人，采取取保候审尚不足以防止发生下列社会危险性的，应当予以逮捕：①可能实施新的犯罪的；②有危害国家安全、公共安全或者社会秩序的现实危险的；③可能毁灭、伪造证据，干扰证人作证或者串供的；④可能对被害人、举报人、控告人实施打击报复的；⑤企图自杀或者逃跑的。依据该条规定，一般情形下的法定逮捕必须同时具备以下三个条件：①有证据证明有犯罪事实；②可能判处徒刑以上刑罚；③采取取保候审尚不足以防止发生社会危险性。在一般情形下，逮捕犯罪嫌疑人、被告人的三个条件必须同时具备，缺一不可。

（2）特殊情形下的法定逮捕。《刑事诉讼法》第79条第2款则规定了法定逮捕的另外两种情形，"对有证据证明有犯罪事实，可能判处10年有期徒刑以上刑罚的，或者有证据证明有犯罪事实，可能判处徒刑以上刑罚，曾经故意犯罪或者身份不明的，应当予以逮捕"。

2. 酌定逮捕。《刑事诉讼法》第79条第3款规定："被取保候审、监视居住的犯罪嫌疑人、被告人违反取保候审、监视居住规定，情节严重的，可以予以逮捕。"同时，《刑事诉讼法》第69条和75条也有相同的规定。需要强调的是，酌定逮捕的适用条件不但要求违反取保候审、监视居住的相关规定，而且要求情节严重，否则不能逮捕，此其一。其二，根据法律规定，该种情形下的逮捕是"可以"，并非"必须"，也就是说，即使犯罪嫌疑人、被告人违反相关规定，情节严重，也并不是必然予以逮捕。

四、附带民事诉讼

附带民事诉讼是指司法机关在刑事诉讼过程中，在解决被告人刑事责任的同时，附带解决因被告人的犯罪行为所造成的物质损失的赔偿问题而进行的诉讼活动。《刑事诉讼法》第99条规定，被害人由于被告人的犯罪行为而遭受物质损失的，在刑事诉讼过程中，有权提起附带民事诉讼。如果是国家、集体财产遭受损失的，人民检察院在提起公诉的时候，可以提起附带民事诉讼。人民法院在必要的时候，可以采取保全措施，查封、扣押或者冻结被告人的财产。附带民事诉讼原告人或者人民检察院可以申请人民法院采取保全措施。

（一）附带民事诉讼的成立条件

根据附带民事诉讼的特点以及刑事诉讼法的有关规定，附带民事诉讼的成立条件（亦即起诉条件）包括以下几个方面：

1. 以刑事诉讼的成立为前提条件。附带民事诉讼是由刑事诉讼所追究的犯罪行为引起的，是在追究被告人刑事责任的同时，附带追究其损害赔偿责任。因此，附带民事诉讼必须以刑事诉讼的成立为前提，如果刑事诉讼不成立、尚未启动或者已经结束，附带民事诉讼就失去了存在的基础，被害人应当提起独立的民事诉讼，而不能提起附带民事诉讼。

2. 提起附带民事诉讼的主体符合法定条件。根据刑事诉讼法和有关司法解释的规定，以下主体有权作为附带民事诉讼的原告人提起附带民事诉讼：①因为犯罪行为而遭受物质损失的公民。任何公民由于被告人的犯罪行为而遭受物质损失的，都有权提起刑事附带民事诉讼，这是附带民事诉讼中最常见的原告人。②因犯罪分子侵害造成物质损失的企业、事业单位、机关、团体等。③当被害人是未成年人或精神病患者等无行为能力人或者限制行为能力人时，他们的法定代理人可以代为提起附带民事诉讼。④被害人死亡或者丧失行为能力的，被害人的法定代理人、近亲属有权提起附带民事诉讼。近亲属是与被害人有血缘关系或婚姻关系的特定范围内的亲属，通常享有继承被害人财产的权利，而被害人因被告人的犯罪行为遭受经济损失而应获得的赔偿，理所应当看做是被害人的遗产。因而，由被害人的近亲属提起附带民事诉讼具备事实根据。⑤如果是国家财产、集体财产遭受损失的，人民检察院在提起公诉时，可以提起附带民事诉讼。即当国家财产、集体财产遭受损失，而被害单位没有提起附带民事诉讼时，人民检察院作为国家利益的维护者，有责任提起附带民事诉讼。当检察机关一并提起附带民事诉讼时，它享有民事原告人的诉讼权利，但无权同被告人就经济赔偿通过调解达成协议或自行和解。

3. 有明确的被告人及具体要求和事实根据。附带民事诉讼的被告人，一般是刑事诉讼的被告人（包括公民、法人和其他组织），但在某些特殊情况下，应当赔偿物质损失的附带民事诉讼被告人，可能不是承担刑事责任的被告人。根据《刑事诉讼法解释》第143条的规定，附带民事诉讼中负有赔偿责任的人包括以下几类：①刑事被告人的监护人。未成年人的监护人是其父母。父母死亡或者没有监护能力的，由下列人员中有监护能力的人担任监护人：祖父母、外祖父母；兄、姐；关系密切的其他亲属、朋友愿意承担监护职责，经未成年人父母的所在单位或者未成年人住所地的居民委员会、村民委员会同意后，也可以作监护人。②刑事被告人以及未被追究刑事责任的其他共同侵害人。这种情形主要是指在共同犯罪案件中，有的被告人被交付人民法院审判，有的被公安机关作出行政处罚，有的被人民检察院作出不起诉决定。在这种情况下，被作出其他处理的同案人都可以列为附带民事诉讼的被告人。因为数人共同造成他人物质损失的行为是一个不可分开的整体行为，造成物质损失结果的原因是共同的加害行为，所以各加害人都应对物质损失承担民事赔偿责任。③死刑罪犯的遗产继承人。④共同犯罪案件中案件审结前已死亡的被告人的遗产继承人。根据《刑事诉讼法解释》的规定，在这种情况下对被害人的经济赔偿应当看做是已经死亡的刑事被告人生前所负的债务，属于遗产的清偿范围。⑤对刑事被害人的物质损失依法应当承担民事赔偿责任的单位和个人。这里的单位应作广义的理解，既可以是法人组织，也可以是非法人单位。

原告人提起附带民事诉讼，不仅要求有明确的被告人，还必须有具体的诉讼请求，即提出应当赔偿的具体数额，同时对加害事实造成的物质损失的说明要有事实根据，并应承担举证责任。

4. 被害人的物质损失是被告人的犯罪行为造成的。

5. 属于人民法院受理附带民事诉讼的范围。

6. 必须向刑事诉讼管辖的同一法院起诉。附带民事诉讼应当同刑事案件一并审判，只有为了防止刑事案件审判的过分迟延，才可以在刑事案件审判后，由同一审判组织继续审理附带民事诉讼；同一审判组织的成员确实不能继续参与审判的，可以更换。

（二）附带民事诉讼的赔偿范围

根据刑事诉讼法及相关司法解释规定，附带民事诉讼的赔偿范围仅限于被害人因犯罪行为所遭受的物质损失。《刑事诉讼法》第 99 条明确规定："被害人由于被告人的犯罪行为而遭受物质损失的，在刑事诉讼过程中，有权提起附带民事诉讼。……"最高人民法院《关于刑事附带民事诉讼范围问题的规定》第 1 条规定："因人身权利受到犯罪侵犯而遭受物质损失或者财物被犯罪分子毁坏而遭受物质损失的，可以提起附带民事诉讼。对于被害人因犯罪行为遭受精神损失而提起附带民事诉讼的，人民法院不予受理。"2002 年 7 月最高人民法院发布的《关于人民法院是否受理刑事案件被害人提起精神损害赔偿民事诉讼问题的批复》也规定，对于刑事案件被害人由于被告人的犯罪行为而遭受精神损失提起的附带民事诉讼，或者在该刑事案件审结以后，被害人另行提起精神损害赔偿民事诉讼的，人民法院不予受理。

《刑事诉讼法解释》第 155 条对刑事附带民事诉讼赔偿的范围作出了明确规定：犯罪行为造成被害人人身损害的，应当赔偿医疗费、护理费、交通费等为治疗和康复支付的合理费用，以及因误工减少的收入。造成被害人残疾的，还应当赔偿残疾人生活辅助费等费用；造成被害人死亡的，还应当赔偿丧葬费用。驾驶机动车致人死亡或者造成公私财产重大损失，构成犯罪的，依照《道路交通安全法》第 76 条的规定确定赔偿责任，即"机动车发生交通事故造成人身伤亡、财产损失的，由保险公司在机动车第三者责任强制保险责任限额范围内予以赔偿"，不足的部分，按照民事侵权行为过错责任原则承担责任。附带民事诉讼当事人就民事赔偿问题达成调解、和解协议的，赔偿范围、数额不受上述规定的影响。对符合条件的被害方，可以根据 2009 年 3 月最高人民法院联合中央政法委等八部门发布的《关于开展刑事被害人救助工作的若干意见》给予相应的国家救助。

（三）附带民事诉讼的程序

1. 提起。只要是在刑事诉讼过程中，无论是在侦查阶段、起诉阶段还是审判阶段，被害人依法都可以提起附带民事诉讼的请求。《刑事诉讼法解释》第 147 条第 1 款规定："附带民事诉讼应当在刑事案件立案后及时提起。"第 161 条规定："第一审期间未提起附带民事诉讼，在第二审期间提起的，第二审人民法院可以依法进行调解；调解不成的，告知当事人可以在刑事判决、裁定生效后另行提起民事诉讼。"

2. 诉讼保全。根据《刑事诉讼法解释》第152条的规定，附带民事诉讼保全，既包括诉中保全，也包括诉前保全。对于在人民法院受理附带民事诉讼后，可能因被告人的行为或者其他原因，致使有关财物可能毁损、灭失或者被转移、隐匿等，使附带民事判决难以执行的案件，根据刑事附带民事诉讼原告人（包括提起附带民事诉讼的人民检察院）的申请，人民法院可以裁定采取保全措施，查封、扣押或者冻结被告人的财产；有权提起附带民事诉讼的人因情况紧急，不立即申请保全将会使其合法权益受到难以弥补的损失的，还可以在提起附带民事诉讼前，向被保全财产所在地、被申请人居住地或者对案件有管辖权的人民法院申请采取保全措施。人民法院受理附带民事诉讼后，根据附带民事诉讼原告人的申请，可以裁定采取财产保全措施；附带民事诉讼原告人未提出申请的，必要时，人民法院也可以依职权采取保全措施。人民法院采取附带民事诉讼保全措施，适用民事诉讼法有关规定。

3. 审判。我国《刑事诉讼法》第102条规定："附带民事诉讼应当同刑事案件一并审判，只有为了防止刑事案件审判的过分迟延，才可以在刑事案件审判后，由同一审判组织继续审理附带民事诉讼。"《刑事诉讼法解释》第159条规定："……同一审判组织的成员确实不能继续参与审判的，可以更换。"

人民法院只有在全面查清案件事实，确定被告人的行为是否构成犯罪、是否应当承担刑事责任以及刑事责任大小的基础上，才有可能对被告人是否应当承担被害人的物质损失作出认定，进而确定赔偿的范围以及赔偿的形式。因此，附带民事诉讼理应同刑事案件一并审判。如果附带民事部分同刑事部分一并审判确有一定的困难，可能影响刑事部分在法定时间内审结，这时也可以对刑事部分和民事部分分开审判。但是在分开审判时要注意：一是只能先审刑事部分，后审附带民事部分；二是必须由审理刑事案件的同一审判组织继续审理附带民事部分，不得另行组成合议庭；三是附带民事部分的判决对案件事实的认定不得同刑事判决相抵触；四是附带民事诉讼部分的延期审理，一般不影响刑事判决的生效。

第二节 刑事诉讼基本程序

一、刑事审判程序概述

我国刑事诉讼包括立案、侦查、起诉、审判、执行等阶段，其中审判程序包括第一审程序、第二审程序、死刑复核程序和审判监督程序。人民陪审员参与第一审程序，与职业法官享有同样的权力。

第一审程序，是指人民法院对人民检察院提起公诉、自诉人提起自诉的案件进行初次审判时所必须遵循的程序。第一审程序分为第一审普通程序和简易程序。第一审普通程序包括公诉案件的第一审程序和自诉案件的第一审程序。简易程序是对第一审普通程序的简化，其目的在于提高诉讼效率。

二、公诉案件第一审普通程序

从诉讼环节上主要包括庭前审查、开庭前准备、法庭审判、延期和中止审理、评议和宣判等。

（一）对公诉案件的庭前审查

公诉案件的庭前审查，是指人民法院对人民检察院提起公诉的案件进行审查，以决定是否开庭审判的诉讼活动。对公诉案件的审查，是公诉案件进入第一审程序的必经环节。《刑事诉讼法》第 181 条规定："人民法院对提起公诉的案件进行审查后，对于起诉书中有明确的指控犯罪事实的，应当决定开庭审判。"据此，对人民检察院提起公诉的案件，人民法院并非径直开庭审判，而是需要经过审查才能决定。另外，这种审查是程序性的审查而非实体性的审查，只要起诉书中有明确的指控犯罪事实就应当决定开庭审判。

对提起公诉的案件，人民法院应当在收到起诉书（一式 8 份，每增加 1 名被告人，增加起诉书 5 份）和案卷、证据后，审查以下内容：

1. 是否属于本院管辖；

2. 起诉书是否写明被告人的身份，是否受过或者正在接受刑事处罚，被采取强制措施的种类、羁押地点，犯罪的时间、地点、手段、后果以及其他可能影响定罪量刑的情节；

3. 是否移送证明指控犯罪事实的证据材料，包括采取技术侦查措施的批准决定和所收集的证据材料；

4. 是否查封、扣押、冻结被告人的违法所得或者其他涉案财物，并附证明相关财物依法应当追缴的证据材料；

5. 是否列明被害人的姓名、住址、联系方式；是否附有证人、鉴定人名单；是否申请法庭通知证人、鉴定人、有专门知识的人出庭，并列明有关人员的姓名、性别、年龄、职业、住址、联系方式；是否附有需要保护的证人、鉴定人、被害人名单；

6. 当事人已委托辩护人、诉讼代理人，或者已接受法律援助的，是否列明辩护人、诉讼代理人的姓名、住址、联系方式；

7. 是否提起附带民事诉讼，提起附带民事诉讼的，是否列明附带民事诉讼当事人的姓名、住址、联系方式，是否附有相关证据材料；

8. 侦查、审查起诉程序的各种法律手续和诉讼文书是否齐全；

9. 有无《刑事诉讼法》第 15 条第 2～6 项规定的不追究刑事责任的情形。

审查的方法是书面审查，通过审阅起诉书和案卷材料，判断是否具备开庭审判所需的程序性条件，即只对案件进行程序性审查。人民法院对提起公诉的案件审查后，应当按照下列情形分别处理：

1. 属于告诉才处理的案件，应当退回人民检察院，并告知被害人有权提起自诉；

2. 不属于本院管辖或者被告人不在案的，应当退回人民检察院；

3. 需要补充材料的，应当通知人民检察院在 3 日内补送；

4. 依照《刑事诉讼法》第 195 条第 3 项规定宣告被告人无罪后，人民检察院根据新的事实、证据重新起诉的，应当依法受理；

5. 依照本解释第 242 条规定裁定准许撤诉的案件，没有新的事实、证据，重新起诉的，应当退回人民检察院；

6. 符合《刑事诉讼法》第 15 条第 2～6 项规定情形的，应当裁定终止审理或者退回人民检察院；

7. 被告人真实身份不明，但符合《刑事诉讼法》第 158 条第 2 款规定的，应当依法受理。

对公诉案件是否受理，应当在 7 日内审查完毕。人民法院对公诉案件进行审查的期限，计入人民法院的审理期限。

（二）开庭前准备

开庭审理前，人民法院应当进行如下工作：①确定审判长及合议庭组成人员；②开庭 10 日前将起诉书副本送达被告人、辩护人；③通知当事人、法定代理人、辩护人、诉讼代理人在开庭 5 日前提供证人、鉴定人名单，以及拟当庭出示的证据；申请证人、鉴定人、有专门知识的人出庭的，应当列明有关人员的姓名、性别、年龄、职业、住址、联系方式；④开庭 3 日前将开庭的时间、地点通知人民检察院；⑤开庭 3 日前将传唤当事人的传票和通知辩护人、诉讼代理人、法定代理人、证人、鉴定人等出庭的通知书送达，通知有关人员出庭，也可以采取电话、短信、传真、电子邮件等能够确认对方收悉的方式；⑥公开审理的案件，在开庭 3 日前公布案由、被告人姓名、开庭时间和地点。前述庭审前的各项准备工作，对保证审判的顺利进行和保障当事人及其他诉讼参与人的诉讼权利具有重要意义，应当认真做好。对前述工作情况，应当制作笔录，并由审判人员和书记员签名。

开庭审理前,合议庭可以拟出法庭审理提纲,提纲一般包括下列内容:①合议庭成员在庭审中的分工;②起诉书指控的犯罪事实的重点和认定案件性质的要点;③讯问被告人时需了解的案情要点;④出庭的证人、鉴定人、有专门知识的人、侦查人员的名单;⑤控辩双方申请当庭出示的证据的目录;⑥庭审中可能出现的问题及应对措施。

新刑事诉讼法规定了庭前会议制度。《刑事诉讼法》第182条规定,审判人员可以召集公诉人、当事人和辩护人、诉讼代理人,对回避、出庭证人名单、非法证据排除等与审判相关的问题,了解情况,听取意见。根据《刑事诉讼法解释》的规定,案件具有下列情形之一的,审判人员可以召开庭前会议:①当事人及其辩护人、诉讼代理人申请排除非法证据的;②证据材料较多、案情重大复杂的;③社会影响重大的;④需要召开庭前会议的其他情形。召开庭前会议,根据案件情况,可以通知被告人参加。召开庭前会议,审判人员可以就下列问题向控辩双方了解情况,听取意见:是否对案件管辖有异议;是否申请有关人员回避;是否申请调取在侦查、审查起诉期间公安机关、人民检察院收集但未随案移送的证明被告人无罪或者罪轻的证据材料;是否提供新的证据;是否对出庭证人、鉴定人、有专门知识的人的名单有异议;是否申请排除非法证据;是否申请不公开审理;与审判相关的其他问题。审判人员可以询问控辩双方对证据材料有无异议,对有异议的证据,应当在庭审时重点调查;无异议的,庭审时举证、质证可以简化。被害人或者其法定代理人、近亲属提起附带民事诉讼的,可以调解。庭前会议情况应当制作笔录。

(三)法庭审判

法庭审判,是指人民法院通过开庭的方式,在公诉人、当事人和其他诉讼参与人的参加下,调查核实证据,并充分听取控辩双方对证据、案件事实和法律适用的意见,从而确定被告人的行为是否构成犯罪、应否处以刑罚以及处何种刑罚的诉讼活动。审判长主持并指挥法庭的一切审判活动,公诉人、当事人、辩护人、诉讼代理人经审判长许可,可以对被告人、证人、鉴定人发问,审判长认为发问的内容与案件无关时,有权制止。司法警察亦受审判长指挥,对于违反法庭秩序的行为,审判长有权制止或决定采取制裁措施。

法庭审判程序一般可分为开庭、法庭调查、法庭辩论、被告人最后陈述、评议和宣判五个阶段。

1. 开庭。开庭是法庭审理的开始,其任务是为实体审理做好程序上的准备工作。开庭阶段应当进行的活动如下:

(1)开庭审理前,书记员应当依次进行下列工作:①受审判长委托,查明公诉人、当事人、证人及其他诉讼参与人是否已经到庭。被害人、诉讼代理人经传唤或者通知未到庭，不影响开庭审理的，人民法院可以开庭审理；辩护人经通知未到庭，被告人同意的，人民法院可以开庭审理，但被告人属于应当提供法律援助情形的除外。②宣读法庭规则。③请公诉人及相关诉讼参与人入庭。④请审判长、审判员（人民陪审员）入庭。⑤审判人员就座后，向审判长报告开庭前的准备工作已经就绪。

（2）审判长宣布开庭，传唤被告人到庭后，应当查明被告人的下列情况：①姓名、出生年月日、民族、出生地、文化程度、职业、住址，或者被告单位的名称、住所地、诉讼代表人的姓名、职务；②是否受过法律处分及处分的种类、时间；③是否被采取强制措施及强制措施的种类、时间；④收到起诉书副本的日期，有附带民事诉讼的，附带民事诉讼被告人收到附带民事起诉状的日期。对于被告人较多的案件，可以在开庭前查明上述情况，但开庭时审判长应当作出说明。

（3）审判长宣布案件的来源、起诉的案由、附带民事诉讼当事人的姓名及是否公开审理；不公开审理的，应当宣布理由。

（4）审判长宣布合议庭组成人员、书记员、公诉人名单及辩护人、鉴定人、翻译人员等诉讼参与人的名单。

（5）告知当事人及相关诉讼参与人的诉讼权利。审判长应当告知当事人及其法定代理人、辩护人、诉讼代理人在法庭审理过程中依法享有下列诉讼权利：可以申请合议庭组成人员、书记员、公诉人、鉴定人和翻译人员回避；可以提出证据，申请通知新的证人到庭、调取新的证据，申请重新鉴定或者勘验、检查；被告人可以自行辩护；被告人可以在法庭辩论终结后作最后陈述。审判长应当询问当事人及其法定代理人、辩护人、诉讼代理人是否申请回避，申请何人回避和申请回避的理由。当事人及其法定代理人、辩护人、诉讼代理人申请回避的，依照刑事诉讼法和司法解释的有关规定处理。同意或者驳回回避申请的决定及复议决定，由审判长宣布，并说明理由。必要时，也可以由院长到庭宣布。

2. 法庭调查。法庭调查，是指在公诉人、当事人和其他诉讼参与人的参加下，由法庭主持，对案件的事实和证据进行审查、核实的诉讼活动。法庭调查是法庭审判的一个中心环节，人民法院能否正确认定案件事实、正确定罪量刑，在很大程度上取决于法庭调查的成效。法庭调查的范围，是起诉书所指控的被告人的犯罪事实及证明被告人有罪、无罪、罪重、罪轻的各种证据。法庭调查的具体程序是：

（1）公诉人宣读起诉书。审判长宣布法庭调查开始后，应当先由公诉人宣读起诉书；有附带民事诉讼的，再由附带民事诉讼原告人或者其法定代理人、诉讼代理人宣读附带民事起诉状。公诉人宣读起诉书，是法庭调查的必经程序。宣读起诉书时，如果案件有多名被告人，应同时在场。

（2）被告人、被害人陈述。公诉人宣读起诉书后，在审判长主持下，被告人、被害人可以就起诉书指控的犯罪事实分别进行陈述。被告人、被害人的陈述，一方面可以使法庭了解案情的基本情况，另一方面可以使法庭了解当事人对指控的基本意见。

（3）讯问被告人、向被告人发问。被告人、被害人就指控的犯罪事实陈述后，在审判长主持下，公诉人可以就起诉书指控的犯罪事实讯问被告人。公诉人讯问被告人，一般应围绕下列事实进行：指控的犯罪事实是否存在，是否为被告人所实施；实施犯罪行为的时间、地点、方法、手段、结果、动机、目的，被告人犯罪后的表现；被告人有无责任能力，有无法定的从重或者从轻、减轻以及免除处罚的情节；犯罪对象、作案工具的主要特征，与犯罪有关的财物的来源、数量以及去向；犯罪集团或者其他共同犯罪案件中参与犯罪人员的各自地位和应负的责任；被告人全部或者部分否认起诉书指控的犯罪事实的，否认的根据和理由能否成立；与定罪量刑有关的其他事实。公诉人讯问被告人后，经审判长准许，被害人及其法定代理人、诉讼代理人可以就公诉人讯问的犯罪事实补充发问；附带民事诉讼原告人及其法定代理人、诉讼代理人可以就附带民事部分的事实向被告人发问；被告人的法定代理人、辩护人，附带民事诉讼被告人及其法定代理人、诉讼代理人可以在控诉一方就某一问题讯问完毕后向被告人发问。审判人员也可以讯问被告人，其目的在于消除疑点，查清案情。

（4）向被害人、附带民事诉讼原告人发问。经审判长准许，控辩双方可以向被害人、附带民事诉讼原告人发问。审判人员在必要时，可以向被害人、附带民事诉讼当事人发问，其目的在于进一步揭示案情。

（5）向证人、鉴定人发问。为贯彻直接、言词原则，刑事审判加强了对证人证言、鉴定意见的质证，即要求证人、鉴定人出庭，《刑事诉讼法》第187条还规定了证人、鉴定人应当出庭作证的法定情形。对于应当出庭作证的证人没有正当理由不出庭作证的，人民法院可以强制其到庭；对于鉴定人拒不出庭作证的，鉴定意见不得作为定案的根据。证人、鉴定人到庭后，审判人员应当核实其身份、与当事人以及本案的关系，并告知其有关作证的权利义务和法律责任。证人、鉴定人作证前，应当保证向法庭如实提供证言、说明鉴定意见，并在保证书上签名。向证人、鉴定人发问，应当先由提请通知的一方进行；发问完毕后，经审判长准许，对方也可以发问。向证人发问应当遵循以下规则：发问的内容应当与本案事实有关；不得以诱导方式发问；不得威胁证人；不得损害证人的人格尊严。审判人员认为必要时，可以询问证人、鉴定人。

（6）向有专门知识的人发问。公诉人、当事人及其辩护人、诉讼代理人申请法庭通知有专门知识的人出庭，就鉴定意见提出意见的，应当说明理由。法庭认为有必要的，应当通知有专门知识的人出庭。申请有专门知识的人出庭，不得超过2人。有多种类鉴定意见的，可以相应增加人数。有专门知识的人出庭，适用鉴定人出庭的有关规定。审判人员认为必要时，可以询问有专门知识的人。

审判长在主持上述讯问、发问时，应注意以下几个问题：一是起诉书指控的被告人的犯罪事实为两起以上的，法庭调查一般应当分别进行。二是讯问同案审理的被告人，应当分别进行；必要时，可以传唤同案被告人到庭对质。三是控辩双方的讯问、发问方式不当或者内容与本案无关的，对方可以提出异议，申请审判长制止，审判长应当判明情况予以支持或者驳回；对方未提出异议的，审判长也可以根据情况予以制止。四是向证人、鉴定人、有专门知识的人发问应当分别进行。证人、鉴定人、有专门知识的人经控辩双方发问或者审判人员询问后，审判长应当告知其退庭。证人、鉴定人、有专门知识的人不得旁听对本案的审理。

（7）出示物证、宣读证言笔录、鉴定意见、勘验笔录和其他作为证据的文书。《刑事诉讼法》第190条规定："公诉人、辩护人应当向法庭出示物证，让当事人辨认，对未到庭的证人的证言笔录、鉴定人的鉴定意见、勘验笔录和其他作为证据的文书，应当当庭宣读。审判人员应当听取公诉人、当事人和辩护人、诉讼代理人的意见。"已经移送人民法院的证据，控辩双方需要出示的，可以向法庭提出申请。法庭同意的，应当指令值庭法警出示、播放；需要宣读的，由值庭法警交由申请人宣读。举证方当庭出示证据后，由对方进行辨认并发表意见。控辩双方可以互相质问、辩论。当庭出示的证据，尚未移送人民法院的，应当在质证后移交法庭。

（8）证据的补充和说明。法庭对证据有疑问的，可以告知公诉人、当事人及其法定代理人、辩护人、诉讼代理人补充证据或者作出说明。对公诉人、当事人及其法定代理人、辩护人、诉讼代理人补充的证据，应当经过当庭质证才能作为定案的根据。但是，经庭外征求意见，控辩双方没有异议的除外。有关情况应当记录在案。抗辩双方申请出示开庭前未移送人民法院的证据，对方提出异议的，审判长应当要求申请者说明理由；理由成立并确有出示必要的，应当准许。对方提出需要对新的证据作准备的，法庭可以宣布休庭，并确定继续开庭的时间。

（9）调取新证据。法庭审理过程中，当事人及其辩护人、诉讼代理人申请通知新的证人到庭、调取新的证据、申请重新鉴定或者勘验的，应当提供证人的姓名、证据的存放地点，说明拟证明的案件事实、要求重新鉴定或者勘验的理由。法庭认为有必要的，应当同意，并宣布延期审理；不同意的，应当说明理由并继续审理。延期审理的案件，符合《刑事诉讼法》第 202 条第 1 款规定的，可以报请上级人民法院批准延长审理期限。人民法院同意重新鉴定申请的，应当及时委托鉴定，并将鉴定意见告知人民检察院、当事人及其辩护人、诉讼代理人。审判期间，公诉人发现案件需要补充侦查，建议延期审理的，合议庭应当同意，但建议延期审理不得超过 2 次。人民检察院将补充收集的证据移送人民法院的，人民法院应当通知辩护人、诉讼代理人查阅、摘抄、复制。补充侦查期限届满后，经法庭通知，人民检察院未将案件移送人民法院，且未说明原因的，人民法院可以决定按人民检察院撤诉处理。审判期间，被告人提出新的立功线索的，人民法院可以建议人民检察院补充侦查，也可以向人民检察院调取需要调查核实的证据材料。

（10）法庭庭外调查核实证据。《刑事诉讼法》第 191 条规定："法庭审理过程中，合议庭对证据有疑问的，可以宣布休庭，对证据进行调查核实。人民法院调查核实证据，可以进行勘验、检查、查封、扣押、鉴定和查询、冻结。"法庭庭外调查核实取得的证据，应当经过当庭质证才能作为定案的根据。但是，经庭外征求意见，控辩双方没有异议的除外。

3. 法庭辩论。法庭辩论，是指控辩双方在审判长的主持下，依据法庭调查的情况和有关法律规定，对证据的证明力、被告人的定罪量刑以及法律适用等问题进行论证和反驳的诉讼活动。《刑事诉讼法》第 193 条第 1、2 款规定："法庭审理过程中，对与定罪、量刑有关的事实、证据都应当进行调查、辩论。经审判长许可，公诉人、当事人和辩护人、诉讼代理人可以对证据和案件情况发表意见并且可以互相辩论。"据此，法庭调查和法庭辩论并不是截然分开的两个阶段。在法庭调查阶段，控辩双方可以根据案件的具体情况随时进行辩论。合议庭认为案件事实已经调查清楚的，应当由审判长宣布法庭调查结束，开始就定罪量刑的事实、证据和适用法律等问题进行专门的法庭辩论。

4. 被告人最后陈述。《刑事诉讼法》第 193 条第 3 款规定："审判长在宣布辩论终结后，被告人有最后陈述的权利。"被告人最后陈述，是法庭审判的一个独立阶段，也是法律赋予被告人的一项重要诉讼权利。被告人在最后陈述中，可以依据事实和法律，就法庭所调查的证据，自己有罪或者无罪、罪轻或者罪重以及犯罪的原因、对犯罪的认识等方面发表意见。审判人员应当切实保障被告人的最后陈述权，让其充分陈述，不得进行不适当的干预或限制发言时间。

5. 评议和宣判。被告人最后陈述后，审判长应当宣布休庭，合议庭退庭进入评议室进行评议。评议是指合议庭组成人员在法庭调查、法庭辩论的基础上，对案件事实的认定以及证据和法律的适用进行讨论、分析、判断，并最终作出裁判的诉讼活动。合议庭评议案件，应当根据已经查明的事实、证据和有关法律规定，在充分考虑控辩双方意见的基础上，确定被告人是否有罪、构成何罪，有无从重、从轻、减轻或者免除处罚情节，应否处以刑罚、判处何种刑罚，附带民事诉讼如何解决，查封、扣押、冻结的财物及其孳息如何处理等，并依法作出判决、裁定。

评议由审判长主持，秘密进行，一般不得有合议庭之外的人参加。合议庭成员享有平等的一票表决权，表决时实行少数服从多数的原则。评议意见由书记员制作评议笔录，经合议庭成员签名后入卷。当事人、辩护人及其他诉讼参与人不得查阅评议笔录。少数人的意见应该写入评议笔录，以便二审或者再审时能够了解一审的评议情况。一般情况下，合议庭评议后应当作出判决，但是对于疑难、复杂、重大的案件，合议庭成员意见分歧较大，难以作出决定的，由合议庭提请院长决定提交审判委员会讨论决定，审判委员会的决定，合议庭应当执行。

根据《刑事诉讼法》第195条的规定和司法解释，对第一审公诉案件，人民法院审理后，应当按照下列情形分别作出判决、裁定：

（1）起诉指控的事实清楚，证据确实、充分，依据法律认定被告人的罪名成立的，应当作出有罪判决；

（2）起诉指控的事实清楚，证据确实、充分，指控的罪名与审理认定的罪名不一致的，应当按照审理认定的罪名作出有罪判决；

（3）案件事实清楚，证据确实、充分，依据法律认定被告人无罪的，应当判决宣告被告人无罪；

（4）证据不足，不能认定被告人有罪的，应当以证据不足，指控的犯罪不能成立为由，判决宣告被告人无罪；

（5）案件部分事实清楚，证据确实、充分的，应当作出有罪或者无罪的判决；对事实不清、证据不足部分，不予认定；

（6）被告人因不满16周岁，不予刑事处罚的，应当判决宣告被告人不负刑事责任；

（7）被告人是精神病人，在不能辨认或者不能控制自己行为时造成危害结果，不予刑事处罚的，应当判决宣告被告人不负刑事责任；

（8）犯罪已过追诉时效期限且不是必须追诉，或者经特赦令免除刑罚的，应当裁定终止审理；

（9）被告人死亡的，应当裁定终止审理；根据已查明的案件事实和认定的证据，能够确认无罪的，应当判决宣告被告人无罪。

具有第（2）种情形的，人民法院应当在判决前听取控辩双方的意见，保障被告人、辩护人充分行使辩护权。必要时，可以重新开庭，组织控辩双方围绕被告人的行为构成何罪进行辩论。

宣告判决前，人民检察院要求撤回起诉的，人民法院应当审查撤回起诉的理由，作出是否准许的裁定。审判期间，人民法院发现新的事实，可能影响定罪的，可以建议人民检察院补充或者变更起诉；人民检察院不同意或者在 7 日内未回复意见的，人民法院应当就起诉指控的犯罪事实，依法作出判决、裁定。

对于依照刑事诉讼法规定宣告被告人无罪后，人民检察院根据新的事实、证据重新起诉，人民法院受理的案件，人民法院应当在判决中写明被告人曾被人民检察院提起公诉，因证据不足，指控的犯罪不能成立，被人民法院依法判决宣告无罪的情况；前案依照《刑事诉讼法》第 195 条第 3 项规定作出的判决不予撤销。

合议庭成员应当在评议笔录上签名，在判决书、裁定书等法律文书上署名。裁判文书应当写明裁判依据，阐释裁判理由，反映控辩双方的意见，并说明采纳或者不予采纳的理由。判决书应当写明上诉的期限和上诉的法院。

合议庭经过评议作出裁判后，法庭进入宣判阶段。根据《刑事诉讼法》第 196 条第 1 款的规定，宣告判决，一律公开进行。不论案件是否公开审理，都应当将判决公之于众。宣判有当庭宣判和定期宣判两种形式。

（四）开庭审理的其他相关问题

1. 关于法庭秩序。法庭秩序，是指人民法院开庭审判时，诉讼参与人和旁听人员应当遵守的秩序和纪律。法庭审判是人民法院行使国家审判权的严肃法律行为，也是非常重要的诉讼阶段。为保障审判的顺利进行，并维护司法的权威，任何诉讼参与人、旁听人员、采访的记者等，必须遵守法庭纪律，不得有妨碍法庭秩序的行为。法庭审理过程中，诉讼参与人、旁听人员应遵守以下纪律：①服从法庭指挥，遵守法庭礼仪；②不得鼓掌、喧哗、哄闹、随意走动；③不得对庭审活动进行录音、录像、摄影，或者通过发送邮件、博客、微博客等方式传播庭审情况，但经人民法院许可的新闻记者除外；④旁听人员不得发言、提问；⑤不得实施其他扰乱法庭秩序的行为。

法庭审理过程中，诉讼参与人或者旁听人员扰乱法庭秩序的，审判长应当按照下列情形分别处理：①情节较轻的，应当警告制止并进行训诫；②不听制止的，可以指令法警强行带出法庭；③情节严重的，报经院长批准后，可以对行为人处 1000 元以下的罚款或者 15 日以下的拘留；④未经许可录音、录像、摄影或者通过邮件、博客、微博客等方式传播庭审情况的，可以暂扣存储介质或者相关设备。

诉讼参与人、旁听人员对罚款、拘留的决定不服的，可以直接向上一级人民法院申请复议，也可以通过决定罚款、拘留的人民法院向上一级人民法院申请复议。

2. 公诉案件第一审普通程序的期限。为了充分发挥法庭审判震慑犯罪的功能，切实保护人民的合法权益，《刑事诉讼法》第 202 条规定："人民法院审理公诉案件，应当在受理后 2 个月以内宣判，至迟不得超过 3 个月。对于可能判处死刑的案件或者附带民事诉讼的案件，以及有本法第 156 条规定情形之一的，经上一级人民法院批准，可以延长 3 个月；因特殊情况还需要延长的，报请最高人民法院批准。人民法院改变管辖的案件，从改变后的人民法院收到案件之日起计算审理期限。人民检察院补充侦查的案件，补充侦查完毕移送人民法院后，人民法院重新计算审理期限。"

三、自诉案件的第一审程序

自诉案件的第一审程序，基本上与公诉案件的一审程序相同。但由于自诉案件侵犯的主要是个人利益，因此，《刑事诉讼法》第 204～207 条对自诉案件的第一审程序作了专节规定。

（一）自诉案件的受理

人民法院受理自诉案件必须符合下列条件：①属于刑事诉讼法规定的自诉案件范围；②属于本院管辖；③被害人告诉；④有明确的被告人、具体的诉讼请求和证明被告人犯罪事实的证据。

如果被害人死亡、丧失行为能力或者因受强制、威吓等无法告诉，或者是限制行为能力人以及因年老、患病、盲、聋、哑等不能亲自告诉，其法定代理人、近亲属告诉或者代为告诉的，人民法院应当依法受理。被害人的法定代理人、近亲属告诉或者代为告诉，应当提供与被害人关系的证明和被害人不能亲自告诉的原因的证明。

人民法院收到自诉状后，应当在 15 日内审查完毕。经审查，符合受理条件的，应当决定立案，并书面通知自诉人或者代为告诉人。人民法院如果发现有下列情形之一的，应当说服自诉人撤回起诉，或者裁定不予受理：①不属于自诉案件范围的；②缺乏罪证的；③犯罪已过追诉时效期限的；④被告人死亡的；⑤被告人下落不明的；⑥除因证据不足而撤诉的以外，自诉人撤诉后，就同一事实又告诉的；⑦经人民法院调解结案后，自诉人反悔，就同一事实再行告诉的。

对已经立案，经审查缺乏罪证的自诉案件，自诉人提不出补充证据的，人民法院应当说服其撤回起诉或者裁定驳回起诉；自诉人撤回起诉或者被驳回起诉后，又提出了新的足以证明被告人有罪的证据，再次提起自诉的，人民法院应当受理。

自诉人明知有其他共同侵害人，但只对部分侵害人提起自诉的，人民法院应当受理，并告知其放弃告诉的法律后果；自诉人放弃告诉，判决宣告后又对其他共同侵害人就同一事实提起自诉的，人民法院不予受理。

共同被害人中只有部分人告诉的，人民法院应当通知其他被害人参加诉讼，并告知其不参加诉讼的法律后果。被通知人接到通知后表示不参加诉讼或者不出庭的，视为放弃告诉。第一审宣判后，被通知人就同一事实又提起自诉的，人民法院不予受理。但是，当事人另行提起民事诉讼的，不受上述限制。

自诉人对不予受理或者驳回起诉的裁定不服的，可以提起上诉。第二审人民法院查明第一审人民法院作出的不予受理裁定有错误的，应当在撤销原裁定的同时，指令第一审人民法院立案受理；查明第一审人民法院驳回起诉裁定有错误的，应当在撤销原裁定的同时，指令第一审人民法院进行审理。

（二）自诉案件第一审审判程序的特点

自诉案件的犯罪性质一般不严重，对社会的危害性较小，因此在审判程序上，具有与公诉案件第一审程序不同的特点：

1. 自诉案件符合简易程序适用条件的，可以适用简易程序审理。不适用简易程序审理的自诉案件，参照适用公诉案件第一审普通程序的有关规定。

2. 被告人实施两个以上犯罪行为，分别属于公诉案件和自诉案件的，人民法院可以一并审理。对自诉部分的审理，适用自诉程序的法律规定。

3. 对犯罪事实清楚，有足够证据的自诉案件，应当开庭审理。

4. 自诉案件当事人因客观原因不能取得证据，申请人民法院调取的，应当说明理由，并提供相关线索或者材料。人民法院认为有必要的，应当及时调取。

5. 人民法院审理自诉案件，可以在查明事实、分清是非的基础上，根据自愿、合法的原则进行调解。调解达成协议的，应当制作刑事调解书，由审判人员和书记员署名，并加盖人民法院印章。调解书经双方当事人签收后，即具有法律效力。调解没有达成协议，或者调解书签收前当事人反悔的，应当及时作出判决。对被害人有证据证明对被告人侵犯自己人身、财产权利的行为应当依法追究刑事责任，而公安机关或者人民检察院不予追究被告人刑事责任的案件，不适用调解。

6. 判决宣告前，自诉案件的当事人可以自行和解，自诉人可以撤回自诉。

人民法院经审查，认为和解、撤回自诉确属自愿的，应当裁定准许；认为系被强迫、威吓等，并非出于自愿的，不予准许。裁定准许撤诉或者当事人自行和解的自诉案件，被告人被采取强制措施的，人民法院应当立即解除。

7. 自诉人经两次传唤，无正当理由拒不到庭，或者未经法庭准许中途退庭的，人民法院应当裁定按撤诉处理。部分自诉人撤诉或者被裁定按撤诉处理的，不影响案件的继续审理。

8. 被告人在自诉案件审判期间下落不明的，人民法院应当裁定中止审理。被告人到案后，应当恢复审理，必要时应当对被告人依法采取强制措施。

9. 告诉才处理和被害人有证据证明的轻微刑事案件的被告人或者其法定代理人在诉讼过程中，可以对自诉人提起反诉。所谓反诉，是指自诉案件的被告人作为被害人，控告自诉人实施了与本案有联系的犯罪行为，要求人民法院追究自诉人刑事责任的诉讼活动。反诉以自诉的存在为前提，但它是一个独立的诉讼，不是对自诉的答辩。反诉必须符合下列条件：①反诉的对象必须是本案自诉人；②反诉的内容必须是与本案有关的行为；③反诉的案件必须是告诉才处理和被害人有证据证明的轻微刑事案件。反诉案件适用自诉案件的规定，应当与自诉案件一并审理。自诉人撤诉的，不影响反诉案件的继续审理。

10. 对自诉案件，应当参照《刑事诉讼法》第195条的有关规定作出判决；对依法宣告无罪的案件，其附带民事部分应当依法进行调解或者一并作出判决。

11. 人民法院审理自诉案件的期限，被告人被羁押的，适用《刑事诉讼法》第202条第1款、第2款的规定；未被羁押的，应当在受理后6个月以内宣判。

四、简易程序

（一）简易程序的适用范围

简易程序，是指基层人民法院在审理具有特定条件的案件时，所适用的较普通审判程序相对简化的一种审判程序。我国的简易程序是在审判过程中，对审判组织、具体审理程序进行一些必要的简化，以达到提高诉讼效率的目的。

根据《刑事诉讼法》第208条的规定，符合下列条件的案件可以适用简易程序：①属于基层人民法院管辖的；②案件事实清楚、证据确实充分的；③被告人承认自己所犯罪行，对指控的犯罪事实没有异议的；④被告人对适用简易程序没有异议的。上述四个条件缺一不可，只有同时具备才能适用简易程序审理。

根据《刑事诉讼法》第209条和司法解释的相关规定，有下列情形之一的，不适用简易程序：①被告人是盲、聋、哑人的；②被告人是尚未完全丧失辨认或者控制自己行为能力的精神病人的；③有重大社会影响的；④共同犯罪案件中部分被告人不认罪或者对适用简易程序有异议的；⑤辩护人作无罪辩护的；⑥被告人认罪但经审查认为可能不构成犯罪的；⑦不宜适用简易程序审理的其他情形。

基层人民法院受理公诉案件后，经审查认为案件事实清楚、证据确实充分的，在将起诉书副本送达被告人时，应当询问被告人对指控的犯罪事实的意见，告知其适用简易程序的法律规定。被告人对指控的犯罪事实没有异议并同意适用简易程序的，可以决定适用简易程序，并在开庭前通知人民检察院和辩护人。

人民检察院在提起公诉的时候，可以建议人民法院适用简易程序。对人民检察院建议适用简易程序审理的案件，依照上述规定处理；不符合简易程序适用条件的，应当通知人民检察院。

（二）简易程序的主要特点

1. 简易程序的审判组织可以简化。对可能判处 3 年有期徒刑以下刑罚的，可以组成合议庭，也可以由审判人员 1 人独任审判。但对可能判处 3 年以上有期徒刑的，应组成合议庭。

2. 开庭准备的简化。适用简易程序审理案件，人民法院应当在开庭 3 日前，将开庭的时间、地点通知人民检察院、自诉人、被告人、辩护人，也可以通知其他诉讼参与人。通知可以采用简便方式，但应当记录在案。

3. 庭审方式的简化。适用简易程序审理公诉案件，人民检察院应当派员出席法庭。被告人有辩护人的，应当通知其出庭。审判长或者独任审判员应当当庭询问被告人对指控的犯罪事实的意见，告知被告人适用简易程序审理的法律规定，确认被告人是否同意适用简易程序审理。经审判人员许可，控辩双方相互辩论。适用简易程序审理的案件，不受送达期限、讯问被告人、询问证人、鉴定人、出示证据、法庭辩论程序的限制。但在判决宣告前应当听取被告人的最后陈述意见。

4. 宣判的方式多采当庭宣判。适用简易程序审理案件，一般应当当庭宣判。

《刑事诉讼法》第 214 条规定："适用简易程序审理案件，人民法院应当在受理后 20 日以内审结；对可能判处的有期徒刑超过 3 年的，可以延长至一个半月。"

此外，需要注意的是，人民法院在适用简易程序审理案件的过程中，发现有不宜适用简易程序的情形，比如被告人的行为可能不构成犯罪的，应当决定中止审理，改用公诉案件或者自诉案件的第一审普通程序重新审理。

五、救济程序

（一）第二审程序

第二审程序，又称上诉审程序，是指第一审人民法院的上一级法院根据上诉、抗诉，对第一审人民法院未生效的判决、裁定依法进行重新审判的诉讼程序。我国二审程序有三个基本特征：两审终审；全面审查；以开庭审理为原则。

人民法院通过第二审程序，可以纠正一审裁判的错误，实现当事人权利的救济，并统一法律适用，因此二审程序对于实现诉讼的基本目标起着重要作用，可以说"一审是基础、二审是关键"。

1. 启动。根据不告不理原则，二审程序通过上诉或者抗诉得以启动。被告人、自诉人和他们的法定代理人，经被告人同意的辩护人和近亲属，附带民事诉讼当事人及其法定代理人可以提起上诉。公诉案件的被害人如果对一审裁判不服，可以向人民检察院申请抗诉。人民检察院对一审裁判不服，可以提出抗诉：地方各级人民检察院对同级人民法院第一审判决、裁定的抗诉，应当通过原审人民法院提交抗诉书，并且将抗诉书抄送上一级人民检察院。原审人民法院应当将抗诉书连同案卷、证据移送上一级人民法院，并且将抗诉书副本送交当事人。

在司法实践中，要注意上诉权的充分保障。被告人、自诉人及其法定代理人提起上诉的时候，只要在法律规定的期限内（不服判决的上诉和抗诉期限为10天，不服裁定的上诉和抗诉期限为5日）均可，不需要提出充分的理由；上诉的时候书面或者口头上诉均可；既可以向原一审法院提出，也可以向二审法院提出上诉。上诉人在上诉期限内撤回上诉的，人民法院应当允许；而上诉期满后要求撤回的，则由法院审查决定是否允许。

司法实践中，人民检察院作为国家专门机关，如果对一审判决或者裁定不服，应该在法定的期限内以抗诉书的形式通过原审人民法院提出抗诉，抗诉的理由一般包括：判决、裁定在认定事实上有错误，或者缺乏确实、充分的证据；判决、裁定在适用法律、定罪量刑上有错误；违反诉讼程序，使当事人依法享有的诉讼权利受到侵犯，可能影响判决、裁定的正确性。

2. 审理。第二审程序遵循全面审查原则，即第二审人民法院应当就第一审判决认定的事实和适用的法律进行全面审查，不受上诉或者抗诉范围的限制。共同犯罪的案件中只有部分被告人上诉的，应当对全案进行审查，一并处理。比如，一审被告人只提出量刑过重的上诉理由，根据全面审查原则，二审法院不仅要审查量刑问题，还要审查事实认定、程序适用等问题。全面审查原则对于纠正一审裁判的错误，保证案件质量以及保护当事人的合法权益具有重要意义，充分体现了我国刑事诉讼法以事实为根据、以法律为准绳的基本原则和实事求是的精神。

在第二审审理中，还要坚持以开庭审理为原则，不开庭审理为补充。鉴于开庭审理的方式，是在检察人员、当事人及其他诉讼参与人的参加下，当庭核实证据，充分听取控辩双方的意见，便于法庭查明案件事实、保证诉讼权利的充分行使，因此应当尽量采取这一方式。根据法律规定，第二审人民法院对于下列案件，应当组成合议庭，开庭审理：①被告人、自诉人及其法定代理人对第一审认定的事实、证据提出异议，可能影响定罪量刑的上诉案件；②被告人被判处死刑的上诉案件；③人民检察院抗诉的案件；④其他应当开庭审理的案件。具体开庭的程序参照一审程序进行。而对于不开庭审理的案件，第二审人民法院应当阅卷，讯问被告人，听取其他当事人、辩护人、诉讼代理人的意见。这种方式可以提高二审法院的办案效率，节省司法资源。

3. 裁判。经过二审法院的审理，根据案件的具体情况，应当作出维持、改判、发回重审等三种不同的处理。根据法律规定，具体分为以下四种情况：

（1）原判决认定事实和适用法律正确、量刑适当的，应当裁定驳回上诉或者抗诉，维持原判。

（2）原判决认定事实没有错误，但适用法律有错误，或者量刑不当的，应当改判。比如混淆了罪与非罪的界限；认定的罪名不当；量刑畸轻畸重等。

（3）原判决事实不清楚或者证据不足的，可以在查清事实后改判；也可以裁定撤销原判，发回原审人民法院重新审判。需要注意的是，此种情况发回重审后，被告人提出上诉或者人民检察院提出抗诉的，第二审人民法院应当依法作出判决或者裁定，不得再发回原审人民法院重新审判。也就是说，发回重审以一次为限，避免以前司法实践中无限制发回重审导致案件久拖不决、被告人超期羁押的情况。

（4）第二审人民法院发现第一审人民法院的审理有下列违反法律规定的诉讼程序的情形之一的，应当裁定撤销原判，发回原审人民法院重新审判：①违反本法有关公开审判的规定的；②违反回避制度的；③剥夺或者限制了当事人的法定诉讼权利，可能影响公正审判的；④审判组织的组成不合法的；⑤其他违反法律规定的诉讼程序，可能影响公正审判的。

第二审人民法院在裁判时要遵循"上诉不加刑原则"，即第二审人民法院审理被告人或者他的法定代理人、辩护人、近亲属上诉的案件，不得加重被告人的刑罚。第二审人民法院发回原审人民法院重新审判的案件，除有新的犯罪事实，人民检察院补充起诉的以外，原审人民法院也不得加重被告人的刑罚。人民检察院提出抗诉或者自诉人提出上诉的，不受前款规定的限制。上诉不加刑是被告人的合法权利，充分体现了二审程序中的人权保障，有利于被告人依法行使上诉权，同时可以保证人民法院正确行使审判权和人民检察院履行审判监督职责。

在司法实践中，要正确理解属于"不加刑"的具体情形，比如同案审理的案件中，只有部分被告人上诉的，既不得加重上诉人的惩罚，也不能加重其他未上诉的人的刑罚；原判对被告人实行数罪并罚的，不得加重决定执行的刑罚，也不得加重数罪中某罪的刑罚；原判对被告人宣告缓刑的，不得撤销缓刑或者延长缓刑考验期，等等。司法实践中如果存在仅由被告人一方上诉的案件，二审法院经过全面审查后发现量刑畸轻的情况，此时，根据上诉不加刑原则，不能改判加重刑罚，也不能以事实不清、证据不足为由发回重审，确实需要纠正的，则要先维持原判，通过审判监督程序进行纠正。

（二）死刑复核程序

死刑复核程序是指人民法院对判处死刑的案件进行复审核准的特别审判程序。死刑是我国刑法规定的最严厉的刑罚，我国的死刑政策是"保留死刑，坚持少杀慎杀，严格限制死刑"。其中，死刑复核程序就是控制死刑的重要方式。

根据法律规定，死刑核准权由最高人民法院和高级人民法院行使，即判处死刑立即执行的案件由最高人民法院进行核准，判处死缓的案件由高级人民法院进行核准。

根据法律规定，中级人民法院判处死刑的第一审案件，被告人不上诉的，应当由高级人民法院复核后，报请最高人民法院核准。高级人民法院不同意判处死刑的，可以提审或者发回重新审判。也就是说，死刑复核应当逐级上报到有核准权的法院进行最后裁决。而高级人民法院判处死刑的第一审案件被告人不上诉的，和判处死刑的第二审案件，都应当报请最高人民法院核准。

最高人民法院复核死刑案件、高级人民法院复核死刑缓期执行的案件，应当由审判员3人组成合议庭进行。因此，人民陪审员是不能参与死刑复核程序的。同其他程序的合议庭表决机制一样，即按照少数服从多数的民主集中制原则作出决定，合议庭评议情况应当制作笔录，少数人的意见也应当记入。

为了完善死刑复核程序，2012年修改的《刑事诉讼法》加强了死刑的诉讼化改造，也就是增加死刑复核程序的各方诉讼主体的参与。主要表现在：①最高人民法院复核死刑案件，应当讯问被告人。这是死刑复核的重要环节，对于保障死刑案件的质量、切实保障被告人的辩护权具有重要意义。法律对于如何进行具体讯问没有规定，实践中一般由最高人民法院、高级人民法院主审法官负责。②辩护律师提出要求的，应当听取辩护律师的意见。司法解释进一步明确，高级人民法院复核死刑案件，被告人没有委托辩护人的，应当通知法律援助机构指派律师为其提供辩护。③强化检察机关的参与。在复核死刑案件过程中，最高人民检察院可以向最高人民法院提出意见。最高人民法院应当将死刑复核结果通报最高人民检察院。此外，最高人民法院司法解释明确要求，死刑复核程序中要对案件事实认定、法律适用、程序等方面进行全面审查，合议庭成员要阅卷，并提出书面意见存查。

死刑复核的裁决分为：核准或者不核准死刑的裁定。对于不核准死刑的，最高人民法院可以发回重新审判或者予以改判。

（三）审判监督程序

审判监督程序是指人民法院、人民检察院对已经发生法律效力的判决和裁定，发现在认定事实或者适用法律上确有错误，依法提起并对案件进行重新审判的程序。审判监督程序属于特别救济程序，针对的是已经生效的裁判，因此，在提起主体、提起条件、审理法院和提起期限方面均不同于普通救济程序的二审程序。而与死刑复核程序相比较，后者针对的是判处死刑案件的特殊审判程序，核准后才产生具有执行力的裁判。

经过两审终审，裁判产生了既判力，即未经法定程序，不得擅自更改或者撤销。但是，司法裁判并非绝对正确，由于主客观原因，存在可能错误的裁判，导致裁判的确定性和案件的真实性存在矛盾，审判监督程序就是为了解决这个矛盾而设立的。因此，审判监督程序不是刑事诉讼的必经程序。审判监督程序的存在和适用对于正确行使国家刑罚权、保障当事人的合法权益具有重要意义。

1. 启动。根据法律规定，有权提起审判监督程序的是法院和检察院，但是存在多种材料来源表明生效裁判可能存在错误，这些材料来源主要有：

（1）申诉。刑事审判监督中的申诉，是指申诉权人对人民法院的生效裁判不服，以书面或者口头形式向人民法院或者人民检察院提出该裁判在认定事实或者适用法律上的错误，并要求重新审判的行为。根据法律规定，申诉权人包括当事人及其法定代理人、近亲属，申诉可以委托律师代为进行。此外，案外人认为发生法律效力的裁判侵害其合法权益而提出申诉的，人民法院应当审查处理。因此，申诉是当事人的重要诉讼权利，也是提起审判监督的重要材料来源。在司法实践中，存在申诉多、申诉难、缠诉、反复申诉现象，各级司法部门特别是中央部门接待任务重。人民法院或者人民检察院需要严格依照法律关于申诉理由的规定，对申诉材料进行审查，决定是否受理以及决定是否启动再审。如果申诉理由符合法律规定，人民法院应当按照审判监督程序对案件进行重新审判。

（2）各级人民代表大会代表提出的纠正错案议案。人大代表在视察工作和调查访问过程中，了解到有关裁判的意见并有针对性地提出议案，是提起审判监督程序的重要材料来源。

（3）人民群众的来信来访。人民群众的来信来访不同于申诉，是对生效裁判针对性的材料和意见，是群众监督司法的重要方式。

（4）公安司法机关通过办案或者复查案件对错案的发现。公安司法机关在办案过程中经常发生"办一案破一片"或者"办此案发现彼案"的情况，这也是纠正错案的重要来源。公安司法机关经常不定期、定期进行案件评查，也会发现错案。

此外，对于机关、团体、企业、事业单位和新闻媒体、网络等对生效裁判的反映意见，司法机关也要充分重视。

上述的各种材料来源最终能否引起再审，还是取决于人民法院或者人民检察院。法律明确规定，各级人民法院院长对本院已经发生法律效力的判决和裁定，如果发现在认定事实或者适用法律上确有错误，必须提交审判委员会处理。最高人民法院对各级人民法院已经发生法律效力的判决和裁定，上级人民法院对下级人民法院已经发生法律效力的判决和裁定，如果发现确有错误，有权提审或者指令下级人民法院再审。最高人民检察院对各级人民法院已经发生法律效力的判决和裁定，上级人民检察院对下级人民法院已经发生法律效力的判决和裁定，如果发现确有错误，有权按照审判监督程序向同级人民法院提出抗诉。

2. 审理和裁判。人民法院或者人民检察院启动再审后，具体的审理法院可以分为以下几种情况：

（1）各级人民法院院长发现本院已经发生法律效力的判决、裁定确有错误的，应当提交审判委员会讨论决定是否再审。因此，这是由本院进行再审的审理。

（2）上级人民法院发现下级人民法院已经发生法律效力的判决、裁定确有错误的，可以指令下级人民法院再审；原判决、裁定认定事实正确但适用法律错误，或者案件疑难、复杂、重大，或者有不宜由原审人民法院审理情形的，也可以提审。其中，新修改的刑事诉讼法特别规定，上级人民法院指令下级人民法院再审的，应当指令原审人民法院以外的下级人民法院审理；由原审人民法院审理更为适宜的，也可以指令原审人民法院审理。因此，这种情况下，上级法院、原审法院以及原审法院以外的下级法院都有可能进行再审审理。

（3）最高人民检察院和上级人民检察院发现下级法院的生效裁判确有错误的，应当向同级法院提出再审抗诉。因此，再审的审理法院就是最高人民法院或者是原审法院的上级法院，与抗诉的检察院级别一致。

重新审判的案件，原则上按照第一审、第二审程序进行，即人民法院按照审判监督程序重新审判的案件，由原审人民法院审理的，应当另行组成合议庭进行。如果原来是第一审案件，应当依照第一审程序进行审判，所作的判决、裁定可以上诉、抗诉；如果原来是第二审案件，或者是上级人民法院提审的案件，应当依照第二审程序进行审判，所作的判决、裁定是终审的判决、裁定。人民法院开庭审理的再审案件，同级人民检察院应当派员出席法庭。依据审判监督程序对案件进行重新审判的审理方式也存在开庭和不开庭两种。考虑到审判监督程序纠正的是已经生效的裁判，应当以开庭审理为主，不开庭审理为辅。

人民法院决定再审的案件，需要对被告人采取强制措施的，由人民法院依法决定；人民检察院提出抗诉的再审案件，需要对被告人采取强制措施的，由人民检察院依法决定。人民法院按照审判监督程序审判的案件，可以决定中止原判决、裁定的执行，即再审期间原则上不停止原判决、裁定的执行，但被告人可能经再审改判无罪，或者可能经再审减轻原判刑罚而致刑期届满的，可以决定中止原判决、裁定的执行，必要时，可以对被告人采取取保候审、监视居住措施。

人民法院按照审判监督程序重新审判的案件，应当自作出提审、再审决定之日起3个月以内审结，需要延长期限的，不得超过6个月。接受抗诉的人民法院按照审判监督程序审判抗诉的案件，审理期限适用前款规定；对需要指令下级人民法院再审的，应当自接受抗诉之日起1个月以内作出决定，下级人民法院审理案件的期限适用前款规定。

经过重新审理后，人民法院可以作出相应的处理：①原判决、裁定认定事实和适用法律正确、量刑适当的，应当裁定驳回申诉或者抗诉，维持原判决、裁定；②原判决、裁定定罪准确、量刑适当，但在认定事实、适用法律等方面有瑕疵的，应当裁定纠正并维持原判决、裁定；③原判决、裁定认定事实没有错误，但适用法律错误，或者量刑不当的，应当撤销原判决、裁定，依法改判；④依照第二审程序审理的案件，原判决、裁定事实不清或者证据不足的，可以在查清事实后改判，也可以裁定撤销原判，发回原审人民法院重新审判。此外，原判决、裁定事实不清或者证据不足，经审理事实已经查清的，应当根据查清的事实依法裁判；事实仍无法查清，证据不足，不能认定被告人有罪的，应当撤销原判决、裁定，判决宣告被告人无罪。

六、特别程序

刑事特别程序是2012年《刑事诉讼法》修改后增加的内容，作为法典的第五编出现，包括未成年人刑事案件诉讼程序，当事人和解的公诉案件诉讼程序，犯罪嫌疑人、被告人逃匿、死亡案件违法所得的没收程序以及依法不负刑事责任的精神病人的强制医疗程序。除了未成年人刑事案件诉讼程序，其他三个特别程序此前缺乏甚至没有实践经验可循，实践中应当基于立法原则和精神妥善处理有关问题。

（一）未成年人刑事案件诉讼程序

该程序是针对未成年人刑事案件的特别程序，这次刑事诉讼法再修改，将未成年人刑事案件诉讼程序作为独立的特别程序专章规定，体现了对未成年人这一特殊群体的特别保护，符合国际上倡导的未成年人刑事案件分别处理的原则，极大地丰富、完善和发展了中国特色的未成年人刑事司法制度。

在我国，法律意义上的未成年人是指已满 14 周岁不满 18 周岁的人，这个年龄段的人实施了犯罪行为则为未成年人犯罪。由于其不同于成年人的特殊心理和生理特征，需要在实体法和程序法方面加以特殊规定。

2012 年《刑事诉讼法》涉及未成年人犯罪诉讼程序的方针、原则、权利保障、法律援助、情况调查、拘捕和羁押、合适成年人参与制度、附条件不起诉、不公开审理以及犯罪记录封存等，形成了独立的未成年人刑事案件诉讼程序。从审判的角度出发，重点谈谈方针原则、情况调查、合适成年人参与制度以及犯罪记录封存这四项新增加的法律制度。

1. 方针、原则。法律明确规定对犯罪的未成年人实行教育、感化、挽救的方针，坚持教育为主、惩罚为辅的原则。在当前未成年人犯罪日趋上升的情况下，对其进行教育、感化、挽救是十分必要的。另外，由于未成年人智力、身心发育尚未成熟，对外界事物重新认识和对内心世界自我评价具有较大的可塑性，因此对其教育、感化、挽救也是可能的。基于以上的方针，我们确立了"教育为主、惩罚为辅"的原则，该原则要求对涉嫌犯罪的未成年人要以矫治、康复回归为主，尽可能地将未成年人犯罪以非刑罚方式处置，避免给其贴上罪犯标签。

2. 情况调查。情况调查又称社会调查，是指公安机关、人民检察院、人民法院办理未成年人刑事案件，根据情况可以对未成年犯罪嫌疑人、被告人的成长经历、犯罪原因、监护教育等情况进行调查。确立该制度的目的，是找出未成年人犯罪的原因，更好地定罪量刑，以便于未成年人得到彻底的矫正，避免再次犯罪。社会调查的结果是人民法院量刑、法庭教育的重要参考。

在司法实践中，社会调查一般都是委托未成年被告人居住地的县级司法行政机关、共青团组织以及其他社会团体组织进行。各地的做法还不太一致，需要加以统一，建立异地社会调查协作机制，以便更好地将刑事诉讼法的规定落到实处。

3. 合适成年人参与制度。2010 年由两院、两部、中央综治预防青少年违法犯罪工作领导小组以及共青团中央联合出台的《关于进一步建立和完善办理未成年人刑事案件配套工作体系的若干意见》在全国规范性法律文件中第一次引进并采用了"合适成年人参与"制度，即规定法定代理人无法或不宜到场的，可以经未成年犯罪嫌疑人、被告人同意或按其意愿通知其他关系密切的亲属朋友、社会工作者、教师、律师等合适成年人到场。2012 年《刑事诉讼法》第 270 条对该制度也有着较为明确的规定，即对于未成年人刑事案件，在讯问和审判的时候，应当通知未成年犯罪嫌疑人、被告人的法定代理人到场。无法通知、法定代理人不能到场或者法定代理人是共犯的，也可以通知未成年犯罪嫌疑人、被告人的其他成年亲属，所在学校、单位、居住地基层组织或者未成年人保护组织的代表到场，并将有关情况记录在案。到场的法定代理人可以代为行使未成年犯罪嫌疑人、被告人的诉讼权利。到场的法定代理人或者其他人员认为办案人员在讯问、审判中侵犯未成年人合法权益的，可以提出意见。讯问笔录、法庭笔录应当交给到场的法定代理人或者其他人员阅读或者向他宣读。

合适成年人的程序参与及其权利行使，起着见证、监督、沟通、抚慰等一系列作用，是这次刑事诉讼法修改增加的重要制度。

4. 犯罪记录封存。新刑事诉讼法规定的犯罪记录封存制度对未成年人的隐私加以了特别保护，尽量避免给其贴上罪犯的标签，从而有助于未成年人顺利矫正、回归社会。根据法律规定，犯罪的时候不满18周岁，被判处5年有期徒刑以下刑罚的，应当对相关犯罪记录予以封存。犯罪记录被封存的，不得向任何单位和个人提供，但司法机关为办案需要或者有关单位根据国家规定进行查询的除外。依法进行查询的单位，应当对被封存的犯罪记录的情况予以保密。

在司法实践中落实犯罪记录封存，要注意根据这一制度，犯罪记录一旦封存，将由政法机关严格保密，有关该未成年人的犯罪经历将不会在对社会公开的任何档案中载明。相关部门在档案填报、出具有关证明文书时，应当填写无犯罪记录或出具无犯罪记录的证明。因此，还要完善相关配套制度，比如统一犯罪记录封存体系以及完善档案管理等。

除了上述四个制度，在司法实践中，人民法院在未成年人案件的审理中，要特别注意分案处理和审理不公开。前者是指将未成年人案件和成年人案件分开处理，对未成年人与成年人分别关押，防止未成年犯罪嫌疑人受到成年犯罪嫌疑人的不良影响。后者是指人民法院在开庭审理未成年人刑事案件时，不允许群众旁听，不允许记者采访，报纸等印刷品不得刊登未成年被告人的姓名、年龄、职业、住址及照片等。根据法律规定，审判时不满18周岁的案件，都要不公开审理。但经未成年被告人及其法定代理人同意，未成年被告人所在学校和未成年人保护组织可以派员到场。在司法实践中，一些受社会关注的热点案件尤其要注意加强保护。

（二）当事人和解的公诉案件诉讼程序

该程序是指公安机关、人民检察院、人民法院在法定的公诉案件中，犯罪嫌疑人、被告人真诚悔罪，通过向被害人赔偿损失、赔礼道歉等方式获得被害人谅解，双方当事人自愿达成协议的，可以对犯罪嫌疑人、被告人作出不同方式的从宽处理的程序。

从现实角度看，和解有助于宽严相济刑事政策的贯彻，有助于促进社会和谐安定，有助于提高效率和有效解决纠纷。在构建社会主义和谐社会和贯彻宽严相济刑事政策的大背景下，新刑事诉讼法引入公诉案件的和解制度，这既是回应社会的期待，也是对中央和地方司法机关对刑事和解进行有益探索的肯定和法律化。当事人和解的案件，一般而言就事实问题已经达成共识，司法机关可以径行处理法律问题，从而大大提高了诉讼效率。此外，当事人和解具有独特的程序价值。和解程序满足了犯罪嫌疑人、被告人和被害人参与诉讼程序，了解并切实参与犯罪处理的愿望。需要特别指出的是，在我国确立刑事和解，还基于司法实践的迫切需要。从1996年《刑事诉讼法》的实施来看，尽管被害人可以通过刑事附带民事诉讼的方式要求赔偿损失，但实践中通过刑事附带民事诉讼获得赔偿十分困难，多半属于空判，即使最终能够获得赔偿，往往也要耗费较长时间。并且，通过附带民事诉讼方式获得赔偿是一种冲突性很强的解决方式。为了更好地解决这个难题，设立了刑事和解，让双方当事人以更加和谐的方式来处理纠纷。

在司法实践中，要避免"花钱买刑"，需准确把握和解案件的范围和适用条件，即：

1. 当事人和解的主体是犯罪嫌疑人、被告人与被害人。

2. 形式要件：当事人和解的案件范围受到以下几个方面的限制：①对于故意犯罪，有三项限制：一是限于刑法分则第四章、第五章规定的犯罪，即侵犯公民人身权利、民主权利罪、侵犯财产罪；二是因民间纠纷引起；三是可能判处3年有期徒刑以下刑罚。②对于过失犯罪，有两项限制：一是渎职犯罪除外；二是可能判处7年有期徒刑以下刑罚。③犯罪嫌疑人、被告人在5年以内未曾实施故意犯罪。

3. 实质要件：①不能假借"和解"之名，掩盖、抹杀、扭曲事实，要求事实清楚。②犯罪嫌疑人、被告人真诚悔罪，对主要犯罪事实没有异议。如果犯罪嫌疑人、被告人不认罪，那么也就不可能悔罪，这就失去了和解的前提。③被害人自愿和解，愿意谅解。

（三）犯罪嫌疑人、被告人逃匿、死亡案件违法所得的没收程序

在司法实践中，一些案件的犯罪嫌疑人、被告人长期潜逃或者死亡，如果按照普通程序所适用的诉讼原则和程序就无法进行审判，也无法及时挽回国家、集体或者被害人的经济损失。这种情形在贪污腐败案件中尤为突出。联合国有关国际公约规定了与被告人定罪可以分离的没收程序。因此，为了严厉打击贪污贿赂犯罪、恐怖活动犯罪等严重犯罪活动，及时追缴犯罪活动违法所得及其他涉案财

产，并与我国已经加入的反腐败公约及有关反恐怖问题的决议的相关要求相衔接，特在刑事诉讼法中规定了该程序。

根据法律规定，依照刑法规定应当追缴违法所得及其他涉案财产，且符合下列情形之一的，人民检察院可以向人民法院提出没收违法所得的申请：①犯罪嫌疑人、被告人实施了贪污贿赂犯罪、恐怖活动犯罪等重大犯罪后逃匿，在通缉1年后不能到案的；②犯罪嫌疑人、被告人死亡的。其中"重大犯罪案件"是指犯罪嫌疑人、被告人可能被判处无期徒刑以上刑罚的；案件在本省、自治区、直辖市或者全国范围内有较大影响的；其他重大犯罪案件。没收程序针对的是"依照刑法应当追缴的违法所得及其他涉案财产"。实施犯罪行为所取得的财物及其孳息，以及被告人非法持有的违禁品、供犯罪所用的本人财物，应当认定为《刑事诉讼法》第280条第1款规定的"违法所得及其他涉案财产"。

考虑到没收程序是被告人不在案的情况下对其违法财产作出的处理，法律规定了严格的审理程序和救济方式，包括以下内容：

1. 没收违法所得的申请，由犯罪地或者犯罪嫌疑人、被告人居住地的中级人民法院组成合议庭进行审理。

2. 人民法院受理没收违法所得的申请后，应当发出公告。公告期间为6个月。犯罪嫌疑人、被告人的近亲属和其他利害关系人有权申请参加诉讼，也可以委托诉讼代理人参加诉讼。

3. 人民法院在公告期满后对没收违法所得的申请进行审理。利害关系人参加诉讼的，人民法院应当开庭审理。

4. 人民法院经审理，对经查证属于违法所得及其他涉案财产，除依法返还被害人的以外，应当裁定予以没收；对不属于应当追缴的财产的，应当裁定驳回申请，解除查封、扣押、冻结措施。对于人民法院依照前款规定作出的裁定，犯罪嫌疑人、被告人的近亲属和其他利害关系人或者人民检察院可以提出上诉、抗诉。在审理过程中，在逃的犯罪嫌疑人、被告人自动投案或者被抓获的，人民法院应当终止审理。没收犯罪嫌疑人、被告人财产确有错误的，应当予以返还、赔偿。

（四）依法不负刑事责任的精神病人的强制医疗程序

据不完全统计，我国有5%的人患有不同程度的精神疾病，每1000人当中就有13人患上精神病，占人口总比例的13.4%。近年来，精神病人实施犯罪行为、扰乱社会秩序现象日益严重，关于精神病人的鉴定及其处遇问题成为研究的重要内容。强制医疗，通常被认为是保安处分的一种，具有社会防卫的目的，通过限制或者剥夺精神病人的自由，消除其对社会的危害。实际上，还体现对精神病人的人文关怀。通过该程序，将精神病人强制医疗问题制度化、法治化，实现社会防卫和人权保障的平衡。然而，我国现行法律制度对该现象的关注度明显不高，仅仅在刑法中作出规定：精神病人在不能辨认或者不能控制自己行为的时候造成危害结果，经法定程序鉴定确认的，不负刑事责任，但是应当责令他的家属或者监护人严加看管和医疗；在必要的时候，由政府强制医疗。但该立法规定过于原则和抽象。强制医疗本身兼具实体法和程序法问题，需要二者共同进行规范，何况强制医疗制度本身又涉及公民的人身自由权利，而我国只是在实体法中作了寥寥几笔的规定，在刑事程序中更没有相应的规定，使得公民的人身自由权利处在危险中，这也导致了实践中发生多起滥用或乱用该法律制度从而侵犯公民人身自由权利的恶性案件。

2012 年新刑事诉讼法特别将强制医疗程序司法化，使法院成为裁决的主体，并设置了一系列正当程序来保证该程序的公正性：

第一，强制医疗的适用对象是实施暴力行为，危害公共安全或者严重危害公民人身安全，经法定程序鉴定依法不负刑事责任的有继续危害社会可能的精神病人。在司法实践中，需要注意的是实施暴力行为危害公共安全或者严重危害公民人身安全要达到犯罪的程度。

第二，公安机关发现精神病人符合强制医疗条件的，应当写出强制医疗意见书，移送人民检察院。对于公安机关移送的或者在审查起诉过程中发现的精神病人符合强制医疗条件的，人民检察院应当向人民法院提出强制医疗的申请。人民法院在审理案件过程中发现被告人符合强制医疗条件的，可以作出强制医疗的决定。

第三，人民法院受理强制医疗的申请后，应当组成合议庭进行审理。人民法院审理强制医疗案件，应当通知被申请人或者被告人的法定代理人到场。被申请人或者被告人没有委托诉讼代理人的，人民法院应当通知法律援助机构指派律师为其提供法律帮助。

第四，被决定强制医疗的人、被害人及其法定代理人、近亲属对强制医疗决定不服的，可以向上一级人民法院申请复议。强制医疗机构应当定期对被强制医疗的人进行诊断评估。对于已不具有人身危险性，不需要继续强制医疗的，应当及时提出解除意见，报决定强制医疗的人民法院批准。被强制医疗的人及其近亲属有权申请解除强制医疗。

第七章　刑事证据制度

第一节　刑事证据

一、证据立法梳理

证据是司法公正的基础。刑事诉讼活动首先就是收集、审查、判断、运用证据认定案件事实的过程，在准确认定案件事实的基础上正确适用法律，案件才能得到公正处理。而只有建立和健全证据规则，才能保证合法、客观、全面地收集证据，正确地审查判断证据，使证据所认定的案件事实符合事实真相。因此，证据规则是否健全是体现一个国家诉讼制度民主、法治程度的重要标志。

1996 年《刑事诉讼法》关于证据的规定内容过于原则，可操作性不强，明显不适应刑事诉讼中复杂的证据运用实践活动的需要。司法实践中存在的一定程度的刑讯逼供现象和出现的冤案错案也迫切要求建立刑事诉讼证据规则，特别是个别震撼社会的"亡者归来"的冤案，如佘祥林案、赵作海案，更显示了我国证据法治的滞后和不足。

2010 年最高人民法院、最高人民检察院、公安部、国家安全部和司法部按照中央批转中央政法委关于深化司法体制改革的统一部署和任务要求，秉持惩罚犯罪与保障人权并重、实体公正与程序公正并重的指导思想，经过历时两年的调研、协调和论证，联合制定了《关于办理死刑案件审查判断证据若干问题的规定》（以下简称《死刑案件证据规定》）和《关于办理刑事案件排除非法证据若干问题的规定》（以下简称《非法证据排除规定》）。这是我国刑事司法制度改革中的一件大事，是我国刑事诉讼制度进一步民主化、法治化的重要标志。

2012 年修改的《刑事诉讼法》吸收了两个证据规定的内容，对我国刑事证据制度作了大量修改，内容包括增加证据种类、细化证明标准、确立非法证据排除制度、完善证人鉴定人出庭制度、证人保护制度等。关于证据制度的具体内容将重点围绕这些修改展开。

二、证据特点

诉讼中的证据，是审判人员、检察人员、侦查人员等依照法定的程序收集并审查核实，可以用于证明案件事实的材料。根据新《刑事诉讼法》第 48 条的规定，可以用于证明案件事实的材料，都是证据。这是采取了证据概念上的材料说。旧《刑事诉讼法》第42条规定，证明案件真实情况的一切事实，都是证据。这采取的是事实说。这个变化表明诉讼中的证据涵盖了当事人提供的和公安司法机关收集的证据材料，不同于客观事实，也不同于定案根据，而是连接这两者的中间环节。这种意义上的证据首先需要经过查证属实才能作为定案的根据，因为它是主观性和客观存在性的混合，有真、有假，需要进行审查判断；其次，证据要符合法律规定的表现形式，形式是内容的载体，离开了这些载体，证据内容就无法体现。最后，证据必须能够证明案件事实，如果没有这种功能和作用，与案件事实不能发生关联，则不能成为诉讼中的证据。当然，最终意义上的定案根据需要符合三性，即客观性、关联性和合法性。

客观性是指证据事实必须是伴随着案件发生、发展的过程遗留下来的，不以人的主观意志为转移而存在的事实。这是由案件本身的客观性决定的，任何行为都是在一定的时空发生的，只要发生，必然会留下痕迹、物品、影像，这就是证据，即使毁灭证据也会留下毁灭证据的痕迹和影像。在司法实践中，证据的客观性要求我们本着辩证唯物主义的观点来认定案件事实。

证据的关联性是指证据必须同案件事实存在某种联系，对证明案件事实具有实际意义。如果证据与所证明的案件事实没有关联性，则无法作为该案的证据出现。

合法性也叫证据的许可性，是指证据要由法律规定的主体进行收集和运用，证据的来源要程序合法，证据要有合法的形式，证据应当经法定程序查证属实。一言以蔽之，合法性是法律赋予的证据特征。比如司法实践中存在的以非法方法取得的被告人供述和辩解就是不符合证据的合法性。

三、证据种类

根据新《刑事诉讼法》第48条的规定，证据种类有8个，即物证；书证；证人证言；被害人陈述；犯罪嫌疑人、被告人供述和辩解；鉴定意见；勘验、检查、辨认、侦查实验等笔录；视听资料、电子数据。

物证是指证明案件真实情况的一切物品和痕迹。所谓物品，是指与案件事实有联系的客观实在物，如作案工具、赃款赃物等；所谓痕迹，是指物体相互作用所产生的印痕和物体运动时所产生的轨迹，如脚印、指纹等。在司法实践中，对某些难以移动或易于消失的物品、痕迹复制的模型或拍摄的照片，是对物证的固定和保全。

书证是指以其记载的内容和反映的思想来证明案件真实情况的书面材料或其他物质材料。书证的表现形式和制作方法多种多样，不限于"书写的文字材料"。事实上，作为书证载体的材料是十分广泛的，既可以是纸张，也可以是布匹、绸缎以及竹片、木板，甚至可能直接写在地上或者墙壁上；书写的方法，既可以用手写，也可用刀刻、印刷、剪贴、拼接、复印等方法；至于书证内容的表达，多数情况下是用文字表述，但不限于文字，也可用图形和符号来表示。总之，凡是以其记载的内容和表达的思想来证明案件事实的一切物品，都属于书证。

证人证言是指证人就其所了解的案件情况向公安司法机关所作的陈述。证人证言一般是以笔录固定的口头陈述，但是，经办案人员同意，由证人亲笔书写的书面证词也是证人证言。

被害人陈述是指刑事被害人就其受害情况和其他与案件有关的情况向公安司法机关所作的陈述。

犯罪嫌疑人、被告人的供述和辩解是指犯罪嫌疑人、被告人就有关案件的情况向侦查、检察和审判人员所作的陈述，通常称为口供。它的内容主要包括犯罪嫌疑人、被告人承认自己有罪的供述和说明自己无罪、罪轻的辩解。

鉴定意见是指公安司法机关为了解决案件中某些专门性问题，指派或聘请具有这方面专门知识和技能的人，进行鉴定后所作的书面结论。

勘验等笔录是对勘验、检查、辨认、侦查实验等活动的记载，形成于诉讼过程中。

视听资料是指以录音、录像、电子计算机或其他高科技设备所存储的信息证明案件真实情况的资料。

一般认为，电子证据是指由高新信息技术产生的证据形式，常见的有电子邮件、电子数据交换、网上聊天记录、网络博客、手机短信、电子签名、域名等。只要是与计算机以及信息技术相关的，能够证明案件事实但又明显不属于其他证据种类的材料，原则上均可纳入电子数据之范畴。

《死刑案件证据规定》第29条规定，对于电子证据，应当主要审查以下内容：①该电子证据存储磁盘、存储光盘等可移动存储介质是否与打印件一并提交；②是否载明该电子证据形成的时间、地点、对象、制作人、制作过程及设备情况等；③制作、储存、传递、获得、收集、出示等程序和环节是否合法，取证人、制作人、持有人、见证人等是否签名或者盖章；④内容是否真实，有无剪裁、拼凑、篡改、添加等伪造、变造情形；⑤该电子证据与案件事实有无关联性。对电子证据有疑问的，应当进行鉴定。对电子证据，应当结合案件其他证据，审查其真实性和关联性。

四、证据分类

证据的分类是学理上将刑事证据按照不同的标准分为不同类别，其目的在于更好地研究不同种类证据的特点及其运用规律，以便指导司法实践。

1. 原始证据和传来证据。根据证据的来源不同，可以将证据分为原始证据和传来证据，前者是指直接来源于案件事实或者原始出处的证据，比如在犯罪现场发现并提取的各种痕迹和物品。后者是指从间接的非第一来源获得的证据材料，经过复制、复印、传抄、转述等中间环节形成的证据。比如书证的复印件，证人转述他人亲自感知事实的证言。原始证据和传来证据的划分，揭示了不同证据的可靠性和证明力的强弱。其来源的不同，决定了原始证据更为可靠，有着更强的证明力。因此在司法实践中要重视原始证据的获取，慎重对待传来证据。

2. 言词证据和实物证据。根据证据的表现方式不同，可以将证据分为言词证据和实物证据。前者是指以人的陈述为存在和表现形式的证据，常称为人证。如被害人陈述、被告人供述和辩解、鉴定意见等。实物证据则是以实物的样态为存在和表现形式的证据，又称为广义上的物证。包括物证、书证、视听资料等。

由于言词证据属于人证的范畴，作为人的认识的反映，其优点在于生动、形象、具体，缺点在于客观性较差，容易受到各种因素的影响而出现虚假或者失真。比如，在刑事诉讼中，犯罪嫌疑人、被告人如果是真正的犯罪分子，则亲历了犯罪过程，其供述就能全面、形象、生动地阐述犯罪的发生过程，还能把案件发生的前因后果及许多具体细节加以描述。但是由于犯罪嫌疑人、被告人是诉讼中被追究责任的人，与案件有着利害关系，会导致其作出虚假陈述。另外从客观因素而言，由于感知、记忆、表达能力的差异性也会导致其口供可能存在失真。

实物证据的优点在于其客观性强，但实物证据是哑巴证据，无法自己说明其与案件的关联性和证明价值，往往借助于鉴定等手段解释其证明作用。此外，实物证据反映的信息量也很有限，往往需要结合其他证据来证明案件真实情况。

3. 其他证据分类。学理上还存在有罪证据和无罪证据、直接证据和间接证据的分类。

第二节　刑事证明

在现代诉讼中，证明是指诉讼主体按照法定的程序和标准，运用已知的证据和事实来认定案件事实的活动。与日常生活中证明的最大区别在于其法定的程序和标准，而运用证据认定案件的事实则要依据逻辑和经验法则进行，这点并没有专业区分，普通的正常人都能做到。刑事证明就是围绕法律规定的证明对象，由负有证明责任的一方提出确实充分的证据来证明案件事实。需要关注三个基本的范畴，即证明对象，证明责任和证明标准。

一、证明对象

证明对象是指需要证据证明的事实，又称为待证事实。证明对象是诉讼的出发点和归宿。在刑事诉讼中，证明对象一般包括实体法事实和程序法事实。例如，在一起故意杀人案件中，实体法事实是被告人故意杀人的要件事实和影响量刑的行为如自首，而程序法事实包括回避、管辖、审判组织等程序性事项。

最高法院司法解释对需要证明的对象作出了规定，应当运用证据证明的案件事实包括：①被告人、被害人的身份；②被指控的犯罪是否存在；③被指控的犯罪是否为被告人所实施；④被告人有无刑事责任能力，有无罪过，实施犯罪的动机、目的；⑤实施犯罪的时间、地点、手段、后果以及案件起因等；⑥被告人在共同犯罪中的地位、作用；⑦被告人有无从重、从轻、减轻、免除处罚情节；⑧有关附带民事诉讼、涉案财物处理的事实；⑨有关管辖、回避、延期审理等程序事实；⑩与定罪量刑有关的其他事实。

二、证明责任

新《刑事诉讼法》第 49 条规定，公诉案件中被告人有罪的举证责任由人民检察院承担，自诉案件中被告人有罪的举证责任由自诉人承担。由此可知，刑事案件被告人有罪的举证责任由控方承担，在公诉案件中是人民检察院，在自诉案件中是自诉人，而被告人不需要承担该举证责任。

为了准确理解刑事诉讼中的举证责任问题，需要把握：

第一，法律明确规定控方承担举证责任有很重要的意义，是无罪推定原则的重要体现。无罪推定原则的基本含义是，任何人，在未经依法确定有罪以前，应假定其无罪。无罪推定作为宪法原则和刑事诉讼法基本原则，已为世界多数国家的刑事程序所采用。无罪推定是针对封建专制下纠问式刑事诉讼中的有罪推定而言的。所谓有罪推定，是对纠问式刑事诉讼制度中一系列现象的归纳：被告人主要作为诉讼客体而存在，没有辩护权；被告人是主要证据来源，认罪口供是最有价值的证据之一，为取得口供可以刑讯；审判无需公开；司法程序缺乏公正的保障，司法与行政不分，控诉与审判不分；被指控犯罪的人，可以不经其他司法程序而被拥有审判权的机关确定为有罪等。所有这些，均体现了一种观念，即被指控犯罪的人，在法律上可以被视为罪犯，并给予相应的处遇。资产阶级在反对封建司法专制的斗争中，提出了无罪推定原则。被认为最早比较完整地阐述了无罪推定思想的，是意大利启蒙法学家贝卡里亚，他说："在法官判决之前，一个人是不能被称为罪犯的，只要还不能断定他已侵犯了给予他公共保护的契约，社会就不能取消对他的公共保护。"后来，无罪推定原则逐渐为资产阶级革命后的许多国家所接受。

因此基于无罪推定原则，试图推翻这种假定而主张犯罪嫌疑人、被告人有罪的一方即控方就需要提出证据来证明，而作为被指控的一方就无需举证证明。此外，还是基于无罪推定原则，刑事诉讼中证明有罪的责任不能改变，只能由控方承担。但是如果不在犯罪现场、未达法定犯罪年龄、精神问题这三个问题是由被告人提出，那么被告人就负有说明责任。这不是一种证明责任，而是属于辩护性质。

第二，在证明理论上，证明责任是非常重要的概念。证明责任也称举证责任，是诉讼法和证据法中的一项基本制度，是指人民检察院或某些当事人应当收集或提供证据证明应予认定的案件事实或有利于自己的主张的责任；否则，将承担其主张不能成立的风险。证明责任所要解决的问题是诉讼中出现的案件事实应当由谁提供证据加以证明，以及在诉讼结束时，如果案件事实仍然处于真伪不明的状态，应当由谁来承担败诉或不利的诉讼后果。证明责任具有以下特点：①证明责任总是与一定的诉讼主张相联系。在刑事诉讼中，检察机关向法院提出的诉讼主张具有拘束法院审判的法律效力。②证明责任是提供证据责任与说服责任的统一。所谓提供证据的责任，即双方当事人在诉讼过程中，应当根据诉讼进行的状态，就其主张的事实或者反驳的事实提供证据加以证明。所谓说服责任，即负有证明责任的诉讼当事人应当承担运用证据对案件事实进行说明、论证，使法官形成对案件事实的确信的责任。由此可见，仅仅提出证据并不等于履行了证明责任，还必须尽可能地说服裁判者相信其所主张的事实存在或不存在。③证明责任总是和一定的不利诉讼后果相联系。证明责任最终表现为，如果承担证明责任的一方当事人不能提出足以说服法官确认自己诉讼主张的证据，则需承担败诉或者其他不利后果的责任。在刑事诉讼中，如果控诉方不能提供确实充分的证据或诉讼结束时案件仍处于事实真伪不明的状态，指控的罪名便不能成立，被告人将被宣告无罪，这实质上是指控的失败，从诉讼意义上讲，这一结果就是刑事控告方的"不利后果"。

第三，在刑事诉讼中，证明责任由控方承担，即使在特定案件中，总体案件的证明责任仍由控方承担：①人民检察院负有证明犯罪嫌疑人、被告人有罪的责任。刑事诉讼法明确规定，检察机关决定提起公诉的案件，必须达到犯罪嫌疑人的犯罪事实已经查清，证据确实、充分，依法应当追究刑事责任的标准。②自诉案件的自诉人应当对其控诉承担证明责任。在自诉案件中，自诉人处于原告的地位，独立地承担控诉职能，对自己提出的控诉主张依法应当承担证明责任。③在少数持有类的特定案件，如巨额财产来源不明案件及非法持有属于国家绝密、机密文件、资料、物品案件中，犯罪嫌疑人、被告人有一定的举证要求，但是学术界的通说认为这是被告人辩护权的具体表现，因此证明有罪的责任仍由控方承担。

三、证明标准

证明标准又称为证明要求，是指承担证明责任的人提供证据对案件事实加以证明所要达到的程度。证明标准是诉讼的方向和准绳。

新《刑事诉讼法》第 53 条第 2 款规定，证据确实、充分，应当符合以下条件：①定罪量刑的事实都有证据证明；②据以定案的证据均经法定程序查证属实；③综合全案证据，对所认定事实已排除合理怀疑。《死刑案件证据规定》第 5 条指出，办理死刑案件，对被告人犯罪事实的认定，必须达到证据确实、充分。证据确实、充分是指定罪量刑的事实都有证据证明；每一个定案的证据均已经法定程序查证属实；证据与证据之间、证据与案件事实之间不存在矛盾或者矛盾得以合理排除；共同犯罪案件中，被告人的地位、作用均已查清；根据证据认定案件事实的过程符合逻辑和经验规则，由证据得出的结论为唯一结论。

《死刑案件证据规定》第 33 条对在没有直接证据证明犯罪行为系被告人实施的情况下，如何运用间接证据认定被告人有罪作了规定。该规定要求应当符合以下几个条件：①据以定案的间接证据已经查证属实；②据以定案的间接证据之间相互印证，不存在无法排除的矛盾和无法解释的疑问；③据以定案的间接证据已经形成完整的证明体系；④依据间接证据认定的案件事实，结论是唯一的，足以排除一切合理怀疑；⑤运用间接证据进行的推理符合逻辑和经验判断。此外，根据间接证据定案的，判处死刑应当特别慎重。这与第 5 条的规定实质上一致。

那么对于上述规定尤其是刑事诉讼法的规定如何理解呢？

第一，刑事诉讼法吸收了两个规定，但有所不同。删除共同犯罪的规定；将"证据与证据之间、证据与案件事实之间不存在矛盾或者矛盾得以合理排除；根据证据认定案件事实的过程符合逻辑和经验规则，由证据得出的结论为唯一结论"两个条件融合成一个，即"综合全案证据，对所认定事实已排除合理怀疑"。我们认为两者内容一致，只是表述方法有所不同。总之，立法回应了司法实践中确实、充分标准不好把握的需求，将理论成果充分吸收。

第二，具体条件上强调定罪量刑的事实有证据证明。解决充分条件中的必要条件。定罪量刑事实不是次要事实，是主要事实。这是从证明对象上来解决这个问题。需要注意的是不要机械理解为一个事实一个证据。如杀人案件的凶器没有找到，我们认为其他事实能够认定，凶器是否找到不影响定罪。立法将定罪量刑事实放在一起，在具体运用时需要区分两者，且对于量刑事实要适用不同的证明标准，对此《死刑案件证据规定》有具体要求。

第三，具体条件上还强调证据经法定程序查证属实。这个条件强调要经过法定程序对定案的证据进行质证，才能最终认定其真实性、关联性和合法性。这也是严格证明的具体要求，体现了证据裁判主义的应有之义。

第四，排除合理怀疑。这是立法中争论的焦点。合理怀疑是来自英美法系的概念，不可否认的是，英美法系的实践认同合理怀疑，并被越来越多的国家接受，如日本。我们认为，合理怀疑与内心确信一脉相承，都强调证据在客观上符合事实，主观上确信。案件事实清楚、证据确实充分需要排除合理怀疑。从事实认定主体的主观视角出发，有罪认定的标准应当是主体对证据进行判断后形成的内心标准，肯定的角度要达到内心确信，否定的角度要排除合理怀疑，因此新刑事诉讼法试图用主观标准来解释证据确实充分值得肯定，但是合理怀疑本身比较抽象，引入立法后需要对其进一步解释。

第三节　证据规则

证据规则是约束证明行为的法律规范的总称，可以区分为取证、举证、质证规则；也可以区分为规范证据能力和规范证明力的规则。前者是从实践办案的流程来确定的，后者是从证据规则的主要功能来确定的。规范证据能力的规则是从规范作为证据的资格角度而言的，我们最常见的规范证据能力的规则就是非法证据排除规则；而规范证明力的规则则是规范证据证明力的有无和大小，最典型的是补强证据规则。（比如我国刑事诉讼法中只有口供不能确定被告人有罪的规定就是口供的补强规则的体现。）

根据我国目前法律状况，本部分重点介绍反对强迫自证其罪、非法证据排除以及证人出庭的问题。

一、反对强迫自证其罪

新《刑事诉讼法》第50条增加"不得强迫任何人证实自己有罪"的规定，即审判人员、检察人员、侦查人员必须依照法定程序，收集能够证实犯罪嫌疑人、被告人有罪或者无罪、犯罪情节轻重的各种证据。严禁刑讯逼供和以威胁、引诱、欺骗以及其他非法方法收集证据，不得强迫任何人证实自己有罪。这是这次修改的亮点之一，充分体现了尊重和保障人权。如何把握呢？

第一，反对强迫自证其罪的基本含义是不得以暴力、威胁等方式强迫任何人提供不利于他自己的证言或者被强迫承认犯罪，这是刑事诉讼法的基本原则。其来源于"任何人无义务控告自己"的古老格言，起源于英美，经过发展后，成为现代法治国家的一项重要诉讼原则，也成为联合国刑事司法准则所确定的"公正审判"的最低限度保障之一。

第二，一般而言，原则包括以下具体内容：①该原则在效力上是针对任何人而言的，不过由于犯罪嫌疑人、被告人的特殊地位，对其的保障有特别意义。②原则不仅适用于刑事诉讼，且适用于各种司法或者行政的听审，或者在比较正式的情况下要求某人作证的情形。③原则所适用的证据范围既包括口头陈述，也包括实物证据，但是不包含提取指纹、足迹、血样等。④禁止以暴力、胁迫等方法违背被讯问人自由意志获取有罪供述和其他证据的行为。因此我国刑事诉讼法规定的严禁以刑讯逼供等非法方法获取口供与其是一致的。⑤违反该原则获得的供述应当被排除，不得作为被告人有罪的证据使用。我国刑事诉讼法明确规定的非法证据排除规则就体现了这点。此外，拒绝陈述不会遭受不利推测也是原则的内容。

第三，与如实陈述的关系。《刑事诉讼法》第118条规定，侦查人员在讯问犯罪嫌疑人的时候，应当首先讯问犯罪嫌疑人是否有犯罪行为，让他陈述有罪的情节或者无罪的辩解，然后向他提出问题。犯罪嫌疑人对侦查人员的提问，应当如实回答。但是对与本案无关的问题，有拒绝回答的权利。侦查人员在讯问犯罪嫌疑人的时候，应当告知犯罪嫌疑人如实供述自己罪行可以从宽处理的法律规定。在立法的修改过程中，对反对强迫自证其罪与如实陈述的关系一直有争论。根据立法部门的解释，两者并不矛盾，是两个层面的问题，反对强迫自证其罪强调的是取证时不能强迫进行，禁止非法手段，而如实陈述的规定则要求犯罪嫌疑人一旦供述则需要如实回答。

此外，关于该原则与沉默权的关系，实务部门一般认为，沉默权不同于反对强迫自证其罪，我国不适合规定沉默权，我们应该鼓励开口说话且说实话，对此还可以获得从宽处理。

第四，在反对强迫自证其罪的配套措施方面，我们确立了非法证据排除规则，保障了自白任意性；要确立权利告知制度；还要鼓励犯罪嫌疑人、被告人自由陈述，以贯彻坦白从宽的政策。需要明确的是，确立该原则并不意味着犯罪嫌疑人、被告人就会拒绝陈述。

二、非法证据排除规则

非法证据排除规则是我们熟悉的规范证据能力的规则。该规则在保障人权、彰显程序价值以及查明案件事实、防止错案等方面都具有重要的价值。但是，需要特别指出的是，非法证据排除规则涉及的是证据合法性问题。其设立主要关注的并非是证据是否可靠，即使可能影响案件事实的查明也在所不惜，而是为了保障基本人权和程序公正预先在立法上规定排除某些证据。

从刑事诉讼法典到具体规范性文件，我们已经在立法层面确立了非法证据排除规则：①1996 年《刑事诉讼法》第 43 条明确规定："审判人员、检察人员、侦查人员必须依照法定程序，收集能够证实犯罪嫌疑人、被告人有罪或者无罪、犯罪情节轻重的各种证据。严禁刑讯逼供和以威胁、引诱、欺骗以及其他非法的方法收集证据。……"②1998 年最高人民法院《关于执行〈中华人民共和国刑事诉讼法〉若干问题的解释》（已失效）第 61 条进一步规定："严禁以非法的方法收集证据。凡经查证确实属于采用刑讯逼供或者威胁、引诱、欺骗等非法的方法取得的证人证言、被害人陈述、被告人供述，不能作为定案的根据。"③新实施的《非法证据排除规定》则扩大了非法证据排除的范围，建立了排除非法证据的程序和举证责任规则，使非法证据排除在实践中能得以有效地实现。④2012 年《刑事诉讼法》吸收司法改革成果，在法典层面上规定了非法证据的范围、程序等一系列问题。详言之，新刑事诉讼法在旧刑事诉讼法规定严禁刑讯逼供的基础上，增加不得强迫任何人证实自己有罪的规定。同时，明确规定了非法证据排除的具体范围：采用刑讯逼供等非法方法收集的犯罪嫌疑人、被告人供述和采用暴力、威胁等非法方法收集的证人证言、被害人陈述，应当予以排除。违反法律规定收集物证、书证，可能严重影响司法公正的，应当予以补正或者作出合理解释；不能补正或者作出合理解释的，对该证据应当予以排除。还规定了人民法院、人民检察院和公安机关都有排除非法证据的义务，以及法庭审理过程中对非法证据排除的调查程序。另外，为从制度上防止刑讯逼供行为的发生，增加规定了拘留、逮捕后及时送看守所羁押，在看守所内进行讯问和讯问过程的录音录像制度。

总之，新刑事诉讼法用了 5 个条文专门规定了非法证据排除规则，为遏制司法实践中的顽疾——刑讯逼供提供了重要保障。

在司法实践中，对于非法证据排除规则的具体适用存在非法证据认定难、非法证据排除难的问题。目前全国范围内，真正排除非法证据的典型案例非常罕见。从审判的角度出发，针对口供排除需要注意以下几个问题：

第一，从立法规定来看，非法证据排除的是通过违反法律的正当程序并侵犯被告人基本人权的非法方法、方式收集的证据。因此对于立法规定的"刑讯逼供等非法方法"的理解也要持这样的精神。也就是说使用肉刑或者变相肉刑，或者采用其他使被告人在肉体上或者精神上遭受剧烈疼痛或者痛苦的方法，迫使被告人违背意愿供述的，应当认定为此处的"等非法方法"。实践中采用暴力殴打留下伤痕的典型刑讯逼供已经越来越少。而采取冻、饿、晒、烤、疲劳审讯等非法方法，属于变相肉刑，会使被讯问人倍感痛苦，挑战其生理承受极限，因此都应当加以排除。

此外，对于以威胁、引诱、欺骗等非法方法获取的口供如何认定存在不同的理解，实践中容易与正常的侦查技巧、侦查策略、审讯方法混淆。一般认为，威胁引起恐惧，需要排除，而刑事诉讼法并未将以"引诱、欺骗"方法收集的证据纳入非法证据排除规则的范畴。这主要是考虑到司法实践中"引诱、欺骗"的含义及标准不好界定，讯问和询问中很多涉及"心理较量"的语言、行为和策略，都不可避免地带有引诱、欺骗的成分。如果将这些讯问、询问方法都视为非法，进而将相关的言词证据作为非法证据排除，将给侦查工作带来巨大的冲击。

第二，非法证据排除的证明责任以及手段。根据法律规定，由控方承担对非法证据排除的举证责任，辩方只需要"提供相关线索或者材料"。

第三，非法证据排除的具体程序。根据法律规定，公检法都有排除非法证据的责任，也就是说，在各自的诉讼阶段，发现非法证据，都要加以排除，这有利于更好地贯彻实施该规则。从庭审的角度看，具体包括辩方提出申请，法庭产生初步怀疑启动排除程序，控方提出证据证明取证的合法性，法庭最终作出裁决。需要注意庭前会议和庭审的关系。庭前会议是在法庭主持下进行的，就有关程序性事项听取意见的会议。就非法证据排除而言，司法实践操作上，为了使庭审更加集中、有效，人民法院向被告人及其辩护人送达起诉书副本时，应当告知其申请排除非法证据的，应当在开庭审理前提出，但在庭审期间才发现相关线索或者材料的除外。开庭审理前，当事人及其辩护人、诉讼代理人申请排除非法证据，人民法院经审查，对证据收集的合法性有疑问的，应当依照《刑事诉讼法》第 182 条第 2 款的规定召开庭前会议，就非法证据排除等问题了解情况，听取意见。人民检察院可以通过出示有关证据材料等方式，对证据收集的合法性加以说明。

三、证人出庭作证制度

1996 年《刑事诉讼法》修改的一个最深刻变化在于确立抗辩式的庭审方式，这需要一系列的配套制度，其中证人出庭作证制度就是非常重要的一个。证人出庭对于查明事实真相、保障诉讼当事人的质证权利具有重要意义，体现了直接言辞原则。但是，我国证人出庭比率低，不足10%，有统计数据认为不足5%，这严重制约了新的庭审方式的运行。因此，不论是理论界还是实务界都在探索改革完善之道，其中确立关键证人出庭作证制度成了大家的共识。这也是借鉴英美法系传闻证据规则的体现。

　　2007 年最高人民法院、最高人民检察院、公安部、司法部《关于进一步严格依法办案确保办理死刑案件质量的意见》首次在规范性文件中明确了出庭证人的标准。即人民法院应当通知下列情形的被害人、证人、鉴定人出庭作证：①人民检察院、被告人及其辩护人对被害人陈述、证人证言、鉴定意见有异议，该被害人陈述、证人证言、鉴定意见对定罪量刑有重大影响的；②人民法院认为其他应当出庭作证的。经人民法院依法通知，被害人、证人、鉴定人应当出庭作证；不出庭作证的被害人、证人、鉴定人的书面陈述、书面证言、鉴定意见经质证无法确认的，不能作为定案的根据。这条意见体现出直接言辞原则的精神，对于解决证人出庭难问题有极大的指导意义。

　　2010 年出台的《死刑案件证据规定》亦强调了关键证人出庭制度，并在第 16 条规定了证人保护条款，完善了证人出庭的保障措施，加上《刑法修正案（八）》新增的禁止令制度，我国的立法在证人保护方面前进了一大步。但是还需要对证人强制到庭以及证人补偿问题加以规定。此外，还要注意证人到庭后对其进行有效地询问，需要研究交叉询问制度、通知证人到庭等证人出庭程序性问题。

　　新刑事诉讼法在上述立法的基础上完善了证人出庭的相关制度，即在证据章中明确规定了证人保护和证人补偿制度；在一审程序中规定了关键证人出庭作证及强制证人到庭制度。首先，刑事诉讼法关于出庭作证的范围，在保留原来比较理想的规定之基础上，在第 187 条第 1、2 款进而规定："公诉人、当事人或者辩护人、诉讼代理人对证人证言有异议，且该证人证言对案件定罪量刑有重大影响，人民法院认为证人有必要出庭作证的，证人应当出庭作证。人民警察就其执行职务时目击的犯罪情况作为证人出庭作证，适用前款规定。"其次，规定了强制出庭的制度及惩罚措施。新《刑事诉讼法》第 188 条规定："经人民法院通知，证人没有正当理由不出庭作证的，人民法院可以强制其到庭，但是被告人的配偶、父母、子女除外。证人没有正当理由拒绝出庭或者出庭后拒绝作证的，予以训诫，情节严重的，经院长批准，处以 10 日以下的拘留。被处罚人对拘留决定不服的，可以向上一级人民法院申请复议。复议期间不停止执行。"也就是说作证是每一个公民的义务，没有正当理由不按人民法院通知出庭作证的，人民法院可以强制其到庭。这是我国首次在刑事诉讼法中确立强制出庭作证制度。同时立法免除了被告人的配偶、父母、子女强制到庭作证的义务，需要注意的是并非免除作证义务。最后，规定了对证人作证的保护制度及经济补偿制度。新刑事诉讼法在原有法律笼统规定作证保护的基础上，在第 62 条规定："对于危害国家安全犯罪、恐怖活动犯罪、黑社会性质的组织犯罪、毒品犯罪等案件，证人、鉴定人、被害人因在诉讼中作证，本人或者其近亲属的人身安全面临危险的，人民法院、人民检察院和公安机关应当采取以下一项或者多项保护措施：①不公开真实姓名、住址和工作单位等个人信息；②采取不暴露外貌、真实声音等出庭作证措施；③禁止特定的人员接触证人、鉴定人、被害人及其近亲属；④对人身和住宅采取专门性保护措施；⑤其他必要的保护措施。证人、鉴定人、被害人认为因在诉讼中作证，本人或者其近亲属的人身安全面临危险的，可以向人民法院、人民检察院、公安机关请求予以保护。人民法院、人民检察院、公安机关依法采取保护措施，有关单位和个人应当配合。"同时，第63条规定，"证人因履行作证义务而支出的交通、住宿、就餐等费用，应当给予补助。证人作证的补助列入司法机关业务经费，由同级政府财政予以保障。有工作单位的证人作证，所在单位不得克扣或者变相克扣其工资、奖金及其他福利待遇。"这些规定都是为了解除证人作证的后顾之忧，以保证证人出庭作证。

第八章 **刑法总则基本原理与基本制度**

第一节　刑法基本原则与适用范围

一、我国《刑法》概况

刑法是规定犯罪及其法律后果即刑事责任（主要体现为刑罚）的法律规范的总和，是解决什么行为属于犯罪行为、对犯罪行为如何处罚的基本法。刑法是一国法律体系中最重要的部门法之一。

新中国第一部刑法典是 1979 年全国人民代表大会第二次会议通过的。1997年 3 月第八届全国人民代表大会第五次会议对该刑法典进行了系统全面修订，形成了新的刑法典。新的刑法典颁布后，为了适应社会形势的发展，满足惩罚犯罪、保护合法权益的需要，迄今为止，全国人民代表大会常务委员会先后对其作出了九次修订（一个补充规定、八个修正案）。

任何部门法都有其相应的任务。《刑法》第 2 条也规定了刑法的任务，包括以下四个方面的内容：一是保卫国家安全，保卫人民民主专政的政权和社会主义制度；二是保护社会主义的经济基础；三是保护公民的人身权利、民主权利和其他权利；四是维护社会秩序。

上述刑法的任务可概括为保护合法权益，保护的主要方法是惩罚侵犯合法权益的犯罪行为。惩罚与保护密切联系：不使用惩罚手段抑制犯罪行为，就不可能保护合法权益；为了保护合法权益，必须有效地惩罚各种犯罪；惩罚是手段，保护是目的。

二、刑法的基本原则

刑法基本原则，是指贯穿全部刑法规范始终，具有指导和制约刑事立法和刑事司法意义，并体现我国刑事法制基本精神的准则。我国刑法明文规定了三项基本原则：罪刑法定原则、适用刑法人人平等原则、罪责刑相适应原则。

（一）罪刑法定原则

《刑法》第 5 条规定了罪刑法定原则。罪刑法定原则的经典表述是"法无明文规定不为罪、法无明文规定不处罚"，分别体现了罪的法定性和刑的法定性，即要求事先以成文的实体法律规定犯罪及其法律后果。

罪刑法定原则的具体要求包括：①排斥习惯法，即要施行成文法。②禁止重法溯及既往。新法原则上不能追溯既往，只能根据行为之际的法律判定该行为的法律性质，行为之后即事后法禁止适用。但是，对行为人有利的事后法则是可以追溯既往的，因其符合罪刑法定限制国家刑罚权的精神。③禁止不利于行为人的类推解释（即禁止有罪类推），类推解释违背了立法和司法的权力分立原则，是罪刑法定原则所禁止的。④排斥不定期刑，即不仅要实现罪的法定也要实现刑的法定与明确，要求审判机关在有罪判决时应给予具体的、明确的刑罚宣告（除非免予刑罚处罚）。若判处不定期刑，则意味着将刑罚的决定权交予行政机关。⑤明确性原则，即要求罪刑规范必须清楚明确，使人确切了解犯罪行为与非犯罪行为的范围，排斥含混模糊的规范。⑥合理性原则，即禁止处罚不当罚的行为（犯罪圈的设定要合理），禁止适用不均衡、残酷的刑罚（刑罚圈的设定与配置要适当）。

在司法实践中，对于司法机关而言，行为人实施的违法行为是否构成犯罪，不能仅看行为有什么样的社会危害后果以及危害后果是否严重，关键要看对这种危害行为的定罪处罚刑事法律有无明文规定，如果法律未能将这种危害行为反映到具体罪刑规范上来，是不能作为犯罪处理的。这是罪刑法定原则司法体现的最基本要求。

（二）适用刑法人人平等原则

《刑法》第4条明文规定了适用刑法人人平等原则，亦即刑法面前人人平等原则。该原则的基本含义是：对任何人犯罪，不论犯罪人的社会地位、家庭出身、职业状况、政治面貌、财产状况、才能业绩等如何，都应追究刑事责任，一律予以公平、公正地依法定罪、量刑和行刑。刑法面前人人平等原则，是法律面前人人平等的宪法原则在刑法这一部门法中的落实与体现。

（三）罪责刑相适应原则

《刑法》第5条规定了罪责刑相适应原则。其基本含义是，刑罚的轻重应与犯罪的轻重相适应，即重罪重罚、轻罪轻罚、罪刑相称、罚当其罪。罪责刑相适应原则的基本要求是，刑罚既要与犯罪行为性质相适应，又要与损害程度、犯罪情节相适应，还要与犯罪人的人身危险性、主观恶性相适应。也就是说，以客观行为的危害性与主观意识的罪过性相结合的犯罪对社会的危害程度，以及犯罪主体再次犯罪的危险程度即人身危险性，作为刑罚适用的尺度。因此，在某种意义上可以说，罪责刑相适应原则内含了主客观相统一的原则。我国刑法关于未成年人犯罪、中止与未遂以及累犯等处罚制度的规定，均体现了罪责刑相适应的基本原则。

三、刑法的适用效力

刑法的适用效力即指刑法的适用范围，是解决刑法在什么地方、对什么人和在什么时间内具有效力的问题。我国《刑法》第6～12条对此作了明确规定。

（一）刑法的空间效力

刑法的空间效力，是指刑法对地和对人的效力，就是要解决刑事管辖权问题，即刑法在什么样的空间范围内有效，是以一定范围的地域为准则，还是以一定范围的公民为准则，还是以保护一定范围的利益为准则等，从而有了不同的标准。我国《刑法》第6～11条的规定体现了以属地原则为基础，同时兼采属人原则、保护原则以及普遍管辖原则。这就是说，凡是在我国领域内犯罪的，不论是我国人还是外国人，原则上都适用我国刑法（属地管辖原则）；如果是在我国领域外犯罪的，则要具体分析：看行为人是否为中国公民，如果是中国公民则同样适用我国刑法（属人管辖原则）；如果不是中国公民，而是外国人的则在一定条件下也适用我国刑法（保护管辖原则）；如果外国人在境外实施的是国际犯罪行为，则只要该犯罪分子在我国境内被发现，就可以在所承担的国际条约义务的范围内，行使管辖权（普遍管辖原则）。这种综合型的刑事管辖权体制，既有利于维护国家主权，又有利于同犯罪行为作斗争，也符合现代国际社会惯例。

（二）刑法的时间效力

刑法的时间效力所要解决的是刑法何时生效、何时失效以及对生效前所发生的行为是否具有溯及力这三个方面的问题。其中，核心是刑法的溯及力问题。

刑法的溯及力，是指刑法生效后，对于其生效前未经审判，或者判决尚未确定的行为是否适用的问题。如果适用，则具有溯及力，否则就没有溯及力。根据罪刑法定主义，定罪量刑原则上应以行为时法律的明文规定为限，行为之后才实施的法律原则上不能对该行为有效。但基于罪刑法定主义的保障人权精神，禁止的是不利于行为人的溯及既往，但允许有利于行为人的溯及既往。我国《刑法》第12条关于刑法时间效力的基本规则就是"从旧兼从轻"原则。从旧兼从轻原则首先要考虑的是适用旧法，即行为时的法律规定（从旧）；其次，当新旧法规定不同时，适用新法的基本条件是其处刑较轻或不认为是犯罪，这表明"从旧兼从轻"规则实际上体现了"有利于被告人"的准则，所以，如果新旧刑法对某行为的定性处罚不同，就看何者对被告人有利；最后，刑法溯及力适用的对象只能是未决犯（未决案件），对于已决犯（已决案件）则不适用。

第二节　犯罪与犯罪构成要件

一、犯罪的概念与特征

我国刑法从形式与实质相统一的角度，对犯罪的概念作出了科学界定，即第13条规定："一切危害国家主权、领土完整和安全，分裂国家、颠覆人民民主专政的政权和推翻社会主义制度，破坏社会秩序和经济秩序，侵犯国有财产或者劳动群众集体所有的财产，侵犯公民私人所有的财产，侵犯公民的人身权利、民主权利和其他权利，以及其他危害社会的行为，依照法律应当受刑罚处罚的，都是犯罪，但是情节显著轻微危害不大的，不认为是犯罪。"这一犯罪概念是对形形色色犯罪现象所作的理论概括，不仅揭示了犯罪的法律特征，而且阐明了犯罪的本质特征，从而为区分罪与非罪提供了基本准则。

根据刑法规定与刑法理论通说，犯罪具有以下三个基本特征：

1. 犯罪是严重危害社会的行为，即具有一定的社会危害性。社会危害性揭示了犯罪的本质特征，行为具有一定程度的社会危害性，是该行为构成犯罪的根本原因之所在。一个行为只有严重侵犯了刑法所保护的社会关系或者说具有严重的社会危害性，才可能构成犯罪。认识这一点，有利于从本质上理解犯罪行为与一般违法行为的区别。社会危害性的轻重大小可以从行为侵犯的客体性质、行为的方式、手段、后果以及时间、地点、行为人的主观因素等方面综合判断。

2. 犯罪是触犯刑事法律的行为，即具有刑事违法性。刑事违法性是犯罪的法律特征，是刑法对具有社会危害性的犯罪行为所作的否定性法律评价，表明犯罪行为是触犯刑法、符合刑法所规定的具体犯罪构成要件的行为。在罪刑法定的意义上说，没有刑事违法性也就没有犯罪，因此，刑事违法性是司法机关认定犯罪的法律标准。

3. 犯罪是应受刑罚惩罚的行为，即具有应受刑罚处罚性。应受刑罚处罚性是犯罪的后果特征。违反刑法的犯罪行为，所承担的法律后果就是刑罚处罚。犯罪是适用刑罚的前提，刑罚处罚是犯罪的一个基本特征。

犯罪概念中所阐述的以上三个基本特征是紧密结合的。一定的社会危害性是犯罪最基本的属性，是刑事违法性和应受刑罚处罚性的基础。社会危害性如果没有达到违反刑法、应受刑罚处罚的程度，也就不构成犯罪。刑法之所以禁止某种行为，是因为该行为具有严重的社会危害性，故严重的社会危害性是刑事违法性的前提或基础，刑事违法性是严重的社会危害性的法律表现。因此，这三个特征都是必要的，是任何犯罪都必然具有的。

二、犯罪构成要件

犯罪构成是指刑法规定的危害行为构成犯罪所必需的一切客观和主观要件的有机统一。犯罪构成是在犯罪概念的基础上阐明犯罪的结构及成立要件，为正确认定犯罪提供具体规格和标准。根据我国刑法基本理论，作为犯罪构成要件的事实可以分为四个方面，即说明犯罪客体、犯罪客观方面、犯罪主体和犯罪主观方面的事实。

（一）犯罪客体

犯罪客体是我国刑法所保护的、被犯罪行为所侵犯的社会关系。我国刑法所保护的社会关系主要包括国家安全、公共安全、社会主义经济基础、公民的人身权利、民主权利和其他权利、公私财产权、社会管理制度、国防利益、军事利益等，这些社会关系在我国《刑法》第 13 条中已有明确的表述，它们一旦为犯罪行为所侵犯，就成为犯罪客体。

（二）犯罪客观方面

犯罪客观方面亦即犯罪客观要件，是指刑法所规定的、说明犯罪行为客观外在事实特征的要件，即行为人是通过什么样的行为、在什么样的情况下对刑法所保护的合法权益造成了什么样的后果等，具体表现为危害行为、危害结果，以及行为的时间、地点、方法（手段）、对象等要素。此外，基于罪责自负的原则，危害行为与危害结果之间的因果关系也是犯罪客观方面的重要内容。上述要素中，危害行为与因果关系在司法实践中的运用相当重要。

1. 危害行为。刑法意义上的危害行为，是指在人的意识和意志支配下实施的危害社会的身体动静。危害行为的具体表现形式多种多样，但概括起来无非是两种基本形式，即作为和不作为。

（1）作为。作为是指行为人以积极的身体活动实施的违反禁止性规范的危害行为。

（2）不作为。不作为是指行为人负有实施某种行为的特定义务，能够履行而不履行的危害行为。从表现形式上看，不作为是消极的身体动作，直接违反了某种命令性规范。相对作为的"不应为而为之"，不作为是"应为之而不为"。在司法实践中，作为犯是常态，而不作为犯则是例外。

不作为成立不作为犯罪，在客观上应当同时具备以下三个条件：

第一，行为人负有实施某种积极行为的特定法律义务，即有积极作为的义务，这是构成不作为犯的前提条件。

第二，行为人有能力履行特定法律义务，这是构成不作为犯的重要条件。"法律不能强人所难"。如对于生效的民事判决，只有有能力履行而拒不执行的当事人才可能成立拒不执行判决罪。

第三，行为人没有履行特定法律义务，造成或者可能造成某种危害结果，这是构成不作为犯的现实条件。这表明不作为犯罪中也是存在因果关系的，如果行为人履行义务，危害结果就不会发生，不履行义务的行为就是导致结果发生的·原因。

2. 刑法上的因果关系。罪责自负原则要求行为人只能对自己的危害行为所造成的危害结果承担刑事责任。因此，在危害结果发生时，欲使行为人对其负刑事责任，就必须查明他所实施的危害行为与该危害结果之间具有刑法上的因果关系。所谓刑法上的因果关系，一般认为，是指危害行为与危害结果之间的一种引起与被引起的联系。

第一，因果关系的特定性。即属于刑法意义上的危害行为与危害结果之间的引起与被引起的关系，而不是所有行为与损害结果之间的关系。如甲意欲使乙遭雷击死亡，便劝乙雨天到树林散步。乙果真雨天在树林中散步时遭雷击身亡。在本案中，该劝说行为本身并未制造任何法律意义的危险，并非是刑法意义上的危害行为，从而不存在刑法意义上的因果关系。

第二，因果关系的客观性。刑法意义上的因果关系是一种客观联系，不以人的意志为转移，行为人是否认识到了自己的行为可能发生危害结果，不影响对因果关系的认定。如甲因琐事与乙发生争执，向乙的胸部猛推一把，导致乙心脏病发作，救治无效而死亡。在此案中，甲虽然在主观上无法预知结果的发生，但其行为与结果仍然有因果关系。这种因果关系不以人的意志为转移，甲是否承担刑事责任则应视甲主观上有无罪过而定。可见，因果关系是承担刑事责任的必要条件而非充分条件，即危害行为与危害结果之间存在因果关系是行为人对后果承担刑事责任的客观基础（条件），是否承担刑事责任以及承担何种刑事责任还要考察行为人对危害后果主观上是否存在罪过以及何种形式的罪过。这就要求我们从主观和客观两个方面入手判断刑事责任即犯罪构成问题，两方面缺一不可，否则，要么是客观归罪，要么是主观归罪。

第三，因果关系的复杂性。刑法意义上的因果关系具有一定程度的复杂性，既可能表现为"一果多因"也可能表现为"一因多果"，也就是说，一个危害结果完全可能由数个危害行为造成。因此，在认定某种行为是某种危害结果的原因时，不能轻易否认其他行为同时也是该结果发生的原因。反之，一个危害行为可能造成数个危害结果，因此，在认定某种行为造成了某一危害结果时，也不要轻易否认该行为同时造成了其他危害结果。如甲与乙都和丙有仇，甲见乙向丙的食物中投放了5毫克毒物，且知道5毫克毒物不能致丙死亡，遂在乙不知情的情况下又添加了 5 毫克毒物，丙吃下食物后死亡。甲、乙的行为虽然单独不会造成死亡结果，但重叠在一起就会造成结果的发生，因此两人的行为与结果都存在因果关系，都分别成立故意杀人罪。不能因为认定了甲的行为与丙死亡结果具有因果关系而否认乙的行为与丙死亡结果同样存在因果关系。

（三）犯罪主体

犯罪主体是指实施危害社会的行为、依法应当承担刑事责任的人。这里的"人"既包括自然人，也包括法律上拟制的人即社会组织——单位。自然人是我国刑法中最基本的、具有普遍意义的犯罪主体，而单位在我国刑法中不具有普遍意义而具有其特殊性，并以刑法分则有明确规定为准。并非所有的自然人和单位都可能成为犯罪主体，必须具备相应的条件才能成为犯罪主体，才可能承担刑事责任。我国刑法总则分别规定了自然人犯罪主体和单位犯罪主体的法定要件。

1. 自然人犯罪主体。按照我国刑法的一般规定，只有达到一定年龄并具有责任能力的自然人，才能成为犯罪主体。没有达到法定年龄或者虽然达到法定年龄但没有责任能力的人，即使给社会造成了一定的损害，也不负刑事责任。达到责任年龄和具有责任能力的自然人构成的犯罪主体，是一般主体。除具备上述条件外，分则某些犯罪还要求行为人具有特定的职务或者身份，是特殊主体。

（1）刑事责任年龄。刑事责任年龄，是指刑法所规定的行为人对自己的危害社会行为负刑事责任所必须达到的年龄。《刑法》第 17 条将刑事责任年龄划分为三个阶段：①完全不负刑事责任年龄阶段，即不满 14 周岁的人不论实施何种危害社会的行为，都不负刑事责任；②相对负刑事责任年龄阶段，即已满 14 周岁不满 16 周岁的人，因已经具备一定的辨别大是大非和控制自己重大行为的能力，法律要求他们对自己实施的某些极其严重的危害社会行为，即"故意杀人、故意伤害致人重伤或者死亡、强奸、抢劫、贩卖毒品、放火、爆炸、投毒"负刑事责任，对除此之外的其他危害行为都不负刑事责任；③完全负刑事责任年龄阶段，即已满 16 周岁的人，对所有犯罪行为都应依法负刑事责任。这里需要明确的是，已满 14 不满 16 周岁的未成年人所负刑事责任的范围是十分明确和有限的。根据相关规定，刑法所规定的年龄应当是实足年龄，即周岁，而不是虚岁。每满 12 个月即满 1 周岁的实足年龄应以日计算，即行为人分别过了 14 周岁、16 周岁、18 周岁生日，应从第二天起，才分别认为已满 14 周岁、16 周岁、18 周岁。

（2）刑事责任能力。刑事责任能力，是指辨认自己行为的意义、性质、作用、后果并加以控制的能力。所谓具有刑事责任能力，是指同时具有辨认能力与控制能力。如果缺少其中一种能力，则属于没有刑事责任能力。根据我国刑法的规定以及司法实践，对行为人的刑事责任能力可作如下分类：①完全刑事责任能力，即行为人对刑法规定的所有犯罪都具有辨认和控制能力。根据刑法的规定，凡已满18周岁并且精神正常的人，都是具有完全刑事责任能力的人。②完全无刑事责任能力，即行为人没有刑法意义上的辨认或者控制自己行为的能力。根据我国刑法的规定，完全无刑事责任能力者主要包括两类人：一是未达刑事责任年龄的儿童（即不满14周岁的人）；二是因精神疾病而缺乏辨认或者控制自己行为能力的人（即精神病人）。③减轻刑事责任能力（又称限制刑事责任能力），是介于完全刑事责任能力和完全无刑事责任能力的中间状态，是由于年龄、精神状况、生理功能缺陷等原因，而使行为人的刑事责任能力有一定程度的减弱、降低。他们实施犯罪行为，一方面应当依法负刑事责任，另一方面又要依法从宽处罚。在我国刑法中，减轻刑事责任能力者有这样几种情况：一是不满18周岁的未成年人犯罪的，应当从轻或减轻处罚；二是已满75周岁的人，故意犯罪的，可以从轻或减轻处罚；过失犯罪的，应当从轻或减轻处罚；三是尚未完全丧失辨认或者控制自己行为能力的人（即精神障碍患者）犯罪的，应当负刑事责任，但是可以从轻或者减轻处罚；四是又聋又哑的人（聋、哑两者皆具）犯罪的，因生理缺陷而影响其对犯罪行为的辨认或控制能力，可以从轻、减轻或者免除处罚；五是盲人犯罪的，可以从轻、减轻或者免除处罚。

2. 单位犯罪主体。《刑法》第30条对单位犯罪作了以下规定："公司、企业、事业单位、机关、团体实施的危害社会的行为，法律规定为单位犯罪的，应当负刑事责任。"根据这一规定，所谓单位犯罪，是指公司、企业、事业单位、机关、团体实施的依法应当承担刑事责任的危害社会的行为。根据《刑法》第30条的规定以及刑法基本理论，单位犯罪具有以下特征：

（1）组织特征。单位犯罪的组织特征集中体现为单位本身所具有的基本特征，对此可以概括为广泛性和合法性。广泛性表明不论是法人单位还是非法人单位，不论是国有性质还是非国有性质的单位，甚至是国家机关、人民团体等社会组织，依法都有可能成为单位犯罪的主体。合法性指的是单位本身应当是一个依法设立的单位。根据有关司法解释，如果是为了实施违法犯罪而设立公司、企业等单位，然后在这个单位招牌的幌子之下实施违法犯罪的，则不以单位犯罪论处而直接以个人犯罪处理。

（2）主观特征。单位犯罪是由单位决策机构决定或者由负责人员决定的，一般出于为本单位谋取非法利益之目的。如果盗用单位的名义，违法所得归个人所有或者个人私分的，则按照个人犯罪处理。为单位谋取非法利益的主观方面特征，将单位犯罪与个人犯罪加以区别。

（3）客观特征。在客观方面，作为单位犯罪的危害行为和单位的经营范围、业务活动有一定的关联性，具体实施人可能是单位的直接负责人，还可能是其他相关人员。如果所实施的危害行为与单位的经营、管理活动没有任何关系，不可能成为单位犯罪。

（4）法律特征。只有刑法明文规定单位可以成为犯罪主体的，才存在单位犯罪，即单位承担刑事责任的问题，而并非所有犯罪都可以由单位构成。法律特征的意义就在于某些行为从表面上看完全符合单位犯罪的一般特征，但刑事立法并没有规定单位也可以构成犯罪，就不能作为单位犯罪处理。对此，全国人民代表大会常务委员会 2014 年 4 月 24 日《关于〈中华人民共和国刑法〉第 30 条的解释》规定，公司、企业、事业单位、机关、团体等单位实施刑法规定的危害社会的行为，刑法分则和其他法律未规定追究单位的刑事责任的，对组织、策划、实施该危害社会行为的人依法追究刑事责任。如单位组织实施的贷款诈骗犯罪行为，因《刑法》并未规定单位可以构成第 193 条的贷款诈骗罪，对此应直接追究相关责任人员贷款诈骗罪的刑事责任，即以自然人犯罪论处。

我国《刑法》第 31 条规定："单位犯罪的，对单位判处罚金，并对其直接负责的主管人员和其他直接责任人员判处刑罚。本法分则和其他法律另有规定的，依照规定。"由此可见，我国刑法对单位犯罪实行的是以双罚制为主、单罚制为辅的处罚原则。

（四）犯罪主观方面

犯罪主观要件是行为人对其实施的危害行为及其后果所持的心理态度，包括罪过以及犯罪目的与犯罪动机等几种要素。其中，行为人的罪过，即其犯罪的故意或过失是一切犯罪构成所必须具备的主观要件，而犯罪目的只是某些犯罪构成所必备的主观要件，至于犯罪动机，并不是犯罪构成必备的主观要件，但影响量刑问题。我国《刑法》第 14 条、第 15 条明文规定了犯罪故意与犯罪过失的含义。不具有故意与过失的行为，称为无罪过事件（《刑法》第 16 条），不可能成立犯罪。

1. 犯罪故意。根据《刑法》第 14 条的规定，犯罪故意是指明知自己的行为会发生危害社会的结果，并且希望或者放任这种结果发生的心理态度。其认识因素是行为人明知自己的行为会发生危害社会的结果，其意志因素是行为人对自己行为所致危害结果的发生持希望或者放任的心理态度。根据故意的认识因素和意志因素具体内容的不同，刑法理论上把犯罪故意分为直接故意与间接故意两种类型。

2. 犯罪过失。犯罪过失是指行为人应当预见自己的行为可能发生危害社会的结果，因为疏忽大意而没有预见，或者已经预见而轻信能够避免，以致发生这种结果的心理态度。可见，过失与故意是两种性质不同的罪过形式，它们的认识因素与意志因素的具体内容不同，过失所反映的主观恶性要明显小于故意，所以刑法对过失犯罪的规定不同于故意犯罪：首先，过失犯罪都要求发生危害结果，而故意犯罪并非一概要求发生危害结果；其次，刑法规定"过失犯罪，法律有规定的才负刑事责任"，而"故意犯罪，应当负刑事责任"，这说明刑法以处罚故意犯罪为原则，以处罚过失犯罪为特殊的立法精神；最后，刑法对过失犯罪规定了较故意犯罪轻得多的法定刑。

根据犯罪过失的认识因素以及意志因素具体内容的不同，刑法理论一般将犯罪过失分为过于自信的过失和疏忽大意的过失。前者即有认识的过失，后者即无认识的过失。

第三节　正当行为

一、正当防卫

根据《刑法》第 20 条的规定，正当防卫是指为了使国家、公共利益、本人或者他人的人身、财产和其他权利免受正在进行的不法侵害，而对不法侵害人实施的制止其不法侵害且没有超过必要限度的损害行为。正当防卫是典型的正当行为而不负刑事责任。

正当防卫是法律赋予公民的一项权利。任何公民在面对国家、公共利益、本人或其他的人身及其他合法权益遭受正在进行的不法侵害，都有权对不法侵害者予以必要的打击。同时，作为一项法定权利的正当防卫，在行使时也是有一定条件限制的，必须符合法定的条件。除了在特定情况下可以对不法侵害人造成伤亡而不属于超过必要限度外，一般情况下对不法侵害者的损害都不能明显超过必要限度，不允许滥用防卫权利。

（一）正当防卫的条件

根据我国刑法规定，我们可以从防卫起因、防卫时间、防卫意图、防卫对象和防卫限度这五个方面对正当防卫的合法条件予以界定。

1. 防卫起因。正当防卫的起因条件是存在现实的不法侵害。没有不法侵害就谈不上正当防卫。认定正当防卫的起因条件应从以下几个方面着手：①必须有不法侵害存在。这就排除了对任何合法行为进行正当防卫的可能性。如公民依法扭送犯罪嫌疑人归案，不能以防卫为借口而对该公民实施暴力伤害或威胁。②不法侵害行为不仅包括犯罪行为也包括其他违法行为。因为犯罪行为与其他违法行为都是侵犯合法权益的行为，而合法权益都是受法律保护的，没有理由禁止公民对其他违法行为进行正当防卫。况且有些行为是犯罪行为还是其他违法行为往往难以区分，也难以要求行为人在比较紧迫的情况下正确判断。《刑法》第20条使用的是"不法"而没有使用"犯罪"一词，表明对其他违法行为可以进行正当防卫。③不法侵害的现实性。不法侵害必须是现实地、真实地存在的。如果并不存在不法侵害，但行为人误认为存在不法侵害，因而进行所谓防卫的，属于假想防卫问题。假想防卫不是正当防卫，而属于主观上的认识错误问题，对此应当按照刑法上的认识错误理论解决其刑事责任问题。首先，假想防卫不可能构成故意犯罪；其次，在假想防卫的情况下，如果行为人主观上存在过失，应以过失犯罪论处，如果行为人主观上没有罪过，其危害结果是由于不能预见的原因引起的，则是意外事件，不负刑事责任。

2. 防卫时间。防卫时间即可以实施正当防卫的时间条件，要求"不法侵害正在进行时"，具体而言是指不法侵害正处于已经开始并且尚未结束的进行阶段。只有不法侵害正在进行时，才使合法权益处于紧迫的被侵害或者威胁之中，才使防卫行为成为保护合法权益的必要手段。如果行为人的"防卫行为"不符合防卫的时间条件，即在不法侵害尚未开始或者已经结束时，进行所谓"防卫"的，理论上称之为防卫不适时，构成犯罪的，应当负刑事责任。

3. 防卫意图。防卫意图即正当防卫的主观条件，是指防卫人对正在进行的不法侵害有所认识，并希望以防卫手段制止不法侵害、保护合法权益的心理状态。行为人的防卫目的不仅仅在于保护本人的合法权益，也可以出于保护国家、公共利益或者他人的人身、财产等合法权利免受正在进行的不法侵害。实践中，某些行为，从形式上看似乎符合正当防卫的客观条件，但由于其主观上欠缺正当的防卫意图，因而不能认定为正当防卫。这类情形主要包括防卫挑拨、相互斗殴、为保护非法利益而实施的防卫（即俗称的"黑吃黑"现象）。

4. 防卫对象。正当防卫的对象问题，即解决防卫人应当向谁实施防卫打击的问题。正当防卫只能针对不法侵害人本人进行，因为不法侵害是由不法侵害人直接实施的，针对不法侵害人进行防卫，使其不再继续实施不法侵害行为，才是制止不法侵害、保护合法权益的最直接有效途径。所以，针对不法侵害者之外的第三人的防卫不成立正当防卫。对此应当根据以下三种情况处理：①出于侵害故意而防卫第三者的，应以故意犯罪论处；②出于对事实的认识错误而防卫第三者的，即误认为第三者是不法侵害人而进行所谓防卫的，则属于假想防卫的问题，如果行为人有过失则以过失犯罪论处，如果没有过失属于意外事件；③防卫第三者而符合紧急避险条件的，应以紧急避险论，不负刑事责任。

5. 防卫限度。正当防卫的限度条件，是指防卫行为不能明显超过必要限度而对不法侵害者造成重大损害。若防卫行为明显超过必要限度且造成重大损害的，属于防卫过当，应依法承担刑事责任。这里的"必要限度"，原则上应以制止不法侵害、保护合法权益所必需为标准，同时要求防卫行为与不法侵害在手段、强度等方面不存在过于悬殊的差距（即基本相适应）。至于是否是"必需"的，则应通过综合分析具体案情来认定。一方面要分析双方的手段强度、人员多寡与强弱、在现场所处的客观环境与形势等，因为防卫手段通常是由现场的客观环境决定的，防卫人往往只能在现场获得最顺手的工具反击，不能苛求防卫人在现场选择比较缓和的工具和具体精确的打击部位与力度。另一方面，还要权衡防卫行为所保护的合法权益性质与防卫行为所造成的损害后果，即所保护的合法权益与所损害的利益之间，不能差距过大，不能为了保护微小权益而造成不法侵害者重伤或者死亡。只要是为制止不法侵害所必需，防卫行为的性质、手段、强度及造成的损害又不是明显超过不法侵害的性质、手段、强度，或者造成的损害虽然明显超过不法侵害但实际造成的损害并不是重大的（如仅造成轻伤），均可认为属于正当防卫的范围。

这里需要指出的是，上述正当防卫的必要限度条件不适用于对严重危及人身安全的暴力犯罪所进行的防卫。

（二）防卫过当及其刑事责任

根据《刑法》第20条的规定，防卫过当是指防卫明显超过必要限度造成重大损害而应当负刑事责任的行为。防卫过当本质上也是一种防卫行为，完全符合正当防卫的防卫起因、防卫时间、防卫意图和防卫对象这几个方面的条件，只是因为防卫行为明显超过必要限度且造成了重大损害，才使防卫行为由正当转为过当、合法变为非法。正因为此，我国刑法明确规定对防卫过当应负刑事责任的同时应当减轻或者免除处罚。

防卫过当并不是一个独立罪名，不能笼统地被定为"防卫过当罪"，而应根据其符合的具体犯罪构成要件确定罪名。至于如何确定罪名，除了要考察防卫过当行为在客观上所造成的重大损害的性质以外，还必须考察防卫人的主观心理状态，即罪过形式。从实践中看，防卫过当在主观上一般是过失，同时也不排除间接故意的可能性。这表明，在防卫过当造成了侵害人死亡的情况下，如果行为人主观上仅有过失，则应认定为过失致人死亡罪；如果出于间接故意，则成立故意杀人罪。

（三）无过当防卫

鉴于严重危及人身安全的暴力犯罪的严重社会危害性，为了更好地保护公民的人身权利，《刑法》第20条第3款规定："对正在进行行凶、杀人、抢劫、强奸、绑架以及其他严重危及人身安全的暴力犯罪，采取防卫行为，造成不法侵害人伤亡的，不属于防卫过当，不负刑事责任。"这就是所谓的无过当防卫，理论上也称之为特殊防卫、无限制防卫等。

无过当防卫实际上属于不存在防卫限度条件的正当防卫，在防卫时间、防卫意图、防卫对象等方面，同正当防卫的要求是一致的，但在起因条件上，无过当防卫更为严格，即必须是针对正在进行行凶、杀人、抢劫、强奸、绑架以及其他严重危及人身安全的暴力犯罪进行防卫。这里的"行凶"应当理解为介乎故意杀人与故意重伤之间，而界限不清的暴力犯罪。严重危及人身安全的暴力犯罪不限于刑法条文所列举的上述犯罪，还包括其他严重危及人身安全的暴力犯罪，如抢劫枪支弹药、劫持航空器、组织越狱等。

二、紧急避险

根据《刑法》第 21 条的规定，紧急避险是指为了使国家、公共利益、本人或者他人的人身、财产和其他权利免受正在发生的危险，不得已而采取的损害另一较小合法权益的行为。紧急避险不负刑事责任。

紧急避险的本质在于，在两个合法权益相冲突，又只能保全其一的紧急状态下，法律允许为了保全较大的权益而牺牲较小的权益。如果说正当防卫的特征在于"以正压邪"，那么紧急避险的特征则在于"两害相权取其轻"。紧急避险虽然造成了某种合法权益的损害，但从总体上说，其不仅没有社会危害性，而且是有利于社会的行为，也根本不符合任何犯罪的构成要件。

（一）紧急避险的条件

紧急避险是以损害一种合法权益的方法来保护另一种合法权益，为避免滥用紧急避险，法律较为详细地规定了紧急避险的法定条件。

1. 避险起因。只有在合法权益遭受损害危险时，才可以实施紧急避险。如果不存在一定的危险，也就无所谓避险可言。所谓危险，即指某种有可能立即对合法权益造成危害的紧迫事实状态，不仅包括人为的不法侵害，也包括自然灾害造成的危险、动物的侵袭、人的生理、病理原因等。这些危险应当是客观现实存在的危险，而非假想、推测的。如果实际并不存在危险，行为人却由于对事实的认识错误，误以为存在这种危险而实行了所谓的紧急避险，刑法理论上称之为假想避险。对于造成危害结果的假想避险，同假想防卫一样，适用刑法上的认识错误原理解决。

2. 避险时间。紧急避险的时间条件，是危险正在发生或者迫在眉睫而尚未消除，对合法权益形成了紧迫的、直接的、现实的危险。具体而言，作为避险起因的危险，其存在的时间段是危险已经出现、尚未结束。对于尚未到来或已经过去的危险，都不能实行紧急避险，否则就是避险不适时。避险不适时同防卫不适时一样，对合法权益的损害达到犯罪程度的，都应当负刑事责任。

3. 避险意图。避险意图即紧急避险的主观条件，要求行为人对正在发生的危险有明确的认识，并希望以损害另一较小合法权益的手段来保护较大合法权益的心理态度。同正当防卫一样，行为人保护的权益不仅包括本人，也包括国家、公共利益或者他人的人身、财产等合法权益。

4. 避险对象。紧急避险是采取损害一种合法权益的方法来保全另一种合法权益，因此，紧急避险行为的对象不是危险的来源本身，而是无辜第三者的合法权益。明确这一点，对于区分紧急避险和正当防卫具有重大意义。面对现实危险，行为人选取的是与危险进行直接对抗，则不存在紧急避险问题。例如在受到猛兽追捕时，闯入他人住宅躲避的，属于紧急避险；如果借助器械等直接造成猛兽伤亡的，则不成立紧急避险。

5. 避险限制。紧急避险必须是在迫不得已的情况下才能实施，这是紧急避险的客观限制条件，或者说必要性条件。所谓迫不得已，是指当合法权益面临正在发生的危险时，没有其他合理方法可以排除危险，只有损害另一较小合法权益，才能保护较大合法权益；如果行为当时尚有其他方法排除危险，如有条件逃跑、报警等，则不允许实行紧急避险。之所以这样要求，原因在于所有的合法权益都是受法律保护的，不能轻易允许以损害一种合法权益的方法来保护另一合法权益。在可以或者具有其他合法方法避免危险的情况下，行为人却采取避险行为造成无辜第三者合法权益损害的，不能认定为紧急避险，而应具体视行为人的主观心理状态与客观上所造成的损害分别认定为故意犯罪、过失犯罪或者意外事件。

6. 避险限度。紧急避险不能超过必要的限度、造成不应有的损害，这是紧急避险的限度条件。否则属于避险过当而应负刑事责任。这里的"必要的限度"要求紧急避险造成的损害必须小于所避免的损害，即避险行为所损害的合法权益不能等于、更不能大于所要保护的合法权益。因为避险的实质是就两种合法权益之间的冲突进行科学合理地选择，紧急避险之所以不负刑事责任，就在于该避险行为保护了更大的利益。一般情况下权衡合法权益大小的基本准则是人身权利大于财产权利，人身权利中的生命权为最高权利，财产权利的大小可以以财产价值的多少来衡量。

7. 避险禁止。根据《刑法》第 21 条第 3 款的规定，紧急避险中"关于避免本人的危险，不适用于职务上、业务上负有特定责任的人"。这就是紧急避险的禁止性条件。所谓职务上、业务上负有特定的责任，是指行为人依法承担的职务或者所从事的业务活动本身，就要求他们同一定的危险进行斗争。如执勤的人民警察在面临罪犯的不法侵害时，不能为了自己的利益进行紧急避险；发生火灾时，消防人员不能为了避免火灾对本人的危险，而采取紧急避险。在发生紧急危险的情况下，这些负有特定责任的人应积极参加抢险（排险）救灾，履行其特定义务，而不允许他们以紧急避险为由临阵脱逃，玩忽职守。

（二）避险过当及其刑事责任

《刑法》第21条第2款规定："紧急避险超过必要限度造成不应有的损害的，应当负刑事责任，但是应当减轻或者免除处罚。"同防卫过当一样，避险过当也不是一个独立罪名，不能被定为"避险过当罪"，而应以其所触犯的我国刑法分则有关条文定罪量刑。

第四节　犯罪停止形态

犯罪停止形态，是指故意犯罪在其产生、发展和完成的过程中，由于某些主客观方面的原因而使犯罪行为停止下来，不再发展的各种形态。

刑法理论上以犯罪停止下来时是否完成为标志，将犯罪停止分为两种基本类型：犯罪的完成形态与未完成形态。犯罪的完成形态即犯罪的既遂形态，是指故意犯罪在其发展过程中未在中途停止下来而得以进行到终点，行为人完成了犯罪的情形；犯罪的未完成形态，是指故意犯罪在其发展过程中居于中途停止下来，行为人没有完成犯罪的情形，具体包括犯罪的预备形态、未遂形态和中止形态。

一、犯罪既遂

犯罪既遂亦即故意犯罪的完成形态。确认犯罪是否既遂，应以行为人所实施的行为是否具备刑法分则所规定的某一犯罪的全部构成要件为标准，而不能以犯罪目的是否达到或者犯罪结果是否出现作为犯罪既遂的标准，如刑法规定某些故意犯罪行为只要实施到一定程度，或者出现某种危险状态即告完成而构成既遂，并不要求必须出现犯罪结果或者达到行为人预期的犯罪目的。由于我国刑法分则具体条文所规定的犯罪构成是以犯罪既遂为模式的基本犯罪构成，具体条文的法定刑就是以犯罪基本构成为模式设置的，所以，对于既遂犯，刑法没有像预备犯、未遂犯和中止犯那样，再专门规定特殊的处罚原则，而是按照刑法总则的一般量刑原则和刑法分则各具体犯罪的法定刑对其适用即可。

犯罪既遂与否以犯罪行为是否具备刑法分则所规定的具体犯罪的全部构成要件为标准，但因刑法对不同类型的犯罪设定的构成要件有所不同，所以既遂的判断标准也应具体分析。

二、犯罪预备

我国《刑法》第22条第1款规定："为了犯罪，准备工具、制造条件的，是犯罪预备。"这就是犯罪预备行为的法定表述。作为故意犯罪的一种未完成形态，犯罪预备是指为了犯罪，准备工具，制造条件，但由于行为人意志以外的原因而未能着手实行犯罪的情形。这一概念揭示了犯罪预备的主观特征与客观特征：①犯罪预备的主观特征是为了顺利地着手实施和完成犯罪，即"为了犯罪"。犯罪在实行行为尚未着手时停止下来，从主观上看违背行为人的意志，是由于行为人意志以外的原因造成的，是被迫的而非自愿的。这一点正体现了犯罪预备的主观恶性，也是预备犯承担刑事责任的主观基础。如果行为人自动放弃预备行为或者自动不着手实行犯罪，则属于预备阶段的犯罪中止问题，而不成立犯罪预备。②犯罪预备的客观特征是行为人已经开始实施准备工具、制造条件的犯罪预备行为，但尚未着手实施犯罪的实行行为。

《刑法》第22条第2款规定："对于预备犯，可以比照既遂犯从轻、减轻处罚或者免除处罚。"可见，对于预备犯，首先应当负刑事责任；其次，由于预备犯毕竟还没有来得及着手实行犯罪，其社会危害性通常小于既遂犯的社会危害性，所以对于预备犯，可以从宽处罚。

三、犯罪未遂

我国《刑法》第23条第1款规定："已经着手实行犯罪，由于犯罪分子意志以外的原因而未得逞的，是犯罪未遂。"所谓未得逞，一般认为其表现为未能完成犯罪，即未能达到既遂。根据刑法规定和刑法理论，犯罪未遂应当同时具备以下几个特征：①行为人已经着手实行犯罪。这一特征将犯罪未遂与犯罪预备区别开来。所谓已经着手实行犯罪，是指行为人已经开始实施刑法分则所规定的具体犯罪构成客观要件的行为，如故意杀人罪中的杀人行为，抢劫罪中的暴力、胁迫或者其他手段的行为，盗窃罪中的秘密窃取财物的行为等。其中，着手是实行行为的起点，表明行为人的犯罪进入实行阶段。②犯罪未得逞。即犯罪未完成或者说未达既遂形态而停止下来，这是犯罪未遂形态的又一重要特征。正是这一特征，将犯罪未遂与犯罪既遂区别开来。犯罪未得逞，从法律意义上表明犯罪行为没有齐备刑法分则规定的某一犯罪构成的全部要件，即尚未达到该罪既遂状态。③犯罪未得逞是由犯罪分子意志以外的原因所导致的。这一特征将犯罪未遂与犯罪中止区别开来。在司法实践中，阻碍犯罪意志而可能被认定为犯罪分子意志以外的原因大致上有以下三类：①犯罪分子本人以外的原因，主要包括被害人、第三者、自然力、物质障碍以及地点等环境时机对完成犯罪具有不利影响的因素。②犯罪分子自身方面对完成犯罪有不利影响的因素，主要包括因自己能力、力量、身体状况、常识技巧等缺乏或不佳，而无法完成犯罪的。③犯罪分子主观对犯罪对象、犯罪工具性能以及犯罪结果是否发生等的错误认识，而使犯罪未能得逞。例如误将男子当作妇女实施强奸的，误以白糖为毒药而用来杀人等。

《刑法》第23条第2款规定："对于未遂犯，可以比照既遂犯从轻或者减轻处罚。"首先，犯罪未遂应当负刑事责任。其次，由于犯罪未得逞，未遂犯的社会危害性通常小于既遂犯的社会危害性，所以对于未遂犯，可以从宽处罚。即在一般情况下，对未遂犯得比照既遂犯从轻、减轻处罚。至于究竟是从轻处罚还是减轻处罚，应当对犯罪未遂的整个案件进行综合考察后来决定。

四、犯罪中止

我国《刑法》第24条第1款规定："在犯罪过程中，自动放弃犯罪或者自动有效地防止犯罪结果发生的，是犯罪中止。"根据这一规定，犯罪中止的基本特征就是自动性。"自动性"是犯罪中止与犯罪预备、犯罪未遂的根本区别所在。所谓自动性，是指行为人出于自己的意志而放弃了自认为当时本可以继续实施和完成的犯罪。可见，自动性应包含两层含义：首先，行为人自认为当时可以继续实施或者完成犯罪，这是自动性成立的前提。只要行为人自认为当时有条件继续实施和完成犯罪，即使在他人看来或者客观地看来已经不可能继续实施和完成犯罪，但行为人确实不了解这种客观情况的，都不影响自动性的成立。其次，行为人出于本人意志而停止犯罪，这是自动性成立的关键。如果说犯罪未遂的本质可以用"欲达目的而不能"概括，那么犯罪中止就可以用"能达目的而不欲"表达。如甲为了杀乙而向乙的食物投放毒药，见乙神态痛苦而反悔，将乙送往医院抢救脱险。即使甲投放的毒药没有达到致死量，不送往医院也不会导致死亡的，甲也成立犯罪中止。反之，只要行为人认为不可能继续实施和完成犯罪而放弃，即使客观上可以继续实施和完成，也是未遂。如丙正在入室盗窃，忽然听到门外有响声，以为来了人，急忙跳窗逃跑而未能偷走财物，但实际上只是大风吹动了门响。对此应成立盗窃未遂，而不是盗窃中止。

另外，对于犯罪实行行为已经终了、即将发生某种犯罪既遂状态的情况，行为人仅仅以不作为的方式消极地停止其犯罪行为是不够的，还要求必须采取积极的作为方式来预防和阻止既遂的犯罪结果发生，并且这种积极行为必须奏效，使得犯罪行为未能达到既遂形态，才可以构成犯罪中止。例如，甲为了杀乙而向乙的茶杯里投放了毒药，见乙神态痛苦而反悔，将乙送往医院并协助医生抢救脱险的，才属于故意杀人中止。如果行为人虽然采取了积极的防止措施，但实际上未能阻止既遂的犯罪结果发生，或者该结果未发生是其他原因所致，则不能认定行为成立犯罪中止，而应分别认定为犯罪既遂或者犯罪未遂。

最后，需要注意的是，犯罪中止的成立并不要求没有发生任何犯罪结果，而是要求没有发生作为既遂标志的犯罪结果。例如，作为故意杀人罪既遂标志的结果是被害人死亡，行为人在杀人过程中，自动放弃犯罪或者自动采取有效措施防止了死亡结果发生时，就成立犯罪中止，即使造成了他人身体伤害，也不影响犯罪中止的成立。

第五节　共同犯罪

一、共同犯罪的概念及其成立条件

（一）共同犯罪的概念

共同犯罪，是故意犯罪的一种特殊形态，相对于单独犯罪而言。根据我国《刑法》第25条第1款的规定，"共同犯罪是指2人以上共同故意犯罪"。这一定义科学地概括了共同犯罪的内在属性，体现了主客观相统一的基本原则。

（二）共同犯罪的成立条件

共同犯罪作为故意犯罪的一种特殊形态，除了必须具备故意犯罪的一般条件外，还有其本身特有的构成要件，这揭示了共同犯罪与单独犯罪的区别。根据我国刑法的规定，成立共同犯罪必须具备以下条件：

1. 共同犯罪的主体条件。共同犯罪的主体，必须是2个以上达到了刑事责任年龄、具有刑事责任能力的人。由于刑法规定单位可以成为某些犯罪的主体，所以2个以上的单位以及单位与自然人共同实施的犯罪，也可以构成共同犯罪。

2. 共同犯罪的客观条件。从客观方面讲，共同犯罪的成立必须是2个以上的人具有共同犯罪行为。所谓共同犯罪行为，是指各共犯人的行为都指向同一犯罪，并相互联系、相互配合，成为一个有机的犯罪活动整体，各共犯人的行为都是共同犯罪行为这一整体的组成部分。在发生危害结果的场合，每个人的行为都与危害结果之间存在因果关系。从行为分工角度来说，共同犯罪行为可能表现为四种情况：一是实行行为，即刑法分则所规定的犯罪构成客观要件的行为；二是组织行为，即组织、策划、指挥共同犯罪的行为；三是教唆行为，即故意唆使他人犯罪的行为；四是帮助行为，即对实行犯罪起辅助作用的行为。

3. 共同犯罪的主观条件。从主观上讲，共同犯罪的成立必须是2个以上的行为人具有共同犯罪故意。所谓共同犯罪故意，是指各共犯人通过犯意联系，明知自己与他人配合共同实施犯罪会造成某种危害结果，并且希望或者放任这种危害结果发生的心理态度。

（三）不构成共同犯罪的几种情况

根据共同犯罪的成立条件，以下几种情况不构成共同犯罪：

1. 共同过失犯。即2人以上共同的过失行为竞合在一起，共同导致一个危害结果的，因双方均为过失，不构成共同犯罪。如医生甲对工作严重不负责任，开错处方。药剂师乙亦不认真核查，将药发给病人，结果造成病人服药后死亡。本案中，虽然是甲乙的行为共同导致了病人的死亡，但由于2人均属过失行为，没有共同犯罪的故意，所以不成立共同犯罪（参见《刑法》第25条第2款）。

2. 一方故意一方过失的共同行为。2人以上共同实施危害行为，但一人是故意，一人是过失的，不构成共同犯罪。如过失地引起或帮助他人实施故意犯罪，或者故意地教唆或帮助他人实施过失犯罪，均不成立共同犯罪。

3. 同时犯。同时犯是指2人以上在同时、对同一犯罪对象实施同种犯罪，但主观上没有犯意联系的情况。如甲乙2人趁某商场失火之机，不约而同到该商场窃取数额较大的财物。由于2人之间没有意思联络，行为因缺乏主观联系而难以形成一个有机整体，故不成立共同犯罪。

4. 故意内容不同的共同行为。2人以上实施犯罪时故意内容不同，不成立共同犯罪。如甲明知是假毒品，而故意欺骗某乙，声称是毒品请其帮忙出售，承诺赃款平分。此案中，甲乙虽然都是故意的行为，但内容不同且无重合的部分：甲出于诈骗的故意，而乙则出于贩卖毒品的故意，故甲成立诈骗罪，而乙成立贩卖毒品罪（未遂）。

5. 实行过限行为。共同犯罪中，部分共犯人在实行犯罪过程中若超出共同故意范围实施犯罪行为，则该部分过限行为不属于共犯范畴，对此只能由实行该种犯罪行为的人独自负责，其他共犯人对此不负刑事责任，这就是实行过限理论。

6. 事前无通谋的事后帮助行为。事前无通谋的事后窝藏、包庇、窝赃、销赃行为，不构成共同犯罪，应单独成立掩饰、隐瞒犯罪所得、犯罪所得收益罪、窝藏、包庇罪或者洗钱罪等。但如果事前有通谋，则构成共同犯罪。

二、共犯的刑事责任

我国刑法将共同犯罪人分为主犯、从犯、胁从犯及教唆犯，并对其刑事责任的承担分别予以了规定。

（一）主犯及其刑事责任

根据《刑法》第26条第1款的规定，主犯是指组织、领导犯罪集团进行犯罪活动或者在共同犯罪中起主要作用的犯罪分子。据此，主犯包括两类：一是组织、领导犯罪集团进行犯罪活动的犯罪分子，即犯罪集团的首要分子；二是其他在共同犯罪中起主要作用的犯罪分子，即除犯罪集团首要分子以外的在共同犯罪中对共同犯罪的形成、实施与完成起决定或重要作用的犯罪分子。

关于主犯的刑事责任，我国刑法对于犯罪集团中的首要分子和其他主犯规定了不同的处罚原则。其一，根据《刑法》第 26 条第 3 款的规定，对组织、领导犯罪集团的首要分子，按照集团所犯的全部罪行处罚。这里所说的"集团所犯的全部罪行"，应理解为首要分子组织、领导的犯罪集团在预谋犯罪的范围内所犯的全部罪行。其二，根据《刑法》第 26 条第 4 款的规定，对于犯罪集团首要分子以外的其他主犯，应当按照其所参与的或者组织、指挥的全部犯罪处罚。

（二）从犯及其刑事责任

根据《刑法》第 27 条第 1 款的规定，在共同犯罪中起次要或者辅助作用的，是从犯。据此，从犯也包括两种：一是在共同犯罪中起次要作用的犯罪分子，又称次要实行犯，即行为人虽然直接实施了具体犯罪构成客观方面要件的行为，但在共同犯罪活动中较主犯所起的作用小；二是在共同犯罪中起辅助作用的犯罪分子，又称帮助犯，即行为人不是直接实施具体犯罪构成客观方面要件的行为，而是为共同犯罪的实行提供有利条件。

关于从犯的刑事责任，根据《刑法》第 27 条第 2 款的规定，对于从犯，应当从轻、减轻或者免除处罚。

（三）胁从犯及其刑事责任

根据《刑法》第 28 条的规定，胁从犯是指被胁迫参加犯罪的人，即在他人威胁下不完全自愿地参加共同犯罪，并且在共同犯罪中起较小作用的犯罪分子。胁迫，是指以剥夺生命、损害健康、揭发隐私、损毁财物等对行为人进行精神上的强制。如果被胁迫人的身体完全受强制，完全丧失了意志自由，则其主观上不具有故意和过失，在此种情况下属于不可抗力而不成立胁从犯问题，由具体胁迫者负责。

关于胁从犯的刑事责任，根据《刑法》第 28 条的规定，对于胁从犯，应当按照他的犯罪情节减轻处罚或者免除处罚。

（四）教唆犯及其刑事责任

根据《刑法》第 29 条的规定，教唆犯是指故意唆使他人实施犯罪行为的人，即以授意、怂恿、劝说、利诱或者其他方法故意唆使他人犯罪的人。

成立教唆犯须具备三个条件：①被教唆的对象必须是达到刑事责任年龄、具有刑事责任能力的人。否则不成立共犯关系，亦非教唆犯。②必须有教唆行为。教唆行为既可以是口头的，也可以是书面的，还可以是示意性的动作，其实质是引起他人的犯罪故意。③必须有教唆故意。教唆犯只能由故意构成，过失不成立教唆犯。

关于教唆犯的刑事责任，根据《刑法》第29条的规定，应分为三种情况分别处理：①教唆他人犯罪的，应当按照他在共同犯罪中所起的作用处罚。对于这种教唆犯，应当按照他在共同犯罪中所起的主次作用来处罚。②教唆不满18周岁的人犯罪的，应当从重处罚。对此规定，应结合《刑法》第17条进行理解。③如果被教唆的人没有犯被教唆的罪，对于教唆犯，可以从轻或者减轻处罚。这种情况在刑法理论上称为教唆未遂。

第六节　刑罚种类

一、主刑

主刑也称为基本刑，是指只能独立适用而不能作为其他刑罚的附加刑适用的种类。一种罪行一次只能适用一个主刑，不能同时适用两个以上的主刑。主刑同时也是主要的刑罚种类。根据《刑法》第33条规定，主刑包括管制、拘役、有期徒刑、无期徒刑与死刑五种。可见，在我国刑法中，主刑的内容是针对人身权（人身自由权和生命权），而附加刑的内容是针对除人身权之外的其他权利，如财产权、政治权利等。

（一）管制

管制是对罪犯不予关押，但限制其一定自由，由社区矫正部门进行社区矫正的刑罚方法。管制是主刑中最轻的刑种，也是我国独创的一种刑罚方法。根据刑法规定，管制具有以下特点与内容：

1. 适用的对象都是罪行较轻、人身危险性较小，不需要关押执行刑罚的犯罪分子。罪犯仍留在原工作单位或居住地，参加劳动的应当同工同酬；也不离开自己的家庭，不中断与社会的正常交往。对罪犯不予关押，是管制刑与其他主刑的重要区别。

2. 限制犯罪分子的一定自由。管制并不同于免予刑罚处罚，作为一种刑罚方法，其当然也具有惩罚的属性。管制的惩罚属性就表现在对犯罪分子自由和权利的一定限制。根据《刑法》第39条的规定，这种限制的具体内容是：遵守法律、行政法规，服从监督；未经执行机关批准，不得行使言论、出版、集会、结社、游行、示威自由的权利；按照执行机关规定报告自己的活动情况；遵守执行机关关于会客的规定；离开所居住的市、县或者迁居，应当报经执行机关批准。同时，法院在对被告人判处管制时，可以根据犯罪情况，同时禁止犯罪分子在执行期间从事特定活动，进入特定区域、场所，接触特定的人。

3. 限制自由是具有一定期限的。根据《刑法》第 38 条与第 69 条的规定，管制的期限为 3 个月以上 2 年以下，数罪并罚时不得超过 3 年。管制的刑期从判决执行之日起计算。根据第 40 条的规定，判决执行前先行羁押的，羁押 1 日折抵刑期 2 日。

（二）拘役

拘役是短期剥夺犯罪分子人身自由，就近实行关押改造的刑罚方法。在我国刑罚体系中，拘役是介于管制与有期徒刑之间的一种主刑，是较轻的一个刑种。拘役具有以下主要特点和内容：

1. 适用对象是犯罪性质比较轻微、社会危害性不大但尚需要关押执行犯罪分子。

2. 是剥夺人身自由的刑罚方法，但其期限较短。根据《刑法》第 42 条与第 69 条的规定，拘役的期限为 1 个月以上 6 个月以下，数罪并罚时不得超过 1 年。可见，拘役的上限刑期与有期徒刑的下限刑期（6 个月）相衔接，使刑罚体系更为连贯和严密。根据《刑法》第 44 条的规定，拘役的刑期从判决执行之日起计算，判决执行以前先行羁押的，羁押 1 日折抵刑期 1 日。

3. 由公安机关就近执行。一般由公安机关在就近的拘役所、看守所或者其他监管场所执行。值得注意的是，在执行期间，被判处拘役的犯罪分子享有两项待遇：探亲（每月可以回家 1 ~ 2 天）；参加劳动的，可以酌量发给报酬。

（三）有期徒刑

有期徒刑是剥夺犯罪人一定期限的人身自由，并在监狱内执行刑罚，强制进行教育改造的刑罚方法。有期徒刑在我国是适用面最广的一种刑罚方法，可谓名副其实的主刑。其具有以下主要特点与内容：

1. 适用对象的广泛性。在我国刑法分则中，几乎每种罪名的法定刑都包含有期徒刑，这是因为有期徒刑有较大幅度的期限，对各类犯罪行为都具有适用的可能性，所以既可适用于罪行较重的罪犯，也可适用于罪行较轻的罪犯。

2. 是剥夺人身自由的刑罚方法，并且不像拘役那样在就近的拘役所、看守所内执行，而是将犯罪分子羁押于监狱或者其他专门执行场所执行。其中，监狱是执行有期徒刑的最主要场所。

3. 有期徒刑的期限。根据《刑法》第 45 条与第 69 条的规定，有期徒刑的期限为 6 个月以上 15 年以下，数罪并罚的一般不超过 20 年，但总和刑期在 35 年以上的，最高不超过 25 年。可见，有期徒刑的下限与拘役的上限相衔接，也使得有期徒刑与拘役相区别。根据第 47 条的规定，有期徒刑的刑期从判决执行之日起开始计算，判决执行以前先行羁押的，羁押 1 日折抵刑期 1 日。

4. 有期徒刑的基本内容是对犯罪人实行劳动改造和教育改造。《刑法》第46条规定，被判处有期徒刑的人"凡有劳动能力的，都应当参加劳动，接受教育和改造"。这表明，我国对于被判处有期徒刑的犯罪分子，不是消极地实行关押和监禁，而是通过生产劳动和积极教育的方式，使犯人摒弃好逸恶劳的习性，学会一定的生产技能，养成良好的生活习惯，从而改造成自食其力、遵纪守法的公民，实现刑罚特殊预防的目的。

（四）无期徒刑

无期徒刑是剥夺犯罪分子终身自由，并在监狱内执行刑罚，强制进行教育改造的刑罚方法。无期徒刑是剥夺自由刑中最严厉的刑罚方法，在所有刑罚方法中，其严厉性仅次于死刑。根据我国刑法的规定，无期徒刑有以下主要特点与内容：

1. 无期徒刑的适用对象，只能是那些罪行严重、但尚不必判处死刑而又需要与社会永久隔离的犯罪分子。这是由在刑罚体系中，无期徒刑是介于有期徒刑和死刑之间的一种严厉的刑罚方法所决定的。

2. 无期徒刑是剥夺犯罪分子终身自由的刑罚方法。而且，判决前的先行羁押期间不存在折抵刑期的问题。当然，基于刑事政策的考虑，实际上并不是将所有被判处无期徒刑的犯罪分子都一关到底，断绝其回归社会之路。根据刑法的规定，被判处无期徒刑的犯罪分子，在服刑期间的表现符合法定条件的，可以适用减刑、假释。

3. 无期徒刑的基本内容也是对犯罪人实行劳动改造。这一点与有期徒刑基本相同。

（五）死刑

死刑是剥夺犯罪人生命的刑罚方法，亦称之为生命刑，俗称极刑。在我国现阶段，保留死刑、严格控制和慎重适用死刑的死刑政策是符合当前我国社会客观实际的。为贯彻这一死刑政策，我国在刑事法上对死刑的适用进行了一系列必要的限制。主要体现在以下四个方面：

1. 从死刑适用条件上进行的限制。《刑法》第48条规定："死刑只适用于罪行极其严重的犯罪分子……"这是刑法总则对死刑适用条件的实质性限制。所谓"罪行极其严重"，是指罪行对国家、社会和人民利益的危害特别严重、手段极其残忍、情节特别恶劣，行为人是具有极其严重的人身危险性即罪大恶极的犯罪分子，才有可能被适用死刑。在司法实践中，能否对具体刑事案件的犯罪人适用死刑，必须严格遵守罪刑法定原则。只有分则明文规定以死刑作为法定刑的具体犯罪，才可能判处死刑。

2. 从死刑适用对象上进行的限制。《刑法》第 49 条从死刑的适用对象上进一步限制了死刑的适用，即对以下三类对象依法不得适用死刑：①犯罪的时候不满 18 周岁的人；②审判的时候怀孕的妇女；③审判的时候已满 75 周岁的人。这三类对象中，前两类是绝对禁止适用死刑，而第三类则是相对禁止适用死刑，即审判时已满 75 周岁的人原则上不适用死刑，但以特别残忍手段致人死亡的除外。这三类对象依法不得适用死刑，既包括不能适用死刑立即执行，也包括不能适用死刑缓期 2 年执行，即最高只能适用无期徒刑。

3. 从死刑适用程序上进行的限制。刑法和刑事诉讼均从不同角度和环节对死刑适用程序进行限制。首先，在案件管辖上，刑事诉讼法规定死刑案件只能由中级以上人民法院作为一审法院，而基层人民法院无权审理死刑案件；其次，在死刑的核准程序上，刑法规定死刑除依法由最高人民法院判决的以外，都应当报最高人民法院核准，从而保证了死刑判决的办案质量，客观上限制了死刑的适用。

4. 从死刑执行制度上进行的限制。刑法在执行制度方面对死刑适用的限制是对于应当判处死刑的犯罪分子，如果不是必须立即执行的，可以判处死刑同时宣告缓期 2 年执行，这就是死刑缓期执行制度，简称死缓。死缓不是一个独立的刑种，而是适用死刑的一种刑罚制度。适用死缓必须具备两个条件：一是"应当判处死刑"，即根据《刑法》的规定与罪行的严重程度，只有罪犯被判处死刑，才有适用死缓的可能性，也就是说判处死刑是宣告死缓的前提条件；二是"不是必须立即执行的"，即根据案件的具体情况，可以不立即执行死刑，诸如犯罪后有自首、立功或者其他法定从轻情节。死刑缓期执行的考验期间是法定的，即 2 年。

既然死缓不是一种独立的刑罚种类，死缓适用就会有不同的结局。根据《刑法》第 50 条的规定，死缓的法律后果有三种情况：一是执行死刑；二是减为无期徒刑；三是减为有期徒刑。三种后果各自必须具备相应的条件：执行死刑的条件是在 2 年执行期间故意犯罪，查证属实，并经最高人民法院核准；减为无期徒刑的条件是 2 年期间内没有故意犯罪；减为有期徒刑的条件是 2 年期间内有重大立功表现。需要注意的是，减为有期徒刑的期限是特定的，即只能减为 25 年有期徒刑。

二、附加刑

所谓附加刑（从刑），是指既可以独立适用，也可以附加于主刑适用的刑罚种类。一个罪可以独立或者附加适用一个附加刑，也有可能同时适用 2 个以上的附加刑。根据《刑法》第 34 条与第 35 条的规定，附加刑包括罚金、剥夺政治权利、没收财产与驱逐出境四种。

（一）罚金

罚金是判处犯罪分子向国家缴纳一定数额金钱的刑罚方法。罚金属于财产刑的一种，虽然同样以支付金钱为内容，但罚金在处罚性质、适用对象、适用程序、适用机关、适用依据等方面与罚款、赔偿损失等处罚措施具有严格的区别。

根据我国刑法的规定，罚金适用的对象主要是那些贪图财利或者与财产有关的犯罪，从而剥夺或者限制其继续犯罪的经济条件。罚金的数额应当根据犯罪情节（如违法所得的数额、造成损失的大小等）来确定。根据有关司法解释，罚金最低不能少于 1000 元，如果是未成年人犯罪的，最低不少于 500 元。根据《刑法》第 53 条的规定，罚金应当在判决指定的期限内缴纳。

（二）剥夺政治权利

剥夺政治权利是指剥夺犯罪人参加国家管理和政治活动权利的刑罚方法，理论上也称之为资格刑。

1. 剥夺政治权利的内容。根据《刑法》第 54 条的规定，剥夺政治权利的内容是剥夺犯罪分子的下列权利：一是选举权与被选举权；二是言论、出版、集会、结社，游行、示威自由的权利；三是担任国家机关职务的权利；四是担任国有公司、企业、事业单位和人民团体领导职务的权利。值得指出的是，剥夺政治权利不是仅剥夺上述权利中的一部分，而是同时剥夺上述四项权利。

2. 剥夺政治权利的适用方式和对象。从刑法分则的规定看，剥夺政治权利的适用方式和对象都比较广泛。在适用方式上，既可以附加适用，也可以独立适用。在适用对象上，既包括严重的刑事犯罪，也包括一些较轻的犯罪。根据《刑法》第 56 条、第 57 条的规定，对于危害国家安全的犯罪分子和被判处死刑、无期徒刑的犯罪分子，应当附加剥夺政治权利；对于故意杀人、强奸、放火、爆炸、投毒、抢劫等严重破坏社会秩序的犯罪分子，可以附加剥夺政治权利。

3. 剥夺政治权利的期限。由于适用方式及其所附加主刑的不同，剥夺政治权利的期限也有所不同。根据《刑法》第 55 条、第 57 条的规定，剥夺政治权利的期限依法有四种情形：①单独适用或者判处拘役、有期徒刑附加适用时，其期限是 1 年以上 5 年以下，这也是剥夺政治权利期限的最常见情形；②判处管制附加适用时，其期限与管制刑期一致，即为 3 个月以上 2 年以下，当管制是在数罪并罚的情况下时，附加剥夺政治权利的期限最长可达 3 年以下；③判处无期徒刑、死刑附加适用时，其期限为终身；④在死刑缓期执行减为有期徒刑或者无期徒刑减为有期徒刑的时候，附加剥夺政治权利的期限也相应地缩减为 3 年以上 10 年以下。

4. 剥夺政治权利的期限起算与执行。由于剥夺政治权利适用方式的多样性，其期限的起算也有所不同。根据《刑法》第 55 条、第 58 条的规定，分为以下四种情况：①判处管制附加剥夺政治权利的期限，与管制刑同时执行、同时计算，也就是说，此时的剥夺政治权利刑期应从判决执行之日起计算（第 41 条）；②独立适用剥夺政治权利的，其期限按照执行判决的一般原则，即从判决执行之日起计算；③附加于有期徒刑（包括原判为死缓或无期徒刑依法被减为有期徒刑的）、拘役时，其期限从有期徒刑或拘役执行完毕之日起计算；④如果主刑在执行期间被假释的，剥夺政治权利刑期应从假释之日起计算。值得注意的是，在徒刑、拘役执行期间，政治权利当然被剥夺，但不计算在剥夺政治权利的法定刑期限之内。如果被判处有期徒刑、拘役、管制而没有附加剥夺政治权利，犯罪人在主刑执行期间仍然享有政治权利。

（三）没收财产

没收财产是将犯罪分子个人所有财产的一部或者全部强制无偿地收归国有的刑罚方法。没收财产与没收违禁品、犯罪所得等措施有着本质的区别，没收违禁品、犯罪所得属于非刑罚方法，针对的并非犯罪分子个人所有的合法财产，而是法律禁止个人所持有的物品、犯罪所得或者供犯罪所用的财物、工具等，这些属于依法追缴的范畴。而没收财产的对象则是犯罪分子个人所有的合法财产，这是由没收财产作为一种刑罚方法所应具有的惩罚属性所决定的。没收财产的范围，既包括可以判处没收犯罪分子所有的全部财产，也包括可以判处没收其部分财产，但不论全部财产还是部分财产，均仅限于犯罪分子个人所有的合法财产，本属犯罪分子家属所有或者应有的财产不在没收的范围之内。这是维护社会秩序安定、贯彻罪责自负原则的需要。

（四）驱逐出境

驱逐出境是强迫犯罪的外国人离开中国国（边）境的刑罚方法。驱逐出境作为一种刑罚方法，只能适用于在我国犯罪的外国人（包括具有外国国籍与无国籍的人），而不适用于犯罪的本国人，故不具有普遍适用的意义，属于一种特殊的附加刑。

第七节　刑罚裁量

一、量刑概述

（一）量刑原则

量刑即刑罚的裁量，是指审判机关依法对犯罪分子裁量决定刑罚的一种审判活动。具体而言，是指审判机关根据刑事被告人所犯罪行及刑事责任的轻重，在定罪的基础上，依法决定对其是否判处刑罚，判处何种刑罚、刑度，或所判处的刑罚是否立即执行的刑事审判活动。我国《刑法》第61条规定："对于犯罪分子决定刑罚的时候，应当根据犯罪的事实、犯罪的性质、情节和对于社会的危害程度，依照本法的有关规定判处。"根据这一规定，可以把我国刑法中的量刑原则概括为以犯罪事实为根据，以刑法规定为准绳。这一原则是罪责刑相适应基本原则的具体化。

（二）量刑情节及其适用规则

量刑情节，是指犯罪构成事实之外的，体现犯罪行为社会危害程度和犯罪分子人身危险性大小，据以决定对犯罪分子是否处刑以及处刑轻重所应当或可以考虑的各种具体事实情况。从不同的角度、依据不同的标准，对量刑情节可以作不同的分类，从而揭示不同情节的法律意义以及对量刑轻重的不同作用。如以刑法是否就量刑情节作出明确规定为标准，将其分为法定量刑情节与酌定量刑情节；以量刑情节是否有利于被告人为标准，可将其分为从宽量刑情节与从严量刑情节。

关于量刑情节的适用规则，涉及如何在法定刑幅度之内依法准确且妥当地确定一个具体的宣告刑问题。主要有以下具体适用规则：

1. 对"从重处罚"的情节应在具体法定刑的幅度以内，判处较重的刑种或较长的刑期；对"从轻处罚"的情节应在具体法定刑的幅度内，判处较轻的刑种或较短的刑期。即"从轻"与"从重"均是在法定刑幅度之内判处刑罚，而"减轻"则是在法定刑幅度之下判处刑罚，若某罪的法定刑有多个量刑幅度，就应当在法定量刑幅度的下一个量刑幅度内判处刑罚。

2. 从适用效力的角度来看，应当型情节优于可以型情节、可以型情节优于酌定型情节。

3. 如果同时存在数个从严或从宽情节的，不得任意改变量刑情节所具有的功能。如既是累犯又有教唆未成年人犯罪情形的，两个"从重"处罚不得简单相加、升格成为"加重处罚"；同理，被告人既有自首表现也有一般立功表现的，两个"从轻或减轻处罚"情节不得任意降格为"免除处罚"。

4. 同时具有从宽情节与从严情节的，不得采取简单的折抵办法，而应"先严后宽"地不断修正宣告刑。具体而言，首先在确定的法定刑幅度内，根据具体案情，在没有相关法定量刑情节的前提下，初步拟定一个基准刑；其次，对具有从重处罚功能的情节，在初步拟定的基准刑以上法定最高刑以下，确定一个初步的宣告刑；最后，再考虑具有从宽处罚功能的情节，在前述初步确定的宣告刑基础上进行修正，确定一个具体的宣告刑。

5. 对于多功能情节，应依法定顺序考量。所谓多功能情节，是相对于单功能情节而言的。单功能量刑情节对量刑轻重的影响是确定的、单一的，即只有一种可能性，如累犯、教唆未成年人犯罪的情节，只能对量刑产生从重影响。多功能量刑情节对量刑轻重的影响是不确定的、具有两种以上可能性，如从犯情节可能产生从轻、减轻与免除处罚等三种可能的量刑影响，对此应依照法律规定的表述顺序，先考虑"从轻"，若这样处罚较重，再考虑"减轻"，若综合具体案情处罚仍较重的，再考虑"免除处罚"。

6. 禁止重复评价量刑情节。量刑时，对各种情节不能重复评价。已经作为选择法定刑幅度依据的情节，就不能再作为影响具体量刑轻重的情节。如对抢劫罪量刑时，因为行为人是"持枪抢劫"，故应加重处罚、选择"10 年以上有期徒刑、无期徒刑或死刑"这一法定幅度，但不能再因为"持枪抢劫"而在此幅度内从重处罚，否则就是对"持枪抢劫"这一情节重复评价，作出不利于被告人的处理。

二、累犯

累犯，是指因犯罪而受过一定的刑罚处罚，在刑罚执行完毕或者赦免以后，在法定期限内又犯一定之罪的罪犯。累犯是再犯的一部分，而再犯未必是累犯，累犯是法定的量刑情节，而再犯除法律有明确规定外，仅是酌定量刑情节。我国《刑法》第 65 条规定了一般累犯，第 66 条规定了特别累犯。两种累犯在成立条件上存在着差别。

（一）一般累犯的成立条件

根据《刑法》第 65 条的规定，一般累犯的成立应同时符合下列条件：

1. 主观条件。要求前罪与后罪都是故意犯罪，如果前后两罪都是过失犯罪，或者前后两罪中其一是过失犯罪，均不构成累犯。

2. 刑度条件。要求前罪被判处有期徒刑以上刑罚，后罪应当被判处有期徒刑以上刑罚。所谓"前罪被判处有期徒刑以上刑罚"，是指审判机关根据犯罪的具体情况，最后确定其宣告刑为有期徒刑以上刑罚，当然也包括无期徒刑和死刑缓期 2 年执行。所谓"后罪应当被判处有期徒刑以上刑罚"，是指根据后罪社会危害性的大小，实际上应当判处有期徒刑以上刑罚，而不是说该罪的法定刑中包含有期徒刑以上刑罚。

3. 时间条件。要求后罪发生在前罪刑罚执行完毕或者赦免以后 5 年之内。我国刑法以刑满或赦免以后 5 年内再犯罪作为累犯成立的时间条件，如果后罪发生在前罪的刑罚执行期间，则不构成累犯，而应适用数罪并罚；如果后罪发生在前罪刑满或赦免 5 年以后，也不构成累犯，而是一般的再犯问题。对于被假释的犯罪人，应从假释期满之日而非假释之日起计算该 5 年时间间隔。同时，因累犯的成立以前罪"刑罚执行完毕或者赦免以后" 5 年内再犯罪为条件，故被假释的犯罪人在假释考验期内再犯新罪的，被判处缓刑的犯罪人在缓刑考验期内再犯新罪的，以及被判处缓刑的犯罪人在缓刑考验期满后再犯新罪的，都不构成累犯。

4. 主体条件。犯罪分子应为已满 18 周岁以上的自然人。即前后两罪中有一个属于不满 18 周岁的人犯罪的，就不能成立累犯。

（二）特殊累犯的成立条件

《刑法》第 66 条规定："危害国家安全犯罪、恐怖活动犯罪、黑社会性质的组织犯罪的犯罪分子，在刑罚执行完毕或者赦免以后，在任何时候再犯上述任一类罪的，都以累犯论处。"这是关于特殊累犯或特别累犯的规定。

特殊累犯是相对于一般累犯而言的，其社会危害性更为严重，因此，立法上比一般累犯更加从严。其成立条件包括：①前罪与后罪的犯罪性质是特定的，即必须是危害国家安全犯罪、恐怖活动犯罪和黑社会性质组织犯罪这三类犯罪之一。②前后两罪被判处的刑罚及其轻重不受限制，后罪可以发生在前罪刑罚执行完毕或者赦免后的任何时候，不受前后两罪相隔时间长短的限制。这表明相对于一般累犯，特殊累犯对刑度条件、时间条件没有任何要求。

（三）累犯的处罚

一般累犯与特殊累犯虽然在构成条件上有很大差异，但在法律后果即处罚上是一致的，总体上是从重处罚。根据我国刑法的相关规定，对累犯的处罚应注意这样几个方面：

1. 根据《刑法》第 65 条的规定，对累犯应当从重处罚。不论是一般累犯还是特殊累犯，都必须从重处罚。

2. 根据《刑法》第 74 条的规定，对累犯不能适用缓刑。

3. 根据《刑法》第 81 条第 2 款的规定，对累犯不能适用假释。

三、自首

自首是我国刑罚裁量制度中重要的从宽处罚制度，其是指犯罪以后自动投案，如实供述自己罪行的行为，或者被采取强制措施的犯罪嫌疑人、被告人和正在服刑的罪犯，如实供述司法机关还未掌握的本人其他罪行的行为。

根据《刑法》第 67 条的规定，自首分为一般自首和特别自首两种，二者成立的条件有所不同。

（一）一般自首的成立条件

根据《刑法》第 67 条第 1 款的规定，一般自首是指犯罪分子犯罪以后自动投案，如实供述自己罪行的行为。一般自首的成立需要具备以下条件：

1. 犯罪以后自动投案。自动投案，一般是指犯罪事实或者犯罪嫌疑人尚未被司法机关发觉，或者虽被发觉但犯罪嫌疑人尚未受到讯问、未被采取强制措施时，其主动、直接向公检法等司法机关投案，从而将自己置于司法机关的合法控制下，接受司法机关的审查与裁判的行为。根据相关司法解释，犯罪嫌疑人向所在单位、城乡基层组织或者其他有关负责人员投案的，也视为"自动投案"。一般认为，应从以下几个方面把握"自动投案"：①投案行为的时间，必须发生在尚未归案之前；②投案行为具有自动性，即出于犯罪分子本人的意志而自动归案；③向相关司法机关或有关组织承认自己实施了特定的犯罪行为；④自愿地置身于有关机关的控制之下，等待进一步供述交待具体的犯罪事实。

2. 如实供述自己的罪行。即要求犯罪嫌疑人自动投案后，如实交待自己所犯的全部罪行。"如实"实际上就是指犯罪嫌疑人根据客观事实交待自己的主要犯罪事实。犯有数罪的犯罪嫌疑人仅如实供述所犯数罪中部分犯罪的，只对如实供述的部分犯罪行为认定为自首。在共同犯罪案件中，犯罪嫌疑人除如实供述自己的罪行外，还应当供述所知的同案犯，才属于"如实供述自己的罪行"。犯罪嫌疑人自动投案，如实供述自己的罪行后又翻供的，不能认定为自首；但在一审判决前又能如实供述的，应认定为自首。

（二）特别自首的成立条件

根据《刑法》第67条第2款的规定，特别自首是指被采取强制措施的犯罪嫌疑人、被告人和正在服刑的罪犯，如实供述司法机关还未掌握的本人其他罪行的行为。相对于一般自首而言，特别自首的成立条件要注意以下两个方面：①特别自首的主体必须是被采取强制措施的犯罪嫌疑人、被告人和正在服刑的罪犯。只有上述三种人，才能构成特别自首的主体，因其人身已经处于司法机关的控制之下，故不存在"自动投案"的必要和可能性。②必须如实供述司法机关还未掌握的本人其他罪行。根据有关司法解释，此时所供述的不仅必须是本人已经实施但司法机关还不知道、不了解或尚未掌握的犯罪事实，而且在犯罪性质或者罪名上与司法机关已经掌握的罪行不同。

（三）自首与坦白的界限

正确区分自首与坦白的界限，是正确认定自首不可避免的问题。坦白是指犯罪分子被动归案之后，如实交待其主要犯罪事实，并接受国家审查和裁判的行为。二者的差异主要是自动投案还是被动归案。自首是犯罪人自动投案之后，主动如实供述自己犯罪事实的行为；而坦白则是犯罪分子被动归案之后，如实交待自己被指控的犯罪事实的行为。

（四）自首的法律后果

根据《刑法》第67条的规定，对于自首的犯罪人应分两种情况区别对待：一般情形下，可以依法从轻或者减轻处罚；但是如果犯罪本来较轻又自首的，可以免除处罚。

四、立功

根据《刑法》第68条以及相关司法解释的规定，立功主要表现为以下四种形式：

1. 揭发他人犯罪行为并经查证属实的（即检举揭发型立功）；

2. 提供重要线索从而得以侦破其他刑事案件的（提供线索型立功）；

3. 协助抓捕其他罪犯的，包括未归案的同案犯（协助抓捕型立功）；

4. 阻止他人正在实施的犯罪行为以及有其他有利于国家和社会的突出表现的（其他贡献型立功）。

上述立功行为，应当满足如下特征：①亲为性，即立功必须是犯罪分子本人实施的行为。为使犯罪分子得到从轻处理，犯罪分子的亲友直接向有关机关揭发他人犯罪行为，提供侦破其他案件的重要线索，或者协助司法机关抓捕其他犯罪嫌疑人的，不应当认定为犯罪分子的立功表现。②有效性，即据以立功的他人涉嫌犯罪的信息对于侦破案件或者抓捕犯罪嫌疑人要有实际作用。③合法性，被告人通过非法手段或者非法途径获取他人犯罪信息并向司法机关提供的，不能成立立功。

根据《刑法》第68条的规定，对于有立功表现的犯罪分子应根据不同情形分别予以不同的从宽处罚。具体而言：如果是一般立功，可以从轻或者减轻处罚；如果是重大立功，可以减轻或者免除处罚。所谓重大立功，一般是指因行为人检举、揭发而被查获的犯罪嫌疑人、被告人可能被判处无期徒刑以上刑罚或者案件在本省、自治区、直辖市或者全国范围内有较大影响等情形。

五、数罪并罚

数罪并罚是一种刑罚裁量制度。我国刑法中的数罪并罚，是指法院对一人在法定期限内所犯的数罪分别定罪量刑后，按照法定的并罚原则及刑期计算方法决定对其应执行的刑罚的制度。数罪并罚制度的实质在于，依照一定的原则，解决行为人所犯数个罪的各个宣告刑与最终的执行刑之间的关系问题。

（一）数罪并罚的规则

所谓数罪并罚的规则，是指对一人所犯数罪在分别定罪量刑后合并处罚所依据的准则。简言之，就是对数罪如何实行并罚。我国《刑法》第69条规定："判决宣告以前一人犯数罪的，除判处死刑和无期徒刑的以外，应当在总和刑期以下，数刑中最高刑期以上，酌情决定执行的刑期，但是管制最高不能超过 3 年，拘役最高不能超过 1 年，有期徒刑总和刑期不满 35 年的，最高不能超过 20 年，总和刑期在 35 年以上的，最高不能超过 25 年。数罪中有判处附加刑的，附加刑仍须执行，其中附加刑种类相同的，合并执行，种类不同的，分别执行。"可见，我国刑法对数罪并罚总体上采取的是混合原则，即根据不同的刑罚种类而采取不同的并罚规则。对此，具体分析如下：

1. 对判决宣告的数个主刑为有期徒刑、拘役或管制的，采取限制加重原则。有期徒刑、拘役和管制本身都有一定的期限，因此，在数刑的总和刑期以下、最高刑期以上酌情决定执行的刑期是比较恰当的。但是，如果总和刑期过高，决定执行的刑罚就可能过长，因而我国刑法对最高刑期加以限制，即管制最高不能超过 3 年，拘役最高不能超过 1 年，有期徒刑最高不能超过 20 年，但对于有期徒刑总和刑期在 35 年以上的，《刑法修正案（八）》将其并罚后的上限提高到 25 年。这里的"3 年"、"1 年"、"20 年"以及"25 年"即为限制加重中的"限制"含义。

2. 对于判决宣告的主刑有死刑或者无期徒刑的，采取吸收原则。数罪中判处几个死刑或者最重刑为死刑时，只决定执行一个死刑，其他主刑如徒刑、拘役、管制就没有再执行的必要性和可行性。同理，数罪中判处几个无期徒刑或者最重刑为无期徒刑时，只执行一个无期徒刑，不执行其他主刑。

3. 对数罪中判有附加刑的，一般采取并科原则。附加刑与主刑的性质与内容不同，不妨碍并科。当然，附加刑之间的并科也要根据不同情况有所例外，在同种附加刑之间吸收原则就有一定适用可能。如附加剥夺政治权利终身就吸收其他剥夺政治权利的情形，没收全部财产吸收没收部分财产。

（二）不同情况下数罪并罚原则的具体适用

由于犯罪分子实施数罪或者司法机关发现数罪的时间不同，所体现的社会危害性和人身危险性程度也相应有所差异。为了有区别地对待不同法定期限内发现或者发生的上述数罪，《刑法》第 69 条、第 70 条与第 71 条分别规定了适用数罪并罚的三种不同情况，同时规定了与之相应的不同并罚规则。

1. 判决宣告以前一人犯数罪的并罚。判决宣告以前一人犯数罪的，直接根据《刑法》第 69 条的规定进行并罚即可。我国刑法规定的数罪并罚原则及由此而决定的基本适用方法，就是以此情形为标准确立的，此可谓一般并罚方法。这里需要指出的是，如果判决宣告以前发现的数罪为同种数罪，对此是否应当并罚，立法上并未作出明确规定。理论上一般认为，对于判决宣告以前发现的同种数罪，原则上无需并罚，只要在特定犯罪的法定刑范围内作为一罪适当从重处罚，即可以实现罪责刑相适应原则。

2. 判决宣告以后、刑罚执行完毕以前发现漏罪的并罚。《刑法》第70条规定："判决宣告以后，刑罚执行完毕以前，发现被判刑的犯罪分子在判决宣告以前还有其他罪没有判决的，应当对新发现的罪作出判处，把前后两个判决所判处的刑罚，依照本法第69条的规定，决定执行的刑罚。已经执行的刑期，应当计算在新判决决定的刑期以内。"这里所谓的"新发现的罪"，一般称之为"漏罪"，即指在原判决宣告并生效以前实施的，但尚未判决而应依法追诉，并与原判决之罪（以下简称"本罪"）进行数罪并罚的罪行。《刑法》第70条就是对刑罚执行完毕以前发现漏罪的并罚方式的规定，通常简称为"先并后减"，即先将漏罪所判处的刑罚与已判处的本罪之刑罚，按照《刑法》第69条所规定的并罚规则进行并罚，决定应执行的刑罚；然后，再减去本罪判决中已经执行的刑期。例如，被告人唐某犯甲罪被判处有期徒刑10年，在刑罚执行6年以后，发现他在判决宣告以前还有乙罪没有处理且没有超过追诉期限，乙罪依法应判处有期徒刑8年。则此时如何确定唐某还需要执行的刑罚？此案中，唐某所犯的乙罪是在甲罪刑罚执行期间发现的漏罪，故先将甲乙两罪所判的刑罚依法并罚，应在10年以上18年以下决定执行的刑期。然后将已经执行的6年从10年以上18年以下扣除，即此时唐某还需要执行的刑罚在4年以上12年以下有期徒刑这一幅度内确定。

对于行刑期间所发现的漏罪，不论与本罪的性质是否相同，亦即无论是异种数罪还是同种数罪，都应当单独作出判决，并与本罪进行数罪并罚。这一点显然不同于第69条规定的情形。

3. 判决宣告以后、刑罚执行完毕以前又犯新罪的并罚。《刑法》第71条规定："判决宣告以后，刑罚执行完毕以前，被判刑的犯罪分子又犯罪的，应当对新犯的罪作出判决，把前罪没有执行的刑罚和后罪所判处的刑罚，依照本法第69条的规定，决定执行的刑罚。"这里所谓的"新犯的罪"，即指在原判决所确定的刑罚执行完毕以前实施的，并在刑罚执行期间发现，而应当与原判决之罪进行数罪并罚的罪行，理论上一般简称为"新罪"。《刑法》第71条就是对刑罚执行完毕以前又犯新罪的并罚方式的规定，通常简称为"先减后并"。具体而言，首先应从前罪判决决定执行的刑罚中减去已经执行的刑罚，然后将前罪未执行的刑罚（余刑）与后罪所判处的刑罚并罚，决定应执行的刑罚。这种计算刑期的方法就是所谓的"先减后并"。例如，被告人赵某因犯甲罪被判处有期徒刑12年，在服刑9年后又犯乙罪，对乙罪应判处有期徒刑10年，则此时如何确定赵某还应执行的刑罚？此案中，赵某所犯的乙罪属于行刑期间所犯的新罪，故依照先减后并的规则，将其甲罪没有执行完毕的 3 年有期徒刑与新犯乙罪所判的 10 年有期徒刑进行并罚，即此时被告人赵某还需要执行的刑期在 10 年以上 13 年以下这一幅度内决定。

六、缓刑制度

根据我国《刑法》第 72 条的规定，缓刑是指对于被判处拘役、3 年以下有期徒刑的犯罪人，依据法定条件而暂缓原判刑罚的执行，在考验期内，如果遵守一定条件，原判刑罚就不再执行的一项制度。可见，我国刑法所规定的缓刑属于刑罚暂缓执行，即有条件地不执行所判刑罚。其特点是既判处一定刑罚，同时又宣告暂缓执行，但在一定期间保留执行的可能性。缓刑不是独立的刑种，而是一种刑罚适用制度。

（一）缓刑的适用条件

根据《刑法》第 72 条、第 74 条的规定，适用缓刑必须符合以下条件：

1. 对象条件。缓刑只适用于被判处拘役或者 3 年以下有期徒刑的犯罪分子。这说明缓刑的对象只能是罪行较轻、社会危害性不大的犯罪分子。如果一人犯数罪，实行数罪并罚后，决定执行的刑罚（即执行刑）为 3 年以下有期徒刑或者拘役，符合缓刑其他条件的，也可以适用缓刑。

2. 实质性条件。适用缓刑的实质条件或者说根本条件是犯罪分子的犯罪情节较轻、有悔罪表现、没有再犯罪的危险、宣告缓刑对所居住社区没有重大不良影响。这表明并非对所有的被判处拘役或者 3 年以下有期徒刑的犯罪分子都可以适用缓刑，因为对于其中犯罪情节恶劣、没有悔罪表现、不予关押可能会继续危害社会的犯罪分子，也不能宣告缓刑。如果犯罪分子不满 18 周岁、怀孕的妇女或者已满 75 周岁这三类对象，只要被判处拘役、3 年以下有期徒刑，原则上应当适用缓刑。

3. 禁止性条件。根据《刑法》第 74 条的规定，对于累犯和犯罪集团的首要分子禁止适用缓刑。累犯、犯罪集团的首要分子即便被判处 3 年以下有期徒刑，也不得适用缓刑。这里需要指出的是，应当适用缓刑的三类对象与禁止适用缓刑的两类人之间的关系如何协调？即被判处 3 年有期徒刑的未成年人、怀孕的妇女或已满 75 周岁的人同时又是累犯或犯罪集团的首要分子的，能否适用缓刑？基于宽严相济刑事政策中的"宽中有严、以严济宽"之精神，该三类应当缓刑的犯罪分子仍应受禁止性条件的限制，如已满 75 周岁但又属于累犯或犯罪集团的首要分子的，仍禁止适用缓刑。

（二）缓刑犯的考验

1. 缓刑犯的考验期。缓刑的考验期，是指对被宣告缓刑的犯罪人进行考察的一定期间。缓刑考验期是缓刑制度的重要组成部分。《刑法》第 73 条第 1、2 款规定："拘役的缓刑考验期限为原判刑期以上 1 年以下，但是不能少于 2 个月。有期徒刑的缓刑考验期限为原判刑期以上 5 年以下，但是不能少于 1 年。"可见，我国刑法根据判处的拘役和有期徒刑分别规定不同的缓刑考验期限，并以原判刑罚期限的长短为基础，即所犯罪行的轻重程度不同，考验期限也相应不同。

根据《刑法》第 73 条第 3 款的规定，缓刑考验期限，从判决确定之日起计算。对于判决确定以前先行羁押的日期，不能折抵考验期限，因为缓刑考验期并非刑罚执行期限。

2. 缓刑犯的考察。被宣告缓刑的犯罪分子，在缓刑考验期限内，由社区矫正部门依法实行社区矫正。根据《刑法》第 75 条的规定，被宣告缓刑的犯罪分子应当遵守下列规定：一是遵守法律、行政法规，服从监督；二是按照考察机关的规定报告自己的活动情况；三是遵守考察机关关于会客的规定；四是离开所居住的市、县或者迁居，应当报经考察机关批准。同时，《刑法》第 72 条规定，根据具体的犯罪情况，法院可判令其在缓刑考验期限内不得从事特定活动，不得进入特定区域、场所，不得接触特定的人。可见，缓刑犯除了遵守《刑法》第 75 条所规定的四项考察义务外，还要严守法院的相关禁止令。

缓刑考察的基本内容就是在缓刑考验期限内，对被宣告缓刑的犯罪分子进行监督、观察、教育，帮助其改过自新。考察的基本内容主要是看缓刑犯是否具有《刑法》第 77 条规定的情形以及是否违反了《刑法》第 75 条的规定，即是否再犯新罪或者被发现漏罪，以及是否违反法律、行政法规或国务院有关部门关于缓刑的监督管理规定。可见，在缓刑期间对缓刑犯的考察内容还是比较广泛的，包括了解犯罪人的改造情况，督促其遵纪守法，预防其重新犯罪，等等。考察的方法没有限制，但既不能放任不管，也不能将考察变成管制。

（三）缓刑的法律后果

根据《刑法》第 76 条、第 77 条的规定，缓刑的法律后果可以总结为这样两种结局：或者是成功的缓刑，或者是失败的缓刑。

第一，成功的缓刑，即缓刑犯遵守了法定义务，表现良好，缓刑期间没有被发现依法应撤销缓刑的情形，考验期满原判刑罚就不再执行，并公开予以宣告，表明对其适用缓刑是成功的。

第二，失败的缓刑，即缓刑犯没有严格遵循法定义务，具有《刑法》第 77 条规定的情形而被撤销缓刑，从某种角度来说，对其适用缓刑是不成功的。根据《刑法》第 77 条的规定，撤销缓刑的法定情形有三种：一是在缓刑考验期限内再犯新罪；二是在缓刑考验期内发现判决宣告以前还有其他罪没有判决（即发现漏罪）；三是违反法律、行政法规或者国务院有关部门关于缓刑的监督管理规定，或者违反人民法院判决中的禁止令，情节严重的。其中，在前两种情形下不仅要撤销缓刑，还存在数罪并罚的问题，即依照《刑法》第 69 条之规定进行并罚。而针对第三种情形只需直接撤销缓刑、收监执行原判刑罚（实刑）即可。

第八节　刑罚执行与刑罚消灭

刑罚执行，亦即行刑，是指具有行刑权的司法机关依法将生效刑事裁判所确定的刑罚付诸实施的刑事司法活动。我国刑法规定了减刑与假释这两个重要的行刑制度。

一、减刑

减刑，是指司法机关根据服刑人员的表现依法对其减轻原判刑罚的行刑制度。所谓"减轻"原判刑罚，包括两种情形：一是把原判较重的刑种减为较轻的刑种，如被判处无期徒刑的犯罪人，在执行期间具有立功表现，依法将无期徒刑减为 18 年有期徒刑即是如此；二是把原判较长的刑期减为较短的刑期，如被判处 12 年有期徒刑的犯罪人，在执行期间具有悔改表现，依法将 12 年有期徒刑减为 11 年有期徒刑即是如此。

（一）减刑的条件

《刑法》第 78 条将减刑分为两种情况：一是可以减刑；二是应当减刑。二者只是在实质条件上有所差异，其他条件基本相同。根据《刑法》第 78 条的规定，减刑适用条件包括以下方面：

1. 减刑的对象条件。对被判处管制、拘役、有期徒刑、无期徒刑的犯罪分子，依法可以适用减刑。可见这里只有刑种的限制，而没有刑期的限制，也没有犯罪性质的限制。

2. 减刑的实质条件。即减刑的根本性条件、减刑的根据。因减刑的法定类型不同，减刑的条件有所不同：①可以减刑，亦即酌定减刑。其实质条件是，犯罪分子在刑罚执行期间，认真遵守监规，接受教育改造，确有悔改表现，或者有立功表现。具体而言，只要具备其中的一种情形，即可以适用减刑：一是犯罪分子在执行期间，认真遵守监规，接受教育改造，确有悔改表现；二是犯罪分子在执行期间，认真遵守监规，接受教育改造，有立功表现。②应当减刑，亦即法定减刑。其实质条件是，犯罪分子在刑罚执行期间，有重大立功表现。根据《刑法》第 78 条的规定，有下列重大立功表现之一的，应当减刑：①阻止他人重大犯罪活动的；②检举监狱内外重大犯罪活动，经查证属实的；③有发明创造或者重大技术革新的；④在日常生产、生活中舍己救人的；⑤在抗御自然灾害或者排除重大事故中，有突出表现的；⑥对国家和社会有其他重大贡献的。这表明，犯罪分子如果在服刑期间确有重大立功表现的，获得减刑是其一项权利。

3. 减刑的限度条件。减刑是在原判刑罚的基础上，根据犯罪分子的悔改或者立功表现，将其原判刑罚予以适当减轻。但是，无论是刑种的减轻，还是刑期的减轻，都必须减得适当，即必须有一定的限度。基于宽严相济刑事政策与刑罚正义性原则，适用减刑时须满足一定的实际执行最低期限之要求。根据《刑法》第78条第2款之规定，该最低期限具体是：①对于被判处有期自由刑的（即管制、拘役、有期徒刑），不能少于原判刑期的1/2；②对于被判处无期徒刑的，不能少于13年；③如果原判是死刑缓期2年执行的，若2年期间没有故意犯罪，2年期满后依法减为无期徒刑或25年有期徒刑，在该徒刑执行期间，依法也可以适用减刑，但其实际执行的刑期不少于15年（不含2年考验期）。但是，对于被判处死缓的累犯和因故意杀人、强奸、抢劫、绑架、放火、爆炸、投放危险物质或者有组织的暴力性犯罪而被判处死缓的犯罪分子（即"八类重罪罪犯"），依法可以限制减刑。若属于限制减刑的死缓，则对其减为无期徒刑、25年有期徒刑后，再减刑的应从严掌握、限制适用并提高其实际执行期间：死缓期满后依法减为无期徒刑的，实际执行刑期不能少于25年，死缓期满后依法减为25年有期徒刑的，实际执行刑期不能少于20年。这里的最低期限均不含2年考验期。

（二）减刑的程序和减刑后的刑期计算

为了保证减刑适用的合法性与正当性，避免减刑制度的滥用，维护刑法与判决的权威性与严肃性，刑法对其适用程序作出了明确要求。根据《刑法》第79条的规定，减刑应当由服刑所在地的中级以上人民法院裁定，执行机关仅享有减刑建议权而无减刑裁定权，但没有执行机关的减刑建议法院也不能直接作出减刑决定。对减刑案件，人民法院应当组成合议庭进行审理，裁定减刑。

减刑后的刑期计算方法，因原判刑罚的种类不同而有所区别：一是对于原判刑罚为管制、拘役、有期徒刑的，减刑后的刑期应从原判决执行之日起计算，即原判刑期已经执行的部分时间应计算到减刑后的刑期以内；二是对于无期徒刑减为有期徒刑的，有期徒刑的刑期从裁定减刑之日起计算，已经执行的刑期以及判决宣告以前先行羁押的日期不得计算在裁定减刑后的有期徒刑的刑期以内；三是对于无期徒刑减为有期徒刑以后再次减刑的，其刑期的计算则应按照有期徒刑的方法计算，即从无期徒刑裁定减为有期徒刑之日起计算。

二、假释制度

假释，是指对被判处有期徒刑或无期徒刑的犯罪分子，在执行一定刑期之后，因其认真遵守监规，接受教育改造，确有悔改表现，不致再危害社会，而附条件将其提前释放的一种行刑制度。假释是体现行刑社会化、行刑效益性原则的最重要行刑制度之一。

（一）假释适用的条件

根据《刑法》第 81 条的规定，适用假释应当遵守下列条件：

1. 假释的对象条件。假释只适用于被判处有期徒刑、无期徒刑的犯罪分子。对被判处其他刑罚的犯罪分子，不得假释。但应注意的是，对于被判处死刑缓期 2 年执行的，虽然不能直接适用假释，但死刑缓期 2 年执行依法被减为无期徒刑或者有期徒刑后，符合条件的，也可以适用假释。

2. 假释的实质条件，也即适用假释的根本性条件。根据刑法的规定，适用假释的实质条件是犯罪分子认真遵守监视，接受教育改造，确有悔改表现，没有再犯罪的危险。

3. 假释的时间条件。假释只适用于已经执行一部分刑罚的犯罪分子。根据《刑法》第 81 条的规定，被判处有期徒刑的犯罪人，执行原判刑期 1/2 以上，被判处无期徒刑的犯罪人，实际执行 13 年以上，才可以假释。同时，如果有特殊情况，经最高人民法院核准，可以不受上述执行刑期的限制。根据有关司法解释，对于死刑缓期执行罪犯依法减为无期徒刑或者有期徒刑后，必须实际执行的刑期在 15 年（不包括 2 年考验期限）以上的，依法也可以适用假释。

4. 假释的禁止性条件。根据《刑法》第 81 条第 2 款的规定，有两类犯罪分子是禁止适用假释的，即"对累犯以及因故意杀人、强奸、抢劫、绑架、放火、爆炸、投放危险物质或者有组织的暴力性犯罪被判处 10 年以上有期徒刑、无期徒刑的犯罪分子，不得假释"。首先，对于累犯而言，不论其所犯的是何种性质的罪行，也不论其被判处的是什么刑种与刑期，都不得假释。其次，对于实施了故意杀人等"八类重罪"并且被判处 10 年以上有期徒刑、无期徒刑的犯罪分子，不得假释。这里的"被判处 10 年以上有期徒刑"是指原判为 10 年以上有期徒刑的情形，即使在刑罚执行期间依法减为 10 年以下有期徒刑的，也不得适用假释。

（二）假释的适用程序与考验

1. 假释的程序。根据《刑法》第 82 条的规定，适用假释的程序同适用减刑的程序是完全一致的，即首先由执行机关向中级以上人民法院提出假释建议，然后由有假释裁定权的法院组成合议庭对假释案件进行审理，裁定是否予以假释。

2. 假释犯的考验期限。犯罪分子的假释考验期限因原判刑罚及其执行的不同而有所不同。根据《刑法》第 83 条的规定，被判处有期徒刑的犯罪分子，其假释的考验期为没有执行完毕的刑期，即裁定假释时的余刑时间；被判处无期徒刑的犯罪分子，其假释的考验期限统一为 10 年。上述假释考验期限，从假释之日起计算。

3. 假释犯应遵守的规定。根据《刑法》第 84 条的规定，被宣告假释的犯罪分子，应当遵守下列规定：①遵守法律、行政法规，服从监督；②按照监督机关的规定报告自己的活动情况；③遵守监督机关关于会客的规定；④离开所居住的市、县或者迁居，应当报经监督机关批准。

4. 假释犯的考察。根据《刑法》第 85 条的规定，被假释的犯罪分子，在假释考验期内，依法实行社区矫正。对假释犯，主要考察其在假释考验期限内是否严格遵循了《刑法》第 84 条的义务性规范、是否具有《刑法》第 86 条规定的情形，即是否再犯新罪或者发现漏罪，以及是否违反法律、行政法规或者国务院有关部门关于假释的监督管理规定。如果没有《刑法》第 86 条规定的情形，假释考验期满，就认为原判刑罚已经执行完毕，并公开予以宣告。如果有《刑法》第 86 条规定的情形，则撤销假释，依照数罪并罚的规定实行数罪并罚，或者收监执行未行完毕的刑罚。

三、刑罚消灭

(一) 刑罚消灭概述

刑罚消灭，是指由于法定或事实的原因，致使代表国家的司法机关不能对犯罪人行使具体的刑罚权。刑罚消灭对国家来说，意味着代表国家的司法机关不能对犯罪人行使具体的刑罚权；对于犯罪人来说，刑罚消灭就是其刑事责任的终结。

根据我国法律的规定，导致刑罚消灭的事由主要包括：①超过追诉时效的；②经特赦免除刑罚的；③告诉才处理的犯罪，被害人在法定追诉期限内没有告诉或者撤回告诉的；④犯罪嫌疑人、被告人在刑事诉讼过程中死亡或者服刑人员在刑罚执行期间死亡的；⑤被判处罚金的犯罪分子由于遭遇不能抗拒的灾祸确有困难，而依法免除的；⑥其他法定事由。这里重点阐述我国刑法中的追诉时效制度。

(二) 追诉时效

追诉时效，是刑法规定的对犯罪分子追究刑事责任的有效期限。在此期限内，司法机关有权追究犯罪分子的刑事责任；但超过了此期限，司法机关就不能再追究刑事责任。刑法规定追诉时效制度，既是为了有效地实现刑法目的，也有利于司法机关开展工作和稳定社会秩序。

1. 追诉时效的期限。刑事案件的追诉时效同民事案件的诉讼时效的理论根基是相通的，制度设计上也有一定的相似之处，但其时效期限长短是不同的。民事案件的诉讼时效基本上是统一的，但刑事案件则因犯罪的社会危害性程度不同，为了实现罪责刑相适应基本原则，其追诉时效不是一刀切的，而是根据具体犯罪的危害性程度大小不同、所对应的具体法定刑不同，追诉时效的期限也有不同。具体而言，根据《刑法》第 87 条的规定，犯罪经过下列期限不再追诉：①法定最高刑为不满 5 年有期徒刑的，经过 5 年；②法定最高刑为 5 年以上不满 10 年有期徒刑的，经过 10 年；③法定最高刑为 10 年以上有期徒刑的，经过 15 年；④法定最高刑为无期徒刑、死刑的，经过 20 年；如果 20 年以后认为必须追诉的，须报请最高人民检察院核准。可见，我国刑法以具体犯罪的法定最高刑为准，将追诉时效的期限设置为 5 年、10 年、15 年与 20 年四个档次。同时，根据《刑法》第 99 条的规定，"以上"、"以下"和"以内"包括本数在内，而"不满"是不包括本数的。所以，如果某罪的法定最高刑为 10 年有期徒刑，则其追诉时效为 15 年而非 10 年。

2. 追诉时效的计算。一般情形下，犯罪的追诉期限"从犯罪之日起计算"。所谓"犯罪之日"，是指犯罪成立之日，即行为符合犯罪构成之日。对于犯罪行为有连续或者继续状态的，从犯罪行为终了之日起计算。

但是，在追诉时效进行期间，因为发生法律规定的事由，追诉时效依法暂时停止进行的，这就是时效延长制度。从我国刑法的规定来看，追诉时效的延长实际上就是因为法定事由使得对犯罪分子的追诉不受限制，具体包括两种法定情况：①《刑法》第 88 条第 1 款规定："在人民检察院、公安机关、国家安全机关立案侦查或者在人民法院受理案件以后，逃避侦查或者审判的，不受追诉期限的限制。"可见，这种时效延长的情况必须具备两个条件：一是司法机关立案侦查或者受理了案件；二是行为人逃避侦查或者审判。具备这两个条件的，不论经过多长时间，任何时候都可以追诉。②《刑法》第 88 条第 2 款规定："被害人在追诉期限内提出控告，人民法院、人民检察院、公安机关应当立案而不予立案的，不受追诉期限的限制。"可见，这种时效延长的情况也应该具备两个条件：一是被害人在追诉期限内向公检法机关提出了控告；二是公检法机关应当立案而不予立案。

3. 追诉时效的中断。《刑法》第 89 条第 2 款规定了追诉时效的中断问题，即"在追诉期限以内又犯罪的，前罪追诉的期限从犯后罪之日起计算"。这表明，在追诉期限以内又犯罪的，前罪的追诉时效便中断，其追诉时效从后罪成立之日起重新计算。对于"又犯罪"即后罪是故意还是过失犯罪、罪重罪轻等都没有限制。

第九章 刑法分则常见罪名及其司法认定

第一节 危害公共安全罪

一、放火罪

《刑法》第114条、第115条规定的放火罪，是指故意放火焚烧公私财物，危害公共安全的行为。

本罪侵犯的客体是公共安全，即不特定多数人的生命、健康或者重大公私财产的安全。因此，放火行为的对象必须是能体现公共安全的公私财物。如果焚烧的公私财物不具有危害公共安全的性质，则不能构成本罪。这也是本罪与以放火方法实施的其他犯罪的界限。本罪的主观方面是故意，即行为人必须是故意点燃公私财物，危害公共安全。如果是过失引燃公私财物，危害公共安全，则是失火罪。本罪的主体是一般主体，即年满14周岁、具有刑事责任能力的自然人可以构成本罪。

放火罪属危险犯，只要行为人故意实施了放火行为，并造成了发生严重后果的危险状态，即构成既遂。放火罪既遂的判断采用"独立燃烧说"，即目的物能够脱离引燃物独立燃烧，视为"已经存在危险状态"。

根据《刑法》第114条、第115条的规定，犯本罪，尚未造成严重后果的，处3年以上10年以下有期徒刑；致人重伤、死亡或者使公私财产遭受重大损失的，处10年以上有期徒刑、无期徒刑或者死刑。

二、失火罪

《刑法》第115条规定的失火罪，是指因过失引起火灾，造成严重后果，危害公共安全的行为。

本罪的客观方面表现为引起火灾，已经造成致人重伤、死亡或者公私财产重大损失的严重后果，并且过失行为与严重后果之间要存在刑法意义上的因果关系。本罪行为人的主观方面只有过失，客观上未造成严重后果的，不构成犯罪。所谓过失，是对严重后果而言，而非是指行为的有意或者无意。本罪的主体是一般主体，即年满16周岁、具有刑事责任能力的自然人可以构成本罪。

根据《刑法》第115条第2款的规定，犯本罪的，处3年以上7年以下有期徒刑；情节较轻的，处 3 年以下有期徒刑或者拘役。

三、投放危险物质罪

《刑法》第 114 条、第 115 条规定的投放危险物质罪，是指故意投放毒害性、放射性、传染病病原体等物质，危害公共安全的行为。

投放危险物质行为可以是作为，也可以是不作为。关于投放的场所、地点法律没有明确规定，也没有限制，但是从犯罪构成的要求上看，必须是能够危害公共安全的场所、地点。本罪属危险犯，即只要行为人的投放行为造成了发生严重后果的危险状态，即成立本罪的既遂。本罪的具体危害通常表现为以下两种形式：①行为已经造成使不特定或者多数人的生命、健康或者公私财产遭受重大损失的危险；②行为已经造成不特定或者多数人的生命、健康的实际损害或者公私财产的重大损失。本罪的主体是一般主体，即年满 16 周岁、具有刑事责任能力的自然人可以构成本罪。

本罪与以投放危险物质的方法故意杀人、故意毁坏公私财物、破坏生产经营、污染环境等犯罪的区别问题，区分的关键是看投放的危险物质是否危及公共安全。

根据《刑法》第 114 条、第 115 条的规定，犯本罪，尚未造成严重后果的，处 3 年以上 10 年以下有期徒刑；致人重伤、死亡或者使公私财产遭受重大损失的，处 10 年以上有期徒刑、无期徒刑或者死刑。

四、以危险方法危害公共安全罪

《刑法》第 114 条、第 115 条规定的以危险方法危害公共安全罪，是指故意使用与放火、决水、爆炸、投放危险物质等危险性相当的其他危险方法，危害公共安全的行为。

所谓"其他危险方法"，是一种概括性的规定，是指除了放火、决水、爆炸、投放危险物质方法以外的，所有可能的与上述方法危险性相当的危险方法的总称。例如，在公共场所或者人员密集的场所私设电网、在公共场所或者人车密集的城市道路驾车故意撞向人群等危险方法。本罪的主观方面只能是故意，过失不能构成本罪。如果行为人因过失以危险方法危害公共安全并且实际造成了危害公共安全的严重后果，应当构成过失以危险方法危害公共安全罪。

认定本罪时应注意划清本罪与故意杀人、交通肇事等犯罪的界限。行为人故意以放火、决水、爆炸、投放危险物质等方法以外的其他危险方法杀害特定的人，没有危害公共安全的，应当构成故意杀人罪。行为人违反交通运输管理法规，发生交通事故，对重大交通事故的发生存在过失的，应当构成交通肇事罪。

根据《刑法》第 114 条、第 115 条的规定，犯本罪，尚未造成严重后果的，处 3 年以上 10 年以下有期徒刑；致人重伤、死亡或者使公私财产遭受重大损失的，处 10 年以上有期徒刑、无期徒刑或者死刑。

五、破坏交通工具罪

《刑法》第 116 条、第 119 条规定的破坏交通工具罪，是指故意破坏火车、汽车、电车、船只、航空器，足以使其发生倾覆、毁坏危险，尚未造成严重后果或者已经造成严重后果的行为。

破坏交通工具罪侵犯的客体是公共安全中的交通运输安全。行为对象是正在使用中的火车、汽车、电车、船只、航空器等 5 种法定的交通工具。对于破坏简单的交通工具，如自行车、马车等，一般不足以危及公共安全，不构成本罪。但是，如果破坏的是作为交通运输工具的大型拖拉机，足以危害公共安全的，应以本罪论处。本罪在客观方面表现为破坏正在使用中的交通工具，足以使交通工具发生倾覆、毁坏危险。本罪的主体是一般主体，即年满 16 周岁、具有刑事责任能力的自然人可以构成本罪。

根据《刑法》第 116 条、第 119 条的规定，犯本罪，尚未造成严重后果的，处 3 年以上 10 年以下有期徒刑；已经造成严重后果的，处 10 年以上有期徒刑、无期徒刑或者死刑。

六、破坏交通设施罪

《刑法》第 117 条、第 119 条规定的破坏交通设施罪，是指故意破坏轨道、桥梁、隧道、公路、机场、航道、灯塔、标志或者进行其他破坏活动，足以使交通工具发生倾覆、毁坏的危险，尚未造成严重后果或者已经造成严重后果的行为。

本罪属危险犯，只有破坏行为足以影响交通设施的功能正常发挥（足以使行使其上的交通工具发生倾覆、毁坏的危险），才构成犯罪。本罪的既遂采取"功能说"，即不以实物遭到破坏为标准，而是以交通设施的实际功能遭到破坏为标准。"其他破坏活动"是指"实物破坏"以外的"隐蔽破坏形式"，如故意乱发信号、指令，篡改指令程序，等等。本罪的主体是一般主体，即年满 16 周岁、有刑事责任能力的自然人可以构成本罪。

根据《刑法》第 117 条、第 119 条的规定，犯本罪，尚未造成严重后果的，处 3 年以上 10 年以下有期徒刑；已经造成严重后果的，处 10 年以上有期徒刑、无期徒刑或者死刑。

七、组织、领导、参加恐怖组织罪

《刑法》第 120 条规定的组织、领导、参加恐怖组织罪，是指组织、领导或者参加恐怖活动组织的行为。

　　本罪的主观方面只能由故意构成，并且必须"以进行恐怖活动为目的"。恐怖组织也是一种犯罪集团，但这种犯罪集团与一般从事盗窃、抢劫、贩卖毒品、贪污等犯罪集团存在明显的区别，它是以进行恐怖活动为目的的犯罪组织。本罪属于行为犯。行为人只要实施了组织、领导、参加恐怖活动组织的行为，就构成犯罪既遂。至于组织、领导、参加恐怖活动组织以后是否进行了其他恐怖活动，不影响本罪的成立。

　　根据《刑法》第 120 条第 2 款的规定，行为人组织、领导或者参加恐怖活动组织以后，又实施了杀人、爆炸、绑架等犯罪活动的，则应当依照《刑法》第69 条的规定，实行数罪并罚。

　　根据《刑法》第 120 条的规定，犯本罪的，处 10 年以上有期徒刑或者无期徒刑；积极参加的，处 3 年以上 10 年以下有期徒刑；其他参加的，处 3 年以下有期徒刑、拘役、管制或者剥夺政治权利。

八、非法制造、买卖、运输、邮寄、储存枪支、弹药、爆炸物罪

　　《刑法》第 125 条规定的非法制造、买卖、运输、邮寄、储存枪支、弹药、爆炸物罪，是指违反法律规定，非法制造、买卖、运输、邮寄、储存枪支、弹药、爆炸物，危害公共安全的行为。

　　非法制造、买卖、运输、邮寄、储存枪支、弹药、爆炸物罪侵犯的客体是双重客体，即公共安全和国家对枪支、弹药和爆炸物的管理制度。本罪客观行为中的"制造"是指未经批准，私自制作、组装、修理、改装或拼装；"运输"既包括使用交通工具运输，也包括随身携带，但是，运输范围仅限于国内。本罪的对象范围是指《枪支管理办法》中规定的各种枪支、弹药和《民用爆炸物品管理规定》中规定的各类炸药、爆炸物品，但不包括烟花爆竹。此外，还包括非军用枪支的主要零部件、专用弹药。"非军用枪支"，是指射击运动枪、猎枪、麻醉注射枪、气枪、钢珠枪、电击枪以及其他足以致人伤亡或者使人丧失知觉的枪支。

　　本罪的主观方面是故意，并且必须以明知为条件。本罪的主体是一般主体，即年满 16 周岁、有刑事责任能力的自然人可以构成本罪，根据《刑法》第 125条的规定，单位也可以构成本罪，单位犯罪的，实行双罚制。

　　根据《刑法》第 125 条的规定，犯本罪的，处 3 年以上 10 年以下有期徒刑；情节严重的，处 10 年以上有期徒刑、无期徒刑或者死刑。单位犯第 1、2 款罪的，对单位判处罚金，并对其直接负责的主管人员和其他直接责任人员，依照第1 款的规定处罚。

九、非法持有、私藏枪支、弹药罪

《刑法》第128条规定的非法持有、私藏枪支、弹药罪，是指违反枪支、弹药管理规定，非法持有、私藏枪支、弹药的行为。所谓"非法持有"，是指不符合配备、配置枪支、弹药条件的人员，违反枪支管理法律、法规的规定，擅自持有的行为。所谓"私藏"，是指依法配备、配置枪支、弹药的人员，在配备、配置枪支、弹药的条件消除后，违反枪支管理法律、法规的规定，私自藏匿、拒不交出的行为。

根据《刑法》第128条第1款的规定，犯本罪的，处3年以下有期徒刑、拘役或者管制；情节严重的，处3年以上7年以下有期徒刑。

十、交通肇事罪

《刑法》第133条规定的交通肇事罪，是指违反交通运输管理法规，因而发生重大事故，致人重伤、死亡或者使公私财产遭受重大损失的行为。

交通肇事罪侵犯的客体是交通运输安全。本罪的客观方面表现为三个方面：①在交通运输过程中。水上运输人员以及其他相关人员造成公路、水上交通事故，也构成交通肇事罪。交通肇事只能发生在"实行公共交通管理的范围内"，对发生在公共交通管理范围以外的事故，只能依据时间、地点、环境、原因等具体情况，分别认定为相应的过失犯罪。②违反交通法规。"违反交通运输管理法规"是构成交通肇事罪不可缺少的"必要前提"。③发生重大事故。违反交通运输管理法规与发生重大事故之间必须存在因果关系。本罪的主体是一般主体，从事交通运输人员或者非交通运输人员都可构成此罪。根据司法解释，单位主管人员、机动车辆所有人或者机动车辆承包人指使、强令他人违章驾驶造成重大交通事故的，以交通肇事罪定罪处罚。本罪的主观方面是过失，即应当预见自己违反交通运输管理法规的行为可能发生重大交通事故，因为疏忽大意而没有预见或者已经预见而轻信能够避免，以致发生这种结果。

根据《刑法》第133条的规定，犯本罪的，处3年以下有期徒刑或者拘役；交通运输肇事后逃逸或者有其他特别恶劣情节的，处3年以上7年以下有期徒刑；因逃逸致人死亡的，处7年以上有期徒刑。所谓"交通运输肇事后逃逸"，是指在发生交通事故后，为逃避法律追究而逃跑的行为。所谓"因逃逸致人死亡"，是指行为人在交通肇事后为逃避法律追究而逃跑，致使被害人因得不到救助而死亡的情形。

十一、危险驾驶罪

《刑法》第133条之一规定的危险驾驶罪，是指在道路上驾驶机动车辆追逐竞驶，情节恶劣的，或者在道路上醉酒驾驶机动车的行为。

危险驾驶罪侵犯的客体是公共安全。本罪的主体是机动车辆驾驶人。本罪的构成有两种行为方式，但条件不同："追逐竞驶"属于情节犯，而"醉酒驾驶"则属于行为犯。醉酒是客观状态，血液中酒精含量达到 80mg/100ml 即属于醉酒。危险驾驶同时构成其他犯罪的（如交通肇事罪），择一重罪论处。醉酒驾驶机动车，以暴力、威胁方法阻碍公安机关依法检查，又构成妨害公务罪等其他犯罪的，依照数罪并罚的规定处罚。

根据《刑法》第 133 条之一的规定，犯本罪的，处拘役，并处罚金。

十二、重大责任事故罪

《刑法》第 134 条第 1 款规定的重大责任事故罪，是指在生产、作业中，违反有关安全管理的规定，因而发生重大伤亡事故或者造成其他严重后果的行为。

本罪的主体为一切直接从事生产、作业的人员。本罪的主观方面是过失。本罪的客观方面要求实际发生重大伤亡事故或者造成其他严重后果。所谓"重大伤亡事故或者造成其他严重后果"一般包括以下三种情形：①造成死亡 1 人以上，或者重伤 3 人以上；②造成直接经济损失 100 万元以上；③造成其他严重后果的情形。

根据《刑法》第 134 条第 1 款的规定，犯本罪的，处 3 年以下有期徒刑或者拘役；情节特别恶劣的，处 3 年以上 7 年以下有期徒刑。

第二节　破坏社会主义市场经济秩序罪

一、生产、销售伪劣产品罪

《刑法》第 140 条规定的生产、销售伪劣产品罪，是指生产者、销售者在产品中掺杂、掺假，以假充真，以次充好或者以不合格产品冒充合格产品，销售金额 5 万元以上的行为。

本罪的客体是复杂客体，即国家对产品质量的监督管理制度、市场管理制度和消费者的合法权益。本罪的客观方面即生产、销售伪劣产品的行为，具体表现形式包括：①掺杂、掺假，即在生产、销售的产品中掺入与原产品并不同类的杂物，或者掺入其他不符合原产品质量的假产品，如在棉花中掺细沙、在牛奶中掺豆浆等。②以假充真，即以伪造的产品冒充真正的产品，如以糖精加水和调色剂的制成品冒充人参蜂王浆等。③以次充好，即以残、次产品冒充质量好的产品，如以国产的普通感冒药冒充进口名贵药。④以不合格产品冒充合格产品，即将没有达到国家标准、行业标准的产品冒充达到国家标准、行业标准的产品，将超过使用期限的产品冒充没有超过使用期限的产品等。行为人实施其中任意一种行为便可能构成本罪，如果行为人同时实施上述两种行为的，也仅构成一罪。此外，生产、销售伪劣产品构成犯罪的，要求销售金额达到 5 万元以上。本罪的销售金额是指生产者、销售者出售伪劣产品所得和应得的违法收入。多次生产、销售伪劣产品、未经处理的，销售金额累计计算。本罪的主观方面是故意，即行为人明知是伪劣产品而生产、销售。

根据《刑法》第 140 条、第 150 条的规定，犯本罪，销售金额 5 万元以上不满 20 万元的，处 2 年以下有期徒刑或者拘役，并处或者单处销售金额 50% 以上 2 倍以下罚金；销售金额 20 万元以上不满 50 万元的，处 2 年以上 7 年以下有期徒刑，并处销售金额 50% 以上 2 倍以下罚金；销售金额 50 万元以上不满 200 万元的，处 7 年以上有期徒刑，并处销售金额 50% 以上 2 倍以下罚金；销售金额 200 万元以上的，处 15 年有期徒刑或者无期徒刑，并处销售金额 50% 以上 2 倍以下罚金或者没收财产。单位犯本罪的，对单位判处罚金，并对其直接负责的主管人员和其他直接责任人员，各依照该条的规定处罚。

二、生产有毒、有害食品罪

《刑法》第 144 条规定的生产、销售有毒、有害食品罪，是指违法国家食品卫生管理法规，在生产、销售的食品中掺入有毒、有害的非食品原料的，或者销售明知是掺有有毒、有害的非食品原料的食品的行为。

本罪的客体是复杂客体，即国家对食品卫生的管理制度和不特定或者多数人的生命、健康安全。本罪的客观方面表现为两种行为：①在食品的生产、销售过程中掺入有毒、有害的非食品原料；②明知是掺有有毒、有害非食品原料的食品而予以销售。可见，构成本罪一方面要求食品中必须掺入了非食品原料，另一方面要求掺入的非食品原料必须是对人体有毒或者有害的，即可能造成严重食物中毒或者其他严重食源性疾患。本罪是行为犯，即行为人只要有实施上述两种行为之一的，就构成本罪。本罪主体既可以是自然人，又可以是单位。本罪的主观方面是故意，并不要求以营利为目的。

根据《刑法》第 144 条、第 150 条的规定，犯本罪的，处 5 年以下有期徒刑，并处罚金；对人体健康造成严重危害或者有其他严重情节的，处 5 年以上 10 年以下有期徒刑，并处罚金；致人死亡或者有其他特别严重情节的，依照本法第 141 条的规定处罚。

单位犯本罪的，对单位判处罚金，并对其直接负责的主管人员和其他直接责任人员，各依照该条的规定处罚。

三、走私普通货物、物品罪

《刑法》第 153 条规定的走私普通货物、物品罪，是指违反海关法规定，逃避海关监管，运输、携带、邮寄普通货物、物品进出国（边）境，偷逃应缴税额较大或者 1 年内曾因走私被给予 2 次行政处罚后又走私的行为。

　　本罪的客体是国家对外贸易管制中对普通货物、物品进出口的监管制度和关税征收制度。本罪的对象是普通货物、物品，即除武器、弹药、核材料、伪造的货币、文物、贵重金属、珍贵动物及其制品、珍稀植物及其制品、淫秽物品、固体废物、液态废物、气态废物以及毒品之外的其他货物、物品。本罪的客观方面为走私普通货物、物品，偷逃应缴税额较大的行为。首先，所谓走私，实际上就是违反海关法规，逃避海关监管的行为，具体表现为这样的几种情形：①在未设海关的国（边）境线上，运输、携带货物、物品进出国（边）境；②虽然经过海关，但采取隐匿、伪装、谎报等方法，蒙骗海关检查人员，偷运、携带、偷寄货物、物品过关的行为；③直接向走私人非法收购走私的物品；④在内海（包括内河的入海口水域）、领海运输、收购、贩卖走私的物品。其次，走私行为除上述所列举的 4 种方式之外，还包括以下几种行为方式：①未经海关许可且未补缴应缴税额，擅自将批准进口的来料加工、来件装配、补偿贸易的原材料、零部件、制成品、设备等保税货物，在境内销售牟利的；②未经海关许可且未补缴应缴税额，擅自将特定减税、免税进口的货物、物品，在境内销售牟利的；这两种走私行为称为"变相走私"，应区别于普通的绕关、瞒关、闯关等走私行为。最后，走私普通货物、物品要求偷逃应缴税额较大的，才构成本罪。本罪的主体是一般主体，即自然人和单位均可构成本罪。本罪的主观方面是故意，过失不构成本罪。

　　根据《刑法》第 153 条的规定，走私货物、物品偷逃应缴税额较大或者 1 年内曾因走私被给予 2 次行政处罚后又走私的，处 3 年以下有期徒刑或者拘役，并处偷逃应缴税额 1 倍以上 5 倍以下罚金。走私货物、物品偷逃应缴税额巨大或者有其他严重情节的，处 3 年以上 10 年以下有期徒刑，并处偷逃应缴税额 1 倍以上 5 倍以下罚金。走私货物、物品偷逃应缴税额特别巨大或者有其他特别严重情节的，处 10 年以上有期徒刑或者无期徒刑，并处偷逃应缴税额 1 倍以上 5 倍以下罚金或者没收财产。单位犯前款罪的，对单位判处罚金，并对其直接负责的主管人员和其他直接责任人员，处 3 年以下有期徒刑或拘役；情节严重的，处 3 年以上 10 年以下有期徒刑；情节特别严重的，处 10 年以上有期徒刑。对多次走私未经处理的，按照累计走私货物、物品的偷逃应缴税额处罚。

四、非国家工作人员受贿罪

　　《刑法》第 163 条规定的非国家工作人员受贿罪，是指公司、企业或者其他单位的工作人员利用职务上的便利，索取他人财物或者非法收受他人财物，为他人谋取利益，数额较大的行为。

本罪的客体是公司、企业或者其他单位的正常管理秩序和工作人员职务的廉洁性。本罪的客观方面表现为：①利用职务上的便利，索取他人财物或者非法收受他人财物，为他人谋取利益，数额较大的行为；②在经济往来中，利用职务上的便利，违反国家规定，收受各种名义的回扣、手续费，归个人所有的行为。本罪的主体是公司、企业人员。但是，国有公司、企业或者其他国有单位中从事公务的人员和国有公司、企业或者其他国有单位委派到非国有公司、企业以及其他单位从事公务的人员有本条第1、2款行为的，依照本法第385条、第386条的规定以受贿罪定罪处罚。

根据《刑法》第163条的规定，犯本罪的，处5年以下有期徒刑或者拘役；数额巨大的，处5年以上有期徒刑，可以并处没收财产。

五、对非国家工作人员行贿罪

《刑法》第164条规定的对非国家工作人员行贿罪，是指为谋取不正当利益，给予公司、企业或者其他单位的工作人员以财物，数额较大的行为。

本罪的客体是公司、企业或者其他单位的正常管理秩序和工作人员职务的廉洁性。本罪的客观方面表现为给予公司、企业或者其他单位的工作人员以财物，数额较大的行为。本罪的主体是一般主体，即自然人和单位均可构成本罪。本罪的主观方面是故意，并且具有谋取不正当利益的目的。但是，是否实际谋取到不正当利益，不影响本罪的成立。

根据《刑法》第164条的规定，犯本罪的，处3年以下有期徒刑或者拘役；数额巨大的，处3年以上10年以下有期徒刑，并处罚金。单位犯本条第1、2款罪的，对单位判处罚金，并对其直接负责的主管人员和其他直接责任人员，依照第1款的规定处罚。行贿人在被追诉前主动交待行贿行为的，可以减轻处罚或者免除处罚。

六、伪造货币罪

《刑法》第170条规定的伪造货币罪，是指违反货币管理制度，仿照货币的式样以及其他特征，制造假货币并冒充真货币，数额较大的行为。

本罪的客体是国家的货币管理制度。犯罪对象是在我国境内市场流通和可兑换的人民币和境外货币。本罪的主体是一般主体。本罪的主观方面是直接故意，并且具有以假货币冒充真货币的目的。"数额较大"是指面额在2000元或者币量在200张以上。

关于本罪既遂与未遂问题。伪造货币的行为，一般都有相当的谋划、实施过程。只有实施的行为造出了假币，才构成本罪的既遂。此前，即使制造假币的工序已完成，只要在尚未最终完成（不能冒充真币使用）前被查获，就属于伪造货币犯罪的未遂。

根据《刑法》第 170 条规定，犯本罪的，处 3 年以上 10 年以下有期徒刑，并处 5 万元以上 50 万元以下罚金；有下列情形之一的，处 10 年以上有期徒刑、无期徒刑或者死刑，并处 5 万元以上 50 万元以下罚金或者没收财产：①伪造货币集团的首要分子；②伪造货币数额特别巨大的；③有其他特别严重情节的。

七、洗钱罪

《刑法》第 191 条规定的洗钱罪，是指明知是毒品犯罪、黑社会性质的组织犯罪、恐怖活动犯罪、走私犯罪、贪污贿赂犯罪、破坏金融管理秩序犯罪、金融诈骗犯罪的所得及其产生的收益，为掩饰、隐瞒其来源和性质的行为。

本罪的客体是双重客体，即国家正常的金融管理秩序和司法机关的正常活动。本罪的主体是一般主体。本罪的主观方面是故意，并且具有掩饰、隐瞒毒品犯罪、黑社会性质的组织犯罪、恐怖活动犯罪、走私犯罪、贪污贿赂犯罪、破坏金融管理秩序犯罪、金融诈骗犯罪的所得及其产生的收益的来源和性质的目的。本罪的客观方面表现为下列行为：①提供资金账户的；②协助将财产转换为现金、金融票据、有价证券的；③通过转账或者其他结算方式协助资金转移的；④协助将资金汇往境外的；⑤以其他方法掩饰、隐瞒犯罪所得及其收益的来源和性质的。关于本罪的构成，应当特别注意本罪与七种"源"犯罪的区别。对于洗钱之前事先通谋并参与七种"源"罪的，应以其所参与的犯罪定罪处罚，而不能以洗钱罪定罪处罚，更不能两罪并罚。也不能对被洗之钱的提供者——即七种"源"罪的犯罪分子与洗钱罪行为人以洗钱罪共犯论处。

根据《刑法》第 191 条的规定，犯本罪的，没收实施以上犯罪的所得及其产生的收益，处 5 年以下有期徒刑或者拘役，并处或者单处洗钱数额 5% 以上 20% 以下罚金；情节严重的，处 5 年以上 10 年以下有期徒刑，并处洗钱数额 5% 以上 20% 以下罚金。单位犯本罪的，对单位判处罚金，并对其直接负责的主管人员和其他直接责任人员，处 5 年以下有期徒刑或者拘役；情节严重的，处 5 年以上 10 年以下有期徒刑。

八、贷款诈骗罪

《刑法》第 193 条规定的贷款诈骗罪，是指以非法占有为目的，虚构事实或者隐瞒真相，诈骗银行或者其他金融机构的贷款，数额较大的行为。

本罪的客体是国家正常的贷款管理制度和金融机构对所借出资金的所有权。本罪的主观方面是故意，并且具有非法占有贷款的目的。本罪的主体是一般主体。本罪的客观方面表现为以下贷款诈骗的行为：①编造引进资金、项目等虚假理由的；②使用虚假的经济合同的；③使用虚假的证明文件的；④使用虚假的产权证明作担保或者超出抵押物价值重复担保的；⑤以其他方法诈骗贷款的。构成本罪必须具有占有贷款的目的，如果骗取贷款到期后如期予以偿还，则不构成犯罪。构成本罪必须达到骗取贷款并非法占有贷款数额较大，即人民币 1 万元以上。

根据《刑法》第 193 条的规定，犯本罪的，处 5 年以下有期徒刑或者拘役，并处 2 万元以上 20 万元以下罚金；数额巨大或者有其他严重情节的，处 5 年以上 10 年以下有期徒刑，并处 5 万元以上 50 万元以下罚金；数额特别巨大或者有其他特别严重情节的，处 10 年以上有期徒刑或者无期徒刑，并处 5 万元以上 50 万元以下罚金或者没收财产。

九、保险诈骗罪

《刑法》第 198 条规定的保险诈骗罪，是指以非法占有为目的，虚构事实或者隐瞒真相，进行保险诈骗活动，数额较大的行为。

本罪的客体是国家正常的保险管理秩序和保险人的财产所有权。本罪的主体是投保人、被保险人、受益人，单位可以构成本罪。保险事故的鉴定人、证明人、财产评估人故意提供虚假的证明文件，为他人诈骗提供条件的，以保险诈骗的共犯论处。本罪的主观方面是故意，并且具有非法占有保险金的目的。本罪的客观方面表现为下列行为：①投保人故意虚构保险标的，骗取保险金的；②投保人、被保险人或者受益人对发生的保险事故编造虚假的原因或者夸大损失的程度，骗取保险金的；③投保人、被保险人或者受益人编造未曾发生的保险事故，骗取保险金的；④投保人、被保险人故意造成财产损失的保险事故，骗取保险金的；⑤投保人、受益人故意造成被保险人死亡、伤残或者疾病，骗取保险金的。

行为人为骗取保险金而故意杀害、伤害被保险人、投保人或故意焚烧投保的财物、住房的，即有前款第 4 项、第 5 项所列行为而构成其他犯罪，同时构成本罪的，依照数罪并罚的规定处罚。

根据《刑法》第 198 条的规定，犯本罪的，处 5 年以下有期徒刑或者拘役，并处 1 万元以上 10 万元以下罚金；数额巨大或者有其他严重情节的，处 5 年以上 10 年以下有期徒刑，并处 2 万元以上 20 万元以下罚金；数额特别巨大或者有其他特别严重情节的，处 10 年以上有期徒刑，并处 2 万元以上 20 万元以下罚金或者没收财产。单位犯第 1 款罪的，对单位判处罚金，并对其直接负责的主管人员和其他直接责任人员，处 5 年以下有期徒刑或者拘役；数额巨大或者有其他严重情节的，处 5 年以上 10 年以下有期徒刑；数额特别巨大或者有其他特别严重情节的，处 10 年以上有期徒刑。

十、逃税罪

《刑法》第 201 条规定的逃税罪，是指纳税人、扣缴义务人虚构事实或者隐瞒真相，逃避缴纳税款或者代扣、代缴税款，数额较大并且占应纳税额 10% 以上的行为。

本罪的客体是国家税收征管秩序。本罪主体是纳税人、扣缴义务人。本罪的主观方面是故意，并且具有偷逃应缴税款的目的。本罪的客观方面表现为：①纳税人采取欺骗、隐瞒手段进行虚假纳税申报或者不申报，逃避缴纳税款数额较大并且占应纳税额 10% 以上的行为。②扣缴义务人采取前款所列手段，不缴或者少缴已扣、已收税款，数额较大的，依照前款的规定处罚。对多次实施逃税行为，未经处理的，按照累计数额计算。

认定本罪注意划清罪与非罪的界限：①情节严重的才能构成犯罪；②过失漏税行为不构成犯罪；③行为人出于地方利益考虑或由于工作失误作出了违反法律、法规的减、免税决定，不构成犯罪。如果行为人出于为纳税人偷税而擅自决定减、免其应缴税款情节严重的，构成逃税罪。

根据《刑法》第 201 条的规定，犯本罪的，处 3 年以下有期徒刑或者拘役，并处罚金；数额巨大并且占应纳税额 30% 以上的，处 3 年以上 7 年以下有期徒刑，并处罚金。

十一、假冒注册商标罪

《刑法》第 213 条规定的假冒注册商标罪，是指未经注册商标所有人许可，在同一种商品上使用与其注册商标相同的商标，情节严重的行为。

本罪的客体是国家的商标管理秩序和商标权人的商标专用权。本罪的主体是一般主体。本罪的主观方面是故意，并且具有非法牟利的目的。本罪的客观方面表现为未经注册商标所有人许可，在同一种商品上使用与其注册商标相同的商标，情节严重的行为。"情节严重"是指具有下列情形之一：①非法经营额在 5 万元以上或者违法所得额在 3 万元以上；②假冒两种以上注册商标，非法经营额在 3 万元以上或者违法所得额在 2 万元以上；③其他情节严重的情形。

如果行为人在同一种商品上假冒他人注册商标，其后又销售的，则以假冒注册商标罪一罪论处。

根据《刑法》第 213 条的规定，犯本罪的，处 3 年以下有期徒刑或者拘役，并处或者单处罚金；情节特别严重的，处 3 年以上 7 年以下有期徒刑，并处罚金。

十二、合同诈骗罪

《刑法》第 224 条规定的合同诈骗罪，是指以非法占有为目的，在签订、履行合同过程中，骗取对方当事人财物，数额较大的行为。

本罪的客体是国家对经济合同的管理秩序和公私财物的所有权。本罪的主体是一般主体。本罪的主观方面是故意，并且具有非法占有他人财物的目的。这是合同诈骗罪与合同纠纷的关键区别。本罪的客观方面表现为下列行为之一：①以虚构的单位或者冒用他人名义签订合同的；②以伪造、变造、作废的票据或者其他虚假的产权证明作担保的；③没有实际履行能力，以先履行小额合同或者部分履行合同的方法，诱骗对方当事人继续签订和履行合同的；④收受对方当事人给付的货物、货款、预付款或者担保财产后逃匿的；⑤以其他方法骗取对方当事人财物的。

合同诈骗行为所骗取的财物必须达到数额较大，才能构成犯罪。"数额较大"是指下列情形之一：①个人合同诈骗财物数额在 5000 元 ~ 2 万元以上的；②单位直接负责的主管人员和其他直接负责人员以单位名义实施诈骗，诈骗所得归单位所有的，数额在 5 万元 ~20 万元以上的。

根据《刑法》第 224 条、第 231 条的规定，犯本罪的，处 3 年以下有期徒刑或者拘役，并处或者单处罚金；数额巨大或者有其他严重情节的，处 3 年以上 10 年以下有期徒刑，并处罚金；数额特别巨大或者有其他特别严重情节的，处 10 年以上有期徒刑或者无期徒刑，并处罚金或者没收财产。

第三节　侵犯公民人身权利、民主权利罪

一、故意杀人罪

《刑法》第 232 条规定的故意杀人罪，是指非法剥夺他人生命的行为。

本罪的客体是他人的生命权利，是指己身以外的自然人非经法定程序不得剥夺的生存权利。本罪的对象是有生命的自然人。本罪的主体是一般主体，凡年满 14 周岁、有刑事责任能力的自然人，均可成为本罪的主体。本罪的主观方面是故意，包括直接故意和间接故意。行为人主观方面是直接故意时，必须同时具有非法剥夺他人生命的目的。本罪的客观方面表现为剥夺他人生命，以及剥夺行为的非法性。

关于本罪的几个界限问题：①帮助他人自杀行为，因为自杀者事先已有自杀意图，该意图并非帮助者引起，因此，除非帮助者对自杀者提供物质帮助的可构成故意杀人罪外，仅仅给予自杀者精神鼓励的，不构成故意杀人罪。而且，前种行为因帮助者对自杀者的死亡并非起主要作用，因而，应当从宽处罚。②相约自杀行为中，只有帮助一方自杀后，自己自杀未遂的，才可构成故意杀人罪。但是，因为确系真诚约定自杀并帮助对方，而非一般杀人，因此，对于自杀未遂者应当从宽处罚。③教唆自杀是指唆使没有自杀意图的人产生自杀意图，进而实施

自杀的行为。当教唆行为与自杀存在直接因果关系时，教唆者构成故意杀人罪。④受嘱托杀人（含安乐死），亦称得承诺杀人，是指受已有自杀意图者委托而将其杀死的行为。此种行为是依承诺而独立实施的杀人行为，不同于帮助自杀行为，因而，可以从宽处罚。⑤逼人自杀、诱骗他人自杀行为，本质上完全符合故意杀人罪的构成特征，应当以故意杀人罪定罪，并从重处罚。⑥"间接杀人"行为，是指利用或者教唆未达法定刑事责任年龄的人，或者无刑事责任的精神病人杀人的行为。这种情形中，被教唆者只是教唆者利用的工具，因而，教唆者属于"间接正犯"，应按故意杀人罪定罪，从重处罚。

根据《刑法》第 232 条的规定，犯本罪的，处死刑、无期徒刑或者 10 年以上有期徒刑；情节较轻的，处 3 年以上 10 年以下有期徒刑。"情节较轻"一般是指义愤杀人、防卫过当杀人、帮助自杀、受嘱托杀人、长期受虐待杀人、长期受迫害杀人等。

二、过失致人死亡罪

《刑法》第 233 条规定的过失致人死亡罪，是指因过失致使他人伤亡的行为。

本罪的客体是他人的生命权利。本罪的对象是有生命的人。本罪的主体是一般主体，任何年满 16 周岁、具有刑事责任能力的自然人均可成为本罪的主体。本罪的主观方面是过失，包括疏忽大意的过失和过于自信的过失。本罪的客观方面表现为行为人故意作为或者不作为时，过失地导致了他人的死亡。死亡结果是构成本罪的必备要件。

关于本罪的几个界限问题：①划清过于自信的过失致人死亡罪与间接故意杀人罪的界限。两者的共同点是均出现了他人死亡的结果。两者的不同点主要是：前者行为人对死亡结果的发生是过失，死亡结果的出现是违背其意志的；而后者行为人对死亡结果的发生是间接故意，是放任死亡结果的发生，即死亡结果的发生并不违背其意志。②划清疏忽大意的过失致人死亡与意外事件的界限。两者的共同点是对死亡结果均未认识，但前者行为人本应当认识，只是因疏忽大意而没有认识，因而存在罪过，应当负刑事责任；而后者因行为人本不应认识，因而主观上不存在罪过，因而不负刑事责任。

根据《刑法》第 233 条的规定，犯本罪的，处 3 年以上 7 年以下有期徒刑；情节较轻的，处 3 年以下有期徒刑。本法另有规定的，依照规定。

三、故意伤害罪

《刑法》第 234 条规定的故意伤害罪，是指故意非法损害他人身体健康的行为。

本罪的客体是他人的身体健康权利。本罪的主体是一般主体，凡年满 16 周岁、有刑事责任能力的自然人，均可成为本罪的主体。但是，故意伤害致人重伤或者死亡的情形下，年满 14 周岁、具有刑事责任能力的自然人即可构成本罪。本罪的主观方面是故意，包括直接故意和间接故意。行为人主观方面是直接故意时，必须同时具有非法损害他人身体健康的目的。本罪的客观方面表现为损害他人身体健康的行为，以及损害行为的非法性。同时，故意伤害他人身体健康必须达到轻伤、重伤或者死亡，才能构成本罪，轻微伤不构成犯罪。

认定本罪应当注意的问题：①故意伤害他人达到轻伤程度以上的才构成犯罪。而且，确认伤害程度是轻伤、重伤对量刑具有重要意义。②注意划清故意伤害致人死亡与过失致人死亡的界限。两者的共同点是均出现了致他人死亡的结果，并且两者行为人对死亡结果都是过失。两者的不同点主要是：前者行为人的主观方面具有伤害的故意，而后者行为人没有伤害的故意。③注意划清故意伤害罪与故意杀人未遂的界限。在客观上只有伤害结果而未出现死亡结果时，有必要弄清行为人是仅仅具有伤害故意，还是本就有杀人故意，对确有杀人故意的行为人，应以故意杀人罪定罪处罚；对仅有伤害故意的，应以故意伤害罪定罪处罚。④注意划清故意伤害致人死亡与故意杀人的界限。在客观上已经出现他人死亡结果时，区别的关键是弄清行为人是仅仅具有伤害的故意，但出现了死亡的加重结果，还是本来就具有杀人的故意，并且希望死亡结果的发生。

根据《刑法》第 234 条的规定，犯本罪的，处 3 年以下有期徒刑、拘役或者管制。故意伤害致人重伤的，处 3 年以上 10 年以下有期徒刑；致人死亡或者以特别残忍手段致人重伤造成严重残疾的，处 10 年以上有期徒刑、无期徒刑或者死刑。

四、过失致人重伤罪

《刑法》第 235 条规定的过失致人重伤罪，是指行为人因过失而致他人重伤的行为。

本罪的客体是他人的健康权利。本罪的对象是有生命的人。本罪的主体是一般主体，任何年满 16 周岁、具有刑事责任能力的自然人均可成为本罪的主体。本罪的主观方面是过失，包括疏忽大意的过失和过于自信的过失。本罪的客观方面表现为行为人的某种行为（包括作为与不作为）过失地导致了他人重伤的结果。重伤结果是构成本罪的必备要件。行为人的过失与他人重伤结果之间必须存在因果关系，否则不能构成犯罪。

关于本罪与故意伤害（重伤）的界限。两罪的共同点是客观上均出现了重伤结果。不同点是前者行为人对重伤结果的发生主观上是过失；而后者行为人对重伤结果是故意。

根据《刑法》第 235 条的规定，犯本罪的，处 3 年以下有期徒刑或者拘役。本法另有规定的，依照规定。

五、强奸罪

《刑法》第 236 条规定的强奸罪，是指以暴力、胁迫或者其他手段强奸妇女，或者奸淫不满 14 周岁的幼女的行为。

本罪的客体是妇女的性自由权利或者幼女的身心健康权利。本罪的主体是一般主体，任何年满 14 周岁、具有刑事责任能力的男性均可成为本罪的主体。通常情况下，妇女不可能单独成为本罪的实行犯，也不能单独构成本罪，而只能成为本罪的教唆犯和帮助犯。但是，在特定情况下，女性是可以单独构成本罪的。比如说，在女性教唆或者帮助未满 14 周岁的未成年人或者无刑事责任的精神病人实施强奸行为时，就可以单独构成本罪。本罪的主观方面是直接故意并且具有违背妇女意志、强行与其性交的目的，或者奸淫不满 14 岁的幼女的目的。本罪的客观方面表现为暴力、胁迫或者其他手段强奸妇女，或者奸淫不满 14 周岁的幼女的行为。在被害人为妇女的情况下，因为侵犯的客体是妇女性的不可侵犯的权利，因而，违背妇女意志和采用暴力、胁迫或者其他手段是两个不可分割的本质特征。当被害人为幼女时，因为行为侵犯的客体是幼女的身心健康，因而，犯罪构成中并不要求是否采取暴力、胁迫等手段，也不要求是否违背被害幼女的意志。

关于本罪的几个界限问题：①强奸与通奸的界限。通奸是男女双方或者一方有配偶，基于感情、生理需要而发生的婚外性行为。因而，仅仅是违背道德的行为，不符合强奸罪的构成特征。但是，如果女方不愿意继续通奸而男方违背该女意志，强行发生性关系的，应以强奸论。②利用亲属（抚养）关系，从属（职权）关系等实施的性行为的认定。这种情形一般属于违背处于弱势地位的女性的意志、强行发生性关系，应当以强奸罪定罪处罚。但是，如果有证据证明女方是利用这种关系图谋利用交换而与男方发生性关系，则对男方不能以强奸罪定罪处罚。③与精神病人或者痴呆人性交行为的认定。无论是精神病人还是痴呆人，都是不能辨认和控制自己行为的无刑事责任能力人，因而，与其发生性关系的，应当以强奸罪论处。但是，间歇性精神病人在精神正常的时候，自愿与行为人发生性关系的，不能以强奸论。④强奸既遂与未遂的界限。通说认为，当被害人为妇女时，强奸既遂采用插入说；当被害人为幼女时，强奸既遂采用接触说，即以双方性器官发生接触为强奸既遂。

根据《刑法》第 236 条的规定，犯本罪的，处 3 年以上 10 年以下有期徒刑。奸淫不满 14 周岁的幼女的以强奸论，从重处罚。强奸妇女、奸淫幼女，有下列情形之一的，处 10 年以上有期徒刑、无期徒刑或者死刑：①强奸妇女、奸淫幼女情节恶劣的；②强奸妇女、奸淫幼女多人的；③在公共场所当众强奸妇女的；④二人以上轮奸的；⑤致使被害人重伤、死亡或者造成其他严重后果的。

六、非法拘禁罪

《刑法》第 238 条规定的非法拘禁罪，是指非法拘禁他人或者以其他方法非法剥夺他人人身自由的行为。

本罪的客体是他人的人身自由权利。本罪的主体是一般主体，即年满 16 周岁、具有刑事责任能力的自然人。本罪的主观方面是故意，并且具有非法剥夺他人人身自由的目的。本罪的客观方面表现为非法拘禁他人或者以其他方法非法剥夺他人人身自由的行为。非法拘禁行为属于继续犯，拘禁的不法行为与和他人失去自由的不法状态在一定时间内处于同时持续状态。行为人为索取债务非法扣押、拘禁他人的，以非法拘禁罪论处。这里的债务包括赌债、高利贷等非法债务在内。

关于本罪的罪与非罪问题。由于本罪是继续犯，从行为人成功非法剥夺他人人身自由开始即成立本罪的既遂。但是，对于非法拘禁时间过于短暂，情节显著轻微、危害不大的，不应以犯罪论处。

根据《刑法》第 238 条的规定，犯本罪的，处 3 年以下有期徒刑、拘役、管制或者剥夺政治权利。具有殴打、侮辱情节的，从重处罚。犯非法拘禁罪而致人重伤的，处 3 年以上 10 年以下有期徒刑；致人死亡的，处 10 年以上有期徒刑。使用暴力致人伤残、死亡的，依照本法第 234 条、第 232 条的规定定罪处罚。

七、绑架罪

《刑法》第 239 条规定的绑架罪，是指以勒索财物为目的绑架他人的，或者绑架他人作为人质的行为。

本罪的客体是复杂客体，即他人的人身自由权利、生命权利、健康权利和财产权利。本罪的主体是一般主体，即年满 16 周岁、具有刑事责任能力的自然人。本罪的主观方面是故意，并且具有勒索财物或者扣为人质的目的。本罪的客观方面表现为使用暴力、胁迫或者其他手段，强行劫持人质的行为，以勒索财物为目的偷盗婴幼儿的行为。

关于本罪的几个界限问题：①本罪与非法拘禁罪的区别。非法拘禁也可以用绑架的手段实施，绑架也必然非法拘禁被绑架人，而且实际上两者行为的直接目的和客观的直接效果都是非法剥夺被害人的人身自由，因而，两者容易混淆。区别的关键在于行为人的目的不同。前者是以勒索财物（非法占有）或者扣押人质为目的；而后者无此目的。②本罪既遂与未遂的区分标准。通说认为，本罪的既遂以行为人已经实际控制被绑架人、实现剥夺被绑架人人身自由的状态。③正确认定偷盗婴儿的犯罪性质以人的人身自由为标准，而不以实际勒索到财物或者达到其他目的为标准。

根据《刑法》第239条的规定，犯本罪的，处10年以上有期徒刑或者无期徒刑，并处罚金或者没收财产；情节较轻的，处5年以上10年以下有期徒刑，并处罚金。犯绑架罪，致使被绑架人死亡或者杀害被绑架人的，处死刑，并处没收财产。

八、拐卖妇女、儿童罪

《刑法》第240条规定的拐卖妇女、儿童罪，是指以出卖为目的，拐骗、绑架、收买、贩卖、接送、中转妇女、儿童的行为。

本罪的客体是人身权利中的人身不受买卖的权利。本罪的主体是一般主体，即年满16周岁、具有刑事责任能力的自然人。本罪的主观方面是故意，并且具有出卖的目的，这也是本罪与绑架、非法拘禁等侵犯人身权利犯罪区别的关键所在。本罪的客观方面表现为实施拐骗、绑架、收买、贩卖、接送、中转妇女、儿童之一的行为。

关于本罪的几个界限问题：①以收养为名出卖儿童或者出卖亲属、子女如何定性的问题。借收养名义，拐卖儿童的，以拐卖、儿童罪追究刑事责任。以营利为目的，出卖自己亲属（妻子、姐妹等）的，以拐卖妇女、儿童罪论处。②关于一罪与数罪的界限。实施本罪行为过程中又有强奸被害妇女行为的，直接以拐卖妇女罪加重论处。实施本罪行为过程中又有其他犯罪行为的，原则上应当依照数罪并罚的原则处罚。

根据《刑法》第240条的规定，犯本罪的，处5年以上10年以下有期徒刑，并处罚金；有下列情形之一的，处10年以上有期徒刑或者无期徒刑，并处罚金或者没收财产；情节特别严重的，处死刑，并处没收财产：①拐卖妇女、儿童集团的首要分子；②拐卖妇女、儿童3人以上的；③奸淫被拐卖的妇女的；④诱骗、强迫被拐卖的妇女卖淫或者将被拐卖的妇女卖给他人迫使其卖淫的；⑤以出卖为目的，使用暴力、胁迫或者麻醉方法绑架妇女、儿童的；⑥以出卖为目的，偷盗婴幼儿的；⑦造成被拐卖的妇女、儿童或者其亲属重伤、死亡或者其他严重后果的；⑧将妇女、儿童卖往境外的。

九、收买被拐卖的妇女、儿童罪

《刑法》第241条规定收买被拐卖的妇女、儿童罪，是指不以出卖为目的，收买被拐卖妇女、儿童的行为。

本罪的客体是人身权利中的人身不受买卖的权利。本罪的主体是一般主体，即年满 16 周岁、具有刑事责任能力的自然人。本罪的主观方面是故意,并且不具有出卖的目的。同时,行为人必须明知或者应当知道被收买的是被拐卖的妇女、儿童。本罪的客观方面表现为不以出卖为目的,实施收买被拐卖的妇女、儿童之一的行为。

注意本罪与拐卖妇女、儿童罪的界限。同为收买行为,关键看是否具有出卖的目的。如果行为人并不以出卖为目的的收买行为,后来另起出卖的犯意,并且进而实施了将已经收买的妇女卖出,从而出现了向拐卖行为的转化,此时依法以拐卖妇女、儿童罪定罪处罚,原来的收买行为不再单独定罪。

注意收买被拐卖妇女、儿童罪的罪数问题,也就是在实施收买被拐卖的妇女、儿童的犯罪活动过程之中或其后,又常常伴随着其他犯罪行为如何处理的问题。如行为人收买被拐卖的妇女后,强行与其发生性关系的,或者非法剥夺、限制其人身自由,或者有伤害、侮辱等,妇女、儿童犯罪行为的,并有强奸、非法拘禁、伤害、侮辱等犯罪行为的,应以本罪与相应的犯罪如强奸罪、非法拘禁罪、故意伤害罪、侮辱罪等实行数罪并罚。

根据《刑法》第 241 条的规定,犯本罪的,处 3 年以下有期徒刑、拘役或者管制。

十、重婚罪

《刑法》第 258 条规定的重婚罪,是指有配偶而与他人结婚,或者明知他人有配偶而与之结婚的行为。

本罪的客体是一夫一妻制的婚姻关系。本罪的主体是重婚者和相婚者。"重婚者"是指明知自己有配偶而与他人结婚的人。"相婚者"是指明知他人有配偶而与之结婚的人。本罪的主观方面是故意,并且具有与重婚者或者相婚者结婚的目的。本罪的客观表现为有配偶而与他人结婚,或者明知他人有配偶而与之结婚的行为。

关于本罪的几个界限问题:①重婚罪与不宜以犯罪论处的重婚行为的界限。在实践中,有一些由于特殊原因引起的重婚行为,如遭受自然灾害外出谋生而重婚的,因配偶长期下落不明,造成家庭生活困难又与他人结婚的,被拐卖后再婚的等,因为这些重婚者的主观恶性较小,所以不以重婚罪论。②重婚罪与通奸及非法同居行为的界限。通奸,是指有配偶的人与他人发生的婚外性行为,是受到舆论及社会谴责的不道德行为,但不构成重婚罪。非法同居如果不是以夫妻名义进行的,属于一般姘居行为,不属重婚罪调整对象,如果是以夫妻名义非法同居的,即成立事实婚姻,此时,如果其中一方或双方有配偶的,构成重婚罪。

根据《刑法》第 258 条的规定,犯本罪的,处 2 年以下有期徒刑或者拘役。

十一、虐待罪

《刑法》第 260 条规定的虐待罪，是指虐待家庭成员，情节恶劣的行为。

本罪的客体是复杂客体，即家庭成员在家庭中的平等地位和人身权利。本罪的主体是特殊主体，即与被害人共同生活的家庭成员。本罪的主观方面是直接故意，动机不影响本罪成立。本罪的客观方面表现为对共同生活的家庭成员经常性的虐待行为。具体可以表现为精神上的折磨和肉体上的摧残。

关于本罪的几个界限问题：①注意划清本罪与一般虐待行为的界限。主要看虐待行为是否具有长期性、一贯性。②注意划清本罪与故意伤害罪、故意杀人罪的界限。如果行为人在虐待过程中另起故意对被害人进行伤害或者杀害的，应定故意伤害罪、故意杀人罪。

根据《刑法》第 260 条的规定，犯本罪的，处 2 年以下有期徒刑、拘役或者管制，且属于被害人告诉才处理的情形。犯前款罪，致使被害人重伤、死亡的，处 2 年以上 7 年以下有期徒刑。

第四节　侵犯财产罪

一、抢劫罪

《刑法》第 263 条规定的抢劫罪，是指以非法占有为目的，以暴力、胁迫或者其他方法，强行夺取公私财物的行为。

抢劫罪既侵犯公私财产所有权，又侵犯公民的人身权，因此，其社会危害性高于其他财产犯罪，是刑法打击的重点犯罪之一。本罪的客观方面表现为以暴力、胁迫或者其他令被害人不能抗拒的方法，当场强行夺取公私财物。这里的其他方法必须和被害人处于不知反抗或不能反抗的状态具有直接的因果关系。如果是利用了因被害人或其他原因造成不知反抗或不能反抗的状态而取得财物的，如趁被害人自己喝醉而不知反抗的状态乘机取得财物的，不构成本罪，构成盗窃罪或其他犯罪。

在司法实践中，以毒品、假币、淫秽物品等违禁品为对象，实施抢劫的，以抢劫罪定罪；抢劫的违禁品数量作为量刑情节予以考虑。抢劫赌资、犯罪所得的赃款赃物的，以抢劫罪定罪，但行为人仅以其所输赌资或所赢赌债为抢劫对象，一般不以抢劫罪定罪处罚。行为人为索取债务，使用暴力、暴力威胁等手段的，由于其主观上不具有非法占有的目的，所以一般不以抢劫罪定罪处罚。构成故意伤害等其他犯罪的，依照《刑法》第 234 条等规定处罚。

已满 14 周岁不满 16 周岁的人使用轻微暴力或者威胁，强行索要其他未成年人随身携带的生活、学习用品或者钱财数量不大，且未造成被害人轻伤以上或者不敢正常到校学习、生活等危害后果的，不认为是犯罪。

《刑法》第 269 条规定，犯盗窃、诈骗、抢夺罪，为窝藏赃物、抗拒抓捕或者毁灭罪证而当场使用暴力或者以暴力相威胁的，依照本法第 263 条的规定定罪处罚。这是刑法关于转化型抢劫罪的规定。

根据《刑法》第 263 条之规定，犯本罪的，处 3 年以上 10 年以下有期徒刑，并处罚金；有下列情形之一的，处 10 年以上有期徒刑、无期徒刑或者死刑，并处罚金或者没收财产：①入户抢劫的；②在公共交通工具上抢劫的；③抢劫银行或者其他金融机构的；④多次抢劫或者抢劫数额巨大的；⑤抢劫致人重伤、死亡的；⑥冒充军警人员抢劫的；⑦持枪抢劫的；⑧抢劫军用物资或者抢险、救灾、救济物资的。

二、盗窃罪

《刑法》第 264 条规定的盗窃罪，是指以非法占有为目的，秘密窃取公私财物，数额较大或者多次盗窃、入户盗窃、携带凶器盗窃、扒窃的行为。

本罪在客观方面，一般表现为行为人具有秘密窃取数额较大的公私财物或者多次盗窃、入户盗窃、携带凶器盗窃、扒窃的行为。这里的"数额较大"，原则上以 1000 元 ~3000 元为起点；"多次盗窃"是指 2 年内盗窃 3 次以上；"入户盗窃"是指非法进入供他人家庭生活，与外界相对隔离的住所盗窃；"携带凶器盗窃"是指携带枪支、爆炸物、管制刀具等国家禁止个人携带的器械盗窃，或者为了实施违法犯罪携带其他足以危害他人人身安全的器械盗窃的；"扒窃"是指在公共场所或者公共交通工具上盗窃他人随身携带的财物。

根据《刑法》第 264 条之规定，犯本罪的，处 3 年以下有期徒刑、拘役或者管制，并处或者单处罚金。数额巨大或者有其他严重情节的，处 3 年以上 10 年以下有期徒刑，并处罚金。数额特别巨大或者有其他特别严重情节的，处 10 年以上有期徒刑或无期徒刑，并处罚金或者没收财产。"数额巨大"是指 3 万元 ~10 万元以上、"数额特别巨大"是指 30 万元 ~50 万元以上的。盗窃公私财物，具有以下情形之一：①组织、控制未成年人盗窃的；②自然灾害、事故灾害、社会安全事件等突发事件期间，在事件发生地盗窃的；③盗窃残疾人、孤寡老人、丧失劳动能力人的财物的；④在医院盗窃病人或者其亲友财物的；⑤盗窃救灾、抢险、防汛、优抚、扶贫、移民、救济款物的；⑥因盗窃造成严重后果的；⑦入户盗窃、携带凶器盗窃，数额达到"数额巨大"、"数额特别巨大"50% 的，可以分别认定为《刑法》第 264 条规定的"其他严重情节"或者"其他特别严重情节"。

三、诈骗罪

《刑法》第 266 条规定的诈骗罪，是指以非法占有为目的，采用虚构事实或者隐瞒真相的方法，骗取公私财物，数额较大的行为。

本罪的客体是公私财产的所有权。犯罪对象可以是各种财物，包括动产和不动产。用欺骗的方法骗取其他非法利益的，不构成诈骗罪。本罪的客观方面，表现为用虚构事实或者隐瞒真相的欺骗方法，骗取公私财物，数额在 3000 元以上的行为。对于多次进行诈骗，并以后次诈骗财物归还前次诈骗财物，在计算诈骗数额时，应当将案发前已经归还的数额扣除，按实际未归还的数额认定，量刑时可将多次行骗的数额作为从重情节予以考虑。

认定诈骗时罪与非罪的界限，关键在于区分其与借贷纠纷的关系。借贷纠纷与诈骗罪区分的关键在于借用人并无非法占有的目的，其不能按期归还的原因往往是客观原因，如经营失败、天灾人祸。一般借贷纠纷是一种民事法律关系，应受民事法律调整。如果以借贷为名，行诈骗财物之实，则应以诈骗罪论处。

根据《刑法》第 266 条之规定，犯本罪的，处 3 年以下有期徒刑、拘役或者管制，并处或者单处罚金；数额巨大或者有其他严重情节的，处 3 年以上 10 年以下有期徒刑，并处罚金；数额特别巨大或者有其他特别严重情节的，处 10 年以上有期徒刑或者无期徒刑，并处罚金或者没收财产。其中数额巨大是指 3 万元～10万元以上；数额特别巨大，是指 50 万元以上。

其他严重情节、其他特别严重情节是指诈骗数额接近数额巨大、数额特别巨大的标准，并具有下列情形之一的：①通过发送短信、拨打电话或者利用互联网、广播电视、报刊杂志等发布虚假信息，对不特定多数人实施诈骗的；②诈骗救灾、抢险、防汛、优抚、扶贫、移民、救济、医疗款物的；③以赈灾募捐名义实施诈骗的；④ 诈骗残疾人、老年人或丧失劳动能力人的财物的；⑤造成被害人自杀、精神失常或者其他严重后果的；⑥诈骗集团的首要分子。

四、抢夺罪

《刑法》第 267 条规定的抢夺罪，是指以非法占有为目的，公然夺取公私财物，数额较大的行为。

抢夺罪的对象是公私财物，但不包括刑法分则中已有明文规定的特别物品，例如，枪支、弹药、爆炸物等。犯罪对象只能是动产，并且是有形物。客观方面表现为公然夺取数额较大的公私财物的行为。公然夺取是指采用使被害人立即发觉但来不及反应或来不及反抗的方式，公开夺取其持有的财物。这里的数额较大，是指 1000 元～3000 元以上。

对于驾驶机动车、非机动车夺取他人财物数额较大的，一般以抢夺罪从重处罚，但具有下列情形之一，应当以抢劫罪定罪处罚：①驾驶车辆，逼挤、撞击或强行逼倒他人以排除他人反抗，乘机夺取财物的；②驾驶车辆强抢财物时，因被害人不放手而采取强拉硬拽方法劫取财物的；③行为人明知其驾驶车辆强行夺取他人财物的手段会造成他人伤亡的后果，仍然强行夺取并放任造成财物持有人轻伤以上后果的；④携带凶器抢夺的，依照抢劫罪定罪处罚。

根据《刑法》第 267 条的规定，犯本罪的，处 3 年以下有期徒刑、拘役或者管制，并处或者单处罚金；数额巨大或者有其他严重情节的，处 3 年以上 10 年以下有期徒刑，并处罚金；数额特别巨大或者有其他特别严重情节的，处 10 年以上有期徒刑或者无期徒刑，并处罚金或者没收财产。数额巨大，是指 5000 元 ~ 2 万元以上。数额特别巨大，是指 3 万元 ~ 10 万元以上。

五、侵占罪

《刑法》第 270 条规定的侵占罪，是指以非法占有为目的，将他人保管的财物或者遗忘物、埋藏物占为己有，数额较大且拒不退还或者拒不交出的行为。

侵占罪的对象，具有以下三种形式：①代为保管的他人财物。②遗忘物，是指并非出于占有人或所有人之本意，偶然丧失其占有之动产。③埋藏物，是指所有权不明的埋藏于地下的财物、物品。侵占他人财物，必须是数额较大，拒不退还或者拒不交出。这里的数额较大，司法解释未作规定。拒不退还或者拒不交出，是指经财物所有人或者有关机关要求退还或者交出而予以拒绝的。

侵占罪与盗窃、诈骗等侵犯财产类犯罪的根本区别在于：侵占罪是以已经持有他人财物为前提的，侵占行为的本质是变持有为占有。而盗窃罪、诈骗罪是窃取、诈骗他人财物。因此，在实施盗窃诈骗之前，财物在他人的合法控制之下，正是通过盗窃诈骗而获得对他人财物的非法控制。根据在实施犯罪之前，财物是置于犯罪人的持有之中还是在他人的控制之下，可以将侵占罪与盗窃诈骗等犯罪加以正确区分。

根据《刑法》第 270 条第 1、2 款之规定，犯本罪的，处 2 年以下有期徒刑、拘役或者罚金；数额巨大或者有其他严重情节的，处 2 年以上 5 年以下有期徒刑，并处罚金。第 3 款规定，犯本罪的，告诉的才处理。

六、职务侵占罪

《刑法》第 271 条规定的职务侵占罪，是指公司、企业或者其他单位的人员利用职务上的便利，将本单位财物非法占为己有，数额较大的行为。

职务侵占罪的对象是本单位财物。职务侵占罪的行为是利用职务上的便利，将本单位财物非法占为己有。这里的利用职务上的便利，是指利用在本单位担任董事、经理、会计等职务产生的便利条件。将本单位财物非法占为己有，是指采取侵占、盗窃、骗取或者其他方式，侵占本单位财物。职务侵占罪的数额较大，以 5000 元 ~ 1 万元为起点。职务侵占罪的主体是公司、企业或者其他单位的人员，但国家工作人员除外。此外，在国有资本控股、参股的股份有限公司中从事管理工作的人员，除受国家机关、国有公司、企业、事业单位委托从事公务的以外，不属于国家工作人员。对其利用职务上的便利，将本单位财物非法占为己有，数额较大的，应当依照《刑法》第 271 条第 1 款的规定，以职务侵占罪处罚。对村民小组组长利用职务上的便利，将村民小组集体财产非法占为己有，数额较大的行为，应当依照《刑法》第 271 条第 1 款的规定，以职务侵占罪定罪处罚。

本罪在客观上可以表现为盗窃、诈骗行为。这就产生了本罪与盗窃罪、诈骗罪的区分问题。区分本罪与盗窃罪、诈骗罪的关键在于，本罪是特殊主体，即公司、企业、其他单位的人员，客观上必须利用了职务上的便利。只要不符合这两个条件，就不能以本罪论。

行为人与公司、企业或者其他单位的人员勾结，利用公司、企业或者其他单位人员的职务便利，共同将该单位财物非法占为己有，数额较大的，以职务侵占罪共犯论处。

根据《刑法》第 271 条第 1 款之规定，犯本罪的，处 5 年以下有期徒刑或者拘役；数额巨大的，处 5 年以上有期徒刑，可以并处没收财产。

七、敲诈勒索罪

《刑法》第 274 条规定的敲诈勒索罪，是指以非法占有为目的，采用威胁或者要挟的方法，强行索取公私财物，数额较大或多次敲诈勒索的行为。

敲诈勒索罪的行为是采用威胁或者要挟的方法，强行索取或多次敲诈勒索公私财物。这里的威胁，是指对被害人及其亲属以杀、伤等方式相威胁。要挟，是指以揭发、张扬被害人的违法行为或者隐私相要挟。强行索取公私财物，既可以是当场取得，又可以是事后取得。敲诈勒索的数额较大，以 2000 元 ~ 5000 元以上为起点。多次敲诈勒索是指 2 年内敲诈勒索 3 次以上的。

具有下列情形之一的，"数额较大"的标准可以按照 2000 元 ~ 5000 元以上的 50% 确定：①曾因敲诈勒索受过刑事处罚的；②一年内曾因敲诈勒索受过行政处罚的；③对未成年人、残疾人、老年人或者丧失劳动能力人敲诈勒索的；④以将要实施放火、爆炸等危害公共安全犯罪或者故意杀人、绑架等严重侵犯公民人身权利犯罪相威胁敲诈勒索的；⑤以黑恶势力名义敲诈勒索的；⑥利用或者冒充国家机关工作人员、军人、新闻工作者等特殊身份敲诈勒索的；⑦造成其他严重后果的。

敲诈勒索罪与抢劫罪的界限在于：①抢劫罪必须是行为人当着被害人的面发出威胁；而敲诈勒索罪可以当面威胁，也可以不当面威胁；可以由自己发出，也可由第三者转达威胁。②抢劫罪必须是以当场实现威胁的内容相恐吓；而敲诈勒索罪则可以当场实现或日后实现威胁内容相恐吓。③抢劫罪必须是当场夺取财物或使被害人交付财物；而敲诈勒索罪则可以是使被害人当场也可以是日后交付财物。

根据《刑法》第274条之规定，犯本罪的，处3年以下有期徒刑、拘役或者管制，并处或单处罚金；数额巨大或者有其他严重情节的，处3年以上10年以下有期徒刑，并处罚金；数额特别巨大或者有其他特别严重情节的，处10年以上有期徒刑，并处罚金。

八、故意毁坏财物罪

《刑法》第275条规定的故意毁坏财物罪，是指故意非法毁灭或者损坏公私财物，数额较大或者有其他严重情节的行为。

故意毁坏财物罪的对象是公私财物，包括动产和不动产。如果故意毁坏的是刑法另有规定的特定财物，例如，交通工具、交通设施、电力设备、易燃易爆设备等构成其他犯罪的，应按照刑法规定另行定罪处罚。故意毁坏财物罪的行为是非法毁灭或者损坏财物。这里的毁灭，是指使某一财物的使用价值完全丧失。损坏，是指使某一财物的使用价值部分丧失。无论是毁灭还是损坏，只要能够造成一定的经济损失就足以构成本罪。故意毁坏财物必须数额较大或者有其他严重情节。所谓数额较大是指造成公私财物损失5000元以上的；其他严重情节是指具有下列情形之一的：①毁坏公私财物3次以上的；②纠集3人以上公然毁坏公私财物的；③其他情节严重的行为。

根据《刑法》第275条之规定，犯本罪的，处3年以下有期徒刑、拘役或者罚金；数额巨大或者有其他特别严重情节的，处3年以上7年以下有期徒刑。

第五节　妨害社会管理秩序罪

一、妨害公务罪

《刑法》第277条规定的妨害公务罪，是指以暴力、威胁的方法，阻碍国家机关工作人员、人大代表、红十字会工作人员依法执行职务、履行职责；或者故意阻碍国家安全机关、公安机关依法执行国家安全工作任务，未使用暴力、威胁方法，造成严重后果的行为。

妨害公务罪侵犯的是国家机关、人民代表大会、红十字会、国家安全机关以及公安机关的公务活动。妨害公务罪的对象是以下四种人：①正在依法执行职务的国家机关工作人员。②正在依法执行代表职务的全国人民代表大会和地方各级人民代表大会代表。③在自然灾害和突发事件中，正在依法履行职责的红十字会工作人员。④正在依法执行国家安全工作任务的国家安全机关、公安机关工作人员。妨害公务罪的行为是以暴力、威胁方法，阻碍国家机关工作人员，人大代表、红十字会工作人员执行职务、履行职责，或者故意阻碍国家安全机关、公安机关依法执行国家安全工作任务，未使用暴力、威胁方法，造成严重后果。但是对于前三项妨害公务的行为，如果行为人只是实施了谩骂、顶撞等不服管理的行为，而没有实施暴力、威胁方法，一般不应作为犯罪处理。

本罪与其他妨害公务而被规定为其他罪的关系如下：刑法中对有些妨害公务的行为单独设立了罪名，如抗税罪、聚众阻碍解救被收买的妇女、儿童罪等。它们与妨害公务罪存在法条竞合关系，应当按照特别法优于普通法、重法优于轻法的原则来处理。

根据《刑法》第277条的规定，犯本罪的，处3年以下有期徒刑、拘役、管制或者罚金。

二、招摇撞骗罪

《刑法》第279条规定的招摇撞骗罪，是指冒充国家机关工作人员进行招摇撞骗活动，损害国家机关的形象、威信和正常活动，扰乱社会公共秩序的行为。

本罪侵犯了国家机关的威信及其正常活动。其犯罪对象是包括财物在内的各种非法利益，如荣誉称号、政治待遇、职位、学位、经济待遇、城市户口、婚姻以及钱财等。本罪的客观方面表现为冒充国家机关工作人员招摇撞骗。这里的冒充国家机关工作人员，是指非国家机关工作人员假冒国家机关工作人员的身份、职位，或者某一国家机关工作人员冒充其他国家机关工作人员的身份、职位。其次，必须具有招摇撞骗的行为，即以假冒的国家机关工作人员的身份进行炫耀，利用人们对国家机关工作人员的信任，以骗取非法利益。

本罪与诈骗罪的区别。这两种犯罪都表现为欺骗行为，而且招摇撞骗罪也包含着骗取财物的行为，因而容易混淆。它们的区别在于：招摇撞骗罪要求必须冒充国家机关工作人员作为诈骗的手段，不要求行为诈骗所得财物数额的多少，而成立诈骗罪则没有手段上的要求，同时必须要求诈骗财物数额较大。

本罪与敲诈勒索罪、抢劫罪的界限。①冒充国家机关工作人员的身份或者职称进行"罚款"或"收缴"非法财物，并未采用暴力或威胁手段的，应定招摇撞骗罪，数额特别巨大的定诈骗罪。②行为人虽然冒充国家机关工作人员的身份或者职称，但取得财物主要是因为其实施了要挟行为的，如对非法财物的持有者以将要带走查处相要挟等，应属于敲诈勒索的性质。③行为人虽然冒充了国家机关工作人员，但取得财物主要是因为其当场使用了暴力或者以使用暴力相威胁的，则应定为抢劫罪。

根据《刑法》第279条规定，犯本罪的，处3年以下有期徒刑、拘役、管制或者剥夺政治权利；情节严重的，处3年以上10年以下有期徒刑。冒充人民警察招摇撞骗的，从重处罚。这里的情节严重，是指多次冒充国家机关工作人员招摇撞骗的；招摇撞骗造成恶劣社会影响，严重损害国家机关形象和威信的；造成被骗人精神失常、自杀等严重后果的。

三、聚众斗殴罪

《刑法》第292条规定的聚众斗殴罪，是指为了报复他人，争霸一方或者其他不正当目的，纠集众人成帮结伙地互相殴斗，破坏公共秩序的行为。

本罪侵犯的是社会公共秩序。本罪的客观方面，表现为纠集众人结伙殴斗的行为。聚众斗殴的犯罪行为与一般打群架的行为不同，一般打群架虽然也表现为多人参与，但在斗殴规模、所用暴力强度等方面远远低于聚众斗殴。因此，对于没有使用器械、没有造成严重后果的打群架行为，一般不作为犯罪处理。

根据《刑法》第292条第1款之规定，犯本罪的，对首要分子和其他积极参加的，处3年以下有期徒刑、拘役或者管制。有下列情形之一的，对首要分子和其他积极参加的，处3年以上10年以下有期徒刑：①多次聚众斗殴的；②聚众斗殴人数多，规模大，社会影响恶劣的；③在公共场所或者交通要道聚众斗殴，造成社会秩序严重混乱的；④持械聚众斗殴的。聚众斗殴，致人重伤、死亡的，应以故意伤害罪、故意杀人罪定罪处罚，这是本罪的转化犯。

四、寻衅滋事罪

《刑法》第293条规定的寻衅滋事罪，是指行为人为寻求刺激、发泄情绪、逞强耍横等，无事生非，随意殴打、骚扰他人情节恶劣的或者任意损毁、占用公私财物，情节严重或者在公共场所起哄闹事，造成公共场所秩序严重混乱的行为。

本罪既侵犯了公共秩序，又侵犯了他人的人身权利、财产权利。本罪的客观方面，表现为行为人实施了寻衅滋事，破坏社会秩序，情节严重的行为。具体表现为以下情形：①随意殴打他人，情节恶劣的行为；②追逐、拦截、辱骂、恐吓他人，情节恶劣的行为；③强拿硬要或者任意损毁、占用公私财务，情节严重的行为；④在公共场所起哄闹事，造成公共场所秩序严重混乱的行为。本罪的主观方面为故意。本罪的犯罪目的与动机比较复杂，有的是寻求精神刺激，有的是开心取乐等。本罪的罪与非罪的区分，关键是看行为人之行为是否属于"情节恶劣"、"情节严重"或者是否"造成公共场所秩序严重混乱"。

行为人因日常生活中的偶发矛盾纠纷，借故生非，实施《刑法》第293条规定的行为的，应当认定为寻衅滋事，但矛盾系由被害人故意引发或者被害人对矛盾激化负有主要责任的除外。行为人因婚恋、家庭、邻里、债务等纠纷，实施殴打、辱骂、恐吓他人或者损毁、占用他人财物等行为的，一般不认定为寻衅滋事，但经有关部门批评制止或者处理处罚后，继续实施前列行为，破坏社会秩序的除外。

本罪与抢劫罪的客观表现有相似之处。寻衅滋事罪客观上也可能表现为强拿硬要公私财物的特征。这种强拿硬要的行为与抢劫罪的区别在于：前者行为人主观上还具有争强好胜和通过强拿硬要来填补其精神空虚等目的，后者行为人一般只具有非法占有他人财物的目的；前者行为人客观上一般不以严重侵犯他人人身权利的方法强拿硬要财物，而后者行为人则以暴力、胁迫等方式作为劫取他人财物的手段。司法实践中，对于未成年人使用或威胁使用轻微暴力强抢少量财物的行为，一般不宜以抢劫罪定罪处罚。其行为符合寻衅滋事罪特征的，可以寻衅滋事罪定罪处罚。

根据《刑法》第293条的规定，犯本罪的，处5年以下有期徒刑、拘役或者管制。纠集他人多次实施前款行为，严重破坏社会秩序的，处5年以上10年以下有期徒刑，可以并处罚金。

五、组织、领导、参加黑社会性质组织罪

《刑法》第294条规定的组织、领导、参加黑社会性质组织罪，是指组织、领导或者参加以暴力、威胁或者其他手段，有组织地进行违法犯罪活动，称霸一方，为非作恶，欺压、残害群众，严重破坏经济、社会生活秩序的，具有黑社会性质组织的行为。

组织、领导、参加黑社会性质组织罪的对象是黑社会性质组织。这里的黑社会性质组织，一般应具备以下特征：①形成较稳定的犯罪组织，人数较多，有明确的组织者、领导者，骨干成员基本固定；②有组织地通过违法犯罪活动或者其他手段获取经济利益，具有一定的经济实力，以支持该组织的活动；③以暴力、威胁或者其他手段，有组织地多次进行违法犯罪活动，为非作恶，欺压、残害群众；④通过实施违法犯罪活动，或者利用国家工作人员的包庇或者纵容，称霸一方，在一定区域或者行业内，形成非法控制或者重大影响，严重破坏经济、社会生活秩序。组织、领导、参加黑社会性质组织罪的行为是组织、领导、参加黑社会性质组织。这里的组织黑社会性质组织，是指倡导、发起、策划、安排、建立黑社会性质组织。领导黑社会性质组织，是指在黑社会性质组织中处于领导地

位，对该组织的活动进行策划、决策、指挥、协调。参加黑社会性质组织，是指加入黑社会性质组织，成为其成员，并参加其活动。

根据《刑法》第 294 条规定，犯本罪的，对于组织、领导黑社会性质组织的，处 7 年以上有期徒刑，并处没收财产；积极参加的，处 3 年以上 7 年以下有期徒刑，可以并处罚金或没收财产；其他参加的，处 3 年以下有期徒刑、拘役、管制或者剥夺政治权利，可以并处罚金。犯本罪又有其他犯罪行为的，依照数罪并罚的规定处罚。

六、赌博罪

《刑法》第 303 条规定的赌博罪，是指以营利为目的，聚众赌博或者以赌博为业的行为。

本罪侵犯了社会风尚和社会管理秩序。赌博罪的行为是聚众赌博或者以赌博为业。本罪的行为具有以下两种情形：①聚众赌博。这里的聚众赌博，是指为赌博提供赌场、赌具，组织、招引他人参加赌博，本人从中抽头渔利。具体是指：其一，组织 3 人以上赌博，抽头渔利数额累计达到 5000 元以上的。其二，组织 3 人以上赌博，赌资数额累计达到 5 万元以上的。其三，组织 3 人以上赌博。参赌人数累计达到 20 人以上的。其四，组织中华人民共和国公民 10 人以上赴境外赌博，从中收取回扣、介绍费的。②以赌博为业。这里的以赌博为业，是指以赌博为常业，即以赌博所得为其生活或者挥霍的主要来源。赌博罪的罪过形式是故意，并且以营利为目的。赌博罪必须以营利为目的，是法定的目的犯。这里的营利，是指通过赌博获取非法利益。至于赌博输赢，并不影响本罪的成立。

赌博罪的罪与非罪的认定。成立赌博罪，要求主观上有营利目的。不以营利为目的，进行带有少量财物输赢的娱乐活动，以及提供棋牌室等娱乐场所只收取正常的场所和服务费用的经营行为等，不以赌博罪论处。

根据《刑法》第 303 条之规定，犯本罪的，处 3 年以下有期徒刑、拘役或者管制，并处罚金。实施赌博犯罪，有下列情形之一的，依照《刑法》第 303 条的规定从重处罚：①具有国家工作人员身份的；②组织国家工作人员赴境外赌博的；③组织未成年人参与赌博，或者开设赌场吸引未成年人参与赌博的。

七、伪证罪

《刑法》第 305 条规定的伪证罪，是指在刑事诉讼中，证人、鉴定人、记录人、翻译人对与案件有重要关系的情节，故意作虚假证明、鉴定、记录、翻译，意图陷害他人或者隐匿罪证的行为。

本罪的客体是复杂客体，即本罪既妨害了国家的正常司法秩序，又侵犯了公民的人身权利。本罪的客观方面表现为，在刑事诉讼中，对与案件有重要关系的情节作虚假的证明、鉴定、记录或翻译的行为。本罪的主体为特殊主体，即只有刑事诉讼中的证人、鉴定人、记录人、翻译人才能成为本罪主体。本罪的主观方面为故意，且行为人具有陷害他人或者隐匿罪证的意图。

关于本罪的罪与非罪，主要应划清"伪证"与"误证"的界限。其关键在于查明行为人是否故意作伪证和是否具有上述特定目的。如果行为人不是出于陷害他人的意图或者隐匿罪证的目的，就不能以本罪论处。

根据《刑法》第 305 条的规定，犯本罪的，处 3 年以下有期徒刑或者拘役；情节严重的，处 3 年以上 7 年以下有期徒刑。

八、窝藏、包庇罪

根据《刑法》第 310 条的规定窝藏、包庇罪，是指明知是犯罪的人而为其提供隐藏处所、财物，帮助其逃匿或者作假证明包庇的行为。

本罪侵犯了司法机关的正常活动。其犯罪对象是犯罪人。这里的犯罪人，包括判决前的犯罪人和判决后的犯罪人。另外，旅馆业、饮食服务业、文化娱乐业、出租汽车业等单位的人员，在公安机关查处卖淫、嫖娼活动时，为犯罪分子通风报信，情节严重的，构成本罪。窝藏、包庇罪的行为是为犯罪人提供隐匿处所、财物，帮助其逃匿或者作假证明包庇，有以下两种情形：①窝藏行为。即为犯罪人提供隐藏处所、财物、帮助犯罪人逃匿。②包庇行为，即作假证明包庇犯罪人。这里的作假证明包庇，是指向司法机关提供虚假的证明材料使犯罪分子逃避刑事追究。窝藏、包庇罪的罪过形式是故意。这里的故意，是指明知是犯罪的人而予以窝藏、包庇的主观心理状态。这里的明知，是指知道和应当知道。如果确实不知，则不构成本罪。

本罪与非罪的区别。本罪是以积极的窝藏、包庇行为帮助犯罪分子逃避刑事处罚，因此，如果知道他人犯罪的事实而不举报，并不构成犯罪。但是如果明知他人有间谍犯罪行为，在国家安全机关向其调查有关情况、收集有关证据时，拒绝提供，情节严重的，构成《刑法》第 311 条规定的拒绝提供间谍犯罪证据罪。

犯本罪，如果事前通谋的，以共同犯罪论处。这里的事前通谋，是指窝藏、包庇犯与被窝藏、包庇的犯罪分子，在犯罪活动开始之前，就谋划或合谋，答应犯罪分子作案后给予窝藏或者包庇。如果只是知道作案人员要去实施犯罪，事后予以窝藏、包庇或者事先知道作案人员要去实施犯罪，未去报案，犯罪发生后又窝藏、包庇犯罪分子的，都不应以共同犯罪论处，而单独构成窝藏、包庇罪。

根据《刑法》第 310 条第 1 款之规定，犯本罪的，处 3 年以下有期徒刑、拘役或者管制；情节严重的，处 3 年以上 10 年以下有期徒刑。

九、掩饰、隐瞒犯罪所得、犯罪所得收益罪

《刑法》第 312 条规定的掩饰、隐瞒犯罪所得、犯罪所得收益罪，是指明知是犯罪所得及其产生的收益而予以窝藏、转移、收购、代为销售或者以其他方法掩饰、隐瞒的行为。

本罪侵犯了司法机关的正常活动。掩饰、隐瞒犯罪所得、犯罪所得收益罪的对象是犯罪所得、犯罪所得收益。掩饰、隐瞒犯罪所得、犯罪所得收益罪的行为是明知是犯罪所得或者犯罪所得收益而予以窝藏、转移、收购、代为销售或者以其他方法而予以掩饰、隐瞒。本罪的行为具有以下五种情形：①窝藏。这里的窝藏，是指提供藏匿赃物的场所。②转移。这里的转移，是指将赃物由一个地方移到另一个地方。③收购。这里的收购，是指为自己或者他人使用而购买赃物。④代为销售。这里的代为销售，是指为罪犯销售赃物。⑤以其他方法掩饰、隐瞒。本罪的主体包括自然人和单位。

根据《刑法》第 312 条之规定，犯本罪的，处 3 年以下有期徒刑、拘役或者管制，并处或者单处罚金；情节严重的，处 3 年以上 7 年以下有期徒刑，并处罚金。对于单位犯罪的，对单位判处罚金，并对其直接负责的主管人员和其他直接责任人员，依照前述规定处罚。

十、脱逃罪

《刑法》第 316 条规定的脱逃罪，是指依法被关押的罪犯、被告人、犯罪嫌疑人脱逃的行为。

本罪侵犯的是国家正常的监管秩序。脱逃罪的行为是从羁押场所脱逃。在司法实践中，脱逃行为可以分为以下两种情形：①暴力性脱逃。这里的暴力性脱逃，是指使用暴力或者以暴力相威胁实施的脱逃。②非暴力性脱逃。这里的非暴力性脱逃，是指未使用暴力或者以暴力相威胁，而是乘人不备而秘密脱逃或者采取其他方法脱逃。脱逃罪的主体是依法被关押的罪犯、被告人、犯罪嫌疑人。这里的依法被关押的罪犯、被告人、犯罪嫌疑人，都必须是实施了犯罪行为的人。如果是被错误羁押的人，不能成为本罪的主体。

根据《刑法》第 335 条第 1 款之规定，犯本罪的，处 5 年以下有期徒刑或者拘役。

十一、医疗事故罪

《刑法》第 335 条规定的医疗事故罪，是指医务人员严重不负责任，造成就诊人死亡或者严重损害就诊人身体健康的行为。

本罪侵犯的是国家医务工作管理秩序和就诊人的生命和健康权利。这里的就诊人，是指接受医疗护理服务的人。本罪的客观方面表现为行为人严重不负责

任，造成就诊人死亡或者严重损害就诊人身体健康。这里的严重不负责任，是指在诊疗护理工作中，违反规章制度和诊疗护理常规。本罪的行为方式，既可以是作为，也可以是不作为。这里的作为，是指医疗人员实施了规章制度和常规所禁止的行为；不作为，是指医疗人员应当履行诊疗护理职责而没有履行。医疗事故罪的结果是造成就诊人死亡或者严重损害就诊人身体健康。这里的严重损害就诊人身体健康，是指造成就诊人残疾、组织器官严重损伤、丧失劳动力等严重结果。医疗事故罪的主体是医务人员。这里的医务人员，包括：①医疗防疫人员；②药剂人员；③护理人员；④其他专业技术人员。医疗事故罪的罪过形式是过失。

在划清本罪与非罪的界限时，一是要区分本罪与一般医疗过错的界限。一般的医疗过错在客观上也可以表现为违反医疗规章制度和不负责任，对被害人造成了损害，但并未造成就诊人死亡或者严重损害就诊人的身体健康。二是要区分本罪与医疗技术事故的界限。医疗技术事故在客观上也会造成就诊人死亡或者严重损害就诊人的身体健康，但其主观上并没有过失，而是由于业务水平、医疗设备等客观原因造成的。

根据《刑法》第 335 条之规定，犯本罪的，处 3 年以下有期徒刑或者拘役。

十二、走私、贩卖、运输、制造毒品罪

《刑法》第 347 条之规定，走私、贩卖、运输、制造毒品罪，是指违反国家毒品管理法规，走私、贩卖、运输、制造毒品的行为。

本罪客观方面，表现为行人实施了走私、贩卖、运输、制造毒品这四种行为之一：①走私毒品。这里的走私毒品，是指违反海关法规，非法运输、携带、邮寄国家禁止进出口的毒品进出国（边）境，逃避海关监管。此外，直接向走私人非法收购走私进口的毒品，或者在内海、领海运输、收购、贩卖毒品的，也属于走私毒品的行为。②贩卖毒品。这里的贩卖，是指在境内非法转手倒卖或者销售自行制造的毒品。③运输毒品。这里的运输毒品，是指自身或者利用他人携带，或者伪装后以合法形式交邮政、交通部门邮寄、托运毒品。④制造毒品。这里的制造毒品，是指非法从毒品原植物中提炼毒品，或者用化学合成方法加工、配制毒品。本罪的主体既可以是自然人，也可以是单位。

在认定本罪时，走私、贩卖、运输、制造毒品，无论数量多少，都应当追究刑事责任，予以刑事处罚。根据《刑法》第 347 条规定，犯本罪：①走私、贩卖、运输、制造鸦片不满 200 克、海洛因或者甲基苯丙胺不满 10 克或者其他少量毒品的，处 3 年以下有期徒刑、拘役或者管制，并处罚金；情节严重的，处 3 年以上 7 年以下有期徒刑、拘役或者管制，并处罚金。②走私、贩卖、运输、制造鸦片 200 克以上不满 1 千克、海洛因或者甲基苯丙胺 10 克以上不满 50 克或者其他毒品数量较大的，处 7 年以上有期徒刑，并处罚金。③有下列情形之一的，处 15 年有期徒刑、无期徒刑或者死刑，并处没收财产：一是走私、贩卖、运输、制造鸦片 1 千克以上、海洛因或者甲基苯丙胺 50 克以上或者其他毒品数量大的；二是走私、贩卖、运输、制造毒品集团的首要分子；三是武装掩护走私、贩卖、运输、制造毒品的；四是以暴力拒绝检查、拘留、逮捕，情节严重的；五是参与有组织的国际贩毒活动的。④单位犯本罪的，对单位判处罚金，并对其直接负责的主管人员和其他直接责任人员，依照自然人犯本罪的规定处罚。⑤利用、教唆未成年人走私、贩卖、运输、制造毒品，或者向未成年人出售毒品的，从重处罚。

十三、组织卖淫罪

《刑法》第 358 条规定的组织卖淫罪，是指通过建立卖淫集团，采用招募、雇佣、强迫、引诱、容留等手段，控制多人从事卖淫的行为。组织卖淫罪，是指以招募、雇佣、引诱、容留等方式，控制多人从事卖淫的行为。

本罪侵犯了社会主义的道德风尚。组织卖淫罪的犯罪对象是自然人，多数是妇女，也包括男人和未成年人。这里的卖淫，是指非法的性交易，既包括异性之间的性交易，也包括同性之间的性交易。组织卖淫罪的行为是组织他人卖淫。这里的组织，是指通过建立卖淫集团招募、雇佣、强迫、引诱、容留等手段，控制多人从事卖淫活动。本罪主体为一般主体，既可以是男性，也可以是女性。本罪主观方面为故意。虽然组织卖淫者通常也以营利为目的，但立法并没有将营利目的规定为主观要件。

在司法实践中，对于情节显著轻微危害不大的，不构成本罪。组织嫖娼的，不是犯罪；对卖淫者自动结伙卖淫的行为，一般按《治安管理处罚法》的规定处理，不构成本罪。

根据《刑法》第 358 条的规定，犯本罪的，对组织他人卖淫的，处 5 年以上 10 年以下有期徒刑，并处罚金；组织他人卖淫，情节严重的，处 10 年以上有期徒刑或者无期徒刑，并处罚金或者没收财产；组织他人卖淫，情节特别严重的，处无期徒刑或者死刑，并处没收财产。

十四、强迫卖淫罪

《刑法》第 358 条规定的强迫卖淫罪，是指以暴力、胁迫或者其他方法，迫使他人卖淫的行为。

本罪侵犯的是社会主义的道德风尚和公民的人身权利。强迫卖淫罪的行为是以暴力、胁迫或者其他方法，迫使他人卖淫。这里的暴力，是指人身强制方法；胁迫，是指精神强制方法；其他方法，是指灌醉、麻醉等方法。

在司法实践中应注意区分本罪与强奸罪。两罪在客观上都可以表现为以暴力、胁迫或其他方法强迫被害人与他人发生性关系，但本罪行为人的故意内容是为了获取钱财而迫使他人卖淫，而强奸罪则是为了同他人发生性关系而实施暴力行为的。

根据《刑法》第358条之规定，犯本罪的，处5年以上10年以下有期徒刑，并处罚金；有下列情形之一的，处10年以上有期徒刑或者无期徒刑：①强迫不满14周岁的幼女卖淫的；②强迫多人卖淫或者多次强迫他人卖淫的；③强奸后迫使卖淫的；④造成被强迫卖淫的人重伤、死亡或者其他严重后果的。情节特别严重的，处无期徒刑或者死刑，并处没收财产。

第六节　贪污贿赂罪

一、贪污罪

《刑法》第382条规定的贪污罪，是指国家工作人员利用职务上的便利，侵吞、窃取、骗取或者以其他手段，非法占有公共财物的行为。

（一）贪污罪的构成

本罪侵犯的是国家工作人员的职务廉洁性和公共财产所有权。贪污罪的对象是公共财物或者国有财物。公共财物包括以下财产：①国有财产；②劳动群众集体所有的财产；③用于扶贫和其他公益事业的社会捐助或者专职基金的财产；④在国家机关、国有公司、企业、集体企业和人民团体管理、使用或者运输中的私人财产。国有财物是指国家所有的财产，包括国家机关、国有公司、企业、国有事业单位、人民团体拥有的财产，以及国有公司、企业、国有事业单位在合资企业、股份制企业中的财产及其控股公司的财产。

本罪客观方面表现为行为人利用职务上的便利，侵吞、窃取、骗取或者以其他手段，非法占有公共财物的行为。利用职务上的便利是贪污行为成立的前提条件。利用职务上的便利是指利用本人职务范围内主管、管理、经营、经手公共财物的便利条件。贪污要达到一定的数额或者虽未达此数额但情节较重。个人贪污数额5000元以上的构成本罪。个人贪污数额不满5000元，情节较重的，也构成本罪。这里的情节较重，是指贪污扶贫、救灾款项，或者贪污者案发后拒不退赃的等。

本罪主体是国家工作人员或者受委托管理、经营国有财产的人员。国家工作人员包括：国家机关工作人员、国有公司、企业、事业单位、人民团体中从事公务的人员、国家机关、国有公司、企业、事业单位委派到非国有公司、企业、事业单位、社会团体从事公务的人员、其他依照法律从事公务的人员。根据立法解释的规定，村民委员会等村基层组织人员协助人民政府从事下列行政管理工作，属于《刑法》第93条第2款规定的"其他依照法律从事公务的人员"：①救灾、抢险、防汛、优抚、扶贫、移民、救济款物的管理；②社会捐助公益事业款物的管理；③国有土地的经营和管理；④土地征用补偿费用的管理；⑤代征、代缴税款；⑥有关计划生育、户籍、征兵工作；⑦协助人民政府从事的其他行政管理工作。受委托管理、经营国有财产的人员，主要是指以承包、租赁等方式管理、经营其承包、租赁的国有单位或者其中的一个部门的国有财产的人员。

（二）贪污罪的认定与刑事责任

在司法实践中，应注意本罪与相关犯罪的界限。贪污罪的犯罪手段可以表现为侵占、盗窃、诈骗，但本罪手段与行为人的职务密不可分；而侵占罪、盗窃罪、诈骗罪的手段不存在利用职务之便的问题。此外，贪污罪的主体是特殊主体，即国家工作人员和受委托管理、经营国有财物的人员；而侵占罪、盗窃罪、诈骗罪的主体是一般主体。

本罪与职务侵占罪的界限。二者的主观方面和客观方面在形式上基本相同。其主要区别在于：①犯罪主体不同。贪污罪的主体是国家工作人员和受委托管理、经营国有财物的人员；职务侵占罪的主体是公司、企业或其他单位中不具有国家工作人员身份的人员。②犯罪客体和对象不同。贪污罪的犯罪客体是双重客体，其对象包括国有财产在内的公共财物；职务侵占罪的客体是单一客体，其对象可以是公共财产也可以是私营企业、合资企业、合作企业或其他单位中的非公有财产。

根据《刑法》第383条之规定，犯本罪的，根据情节轻重，分别依照下列规定处罚：①个人贪污数额在10万元以上的，处10年以上有期徒刑或者无期徒刑，可以并处没收财产；情节特别严重的，处死刑，并处没收财产。②个人贪污数额在5万元以上不满10万元的，处5年以上有期徒刑，可以并处没收财产；情节特别严重的，处无期徒刑，并处没收财产。③个人贪污数额在5000元以上不满5万元的，处1年以上7年以下有期徒刑；情节严重的，处7年以上10年以下有期徒刑。个人贪污数额在5000元以上不满1万元，犯罪后有悔改表现、积极退赃的，可以减轻处罚或者免予刑事处罚，由其所在单位或者上级主管机关给予行政处分。④个人贪污数额不满5000元，情节较重的，处2年以下有期徒刑或者拘役；情节较轻的，由其所在单位或者上级主管机关酌情给予行政处分。

二、挪用公款罪

《刑法》第384条规定的挪用公款罪，是指国家工作人员利用职务上的便利，挪用公款归个人使用，进行非法活动的，或者挪用公款数额较大，进行营利活动的，或者挪用公款数额较大，超过 3 个月未还的行为。

本罪侵犯了国家工作人员的职务廉洁性和公共财产的使用权。挪用公款罪的对象，包括公款和特定公物。特定公物是指用于救灾、抢险、防汛、优抚、扶贫、移民、救济的公物。

本罪在客观方面表现为利用职务之便，挪用公款归个人使用，进行非法活动，或者挪用公款数额较大，进行营利活动，或者挪用公款数额较大，超过 3 个月未还的行为。"归个人使用"既包括归挪用者本人使用，也包括给他人使用，具体包括：①将公款供本人、亲友或者其他自然人使用的；②以个人名义将公款供其他单位使用的；③个人决定以单位名义将公款供其他单位使用，谋取个人利益的。挪用公款进行非法活动，以挪用 5000 元～1 万元为追究其刑事责任的数额起点。挪用公款数额较大，进行营利活动，以 1 万元～3 万元作为数额较大的起点。挪用公款数额较大，超过 3 个月未还，以 1 万元～3 万元作为数额较大的起点。

本罪的主体是特殊主体，即限于国家工作人员。受委托管理、经营国有财产的非国家工作人员利用职务之便，挪用本单位公款归个人使用，数额较大的，可以构成挪用资金罪，而不构成本罪。

在司法实践中要区分本罪与合法借贷公款行为的界限。挪用公款是未经批准或研究，擅自动用公款，一般不需要办理何种手续，形式上不具有合法性。

根据《刑法》第 384 条之规定，犯本罪的，处 5 年以下有期徒刑或者拘役；情节严重的，处 5 年以上有期徒刑。挪用公款数额巨大不退还的，处 10 年以上有期徒刑或者无期徒刑。挪用用于救灾、抢险、防汛、优抚、扶贫、移民、救济款物归个人使用的，从重处罚。

三、受贿罪

《刑法》第 385 条规定的受贿罪，是指国家工作人员利用职务上的便利，索取他人财物，或者非法收受他人财物，为他人谋取利益的行为。

本罪侵犯了国家工作人员职务的廉洁性。其犯罪对象为财物受贿罪的行为是利用职务上的便利索取他人财物，或者非法收受他人财物。利用本人职务上的便利包括以下两种情形：①直接利用本人职务上的便利；②间接利用本人职务上的便利，即要求有职务上直接隶属、制约关系的其他国家工作人员利用职权为行贿人谋取利益。

受贿行为是指索取或者收受。个人受贿数额 5000 元以上的构成本罪，个人受贿数额不满 5000 元，情节较重的，也构成本罪。受贿罪的主体是国家工作人员。受贿罪是法定的目的犯。索取财物构成犯罪的不以为他人谋取利益为要件，而收受财物构成的受贿罪则以为他人谋取利益为要件。在司法实践中，承诺为他人谋取利益或者明知他人有具体的请托事项而收受他人财物，即认为具备了为他人谋取利益的要件。

经济受贿是受贿罪的一种特殊表现形式，指国家工作人员在经济往来中，违反国家规定，收受各种名义的回扣、手续费，归个人所有的行为。

根据《刑法》第386条之规定，犯本罪的，根据受贿所得数额及情节，依照本法第383条的规定处罚。索贿的从重处罚。据此，受贿罪应分别以下列情形处罚：①个人受贿数额在10万元以上的，处10年以上有期徒刑或者无期徒刑，可以并处没收财产；情节特别严重的，处死刑，并处没收财产。②个人受贿数额在5万元以上不满10万元的，处5年以上有期徒刑，可以并处没收财产；情节特别严重的，处无期徒刑，并处没收财产。③个人受贿数额在5000元以上不满5万元的，处1年以上7年以下有期徒刑；情节严重的，处7年以上10年以下有期徒刑。个人受贿数额在5000元以上不满1万元，犯罪后有悔改表现、积极退赃的，可以减轻处罚或者免予刑事处罚，由其所在单位或者上级主管机关给予行政处分。④个人受贿数额不满5000元，情节较重的，处2年以下有期徒刑或者拘役；情节较轻的，由其所在单位或者上级主管机关酌情给予行政处分。

四、利用影响力受贿罪

《刑法》第389条之一规定的利用影响力受贿罪，是指国家工作人员的近亲属或者其他与该国家工作人员关系密切的人，通过该国家工作人员职务上的行为，或者利用该国家工作人员职权或者地位形成的便利条件，以及离职的国家工作人员或者其近亲属以及其他与其关系比较密切的人，利用该离职的国家工作人员原职权或者地位形成的便利条件，通过其他国家工作人员职务上的行为，为请托人谋取不正当利益，索取请托人财物或者收受请托人财物，数额较大或者有其他较重情节的行为。

本罪侵犯了国家工作人员职务的廉洁性。本罪在客观上表现为特定人员通过该国家工作人员职务上的行为，或者利用该国家工作人员职权或者地位形成的便利条件，通过其他国家工作人员职务上的行为，为请托人谋取不正当利益，索取请托人财物或者收受请托人财物，数额较大或者有其他较重情节的行为。本罪的主体是国家工作人员的近亲属或者其他与该国家工作人员关系密切的人，以及离职的国家工作人员或者其近亲属以及其他与其关系比较密切的人。

根据《刑法》第389条之一的规定，犯本罪，数额较大或者有其他较重情节的，处3年以下期徒刑或者拘役，并处罚金；数额巨大或者有其他严重情节的，处3年以上7年以下有期徒刑，并处罚金；数额特别巨大或者有其他特别严重情节的，处 7 年以上有期徒刑，并处罚金或者没收财产．

第七节　渎 职 罪

一、滥用职权罪

《刑法》第 397 条规定的滥用职权罪，是指国家机关工作人员超越职权违法决定、处理无权决定、处理的事项，致使公共财产、国家和人民利益遭受重大损失的行为。

本罪侵犯了国家机关的正常活动。本罪的行为是滥用职权。滥用职权行为在客观上表现为以下两种情形：①违反法律规定的权限行使职权；②违反法律规定的程序行使职权。任何权力都必须根据一定的程序行使，违反法律规定的程序行使职权也是一种滥用职权的行为。行为人滥用职权致使公共财产、国家和人民利益遭受重大损失。这里的致使公共财产、国家和人民利益遭受重大损失，是指具有下列情形之一：①造成死亡 1 人以上，或者重伤 2 人以上，或者重伤 1 人、轻伤 3 人以上，或者轻伤 5 人以上的；②导致 10 人以上严重中毒的；③造成个人财产直接经济损失 10 万元以上，或者直接经济损失不满 10 万元，但间接经济损失 50 万元以上的；④造成公共财产或者法人、其他组织财产直接经济损失 20 万元以上、或者直接经济损失不满 20 万元，但间接经济损失 100 万元以上的；⑤虽然达到③、④两项数额标准，但③、④两项合计直接经济损失 20 万元以上，或者直接经济损失不满 20 万元，但合计间接经济损失 100 万元以上的；⑥造成公司、企业等单位停业、停产 6 个月以上，或者破产的；⑦弄虚作假，不报、缓报、谎报或者授意、指使、强令他人不报、缓报、谎报情况，导致重特大事故危害结果继续、扩大或者致使抢救、调查、处理工作延误的；⑧严重损害国家声誉，或者造成恶劣社会影响的；⑨其他致使公共财产、国家和人民利益遭受重大损失的情形。滥用职权罪的主体是国家机关工作人员。这里的国家机关工作人员是指在国家机关中从事公务的人员，包括各级国家权力机关、行政机关、审判机关、检察机关和军事机关中从事公务的人员。其他根据法律规定，参照国家公务员条例进行管理的人员，应当以国家机关工作人员论。滥用职权罪的罪过形式是故意。这里的故意是指明知是滥用职权的行为而有意实施的主观心理状态。

根据《刑法》第 397 条第 1 款之规定，犯本罪的，处 3 年以下有期徒刑或者拘役；情节特别严重的，处 3 年以上 7 年以下有期徒刑。本法另有规定的，依照规定。第 2 款规定，国家机关工作人员徇私舞弊，犯前款罪的，处 5 年以下有期徒刑或者拘役；情节特别严重的，处 5 年以上 10 年以下有期徒刑。本法另有规定的，依照规定。

二、玩忽职守罪

《刑法》第 397 条规定的玩忽职守罪，是指国家机关工作人员严重不负责任，不履行或者不认真履行职责，致使公共财产、国家和人民利益遭受重大损失的行为。

本罪侵犯了国家机关的正常管理活动。本罪的行为是不履行或者不认真履行职责。不履行职责，表现为行为人应当履行而且能够履行但不履行其职责。这种情形，包括擅离职守、放弃职守、拒绝履行职守和不及时履行职守等。不认真履行职责是指行为人虽然履行了职责，但不严肃认真地对待其职责，以致错误地履行了职责。玩忽职守罪的结果是致使公共财产、国家和人民利益遭受重大损失。这里的致使公共财产、国家和人民利益遭受重大损失，是指具有下列情形之一：①造成死亡 1 人以上，或者重伤 3 人以上，或者重伤 2 人、轻伤 4 人以上，或者重伤 1 人、轻伤 7 人以上，或者轻伤 10 人以上的；②导致 20 人以上严重中毒的；③造成个人财产直接经济损失 15 万元以上，或者直接经济损失不满 15 万元，但间接经济损失 75 万元以上的；④造成公共财产或者法人、其他组织财产直接经济损失 30 万元以上，或者直接经济损失不满 30 万元，但间接经济损失 150 万元以上的；⑤虽未达到③、④两项数额标准，但③、④两项合计直接经济损失 30 万元以上，或者直接经济损失不满 30 万元，但合计间接经济损失 150 万元以上的；⑥造成公司、企业等单位停业、停产 1 年以上，或者破产的；⑦海关、外汇管理部门的工作人员严重不负责任，造成 100 万美元以上外汇被骗购或者逃汇 1000 万美元以上的；⑧严重损害国家声誉，或者造成恶劣社会影响的；⑨其他致使公共财产、国家和人民利益遭受重大损失的情形；⑩徇私舞弊，具有上述情形之一的。上述规定中的间接经济损失，是指由直接经济损失引起和牵连的其他损失，包括失去的在正常情况下可能获得的利益和为恢复正常的管理活动或者挽回所造成的损失所支付的各种开支、费用等。玩忽职守罪的主体是国家机关工作人员。

根据《刑法》第 397 条第 1 款之规定，犯本罪的，处 3 年以下有期徒刑或者拘役；情节特别严重的，处 3 年以上 7 年以下有期徒刑。

三、徇私枉法罪

《刑法》第 399 条规定的徇私枉法罪，是指司法工作人员徇私枉法、徇情枉法、对明知是无罪的人而使他受追诉、对明知是有罪的人而故意包庇不使他受追诉，或者在刑事审判活动中故意违背事实和法律作枉法裁判的行为。

本罪侵犯了国家司法机关的正常活动和国家的司法公正。徇私枉法罪的行为是在刑事诉讼活动中，违背事实和法律作枉法裁判。徇私枉法行为包括以下两种情形：①对明知是无罪的人而使他受追诉，或者对明知是有罪的人而故意包庇不使他受追诉；②在刑事审判活动中故意违背事实和法律作枉法裁判。这里的枉法裁判包括把有罪的人判为无罪，把无罪的人判为有罪，轻罪重判或者重罪轻判。徇私枉法行为涉嫌下列情形之一的，应予立案：①对明知是没有犯罪事实或者其他依法不应当追究刑事责任的人，采取伪造、隐匿、毁灭证据或者其他隐瞒事实、违反法律的手段，以追究刑事责任为目的立案、侦查、起诉、审判的；②对明知是有犯罪事实需要追究刑事责任的人，采取伪造、隐匿、毁灭证据或者其他隐瞒事实、违反法律的手段，故意包庇使其不受立案、侦查、起诉、审判的；③采取伪造、隐匿、毁灭证据或者其他隐瞒事实、违反法律的手段，故意使罪重的人受较轻的追诉，或者使罪轻的人受较重的追诉的；④在立案后，采取伪造、隐匿、毁灭证据或者其他隐瞒事实、违反法律的手段，应当采取强制措施而不采取强制措施，或者虽然采取强制措施，但中断侦查或者超过法定期限不采取任何措施，实际放任不管，以及违法撤销、变更强制措施，致使犯罪嫌疑人、被告人实际脱离司法机关侦控的；⑤在刑事审判活动中故意违背事实和法律，作出枉法判决、裁定，即有罪判无罪、无罪判有罪，或者重罪轻判、轻罪重判的；⑥其他徇私枉法应予追究刑事责任的情形。徇私枉法罪的主体是司法工作人员。本罪的犯罪动机是徇私、徇情，徇私是指徇个人私利，徇情是指徇亲友私情。

根据《刑法》第399条第1款之规定，犯本罪的，处5年以下有期徒刑或者拘役；情节严重的，处5年以上10年以下有期徒刑；情节特别严重的，处10年以上有期徒刑。第4款规定，司法工作人员收受贿赂，有徇私枉法行为的，同时又构成本法第385条规定之罪的，依照处罚较重的规定定罪处罚。

第三编 民商事审判篇

第十章 民事诉讼

第一节 民事诉讼概述

一、民事诉讼

民事诉讼，是指人民法院、当事人和其他诉讼参与人，在审理民事案件的过程中，所进行的各种诉讼活动以及由这些活动所产生的诉讼关系的总和。与其他民事纠纷解决机制相比，民事诉讼要严格依照法律规定进行，有着严格的程序性，民事诉讼过程具有很强的阶段性和连续性，构成了一个统一的民事诉讼程序体系。

二、民事诉讼法

（一）民事诉讼法的含义

民事诉讼法，就是国家制定或者认可的，用以调整人民法院和诉讼参与人的诉讼活动和诉讼关系的法律规范的总和。民事诉讼法的性质可以从以下方面来理解：①民事诉讼法为部门法；②民事诉讼法为程序法；③民事诉讼法为基本法。

（二）民事诉讼法的效力

民事诉讼法的效力，是指民事诉讼法对什么人，对什么事，在什么空间范围和时间范围内有效。我国民事诉讼法的效力包括以下四个方面：

1. 民事诉讼法对人的效力。民事诉讼法对人的效力，是指民事诉讼法对哪些人适用，也即哪些人进行民事诉讼应当遵守我国的民事诉讼法。根据《民事诉讼法》第4条的规定，凡在我国领域内进行民事诉讼的当事人，都应当按照我国民事诉讼法的规定进行诉讼活动。

2. 民事诉讼法的对事效力。民事诉讼法的对事效力，是指人民法院依照民事诉讼法审理民事案件的范围。根据《民事诉讼法》第3条的规定，人民法院受理公民之间、法人之间、其他组织之间以及他们相互之间因财产关系和人身关系提起的民事诉讼适用本法的规定。人民法院依照民事诉讼法审理的案件包括两大类：①平等主体之间因民事法律关系发生的争议；②法律规定适用民事诉讼法审理的其他案件，如非讼案件。

3. 民事诉讼法的空间效力。民事诉讼法的空间效力，是指适用民事诉讼法的空间范围。我国民事诉讼法适用于整个中国领域，包括中国的领土、领海和领空，以及领土的自然延伸部分。

4. 民事诉讼法的时间效力。民事诉讼法的时间效力，是指民事诉讼法的有效期间，也即民事诉讼法发生效力和终止效力的时间。我国《民事诉讼法》的生效时间为 1991 年 4 月 9 日。《民事诉讼法》经过第二次修订后的生效时间为 2013 年 1 月 1 日。《民事诉讼法》有溯及既往的效力，《民事诉讼法》生效后，无论案件是《民事诉讼法》生效前受理的还是生效后受理的，人民法院应适用新生效的《民事诉讼法》审理。

三、民事诉讼法律关系

（一）民事法律关系的概念

民事诉讼法律关系，是指人民法院和当事人以及其他诉讼参与人之间在民事诉讼过程中形成的诉讼权利义务关系。

（二）民事法律关系的要素

民事诉讼法律关系的要素，是指构成民事诉讼法律关系的基本因素。与其他法律关系一样，民事诉讼法律关系也由主体、客体和内容三个要素构成。

1. 民事诉讼法律关系的主体。民事诉讼法律关系的主体，是指在民事诉讼中享有诉讼权利和承担诉讼义务的人。民事诉讼法律关系的主体包括人民法院、人民检察院、诉讼参加人和其他诉讼参与人。

2. 民事诉讼法律关系的内容。民事诉讼法律关系的内容，是指民事诉讼法律关系主体依法享有的诉讼权利和承担的诉讼义务。

3. 民事诉讼法律关系的客体。民事诉讼法律关系的客体，是指民事诉讼法律关系主体之间诉讼权利和诉讼义务所指向的对象，它通常包括案件事实和当事人之间争议的民事实体法律关系。

第二节　民事诉讼基本原则

民事诉讼法的基本原则，是指在民事诉讼的整个过程中或主要阶段起指导作用的准则。民事诉讼基本原则为参加民事诉讼的当事人、其他诉讼参与人的民事诉讼活动指明了方向，为人民法院法的审判活动指明了方向。

一、当事人平等原则

（一）当事人平等原则的含义

当事人平等原则是指当事人在民事诉讼中有平等的诉讼权利，人民法院审理案件时，应当保障和便利当事人行使诉讼权利，对当事人在适用法律上一律平等。我国《民事诉讼法》第8条规定，民事诉讼当事人有平等的诉讼权利。人民法院审理民事案件，应当保障和便利当事人行使诉讼权利，对当事人在适用法律上一律平等。当事人平等原则是"公民在法律面前一律平等"这一宪法性原则在民事诉讼法中的体现。作为民事诉讼法律关系的主体，当事人之间的法律关系具有平等性，这也要求在解决平等主体之间的纠纷时，当事人也应处于平等的诉讼地位，平等地享有权利和承担义务。

（二）当事人平等的内容

根据《民事诉讼法》的相关规定，当事人平等原则有以下内容：

1. 当事人诉讼地位平等。民事诉讼法规定，当事人享有平等的诉讼权利。诉讼权利平等并不是说当事人所有的诉讼权利都是相同的，当事人在诉讼中处于两造对立的地位，分别位居原、被告双方，因此其中有些权利是相同的，也还有一些权利则是对等的。在民事诉讼中，当事人享有的相同的诉讼权利包括委托诉讼代理人、申请回避、调查和收集证据、辩论、提起上诉、申请再审、申请执行等权利。当事人享有的对等的诉讼权利则是基于双方对立的诉讼地位而形成的，比如原告提起了诉讼，享有了原告资格，则被告在诉讼中可以提起反诉，成为反诉的原告；被告针对原告的主张，可以进行答辩。除此之外，基于当事人平等的诉讼地位，双方当事人也要平等地承担诉讼义务。权利的平等必然要求诉讼义务的平等，这样才能保障诉讼的正常进行和纠纷的顺利解决。

2. 人民法院应当平等地保障和便利当事人行使诉讼权利。民事诉讼过程中，当事人诉讼地位的平等除了法律的明确规定以外，还需要人民法院司法权的保障。人民法院应当依法保障当事人平等行使诉讼权利，给当事人提供同样的机会和条件，这是人民法院的职责所在。人民法院在审理案件的过程中，对双方当事人的主张要给予同样的关注，对双方当事人提供的证据要平等地审查，在判决时要考虑双方的主张。没有法院的保护，当事人平等行使诉讼权利则会是一句空话。

二、辩论原则

（一）辩论原则的含义

民事诉讼法中的辩论原则是指民事诉讼当事人为维护自己的合法权益，在人民法院主持下，就有争议的案件事实和法律问题，陈述各自的主张和意见，互相进行反驳和答辩的原则。我国《民事诉讼法》第 12 条规定，人民法院审理民事案件时，当事人有权进行辩论。在民事诉讼中，当事人享有辩论权有着重要意义。对当事人而言，辩论权的行使是当事人维护自己权益的重要途径，通过辩论权的行使，当事人表明自己的主张，提供相关证据，维护自己的合法权益。对法院而言，通过保障当事人的辩论权，使当事人充分参与到诉讼中去，进而影响到裁判的结果，对于当事人接受裁判结果和自觉执行生效判决有着重要的作用。

（二）辩论原则的内容

民事诉讼的辩论原则包括以下几方面的内容：①辩论原则的范围包括实体问题和程序问题。在民事诉讼中，当事人的辩论通常围绕着案件的实体问题和程序问题进行。案件的实体问题包括案件的事实认定问题，也包括案件的法律适用问题。前者如对于双方争议的借款事实是否存在进行的辩论就是属于事实认定问题。后者如对于受案法院是否有管辖权的法院的辩论、对当事人是否适格的辩论、对于法官是否应当回避的辩论。总之只要是双方当事人有争议的实体问题和程序问题都可以进行辩论。②辩论原则的行使贯穿民事诉讼的全过程。作为民事诉讼基本原则的辩论原则是建立在两造对立的争讼程序的基础上的。因此，在民事诉讼程序中，除了不存在对立当事人的特别程序以外，所有的争讼程序都应当贯穿适用辩论原则。即在第一审程序、第二审程序、审判监督程序中都应当允许并保障当事人行使辩论权。在具体的争讼程序中，从起诉、受理、庭前准备直到开庭审理都应当贯彻辩论原则，开庭审理的法庭辩论阶段则是辩论原则行使的集中体现。③当事人行使辩论权可采用口头和书面形式。在民事诉讼中，当事人辩论权的行使既包括口头形式也包括书面形式。在法庭审理中的法庭辩论阶段，当事人主要采取口头辩论的形式。在其他阶段，当事人的辩论权主要通过书面形式行使，比如原告的起诉状、被告的答辩状。

三、诚信原则

（一）诚信原则的含义

诚实信用原则是指法院在审理民事案件、当事人和其他诉讼参与人在进行民事诉讼时必须公正、诚实和善意。我国《民事诉讼法》第 13 条第 1 款规定，民事诉讼应当遵循诚实信用原则。

（二）诚信原则的适用

在民事诉讼过程中，当事人和其他诉讼参与人应当遵循该原则，人民法院在行使审判权时也应当遵守这一原则。

1. 诚信原则要求当事人在民事诉讼过程中行使诉讼权利、履行诉讼义务时都要诚信。《民事诉讼法》第 112 条规定，当事人之间恶意串通，企图通过诉讼、调解等方式侵害他人合法权益的，人民法院应当驳回其请求，并根据情节轻重予以罚款、拘留；构成犯罪的，依法追究刑事责任。第113条规定，被执行人与他人恶意串通，企图通过诉讼、仲裁、调解等方式逃避履行法律文书确定的义务的，人民法院应当根据情节轻重予以罚款、拘留；构成犯罪的，依法追究刑事责任。

2. 诚信原则要求人民法院审理案件时，应当公正、合理。比如，人民法院在诉讼过程中应当公正合理地保障当事人诉讼权利的实现，在对案件进行裁决时，应当根据案件事实和经过质证后的证据作出裁决，不得滥用自由裁量权；不得为了追求调解率，强迫当事人达成调解协议。

3. 对其他诉讼参与人而言，诚信原则也要求其他诉讼参与人在实施诉讼行为时应当诚实善意。比如，证人在作证时应当如实作证，不得提供虚假证言；鉴定人在鉴定过程中不得提供与事实不符的鉴定意见等。

四、处分原则

（一）处分原则的含义

民事诉讼中的处分原则，是指当事人有权在法律规定的范围内自由支配自己的民事权利和诉讼权利的原则。我国《民事诉讼法》第13条第2款规定，当事人有权在法律规定的范围内处分自己的民事权利和诉讼权利。民事诉讼之所以实行处分原则是由民事法律关系的特点和民事权利的性质决定的。民事法律关系是平等主体之间关于财产和人身方面的权利义务关系，法院允许民事主体自由处分自己的民事权利，体现了对当事人主体地位的尊重，体现了私法意思自治的精神。处分原则贯穿于民事诉讼始终，其直接体现了民事诉讼的特质，对诉讼进程有着实质性的影响。同时，当事人处分权的行使直接决定着法院审判权的行使，当事人的起诉使案件产生系属于法院的效力，法院的裁判要在当事人诉讼请求的范围内进行，当事人对诉讼权利和实体权利的处分，如当事人撤诉、自行和解，会直接引起审判权的终结。此外，法院的审判权也起到了保障和监督处分权行使的作用。

（二）处分原则的内容

根据民事诉讼法的规定，处分原则包括以下内容：

1. 处分权的主体只能是当事人。根据民事诉讼法的相关规定，处分权的行使主体只能是当事人，其他诉讼参与人不享有处分权。

2. 处分的对象是民事权利和诉讼权利。作为私权的主体，民事诉讼的当事人在诉讼过程中可以处分自己的实体权利，如当事人可以放弃全部或部分的诉讼请求。同时，民事诉讼主体也可以处分自己的诉讼权利，如当事人可以决定提起诉讼，也可以选择不起诉而通过其他方式解决纠纷，可以选择上诉，也可以选择不上诉。当事人在诉讼中对民事权利的处分，往往是通过对诉讼权利的处分实现的。

3. 处分权要在法律规定的范围内行使。民事诉讼法规定了当事人享有处分权，同时也规定了处分权行使的范围，即当事人要在法律规定的范围内行使处分权。也就是说，当事人行使处分权不得违反法律的禁止性规定，不得损害国家利益、社会公共利益和他人的合法权益。

（三）处分原则在民事诉讼中的体现

民事诉讼法规定了当事人享有处分权，民事诉讼的各个阶段也体现了当事人处分权的行使：

1. 诉讼程序的启动取决于当事人处分权的行使。民事诉讼程序的启动只能是由于当事人向有管辖权的法院起诉而开启，法院不能依职权启动诉讼程序。对尚未生效的一审判决，当事人可以选择是否提起上诉。

2. 人民法院判决范围取决于当事人诉讼请求的范围。在民事诉讼中，当事人的诉讼请求的范围决定了法院判决的范围，对于当事人没有提出的诉讼请求，人民法院不能作出判决。当然，在诉讼过程中，当事人可以放弃或变更诉讼请求。当事人也可以选择通过调解、自行和解的方式结束法院对案件的继续审理。

3. 原告在提起诉讼时可以自由地决定请求司法保护的范围，并有权选择保护的方法。如当事人因合同纠纷向法院起诉要求保护其权利时，当事人既可以选择要求继续履行，也可以选择要求对方支付违约金或者予以赔偿，还可以同时提出各种要求；既可以对其全部损失要求赔偿，也可以只就其中部分损失要求赔偿，选择权在当事人手中。

第三节　民事诉讼基本制度

根据我国《民事诉讼法》第 10 条的规定，人民法院审理民事案件时，应当依照法律规定实行合议、回避、公开审判和两审终审制度。

一、合议制度

合议制度，又称合议制，是指由 3 名以上的审判人员组成审判集体，代表人民法院行使审判权，对案件进行审理并作出裁判的制度。合议制是人民法院审理民事案件时审判组织的基本形式，具有广泛的适用性。

与合议制度相对应的是独任制度，是指由一名审判员对案件进行审理并作出裁判的制度。根据我国《民事诉讼法》第 39 条第 2 款的规定，适用简易程序审理的民事案件，由审判员一人独任审理。此外，最高人民法院《关于适用〈中华人民共和国民事诉讼法〉若干问题的意见》（以下简称《民事诉讼法意见》）中也规定了可以适用独任制审理的案件。

（一）合议庭的组成

合议庭是人民法院审判民事案件基本的审判组织。根据民事诉讼法的规定，在不同的审判程序中，合议庭的组成人员有所不同。

1. 第一审案件合议庭的组成。我国《民事诉讼法》第 39 条规定，人民法院审理第一审民事案件，由审判员、陪审员共同组成合议庭或者由审判员组成合议庭。合议庭的成员人数，必须是单数。陪审员在执行陪审职务时，与审判员有同等的权利义务。由此可见，在一审普通程序中，合议庭的组成有两种，即由审判员和陪审员共同组成合议庭和由审判员组成合议庭。究竟采取哪种合议庭，由案件的性质决定，对于涉及较强专业性和技术性的民事案件，法院在审理案件时，会邀请具有专门知识的陪审员参加审判。对于陪审员在合议庭中的人数比例，没有作出限制性规定。对于发回重审的案件，原审人民法院应当按照第一审程序另行组成合议庭。

2. 第二审案件合议庭的组成。根据《民事诉讼法》第 40 条第 1 款规定，人民法院审理第二审民事案件，由审判员组成合议庭。合议庭的成员人数，必须是单数。根据该款规定，在二审案件的审理中，不吸收陪审员参加，这是因为二审是上诉审，二审法院的功能定位已经不仅仅是查明案件事实、正确适用法律，还要对一审法院的审判活动进行监督，因此在二审时由具有法律专业知识的审判员组成合议庭更为合适。

3. 再审案件合议庭的组成。根据《民事诉讼法》第 40 条第 3 款的规定，审理再审案件，原来是第一审的，按照第一审程序另行组成合议庭；原来是第二审的或者是上级人民法院提审的，按照第二审程序另行组成合议庭。也就是说：①对一审判决后当事人申请再审的案件，无论原一审判决是采用独任制还是合议制作出的，在再审时，一律采用合议制，不得采用独任制；②原来审理该案件的独任审判员或者合议庭成员，一律不得参加再审案件的审理；③对原来是第二审或者是上级人民法院提审的案件，按照第二审程序另行组成合议庭。

（二）合议庭评议

合议庭组成后，代表法院行使审判权，合议庭按照民主集中制原则进行活动。根据我国《民事诉讼法》第 41 条的规定，合议庭的审判长由院长或者庭长指定审判员一人担任；院长或者庭长参加审判的，由院长或者庭长担任。根据《最高人民法院关于人民法院合议庭工作的若干规定》，人民陪审员在人民法院执行职务期间，除不能担任审判长外，同法官有同等的权利义务。合议庭评议案件，实行少数服从多数的原则。评议应当制作笔录，由合议庭成员签名。评议中的不同意见，必须如实记入笔录。

审判人员应当依法秉公办案。审判人员不得接受当事人及其诉讼代理人请客送礼。审判人员有贪污受贿，徇私舞弊，枉法裁判行为的，应当追究法律责任；构成犯罪的，依法追究刑事责任。

二、回避制度

回避制度是指审判人员及其他工作人员，遇有法律规定的回避情形时，退出某一案件审理活动的制度。回避制度的目的是为保证案件公正审理而设立的一项制度。它可以使法院避开可能不公正审理的嫌疑，体现程序公正，也可以避免审判人员或者有关人员利用权力徇私舞弊，枉法裁判，损害实体公正。

（一）回避的原因

根据我国《民事诉讼法》第 44 条的规定，审判人员、书记员、翻译人员、鉴定人、勘验人，有下列情形之一的，应当自行回避，当事人有权用口头或者书面方式申请他们回避：①是本案当事人或者当事人、诉讼代理人近亲属的；②与本案有利害关系的；③与本案当事人、诉讼代理人有其他关系，可能影响对案件公正审理的；④审判人员接受当事人、诉讼代理人请客送礼，或者违反规定会见当事人、诉讼代理人的，当事人有权要求他们回避。

根据 2011 年最高人民法院《关于审判人员在诉讼活动中执行回避制度若干问题的规定》的规定，审判人员具有下列情形之一的，应当自行回避，当事人及其法定代理人有权以口头或者书面形式申请其回避：①是本案的当事人或者与当事人有近亲属关系的；②本人或者其近亲属与本案有利害关系的；③担任过本案的证人、翻译人员、鉴定人、勘验人、诉讼代理人、辩护人的；④与本案的诉讼代理人、辩护人有夫妻、父母、子女或者兄弟姐妹关系的；⑤与本案当事人之间存在其他利害关系，可能影响案件公正审理的。本规定所称近亲属，包括与审判人员有夫妻、直系血亲、三代以内旁系血亲及近姻亲关系的亲属。

当事人及其法定代理人发现审判人员违反规定，具有下列情形之一的，有权申请其回避：①私下会见本案一方当事人及其诉讼代理人、辩护人的；②为本案当事人推荐、介绍诉讼代理人、辩护人，或者为律师、其他人员介绍办理该案件的；③索取、接受本案当事人及其受托人的财物、其他利益，或者要求当事人及其受托人报销费用的；④接受本案当事人及其受托人的宴请，或者参加由其支付费用的各项活动的；⑤向本案当事人及其受托人借款，借用交通工具、通讯工具或者其他物品，或者索取、接受当事人及其受托人在购买商品、装修住房以及其他方面给予的好处的；⑥有其他不正当行为，可能影响案件公正审理的。

另外，凡在一个审判程序中参与过本案审判工作的审判人员，不得再参与该案其他程序的审判。但是，经过第二审程序发回重审的案件，在一审法院作出裁判后又进入第二审程序的，原第二审程序中合议庭组成人员不受本条规定的限制。

（二）回避的方式

回避的方式包括以下两种：①自行回避。即审判人员及其他应当回避的人员认为自己具有法律规定的应当回避的情形时，主动退出案件的审理活动。②申请回避。是指当事人及其法定代理人认为审判人员及其他适用回避制度的人员具有法律规定的应当回避的情形的，以口头或书面形式申请他们回避。此外，审判人员应当回避，本人没有自行回避，当事人及其法定代理人也没有申请其回避的，院长或者审判委员会应当决定其回避。

（三）回避的程序

我国《民事诉讼法》规定了当事人申请回避的具体规定，即当事人提出回避申请，应当说明理由，在案件开始审理时提出；回避事由在案件开始审理后知道的，也可以在法庭辩论终结前提出。

被申请回避的人员不同，决定其回避的人员和组织也不同。院长担任审判长时的回避，由审判委员会决定；审判人员的回避，由院长决定；其他人员的回避，由审判长决定。被申请回避的人员在人民法院作出是否回避的决定前，应当暂停参与本案的工作，但案件需要采取紧急措施的除外。

人民法院对当事人提出的回避申请，应当在申请提出的 3 日内，以口头或者书面形式作出决定。申请人对决定不服的，可以在接到决定时申请复议一次。复议期间，被申请回避的人员，不停止参与本案的工作。人民法院对复议申请，应当在 3 日内作出复议决定，并通知复议申请人。

三、公开审判制度

公开审判制度，是指人民法院的审判民事案件的活动，除合议庭评议案件外，应当向群众和社会公开的制度。公开审判是社会主义民主原则在民事诉讼中的重要体现，实行公开审判制度的重要意义在于：它将民事案件的审判活动置于社会的广泛监督之下，增加了审判活动的透明度，通过社会监督制约审判人员的恣意性，保障审判的公正；并且审判公开为社会对司法活动的监督提供了具体的依据与方式，有利于实现对审判权有效制约。

（一）公开审判制度的内容

根据我国《民事诉讼法》的规定，公开审判制度包括以下内容：

1. 对于公开审理的案件，人民法院在开庭 3 日前应当公告当事人姓名、案由和开庭的时间、地点，以便群众旁听。

2. 对于公开审理的案件，不仅应允许群众旁听，也应允许新闻媒体对案件审理情况进行采访报道。

3. 不论是否公开审理的案件，判决都必须公开宣告。

（二）公开审判的例外

公开审判制度是民事审判的一项基本制度，但是公开审判制度也不是绝对的，有些民事案件如果公开审理，可能会产生消极的社会影响，有些可能会对国家造成难以弥补的损失，因此，对这些案件，应该不公开审理。不公开审理的案件主要包括以下几种：

1. 涉及国家秘密的案件。国家秘密包括党的秘密、政府的秘密和军队的秘密，为了保守国家秘密，这类案件不公开审理。

2. 涉及个人隐私的案件。隐私权是公民享有的一项重要民事权利，对涉及个人隐私的案件不公开审理是对该公民个人隐私的保护，同时也可以防止这类案件对社会造成不良影响。

3. 离婚案件和涉及商业秘密的案件。当事人申请不公开审理的，可以不公开审理。离婚案件涉及当事人的感情甚至隐私，因此，应根据当事人的意愿决定是否公开审理。商业秘密，主要是指技术秘密、商业情报及信息等，这些信息本身就具有一定的商业价值，如果公开审理，可能会给当事人造成一定经济损失，因此，人民法院可以根据当事人的申请，决定不公开审理。

四、两审终审制度

两审终审制度，是指一个民事案件经过两级人民法院的审判即告终结的制度。根据该制度的规定，一个民事案件经过第一审人民法院审判后，当事人如果不服的，有权向上一级人民法院提起上诉，该上级法院所作出的判决、裁定是终审的判决、裁定，当事人不得上诉。

根据我国《民事诉讼法》的规定，有些案件实行一审终审，不允许上诉。实行一审终审的案件包括：①最高人民法院所作的一审判决、裁定，为终审判决、裁定，当事人不得上诉；②根据《民事诉讼法》的规定，适用特别程序、督促程序、公示催告程序和企业法人破产还债程序审理的案件，实行一审终审；③根据《民事诉讼法》第162条规定的小额诉讼案件，实行一审终审。此外，根据《婚姻法解释（一）》第9条的规定，确认婚姻效力的案件也实行一审终审。

第四节　管　　辖

一、管辖概述

民事案件的受案范围解决的是人民法院和其他机构之间的分工和权限。对于应当由人民法院受理的民事案件，在人民法院内部也存在着分工，这就是民事案件的管辖问题。管辖是指各级人民法院之间和同级人民法院之间受理第一审民事案件的分工和权限。案件的管辖权在人民法院内部的合理分工，能有效避免法院之间争夺管辖权或者相互推诿不愿意行使管辖权的现象的出现。另外，合理的管辖权分工，也能保障和方便当事人及时行使诉讼权利，解决民事争议，维护正常的民事法律秩序。

根据我国《民事诉讼法》第一编第二章的规定，管辖分为级别管辖、地域管辖、移送管辖和指定管辖。其中地域管辖又分为一般地域管辖、特殊地域管辖、协议管辖和专属管辖。

二、级别管辖

级别管辖，是指上下级人民法院之间受理一审民事案件的分工和权限。根据《人民法院组织法》的规定，除了专门人民法院以外，我国的法院分为四级，即基层人民法院、中级人民法院、高级人民法院和最高人民法院。级别管辖是从纵向上划分了这四级法院之间在受理一审民事案件时的管辖权问题，以保证人民法院正确行使审判权。在确定级别管辖时，我国民事诉讼法主要是按照案件的性质、影响力大小以及案件的标的额来确定级别管辖的。

（一）基层人民法院管辖的第一审民事案件

根据《民事诉讼法》第17条的规定，基层人民法院管辖第一审民事案件，但本法另有规定的除外。基层人民法院一般都是当事人住所地、争议标的物所在地、行为发生地的法院，因此，由基层人民法院管辖一审民事案件，既方便人民法院行使审判权，也便于当事人诉讼。除了民事诉讼法明确规定由中级人民法院、高级人民法院和最高人民法院管辖的一审民事案件外，其他的一审民事案件都由基层人民法院行使管辖权。由此可见，基层人民法院承担了绝大多数民事案件的一审工作。

（二）中级人民法院管辖的第一审民事案件

《民事诉讼法》第18条规定，中级人民法院管辖下列第一审民事案件：①重大涉外案件。涉外案件指的是有涉外因素的案件。在涉外案件中，一般涉外案件由基层人民法院管辖，重大涉外案件才由中级人民管辖。所谓重大涉外案件，指的是争议标的额大，或者案情复杂，或者居住在国外的当事人人数众多的案件。②在本辖区有重大影响的案件。这是一个弹性条款，何谓在本辖区有重大影响的案件由中级人民法院掌握。一般来说，中级人民法院会根据案件的繁简程度、标的额大小、影响力大小来决定。③最高人民法院确定由中级人民法院管辖的案件。最高人民法院根据审判工作的需要，可以以规范性文件或司法解释的形式将案件确定由中级人民法院管辖。目前最高人民法院确定由中级人民法院管辖的案件主要包括：①海事、海商案件。我国目前已经在上海、大连等 10 个城市设立了海事法院，海事法院相当于中级人民法院。②专利纠纷案件。③著作权纠纷案件。④重大涉港澳台案件。⑤诉讼标的额大或者诉讼单位属省、自治区、直辖市以上的经济纠纷案件。

（三）高级人民法院管辖的第一审民事案件

《民事诉讼法》第 19 条规定，高级人民法院管辖在本辖区有重大影响的第一审民事案件。高级人民法院管辖的第一审民事案件是在省、自治区和直辖市范围内有重大影响的案件。由于绝大多数第一审民事案件由基层人民法院和中级人民法院管辖，因此，高级人民法院的主要任务不是审理第一审民事案件。这是因为，根据法院之间的职能划分，高级人民法院的主要任务是对其辖区内的基层人民法院和中级人民法院的工作进行指导和监督以及审理上诉案件。因此，民事诉讼法只规定了对在高级人民法院辖区内有重大影响的案件才由高级人民法院行使管辖权。

（四）最高人民法院管辖的第一审民事案件

《民事诉讼法》第 20 条规定，最高人民法院管辖下列第一审民事案件：①在全国有重大影响的案件。②认为应当由本院审理的案件。最高人民法院作为最高审判机关，其职能是对地方各级人民法院和各专门人民法院的工作进行指导和监督、审理上诉案件以及进行司法解释。因此，最高人民法院审理的第一审民事案件只能是极少数重大的案件。

三、地域管辖

地域管辖，是指同级人民法院之间在各自的区域内受理第一审民事案件的分工和权限。在确定了案件的级别管辖权之后，需要对同级人民法院之间如何划分第一审民事案件的管辖权问题进行区分。我国人民法院的辖区一般是与行政区划保持一致的，因此，同级法院之间是根据行政区划空间范围的划分来行使审判权的。划分地域管辖的标准是按照当事人所在地、诉讼标的或法律事实与法院辖区的联系来确定的。

（一）一般地域管辖

一般地域管辖，是指以当事人所在地与法院辖区的关系来确定管辖法院。即当事人在哪个法院辖区，案件就由哪个法院管辖。

1. 一般地域管辖的原则——原告就被告。我国民事诉讼法确定一般地域管辖的原则是原告就被告原则，即对公民提起的民事诉讼，由被告住所地人民法院管辖；被告住所地与经常居住地不一致的，由经常居住地人民法院管辖。对法人或者其他组织提起的民事诉讼，由被告住所地人民法院管辖。当事人的住所地，对公民而言，其住所地是指公民的户籍所在地；对法人而言，其住所地是指法人的主要营业地或者主要办事机构所在地。公民的经常居住地是指公民离开住所地至起诉时已连续居住 1 年以上的地方。但公民住院就医的地方除外。

2. 一般地域管辖的例外规定。《民事诉讼法》第 22 条规定，下列民事诉讼，由原告住所地人民法院管辖；原告住所地与经常居住地不一致的，由原告经常居住地人民法院管辖：①对不在中华人民共和国领域内居住的人提起的有关身份关系的诉讼；②对下落不明或者宣告失踪的人提起的有关身份关系的诉讼；③对被采取强制性教育措施的人提起的诉讼；④对被监禁的人提起的诉讼。

此外，《民事诉讼法意见》对下列特殊情况作了补充规定：①追索赡养费案件的几个被告住所地不在同一辖区的，可以由原告住所地人民法院管辖；②不服指定监护或变更监护关系的案件，由被监护人住所地人民法院管辖；③非军人对军人提出的离婚诉讼，如果军人一方为非文职军人，由原告住所地人民法院管辖；④夫妻一方离开住所地超过 1 年，另一方起诉离婚的案件，由原告住所地人民法院管辖。夫妻双方离开住所地超过 1 年，一方起诉离婚的案件，由被告经常居住地人民法院管辖；没有经常居住地的，由原告起诉时居住地的人民法院管辖。

（二）特殊地域管辖

特殊地域管辖是相对于一般地域管辖而言的，是法律对某些特殊案件管辖法院所做的特别规定。它是指以诉讼标的物所在地或引起法律关系发生、变更、消灭的法律事实所在地为标准确定的管辖。《民事诉讼法》第 23～32 条规定了下列几种诉讼实行特殊地域管辖：

1. 因合同纠纷提起的诉讼，由被告住所地或者合同履行地人民法院管辖。

2. 因保险合同纠纷提起的诉讼，由被告住所地或者保险标的物所在地人民法院管辖。

3. 因票据纠纷提起的诉讼，由票据支付地或者被告住所地人民法院管辖。

4. 因公司设立、确认股东资格、分配利润、解散等纠纷提起的诉讼，由公司住所地人民法院管辖。

5. 因铁路、公路、水上、航空运输和联合运输合同纠纷提起的诉讼，由运输始发地、目的地或者被告住所地人民法院管辖。

6. 因侵权行为提起的诉讼，由侵权行为地或者被告住所地人民法院管辖。

7. 因铁路、公路、水上和航空事故请求损害赔偿提起的诉讼，由事故发生地或者车辆、船舶最先到达地、航空器最先降落地或者被告住所地人民法院管辖。

8. 因船舶碰撞或者其他海事损害事故请求损害赔偿提起的诉讼，由碰撞发生地、碰撞船舶最先到达地、加害船舶被扣留地或者被告住所地人民法院管辖。

9. 因海难救助费用提起的诉讼，由救助地或者被救助船舶最先到达地人民法院管辖。

10. 因共同海损提起的诉讼，由船舶最先到达地、共同海损理算地或者航程终止地的人民法院管辖。

（三）协议管辖

协议管辖是指双方当事人在纠纷发生前或发生后，以书面方式约定第一审民事案件的管辖法院，或者虽未明确约定，但是在一方起诉后，对方当事人未提出管辖权异议并应诉答辩的。协议管辖包括明示的协议管辖和默示的协议管辖。

《民事诉讼法》第 34 条规定了明示的协议管辖。合同或者其他财产权益纠纷的当事人可以书面协议选择被告住所地、合同履行地、合同签订地、原告住所地、标的物所在地等与争议有实际联系的地点的人民法院管辖，但不得违反本法对级别管辖和专属管辖的规定。这是我国民事诉讼法上关于明示协议管辖的规定。2012 年《民事诉讼法》修正案将协议管辖的案件范围由合同纠纷扩大到合同和其他财产权益纠纷，并采用列举加概括式的立法方式，将可协议的法院规定为五种，但不限于这五种，只要与争议有实际联系的地点的法院，双方当事人都可以以书面形式约定。不过，当事人可以协议选择的法院为第一审人民法院，并且不得违反民事诉讼法对级别管辖和专属管辖的规定。

《民事诉讼法》第 127 条第 2 款规定了默示的协议管辖。人民法院受理案件后，当事人未提出管辖异议，并应诉答辩的，视为受诉人民法院有管辖权，但违反级别管辖和专属管辖规定的除外。2012 年《民事诉讼法》修正案统一了国内和涉外民事诉讼默示协议管辖的规定，即原告向无管辖权的法院起诉，法院受理后，被告不对管辖权提出异议并应诉答辩的，推定为双方当事人均同意案件由该法院管辖。

（四）专属管辖

专属管辖是指法律规定某些案件只能由特定的人民法院管辖。专属管辖排除一般地域管辖和特殊地域管辖的适用，并且当事人不得采用协议管辖的方式予以改变。

《民事诉讼法》第33条规定，下列案件，由本条规定的人民法院专属管辖：

1. 因不动产纠纷提起的诉讼，由不动产所在地人民法院管辖。

2. 因港口作业中发生纠纷提起的诉讼，由港口所在地人民法院管辖。

3. 因继承遗产纠纷提起的诉讼，由被继承人死亡时住所地或者主要遗产所在地人民法院管辖。

此外，《民事诉讼法》第266条规定，因在中华人民共和国履行中外合资经营企业合同、中外合作经营企业合同、中外合作勘探开发自然资源合同发生纠纷提起的诉讼，由中华人民共和国人民法院管辖。

四、移送管辖与指定管辖

（一）移送管辖

移送管辖是指人民法院受理案件后，发现本院对该案件没有管辖权，依照法律规定将案件移送给有管辖权的人民法院审理。依据《民事诉讼法》第36条规定，受移送的人民法院应当受理。受移送的人民法院认为受移送的案件依照规定不属于本院管辖的，应当报请上级人民法院指定管辖，不得再自行移送。

（二）指定管辖

指定管辖是指上级人民法院以裁定方式，指定下级法院对某一案件行使管辖权。指定管辖是为了保证案件得到及时的审理，法律在特殊情形下赋予上级法院指定或变更案件管辖法院的制度。

《民事诉讼法》第36条、第37条规定，以下情形适用指定管辖：①有管辖权的人民法院由于特殊原因，不能行使管辖权的；②人民法院之间因管辖权发生争议，由争议双方协商解决；协商不成的，报其共同上级人民法院指定管辖；③移送管辖中受移送法院认为受移送案件不属于本院管辖的。

（三）管辖权转移

管辖权转移是指依据上级人民法院的决定或同意，将案件的管辖权从原来有管辖权的人民法院转移至无管辖权的人民法院，从而使无管辖权的法院取得案件的管辖权，对案件进行审理的制度。管辖权转移是对级别管辖的变通和调整。

《民事诉讼法》第38条规定，管辖权转移包括两种情形：①下级法院将管辖权转移到上级法院，即上调性转移。下级人民法院对它所管辖的第一审民事案件，认为需要由上级人民法院审理的，可以报请上级人民法院审理。上级人民法院认为下级人民法院管辖的第一审案件需要由自己审理时，有权将案件调上来自己审理。②上级人民法院将管辖权转移到下级法院，即下放性转移。上级法院认为确有必要将本院管辖的第一审民事案件交下级人民法院审理的，应当报请其上级人民法院批准。为保护当事人的诉讼权利，2012 年《民事诉讼法》修正案严格了下放性转移的适用程序。

五、管辖权异议

管辖权异议是指人民法院受理案件后，当事人依法提出该人民法院对本案无管辖权的主张和意见。管辖权异议制度设立的目的是防止当事人滥用诉权侵害对方当事人合法的诉讼权利，保证人民法院正确行使审判权。

《民事诉讼法》第 127 条规定，人民法院受理案件后，当事人对管辖权有异议的，应当在提交答辩状期间提出。人民法院对当事人提出的异议，应当审查。异议成立的，裁定将案件移送有管辖权的人民法院；异议不成立的，裁定驳回。当事人未提出管辖异议，并应诉答辩的，视为受诉人民法院有管辖权，但违反级别管辖和专属管辖规定的除外。

因此，当事人提出管辖权异议，应当符合以下条件：①提出管辖权异议的主体只能是案件的当事人；②提出管辖权异议应当在提交答辩状期间；③当事人只能对第一审案件的管辖权提出管辖权异议。人民法院对当事人提出的异议，应当审查。异议成立的，裁定将案件移送有管辖权的人民法院；异议不成立的，裁定驳回。

第五节　当事人制度

一、当事人概述

（一）当事人概念

民事诉讼当事人，是指因民事权利义务纠纷，以自己的名义进行诉讼，并受人民法院裁判拘束的人。民事诉讼当事人是民事法律关系的主体，是诉讼构造中必不可少的一端，当事人的诉讼行为对民事诉讼的发生、进行和终结具有重要的作用。当事人有狭义和广义之分，狭义当事人仅包括原告和被告。广义的当事人还包括共同诉讼人、诉讼代表人及有独立请求权的第三人、无独立请求权的第三人。

由于审级和诉讼程序的不同，当事人在诉讼中的称谓也不完全相同。在第一审普通程序和简易程序中，称为原告和被告。在第二审程序中，称为上诉人和被上诉人，其中即包括一审的原告和被告；若有第三人参加诉讼，第二审程序中还包括有独立请求权的第三人和被人民法院判决承担民事责任的无独立请求权的第三人。在审判监督程序中，若适用第一审程序审理，分别称为原审原告、原审被告、原审第三人；若适用第二审程序审理，则分别称为原审上诉人、原审被上诉人、原审第三人。在特别程序中，通常被称为申请人，但在选民资格案件中，则被称为起诉人。在其他非讼程序中，一般称为申请人与被申请人。在执行程序中，则称为申请人和被申请人（或申请执行人和被执行人）。

（二）当事人诉讼权利能力与诉讼行为能力

诉讼权利能力，也被称为当事人诉讼权利能力或当事人能力，指可以作为民事诉讼当事人，能够享有民事诉讼权利和承担民事诉讼义务的能力或资格。享有这种资格的人，并不必然成为当事人，要现实地成为当事人，还需要在具体的案件中通过实施诉讼行为来实现。诉讼权利能力以民事权利能力为基础，并与民事权利能力相适应，即凡是具有民事权利能力，能够参加民事活动的主体，也就同时具有诉讼权利能力，能够成为诉讼当事人。自然人的诉讼权利能力始于出生，终于死亡。无论是未成年人，还是精神病人，都享有诉讼权利能力，能够作为当事人。法人的诉讼权利能力始于其成立之时，终于其消灭之时。

当事人的诉讼行为能力，又称诉讼能力，是指当事人能够以自己的行为有效实施诉讼行为，行使诉讼权利和履行诉讼义务的资格。有诉讼权利能力，又有诉讼行为能力的人，才能够亲自实施诉讼行为，行使诉讼权利、履行诉讼义务。自然人的诉讼行为能力也以民事行为能力为基础，与民事行为能力相适应，但是二者并不完全一致。民事行为能力分为完全民事行为能力、限制行为能力和无民事行为能力三种。而在民事诉讼中，自然人的诉讼行为能力只分为有诉讼行为能力和无诉讼行为能力。具有完全行为能力的自然人也具有诉讼行为能力，限制行为能力人与无行为能力人属于无诉讼行为能力人。法人和其他组织的诉讼行为能力与其诉讼权利能力一样，始于成立，终于消灭。

（三）当事人的诉讼权利与诉讼义务

在诉讼中，当事人享有的诉讼权利主要包括：起诉、应诉、反驳和反诉；委托诉讼代理人；申请回避；收集和提供证据；陈述、质证和辩论；选择调解和自行和解；申请财产保全与先予执行；上诉；申请再审；申请执行；查阅、复制本案有关上诉资料；变更、放弃上诉请求等。当事人在行使诉权的同时，必须遵守相应的诉讼义务。当事人的主要诉讼义务包括：服从人民法院指挥，遵守诉讼秩序；依法行使诉讼权利；交纳诉讼费用；履行生效裁判等。

（四）当事人适格

当事人适格，是指就具体的诉讼，有资格以自己的名义成为原告或被告，因

第十章　民事诉讼 245

而受本案判决拘束的当事人，也称为正当当事人。一般来说，应当以当事人是否是争议的民事法律关系的主体或与其存在直接利害关系，作为判断当事人是否适格的标准。根据这一标准，只有民事法律关系的主体或民事权利的主体或直接利害关系人才是适格的当事人。但是，在例外的情况下，一些非民事法律关系或民事权利的主体，也可以作为适格的当事人。例如，清算组织、失踪人的财产代管人、遗产管理人、遗嘱执行人以及为保护死者名誉而提起诉讼的死者的近亲属。

在诉讼过程中，人民法院发现起诉或应诉的人不适格，在征得当事人同意的情况下，可以通知适格当事人参加诉讼，而要求非适格当事人退出诉讼。

二、原告与被告

原告，是指因自己或自己所管理的他人的民事权益受到侵害，以自己的名义向法院起诉，请求保护民事权益的人。被告，是指被诉称侵犯原告民事权益或者与原告发生民事权益争议，而由人民法院通知应诉的人。原告与被告是最基本的诉讼当事人，没有原告和被告，就不能称其为诉。

根据《民事诉讼法》的规定，自然人、法人和其他组织都有当事人资格。但是在司法实践中，自然人、法人和其他组织作为原告和被告的情况比较复杂，最高人民法院专门出台了相关的司法解释，对一些特殊情况进行了明确规定，需要特别注意。

三、共同诉讼人

（一）共同诉讼概述

在诉讼过程中，如果一方当事人或双方当事人为两人或两人以上，那么这种诉讼就是共同诉讼。在共同诉讼中一起参加诉讼的当事人为共同诉讼人。共同诉讼是诉的合并的一种形式，属于诉的主体合并，即诉讼当事人的合并。共同诉讼制度是我国民事诉讼法规定的一个重要诉讼制度，它可以简化诉讼程序，节省时间和费用；可以避免法院对同一案件或者同类案件的处理作出互相矛盾的判决。

根据我国《民事诉讼法》的规定，共同诉讼分为必要共同诉讼和普通共同诉讼两种类型。

（二）必要共同诉讼

必要共同诉讼，是指当事人一方或者双方为两人以上，诉讼标的是同一的诉讼。对于必要共同诉讼，法院必须合并审理并判决。所谓诉讼标的是同一的，是指共同诉讼人与对方当事人之间是同一个诉讼标的，在这个诉讼标的中他们共同享有权利，或者共同承担义务。正因为必要共同诉讼中当事人的诉讼标的具有同一性，因此，就要求共同诉讼人一同起诉或应诉。在必要共同诉讼中，必要共同诉讼人之间具有较强的牵连性，例如，共同原告所作的有利于全体的诉讼请求，陈述的有利事实，提出的有利证据，对全体原告发生法律效力；共同诉讼人一人遵守期间的规定，对全体发生法律效力。同时，必要共同诉讼人之间也有独立性，如对各共同诉讼人是否为适格的当事人法院要分别调查；共同诉讼人在诉讼过程中可以独立进行诉讼活动，如委托诉讼代理人。

根据《民事诉讼法意见》第43、46、47、50、52~56条的规定，以下情形应列为必要共同诉讼人参加诉讼：①个体工商户、个人合伙或私营企业挂靠集体企业并以集体企业的名义从事生产经营活动的，在诉讼中该个体工商户、个人合伙或私营企业与其挂靠的集体企业为共同诉讼人。②营业执照登记的业主与实际经营者不一致的，以业主和实际经营者为共同诉讼人。③个人合伙中的合伙人作为共同诉讼人。④因企业法人分立前的民事活动发生的诉讼，企业法人分立，以分立后的企业为共同诉讼人。⑤因借用业务介绍信、合同专用章、盖章的空白合同书或者银行账户而产生的诉讼，出借单位和借用人为共同诉讼人。⑥因保证合同纠纷提起的诉讼，债权人向保证人和被保证人一并主张权利的，人民法院应当将保证人和被保证人列为共同被告；债权人仅起诉保证人的，除保证合同明确约定保证人承担连带责任的外，人民法院应当通知被保证人作为共同被告参加诉讼；债权人仅诉被保证人的，可只列被保证人为被告。⑦部分继承人起诉的，人民法院应当通知其他继承人作为共同原告参加诉讼；被通知的继承人不愿意参加诉讼又未明确表示放弃实体权利的，人民法院仍应把其列为共同原告。⑧代理关系中的被代理人和代理人承担连带责任的，为共同诉讼人。⑨共有财产权受到他人侵害，部分共有权人起诉的，其他共有权人应当列为共同诉讼人。⑩属于共同侵权行为或者共同危险行为，行为人均作为共同被告。

（三）普通共同诉讼

普通共同诉讼，是指当事人的一方或双方是两人以上，其诉讼标的是同一种类，人民法院认为可以合并审理，当事人也同意合并审理的诉讼。普通共同诉讼的设立，是基于提高诉讼效率，减少诉讼成本的考虑，将两个以上同种类的案件通过同一的诉讼程序得到解决。

普通共同诉讼中，共同诉讼人之间的独立性更强一些，因为在普通共同诉讼中，共同诉讼人各自与对方当事人存在着独立的诉讼标的，原本是可分之诉，只因诉的合并而共同进行诉讼。因此，在普通共同诉讼中，共同诉讼人对自己的行为负责，其中一人的诉讼行为，对其他共同诉讼人不发生效力。例如，一个共同诉讼人撤诉，不影响其他共同诉讼人诉讼的进行；一个共同诉讼人减少诉讼请求或承认诉讼请求，不影响其他共同诉讼人的诉讼请求或反驳诉讼请求。

普通共同诉讼和必要共同诉讼是不同的，普通共同诉讼的诉讼标的是同一种类的，是为了诉讼经济而将本来可以分开审理的诉讼合并在一起审理的，而必要共同诉讼的诉讼标的是同一诉讼标的的，是不能分开审理的，各共同诉讼人必须一起参加诉讼，如果有共同诉讼人未参加诉讼的，人民法院应当依法追加当事人。

四、诉讼代表人

（一）代表人诉讼的概念和类型

代表人诉讼是指一方或者双方当事人人数众多时，由人数众多的一方当事人推选出代表人，代表本方全体当事人进行诉讼的制度。被推选出代表当事人实施诉讼行为的人为诉讼代表人。

我国民事诉讼法将代表人诉讼分为两类：①起诉时当事人人数就可以确定的代表人诉讼，称为"人数确定的代表人诉讼"；②起诉时当事人人数不能确定，需要法院受理案件后公告告知多数人全体进行登记并选定代表人进行诉讼，称为"人数不确定的代表人诉讼"。当事人人数众多时，让所有的当事人参加诉讼不仅极为不便，也会给法院的传唤、审理、开庭带来困难，在人数不确定的情况下更是如此。由多数当事人选定代表人进行诉讼非常必要。

（二）代表人诉讼的条件

代表人诉讼除了要具备《民事诉讼法》第119条规定的起诉条件外，还应当具备下列要件：

1. 当事人人数众多。当事人人数众多，是指一方当事人在10人以上。一方当事人未超过10人的案件，不得适用代表人诉讼。

2. 众多当事人一方的诉讼标的相同或者属于同一种类。提起代表人诉讼，多数人之间应当存在一定的利益关系。当事人一方人数众多且人数确定的，其内部关系可能是必要共同诉讼人的关系，也可能是普通共同诉讼人的关系。当事人一方人数众多且起诉时人数不确定的，多数人之间一般是普通共同诉讼关系，其诉讼标的是同一种类。

3. 诉讼请求或者抗辩方法相同。多数人推举代表人进行诉讼，除了诉讼标的同一或者同类外，还应当具有相同的诉讼请求或者抗辩方法。依照《民事诉讼法意见》第61条的规定，在多数人内部对诉讼请求或者抗辩方法达不成一致意见的情况下，可由部分当事人推选自己的代表人进行诉讼。人民法院也可以在多数人诉讼中，要求分别选定代表人。

4. 诉讼代表人适格。虽然当事人适格在一般情况下不是诉讼成立要件，但是在代表人诉讼中代表人的适格具有特殊的重要性，如果代表人不符合条件，代表人诉讼不能成立。诉讼代表人需要具备下列条件：①必须是本案的当事人；②具有诉讼行为能力；③能够履行诉讼代表人职责，维护被代表的全体当事人合法权益；④符合人民法院管辖的规定。

（三）代表人诉讼的程序

1. 人数确定的代表人诉讼。《民事诉讼法》第53条规定，当事人一方人数众多的共同诉讼，可以由当事人推选代表人进行诉讼。代表人的诉讼行为对其所代表的当事人发生效力，但代表人变更、放弃诉讼请求或者承认对方当事人的诉讼请求，进行和解，必须经被代表的当事人同意。《民事诉讼法意见》第60条、第62条规定，当事人一方人数众多在起诉时确定的，可以由全体当事人推选共同的代表人，也可以由部分当事人推选自己的代表人；推选不出的，在必要共同诉讼中可以自己参加诉讼，在普通共同诉讼中，可以另行起诉。推选的代表人人数为2~5人，每位代表人可以委托1~2人作为诉讼代理人。

2. 人数不确定的代表人诉讼。《民事诉讼法》第54条规定，诉讼标的是同一种类、当事人一方人数众多在起诉时人数尚未确定的，人民法院可以发出公告，说明案件情况和诉讼请求，通知权利人在一定期间向人民法院登记。向人民法院登记的权利人可以推选代表人进行诉讼；推选不出代表人的，人民法院可以与参加登记的权利人商定代表人。代表人的诉讼行为对其所代表的当事人发生效力，但代表人变更、放弃诉讼请求或者承认对方当事人的诉讼请求，进行和解，必须经被代表的当事人同意。人民法院作出的判决、裁定，对参加登记的全体权利人发生效力。未参加登记的权利人在诉讼时效期间提起诉讼的，适用该判决、裁定。

五、诉讼第三人

（一）第三人概述

根据我国民事诉讼法的相关规定，诉讼第三人分为有独立请求权的第三人和无独立请求权的第三人。在诉讼理论上，他人正在进行的诉讼，称为本诉；第三人参加的诉讼，称为参加之诉。第三人参加诉讼，或者以本诉的原告、被告为共同被告提出一个独立的诉讼请求，或者虽然对当事人双方的诉讼标的没有独立请求权，但是案件处理结果同他有法律上的利害关系，申请参加诉讼或者由人民法院通知参加诉讼。第三人参加诉讼，有利于人民法院一次性地彻底解决当事人之间的纠纷，避免法院对同一事件作出矛盾判决。

（二）有独立请求权的第三人

1. 有独立请求权第三人概念与特征。有独立请求权第三人，是指对已经开始的诉讼，以该诉的原、被告为被告提出独立的诉讼请求而参加诉讼的人。有独立请求权第三人参加之诉具有以下特征：①有独立请求权的第三人对他人之间的诉讼标的提出自己独立请求权，其在诉讼中既不同意原告的主张，也不同意被告的主张，而有自己独立的主张。②所参加的诉讼正在进行中。有独立请求权的第三人以起诉的方式参加诉讼，将本诉讼的原告、被告作为其参加诉讼的被告，自己居于参加之诉原告的地位。

2. 有独立请求权第三人的诉讼地位及其与共同诉讼人的区别。有独立请求权第三人在第三人参加之诉中的诉讼地位相当于原告。在诉讼中，有独立请求权第三人既不同意本诉原告的主张，也不同意本诉被告的主张，而是有着独立的主张。第三人认为，无论是原告胜诉还是被告胜诉，都将损害自己的民事权益。因此，第三人参加的诉，相当于其向法院提起的一个新诉。在该诉中，第三人享有原告的诉讼权利，承担原告的诉讼义务。法院实际上是把两个诉合在一起审理了。第三人参加之诉不依赖于本诉而独立存在。有独立请求权第三人可以撤回参加之诉，而本诉继续进行。而本诉的原告在有独立请求权的第三人参加诉讼后，也可以申请撤诉。本诉的原告申请撤诉，人民法院在准许原告撤诉后，有独立请求权的第三人作为另案原告，原案原告、被告作为另案被告，诉讼另行进行。

有独立请求权的第三人与必要共同诉讼是不同的，这些不同体现在：①争议的诉讼标的不同。必要共同诉讼人争议的诉讼标的是共同的，必要共同诉讼人在同一法律关系中，或者共同享有权利，或者共同承担义务。有独立请求权的第三人提起的诉讼，其诉讼标的与本诉的诉讼标的是不同的。②争议的对方当事人不同。必要共同诉讼人只能与另一方当事人发生争议；而有独立请求权的第三人是与本诉的原告、被告双方发生争议，与之争议的对方当事人既包括本诉的原告，也包括本诉的被告。③参加诉讼的方式不同。必要共同诉讼是不可分之诉，如果必要共同诉讼人没有自己申请参加诉讼，那么人民法院应通知其参加诉讼；而有独立请求权的第三人可以以起诉的方式参加到诉讼中来，也可以另行起诉。④诉讼地位不同。必要共同诉讼人在诉讼中既可能处于原告的诉讼地位，也可能处于被告的诉讼地位；有独立请求权的第三人只能处于原告的诉讼地位。⑤诉讼行为的效力不同。必要共同诉讼人中一人的诉讼行为经全体共同诉讼人承认的，可以对全体共同诉讼人发生法律效力；有独立请求权的第三人的诉讼行为无论如何只对其自己发生法律效力，其既不可能对本诉的当事人发生效力，也不受本诉任何一方当事人的牵制。

（三）无独立请求权的第三人

1. 无独立请求权的第三人的概念和特征。《民事诉讼法》第56条第2款规定，无独立请求权的第三人是指对当事人双方的诉讼标的没有独立请求权，但是案件处理结果同他有法律上的利害关系，申请参加诉讼或者由人民法院通知他参加诉讼的人。无独立请求权第三人参加诉讼具有以下特征：①无独立请求权的第三人对当事人双方的诉讼标的没有独立的请求权，但是与案件的处理结果有法律上的利害关系。从实践来看，无独立请求权第三人与案件的处理结果有利害关系，通常体现为该第三人与本诉讼的被告之间存在另一个与本诉讼所争议法律关系具有牵连性的法律关系。②所参加的诉讼正在进行。

2. 无独立请求权第三人的诉讼地位。无独立请求权第三人在其参加之诉中不是完全独立的诉讼当事人。根据我国《民事诉讼法》和《民事诉讼法意见》的相关规定，人民法院判决承担民事责任的无独立请求权的第三人，有当事人的诉讼权利义务。判决承担民事责任的无独立请求权的第三人有权提起上诉。但该第三人在一审中无权对案件的管辖权提出异议，无权放弃、变更诉讼请求或者申请撤诉。无独立请求权第三人参加诉讼的案件，人民法院调解时需要确定无独立请求权第三人承担义务的，应当经第三人同意，调解书应当同时送达第三人。第三人在调解书送达前反悔的，人民法院应当及时判决。无独立请求权的第三人经人民法院传票传唤，无正当理由拒不到庭，或者未经法庭许可中途退庭的，不影响案件的审理。

3. 无独立请求权第三人参加诉讼的相关规定。无独立请求权第三人参加诉讼的方式主要有以下两种：申请参加和由人民法院通知参加。从司法实践来看，将无独立请求权第三人纳入诉讼，往往是要求该第三人承担责任，因此，无独立请求权第三人一般不主动申请参加诉讼，而是由人民法院通知参加诉讼。同时，个别法院还存在滥用职权追加无独立请求权第三人参加诉讼的问题，严重损害了第三人的合法权益。

为此，最高人民法院《关于在经济审判工作中严格执行〈中华人民共和国民事诉讼法〉的若干规定》中规定，下列情况不能作为无独立请求权的第三人追加：①受诉人民法院对与原被告双方争议的诉讼标的无直接牵连和不负有返还或者赔偿等义务的人，以及与原告或被告约定仲裁或有约定管辖的案外人，或者专属管辖案件的一方当事人，均不得作为无独立请求权的第三人通知其参加诉讼。②人民法院在审理产品质量纠纷案件中，对原被告之间法律关系以外的人，证据已证明其已经提供了合同约定或者符合法律规定的产品的，或者案件中的当事人未在规定的质量异议期内提出异议的，或者作为收货方已经认可该产品质量的，不得作为无独立请求权的第三人通知其参加诉讼。③人民法院对已经履行了义务，或者依法取得了一当事人的财产，并支付了相应对价的原被告之间法律关系以外的人，不得作为无独立请求权的第三人通知其参加诉讼。

根据《合同法解释（一）》的规定，下列人员可以作为无独立请求权的第三人参加诉讼：①在代位权诉讼中，债权人以次债务人为被告向人民法院提起代位权诉讼，债务人是无独立请求权的第三人。债权人起诉时未将债务人列为第三人的，人民法院可以追加债务人为第三人。②债权人提起撤销权诉讼时，只以债务人为被告，未将受益人或者受让人列为第三人的，人民法院可以追加该受益人或者受让人为无独立请求权的第三人。③经债权人同意，债务人转移合同义务后，受让人与债权人之间因履行合同发生纠纷诉至人民法院，受让人就债务人对债权人的权利提出抗辩的，人民法院可以将债务人列为第三人。④合同当事人一方经对方同意将其在合同中的权利义务一并转让给受让人，对方与受让人因履行合同发生纠纷诉至人民法院，对方就合同权利义务提出抗辩的，人民法院可以将出让方列为第三人。

根据《劳动争议解释（一）》的规定，下列人员可以作为第三人参加诉讼：①用人单位招用尚未解除劳动合同的劳动者，原用人单位与劳动者发生的劳动争议，可以列新的用人单位为第三人。②原用人单位以新的用人单位侵权为由向人民法院起诉的，可以列劳动者为第三人。

（四）第三人撤销之诉

我国《民事诉讼法》第56条第3款规定，有独立请求权第三人和无独立请求权第三人因不能归责于本人的事由未参加诉讼，但有证据证明发生法律效力的判决、裁定、调解书的部分或者全部内容错误，损害其民事权益的，可以自知道或者应当知道其民事权益受到损害之日起6个月内，向作出该判决、裁定、调解书的人民法院提起诉讼。人民法院经审理，诉讼请求成立的，应当改变或者撤销原判决、裁定、调解书；诉讼请求不成立的，驳回诉讼请求。

六、诉讼代理人

（一）诉讼代理人概述

1. 诉讼代理人的概念。诉讼代理人，是指根据法律的规定或当事人的委托，以当事人的名义实施诉讼行为，维护当事人利益的诉讼参加人。诉讼代理人代理当事人进行诉讼活动的权限，称为诉讼代理权。被代理的一方当事人称为被代理人。

诉讼代理人具有以下特征：①诉讼代理人具有诉讼行为能力。代理人的职责就是在代理权限范围内代理当事人进行诉讼活动，以维护当事人的合法权益，这就要求诉讼代理人必须有诉讼行为能力。如果诉讼代理人丧失了诉讼行为能力，也就丧失了诉讼代理人资格。②诉讼代理人要在代理权限范围内实施诉讼行为。诉讼代理人在代理权限范围内实施的诉讼行为才是诉讼代理行为，才产生诉讼代理的法律后果。诉讼代理人超越代理权实施的诉讼行为需要被代理人的追认，否则不产生诉讼代理的法律后果。③以被代理人的名义进行诉讼活动。诉讼代理人是为了维护被代理人的利益进行诉讼活动，必须以被代理人的名义，而不能以自己的名义参加诉讼。④诉讼代理的法律后果由被代理人承担。诉讼代理人在代理权限范围内进行的诉讼行为，其法律后果均应由被代理人承担。⑤诉讼代理人在同一案件中只能代理一方当事人进行诉讼。民事案件中双方当事人的利益是对立的，这就决定了诉讼代理人在同一案件中只能代理一方当事人，而不能为双方代理。

2. 诉讼代理人的种类。我国民事诉讼法以代理权的发生根据为标准，将诉讼代理人分为法定诉讼代理人和委托诉讼代理人两种。法定诉讼代理权基于法律规定的亲权和监护权而产生，委托诉讼代理权基于委托人的授权而产生。

（二）法定诉讼代理人

1. 法定诉讼代理人的概念。法定诉讼代理人，是指根据法律的规定，代理无诉讼行为能力的当事人进行民事诉讼活动的人。法定代理人的代理权限来自法律的直接规定，而不是当事人的委托授权。法定诉讼代理是为无诉讼行为能力人在法律上设立的一种代理制度。根据我国《民事诉讼法》的规定，无诉讼行为能力人由他的监护人作为法定代理人代为诉讼。也就是说，民事诉讼中的法定诉讼代理人，必须是对被代理人享有监护权的人。对无诉讼行为能力人享有监护权的人，包括与无诉讼行为能力人有身份关系的亲属和对无诉讼行为能力人有监护责任的其他监护人。根据《民法通则》的规定，法定诉讼代理人的范围仅限于对当事人享有亲权和监护权的人。

2. 法定诉讼代理人的诉讼地位。法定诉讼代理人的诉讼地位类似于诉讼当事人，但是又非诉讼当事人。法定诉讼代理人在诉讼中处于与当事人类似的诉讼地位指的是，法定代理人不仅能够行使一般性诉讼权利，如提供证据、委托代理人等，而且可以行使一些涉及实体利益处分的特殊诉讼权利，如提出、放弃、变更诉讼请求，自行和解，请求调解等。但是，法定诉讼代理人在性质上又不是当事人，而是诉讼代理人，具体表现在：法定诉讼代理人只能以当事人的名义进行诉讼，法律后果也由当事人承担；在诉讼中，如果法定诉讼代理人死亡或者丧失代理权，只能导致诉讼中止，而当事人死亡则可能终结诉讼；法院裁判的对象是当事人，而不是法定诉讼代理人。

3. 法定诉讼代理人代理权的取得与消灭。法定诉讼代理权产生的基础是民事实体法规定的亲权和监护权，法定诉讼代理人包括与被代理人有身份关系的亲属和对被代理人有监护责任的其他监护人。因此，法定诉讼代理人代理当事人进行诉讼时，应当向法院提交身份及监护关系证明，用以证明自己的身份以及同被代理人之间存在的监护与被监护关系，以便法院对其代理权进行审查和确认。

法定诉讼代理权基于以下情况消灭：①被代理人具有或者恢复了民事行为能力。这是指设定法定诉讼代理的原因不复存在而引起诉讼代理权的消灭，如被代理的未成年人已经成年，被代理的精神病人恢复了健康等。②法定诉讼代理人丧失了对当事人的亲权或监护权。前者如基于收养关系和婚姻关系而取得的法定诉讼代理权，因收养关系或婚姻关系的解除而消灭；后者如法定代理人被法院撤销了监护人的资格。③法定诉讼代理人死亡或者丧失诉讼行为能力。④被代理的当事人死亡。

（三）委托诉讼代理人

1. 委托诉讼代理人的概念。委托诉讼代理人，是指根据当事人、法定诉讼代理人的委托，代其进行民事诉讼活动的人。由于委托诉讼代理人的产生及代理权限都取决于委托人的意志，因此，委托诉讼代理又称意定代理。委托诉讼代理人又称意定代理人。

委托诉讼代理与法定诉讼代理的区别在于，委托诉讼代理制度是对有诉讼行为能力人设立的制度，而法定诉讼代理则是针对无诉讼行为能力人的。根据《民事诉讼法》的规定，当事人和法定代理人可以委托诉讼代理人。

2. 委托诉讼代理人的范围。我国民事诉讼法对委托诉讼代理人资格的限制很少，可以担任委托诉讼代理人的范围十分广泛。根据《民事诉讼法》第58条第2款和《民事诉讼法意见》第68条的规定，可以被委托担任诉讼代理人的范围是：①律师。②基层法律服务工作者。基层法律服务工作者是指符合司法部2000年颁布的《基层法律服务工作者管理办法》规定的执业条件，在基层法律服务所执业，为社会提供法律服务的人员。③当事人的近亲属。当事人的近亲属主要包括配偶、父母、子女、兄弟姐妹等。④当事人的工作人员。当事人为单位时，其工作人员可以被委托为诉讼代理人。⑤当事人所在社区、单位以及有关社会团体推荐的公民。其中"有关社会团体"，通常是指其职责或业务与案件有一定联系的社会团体，如专利代理人经中华全国代理人协会推荐代理专利诉讼，妇联推荐其工作人员在涉及妇女权益纠纷的案件中代理女性诉讼等。当事人、法定代理人可以委托1~2人作为诉讼代理人。

3. 委托诉讼代理人的权限。委托诉讼代理人的代理权基于委托人的授权，因此，其代理事项和代理权限的范围也取决于委托人的授权。委托诉讼代理人只能在当事人及其法定代理人授权的范围内进行诉讼代理活动。委托诉讼代理人超越被代理人授权范围实施的诉讼行为，只有得到被代理人的追认才有效，否则属于无效的诉讼行为，应由代理人自己承担所引起的法律后果。

根据委托人是否将实体权利的处分权授权给委托诉讼代理人，可以将委托诉讼代理分为一般授权和特别授权两种。在委托人只作一般授权的情况下，诉讼代理人只能代为一般的诉讼行为，如提出管辖权异议、申请回避、收集提供证据、进行辩论等。如果委托人需要委托其诉讼代理人代为实施某些与其实体权益密切相关的诉讼行为，则必须在一般授权的前提下进行特别授权。我国《民事诉讼法》第59条第2款规定，诉讼代理人代为承认、放弃、变更诉讼请求，进行和解，提起反诉或者上诉，必须有委托人的特别授权。诉讼代理人要实施上述几项代理行为，必须由委托人在授权委托书中特别写明。未特别写明的，只能视为一般授权，诉讼代理人无权代为实施这些诉讼行为。授权委托书仅写明"全权代理"而无具体授权的，仍属于一般授权，诉讼代理人无权代为承认、放弃、变更诉讼请求，进行和解，提起反诉或者上诉。

通常情况下，民事案件的当事人只要委托了诉讼代理人的，本人就可以出庭，也可以不出庭。我国《民事诉讼法》第62条对离婚案件的代理作了如下特别规定，即离婚案件有诉讼代理人的，本人除不能表达意思的以外，仍应出庭；确因特殊情况无法出庭的，必须向人民法院提交书面意见。

4. 委托诉讼代理权的取得、变更与消灭。委托诉讼代理权是基于委托人的授权而发生的，授权委托应当以书面方式进行。我国《民事诉讼法》第59条规定，委托他人代为诉讼，必须向人民法院提交由委托人签名或者盖章的授权委托书。授权委托书必须记明委托事项和权限。侨居在国外的中华人民共和国公民从国外寄交或者托交的授权委托书，必须经中华人民共和国驻该国的使领馆证明；没有使领馆的，由与中华人民共和国有外交关系的第三国驻该国的使领馆证明，再转由中华人民共和国驻该第三国使领馆证明，或者由当地的爱国华侨团体证明。

由于委托诉讼代理权是基于当事人的委托授权，因此是可以变更或解除的。我国《民事诉讼法》规定，诉讼代理人的权限如果变更或解除，当事人应当书面告知人民法院，并由人民法院通知对方当事人。

委托诉讼代理权可以因下列各种原因而消灭：①代理人死亡或者丧失诉讼行为能力；②被代理人死亡；③诉讼结束，代理人已经履行完毕诉讼代理任务；④被代理人和代理人双方自动解除委托诉讼代理关系。

七、诉讼辅佐人

我国《民事诉讼法》第79条规定，当事人可以申请人民法院通知有专门知识的人出庭，就鉴定人作出的鉴定意见或者专业问题提出意见。有专门知识的人，就是我们所称的诉讼辅佐人或者专家辅助人。《民事诉讼证据规定》第61条规定，当事人可以向人民法院申请由1～2名具有专门知识的人员出庭就案件的专门性问题进行说明。人民法院准许其申请的，有关费用由提出申请的当事人负担。审判人员和当事人可以对出庭的具有专门知识的人员进行询问。经人民法院准许，可以由当事人各自申请的具有专门知识的人员就有关案件中的问题进行对质。具有专门知识的人员可以对鉴定人进行询问。

第六节 保全与先予执行

一、保全

我国《民事诉讼法》第100条规定，人民法院对于可能因当事人一方的行为或者其他原因，使判决难以执行或者造成当事人其他损害的案件，根据对方当事人的申请，可以裁定对其财产进行保全、责令其作出一定行为或者禁止其作出一定行为；当事人没有提出申请的，人民法院在必要时也可以裁定采取保全措施。根据该条的规定，对于诉讼中的财产和行为，如果有保全的必要，都可以进行保全。也即我国的诉讼保全包括财产保全和行为保全两种。行为保全是2012年《民事诉讼法》修正案增加的保全类型。

（一）财产保全

根据我国《民事诉讼法》第100条、第101条的规定，财产保全分为诉讼财产保全和诉前（仲裁前）财产保全两种。

1. 诉讼财产保全。诉讼财产保全，是指人民法院在诉讼过程中，对当事人的财产或者争执标的物限制当事人处分，以保证将来生效判决得以实现的临时措施。

诉讼财产保全的适用条件是：①发生在民事诉讼过程中，即人民法院受理案件后，尚未判决前；②存在将来判决有不能执行或难以执行的可能；③一般由当事人向受诉人民法院提出申请；④可以责令申请人提供担保，申请人不提供担保的，人民法院驳回申请；⑤有管辖权的法院为该案件的诉讼管辖法院。另外，根据《民事诉讼法意见》第103条的规定，对当事人不服一审判决提出上诉的案件，在第二审人民法院接到报送的案件之前，当事人有转移、隐匿、出卖或者毁损财产等行为，必须采取财产保全措施的，由第一审人民法院依当事人申请或依职权采取。第一审人民法院制作的财产保全的裁定，应及时报送第二审人民法院。

2. 诉前财产保全与仲裁前财产保全。2012年《民事诉讼法》修正案在规定诉前财产保全的同时，增加了仲裁前的财产保全，弥补了我国《仲裁法》中仲裁前财产保全制度的缺失。

（1）诉前财产保全。我国《民事诉讼法》第 101 条规定，利害关系人因情况紧急，不立即申请保全将会使其合法权益受到难以弥补的损害的，可以在提起诉讼前向被保全财产所在地、被申请人住所地或者对案件有管辖权的人民法院申请采取保全措施。申请人应当提供担保，不提供担保的，裁定驳回申请。诉前财产保全是指因情况紧急，利害关系人不立即申请财产保全将会使其合法权益受到难以弥补的损害的，法律赋予利害关系人在起诉前向法院申请采取保全措施的制度。

诉前财产保全的适用条件是：①诉前财产保全的申请在利害关系人向人民法院起诉前提出的；②情况紧急，不立即采取财产保全措施将有可能使利害关系人的合法权益遭受到难以弥补的损失的；③必须由利害关系人向人民法院提出申请；④申请人必须提供担保；⑤有管辖权的人民法院为被保全财产所在地、被申请人住所地或者对案件有管辖权的人民法院。人民法院接受申请后，必须在 48 小时内作出裁定；裁定采取保全措施的，应当立即开始执行。

利害关系人必须在法院采取保全措施后 30 日内提起诉讼，否则法院应当解除保全措施。

（2）仲裁前财产保全。《仲裁法》第 28 条规定，一方当事人因另一方当事人的行为或者其他原因，可能使裁决不能执行或者难以执行的，可以申请财产保全。当事人申请财产保全的，仲裁委员会应当将当事人的申请依照民事诉讼法的有关规定提交人民法院。该条规定了仲裁中的财产保全，没有规定仲裁前的财产保全。《民事诉讼法》第 101 条填补了该漏洞。根据该条规定，利害关系人因情况紧急，不立即申请保全将会使其合法权益受到难以弥补的损害的，可以在申请仲裁前向被保全财产所在地、被申请人住所地或者对案件有管辖权的人民法院申请采取保全措施。申请人应当提供担保，不提供担保的，裁定驳回申请。根据该条的规定，申请人申请仲裁前财产保全，可以直接向人民法院提出申请，不再由仲裁委员会转交。人民法院接受申请后，必须在 48 小时内作出裁定；裁定采取保全措施的，应当立即开始执行。申请人在人民法院采取保全措施后 30 内不申请仲裁的，人民法院应当解除保全。

3. 财产保全的范围、措施与解除。《民事诉讼法》第 102 条规定，保全限于请求的范围或与本案有关的财物。所谓请求的范围，是指保全财产的价值与诉讼请求相当。与本案有关的财物是指本案的标的物，或者与本案的标的物有牵连的其他财产。根据《民事诉讼法意见》的相关规定，人民法院对抵押物、留置物可以采取财产保全措施，但抵押权人、留置权人有优先受偿权。债务人的财产不能满足保全请求，但对第三人有到期债权的，人民法院可以依债权人的申请裁定该第三人不得对本案债务人清偿。该第三人要求偿付的，由人民法院提存财物或价款。

《民事诉讼法》第 103 条规定，财产保全采取查封、扣押、冻结或者法律规定的其他方法。人民法院对季节性商品，鲜活、易腐烂变质和其他不宜长期保存的物品采取保全措施时，可以责令当事人及时处理，由人民法院保存价款；必要时，由人民法院予以变卖，保存价款。人民法院保全财产后，应当立即通知被保全财产的人。财产已被查封、冻结的，不得重复查封、冻结。当事人对保全的裁定不服的，可以申请复议一次。复议期间不停止裁定的执行。

财产保全因下列原因而解除：①被申请人提供担保；②诉前（仲裁前）财产保全的申请人在采取保全措施后 30 日内未起诉（未申请仲裁）的；③申请人撤回保全申请的。

人民法院根据利害关系人或当事人的申请而采取保全措施的，如果申请财产保全有错误，给被申请人造成财产损失的，申请人应当赔偿被申请人因财产保全所遭受的损失。如果人民法院依职权错误决定采取财产保全措施，应根据国家赔偿法的规定，赔偿被申请人所遭受的损失。

（二）行为保全

行为保全指的是人民法院对于可能因当事人一方的行为，使判决难以执行或者造成当事人其他损害的案件，根据对方当事人的申请，可以责令其作出一定行为或者禁止其作出一定行为的制度。行为保全在我国《民事诉讼法》上是和诉讼财产保全规定在一起的。我国《著作权法》和《专利法》则专门规定了著作权人（专利权人）等在诉前可以向法院申请行为保全。

《著作权法》第 50 条规定，著作权人或者与著作权有关的权利人有证据证明他人正在实施或者即将实施侵犯其权利的行为，如不及时制止将会使其合法权益受到难以弥补的损害的，可以在起诉前向人民法院申请采取责令停止有关行为和财产保全的措施。人民法院处理该申请，适用《民事诉讼法》保全的相关规定。

《专利法》第 66 条规定，专利权人或者利害关系人有证据证明他人正在实施或者即将实施侵犯专利权的行为，如不及时制止将会使其合法权益受到难以弥补的损害的，可以在起诉前向人民法院申请采取责令停止有关行为的措施。

二、先予执行

（一）先予执行的概念和条件

先予执行，是指人民法院在诉讼过程中，根据一方当事人的申请裁定另一方当事人预先给付申请人一定数额的金钱、财物，或者实施或者停止某种行为的制度。执行一般发生在判决生效后，而先予执行人民法院应当在受理案件后终审判决作出前采取。先予执行应当限于当事人诉讼请求的范围，并以当事人的生活、生产经营的急需为限。

根据《民事诉讼法》第107条的规定，人民法院裁定先予执行的，应当符合下列条件：①申请人提出申请；②当事人之间权利义务关系明确，不先予执行将严重影响申请人的生活或者生产经营的；③被申请人有履行能力。

（二）先予执行的适用范围

根据《民事诉讼法》第106条的规定，人民法院可以根据当事人的申请，裁定先予执行：①追索赡养费、扶养费、抚育费、抚恤金、医疗费的；②追索劳动报酬的；③因情况紧急需要先予执行的。根据《民事诉讼法意见》第107条的规定，情况紧急需要先予执行的，有以下几种情况：①需要立即停止侵害、排除妨碍的；②需要立即制止某项行为的；③需要立即返还用于购置生产原料、生产工具货款的；④追索恢复生产、经营急需的保险理赔费的。

申请人申请先予执行的，应当提出书面申请，人民法院可以责令申请人提供担保，申请人不提供担保的，驳回申请。申请人败诉的，应当赔偿被申请人因先予执行遭受的财产损失。当事人对先予执行的裁定不服的，可以申请复议一次。复议期间不停止裁定的执行。

第七节 诉讼保障措施

一、期间

（一）期间的概念

期间，是指人民法院、当事人和其他诉讼参与人单独或共同完成某项诉讼活动所应遵守的时间。其中，人民法院、当事人和其他诉讼参与人单独实施或完成某项诉讼活动所应遵守的时间就是期限，而人民法院、当事人和其他诉讼参与人一同实施或完成诉讼活动所应遵守的时间就是期日。前者如审理期限，后者如开庭审理日期。期限和期日有着明显的区别：①期限是一段时间，有始期和终期；而期日是一个时间点，只规定开始的时间，不规定终止的时间。②期限自始至终则是各诉讼主体单独进行诉讼行为；期日被确定后，要求人民法院、当事人及其他诉讼参与人，必须在该期日会合在一起进行某种诉讼行为。③期限有的由法律规定，有的由人民法院指定；而期日都是由人民法院指定的。④期限有的可以变更，有的不能变更；期日因特殊情况的发生，可以变更。

期间制度对法院及时正确地履行审判职责、对于保护当事人和其他诉讼参与人的合法权益以及维护诉讼活动的严肃性和权威性有着重要的意义。

（二）期间的种类

根据不同的划分标准，可以将期间进行不同的分类：

1. 法定期间、指定期间和约定期间。根据期间是由法律规定，还是由法院指定或当事人约定，可将期间分为法定期间、指定期间和约定期间。

法定期间，是指法律直接规定的期间。《民事诉讼法》直接规定的期间包括立案期间、管辖权异议期间、上诉期间等。对于某些诉讼活动，只能在该法定期间内实施或完成，超过法定期间所为的诉讼行为不发生诉讼上的效果。对于法定期间，除非法律另有规定，否则法院、当事人和其他诉讼参与人都不得予以变更。

指定期间，是指人民法院根据案件的具体情况依职权指定某种诉讼活动的期间。指定期间是一种可变期间，人民法院可以根据案件的具体情况确定期间的长短，期间一经法院指定就不应轻易改变，更不能随意变更。

约定期间，是指当事人根据法律的规定，协商一致并经人民法院确认的期间。例如，《民事诉讼证据规定》第33条规定了当事人可以约定举证的期限。

2. 不变期间与可变期间。不变期间，是指经法律规定，如果没有法定情形，任何人都不得予以变更的期间。法院、当事人以及其他诉讼参与人都应当遵守不变期间的规定，均无权变更不变期间，逾期进行诉讼行为的，不产生相应的法律后果。如上诉期间、申请再审的期间。

可变期间，是指期间确定后，因情况发生了变化，人民法院根据当事人的申请或依职权进行变更的期间。如一审普通程序的审限，《民事诉讼法》规定为6个月，如果有特殊情况，由本院院长批准可以延长6个月，还需要延长的，报请上级人民法院批准。

（三）期间的计算

根据我国《民事诉讼法》第82条的规定，期间的计算应当遵循以下四项规则：

1. 期间以时、日、月、年为计算单位。

2. 期间开始的时、日，不计算在期间内。

3. 期间届满的最后一日为法定节假日的，以节假日后的第一日为期间届满的日期。节假日是指国家法定的节假日，如元旦、国庆节、五一劳动节及星期日等。

4. 诉讼文书的在途期间不包括在内。诉讼文书在期满前交邮的，无论法院收到诉讼文书是在原定的期间内还是超过了原定的期间届满日，均不算过期，该诉讼文书的交付日期，以该文书交邮时邮局在该文书邮件所盖的邮戳上日期为准。根据相关司法解释的规定，除了在途期间，公告期间、鉴定期间、当事人提出管辖权异议的期间、执行中拍卖、变卖被查封、扣押财产的期间等都不计算在审理、执行期限内。

（四）期间的耽误及顺延

期间的耽误是指当事人在期间内未实施或完成诉讼活动的状态。一般来说，当事人超过期间所为的诉讼行为不发生诉讼上预期的诉讼效果。但是，如果期间的耽误是由于不可抗力或其他正当理由而耽误的，则法律允许当事人申请顺延有关的期间。

根据《民事诉讼法》第83条的规定，期间顺延要符合以下条件：①当事人因不可抗拒的事由或者其他正当理由耽误期限，不可抗拒的事由指的是当事人事先无法遇见、发生时无法克服和避免的情况，如地震、水灾等，其他正当理由指的是除不可抗拒的事由外，其他因不可归责于当事人的事由。如当事人生病住院。②在障碍消除后的10日内，可以申请顺延期限。期间顺延由当事人向人民法院提出申请，是否准许由人民法院决定。

二、送达

（一）送达的概念

送达，是指人民法院依照法律规定的程序和方式，将诉讼文书送交当事人或者其他诉讼参与人的行为。送达具有以下特点：①送达的主体只能是人民法院。当事人向人民法院递交诉讼文书的行为，不是送达。当事人和其他诉讼参与人之间、法院之间相互递送诉讼文书的行为也不是送达。②送达的对象是当事人或者其他诉讼参与人。③送达的内容是各种诉讼文书，如起诉状副本、答辩状副本、传票、开庭通知书、判决书、裁定书、调解书等。④送达必须按照法定的程序和方式进行。

送达是民事诉讼中一项重要制度，其直接关系到民事诉讼能否顺利进行。更重要的是，人民法院依法定程序送达诉讼文书后，即产生一定的法律后果。受送达人无正当理由耽误诉讼期间，应承担相应的法律后果。如，必须到庭的被告经两次传票传唤，无正当理由拒不到庭的，人民法院可以拘传其到庭。

（二）送达的方式

根据我国《民事诉讼法》的规定，送达有以下七种方式：

1. 直接送达。直接送达，是指人民法院派专人将诉讼文书直接交付给受送达人的送达方式。直接送达是送达的首选方式。只有在直接送达有困难时，才可使用其他的送达方式。根据我国《民事诉讼法》第85条的规定，直接送达包括下列情形：①送达诉讼文书，应当直接送达受送达人；②受送达人是公民的，应当由本人签收；本人不在的，交他的同住成年家属签收；③受送达人是法人或者其他组织的，应当由法人的法定代表人、其他组织的主要负责人或者该法人、组织负责收件的人签收；④受送达人有诉讼代理人的，人民法院可以向诉讼代理人送达；⑤受送达人已向人民法院指定代收人的，送交代收人签收。

2. 留置送达。留置送达，是指受送达人拒收送达的诉讼文书时，送达人依法把诉讼文书留在受送达人住处即视为送达的送达方式。留置送达与直接送达具有同等的效力。

根据《民事诉讼法》第86条及有关司法解释的规定，留置送达应注意以下几点：①受送达人或者他的同住成年家属拒绝接受诉讼文书时，送达人可以邀请有关基层组织或者其所在单位的代表到场，说明情况，在送达回证上记明拒收事由和日期，由送达人、见证人签名或者盖章，将诉讼文书留在受送达人的住所，也可以把诉讼文书留在受送达人的住所，并采用拍照、录像等方式记录送达过程，即视为送达。②向法人或者其他组织送达诉讼文书，应当由法人的法定代表人、该组织的主要负责人或者办公室、收发室、值班室等负责收件的人签收或盖章，拒绝签收或者盖章的，适用留置送达。③受送达人有诉讼代理人的，人民法院既可以向受送达人送达，也可以向其诉讼代理人送达。受送达人指定诉讼代理人为代收人的，向诉讼代理人送达时，适用留置送达。④受送达人拒绝接受诉讼文书，有关基层组织或者所在单位的代表及其他见证人不愿在送达回证上签字或盖章的，由送达人在送达回证上记明情况，把送达文书留在受送达人住所，即视为送达。⑤调解书应当直接送达当事人本人，不适用留置送达。当事人本人因故不能签收的，可由其指定的代收人签收。

3. 电子送达。电子送达，又称简易送达。这是2012年《民事诉讼法》修正案新增加的一种送达方式。根据《民事诉讼法》第87条的规定，经受送达人同意，人民法院可以采用传真、电子邮件等能够确认其收悉的方式送达诉讼文书，但判决书、裁定书、调解书除外。电子送达的特征是：①电子送达要基于自愿原则，要经受送达人同意才能采用电子送达方式。②判决书、裁定书和调解书不适用电子送达。采用传真、电子邮件等方式送达的，以传真、电子邮件等到达受送达人特定系统的日期为送达日期。

4. 委托送达。委托送达是指人民法院直接送达诉讼文书有困难的，可以委托其他人民法院代为送达的送达方式。根据《民事诉讼法意见》的规定，委托其他人民法院代为送达的，委托法院应当出具委托函，并附上需要送达的诉讼文书和送达回证。受送达人在送达回证上签收的日期为送达日期。

5. 邮寄送达。邮寄送达，是指人民法院直接送达有困难时，将诉讼文书交邮局用挂号信的方式邮寄给受送达人的送达方式。挂号信回执上注明的收件日期为送达日期。邮寄送达时，如果挂号信回执上注明的收件日期与送达回证上注明的收件日期不一致的，或者送达回证没有寄回的，以挂号信回执上注明的收件日期为送达日期。

6. 转交送达。转交送达，是指出现法律规定的特别情形时，人民法院将诉讼文书通过受送达人所在机关、单位转交的送达方式。根据《民事诉讼法》第89～91条的规定，转交送达分为以下三种情形：①受送达人是军人的，通过其所在部队团以上单位的政治机关转交；②受送达人被监禁的，通过其所在监所转交；③受送达人被采取强制性教育措施的，通过其所在强制性教育机构转交。代为转交的机关、单位在收到诉讼文书后，必须立即交受送达人签收，以受送达人在送达回证上的签收日期为送达日期。

7. 公告送达。公告送达，是指在受送达人下落不明或者在采用上述送达方式无法送达时，人民法院以公告的方式，将需要送达的诉讼文书的有关内容告知受送达人的送达方式。无论受送达人是否知悉公告内容，经过法定的公告期限，即视为已经送达。根据《民事诉讼法》第92条及《民事诉讼法意见》第88条、第89条的规定，公告送达要符合以下要求：①公告送达是在受送达人下落不明，或者用其他方式无法送达的情况下，所适用的一种送达方式。②公告的法定期限是60日。自公告之日起，经过60日，即视为送达。③公告送达，可以是在法院的公告栏、受送达人原住所地张贴公告，也可以在报纸上刊登公告。对公告送达方式有特殊要求的，应按要求的方式进行公告。④公告送达起诉状或上诉状副本的，应说明起诉或上诉要点，受送达人答辩期限及逾期不答辩的法律后果；公告送达传票，应说明出庭地点、时间及逾期不出庭的法律后果；公告送达判决书、裁定书的，应说明裁判主要内容，属于一审的，还应说明上诉权利、上诉期限和上诉的人民法院。采用公告送达的，应当在案卷中记明公告送达的原因和经过，并将情况附卷备查。

三、对妨害民事诉讼的强制措施

（一）妨害民事诉讼的强制措施概述

妨害民事诉讼的强制措施，是指在民事诉讼中，对实施妨害民事诉讼秩序行为的人采取的各种强制性手段。对妨碍民事诉讼的行为人采取强制措施可以保障当事人充分行使诉讼权利，保障法院审判活动与执行工作顺利进行，维护正常的诉讼秩序与司法权威。

（二）妨害民事诉讼行为的种类

妨害民事诉讼的行为，是指当事人、其他诉讼参与人或者案外人在民事诉讼过程中故意实施的扰乱民事诉讼程序、妨害民事诉讼活动顺利进行的行为。妨害民事诉讼的行为必须具备下列条件：①行为人具有主观上的故意；②行为人实施了妨害民事诉讼的行为，并且产生了妨害民事诉讼的后果；③妨害诉讼的行为必须发生在民事诉讼过程中。

根据《民事诉讼法》第 109 ~ 114 条，第 117 条及相关司法解释的有关规定，下列几种行为属于妨害民事诉讼的行为：

1. 必须到庭的被告，经两次传票传唤，无正当理由拒不到庭的。必须到庭的被告，是指负有赡养、抚育、抚养义务和不到庭就无法查清案情的被告，以及给国家、集体或他人造成损害的未成年人的法定代理人。

2. 诉讼参与人和其他人员违反法庭规则。如哄闹、冲击法庭，侮辱、诽谤、威胁、殴打审判人员等扰乱法庭秩序的行为。

3. 诉讼参与人或其他人有下列妨害民事诉讼的行为的：①伪造、毁灭重要证据，妨碍人民法院审理案件的；②以暴力、威胁、贿买方法阻止证人作证或者指使、贿买、胁迫他人作伪证的；③隐藏、转移、变卖、毁损已被查封、扣押的财产，或者已被清点并责令其保管的财产，转移已被冻结的财产的；④对司法工作人员、诉讼参加人、证人、翻译人员、鉴定人、勘验人、协助执行的人，进行侮辱、诽谤、诬陷、殴打或者打击报复的；⑤以暴力、威胁或者其他方法阻碍司法工作人员执行职务的；⑥拒不履行人民法院已经发生法律效力的判决、裁定的。

4. 诉讼欺诈行为。诉讼欺诈行为主要包括两种：①恶意诉讼、恶意逃避履行执行义务的行为。当事人之间恶意串通，企图通过诉讼、调解等方式侵害他人合法权益的，人民法院应当驳回其请求，并根据情节轻重予以罚款、拘留；构成犯罪，依法追究刑事责任。②被执行人与他人恶意串通，通过诉讼、仲裁、调解等方式逃避履行法律文书确定的义务的，人民法院应当根据情节轻重予以罚款、拘留；构成犯罪的，依法追究刑事责任。

5. 有义务协助调查、执行的单位拒不履行协助义务的行为。该行为包括：①有关单位拒绝或者妨碍法院调查取证；②银行、信用合作社和其他有储蓄业务的单位接到人民法院协助执行通知后，拒不协助查询，冻结或者划拨存款的；③有关单位接到人民法院协助执行通知书后，拒不协助扣留被执行人的收入，拒不办理有关财产权证照转移手续，拒不转交有关票证、证照或者其他财产；④其他拒绝协助执行的行为。人民法院对有上述四种行为之一的单位，可以对其主要负责人或者直接责任人员予以罚款；对仍不履行协助义务的，可以拘留；并可以向检察机关或者有关机构提出予以纪律处分的司法建议。

（三）妨害民事诉讼的强制措施的种类及其适用

1. 拘传。拘传是指对无正当理由拒不到庭的当事人采取的强制其到庭参加诉讼的强制措施。适用拘传，要符合以下条件：①被拘传的当事人是必须到庭的被告。必须到庭的被告包括追索赡养费、抚养费、抚育费案件的被告和不到庭无法查明案件事实的被告，如果被告是给国家、集体造成损害的未成年人，其法定代理人无正当理由不到庭，也可以适用拘传。②人民法院已经进行两次传票传唤。③被传唤的被告无正当理由不到庭。适用拘传必须经院长批准，签发拘传票。

2. 训诫。训诫，是指人民法院对妨害民事诉讼行为较轻的人，以口头方式进行批评教育，并责令其改正的强制措施。训诫适用于违反法庭规则，情节显著轻微，尚不足以作出责令退出法庭、罚款、拘留等措施的人。

3. 责令退出法庭。责令退出法庭，是指对于违反法庭规则的人，人民法院强制其离开法庭的措施。责令退出法庭，适用于情节显著轻微，尚不足以处以罚款、拘留措施的人。

4. 罚款。罚款，是指人民法院对实施妨害民事诉讼行为情节比较严重的人，强制其交纳一定数额的金钱的强制措施。罚款主要适用于实施了《民事诉讼法》第110～114条规定的行为的人。对个人的罚款金额为人民币10万元以下，对单位的罚款金额为人民币5万元以上100万元以下。适用罚款须由院长批准，制作罚款决定书。被罚款人不服，可以向上一级人民法院申请复议一次。复议期间不停止执行。

5. 拘留。拘留，是指人民法院对实施妨害民事诉讼行为情节严重的人，在一定期限内限制其人身自由的强制措施。拘留的适用对象主要是实施了《民事诉讼法》第110～114条所规定的妨害民事诉讼行为的人。拘留的期限为15日以下。适用拘留措施由人民法院院长批准，制作拘留决定书。被拘留人不服，可以申请复议一次。被拘留的人由司法警察交由当地公安机关看管。

四、诉讼费用

（一）诉讼费用的概念

诉讼费用，是指当事人进行民事诉讼及相关活动，依法律规定应向人民法院交纳和支付的费用。当事人进行民事诉讼活动，需要向法院交纳诉讼费用，是各国民事诉讼普遍适用的一项法律制度。设立诉讼费用制度，对于防止当事人滥用诉权、减少国家财政开支和保障司法权的运作具有重要意义。

（二）诉讼费用的种类

根据《民事诉讼法》第118条的规定，诉讼费用包括案件受理费和其他诉讼费用。案件受理费，是指人民法院决定受理起诉时，按规定向当事人征收的费用。除法律另有规定外，原则上民事案件都要征收案件受理费。案件受理费包括财产案件受理费和非财产案件受理费。财产案件受理费按照诉讼标的金额或者价额的大小予以征收。非财产案件的受理费实行"按件计征"。财产案件除交纳案件受理费外，还要交纳其他诉讼费用。其他诉讼费用主要包括：证人、鉴定人员、翻译人员、理算人员出庭的交通费、住宿费、生活费和误工补贴费等。

（三）诉讼费用的预交及负担

1. 诉讼费用的预交。诉讼费用的预交包括案件受理费的预交和申请费的预交。案件受理费由原告、有独立请求权第三人、上诉人预交，被告提起反诉，需要预交案件受理费的，由被告预交。对于需要交纳案件受理费的再审案件，由申请再审的当事人预交，双方当事人都申请再审的，分别预交。追索劳动报酬的案件可以不预交案件受理费。一审案件受理费由原告在接到人民法院预交受理费通知书的 7 日内预交；被告反诉的，应在反诉的同时预交。上诉案件受理费由上诉人向上诉人民法院递交上诉状时预交。双方当事人都上诉的，分别预交。

申请费由申请人在提出申请的同时向人民法院预交。

2. 诉讼费用的负担。诉讼费用由败诉方负担，胜诉方自愿承担的除外。部分胜诉、部分败诉的，人民法院根据案件的具体情况决定当事人各自负担的诉讼费用数额。共同诉讼当事人败诉的，人民法院根据其对诉讼标的的利害关系，决定当事人各自负担的诉讼费用数额。

第十一章 民事诉讼程序

民事诉讼程序是指人民法院、当事人和其他诉讼参与人在民事诉讼过程中都必须遵循的法定的顺序、规则和方式。根据我国民事诉讼法的规定，我国的民事诉讼程序包括第一审程序（普通程序与简易程序）、第二审程序、特别程序、督促程序、公示催告程序、审判监督程序和执行程序。在一般情况下，民商事案件经过第一审程序就能得以解决，只有部分案件，在法律规定的情况下才能引起第二审程序，或者再审程序和执行程序的发生。

第一节 普通程序

一、普通程序概述

（一）普通程序的概念和特征

普通程序是指人民法院的审判组织审理第一审民事权利争议案件通常适用的程序。普通程序是第一审程序的一种。按照我国民事诉讼法的规定，第一审程序除普通程序外，还包括简易程序。

与其他审判程序相比，普通程序具有以下特征：

1. 从适用的案件类型来看，它是解决当事人之间民事权利争议案件的程序。这一特征反映了普通程序与特别程序，督促程序，公示催告程序的区别。适用普通程序的案件均属于当事人之间存有民事权利争议的案件，商事纠纷案件和海事海商案件，等等。而适用特别程序审理的选民资格案件和非讼案件，都不属于民事权益争议的案件。适用公示催告程序审理的案件，一般限于与确定民事权利有一定关系的非讼案件。在公示催告程序中，虽有双方当事人，但对方当事人处于不明的状态，人民法院并不解决他们之间的民事权利争议，只是确认某种法律事实或者某种权利是否存在。适用督促程序审理的案件，仅限于以给付一定数量的金钱和有价证券为标的，债权债务关系明确合法，且当事人之间并无争议的债务案件。

2. 从审理案件的审判组织来看，它是合议制审判组织审理案件所适用的程序。这一特征表明，普通程序与简易程序、特别程序、督促程序的差异。依照我国民事诉讼法和有关司法解释的规定适用普通程序审理的案件，要由审判员、人民陪审员组成合议庭或者完全由审判员组成合议庭进行审判；适用简易程序和督促程序审理的案件实行独任制，即由一名审判员代表人民法院行使审判权；适用特别程序审理的案件，除选民资格案件或者重大、疑难的案件由审判员组成合议庭审理外，其他案件均由审判员一人独任审理。

3. 从案件的审级来看，它是第一审人民法院审理民事权利争议案件所适用的程序。这一特征划清了第一审程序与第二审程序、审判监督程序的界限。这是因为，第二审程序是民商事案件在第二审法院的审理程序，审判监督程序是对已经发生法律效力的判决、裁定发现确有错误的，依法对案件再次审理的程序。

（二）普通程序的地位

普通程序在我国民事审判程序中居于基础程序的地位，具体表现在以下几个方面：

1. 普通程序是一种独立的民事审判程序。普通程序的存在不以其他审判程序的存在为前提。在第一审程序中，虽然普通程序与简易程序相对应，但它不依附于简易程序，人民法院适用普通程序审理案件时，必须依照普通程序的有关规定进行，不能适用简易程序。相反，简易程序却要依附于普通程序。并以普通程序的存在为前提，简易程序是普通程序的简化，没有普通程序就没有简易程序。因此，普通程序是第一审程序的基础，而第一审程序又是第二审程序和审判监督程序的基础。

2. 普通程序是民事审判程序中体系最完整、内容最充实的程序。从体系上看，普通程序对诉讼进行的先后顺序和各个环节都有具体明确的规定，如起诉和受理、审理前的准备，开庭审理和裁判，等等，这充分反映了审判过程的阶段性、衔接性、连续性和完整性。在内容上，普通程序对各审判环节涉及的主要问题，如调解、撤诉、缺席判决、延期审理、诉讼中止和终结等，都作了较为全面系统的规定，这反映了普通程序内容的充实性。而第一审程序中的简易程序、第二审程序、审判监督程序和特别程序都只是针对本程序中的一些特殊问题作了规定，都没有普通程序规定得系统和全面。

3. 普通程序是民事审判程序中适用最广泛的程序。这种广泛的适用性表现在以下三个方面：

（1）适用案件的广泛性。人民法院审理属于民事权益争议的案件，除简单的民事案件适用简易程序外，其他一切案件都必须适用普通程序审理。即使是适用简易程序审理的简单民事案件，审理过程中发现案情复杂，而应适用普通程序时，也应及时转为普通程序。此外，人民法院适用特别程序审理选民资格案件和非讼案件时，发现案件属于民事权利争议的，也应当裁定终结特别程序，并告知利害关系人可以按照普通程序或者简易程序另行起诉。

（2）适用程序的广泛性。人民法院适用简易程序审理简单的民事案件，除适用简易程序的有关规定外，简易程序没有规定的，仍应适用普通程序的有关规定；第二审人民法院审理上诉案件，除依照第二审程序外，第二审程序没有规定的，也适用第一审普通程序。人民法院依照审判监督程序再审的案件，不论是按照第一审程序审理，还是按照第二审程序审理，都有一个要适用普通程序的问题。

（3）适用法院的广泛性。适用简易程序、特别程序、督促程序和公示催告程序审理案件的人民法院，仅限于基层人民法院和它派出的法庭，适用第二审程序审理案件的法院，则限于中级以上的人民法院，而适用普通程序审理案件的法院包括各级人民法院。

普通程序在整个民事审判程序中具有重要的地位。它充分体现了民事诉讼法的基本原则和基本制度，是人民法院审判民事案件必须遵循的最主要的"操作规程"。因此，认真学习研究普通程序的有关理论，对于司法实践和理论研究都有重要意义。

我国民事诉讼法在普通程序中，规定了起诉和受理、审理前的准备、开庭审理、诉讼中止和终结、判决和裁定等5个部分。

二、起诉和受理

（一）起诉

1. 起诉的概念。起诉是公民、法人或者其他组织，认为自己的民事权益受到侵犯或与他人发生争议，而以自己的名义请求人民法院依法审判，以保护其合法的民事权益的诉讼行为。

起诉是法律赋予当事人的一项重要的诉讼权利。任何公民、法人或者其他组织，只要认为自己的民事权益受到侵犯或与他人发生争议，就有权向人民法院起诉，请求法律的保护。

2. 起诉的条件。公民法人或者其他组织提起诉讼的案件，必须符合法律规定的要件，就是起诉条件，根据《民事诉讼法》第119条的规定，起诉须具备以下条件：

（1）原告必须是与本案有直接利害关系的公民、法人和其他组织。以自己名义请求人民法院保护其合法权益并受人民法院裁判约束的人，称为原告。公民法人和其他组织作为原告起诉，必须与本案有直接的利害关系，即认为自己的民事权益受到侵犯或者与他人发生争议，才可以行使起诉权，向人民法院提起诉讼，请求司法保护。所谓起诉权，就是指公民、法人和其他组织借以将自己的争议提交民事审判，并能够在诉讼中恰当表达自己的要求和主张的根据。因此，诉权的内容表现为当事人能主动地进行诉讼，实施诉讼行为的权利，当原告在民事法律关系中的实体权利（即实际享有民事权利，或者对这种权利负有相对义务）受到侵犯或者与他人发生争议，这就是发生了直接利害关系，就产生了诉权。如果公民、法人和其他组织的实体权利，并没有受到侵犯或者与他人发生争议，就不存在利害关系，也没有诉权，因而也就不能作为正当原告起诉。

（2）有明确的被告。被告是原告与之发生争议的对立一方。原告必须在提出的请求中指明谁侵犯了他的权益或者与谁发生了争议，即明确指出告谁，对谁提起诉讼，要求法院解决他和谁的民事纠纷。被告是任何一个民事案件不可缺少的诉讼当事人。有原告就有被告，被告不明确，没有具体的对象，就不能形成诉讼中的一对矛盾，人民法院也就无法进行审判活动。

（3）有具体的诉讼请求和事实、理由。所谓具体的诉讼请求，是指原告通过法院对被告提出的实体权利的要求，亦即原告请求法院通过审判程序予以确认或保护自己合法权益的具体内容和范围。例如，继承遗产的诉讼，原告应当提出自己要求继承遗产的具体数额；提起离婚的诉讼，原告除明确提出解除婚姻关系的请求外，还应当明确夫妻共同财产如何分割，未成年子女由谁抚养以及抚养费用的承担等诉讼请求。诉讼请求在不同的诉讼种类中各不相同。确认之诉的诉讼请求，是请求人民法院明确原告与被告是否存在某种法律关系；给付之诉的诉讼请求，是给付某一项财物或者进行一定的行为，变更之诉的诉讼请求是变更与消灭一定的法律关系。事实和理由是指原告向法院提出诉讼请求所根据的事实和理由，也就是案件事实（包括案情事实和证据事实）。案情事实是指民事法律关系发生、变更、消灭的事实，合法的民事权益受到侵犯或者发生争议的事实。证据事实，是指证明这些案情事实存在的必要证据，但原告起诉究竟有无事实、理由，尤其是证据事实是否确实、充分，只能在起诉以后进行审理的过程中才能查明。因此，不能在未经法院调查和审理以前，就要求原告提供确凿无疑的事实证据。也就是说，有具体的事实、理由只能理解为原告起诉时应当提出法律事实来，而不是讲原告的举证责任。

（4）属于人民法院受理民事诉讼的范围和受诉人民法院管辖。属于人民法院受理民事案件的范围，是指原告起诉的案件，属于人民法院主管，是人民法院行使审判权的对象。如果提起诉讼的案件，不属于人民法院主管，而是其他机关行使职权的对象，原告就不能把这类案件向人民法院提起诉讼，人民法院也无权过问，即使属于人民法院主管的案件，在人民法院系统内部还有一个受理案件的职权分工问题。因此，根据《民事诉讼法》第二章管辖的有关规定，属于人民法院管辖的案件，原告才能向该人民法院提起民事诉讼。否则，也不符合提起诉讼的条件。

上述条件，既是公民、法人和其他组织起诉的条件，也是人民法院受理的条件。作为公民、法人和其他组织的起诉条件，它是起诉能否成立的要件，作为人民法院受理的条件，它是民事案件能否成立的法定条件。因此，凡符合以上条件的案件，原告就可以起诉，人民法院也就可以受理。

3. 起诉的方式。我国《民事诉讼法》第 120 条规定："起诉应当向人民法院递交起诉状，并按照被告人数提出副本。书写起诉状确有困难的，可以口头起诉，由人民法院记入笔录，并告知对方当事人。"从上述规定中可以看出，起诉的方式有两种：①书面方式，即原告向人民法院以起诉状的方式起诉；②口头方式，即原告以口述的方式向人民法院起诉。书面的方式不仅表明起诉这种诉讼行为的慎重，而且在内容上更能全面详尽地表达当事人的诉讼请求。既有利于原告说明起诉的事实、理由，也有利于人民法院审查起诉。因此，起诉应以书面的方式为原则。但是为了充分保障当事人的诉权，对于书写确有困难的，也可以允许当事人用口述的方式起诉，由人民法院记入笔录，并告知对方当事人。人民法院既可以将抄录的原告口诉笔录送给被告，也可以将原告口诉的主要内容口头告知被告。原告口诉，法院记入笔录，通常称为口诉笔录。口诉笔录经口诉人签名或盖章后，与起诉状具有同等效力。

原告起诉，要求以书面方式为宜。但不管是书面方式，还是口头方式，起诉状和口诉笔录应记明下列事项：①原告的姓名、性别、年龄、民族、职业、工作单位和住所、联系方式，法人或者其他组织的名称、住所和法定代表人或者主要负责人的姓名、职务联系方式；②被告的姓名、性别、工作单位、住所等信息，法人或者其他组织的名称、住所等信息；③诉讼请求和所根据的事实与理由；④证据和证据来源，证人姓名和住所。上述内容如有欠缺，人民法院可以限期要求原告补正。

原告递交起诉状时，应按被告人数向人民法院提出起诉状副本，以备人民法院向被告送达。当事人在诉状中有谩骂和人身攻击之词，送达副本可能引起矛盾激化不利于案件解决的，人民法院应当说服其实事求是地修改。坚持不改的，可以将诉状内容用口头或书面方式简要通知对方当事人，被告坚持要看起诉状的，可以送达起诉状副本。

4. 起诉的效力。起诉的效力，即起诉的法律后果。起诉作为一种诉讼行为，是民事诉讼发生的前提和基础，没有当事人的起诉，就无所谓人民法院对起诉的审查和受理。因此，当事人一旦起诉，将产生以下法律后果：

（1）程序上的效力，即起诉在程序上对人民法院产生的法律拘束力。根据《民事诉讼法》第 123 条的规定，人民法院应当保障当事人依照法律规定享有的起诉权利。对符合本法第 119 条的起诉，必须受理。符合起诉条件的，应当在 7 日内立案。

（2）实体上的效力，即诉讼时效中断。根据《民法通则》第 140 条的规定，原告起诉后，诉讼时效即应中断，从中断时起，诉讼时效期间应重新计算。

（二）起诉审查和处理

1. 对起诉的审查。人民法院在接到当事人的起诉状和口头起诉后，在法定期间内判明起诉是否符合法定条件，以决定是否受理的活动，称为审查起诉。审查起诉是民事审判工作的第一道工序，也是起诉和受理阶段的必经步骤和重要环节。审查起诉的过程，实际上就是决定起诉能否成立，案件是否受理的过程；它关系到当事人的诉讼权利和实体权利能否得到保护，关系到人民法院能否正确收案，审判活动是否得以顺利进行。因此，作好审查起诉工作，对于保障当事人的诉权，防止滥诉和引起不必要的诉讼程序，避免造成人力、物力，财力浪费，保证诉讼活动能够正常进行至关重要。

审查起诉在内容上主要审查当事人有无程序意义上的诉权。因此，应从以下几个方面进行审查：

（1）是否符合起诉条件。《民事诉讼法》第 119 条明确规定了起诉必须具备的四个条件，人民法院要注意审查当事人的起诉是否符合这几个条件。

（2）是否重复起诉。同一当事人基于同一理由就同一诉讼标的再行起诉，称为重复起诉，对于人民法院正在审理或者已经审结的案件，双方当事人不得同时或先后就同一诉讼标的以同样的理由，向同一或不同的人民法院另行起诉。否则，人民法院不应受理，但法律另有规定的除外。

（3）是否属于依法在一定期限内不得起诉的案件，依照法律规定，在一定期限内不得起诉的案件，在法定期限内起诉的，人民法院不予受理。

（4）起诉人是否有诉讼行为能力。以自己的行为行使诉讼权利履行诉讼义务的资格，称为诉讼行为能力。依照法律规定，无诉讼行为能力的当事人包括未成年人和精神病患者。起诉人无诉讼行为能力时，人民法院应查明其是否有法定代理人。法定代理人互相推诿的，应依法指定代理人。

（5）起诉是否符合法定的程序和手续。对于起诉不完备、起诉状的格式和内容不符合要求的，人民法院可以限期让原告补正。

2. 对起诉的处理。人民法院通过对起诉进行审查后，应分别情况，作出不同的处理。

（1）受理。人民法院通过审查原告的起诉，认为符合起诉条件，而决定立案审理的诉讼行为，称为受理。人民法院收到起诉状或者口头起诉，经过审查，认为符合起诉条件的，应当在 7 日内立案，并通知当事人。决定立案的期限，应当从人民法院收到起诉状或者口头起诉的次日起计算。

人民法院决定受理后，起诉即告成立。起诉成立后，就产生了以下法律后果，即：第一审诉讼程序开始，人民法院取得了审判民事案件的权力，诉讼双方当事人也取得了原告和被告的诉讼地位，各自享有法律赋予的诉讼权利和承担法定的诉讼义务；原告不能就同一标的，以同一理由另行起诉，人民法院也不能随意解除与当事人之间的诉讼法律关系。

（2）不予受理。人民法院收到起诉状或口头起诉，经审查认为不符合起诉条件的，应当在 7 日内作出裁定书，不予受理。原告对裁定不服的，可以提出上诉。

根据《民事诉讼法》第 124 条的规定，当事人的起诉如有下列情形之一的，人民法院不予受理，并根据不同的情形，分别予以处理：

第一，依照行政诉讼法的规定，属于行政诉讼受案范围的，告知原告提起行政诉讼。

第二，依照法律规定，双方当事人达成书面仲裁协议申请仲裁、不得向人民法院起诉的，告知原告向仲裁机构申请仲裁。

第三，依照法律规定，应当由其他机关处理的争议，告知原告向有关机关申请解决。

第四，对不属于本院管辖的案件，告知原告向有管辖权的人民法院起诉。

第五，对判决、裁定、调解书已经发生法律效力的案件，当事人又起诉的，告知原告申请再审，但人民法院准许撤诉的裁定除外。

第六，依照法律规定，在一定期限内不得起诉的案件，在不得起诉的期限内起诉的，不予受理，例如，《婚姻法》第 34 条规定："女方在怀孕期间、分娩后1 年内或中止妊娠后 6 个月内，男方不得提出离婚。……"如果男方在女方怀孕期间或者分娩后不满 1 年期间内向人民法院起诉离婚，除人民法院认为确有受理男方的离婚请求的事由外，一般不对男方的起诉不予受理。

第七，判决不准离婚和调解和好的离婚案件，判决、调解维持收养关系的案件，没有新情况、新理由，原告在 6 个月内又起诉的，不予受理。

对于起诉不符合受理条件的，人民法院应当裁定不予受理。立案后才发现起诉不符合受理条件的，裁定驳回起诉。不予受理的裁定书由负责审查立案的审判员、书记员署名；驳回起诉的裁定书由负责审理该案的审判员、书记员署名。

（三）起诉和受理的关系

1. 起诉和受理是既分离又统一的，是一个事物的两个方面。民事诉讼程序的发生，人民法院依法行使审判权，对案件进行审理，是从原告的起诉经人民法院审查受理后开始的。因此，起诉和受理是民事诉讼程序的第一个必经阶段，也是民事诉讼程序得以开始的必要条件。对于任何一个具体案件来说，起诉成立都是当事人的起诉行为和法院的受理行为两方面的结合，缺少任何一个方面起诉就不能成立，诉讼程序就无法开始。没有当事人的起诉，就谈不上人民法院的受理（即不告不理），没有人民法院的受理，当事人的起诉，也就失去了意义。因此，只有起诉后，才有可能出现受理，也只有受理后，才能开始案件的审理。

2. 起诉是受理的前提，并非所有的起诉都能导致受理。起诉是实现诉讼权利的起点，决定起诉是否成立，要看人民法院是否立案受理。起诉作为一种单方面的民事诉讼法律行为，可能引起诉讼程序的发生和诉讼活动的进行，但并非必然要引起诉讼程序的发生。只有起诉在符合法定的起诉条件时，才能引起人民法院受理行为的发生。否则，人民法院将不予受理。然而，凡是符合法律规定的起诉条件的，人民法院就必须受理，否则，就会剥夺当事人的诉讼权利，使当事人应当受到法律保护的民事权益得不到法律的保护。

3. 先行调解。根据《民事诉讼法》第122条的规定，当事人起诉到人民法院的民事纠纷，适宜调解的，先行调解，但当事人拒绝调解的除外。

三、审理前的准备

审理前的准备，是指人民法院受理案件后，开庭审理前，为保证案件审判的顺利进行，由承办案件的审判人员所作的必要的准备工作。

审理前的准备是开审审理前的一个重要阶段，是必经程序，是整个民事诉讼程序的重要组成部分，是建设以庭审为中心的现代民事诉讼结构的重要基础，不是一般的工作程序。审理前准备工作的核心，就是要弄清当事人双方的基本情况，了解原告诉讼请求的具体内容和所提出的事实、理由和证据，初步掌握双方争执的焦点，调查收集必要的证据，通知与案件有利害关系的诉讼主体参加诉讼，对案件进行分流，为正式开庭做好准备工作。审理前的准备因案而异，但大体包括以下两个方面：

（一）审判组织的准备

审判组织是指人民法院对民事案件进行审理和裁判的组织形式。根据我国法律的规定，人民法院的审判组织制度有两种，即合议制与独立制。合议制是集体审判制度，合议庭是实现这种集体审判制度的组织形式，也是合议制在审判组织上的体现。

审判第一审民事案件的人民法院，无论是基层人民法院、中级人民法院、高级人民法院乃至最高人民法院，除简单的民事案件外，都应当组成合议庭。合议庭的组织形式有两种：①全部由审判员组成的合议庭；②由审判员和陪审员共同组成的合议庭，至于审判员和陪审员在合议庭中的人数比例，法律没作明确规定。人民法院可以根据案件审理的不同需要来确定，如果合议庭人数为3人，陪审员既可为1人，也可为2人。不论是由审判员组成的合议庭，还是由审判员、陪审员组成的合议庭，其成员至少是3人以上，而且必须是单数。

（二）审判程序上的准备

人民法院在确定了审判组织之后，就应着手审判程序上的准备活动。

1. 交换诉状。即人民法院将起诉状副本送达被告，通知其应诉并答辩，并将答辩状副本送达原告。交换诉状是法定的诉讼程序，是案件审理顺利进行的必要条件，起诉状是原告对被告起诉的诉讼文书，人民法院应当在立案之日起5日内，将与正本一致的起诉状副本送达被告，被告据此可以了解原告起诉的内容，并作出相应的准备。答辩状是被告对原告提出的诉讼请求进行回答和反驳的诉讼文书。答辩状应当记明被告的姓名、性别、年龄、民族、职业、工作单位、住所、联系方式；法人或者其他组织的名称、住所和法定代表人或者主要负责人的姓名、职务、联系方式。被告应当在收到起诉状副本之日起15日内向人民法院提出答辩状。被告提出答辩状的，人民法院应当在收到之日起5日内，将答辩状副本发送原告。据此，原告可以了解被告答辩的理由，作好诉讼准备。但是，提出答辩状是被告的一项诉讼权利，被告在法定期限内不提出答辩状，是他放弃了用答辩状进行答辩的权利。被告不提交答辩状的，不影响人民法院审理。因为人民法院要对案件的事实、证据进行全面核查，被告的答辩并不是人民法院认定事实的唯一根据，不论被告答辩与否，人民法院都要调查核实，不能根据当事人的一面之词认定案件事实。当然承办案件的审判人员认为有必要时，可以在开庭审理前，依职权主动询问被告，并将口头答辩作成笔录附卷。

2. 告知当事人有关的诉讼权利义务和合议庭的组成人员。为了使当事人在诉讼中及时有效地行使诉讼权利，认真履行诉讼义务，配合人民法院正确审理案件，迅速解决纠纷，人民法院决定受理民事案件后，应当在受理通知书和应诉通知书中记明原告或被告在诉讼中享有的诉讼权利和应承担的诉讼义务，如果在通知书中没有记明，也应当在送达通知书的同时，以口头的方式告知。

人民法院对受理的案件在组成合议庭或确定独任审判后，还应当在3日内将合议庭组成人员或独任审判员名单告知当事人，以便当事人及早与审判人员取得联系，使诉讼顺利进行，也便于当事人就是否申请审判人员回避做好准备。人民法院在诉讼中如果需要变更合议庭成员的，也应当在变更后 3 日内告知当事人。

3. 认真审核诉讼材料，调查收集必要的证据。审判人员审核诉讼材料，主要包括审查核对原告提出的起诉状和被告提交的答辩状，应围绕原告的诉讼请求和被告答辩的事实和理由，注意把握原告和被告双方争执的焦点是什么，提供的证据材料是否齐全；双方是否都符合当事人的条件，是否需要通知利害关系人参加诉讼；当事人提供的证据或涉及案件专门性的问题是否需要作专门鉴定等。

在民事诉讼中，当事人对其承担举证责任的主张应当收集证据并向人民法院提供证据材料，但是，在当事人举证能力欠缺的情况下，人民法院应当调查收集必要的证据。所谓"必要的证据"，包括两个方面：①人民法院认为审理案件需要的证据，即指涉及可能有损国家利益、社会公共利益或者他人合法权益的事实；涉及依职权追加当事人、中止诉讼、终结诉讼、回避等与实体争议无关的程序事项。②依当事人及其诉讼代理人的申请调查收集证据，申请调查收集的证据属于国家有关部门保存并须人民法院依职权调取的档案材料；涉及国家秘密、商业秘密、个人隐私的材料；当事人及其诉讼代理人确因客观原因不能自行收集的其他材料。审理前准备中的调查与开庭审理中的法庭调查有所不同。前者主要是为了收集证据，掌握案情为法庭调查创造必要条件，后者则是以审理前的调查为基础，对案件的所有证据材料进行全面核对、审查、分析和判断，并听取诉讼参与人的意见和要求，为顺利开展法庭辩论、准确适用法律、公正地作出判决创造条件。开庭审理前的调查，可以分为直接调查和委托调查两种方式。承办案件的审判人员亲自到当事人、证人所在地或案件发生地向当事人、证人及有关单位或个人调查了解案件情况，收集证据，就是直接调查。人民法院派出审判人员进行调查时，首先应当先向被调查人出示证件，表明身份。在调查过程中，应当制作调查笔录，详细载明调查的时间、地点以及被调查人的基本情况，调查的经过和结果等等。对于被调查方提供的证据或自己发现的证据，应在笔录中记明其种类、来源或数量，必要时应制作成图表或影像附卷。调查笔录应交被调查人校阅或向其宣读后，由被调查人和调查人以及在场见证人共同签名或盖章，人民法院对于需要在外地调查、收集案件有关事实和证据的，必要时委托该地人民法院进行的调查，就是委托调查。委托调查，必须提出明确的项目和要求。受托人民法院可以主动补充调查。受托人民法院在收到委托书后应当在 30 日内完成调查，并将调查笔录和新收集到的证据材料一并送交委托法院。因故不能完成的，应当在上述期限内函告委托人民法院。

4. 追加当事人。在必须共同进行的诉讼中，应当参加诉讼的当事人没有参加诉讼的，人民法院基于当事人的申请，或者依职权通知其参加诉讼，称为追加当事人。

5. 处理管辖权异议。人民法院受理案件后，当事人对管辖权有异议的，应当在提交答辩状期间提出。人民法院对当事人提出的异议，应当审查。异议成立的，裁定将案件移送有管辖权的人民法院；异议不成立的，裁定驳回。当事人未提出管辖异议，并应诉答辩的，视为受诉人民法院有管辖权，但违反级别管辖和专属管辖规定的除外。

6. 对受理案件的处理。根据《民事诉讼法》第133条的规定，人民法院对受理的案件，根据不同情形，予以处理：

（1）当事人没有争议，符合督促程序规定条件的，可以转入督促程序。

（2）开庭前可以调解的，采取调解方式及时解决纠纷。人民法院受理案件后，经审查，认为法律关系明确，事实清楚，不需要法庭调查、辩论的，在征得双方当事人意向后，可以径行调解。

（3）根据案件情况，确定适用简易程序或者普通程序。

（4）需要开庭审理的，通过要求当事人交换证据等方式，明确争议焦点。对于案件比较复杂，证据材料较多的案件，可以由法院组织当事人在开庭前交换证据。开庭前组织交换证据，可以使双方当事人针对对方的诉讼请求和证据做好充分准备，使庭审中的举证、质证顺利进行，避免多次开庭造成的耗费，避免诉讼拖延。

四、开庭审理

（一）开庭审理的概念

人民法院在完成开庭审理前的准备工作后，就进入了开庭审理阶段。所谓开庭审理，又称法庭审理，是指在合议庭的主持和诉讼参与人参加下，依照法定程序在法庭上对案件进行审理的全部诉讼活动。

开庭审理是普通程序中最基本、最主要的阶段，也是整个民事审判活动的基本形式。人民法院审判民商事案件，不论适用普通程序还是简易程序，无论是一审案件还是二审或者再审案件，无论是调解结案还是判决结案，无论是就地审理还是在法院内审理，除依法可以径行判决的外，都要进行开庭审理。开庭审理是人民法院行使审判权和当事人行使诉权的重要形式。它对于贯彻民事诉讼法规定的各项基本原则和基本制度，保障当事人充分行使诉讼权利，进行法制宣传教育，提高办案质量，具有重要意义。

（二）开庭审理的方式

所谓审理方式，是指审理活动进行的形式。审理案件采取什么方式为宜，应当视案件的性质、难易、影响等因素而定。《民事诉讼法》第134条规定："人民法院审理民事案件，除涉及国家秘密、个人隐私或者法律另有规定的以外，应当公开进行。离婚案件、涉及商业秘密的案件，当事人申请不公开审理的，可以不公开审理。"据此规定，人民法院审理第一审民事案件的方式有两种，即公开审理和不公开审理。公开审理是指人民法院将民事案件的审判过程向社会公开，除合议庭评议阶段外，案件开庭审理过程和宣告判决过程允许群众旁听，允许新闻记者对庭审过程采访、报道，将采访内容向社会公开披露。不公开审理是指法律规定涉及国家秘密、个人隐私的案件，以及当事人依法申请并经法院决定不公开审理的离婚案件、涉及商业秘密的案件，其开庭审理过程不允许群众旁听，不允许记者采访，诉讼只在必要的诉讼参与人之间进行，但其宣判过程除外。

不公开审理的案件有两类：①法定不公开审理的案件，包括涉及国家秘密的案件和涉及个人隐私的案件；②经当事人申请可以不公开审理的案件，包括离婚案件和涉及商业秘密的案件。法定不公开审理的案件，不必经当事人申请，人民法院一经发现就应主动作出决定不公开审理。对于涉及国家秘密（包括国家机密和绝密）的案件不公开审理，是为了保护国家秘密，以维护国家利益，维护社会的公共利益。对于涉及公民个人隐私的案件不公开审理，是为了维护公民个人的名誉，同时许多隐私是比较消极的，扩散出去可能会产生不良社会影响，无论对公民个人还是对社会其他成员都不利。离婚案件直接涉及公民私生活问题，婚姻纠纷是当事人之间的感情纠纷，为帮助当事人顺利解决纠纷，以防矛盾激化。因此，有必要在一定程度上对当事人的情况保密。商业秘密，主要指技术秘密、商业情报及信息等，如生产工艺、配方、贸易联系、购销渠道等当事人不愿公开的工商业秘密。对上述案件当事人申请不公开审理的，可以由人民法院决定不公开审理。

人民法院审理第一审案件只有公开审理和不公开审理之分，没有开庭审理和不开庭审理的区别。凡是审理第一审民事案件，无论是公开审理还是不公开审理都要开庭审理。即使是开庭审理的，人民法院可以在本法院内进行，也可以依照《民事诉讼法》第135条的规定，根据需要，派出法庭到当事人所在地或案件发生地就地开庭审理。

（三）开庭审理的阶段

开庭审理的阶段大致可以分为开庭准备、宣布开庭、法庭调查、法庭辩论、法庭调解、合议庭评议和宣判七个步骤。这些步骤既是各自独立的环节，同时又共同构成一个按先后顺序排列、互相联结的系统。因此，开庭审理的活动既分阶段性，又有连续性。前一阶段为后一阶段创造条件，后一阶段又是前一阶段的连续发展，它们共同构成开庭审理的完整程序。在开庭审理的过程中，法庭的调查、质证和辩论是开庭审理的关键环节，也是查明事实、核实证据、分清是非的关键所在。

1. 开庭准备。为了保证庭审活动的顺利进行，开庭审理前人民法院还应做好以下几项准备工作：

（1）在开庭审理 3 日前，通知当事人和其他诉讼参与人。人民法院按照普通程序审理民商事案件，应当在开庭 3 日前通知当事人和其他诉讼参与人。对当事人用传票传唤其到庭，对诉讼代理人、证人、鉴定人、勘验人、翻译人员应当用通知书通知其到庭。当事人或其他诉讼参与人在外地的，应留有必要的在途时间。

（2）公开审理的案件，应当在开庭 3 日前公告当事人的姓名、案由和开庭的时间、地点。公告一般在法院的公告栏内发出，也可以在当地发出，以便群众旁听、记者采访。

（3）由书记员查明当事人和其他诉讼参与人是否到庭。开庭审理前，书记员应当查明当事人和其他诉讼参与人是否到庭。如果有缺席的，书记员应报告审判长，由审判长决定是否延期审理，或是缺席判决。同时，由书记员向出庭人员及全体旁听群众（不公开审理的案件除外）宣布法庭纪律。

2. 宣布开庭。开庭审理时，由审判长宣布开庭，依次核对当事人、法定代表人的姓名、性别、年龄、民族、籍贯、工作单位、职务和住所等基本情况，并应查明诉讼代理人代理权的取得是否合法以及代理权限是一般代理还是特别代理；宣布案由，宣布合议庭组成人员和书记员名单，告知当事人有关的诉讼权利和诉讼义务，必要时应当进行解释，以保证当事人双方都能了解和行使其诉讼权利，履行诉讼义务；询问当事人是否申请审判人员、书记员、翻译人员和鉴定人员回避。

3. 法庭调查。法庭调查是对案件进行实体审理的一个重要阶段。这一阶段的主要任务，是听取当事人的陈述和核实证据，全面查清案情。只有经过法庭调查的事实和证据，才能作为人民法院裁判的基础和根据。法庭调查按下列顺序进行：

（1）当事人陈述。当事人陈述时，应先由原告陈述其诉讼请求、所根据的事实和理由，同时提供有关证据；然后由被告陈述是否承认原告的诉讼请求，对其所持的不同意见，包括反诉，提出事实和理由以及相关证据；有第三人参加诉讼的，最后由第三人陈述。当事人陈述是当事人在诉讼中的一项诉讼权利，人民法院要切实保障当事人充分行使这些陈述权，不能无故限制甚至剥夺。

（2）告知证人的权利义务。证人作证，宣读未到庭的证人证言。证人有出庭作证的义务，凡是被人民法院通知出庭作证的人，均应出庭作证。在证人作证之前，审判长应先告知证人的权利与义务，应特别强调证人应当尽如实陈述其所知案件有关情况的义务，以及作伪证应当依法承担的法律责任。然后让证人提供他所知道的与案件有关的一切情况。有 2 个以上证人时，应分别出庭陈述，证人证言有矛盾的，可以当庭质证。证人陈述之后，当事人、第三人经审判长许可后，可以向证人发问。对未到庭的证人所出具的证言以及人民法院在审理前的准备阶段询问证人时的笔录，都应当庭宣读，并允许当事人辩解。

（3）出示书证、物证、视听资料和电子数据。《民事诉讼法》第 68 条规定，证据应当在法庭上出示，并由当事人互相质证，只有经过查证属实的证据，才能作为认定事实的根据。据此，对当事人提出或法庭主动收集的书证、物证和视听资料，均应当庭宣读、出示和放映、播放，并允许当事人及其诉讼代理人进行辩认、说明、提出异议。

（4）宣读鉴定意见。鉴定意见由鉴定人当庭宣读。宣读鉴定意见之后，当事人及其诉讼代理人经审判长许可，可以向鉴定人发问。对鉴定意见有异议的，还可以要求法庭重新鉴定，但是否准许，由人民法院决定；几个鉴定意见有矛盾时，审判人员可以决定让鉴定人重新鉴定，或通知有关部门另行指派鉴定人鉴定。当事人可以申请人民法院通知有专门知识的人出庭，就鉴定人作出的鉴定意见或者专业问题提出意见。

（5）宣读勘验笔录。经人民法院审判人员或者法院指定的有关人员对于与争议有关的现场、物品进行勘验所制作的笔录，应当庭宣读。拍摄有照片或绘有图纸的，应当场展示，询问当事人是否有意见。当事人经法庭许可，可以向勘验人发问。

在法庭调查阶段，当事人可以提出新的证据，也可以要求重新进行调查、鉴定或者勘验，是否准许，由人民法院决定。

在案件受理后，法庭辩论结束前，原告增加诉讼请求，被告提出反诉，第三人提出与本案有关的诉讼请求，可以合并审理的，人民法院应当合并审理。

4. 法庭辩论。法庭调查结束后，由审判长宣布进入法庭辩论阶段。法庭辩论就是在审判人员的主持下，当事人双方根据法庭调查已经查明的事实和证据，用口头的方式提出维护自己的诉讼请求和对对方提出的主张进行辩驳的意见、互相辩论的诉讼活动。法庭辩论的任务，就是通过当事人双方和其他诉讼参加人的相互辩驳和质证，对有争议的案件事实和证据进一步审查和核实，为人民法院查明事实、分清是非、正确适用法律作出裁判奠定基础。法庭辩论应按下列顺序进行：①原告及其诉讼代理人发言；②被告及其诉讼代理人答辩；③第三人参加诉讼的，一般应在原告、被告发言之后再进行发言或者答辩；④双方互相辩论。辩论虽然在当事人之间进行，但都是向法庭交替进行陈述。因此，当事人和其他诉讼参与人要求发言必须经审判长许可。审判长可以根据具体情况提示，引导双方当事人围绕案件事件进行辩论。

在庭审过程中，人民法院应当充分地让当事人双方对案件事实陈述意见，对争议的问题进行辩论。当事人支持自己主张和反驳对方主张的证据，主要靠当事人自己出示。要改变那种审判人员问话、当事人答话的"纠问式"的方式，也要改变那种当事人陈述事实、审判人员说理的"说教式"的方式，更要改变那种审判人员与当事人"辩论"的"争论式"的方式。审判人员在法庭上的主要任务，就是站在公正、中立的立场上，指挥诉讼活动的正常进行，及时处理庭审中的程序问题，确认案件事实，分清是非责任。

法庭辩论终结后，由审判长按原告、被告、第三人的先后顺序征询各方最后的意见。

5. 法庭调解。人民法院审理民事案件，可以在自愿和合法的前提下，调解解决。调解可以在开庭审理前进行，也可以在开庭审理阶段进行。法庭辩论终结，人民法院就应当依法作出判决。但是为了贯彻调解原则，在作出判决前，当事人双方有调解愿望的，人民法院可以在通过庭审查明案件事实、核实认定证据的基础上，做双方当事人的调解工作。双方当事人协商一致达成协议的，可以调解的方式结案，为了防止久调不决的现象，调解不成的，应当及时判决。

6. 合议庭评议。在法庭辩论结束后，合议庭成员全部退庭进行评议。评议时，要研究、认定案件事实，并根据案件事实正确适用法律，并依法确定诉讼费用的负担。评议由审判长主持，实行少数服从多数的原则。评议情况应当制作笔录，由合议庭成员签名。评议中有不同意见的，应如实记入笔录。

7. 宣告判决。合议庭评议完毕后，合议庭成员重新进入法庭，进行宣判。所谓宣判，是指人民法院对所审理的民事案件作出裁判，向当事人、第三人、诉讼参与人以及旁听群众所作的宣告。宣判可以当庭宣判，也可以定期宣判。人民法院对公开审理或者不公开审理的案件宣告判决一律公开进行。当庭宣判的，应当在10日内发送判决书，定期宣判的，宣判后立即发给判决书。

根据法律规定，人民法院审理民事案件实行两审终审制。因此，宣告判决时，必须告知当事人的上诉权利、上诉期限和上诉的法院，以保证当事人充分行使上诉权利。宣告离婚判决时，还必须告知当事人在判决发生效力前不得另行结婚。

一审宣判后，原审人民法院发现判决有错误，应待上诉期满后再予处理。当事人在上诉期内提出上诉的，原审人民法院可以提出原判决有错误的意见，报送第二审人民法院，由第二审人民法院按照第二审程序进行审理，当事人不上诉的，按照审判监督程序处理。

法庭审理的全部活动，由书记员记入笔录，由审判人员和书记员签名。法庭笔录可以由书记员当庭宣读，也可以告知当事人和其他诉讼参与人当庭或者在5日内阅读。当事人和其他诉讼参与人认为对自己陈述的记录有遗漏或者差错时，有权申请补正。如果不予补正，应当将申请记录在案。当事人或其他诉讼参与人应当在法庭笔录上签名或者盖章，拒绝签名盖章的，应记明情况，附卷备查。最后，由审判长宣布闭庭。

（四）撤诉

1. 撤诉的概念。所谓撤诉，是指人民法院受理案件后，在宣告判决或裁定前，原告自动要求撤回或取消自己诉讼请求的行为。它既是原告放弃或处分自己诉讼权利的行为，也是原告放弃其诉讼请求的一种方式。

撤诉对诉讼程序有着巨大影响。撤诉成立将产生终止诉讼程序的效力。因为民事诉讼是人民法院审理和解决民事案件的活动，这种活动基于原告的诉讼请求而开始，也同样基于撤回诉讼请求的成立而终结。由于撤诉要产生一系列法律后果，因而必须经人民法院裁定准许方可成立。

2. 撤诉的种类。根据我国《民事诉讼法》第145条、第143条的规定，撤诉有以下两种：

（1）申请撤诉。所谓申请撤诉，是指原告主动自愿地放弃自己诉讼请求的行为，它是当事人对其诉讼权利的积极处分。申请撤诉大多是与原告自身的思想认识有关。例如，原告认识到自己的诉讼请求缺乏事实根据和理由，或者认识到自己行为的错误，因而提出撤诉申请。

（2）推定撤诉。推定撤诉即视为撤诉。它是当事人对其诉讼权利的消极处分。根据《民事诉讼法》第143条和最高人民法院的司法解释。推定撤诉主要有以下几种情形：

第一，原告经传票传唤，无正当理由拒不到庭或者未经法庭许可中途退庭，可以按撤诉处理。原告为维护自己的合法权益提起诉讼后，应当积极行使权利，配合法院查明案情，以作出裁判，人民法院的庭审目的正在于此。在这种情况下，原告虽未明确提出撤诉。但他对人民法院的合法传唤无正当理由拒不到庭的事实，足以证明其放弃了诉讼请求，可以推定为撤诉。

第二，无民事行为能力的原告的法定代理人，经传票传唤无正当理由拒不到庭的，可以比照《民事诉讼法》第143条的规定，按撤诉处理。

第三，有独立请求权的第三人经人民法院传票传唤，无正当理由拒不到庭的，或者未经法庭许可中途退庭的，可以比照《民事诉讼法》第143条的规定，按撤诉处理。但是，无独立请求权的第三人经人民法院传票传唤，无正当理由拒不到庭的，或者未经法庭许可中途退庭的，不影响案件的审理。人民法院判决承担民事责任的第三人，有权提起上诉。

第四，原告应当预交而未预交案件受理费，人民法院应当通知其预交，通知后仍不预交又未提出减、缓、免申请的，裁定按自动撤诉处理。

3. 撤诉的条件。一般来说，原告申请撤回起诉，须符合以下条件：

（1）申请撤诉的主体必须是提起诉讼的当事人，包括原告、提起反诉的被告以及参加之诉的原告——有独立请求权的第三人。经原告特别授权的委托代理人和无诉讼行为能力人的法定代理人也可以申请撤诉。

（2）申请撤诉必须自愿。即撤诉必须是原告自己真实的意思表示，而不是在某种压力下被迫为之。原告是否申请撤诉，完全取决于其意愿，任何强行动员原告撤诉或者附加条件的撤诉，都是违背自愿原则的；任何原告因受威胁、恫吓而申请的撤诉都不能成立。

（3）撤诉的时间必须在人民法院受理之后宣判以前。这是因为，受理表明诉之成立，只有诉成立后才能谈得上撤诉，因而撤诉必须在人民法院受理之后；宣判表明人民法院对如何解决当事人之间民事实体权利义务的争议已经作出权威性的判定，并公布于众。宣判后，人民法院的判决对当事人具有拘束力，只有通过法定程序才能改变，这时当然不能允许原告申请撤诉。

（4）申请撤诉必须符合法律的规定。撤诉不得影响或侵犯国家、集体和他人的合法权益，不得规避法律。如果申请撤诉或者按撤诉处理的案件当事人，有违反法律的行为需要依法处理的，人民法院可以不予准许或者不按撤诉处理。在某种情况下，虽然原告的合法权益受到违法行为的侵害，但在起诉后，由于存在后顾之忧，怕以后受到打击报复，对自己更为不利，原告放弃其主张的权利，申请撤诉，对此人民法院一般不应准许原告撤诉。此外，在某些情况下，原告申请撤诉有可能影响其他人的权益，也不应准许其撤诉。

（5）原告撤诉的申请，要经人民法院审查作出准许或不准许的裁定。这是因为撤诉是原告对自己诉讼权利的处分行为，必须接受国家法律监督和干预。人民法院对原告提出的撤诉申请要依法进行审查。经过审查，原告申请撤诉符合法律规定的，人民法院应裁定予以准许；违反法律规定的，用裁定驳回申请，不予准许。对于人民法院裁定准许撤诉的，本案的审理即行终结，裁定不准撤诉的，诉讼仍继续进行。

需要指出的是，有独立请求权的第三人参加诉讼后，原告申请撤诉，人民法院在准许撤诉前应当征得有独立请求权的第三人的同意。该第三人不同意原告撤诉的，诉讼应继续进行。

4. 撤诉的效力。撤诉的效力即撤诉的法律后果：①申请撤诉的原告对其诉讼权利的处分行为，并不影响原告实体权利的存在，原告撤诉后，视同未起诉；也就视同诉讼程序没有发生。②撤诉申请被人民法院批准后，将产生终结诉讼程序的效力。③原告自动申请撤诉或推定撤诉的，诉讼费用应由原告负担。④原告自动撤诉或者按撤诉处理的离婚案件，没有新情况、新理由，6 个月内又起诉的，人民法院将不予受理。

（五）缺席判决

缺席判决是对席判决的对称，它是指人民法院在一方当事人未出庭参加诉讼的情况下，不经法庭辩论依法作出的判决。根据《民事诉讼法》第 143 ~ 145 条的规定和最高人民法院的司法解释，适用缺席判决有以下几种情形：

1. 在被告反诉的情况下，原告经传票传唤，无正当理由拒不到庭或者未经法庭许可中途退庭的。

2. 被告经传票传唤，无正当理由拒不到庭或者未经法庭许可中途退庭的。

3. 宣判前，原告申请撤诉，人民法院裁定不准许撤诉，原告经传票传唤，无正当理由拒不到庭的。

4. 无行为能力的被告的法定代理人，经传票传唤无正当理由拒不到庭的，可以比照《民事诉讼法》第 144 条的规定，缺席判决。

缺席判决是为了维护法律秩序，保证案件正常审理而设立的一种法律制度。因此，适用缺席判决必须以查明事实，分清是非，正确适用法律为必要条件，并考虑缺席一方当事人的合法权益，不能因为未到庭而受到不应有的损害。缺席判决与对席判决有相同的法律效力，当事人不得以未到庭为由而拒不执行。

（六）延期审理

所谓延期审理，就是指人民法院在开庭审理的过程中，或者在辩论终结后，由于发生或发现某种特殊情况，以致在原定的审理期日无法审结案件，而把案件延至另一个期日审理的一种法律制度。延期审理不同于延长审理期限。延期审理是审理期日的推迟，延长审理期限是审结期限的延长。前者是在审结期限内具体开庭期日的变化，后者涉及的是整个案件审结期限的推延。

在法庭审理中，凡是有下列情形之一的，应当延期审理：

1. 必须到庭的当事人和其他诉讼参与人有正当理由没有到庭。必须到庭的当事人，一般是指负有赡养、扶养、抚育义务以及不到庭就无法查清案情的当事人。其他诉讼参与人是指必须到庭的证人、鉴定人、翻译人员等，因为他们不到庭，诉讼就无法进行，无法对案件的证据进行审查、核实。遇有这种情况，人民法院有权决定延期审理。但是，对于无行为能力人的离婚诉讼，应当到庭的当事人的法定代理人不能到庭的，人民法院不应延期审理，而应在查清事实的基础上，依法作出判决。

2. 当事人临时提出回避申请的。根据《民事诉讼法》第49条的规定，当事人有申请回避的权利。如果当事人在开庭审理前提出回避申请的，人民法院应在开庭审理前作出是否回避的决定。如果当事人在开庭审理中，临时提出回避申请，人民法院由于主、客观原因不可能立即作出是否回避的决定，或者虽已作出回避的决定，暂时没有适当人员代替需要回避的审判人员或书记员、翻译人员、鉴定人而延期审理。

3. 需要通知新的证人到庭，调取新的证据，重新鉴定、勘验，或者需要补充调查。

4. 其他应当延期审理的情况。例如，主持本案的审判人员临时有紧急任务或生病不能出席审理，法院在审理中，发现案件涉及案外人的合法权益，必须通知他参加诉讼等，都可以延期审理。

（七）审理期限

1. 审理期限的概念和意义。所谓审理期限，简称审限，是指人民法院审理第一审民事案件的期间限制。即从立案的次日起到签发法律文书之日这一期间，公告期间、鉴定期间应予扣除。《民事诉讼法》第149条规定："人民法院适用普通程序审理的案件，应当在立案之日起6个月内审结。有特殊情况需要延长的，由本院院长批准，可以延长6个月；还需要延长的，报请上级人民法院批准。"这一规定明确了人民法院对第一审民事案件适用普通程序的审理期限，要求人民法院对民事案件要及时审结，不能久拖不决。这不仅有助于人民法院及时查明案件事实，作出裁判，审结案件，也有利于保护公民、法人或者其他组织的合法权益。

2. 审理第一审民事案件必须在法定的期限内进行。在民事诉讼活动中，当事人的起诉一经人民法院立案受理，第一审程序即告开始，人民法院适用普通程序审理民事案件，一般应在6个月内作出第一审判决。

3. 审限在法定情况下可以延长。第一审人民法院审理民事案件的审限，应自立案之日起6个月内审结。这是在通常情况下人民法院适用普通程序审结第一审案件的时间要求。但是，如果遇有特殊情况，比如案件比较复杂、涉及面广，调查取证等工作在短期内难以完成，以及交通不便的边远地区的重大民事案件，在6个月内不能办结需要延长审限的，由本院院长批准可以延长6个月。如果还需要延长的，必须报请上一级人民法院批准。

五、诉讼中止和终结

（一）诉讼中止

诉讼中止是指在诉讼进行之中，由于存在或发生了某种特定原因，使正在进行的诉讼程序暂时中断，待中止的原因消除后，再恢复诉讼程序的一项制度。

诉讼中止与延期审理不同。诉讼中止是诉讼程序的暂时终止，中止的时间相对来讲较长。而延期审理是另定开庭期日，一般推迟的时间较短，同时，案件延期审理后，诉讼活动并未停止。

根据《民事诉讼法》第150条的规定，有下列情形之一的，诉讼必须中止进行：①一方当事人死亡，需要等待继承人表明是否参加诉讼的；②一方当事人丧失诉讼行为能力，尚未确定法定代理人的；③作为一方当事人的法人或者其他组织终止，尚未确定权利义务承受人的；④一方当事人因不可抗拒的事由，不能参加诉讼的；⑤本案必须以另一案的审理结果为依据，而另一案尚未审结的；⑥其他应当中止诉讼的情形。

中止诉讼时，人民法院应当作出裁定。不制作裁定书的，口头裁定应记入笔录。中止诉讼的原因消除后，应恢复诉讼程序。当事人可以请求恢复，人民法院也可以依职权恢复。诉讼恢复后，当事人在诉讼中止前所进行的诉讼行为，仍然继续有效。裁定中止诉讼的原因消除，恢复诉讼程序时，不必撤销原裁定，从人民法院通知或准许当事人双方继续进行诉讼时止，中止诉讼的裁定即失去效力。

（二）诉讼终结

所谓诉讼终结，是指在诉讼进行中，由于存在或发生了某种特定原因，使诉讼程序无法进行或无须进行而结束诉讼程序的一项法律制度。

诉讼终结与诉讼中止涵义不同。诉讼终结是诉讼程序的结束，诉讼中止则是诉讼程序的暂时停止。终结是诉讼程序完全结束，今后不再进行，中止在原因消除后，案件仍将继续审理。上述不同是因为二者引起的原因不同。

依照《民事诉讼法》第151条的规定，有下列情形之一的，终结诉讼：①诉讼进行中原告死亡，该原告没有继承人，或者虽有遗产继承人，但继承人明确表示放弃诉讼权利。②被告死亡，没有遗产，也没有应当承担义务的人。被告死亡，因为没有遗产，也没有相应的义务承担人，原告即使有胜诉的可能，诉讼也必须终结。③离婚案件一方当事人死亡的。如果离婚案件一方当事人在诉讼中死亡，其婚姻关系随死亡而终结，法院没有必要为是否解除他们之间的婚姻关系而继续诉讼，所以诉讼必须终结。④追索赡养费、扶养费、抚育费以及解除收养关系案件一方当事人死亡的。由于一方当事人死亡，赡养关系、扶养关系、抚育关系、收养关系终结，诉讼也应终结。

人民法院对终结诉讼的案件，都应作出裁定。终结诉讼的裁定书应由组成合议庭的审判长、审判人员、书记员署名，并加盖人民法院印章。终结诉讼的裁定一经作出，即发生法律效力，当事人不得上诉。

第二节　简易程序

一、简易程序概述

（一）简易程序的概念

简易程序是指基层人民法院和它派出的法庭审理简单的民事案件时所适用的程序。它是普通程序的简化，是第一审程序中的一种独立的简便易行的诉讼程序。

简易程序的存在并非立法者的主观臆想，而是有其客观基础的。我们知道，民事诉讼是解决涉及各类民事权益纠纷案件的诉讼。在这些案件中，有不少是属于事实清楚、权利义务关系明确、争议不大的简单民事案件，有的属于一般的民事案件，还有的属于重大、复杂的民事案件。案件的性质不同，所适用的程序也应有所不同，这是民事诉讼的立法原则。因此，简易程序是我国民事诉讼法为适应解决简单的民事案件的需要，在保证案件能够得到正确处理的前提下而设立的一种与普通程序独立并存的诉讼程序。

简易程序相对于普通程序而言，在起诉手续、传唤当事人的方式，审理程序以及审限等方面都作了简化，它是一种简化了的普通程序。适用简易程序审结的案件，无论是判决的方式结案，还是用调解的方式结案，与普通程序审结的案件有同等的法律效力，人民法院适用简易程序作出的裁判，如果当事人不服，同样可以提起上诉，引起第二审程序的发生，因此，简易程序不是预备性的程序，也不是阶段性的程序，而是一种独立的诉讼程序。

（二）简易程序的意义

民事诉讼法设立的简易程序的意义表现在以下几个方面：

1. 简易程序是"两便原则"的集中体现。便利人民群众诉讼，便利人民法院办案，是我国民事诉讼法最基本的原则，贯穿民事诉讼的始终。按照民事诉讼法简易程序的规定，原告起诉、被告应诉、人民法院对简单民事案件的受理和审理，都简化了程序和手续，从而使"两便原则"得到了进一步的贯彻和落实，反映了我国民事诉讼法的特点。

2. 简易程序有利于节约诉讼成本，提高审判效率。目前起诉到基层人民法院的案件数量较多，而审判人员的数量相对较少，如果一切民事案件都采用普通程序，势必会增加积案，拖延案件的审理。而适用简易程序审理简单的民事案件，可以不受普通程序某些规定的约束，办案手续简便，审理方式灵活，从而减少了程序，缩短了办案时间，不仅有利于人民法院和当事人在诉讼中避免费时耗资，节省人力、物力和财力，而且有利于人民法院提高办案效率，正确及时地保护当事人的合法权益。

3. 有利于提高办案质量。适用简易程序审理简单的民事案件，减少了一些不必要的程序和方式，便于人民法院迅速及时地解决一些事实清楚、权利义务关系明确、争议不大的简单纠纷，从而使人民法院集中力量解决比较重大复杂的案件，保证办案质量，提高办案效果。

4. 简易程序又是我国审判经验的总结，体现了人民司法简化诉讼程序的优良传统。我国民事诉讼简易程序的形成历史，可以追溯到新民主主义革命时期。当时各根据地或解放区，就以十分简便的诉讼程序和审判方法受理和解决民事案件，受到了广大群众的欢迎。著名的"马锡五审判方式"就是简易程序的典型代表。新中国成立后，简化诉讼程序，实行巡回审理，就地办案。从起诉、审理到执行，建立了一整套简便易行的制度。1982 年通过的《民事诉讼法（试行）》和 1991 年公布的《民事诉讼法》和 2012 年修改后的《民事诉讼法》都用专章将这些行之有效地制度规定在简易程序之中，这不仅继承和发扬了我国人民司法的优良传统和成功经验，而且有利于简易程序的进一步完善和规范化。

二、简易程序的适用范围

我国《民事诉讼法》第 157 条第 1 款规定，基层人民法院和它派出的法庭审理事实清楚、权利义务关系明确、争议不大的简单的民事案件，适用简易程序的规定。根据此规定，简易程序的适用范围，有三个方面：①适用这一程序的法院；②适用这一程序的审级；③适用这一程序的案件。

（一）适用简易程序的法院

适用简易程序的法院，仅限于基层人民法院和它派出的法庭。所谓派出法庭，既包括人民法院就地巡回审判某个具体案件时临时派出的审判组织，也包括固定的人民法庭。人民法庭是基层人民法院的派出机构和组成部分，它所进行的审判活动，就是基层人民法院的活动。中级人民法院、高级人民法院、最高人民法院审理的第一审民事案件，不论案件是简单还是复杂，均不得适用简易程序。

（二）适用简易程序的审级

简易程序是第一审程序的有机组成部分，只适用于第一审简单的民事案件。第二审民事案件、重审和再审的民事案件，均不得适用简易程序。

（三）适用简易程序的案件范围

1. 法定适用简易程序的案件。《民事诉讼法》第157条第1款规定了简易程序适用的案件范围，即简易程序适用于审理事实清楚、权利义务关系明确、争议不大的简单的民事案件。所谓事实清楚，是指当事人双方对争议的事实陈述基本一致，并能提供可靠的证据，无须人民法院调查收集证据即可判明事实、分清是非；所谓权利义务关系明确，是指谁是责任的承担者，谁是权利的享有者的关系明确；所谓争议不大，是指当事人对案件的是非、责任以及诉讼标的的争执无原则性分歧。事实清楚、权利义务关系明确、争议不大是确定简单民事案件的一般原则和标准。以上三个方面是相互联系、不可分割的，必须同时具备，才能构成简单的民事案件。从审判实践看，以下几类案件可以作为简单的民事案件：①当事人双方结婚时间短，财产争议不大的离婚案件；②权利义务关系明确，只是在给付的时间和金额上有争议的赡养费、扶养费和抚育费案件；③确认或变更收养、抚养关系，双方争议不大的案件；④借贷关系明确、证据充分和金额不大的案件；⑤遗产和继承人范围明确，讼争遗产数额不大的继承案件；⑥事实清楚、责任明确、赔偿金额不大的损害赔偿案件；⑦事实清楚、情节简单，是非分明，争议焦点明确，争议金额不大的其他案件。

但以下几类案件不得适用简易程序审理：①起诉时被告下落不明的案件；②发回重审的案件；③共同诉讼中一方或者双方人数众多的案件；④法律规定应当适用特别程序、审判监督程序、督促程序、公示催告程序和企业法人破产还债程序的案件；⑤人民法院认为不宜适用简易程序审理的案件。

2. 约定适用简易程序的案件。在适用简易程序审理的案件方面，我国民事诉讼法除明确规定简易程序适用于简单案件外，还规定了当事人对简易程序的程序选择权。《民事诉讼法》第157条第2款规定："基层人民法院和它派出的法庭审理前款规定以外的民事案件，当事人双方也可以约定适用简易程序。"当事人的程序选择权的行使，有利于当事人在权衡简易程序和普通程序的利弊后，发挥能动性对程序进行选择；由于扩大了简易程序的案件适用范围，也有利于提高诉讼效率，合理配置司法资源。在适用时应当注意：①当事人的程序选择权只适用于基层人民法院和它的派出法庭，中级以上人民法院审理的民事案件不适用当事人的程序选择权。②当事人行使程序选择权适用简易程序以当事人双方共同约定为前提，仅原告或者被告一方同意选择适用简易程序，不能适用简易程序。当事人双方对适用简易程序达成合意即可，当事人双方约定适用简易程序的方式，可以是口头，也可以是书面。③当事人的程序选择权，限于对依据民事诉讼法的规定适用普通程序的民事案件，当事人可经权衡利弊，约定适用简易程序，而不能对依据规定适用简易程序的民事案件约定适用普通程序。④一旦当事人双方约定适用简易程序，人民法院应当适用简易程序。

三、简易程序的特点

根据《民事诉讼法》第十三章的规定，简易程序与普通程序相比，具有以下特点：

（一）起诉方式简便

《民事诉讼法》第158条第1款规定，对简单的民事案件，原告可以口头起诉。据此规定，在适用简易程序时，无论当事人书写起诉状是否有困难，都可以口头起诉，由人民法院将起诉内容记录在案，不强调递交起诉状，而适用普通程序审理案件时，起诉则以书面方式为主，以口头方式为例外，只有在当事人书写起诉状确有困难的情况下，才允许以口头方式起诉。

（二）受理案件的程序简便

《民事诉讼法》第158条第2款规定，适用简易程序审理的案件，当事人双方可以同时到基层人民法院或者它派出的法庭，请求解决纠纷，基层人民法院或者它的派出法庭可以当即审理，也可以另定日期审理。而适用普通程序审理案件时，要经过一系列的法定程序，在当事人同时到庭的情况下审理，即不能将起诉、审查起诉、受理、审理一并当即进行。

（三）传唤当事人、证人的方式简便

《民事诉讼法》第159条规定："基层人民法院和它派出的法庭审理简单的民事案件，可以用简便方式传唤当事人和证人、送达诉讼文书、审理案件，但应当保障当事人陈述意见的权利。"所谓简便的方式，一般是指通过口头通知、电话传唤、广播通知、捎口信、写便条的方法或者其他简便的方式。传唤当事人和证人用简便的方式，可以不受普通程序规定的在开庭3日前通知当事人和其他诉讼参与人的限制，也不受传唤形式的限制，但应以通知本人为原则；而按普通程序审理的案件，必须在法定的期间用法定的程序和方式传唤当事人和证人。

（四）审理的组织简便

审理的组织简便，是指按照简易程序审理的简单民事案件，实行独任制，由审判员一人独任审理，书记员担任记录。但不得由审判员自审、自问、自记，也不得由书记员审判案件。

（五）当事人的简易程序适用异议权

根据有关司法解释规定，当事人就适用简易程序提出异议，人民法院认为异议成立的，或者人民法院在审理过程中发现不宜适用简易程序的，应当将案件转入普通程序。

（六）开庭审理的程序简便

开庭审理程序简便，是指简单的民事案件在审理程序上不受《民事诉讼法》第 136 条、第 138 条和第 141 条关于法庭调查与法庭辩论顺序具体要求的限制。按照简易程序审理的案件，可以根据案件的不同情况，灵活掌握，不必按照审理前的准备，开庭审理等阶段的先后顺序进行，不需要严格划分法庭调查、法庭辩论等诉讼阶段，不必拘泥于每个阶段的先后顺序。例如，案件可以随到随审，不必经过审理前的准备阶段；又如，公开审理的案件，开庭时，宣布开庭审理，允许群众旁听即可，不一定非在 3 日前公告当事人姓名、案由和开庭的时间、地点；再如，开庭审理时，法庭调查和法庭辩论两个阶段可以合并进行，也可以穿插进行。法庭调查、法庭辩论的顺序，由独任审判员根据实际情况灵活掌握，随机行事。只要能达到全面查清案件事实，正确解决纠纷的目的即可。

（七）审结案件的期限较短

《民事诉讼法》第 161 条规定："人民法院适用简易程序审理案件,应当在立案之日起 3 个月内审结。"该审理期限是法定不变期间，与普通程序不同，适用简易程序审理案件的期限不得延长。

四、小额诉讼的特别简易程序

《民事诉讼法》第 162 条规定："基层人民法院和它派出的法庭审理符合本法第 157 条第 1 款规定的简单的民事案件，标的额为各省、自治区、直辖市上年度就业人员年平均工资 30% 以下的，实行一审终审。"

1. 小额诉讼程序是特别简易程序。小额诉讼只能在基层人民法院和它派出法庭审理民事案件中适用。小额诉讼程序规定于简易程序一章，表明小额诉讼程序与简易程序相同，只能在基层人民法院和它派出的法庭适用，一般情况下中级以上人民法院审理的民事案件，标的额较大，案情较为复杂，不能适用小额诉讼程序。

2. 小额诉讼程序适用于简单的民事案件。小额诉讼程序的适用范围必须是事实清楚、权利义务关系明确、争议不大的简单民事案件。

3. 小额诉讼程序只适用于标的额为各省、自治区、直辖市上年度就业人员年平均工资 30% 以下的简单的民事案件。小额诉讼制度建立和适用，目前全国法院每年一审受理民事诉讼案件 600 多万件，并且这些案件涉及各种情况。案件比较复杂的，按照现在的民事诉讼法适用普通程序；如果案件比较简单的，就适用于简易程序。而小额诉讼就是简易程序审理案件的一部分，并且从标的额和一审终审上，和其他的适用于简易程序的案件予以区别。

4. 小额诉讼程序实行一审终审。小额诉讼程序快捷、简便的特点要求其有不同于普通程序和简易程序的特殊审级制度，如果小额诉讼实行二审终审，与简易程序就没有了区别，设立小额诉讼制度也失去了意义。

5. 对小额诉讼的救济。小额诉讼实行一审终审，当事人不服一审判决裁定的，可以申请再审。

6. 简易程序中其他体现简易的规定也适用于小额诉讼程序。如可以口头起诉、当即审理，用简便方式传呼当事人和证人、送达诉讼文书、审理案件、由审判员一人独任审理，不受法庭调查、法庭辩论程序的限制等规定在小额诉讼程序中同样适用。

五、简易程序转换普通程序

《民事诉讼法》第 163 条规定："人民法院在审理过程中，发现案件不宜适用简易程序的，裁定转为普通程序。"在司法实践中简易程序转为普通程序主要有以下情形：①当事人改变或增加诉讼请求，导致案情复杂化；②因当事人依法申请人民法院调查取证，申请证人出庭等原因致使案件在 3 个月内难以审结的；③无法直接或者留置送达应诉通知书，须公告送达的；④虽然案件较为简单，标的额不大，但代表一类案件，可能影响大量相同或类似案件审理的；⑤案件较为简单，但关系到基本的生产和生活，可能引发群体性事件的案件。

六、适用简易程序应注意的几个问题

（一）正确处理简易程序与普通程序的关系

简易程序和普通程序同属于第一审程序，普通程序是简易程序的基础，简易程序是普通程序的简化。适用简易程序审理案件，应首先适用简易程序的规定，简易程序无规定的，如起诉条件，收集和调查证据、诉讼中止和终结等，仍适用普通程序的有关规定；某一个案件是适用简易程序还是适用普通程序，应当在立案后、开庭前由承办案件的审判人员根据案件的性质和繁简程度来确定，而不应当在审理过程中或审理终结后来确定；在适用简易程序审理案件的过程中，如果发现案情复杂，需要转为普通程序审理的，可以转为普通程序，由合议庭进行审理，并及时通知双方当事人。审理期限从立案之日起计算，而不能从由简易程度转为普通程序之日起计算。但是已经按照普通程序审理的案件，在审理过程中无论是否发生了情况变化，都不得改用简易程序审理。

（二）适用简易程序不能任意"简易"

首先，审理简单的民事案件，同审理其他民事案件一样，都必须遵守法定的程序。除法律规定不公开审理和当事人申请可以不公开审理的案件外，其余案件都必须依法公开。其次，应当注意履行质证程序及辩论程序。举证、质证及辩论是审理案件的关键步骤，适用简易程序应当注意履行这些程序。当事人对自己的主张有责任提供证据，各方当事人提供的证据应当经过对方辨认，应当互相质证。证人出庭作证的，应当查明证人身份，告知证人作证的义务以及作伪证应负的法律责任。当事人及其诉讼代理人可以向证人发问。当事人对争议的问题可以互相辩论。最后，适用简易程序审理案件，卷宗中应当具备以下材料：①起诉状或口头起诉笔录；②答辩状或者口头答辩笔录；③委托他人代理诉讼的要有授权委托书；④必要的证据；⑤询问当事人笔录；⑥审理（包括调解）笔录；⑦判决书、裁定书、调解书或者调解协议；⑧执行情况；⑨诉讼费收据。

（三）适用简易程序审理案件要充分保障当事人的诉讼权利

简易程序虽然简化了诉讼程序事项，但对当事人依法所享有的诉讼权利不得忽略，不得剥夺，而是应当像适用普通程序那样给予充分的保障。对于当事人享有的申请回避、提起反诉、提供证据、进行辩论、请求调解、申请撤诉、提起上诉、申请执行等权利，应依法予以保护，不能因程序简化，而限制或剥夺当事人的诉讼权利。

（四）在适用简易程序制作的法律文书上，不能用人民法庭的印章代替基层人民法院的印章

人民法庭是基层人民法院的派出机构和组成部分，人民法庭制作的判决书、裁定书、调解书和支付令，必须加盖人民法院印章，不得用人民法庭的印章代替基层人民法院的印章。

第三节　第二审程序

一、第二审程序概述

第二审程序是指上级人民法院对下级人民法院就第一审民事案件所作的判决、裁定，基于当事人的上诉，而对案件进行审理所适用的程序。

第二审程序是由于当事人的上诉而引起的，所以，又称为上诉审程序。我国实行两审终审制，一个案件经过两级法院审判即宣告终结，当事人不得再提起上诉。因此，第二审程序又称为终审程序。

第二审程序是继第一审程序之后的又一个独立的诉讼程序。①它与第一审程序不同。第二审程序是为了保证当事人依法行使上诉权和上一级人民法院依法进行审判而设置的。第二审程序是对民事案件继续进行审理的程序，这个程序发生的基础是第二审人民法院在审判上的监督权和当事人的上诉权；而第一审程序发生的基础，是第一审人民法院对民事案件的管辖权与当事人的起诉权。②两者的任务不同。第一审程序主要是通过对案件的审理确认当事人之间民事权利义务关

系，解决民事纠纷；第二审程序不仅要对当事人争议的民事关系予以确认，而且担负监督检查下级法院审判工作的任务，以保证审判活动的正确性。③审级不同。第一审程序是第一审人民法院审理案件的程序，第二审程序是上一级人民法院审理案件的程序，它们是两个审级的人民法院的审理程序。

当事人依法行使上诉权，是第二审程序发生的主要原因。但是，最高人民法院和上级人民法院通过审判监督程序，发回原第二审人民法院审理的民事案件和提审的案件，也适用第二审程序。

第二审程序和第一审程序，虽然属于两个审级不同的程序，但两者有着密切的联系。第二审程序是对同一案件的审判，而不是审理另一新的案件，第一审程序是第二审程序的前提和基础，第二审程序是第一审程序的继续。第二审程序发生后，上一级人民法院就要继续行使国家赋予的审判权，审查第一审人民法院的判决、裁定在认定事实和适用法律上是否正确，最终解决当事人之间的民事争议。但是，当事人在上诉期限内没有上诉，或者法律规定不准上诉的，就不会引起第二审程序的发生，当然也就不需要经过第二审程序。

第二审程序具有重要意义，表现在：①通过第二审人民法院的审判活动，可以纠正一审裁判中的错误，保护当事人的合法权益。②通过第二审人民法院的审判，有利于监督和检查下级人民法院的审判工作。

二、上诉的提起与受理

（一）上诉的条件

上诉是当事人依法享有的权利，提起上诉是当事人行使这种权利的体现。但提起上诉必须符合法律规定的条件：

1. 上诉的实质要件。所谓实质要件，是指哪些判决和裁定法律规定准许上诉，哪些判决和裁定法律规定不准上诉。根据我国民事诉讼法的规定，可以上诉的判决和裁定。包括：基层人民法院所作的判决、裁定；中级人民法院审理第一审民事案件所作的判决、裁定；高级人民法院审理第一审民事案件所作的判决、裁定。最高人民法院是我国最高一级审判机关，它审理的第一审民事案件的判决、裁定为终审判决、裁定，当事人不得上诉。基层人民法院依特别程序审理的案件，由于实行一审终审，对其判决、裁定，当事人不得上诉。

对判决上诉的范围不受限制，凡是第一审人民法院依照普通程序或简易程序审判案件所作的判决，当事人不服的，都有权在法定上诉期限内提起上诉。对裁定上诉的范围却要受到限制，并不是人民法院作出的所有裁定都允许上诉。根据《民事诉讼法》第 154 条的规定，只有对不予受理的裁定，对驳回起诉的裁定，以及被告因对管辖权有异议，人民法院就此作出的裁定，当事人才有权提起上诉。除此以外的其他裁定均不得上诉。

2. 上诉的形式要件。形式要件是指上诉在形式上所应具备的法定条件。根据民事诉讼法的规定，上诉必须具备以下条件：

（1）上诉人和被上诉人必须是一审程序中的当事人。上诉人，是指提起上诉的一方当事人。享有上诉权的人和提起上诉的人是有区别的。按照法律规定，享有上诉权的人，是第一审程序中的原告和被告、共同诉讼人、诉讼代表人和直接承担一审裁判中实体权利义务的第三人。无民事行为能力人、限制民事行为能力人的法定代理人，可以代理当事人提起上诉。双方当事人和第三人都提出上诉的，均为上诉人。

被上诉人是指提起上诉的对方当事人，亦即第一审中的具有实体民事权利义务的诉讼参加人。既可能是一审诉讼中的被告，也可能是一审诉讼中的原告和第三人。

必要共同诉讼人中的一人或者部分人提出上诉的，按下列情况处理：①该上诉是对与对方当事人之间权利义务分担有意见，不涉及其他共同诉讼人利益的，对方当事人为被上诉人，未上诉的同一方当事人依原审诉讼地位列明；②该上诉仅对共同诉讼人之间权利义务分担有意见，不涉及对方当事人利益的，未上诉的同一方当事人为被上诉人，对方当事人依原审诉讼地位列明；③该上诉对双方当事人之间以及其同诉讼人之间权利义务承担有意见的，未提出上诉的其他当事人均为被上诉人。

（2）必须在法定期间内提出上诉。当事人不服地方各级人民法院第一审的裁判，提起上诉，必须在法律规定的期限内进行，逾期不得提起，法律规定的这个期限就是上诉期限。

根据《民事诉讼法》第164条的规定，对判决提起上诉的期限与对裁定提起上诉的期限不同。对判决提起上诉的期限为15日，对裁定提起上诉的期限为10日。

上诉期间的计算，均从当事人接到判决书或裁定书的次日算起。当事人因不可抗力或其他正当理由耽误期限的，在障碍消除后的10日内，可以向人民法院申请顺延期限，是否准许，由人民法院决定。期间不包括在途时间，上诉书在期满前交邮的，不算过期。期间届满的最后一日是节假日的，以节假日后的第一日为期间届满日。

（3）必须提交上诉状。所谓上诉状，是指当事人不服第一审人民法院的裁判而请求上一级人民法院撤销或变更该裁判的诉讼文书。上诉状是当事人提起上诉的根据，没有上诉状就难以判明当事人是否行使上诉权。

根据《民事诉讼法》第 165 条的规定，上诉状应包括以下内容：①当事人的基本情况。当事人包括上诉人和被上诉人。当事人是公民的，应写明该公民的姓名；如果是法人的，应写明该法人的名称及其法定代表人的姓名；如果是其他组织，应写明该组织的名称及其主要负责人的姓名。②原审人民法院的名称、案件的编号和案由。③上诉的请求和理由。上诉的请求和理由是上诉状的主要内容，是上诉状的实质部分。上诉的请求就是上诉人提出上诉所要达到的目的。例如，请求撤销原判，依法改判。上诉的理由，是上诉人认为第一审人民法院认定事实和适用法律不当或有错误所根据的事实和理由。

当事人提起上诉，必须提交上诉状，口头表示上诉的，不发生法律效力。一审宣判或判决书、裁定书送达时，当事人口头表示上诉的，人民法院应告知其必须在法定上诉期间内，依法提出上诉状及副本。在法定上诉期间内未递交上诉状的，视为未提起上诉。

（二）提起和受理上诉的程序

《民事诉讼法》第 166 条规定了提起上诉的两种方式：①向原审人民法院提交上诉状，提起上诉。如果上诉状内容有欠缺的，原审人民法院应当及时通知上诉人予以补正。对已超过上诉期限，又没有延长期限的正当理由，人民法院应直接作出裁定予以驳回。②当事人直接向第二审人民法院提交上诉状，提起上诉。直接向第二审人民法院提交上诉状的，依《民事诉讼法》第 166 条第 2 款规定，第二审人民法院应当在 5 日内将上诉状移交原审人民法院。这是为了让原审人民法院了解上诉人提供的情况，当事人上诉合乎法定条件的，原审人民法院应将上诉状连同原审卷宗一并移送上诉审人民法院。

《民事诉讼法》第 166 条第 1 款还规定，当事人上诉的，还应按照对方当事人或者代表人的人数提出副本。这是为了对方当事人了解上诉的请求和理由，准备答辩，行使答辩权，为第二审做好准备工作。

原审人民法院收到上诉状以后，应当在 5 日内将上诉状副本送达对方当事人。对方当事人应当在收到上诉状副本之日起 15 日内提出答辩状。人民法院应当在收到答辩状之日起 5 日内将副本送达上诉人。对方当事人不提出答辩状的，不影响人民法院审理。原审人民法院收到上诉状、答辩状，应当在 5 日内连同全部案卷和证据，报送第二审人民法院。

第四节　上诉案件的审理和裁判

第二审人民法院审理上诉案件的程序，《民事诉讼法》第十四章作了专门规定，第十四章中没有规定的，适用第一审普通程序。

一、审理前的准备工作

第二审人民法院收到第一审人民法院报送的上诉案件材料（包括上诉状、答辩状、全部卷宗和证据）后，在审理前，应作好以下工作：

1. 组成合议庭。人民法院审理第二审民事案件，一律由审判员组成合议庭，不吸收陪审员参加，也不能采取独任制。

2. 审查案卷，询问当事人。合议庭组成后，首先应当审阅全部上诉材料。除审查提起上诉必须具备的三个条件外，要着重审查一审裁判认定的事实是否清楚，证据是否充分，适用法律是否正确，上诉的请求和理由，被上诉人的答辩及双方争议的焦点；然后根据案件的具体情况，有针对性地采取调查、询问当事人、核实证据等方式，进一步查明案件事实，以决定是否开庭审理。

3. 决定是否开庭审理。第二审人民法院审理上诉案件，原则上应开庭审理，但经过阅卷、调查和询问当事人，对没有提出新的事实、证据或者理由，合议庭认为不需要开庭审理的，可以不开庭审理。上诉案件需要开庭审理的，第二审人民法院可以在本院进行审理，也可以到案件发生地或者原审人民法院所在地进行审理。

二、上诉案件的审理范围

《民事诉讼法》第168条规定："第二审人民法院应当对上诉请求的有关事实和适用的法律进行审查。"这一规定表明了以下两层意义：①第二审是事实审，也是法律审。②审理范围应以当事人的上诉请求范围为依据。即：一方面，二审人民法院应当尊重当事人的上诉请求，对于上诉请求中所涉及的问题，人民法院要认真审查；另一方面，人民法院在二审程序中所审查的范围，主要限于当事人的上诉请求，对上诉请求中未涉及的问题，可以不予审查。但是，在审查上诉人请求的有关事实和适用的法律时，如果发现在上诉请求以外原判确有错误的，也应予以纠正。

三、上诉案件的调解

第二审人民法院审理上诉案件，可以进行调解。调解必须根据自愿和合法的原则。调解达成协议，应当制作调解书，由审判人员、书记员署名，加盖人民法院印章。调解书送达后，原审人民法院的判决即视为撤销，当事人在二审中达成和解协议的，人民法院可以根据当事人的请求，对双方达成的和解协议进行审查并制作调解书送达当事人；因和解而申请撤诉，经审查符合撤诉条件的，人民法院应予准许。

四、上诉的撤回

《民事诉讼法》第 173 条规定：“第二审人民法院在判决宣告前，上诉人申请撤回上诉的，是否准许，由第二审人民法院裁定。”依照此规定，上诉人在第二审人民法院受理上诉案件后，作出裁判前可以提出撤回上诉。

撤回上诉的时间，限于人民法院受理上诉案件以后至第二审人民法院作出裁判之前。在这一时限的任何诉讼阶段，上诉人都可提出撤回上诉的申请。如果上诉案件还没被人民法院受理，就不存在撤回上诉的问题；如果第二审人民法院作出的上诉案件的判决、裁定已宣告，调解书已送达，当事人就无权撤回上诉。

撤回上诉，必须由上诉人或其授权的诉讼代理人向受理上诉案件的人民法院提出申请。撤回上诉的申请可以是书面形式的，也可以是口头形式的。

上诉人是否撤回上诉是上诉人的一项诉讼权利，上诉人有权决定是否行使这项权利。如果上诉人行使这项权利，要求撤回上诉，表明当事人在行使其处分权。当事人行使处分权不得违法，不得损害国家、集体和他人的利益，人民法院有权对撤诉的请求进行审查，由人民法院来决定是否准予撤回上诉。当事人申请撤回上诉，人民法院经审查认为一审判决确有错误，或者双方当事人串通损害国家和集体利益、社会公共利益以及他人合法权益的，不应准许。是否准许撤回上诉，由第二审人民法院以裁定方式决定。

上诉人经人民法院裁定准许撤回上诉后，就产生如下后果：①丧失了对本案的上诉权；②一审法院的判决或裁定即发生法律效力，当事人必须执行；③由上诉人负担上诉费。

五、第二审程序的审限

《民事诉讼法》第 176 条第 1 款规定，人民法院审理对判决上诉的上诉案件的时间限制是 3 个月，即二审人民法院应在立案后的 3 个月内审结。但是本款又作了可以延长审限的规定。这是由于有些案件遇有特殊情况，不能在法定的 3 个月内审结。例如有些跨地区的大案，人民法院需要跨地区做许多调查工作，在法定的 3 个月内审结就很有困难，需要延长审限。但是，审限不能任意延长，应当报请本法院院长批准。院长认为确有必要延长的，则批准延长。

《民事诉讼法》第 176 条第 2 款规定，审理对裁定上诉的上诉案件的时间限制是 30 日，即第二审人民法院应在二审立案后的 30 日内作出终审裁定。审理对裁定上诉案件的审限不能延长。

六、上诉案件的裁判

第二审人民法院对上诉案件经过审理，调解达不成协议的，可以根据不同情况，作出如下处理：

1. 维持原判。第一审人民法院的判决、裁定认定事实清楚，适用法律正确的，上诉无理的，第二审人民法院应当作出判决、裁定，驳回上诉，维持原判决、裁定。

2. 依法改判、撤销或者变更。原审人民法院的判决、裁定认定事实错误或者适用法律错误的，以判决、裁定方式依法改判、撤销或者变更。所谓适用法律错误，是指原审法院作出判决时，适用了不应该适用的法律，或者没有适用应当适用的法律。具体讲，包括以下几种情况：①应当适用甲法，却适用了乙法；②应当适用甲法的某条某款，却适用了该法的其他条款；③适用了尚未生效的法律；④适用了已经失效的法律。此外，依《民事诉讼法》第 170 条第 1 款第 3 项的规定，原判决认定基本事实不清的，裁定撤销原判决，可以在查清事实后自行改判。

3. 裁定撤销原判决、发回重审。依民事诉讼法第 170 条 1 款第 3 项、第 4 项的规定，裁定发回重审有两种情形：①原判决认定基本事实不清的；②原判决遗漏当事人或者违法缺席判决等严重违反法定程序的。原审人民法院对发回重审的案件作出判决后，当事人提起上诉的，第二审人民法院不得再次发回重审。

第二审人民法院宣告判决可以自行宣判，也可以委托原审人民法院或者当事人所在地的人民法院代行宣判。

第十二章　民事诉讼证据

第一节　民事诉讼证据

一、证据概述

民事诉讼证据，是指在民事诉讼中能够证明民事诉讼案件真实情况的一切根据和方法，简称"民事证据"。证据制度是民事诉讼制度的核心制度，其对法院查明案件事实、作出正确裁判具有重要作用，对当事人维护其合法权益也是必不可少的。

一般认为，民事证据具有客观性、关联性和合法性三个属性。证据的客观性是指证据必须是客观存在的事实材料。证据的客观性要求证据不能是主观臆测的，必须是客观存在的。证据的关联性是指证据必须与待证的案件事实有客观的联系，能从某种程度上证明待证事实。证据的合法性是指证据的存在形式必须合法，证据的收集和提供必须符合法定程序。

二、证据能力与证明力

证据能力是指一定的证据材料能够作为诉讼证据的能力或资格。一般认为，具有客观性、关联性和合法性的证据材料即具有证据能力。我国立法对证据能力的具体规定，主要是从没有证据能力的证据材料的角度规定的。如《民事诉讼法》第72条第2款规定，不能正确表达意思的人，不能作证。《民事诉讼证据规定》第68条关于非法证据排除规则的规定，即以侵害他人合法权益或者违反法律禁止性规定的方法取得的证据，不能作为定案根据。

证据的证明力指的是证据对于案件事实证明作用的大小，也就是民事证据能够证明案件事实的程度。由于我国民事诉讼法对证据的规定相当原则，在证据证明力的判断上，法官实际上的自由裁量权是相当大的。为了限制法官滥用裁量权，《民事诉讼法》和最高人民法院的司法解释根据不同情形对一些证据的证明力作了规定。关于证据证明力的问题，一般规定在《民事诉讼证据规定》里，如第71条、72条关于证明力有无的规定，第77条关于证明力大小的规定，第69条不能作为定案依据的规定，《民事诉讼法》第70条关于证据证明力优先顺序的规定。

证据能力和证明力是相互联系又相互区别的两个概念。证据能力是指证据材料是否具有证明案件事实的资格，而证明力是指证据材料具备证据资格后，在多大程度上能证明待证事实。证据能力是有无的问题，而证明力涉及的是强弱或大小的问题。

三、民事诉讼证据的分类

1. 本证与反证。根据证据与证明责任的关系，可以把证据分为本证与反证。本证，是指对待证事实负有证明责任的一方当事人为了证明自己主张成立而提出的证据；反证，是指对待证事实不负举证责任的一方当事人为了证明负有举证责任的对方当事人的主张不成立而提出的证据。本证与反证的区别不在于提出的主体，而在于是否为了完成举证责任。原告和被告都有可能提出本证，或者都有可能提出反证。

2. 原始证据和传来证据。按照证据的不同来源，可以将证据分为原始证据和传来证据。原始证据是指直接来源于案件事实的证据，即所谓的第一手资料。如合同原件、发票原件、遗嘱原件等。传来证据，又称派生证据，是指从原始证据中派生出来的证据，即所谓的第二手证据。如合同的复印件、文件的抄本、证人从他人处得知案件事实的证言、音像资料的复制品等。原始证据的证明力一般大于传来证据。通常情况下，在无法收集到原始证据时才使用派生证据。

3. 直接证据和间接证据。根据证据与待证事实之间的关系，可以把证据分为直接证据和间接证据。直接证据，是指能够单独地、直接地证明待证事实的证据。间接证据，是指无法直接证明待证事实，而要与其他证据结合才能证明待证事实的证据。如借条对于借贷关系的成立而言，是直接证据；合同是证明合同关系存在的直接证据。直接证据证明力一般大于间接证据。间接证据可以为寻找直接证据提供线索，鉴别、印证直接证据；在无法收集到直接证据时，若干个有效的间接证据结合在一起，也能证明一定的待证事实。

四、证据的种类

根据我国《民事诉讼法》第63条，证据包括当事人陈述、书证、物证、视听资料、电子数据、证人证言、鉴定意见和勘验笔录八种形式。

1. 当事人陈述。指当事人在诉讼中就本案有关事实向法院所作的陈述。当事人陈述作为证据形式最显著的特点就是真实性与虚假性并存。因此，《民事诉讼证据规定》第76条规定，当事人对自己的主张，只有本人陈述而不能提出其他相关证据的，主张不能成立，但是对方当事人认可的除外。可见，当事人陈述的证明力相对较弱。

2. 书证。是指以文字、符号、图案等所记载或表达的内容来证明待证事实的证据。书证最重要的特点在于：以文字、符号、图案表达的思想内容证明案件事实。书证一般具有较强的证明力。向人民法院提交书证，应提交原件，提交原件确有困难的，可以提交复印件、照片、副本、节录本等；提交外文书证的，必须附有中文译本。

3. 物证。是指以自身存在的外形、重量、质量、规格、损坏程度来证明待证事实的物品或痕迹。与其他证据相比，物证具有较强的稳定性和可靠性。向人民法院提交物证，应提交原件，提交原件确有困难的，可以提交复制品或照片。

4. 视听资料。是指采用先进科学技术，利用图像、音响及电脑储存的数据资料等作为证明案件事实的证据。视听资料具有信息量大、形象逼真、收集储存方便等特点，但是也具有极易被变造或伪造的缺陷。

5. 电子数据。电子数据是 2012 年《民事诉讼法》修正案新增的证据类型。电子数据指的是以电子形式表现出来的能证明案件事实的证据。如电子邮件、网络访问记录、电子签名等。

6. 证人证言。是指证人以口头或书面形式，就他所了解的案件情况向人民法院所作的陈述。以自己所感知的案件情况向人民法院提供有关案件事实的陈述的人，是证人。证人陈述的内容，称为证言。证人证言有如下特点：①证人与客观存在的案件事实形成的联系是特定的，是他人不可替代的；②证人只是了解案件的某些情况，他与该案的审理结果无法律上的利害关系。根据我国《民事诉讼法》的规定，凡是知道案件情况的单位和个人，都有义务出庭作证。不能正确表达意思的人，不能作证。

经人民法院通知，证人应当出庭作证。有下列情形之一的，经人民法院许可，可以通过书面证言、视听传输技术或者视听资料等方式作证：①因健康原因不能出庭的；②因路途遥远，交通不便不能出庭的；③因自然灾害等不可抗力不能出庭的；④其他有正当理由不能出庭的。

证人因履行出庭作证义务而支出的交通、住宿、就餐等必要费用以及误工损失，由败诉一方当事人负担。当事人申请证人作证的，由该当事人先行垫付；当事人没有申请，人民法院通知证人作证的，由人民法院先行垫付。

7. 鉴定意见。是指具有专门知识或技能的人，运用自己的专门知识或技能，对诉讼中专门性问题进行检测、分析、鉴别后所作出的意见。当事人可以就查明事实的专门性问题向人民法院申请鉴定。当事人申请鉴定的，由双方当事人协商确定具备资格的鉴定人；协商不成的，由人民法院指定。当事人未申请鉴定，人民法院对专门性问题认为需要鉴定的，应当委托具备资格的鉴定人进行鉴定。鉴定人有权了解进行鉴定所需要的案件材料，必要时可以询问当事人、证人。鉴定人应当提出书面鉴定意见，在鉴定书上签名或者盖章。当事人对鉴定意见有异议或者人民法院认为鉴定人有必要出庭的，鉴定人应当出庭作证。经人民法院通知，鉴定人拒不出庭作证的，鉴定意见不得作为认定事实的根据；支付鉴定费用的当事人可以要求返还鉴定费用。当事人可以申请人民法院通知有专门知识的人出庭，就鉴定人作出的鉴定意见或者专业问题提出意见。

8. 勘验笔录。是指审判人员对与案件争议有关的现场和物品进行查验、拍照、测量后对勘验到的有关情况所进行的记录。勘验笔录反映物品的形状、特征或者现场的状况，属于证据形式的一种。勘验可以由当事人申请进行，也由人民法院依职权进行。尽管勘验笔录是审判人员或者专门的勘验人员制作的，但是，也必须经过质证才能作为定案的根据。经许可，当事人在法庭上可以向勘验人发问。

五、证据收集与交换、举证时限和保全

1. 证据收集与交换。根据《民事诉讼法》第64条，当事人对自己提出的主张，有责任提供证据。因此，在民事诉讼中，当事人是收集和提供证据的主体，绝大多数证据都应当由当事人向法院提供。但是，对于当事人及其诉讼代理人因客观原因不能自行收集的证据，或者人民法院认为审理案件需要的证据，人民法院应当调查收集。当事人及其诉讼代理人可以申请人民法院调查收集的证据包括：①申请调查收集的证据属于国家有关部门保存并须人民法院依职权调取的档案材料；②涉及国家秘密、商业秘密、个人隐私的材料；③当事人及其诉讼代理人确因客观原因不能自行收集的其他材料。人民法院认为审理案件需要的证据是指以下情形：①涉及可能有损国家利益、社会公共利益或者他人合法权益的事实；②涉及依职权追加当事人、中止诉讼、终结诉讼、回避等与实体争议无关的程序事项。

证据交换，是指在举证期限内，当事人在人民法院的主持之下相互向对方展示其持有证据的活动和程序。证据交换不是每个诉讼的必经程序，证据交换的启动，主要有两种情况：①经当事人申请，人民法院可以组织当事人在开庭前交换证据；②对于证据较多或者复杂疑难的案件，人民法院应当组织交换证据。交换证据的时间可以由当事人协商一致并经人民法院认可，也可以由人民法院指定。证据交换一般不超过两次，但重大、疑难和案情特别复杂的案件，人民法院认为确有必要再次进行证据交换的除外。

2. 举证时限。我国《民事诉讼法》第65条规定，人民法院根据当事人的主张和案件审理情况，确定当事人应当提供的证据及其期限。根据《民事诉讼证据规定》第33条，举证期限的确定有两种方式：①由当事人协商一致，并经人民法院认可；②由人民法院指定举证期限的，指定的期限不得少于30日。自当事人收到案件受理通知书和应诉通知书的次日起计算。

当事人在该期限内提供证据确有困难的，可以向人民法院申请延长期限，人民法院根据当事人的申请适当延长。当事人逾期提供证据的，人民法院应当责令其说明理由；拒不说明理由或者理由不成立的，人民法院根据不同情形可以不予采纳该证据，或者采纳该证据但予以训诫、罚款。

3. 证据保全。就是指在证据有可能毁损、灭失或以后难以取得的情况下，人民法院对证据进行固定和保护的制度。我国《民事诉讼法》第81条规定的证据保全制度包括诉前证据保全和诉讼证据保全。诉前证据保全，是指因情况紧急，在证据可能灭失或者以后难以取得的情况下，利害关系人可以在提起诉讼或者申请仲裁前向证据所在地、被申请人住所地或者对案件有管辖权的人民法院申请保全证据。诉讼证据保全，是指在证据可能灭失或者以后难以取得的情况下，当事人可以在诉讼过程中向人民法院申请保全证据，人民法院也可以主动采取保全措施。

第二节　民事诉讼中的证明

一、证明概述

在民事诉讼中，证明指的是当事人依法运用证据确认案件事实的诉讼活动。证明的主体主要是当事人，在法定的少数情形下，法院也可能成为证明的主体，比如在涉及可能有损国家利益、社会公共利益或者他人合法权益的事实时，人民法院应当依职权调查取证。证明是当事人使用具有证明力的证据确认案件争议事实的活动。证明要按照法定的程序进行，具有严格的程序性和规范性。证明包括证明主体、证明对象、证明方法、证明责任、证明责任、证明标准和证明程序等要素。

二、证明对象

证明对象，又称待证事实，指的是民事诉讼中证明主体需要用证据加以证明的案件事实。确定了证明对象，就确定了当事人之间的争点，当事人可以围绕该事实争点收集并提供证据，法院审理的事实范围和证据调查范围也因此确定，从而可以有效地提高审判效率。成为证明对象的事实是当事人之间的争议事实，当事人没有争议的事实一般不需要证明。争议事实是对于正确适用民事实体法和民事诉讼法有着法律意义的案件事实，并且这些事实不属于法定的免证事实。

1. 当事人需要提供证据证明的事实。在诉讼中成为当事人证明对象的事实主要包括实体法律事实和程序法律事实。实体法律事实主要指的是引起法律关系发生、变更或者消灭的事实。在民事诉讼中，实体法律事实一般是诉讼争执的焦点，也是证明对象的主要部分。程序法律事实指的是能够引起诉讼法律关系发生、变更、消灭等对诉讼程序有着重大影响的事实。如当事人的适格问题、法院管辖权问题等，这些问题一般不涉及实体法律关系，但是这些问题会直接影响诉讼程序的顺利进行，因此在有些案件中，这些程序问题会成为当事人证明的对象。此外，如果诉讼过程中涉及法官所不知的地方性法规、习惯、外国法律以及不为人知的经验法则时，当事人仍应当将其作为证明对象。

2. 当事人无需证明的事实。当事人无需证明的事实是我们所说的免证事实，对于这些事实，法律规定当事人不需要用证据进行证明。

（1）自认。自认分为明示自认和默示自认。明示自认是指在民事诉讼中一方当事人对另一方当事人主张的案件事实予以承认。默示自认是指一方当事人对另一方当事人陈述的事实，既未表示承认也未否认，经审判人员充分说明并询问后，其仍不明确表示肯定或者否定的，视为对该项事实的承认。自认会产生免除对方就该事实的举证责任的效力。

当事人委托代理人参加诉讼的，代理人的承认视为当事人的承认。但未经特别授权的代理人对事实的承认直接导致承认对方诉讼请求的除外；当事人在场但对其代理人的承认不作否认表示的，视为当事人的承认。

《民事诉讼证据规定》第 13 条规定，对双方当事人无争议但涉及国家利益、社会公共利益或者他人合法权益的事实，人民法院可以责令当事人提供有关证据。在这种情况下，因为涉及公共利益，即使当事人存在自认，人民法院仍然可以责令当事人提供有关证据。另外，《民事诉讼证据规定》第 67 条规定，在诉讼中，当事人为达成调解协议或者和解的目的作出妥协所涉及的对案件事实的认可，不得在其后的诉讼中作为对其不利的证据。

自认必须是当事人的真实意思的表达，当事人在作出自认以后，一般不能撤回自认。但是根据《民事诉讼证据规定》第 8 条，在以下两种情况下，当事人可以撤回自认：①当事人在法庭辩论终结前撤回承认并经对方当事人同意；②有充分证据证明其承认行为是在受胁迫或者重大误解情况下作出且与事实不符。

（2）其他当事人无需举证的事实。根据《民事诉讼证据规定》第 9 条，以下事实，当事人无需举证证明：①众所周知的事实；②自然规律及定理；③根据法律规定或者已知事实和日常生活经验法则能推定出的另一事实；④已为人民法院发生法律效力的裁判所确认的事实；⑤已为仲裁机构的生效裁决所确认的事实；⑥已为有效公证文书所证明的事实。但是，前款①、③~⑥项，当事人有相反证据足以推翻的除外。

三、证明责任

（一）证明责任的概念

在我国，一般认为，证明责任包括行为意义上的证明责任和结果意义上的证明责任。行为意义上的证明责任指的是举证责任，即当事人向法院提出证据证明自己主张的责任。结果意义上的证明责任是严格意义上的证明责任，即在案件真伪不明的情况下，由哪方当事人承担败诉风险的责任。《民事诉讼法》第 65 条规定了行为意义上的举证责任，即当事人对自己提出的主张应当及时提供证据。《民事诉讼证据规定》第 2 条规定了结果意义上的举证责任，即没有证据或者证据不足以证明当事人的事实主张的，由负有举证责任的当事人承担不利后果。

（二）证明的责任分配

《民事诉讼证据规定》对证明责任的分配作了详细的规定。

1. 特殊侵权案件证明责任的分配。《民事诉讼证据规定》第 4 条就一些特殊侵权案件证明责任的分配进行了明确规定：

（1）因新产品制造方法发明专利引起的专利侵权诉讼，由制造同样产品的单位或者个人对其产品制造方法不同于专利方法承担举证责任。

（2）高度危险作业致人损害的侵权诉讼，由加害人就受害人故意造成损害的事实承担举证责任；《侵权责任法》第 70～73 条、75 条、76 条对高度危险作业的不同情形下举证责任的承担又作了具体规定。

（3）因环境污染引起的损害赔偿诉讼，由加害人就法律规定的免责事由及其行为与损害结果之间不存在因果关系承担举证责任。《侵权责任法》第 66 条将"加害人就法律规定的免责事由"的举证责任细化为"就法律规定的不承担责任或者减轻责任的情形"承担举证责任。

（4）建筑物或者其他设施以及建筑物上的搁置物、悬挂物发生倒塌、脱落、坠落致人损害的侵权诉讼，由所有人或者管理人对其无过错承担举证责任。《侵权责任法》第十一章针对不同情况作了具体的规定。

（5）饲养动物致人损害的侵权诉讼，由动物饲养人或者管理人就受害人有过错或者第三人有过错承担举证责任。《侵权责任法》第 78 条对该条款进行了修改，即饲养的动物造成他人损害的，动物的饲养人或管理人应当承担侵权责任，但能够证明损害是因被侵权人故意或者重大过失造成的，可以不承担或者减轻责任。

（6）因缺陷产品致人损害的侵权诉讼，由产品的生产者就法律规定的免责事由承担举证责任。

（7）因共同危险行为致人损害的侵权诉讼，由实施危险行为的人就其行为与损害结果之间不存在因果关系承担举证责任。《侵权责任法》第 10 条改变了这一规则，即 2 人以上实施危及他人人身、财产安全的行为，其中一人或者数人的行为造成他人损害，能够确定具体侵权人的，由侵权人承担责任；不能确定具体侵权人的，行为人承担连带责任。

（8）因医疗行为引起的侵权诉讼，由医疗机构就医疗行为与损害结果之间不存在因果关系及不存在医疗过错承担举证责任。由于《侵权责任法》第七章对医疗损害责任的特别规定，而使该条款部分适用。即在过错的证明问题上，采用《侵权责任法》过错责任原则，特殊情况适用过错推定原则。

在上述第（1）、（3）、（4）、（7）、（8）种情形中，对某些事实的证明责任施行了倒置。

2. 合同纠纷案件证明责任的分配。在合同纠纷案件中，主张合同关系成立并生效的一方当事人对合同订立和生效的事实承担举证责任；主张合同关系变更、解除、终止、撤销的一方当事人对引起合同关系变动的事实承担举证责任。对合同是否履行发生争议的，由负有履行义务的当事人承担举证责任。对代理权发生争议的，由主张有代理权一方当事人承担举证责任。在劳动争议纠纷案件中，因用人单位作出开除、除名、辞退、解除劳动合同、减少劳动报酬、计算劳动者工作年限等决定而发生劳动争议的，由用人单位负举证责任。

在法律没有具体规定，依证据规定及其他司法解释无法确定举证责任承担时，人民法院可以根据公平原则和诚实信用原则，综合当事人举证能力等因素确定举证责任的承担。

四、证明标准

在对证据作出判断时，需要一个证明程度上的量化标准，以限定当事人证明责任的界限，同时避免法官主观擅断，这就是证明标准。我国《民事诉讼法》对证明标准没有专门的规定。《民事诉讼证据规定》第73条规定，双方当事人对同一事实分别举出相反的证据，但都没有足够的依据否定对方证据的，人民法院应当结合案件情况，判断一方提供证据的证明力是否明显大于另一方提供证据的证明力，并对证明力较大的证据予以确认。因证据的证明力无法判断导致争议事实难以认定的，人民法院应当依据举证责任分配的规则作出裁判。这就是我们所说的"高度盖然性标准"。民事诉讼的证明标准是"高度盖然性"或者"盖然性占优势"，而刑事诉讼的证明标准一般为"超出合理怀疑"，即要求证明需达到一种使法官确信的状态或者能够排除一切合理怀疑，这两种证明标准是不同的。由于民事诉讼涉及的一般是民事财产权和人身权争议，而刑事诉讼则涉及人身自由甚至人的生命，因此，刑事诉讼的证明标准要高于民事诉讼。民事诉讼中，证据一般由当事人自己收集，如果民事诉讼也要求很高的证明标准，这会使民事权利很难得以维护和实现。

第十三章 诉讼调解与和解

第一节 诉讼调解概述

一、诉讼调解的概念与特征

诉讼调解，又称法院调解，是指在法院审判人员的主持下，双方当事人就他们之间发生的民事权益争议，通过自愿、平等地协商，互谅互让，达成协议，解决纠纷的诉讼活动和结案方式。以此定义，诉讼调解具有双重含义：①它是法院解决民事纠纷的一种活动，是一种诉讼行为；②它是经过法院调解，当事人达成协议解决纠纷，结束诉讼程序的一种方式。

诉讼调解不同于人民调解、行政调解以及仲裁调解，它是我国民事诉讼法规定的一项重要的诉讼制度，也是我国各级人民法院依法行使审判权的重要方式。它以当事人之间私权冲突为基础，以当事人一方的诉讼请求为依据，以民事审判权的介入和审查为特征，以当事人之间处分自己的权益为内容，实际上是公权力主导下对私权利的一种处分和让与。诉讼调解通过把讲理与讲法结合起来的方式，让当事人能够接受调解结果，其自动履行程度高，对于化解社会矛盾、解决纠纷、促进和谐社会构建，具有其他方式所无法替代的作用。这种解决矛盾纠纷的方式与我国特定的文化背景相吻合，根植于我国长期的司法实践，并因其具有诸多优势而被国际司法界称之为"东方经验"。在我国文化传统中，调解不但表现为一种解决纠纷的方式，同时体现了一种社会秩序的安排，反映了传统文化追求自然秩序和谐的理想。在当前和今后相当长的时期内，包括诉讼调解在内的各种调解，不仅符合我国广大民众的思想观念和文化传统，而且适应构建社会主义和谐社会的现实需要。

二、诉讼调解的适用范围

诉讼调解的适用范围，包括两个方面的内容：①可适用调解的案件范围；②适用调解的程序范围。

（一）适用调解的案件范围

诉讼调解是解决民商事纠纷的一种方式，一般来说，凡属于民事权益争议、有调解解决可能的民商事案件，都可以适用调解。但是根据最高人民法院有关司法解释规定，下列案件不适用调解：

1. 宣告婚姻无效的案件。人民法院审理宣告婚姻无效的案件，对婚姻效力的审理不适用调解，应当依法作出判决；有关婚姻无效的判决一经作出，即发生法律效力。

2. 非诉讼程序案件。适用特别程序、督促程序、公示催告程序、破产程序的案件，人民法院不予调解。

3. 确认之诉案件。如确认婚姻关系、身份关系的案件，人民法院不予调解。

4. 其他依案件性质不能进行调解的民事案件。其他依案件性质不能进行调解的民事案件，是指根据案件性质，在上述不适用调解的案件之外的所有案件。例如案件的性质决定了只存在一方当事人，调解在事实上不可能；再如无效的民事行为导致需要予以追缴或民事制裁的案件。

（二）可适用调解的程序范围

诉讼调解适用于解决民事权利义务争议案件的诉讼程序的全过程，不论是第一审程序（包括普通程序、简易程序）、还是第二审程序和再审程序都可以适用调解。人民法院对受理的第一审、第二审和再审民事案件，可以在答辩期满后裁判作出前进行调解。在征得当事人各方同意后，人民法院可以在答辩期满前进行调解。

从程序的角度而言，调解不适用于下列程序：特别程序、督促程序、公示催告程序、破产程序和执行程序。根据我国《破产法》，破产程序中债权人与债务人可以和解，但不适用诉讼调解。

第二节 诉讼调解的原则

所谓诉讼调解的原则，是指在进行调解活动和达成调解协议的过程中，审判人员和当事人应当共同遵守的基本准则。我国《民事诉讼法》第9条规定："人民法院审理民事案件，应当根据自愿和合法的原则进行调解……"第93条规定："人民法院审理民事案件，根据当事人自愿的原则，在事实清楚的基础上，分清是非，进行调解。"依据上述规定，诉讼调解必须遵循以下三个原则：

一、自愿原则

调解自愿原则，是指在民事诉讼过程中，人民法院必须在双方当事人自愿的基础上进行调解，不得强迫。自愿原则包括两方面的含义：①程序意义上的自愿。即当事人是否向人民法院申请或者是否同意人民法院用调解的方式解决纠纷，享有完全的自主决定权。是否用调解的方式解决纠纷，调解开始的时机，调解的方式，调解书生效的方式，都必须以当事人双方的意愿为基础。调解由当事人主动向人民法院申请，也可以由审判人员提出建议，但人民法院不能强制进行。②实体意义上的自愿。即当事人双方给人民法院调解达成的协议，必须是双方当事人在调解过程中依法处分自己的民事实体权利和诉讼权利，互谅互让、自愿协商的结果，协议的内容必须是双方真实意思的表示，不得有任何强迫的成分。

我国《婚姻法》第 32 条第 2 款规定："人民法院审理离婚案件，应当进行调解；如感情确已破裂，调解无效，应准予离婚。"《最高人民法院关于适用简易程序审理民事案件的若干规定》（以下简称《简易程序规定》）第 14 条规定：下列民事案件，人民法院在开庭审理时应当先行调解，但是根据案件的性质和当事人的实际情况不能调解或者显然没有调解必要的除外：①婚姻家庭纠纷和继承纠纷；②劳务合同纠纷；③交通事故和工伤事故引起的权利义务关系较为明确的损害赔偿纠纷；④宅基地和相邻关系纠纷；⑤合伙纠纷；⑥诉讼标的额较小的纠纷。据此规定，除了特殊情况外，对上述六类案件法院可以先行调解。这些规定并不意味着自愿原则的不适用，而仅仅表明调解程序的开始由法院主动提出，但是否同意人民法院以调解方式解决纠纷或者是否达成协议仍由当事人决定，这本质上并不与自愿原则相悖。

诉讼调解在本质上是一种以双方当事人的合意为核心要素的解决纠纷的方式，这种合意是私法上意思自治原则在纠纷解决领域的延伸。自愿原则是诉讼调解的灵魂，是程序公正和实体公正的核心，在我国民事诉讼调解原则中具有举足轻重的地位，是调解制度发挥作用的前提条件。自愿原则贯穿在调解的方方面面，除侵害国家利益、社会公共利益和案外人合法权益之外，法院审判人员不应干预当事人调解的意愿，以确保当事人在不违反法律强制性规定的前提下享有充分的诉讼调解自愿的权利。

二、合法原则

合法原则，是指人民法院进行调解应按法定的程序（调解启动、调解方式、调解组织、调解协议内容、调解协议的确认、调解协议和调解书的生效、调解书的执行等）进行，达成协议的内容必须具有合法性，不得违反法律、行政法规的禁止性规定。人民法院审理民事案件应当根据自愿和合法的原则进行调解。当事人一方或双方坚持不愿调解的，人民法院应当及时判决。调解合法原则包括两个方面：①程序合法。即调解必须依照民事诉讼法的程序规范进行，不得因调解而违反程序性规定。例如为了保障程序公正，当法官有回避的情形时，不得因调解而不回避。②实体合法。就是要求调解协议的内容应当合法，要符合实体法的规定，不得违反法律、行政法规的禁止性规定。

三、事实清楚、分清是非原则

事实清楚、分清是非原则，是指法院对民商事案件进行调解，应当在事实清楚、是非分明的基础上进行。诉讼调解是法院行使国家审判权，依法审理解决民事案件的一种方式，不能在事实不清楚，是非责任未分清的情况下无原则地"和稀泥"。以事实为根据、以法律为准绳，是法院调解必须遵守的原则之一。案件清楚是分清是非、划分责任的前提，也是审判人员在调解的过程中对当事人进行说服教育的基础；分清是非是事实清楚的继续。事实清楚、是非分明，有利于确定双方当事人的权利义务，促使双方当事人互谅互让，达成协议解决纠纷。因此，法院审判人员要在事实清楚、是非分明的基础上，善于把握当事人形成纠纷、产生矛盾的焦点，寻找利益平衡点，寻找最佳解决方案，对当事人动之以情，晓之以理，明之以法，从维护当事人切身利益的角度出发，不"和稀泥"，不损害任何一方当事人的利益，妥善解决纠纷。如果允许在事实不清、是非不明的情况下进行调解，法院审判人员就不会在查明事实和分清是非上下功夫，也无法对双方的争议作出正确判断，甚至有可能使一些违法的民事行为通过调解而合法化。

上述三原则，既有各自的特点，又有密切的联系。只有当事人双方出自自愿，并由人民法院在事实清楚、分清是非的基础上进行调解，才能保证调解活动和调解协议合法有效。

第三节 诉讼调解的程序

诉讼调解的程序，是指在调解过程中，人民法院、当事人和其他诉讼参与人应当遵循的程序规范。诉讼调解的程序可以划分为开始、进行和结束三个阶段。

一、调解程序的开始

根据我国《民事诉讼法》和有关司法解释，调解程序的启动有两种方式：

（一）当事人申请

我国《民事诉讼法》第49条第1款规定，当事人有权请求调解。这条规定表明，调解程序的启动可以因当事人申请而开始。如果一方当事人申请调解，另一方当事人不同意调解，则法院不得强制。

（二）人民法院依职权主动提出并经当事人双方同意

人民法院受理案件后，经审查，认为法律关系明确、事实清楚，在征得当事人双方同意后，可以径行调解。即法院有权向诉讼当事人提出调解的建议，征得当事人的同意后，对当事人之间的纠纷进行调解。

人民法院审理民事案件过程中，调解可以因当事人的申请而开始，也可由人民法院依职权主动提出并经当事人双方同意而开始。按照诉讼调解的本质要求，应以当事人申请调解为原则，但在司法实践中，大多数情况下是由人民法院依职权主动启动调解程序。

二、调解的进行

1. 调解的期限。最高人民法院《关于人民法院民事调解工作若干问题的规定》（以下简称《调解规定》）第 1 条规定："人民法院对受理的第一审、第二审和再审民事案件，可以在答辩期满后裁判作出前进行调解。在征得当事人各方同意后，人民法院可以在答辩期满前进行调解。"即调解进行的时间通常是在答辩期届满后，法院裁判作出前，但是，答辩期届满前，法院征得当事人同意后，也可以进行调解。为避免答辩期满前的调解时间过长会拖延诉讼，《调解规定》第 6 条对这一阶段的时间作了限制，即在答辩期满前人民法院对案件进行调解，适用普通程序的案件在当事人同意调解之日起 15 天内进行，适用简易程序的案件在当事人同意调解之日起 7 天内进行。未达成调解协议的，经各方当事人同意，可以继续调解。延长的调解期间不计入审限。

2. 调解的审判组织。根据民事诉讼法，人民法院进行调解，可以由审判员一人主持，也可以由合议庭主持。无论是审判员一人独任审判，还是审判人员或审判员和陪审员合议审判，都可以采取调解方式解决纠纷。审判员一人独任审判的，调解工作由其独立主持。审判员或审判员和陪审员合议审判的，调解工作由他们共同主持。主持调解的审判人员在事实清楚的基础上，应当向双方当事人阐明有关政策和法律，做好疏导工作，并引导他们就具体的争议事项进行协商。当事人可以自行提出调解方案，主持调解的审判人员也可以根据情况，提出调解方案供双方当事人协商时参考，但不能强迫当事人接受法院的调解方案。

3. 调解的地点。根据民事诉讼法，调解尽可能就地进行。所谓就地，就是指案件发生地、当事人所在地。调解的地点既可以选择在法庭内，也可以选择在案件发生地或当事人所在地。就地进行调解，便于人民法院向当事人所属单位、周围群众了解案情，收集证据，也便于请当事人所在单位或有关公民协助做好当事人的思想工作，为人民法院调解解决纠纷创造良好的外部条件。

4. 调解的传唤方式。人民法院采用调解方式解决纠纷时，在传唤方式上可以简化，即可以用简便方式通知当事人、证人到庭，而不必使用传票、通知书传唤。无论是独任制审判，还是合议制审判，都可以使用简便方式传唤当事人。所谓简便方式，是指除传票、传唤通知书等通知方式以外的方式，诸如口头通知、电话通知等。人民法院以调解方式审理解决的案件,当事人的争执一般不甚尖锐,既然双方都已自愿采取调解方式,那么其往往能够主动配合法院将诉讼顺利进行到底,所以可以采用简便方式通知当事人、证人出庭。

5. 协助调解与委托调解。人民法院进行调解,可以邀请有关单位和个人协助。被邀请的单位和个人,应当协助人民法院进行调解。《调解规定》第3条规定:"……人民法院可以邀请与当事人有特定关系或者与案件有一定联系的企业事业单位、社会团体或者其他组织,和具有专门知识、特定社会经验、与当事人有特定关系并有利于促成调解的个人协助调解工作。经各方当事人同意,人民法院可以委托前款规定的单位或者个人对案件进行调解,达成调解协议后,人民法院应当依法予以确认。"

6. 调解的方式。诉讼调解可以公开进行,也可以根据当事人的申请不公开进行。审判以公开为原则,但是调解不以公开为原则。公开审判是为了将审判活动置于社会的监督之下,是司法民主的要求,以保障审判的公正性。调解不单纯是法院的审判行为,调解主要是当事人的协商行为,是当事人行使处分权的行为,法院不仅没有必要给社会公众监督,反而对当事人行使私权的行为应当给予保护。因此,《调解规定》第7条第1款规定:"当事人申请不公开进行调解的,人民法院应当准许。"

7. 先行调解程序。对一般的民事案件,调解不是先行程序。但《简易程序规定》第14条规定:人民法院适用简易程序审理的下列案件中,调解应当作为先行程序:①婚姻家庭纠纷案件;②劳务合同纠纷案件;③交通事故和工伤事故引起的权利义务关系比较明确的损害赔偿纠纷;④宅基地和相邻关系纠纷;⑤合伙协议纠纷;⑥诉讼标的额较小的纠纷。

8. 调解的客体范围。即调解的民事权利义务范围。对诉讼而言,根据处分原则,法院审理裁判的范围限于当事人提出的诉讼请求,法院的审判权受当事人诉讼请求的约束。根据程序公正的要求,法院不得超越当事人诉讼请求范围审理案件,作出裁判。调解则不同,调解主要是当事人自行协商的行为,当事人有权决定协商的范围,而且当事人协商解决他们之间的纠纷,往往不单单是解决一个纠纷,他们通常会对各项法律关系一并解决,达成一揽子协议。一揽子协议的内容通常就会超出当事人诉讼请求的范围。如果不承认当事人这种协议,当事人之间的纠纷就很难解决。为此,《调解规定》第9条规定:"调解协议内容超出诉讼请求的,人民法院可以准许。"

9. 部分诉讼请求的先行调解确认。对当事人之间的民事争议,可以全部调解后达成调解协议,也可以根据具体情况部分调解后,就这一部分达成调解协议，这种调解称为先行调解。《调解规定》第 17 条第 1 款规定："当事人就部分诉讼请求达成调解协议的，人民法院可以就此先行确认并制作调解书。"此外，《调解规定》第 17 条第 2 款还规定："当事人就主要诉讼请求达成调解协议，请求人民法院对未达成协议的诉讼请求提出处理意见并表示接受该处理结果的，人民法院的处理意见是调解协议的一部分内容，制作调解书的记入调解书。"

三、调解的结束

调解的结束方式有两种：①在审判人员的主持下，双方当事人经过协商达成协议，从而结束调解程序。法院根据协议内容制作调解书，调解书生效后，诉讼程序结束。②虽然经过调解，但是当事人最终未达成协议，当事人一方或双方不愿再调解，根据自愿原则，法院不得强迫当事人继续进行调解。在此种情况下，人民法院不能久调不决，而应当终止调解，继续审理，依法裁判，以免当事人的合法权益得不到及时保护。

第四节　调解协议、调解书及其效力

一、调解协议与调解书

调解协议与调解书是两个相互区别又密切联系的概念。调解协议是指在人民法院的主持下，当事人双方针对其争议的民事权利义务，通过协商达成的诉讼契约。调解达成协议后，法院应当将调解协议记入调解笔录或者法庭笔录，再根据调解协议的内容制作调解书。调解书是人民法院根据双方当事人达成的调解协议制作的法律文书。调解书既是对双方当事人协商结果的记录，又是对人民法院确认当事人调解协议的证明。

双方达成调解协议后，人民法院应当对调解协议内容的合法性进行审查。经审查，认为调解协议内容符合法律规定的，应予确认，并按照民事诉讼法的有关规定制作调解书。但具有下列情形之一的，不予确认：①侵害国家利益、社会公共利益的；②侵害案外人利益的；③违背当事人真实意思的；④违反法律、行政法规禁止性规定的。

调解协议内容超出诉讼请求的，人民法院可以允许。当事人将纠纷诉诸法院，往往有多种原因或者存在多个纠纷，但由于受到法律程序的限制，只有适格的诉因和诉讼请求才能进入诉讼程序。当事人往往倾向于对诸多纠纷一并解决，达成一揽子协议，从而彻底解决纠纷，不留后患。这种一揽子协议往往会超出诉讼请求范围，如果一概不予承认，就会挫伤当事人的调解积极性，不利于解决纠纷。对这种协议，人民法院仍然应当进行审查确认。

二、调解书的制作与例外

如果调解协议是当事人双方自愿达成的，协议内容又符合法律规定，在通常情况下，人民法院应当根据调解协议的内容制作调解书。

调解书由首部、正文和尾部三个部分组成。首部要求写明制作调解书的人民法院、标题、案件编号，还要求写明当事人及诉讼代理人的基本情况、案由。正文是调解书的主要部分，要求写明当事人的诉讼请求、法院查明的案件事实，调解协议的结果。尾部是调解书的最后部分，通常要求写明调解书经双方当事人签收后即具有法律效力，并由审判人员署名，写明制作的日期，并加盖人民法院的印章，最后由书记员署名。调解书与判决书具有同等的法律效力。

人民法院制作的民事调解书，当事人认为与调解协议不一致的，根据《简易程序规定》，当事人有权提出异议。对当事人提出的异议，法院审查后认为异议成立的，应当根据调解协议作出补正调解书的裁定，补正其错误。

根据《民事诉讼法》第98条的规定，在下列情况下，当事人达成调解协议的，法院可以不制作调解书：

1. 调解和好的离婚案件。对调解和好的离婚案件，鉴于双方当事人还要保持夫妻关系，为了不影响双方感情，一般不制作调解书。这样有利于当事人和好如初，对夫妻双方的感情发展有利。

2. 调解维持收养关系的案件。收养是指领养他人的子女作为自己子女的法律行为。因收养而建立的父母子女关系是收养关系。因收养关系引起的纠纷，一般是收养人或被收养人及被收养人的父母要求解除收养关系，而向人民法院提起诉讼的案件。不论是哪一方起诉要求解除收养关系，经调解，双方当事人愿意和好，不解除收养关系的，为了使双方当事人和睦相处，增进感情，人民法院可以不制作调解书。

3. 能够即时履行的案件。这类案件一般是指争议数额不大，调解达成协议后即能全部履行的损害赔偿案件和即时清结的债务纠纷案件。对此类案件，当事人达成协议后，双方即时将权利、义务履行完毕，不再有任何权利、义务关系，可以不制作调解书。

4. 其他不需要制作调解书的案件。这是一条弹性条款，由人民法院在审判实践中灵活掌握。

对于上述不需要制作调解书的调解协议，人民法院应当记入调解笔录或者法庭笔录，由双方当事人、审判人员、书记员在笔录上签字或盖章后，即具有法律效力。

三、调解书、调解协议的法律效力

人民法院制作的调解书与判决书具有同等的法律效力。根据法律规定，当事人达成调解协议不必制作调解书的，法院将调解协议记入笔录，调解协议经当事人、审判人员、书记员签名或盖章后，也产生与判决同等的法律效力。调解书和不需要制作调解书的调解协议具有以下法律效力：

1. 羁束力。羁束力是指调解书、调解协议生效后，制作该调解书、记录该调解协议的法院应当受到约束，非经法定程序，不得自行撤销或变更。调解书、调解协议的羁束力是指它们的不可撤销性，是对制作法院的约束。

2. 确定力。确定力分为形式上的确定力和实质上的确定力。形式上的确定力是指调解书、调解协议生效后，当事人不得以上诉的方式表示不服而请求上级法院撤销或改判。实质上的确定力是指调解书、调解协议生效后，对当事人而言，其不得对调解书、调解协议所确定的事项及同一法律关系再行起诉，或者在其他的诉讼中为相反的主张。对法院而言，也不得在以后的其他诉讼中作出与该调解标的相反的判断。判决的实质上的确定力就是判决的既判力，调解书、调解协议的实质上的确定力等同于判决的既判力。

3. 形成力。判决的形成力是指对当事人之间的权利义务关系，法院判决其发生、变更或消灭的效力。对调解而言，是指经过调解当事人达成的协议使他们之间的法律关系发生、变更或消灭的效力。例如，离婚案件当事人经过法院调解达成协议解除婚姻关系的效力，即婚姻关系解除的效力。

4. 执行力。执行力通常是对具有给付内容的调解书、调解协议而言的，是指调解书（主要是调解书，通常不包括调解协议，因为不需要制作调解书的案件往往没有履行给付的内容）所确定的给付义务，若当事人拒绝履行的，对方当事人有权请求法院强制执行的效力。

四、调解协议或调解书的生效方式

(一) 法定生效方式

《民事诉讼法》第97条规定，调解书由审判人员、书记员署名，加盖人民法院印章后送达双方当事人，经双方当事人签收后，即具有法律效力。调解书不能当庭同时送达双方当事人的，应当以最后收到调解书的当事人签收的日期为调解书生效的日期。即凡是需要制作调解书的案件，必须将调解书送达当事人，并经当事人签收后，才产生法律效力。签收之前，一方当事人反悔的，调解书不发生法律效力。由于调解书生效的这一特点，所以，送达调解书应采用直接的方式，如果当事人拒绝签收，就表示调解不成立，调解书不发生法律效力。

对不需要制作调解书的调解协议，法院记入调解笔录或者法庭笔录，由双方当事人、审判人员、书记员在笔录上签字或盖章后生效。

（二）约定生效方式

为了完善调解制度，《简易程序规定》还规定了调解协议约定生效的方式。即在适用简易程序时，当事人可以协商确定调解协议的生效时间，当事人达成调解协议后，不必等制作调解书送达双方当事人以后生效，当事人可以共同约定在调解协议上签字生效。《简易程序规定》第15条规定："调解达成协议并经审判人员审核后，双方当事人同意该调解协议自双方签名或者捺印生效的，该调解协议自双方签名或者捺印之日起发生法律效力。当事人要求摘录或者复制该调解协议的，应予准许。调解协议符合前款规定的，人民法院应当另行制作民事调解书。调解协议生效后一方拒不履行的，另一方可以持民事调解书申请强制执行。"

五、调解担保与违反调解协议的责任承担约定

（一）调解担保

当事人达成调解协议时，为保障其履行，可以约定担保。《调解规定》确定的担保的方式有两种：①当事人自行担保；②由案外人担保。担保应当符合我国《担保法》规定的条件。案外人提供担保的，人民法院制作的调解书应当列明担保人，并将调解书送交担保人。调解书经当事人签收生效，担保人不签收调解书的，不影响调解书的生效。

（二）违反调解协议的责任承担约定

当事人达成调解协议时，为保障调解书的履行，可以约定违反调解协议方应当承担的违约责任，但是，不得约定一方不履行协议，另一方可以请求人民法院对案件作出裁判的条款。因为调解书发生法律效力后，非经法定程序人民法院及当事人均不得撤销。《调解规定》第10条规定："人民法院对于调解协议约定一方不履行协议应当承担民事责任的，应予准许。调解协议约定一方不履行协议，另一方可以请求人民法院对案件作出裁判的条款，人民法院不予准许。"

第五节　诉讼和解

一、诉讼和解的概念

按照民事诉讼的分类，和解分为诉讼上的和解和诉讼外的和解。诉讼上的和解，是指当事人双方在诉讼中所达成的以终结诉讼为目的的协议。亦即在当事人提起诉讼后，诉讼处于系属的状态下，双方当事人在法院（法官）面前达成和解，并将内容载于和解笔录，从而使诉讼终结的情形。大陆法系中大多数设置了诉讼和解制度的国家，均有关于和解协议一旦成立或记入笔录，就与确定的判决具有同等法律效力的规定。即对于诉讼上的和解协议，承认其具有一定程度的既判力。诉讼标的外的和解，亦称裁判外的和解，主要包括民法上的和解与执行和解等。民法上的和解是指当事人约定互相让步，以终止争执和防止争执发生的契约。执行和解，是指在执行程序中，双方当事人就执行依据所确定的权利义务关系的履行，经平等协商，互相让步，自愿达成协议，以结束执行程序的制度。

本节所称诉讼和解，也称自行和解，属于诉讼上的和解，是指当事人双方在诉讼过程中，自行协商，达成协议，解决纠纷的诉讼行为。它既是当事人双方行使诉讼权利的体现，也是当事人双方对自己的诉讼权利和实体权利处分的结果。这种和解就其性质而言，既是当事人的民事法律行为，即变更或消灭民事法律关系，结束实体权利争执或停止侵害，从而使诉讼终结的行为，也是一种诉讼行为，即在诉讼过程中发生、旨在终结诉讼程序的行为。我国《民事诉讼法》既确立了诉讼调解制度，又确立了当事人自行和解的制度。《民事诉讼法》第50条规定："双方当事人可以自行和解。"

诉讼和解与诉讼调解不同：首先，和解不需要任何人或组织居中调停，它是当事人双方协商进行的行为；而诉讼调解则是在人民法院主持下进行的行为。其次，诉讼调解中，如果双方当事人达成调解协议，人民法院应当制作调解书，调解书与判决书有同等的法律效力，它是人民法院行使审判权结束诉讼程序的一种方式；而诉讼和解中，当事人在诉讼程序中达成和解协议后，诉讼可以以两种方式结案：①由当事人申请撤诉，经人民法院准许，以原告撤诉的方式结束诉讼程序；②由当事人向人民法院申请将他们之间达成的和解协议制作成调解书，从而获得调解结案的效力，并结束诉讼程序。

诉讼和解与执行和解尽管都是当事人处分自己民事权利和诉讼权利的行为，都是当事人意思自治的充分表现，但诉讼和解与执行和解还是有区别的，主要表现在：①诉讼和解发生于诉讼系属中，是审判程序中的和解，而执行和解发生在诉讼系属终结之后，是执行程序中的和解。②诉讼和解必须是为解决权利争议而进行（在程序结束发生既判力之后，不再可能进行诉讼和解），它是双方当事人积极解决争议的一种方式，它发生在法院解决纠纷的过程中，在审判阶段，当事人之间的争议尚未得到解决；而执行和解是为履行生效法律文书所确定的内容，它是债权人通过和解协议的方式实现已经法定程序所确定的权利的一种方式，它发生在执行阶段，而此时当事人之间的争议已经得到终局性的解决，当事人之间的实体问题已不存在争议。③诉讼和解的对象是尚在争议的未确定的民事法律关系，而执行和解的对象则是生效法律文书已确认的民事法律关系。

二、诉讼和解的程序

诉讼和解制度在我国民事诉讼法中的规定比较简单，法律条文数量很少。诉讼和解由当事人自行启动，自行进行。达成和解协议后，由当事人决定是撤诉，还是请求法院将和解协议制作成调解书，以获得法律效力。为了鼓励当事人自行协商解决争议，完善和解制度，最高人民法院对诉讼和解制度作出进一步的解释，《调解规定》第4条规定："当事人在诉讼过程中自行达成和解协议的，人民法院可以根据当事人的申请依法确认和解协议制作调解书。双方当事人申请庭外和解的期间，不计入审限。当事人在和解过程中申请人民法院对和解活动进行协调的，人民法院可以委派审判辅助人员或者邀请、委托有关单位和个人从事协调活动。"这条规定包含三方面的程序性内容：①当事人达成和解协议后，可以申请法院确认并制作调解书；②当事人可以向法院申请庭外和解，诉讼程序暂停，和解所花费的时间不计入法院的审限；③当事人和解，可以申请法院予以协调。法院可以派审判辅助人员予以协调，或者委托法院以外的有关单位或个人予以协调，以帮助当事人达成和解协议。

三、诉讼和解的法律后果

我国民事诉讼中双方当事人自行和解的，当事人和解后可以选择撤诉，也可以申请人民法院确认并制作调解书。诉讼和解的后果与当事人结束诉讼的方式有关，如果当事人申请法院确认并制作调解书，则发生调解结案的法律后果，调解书与判决书具有同等的法律效力，诉讼程序结束当事人不得上诉。如果当事人选择撤诉的，在我国并无禁止再诉的法律效力，当事人在法定期限内仍然可以再行起诉。

第十四章　民法基本理论与制度

第一节　民法总论

一、绪论

（一）民法的定义

民法，是调整地位平等的民事主体之间在从事民事活动过程中发生的财产关系和人身关系的法律规范。民法是国家统一的法律体系中一个独立的法律部门，也是重要的基本法。

（二）民法的调整对象

1. 平等主体之间的财产关系。民法调整的所谓平等主体之间的财产关系，是指法律地位平等的民事主体在从事民事活动中所发生的以财产归属和财产流转为基本内容的权利义务关系。

2. 平等主体之间的人身关系。民法调整的平等主体之间的人身关系，是指平等主体之间基于人格利益和身份利益而发生的不具有直接财产内容的人格关系和身份关系。

所谓人格关系，是指民事主体为实现人格利益而发生的权利义务关系，表现为民事主体的生命权、身体权、健康权、姓名权、名称权、名誉权、隐私权、肖像权、自由权、贞操权、信用权等。身份关系是民事主体因彼此之间的身份利益而发生的权利义务关系，在民法上表现为配偶权、亲权、亲属权、监护权、荣誉权等。

二、民事法律关系

（一）民事法律关系的概念和特征

民事法律关系，是指由民法调整的民事主体之间具有民事权利义务内容的社会关系。民事法律关系具有如下法律特征：①民事法律关系应是由民法所调整的社会关系；②民事法律关系是平等民事主体之间发生的关系；③民事法律关系应以民事权利和民事义务为内容。

（二）民事法律关系的分类

根据不同的标准，民事法律关系主要分为以下两类：

1. 财产关系和人身关系。这是根据民事法律关系的调整对象的不同所作的分类。财产关系是民事主体之间因财产归属和财产流转而发生的民事法律关系。人身关系是民事主体之间因人格利益和身份关系而形成的民事法律关系。

2. 物权关系和债权关系。这是对财产关系进行的进一步分类，物权关系是指物权人直接支配物并排除他人干涉的民事法律关系，物权人一般不需要义务人的帮助即可实现其权利。债权关系是指债权人有权要求债务人为一定行为的民事法律关系，债权人只有得到债务人的帮助才能实现其权利。

（三）民事法律关系的要素

1. 民事法律关系的主体。其又称为民事主体，是指参与民事法律关系，享受民事权利，承担民事义务的人。

2. 民事法律关系的客体。这是指民事法律关系指向的对象，包括物、行为、智力成果、人格法益。

3. 民事法律关系的内容。这是指参与民事法律关系的民事主体所享有的民事权利和承担的民事义务。

民事权利，是指民法所确认的民事主体享有某种民事利益的可能性。民事义务，是指民事主体依法应当为一定行为或不为一定行为从而使相对的民事主体实现其利益的必要性。

（四）民事法律关系的发生、变更和终止

1. 民事法律事实。是指由民法所规定的，能够引起民事法律关系发生、变更和消灭的现象。民事法律事实分为事件和行为两大类。事件是指发生的某种客观情况，行为则是指民事主体实施的活动。

2. 民事法律关系的发生。其又称民事法律关系的设立，是指因法律事实的存在而在民事主体之间产生民事权利和义务。民事法律关系的发生原因，首先取决于某种民事法律事实的存在，其次有赖于法律的规定和合同存在的约定。

3. 民事法律关系的变更。这是指因某种民事法律事实的出现而使民事主体之间已经发生的民事法律关系的某一要素发生改变。民事法律关系的变更原因，是法律所规定的或者合同中约定的某种民事法律事实的出现，从而使业已存在的民事法律关系的主体、客体和内容发生了某种变化。

4. 民事法律关系的终止。这是指因某种民事法律事实的出现而导致业已存在的民事法律关系归于消灭。终止的法律后果，是指原本存在的某种民事法律关系不复存在。

三、自然人（公民）

（一）自然人的概念和本质

在民法上，自然人是指依法享有权利和承担义务的生物的人。而公民是指拥有某国国籍的自然人。从范围上讲，自然人的范围大于公民，在一个国家中生活的自然人不仅有本国公民，还包括外国人和无国籍人。

自然人在民法上的地位是一律平等的。

（二）自然人的民事权利能力

民事权利能力，是指法律赋予民事主体进行民事活动，享有民事权利和承担民事义务的资格。民事权利能力来源于法律的直接规定，与民事主体不可分离，既不能放弃，也不能转让。其内容和范围均系法律直接规定。

自然人的民事权利能力始于出生，终于死亡。死亡包括生理死亡和宣告死亡两种情形。

（三）自然人的民事行为能力

自然人的民事行为能力，是指自然人依法能够以自己的行为参与民事活动，取得民事权利和承担民事义务的能力。自然人的民事行为能力根据自然人的年龄和精神健康状态来判断，只在法定情形下依法定程序受到限制或被取消。

根据自然人的年龄、精神健康状态等因素，我国民法将自然人的民事行为能力分为三种类型：

1. 完全民事行为能力。这是指达到一定年龄，智力正常的自然人享有的以自己的独立行为从事民事活动的能力。《民法通则》规定 18 周岁以上的自然人是成年人，具有完全民事行为能力；16 周岁以上不满 18 周岁的自然人，以自己的劳动收入为主要生活来源的，视为完全民事行为能力人。

2. 限制民事行为能力。这是指达到一定年龄的未成年人和精神不健全而不能完全辨认其行为后果的成年人所享有的可以从事与其年龄和精神健康状况相适应的民事活动的能力。《民法通则》规定 10 周岁以上的未成年人和不能完全辨认其行为的精神病人是限制民事行为能力人，可以从事与其年龄和精神健康状况相适应的民事活动，其他民事活动由他的法定代理人代理或者应征得他的法定代理人的同意。

3. 无民事行为能力。这是指完全不具有以自己的独立行为从事民事活动的能力。《民法通则》规定不满 10 周岁的未成年人和不能辨认自己行为的精神病人是无民事行为能力人，由他的法定代理人代理民事活动。

（四）监护

监护是指为保护无民事行为能力人和限制民事行为能力人的合法民事权益，

对无民事行为能力人和限制民事行为能力人加以监督和保护的民事法律制度。

《民法通则》规定，未成年人的法定监护人依次为父母、祖父母、外祖父母、兄姐以及经未成年人父母所在单位或者其住所地的居民委员会、村民委员会同意的关系密切的其他亲属、朋友；无民事行为能力和限制民事行为能力的精神病人的法定监护人，依次为配偶、父母、成年子女、其他近亲属以及经精神病人所在单位或者其住所地的居民委员会、村民委员会同意的关系密切的其他亲属、朋友。

监护人的职责主要包括：保护被监护人的人身、财产及其他合法权益；监督被监护人从事民事活动；代理被监护人参加民事法律关系；管理和教育被监护人。

监护的终止，又称监护的撤销，是指因故依法撤销原监护关系。包括自然终止和诉讼终止，前者是指无民事行为能力人或者限制民事行为能力人已经取得民事行为能力，故监护自动撤销；后者是指监护人未能履行法定职责，法院经利害关系人申请撤销其监护权。

（五）宣告失踪与宣告死亡

1. 宣告失踪。是指自然人离开其住所下落不明满一定期限，经利害关系人申请，由人民法院依法定程序宣告其为失踪人的民事法律制度。

宣告失踪的条件为：①自然人离开其住所下落不明；②自然人下落不明的状态持续超过了法定期限。《民法通则》规定宣告失踪的条件为：自然人下落不明应满 2 年；战争期间下落不明的，从战争结束之日起计算下落不明的期限。

宣告失踪的程序是：①由下落不明的自然人的利害关系人向人民法院提出宣告失踪的申请。②由人民法院依照民事诉讼程序发出寻找失踪人的公告，经半年后仍寻找不到的，判决宣告该自然人为失踪人，并为其指定财产代管人。

如果被宣告失踪人重新出现或者有人确知其下落的，经本人或者利害关系人申请，人民法院应当撤销所作的宣告失踪判决。

宣告失踪的法定后果是为失踪人设置财产代管人。

2. 宣告死亡。是指自然人离开其住所下落不明满一定期限，经利害关系人申请，人民法院依法定程序宣告其死亡的民事法律制度。

宣告死亡的条件为：①自然人离开其住所下落不明；②自然人下落不明的状态持续超过了法定期限。《民法通则》规定，自然人下落不明满 4 年的，为宣告死亡的法定期限；因意外事故下落不明，从事故发生之日起满 2 年的，为宣告死亡的法定期限；战争期间下落不明的，下落不明的时间从战争结束之日起计算，亦适用 4 年的法定期限。

宣告死亡的程序是：①利害关系人向人民法院提出宣告下落不明的自然人死亡的申请，利害关系人是指与下落不明的自然人有直接民事权利义务的民事主体，其范围包括：配偶、父母、子女、兄弟姐妹、祖父母、外祖父母、孙子女、外孙子女和其他有民事权利义务关系的自然人、法人及社会组织。②人民法院依民事诉讼程序发出寻找失踪人的公告，公告期为1年。公告期满仍寻找不到失踪人的，人民法院作出宣告失踪人死亡的判决。

宣告失踪不是宣告死亡的必经程序。自然人下落不明的情形符合宣告死亡的条件时，利害关系人可以不经过申请宣告失踪而直接申请宣告死亡。如果其利害关系人只申请宣告失踪，人民法院应宣告失踪。但如果同一顺序的利害关系人中有人申请宣告死亡，而有人不同意宣告死亡，则应当宣告死亡。

宣告死亡引起的法律后果与自然人自然死亡的法律后果相同，即包括四个方面：①被宣告死亡的自然人民事主体资格终止。被宣告死亡的自然人所参与的民事法律关系发生变更或者终止。②被宣告死亡的自然人，其婚姻关系终止，配偶取得再婚的权利。③被宣告死亡的自然人，其财产转化为遗产，依继承程序转移。④遗嘱生效。

如被宣告死亡的人重新出现，或者有人确知被宣告死亡人的下落，经本人或者利害关系人申请，人民法院应当撤销对其死亡宣告。

（六）个体工商户和农村承包经营户

个体工商户，是指自然人在法律允许的范围内，依法经核准登记，从事工商业经营的民事主体。个体工商户须依法办理工商登记，经核准，取得相应的民事主体资格。

农村承包经营户，是指农村集体经济组织的成员，在法律允许的范围内，按照承包合同的规定从事商品经营的民事主体。农村承包经营户按照与集体经济组织订立的承包合同从事商品经营活动。

个体工商户、农村承包经营户的债务，个人经营的，以个人财产承担；家庭经营的，以家庭共有财产承担。

（七）个人合伙

个人合伙是指两个以上的自然人按照协议，各自提供资金、实物、技术等，合伙经营、共同劳动的民事主体。合伙的对外债务，由合伙人按照出资比例或者协议的约定以各自的财产承担清偿责任，各合伙人对合伙的债务承担连带责任。

四、法人

（一）法人的概念

法人是指具有民事权利能力和民事行为能力，依法独立享有民事权利和承担民事义务的社会组织。

（二）法人的类型

我国《民法通则》将法人分为企业法人与非企业法人。企业法人是指以营利为目的，从事商品生产、流通和提供各类服务的经营性经济组织，属于营利法人。非企业法人包括机关法人、事业单位法人和社会团体法人。机关法人是指根据法律规定或行政命令而成立的，行使国家权力和从事国家活动，具有法人资格的社会组织。事业单位法人是指从事社会公益事业，具有独立法人资格的社会组织。社会团体法人是指由自然人或法人基于共同的目的成立的，依其章程规定从事社会活动，具有独立法人资格的社会组织。

（三）法人的民事权利能力

法人的权利能力是指法律赋予法人从事民事活动、享受民事权利、承担民事义务的资格。法人的民事权利能力从法人依法成立时开始享有，到法人终止时消灭。

（四）法人的民事行为能力

法人的行为能力是指法人根据法律的规定，以其行为从事民事活动，取得民事权利和承担民事义务的能力。法人的民事行为能力和权利能力同时产生，同时消灭。

法人的民事行为能力从范围上受到设立法人的目的、性质和章程的限制。

（五）法人的成立、变更和终止

1. 法人的成立。是指依照法律规定的条件和程序创设法人，使其具有民事主体资格的全过程。

根据《民法通则》，法人成立应当具备的条件是：①依法成立；②有必要的财产或经费；③有自己的名称、组织机构和场所；④能够独立承担民事责任。

2. 法人的变更。是指在法人存续期间发生法人组织的分立、合并或其他重大事项的变化，包括法人的分立与法人的合并。

法人的变更必须依法经过批准，办理相应的登记手续并公告。

3. 法人的终止。又称法人的消灭，是指因法定事由的出现而导致法人民事主体资格的丧失。法人终止的法定事由包括：依法被撤销；自行解散；依法宣告破产；其他原因。

法人的终止，依法必须经过清算。清算完毕后，法人资格才最终消灭。

五、民事权利的客体

（一）物

物作为民事权利的客体，是指除人身以外的能独立存在的并能为民事主体所支配的有体物。

根据不同的标准，可以将物分为如下几类：

1. 不动产与动产。这是根据物能否移动以及移动后是否会损害物的价值对物进行的分类。前者如土地、房屋等，后者如书籍、衣服等。

2. 原物与孳息。这是根据两个物之间的产生关系对物进行的分类，前者如果树、银行存款，后者如果树所结的果实、存款所生利息。

3. 流通物与不流通物。这是根据物能否作为商品交换的客体进行的分类，前者如生产资料和生活日用品，后者如公共建筑物、禁止流通的枪支、毒品、伪造的货币等。

（二）行为

行为是指能够满足债权人利益的作为。

（三）人格利益

人格利益，是指人格权的客体，是法律加以直接规定和保护的对象，其与民事主体的人身密不可分，且不具有直接的财产内容。

（四）智力成果

智力成果，又称智慧成果，是指民事主体在科学技术和文学艺术领域创造出的劳动成果。

六、民事法律行为

（一）民事法律行为的概念

民事法律行为是指民事主体为了设立、变更或者终止民事法律关系而实施的行为。民事法律行为是法律事实中行为的组成部分。

（二）民事法律行为的有效条件

1. 民事法律行为的实质要件：①行为人合格；②行为人意思表示真实；③行为内容合法。

2. 民事法律行为的形式要件，即民事法律行为的形式必须合法。

（三）无效民事行为和可变更、可撤销的民事行为

1. 无效的民事行为。是指因欠缺民事行为的有效要件而不产生法律效力的行为。

根据《民法通则》的规定，无效民事行为表现为以下情形：①无民事行为能力人实施的民事行为。②限制民事行为能力人依法不能独立实施的民事行为。③因欺诈而为的民事行为。④因胁迫而为的民事行为。⑤因乘人之危使对方违背真实意思而为的民事行为。⑥因恶意串通损害他人利益而为的民事行为。⑦因违反法律或者社会公共利益而为的民事行为。⑧因以合法的形式掩盖非法目的而为的民事行为。⑨因违反国家指令性计划而无效的民事行为。

2. 可变更和可撤销的民事行为。是指当事人可依照法律规定针对欠缺有效

要件的行为请求人民法院或者仲裁机关予以变更或者撤销的民事行为。

根据《民法通则》，可变更和可撤销的民事行为具体表现为以下情形：①因重大误解而为的民事行为。②因显失公平而为的民事行为。

民事行为被确认为无效或者被撤销后，该民事行为均自行为开始时起无效，同时还可能产生返还财产、赔偿损失、追缴财产的法律后果。

（四）附条件和附期限的民事法律行为

1. 附条件的民事法律行为。是指双方当事人在民事法律行为中设立一定的事由作为条件，以该条件的成就与否作为决定该民事法律行为效力产生或解除的根据的民事法律行为。

所谓条件，就是指当事人所约定的，具有使民事法律行为产生或终止的法律效力的客观情况，属于法律事实的范畴。条件应当符合未来性、或然性、意定性、合法性、特定的目的性的要求。

2. 附期限的民事法律行为。是指双方当事人在民事法律行为中约定一定的期限，以期限的到来决定该行为效力产生或解除的民事法律行为。期限应符合未来性、意定性、特定的目的性的要求。期限分为始期和终期、确定期限和不确定期限。

七、代理

（一）代理的概念与分类

代理是指代理人以被代理人的名义，在代理权限范围内与第三人为法律行为，其法律后果直接由被代理人承受的民事法律制度。代为他人实施民事法律行为的人称为代理人；由他人以自己的名义代为民事法律行为并承受法律后果的人，称为被代理人，又称本人。

根据代理权产生不同的原因，可以将代理分为三类：法定代理、委托代理和指定代理。法定代理是指根据法律的规定而直接产生的代理关系。委托代理，又称意定代理，是指根据被代理人的委托授权而产生的代理关系。指定代理是指根据法律授权机关的指定而产生的代理关系。

（二）代理权

代理权是指代理人以被代理人的名义与第三人实施法律行为，为被代理人设定、变更或消灭民事法律关系的民事权利。

（三）无权代理

无权代理是指在没有代理权的情况下以他人的名义实施的民事行为。包括未经授权、代理权消灭后的"代理"行为、超越代理权限而为的"代理"行为等。

无权代理行为发生后，其法律效力处于不确定状态，故无权代理行为又叫效力待定的行为。对于无权代理行为：①本人有权予以追认或者拒绝。②第三人可以催告本人进行答复，同时第三人可以解除与无权代理人所为的民事行为。

（四）表见代理

表见代理是指没有代理权、超越代理权或者代理权终止以后的无权代理人，以被代理人的名义实施的在客观上使第三人相信其有代理权的代理行为。

根据《合同法》，表见代理须具有以下构成要件：①存在无权代理行为。②第三人在客观上有理由相信无权代理人有代理权。③第三人主观上是善意的且无过错。

表见代理依法产生有权代理的法律效力，即无权代理人与第三人之间实施的民事法律行为对于被代理人具有法律约束力，被代理人与第三人之间产生、变更和消灭相应的法律关系。

（五）代理关系的消灭

1. 委托代理的终止。根据《民法通则》的有关规定，委托代理的终止原因主要有：①代理期间届满或者代理事务完成。②被代理人取消委托或代理人辞去委托。③被代理人或代理人死亡。④代理人丧失民事行为能力。⑤作为被代理人或代理人的法人终止。

2. 法定代理和指定代理的终止。根据《民法通则》的有关规定，法定代理和指定代理的终止原因主要有：①被代理人取得或恢复民事行为能力。②被代理人与代理人之间的监护关系消灭。③被代理人或代理人死亡。④代理人丧失民事行为能力。

八、诉讼时效

（一）诉讼时效的概念

诉讼时效是指民事权利受到侵害的权利人在法定的时效期间内不行使权利，当时效期间届满时，即丧失了请求人民法院依诉讼程序强制义务人履行义务之权利的制度。诉讼时效的法律后果是消灭了权利人的胜诉权。

（二）诉讼时效的分类

根据时效期间的长短和适用范围的不同，可对诉讼时效作出相应的分类。我国《民法通则》将诉讼时效具体分为以下几类：

1. 普通诉讼时效。其又称一般诉讼时效，是指在一般情况下普遍适用的诉讼时效。它是针对一般民事法律关系的共同性而加以规定和适用的时效，根据我国《民法通则》的有关规定，普通诉讼时效的期间为 2 年。

2. 特殊诉讼时效。这是指适用于特定的民事法律关系的诉讼时效，其适用的效力优先于普通诉讼时效。

《民法通则》规定以下几种情况的诉讼时效为 1 年：①身体受到伤害要求赔偿的；②出售质量不合格的商品未声明的；③延付或拒付租金的；④寄存财物被丢失或者毁损的。

《合同法》规定因国际货物买卖合同和技术进出口合同争议提起诉讼或者申请仲裁的诉讼时效为 4 年。

（三）最长诉讼时效

这是指对于各类民事权利予以保护的最长时效期间。根据我国法律，最长诉讼时效的期间是 20 年，从权利被侵害之时起计算，并且不适用时效中止、中断的有关法律规定，但可以适用时效延长的有关规定。

我国《民法通则》规定诉讼时效期间的起算时间是"从知道或应当知道权利被侵害时起计算"。但最长诉讼时效的起算时间是自权利被侵害之时起计算，也就是说，即使权利人不知道其权利被侵害，亦只能在 20 年内获取法律的保护。

（四）诉讼时效期间的中止、中断和延长

诉讼时效的中止，又称为时效的暂停，是指在诉讼时效进行期间，在诉讼时效期间的最后 6 个月内，因发生法定事由阻碍权利人行使请求权，诉讼时效依法暂时停止进行，并在法定事由消失之日起继续进行的情况。

诉讼时效的中断，是指已开始的诉讼时效因发生法定的事由不再进行，并使已经经过的时效期间丧失效力。其法定的中断事由包括三类：①起诉，即权利人依诉讼程序主张权利，请求人民法院强制义务人履行义务；②请求，即权利人直接向义务人作出请求履行义务的意思表示；③认诺，即义务人在诉讼时效进行中直接向权利人作出同意履行义务的意思表示。

从诉讼时效中断时起，诉讼时效期间重新计算。

诉讼时效的延长，是指人民法院查明权利人在诉讼时效期间确有法律规定之外的正当理由而未行使请求权的，适当延长已完成的诉讼时效期间。

第二节　合同法

一、合同与合同法概述

（一）合同概述

1. 合同的概念。

（1）《民法通则》第 85 条规定："合同是当事人之间设立、变更、终止民事关系的协议。依法成立的合同，受法律保护。"

（2）《合同法》第 2 条规定："本法所称合同是平等主体的自然人、法人、其他组织之间设立、变更、终止民事权利义务关系的协议。婚姻、收养、监护等有关身份关系的协议，适用其他法律的规定。"

2. 合同的特征。

（1）合同是当事人之间在自由平等基础上达成的协议。

（2）合同是双方的法律行为。

（3）合同是以确立民事权利义务为目的。

（二）合同法概述

1. 合同法的概念。有广义和狭义之分。广义的合同法是指调整合同法律关系的法律规范的总称。狭义的合同法仅指合同法典，如《中华人民共和国合同法》。

2. 合同法的基本原则。

（1）平等原则。《合同法》第 3 条规定："合同当事人的法律地位平等，一方不得将自己的意志强加给另一方。"

（2）合同自由原则。《合同法》第 4 条规定："当事人依法享有自愿订立合同的权利，任何单位和个人不得非法干预。"

（3）公平原则。《合同法》第 5 条规定："当事人应当遵循公平原则确定各方的权利和义务。"

（4）诚实信用原则。《合同法》第 6 条规定："当事人行使权利、履行义务应当遵循诚实信用原则。"

（5）公序良俗原则。《合同法》第 7 条规定："当事人订立、履行合同，应当遵守法律、行政法规，尊重社会公德，不得扰乱社会经济秩序，损害社会公共利益。"

二、合同的订立

（一）合同订立概述

《合同法》第13 条规定："当事人订立合同，采取要约、承诺方式。"

1. 合同订立的主体。根据《合同法》，订立合同的主体主要有：①自然人；②法人；③其他组织。《合同法》规定，订立合同的主体必须具有相应的民事权利能力和民事行为能力。当事人也可以委托他人签订合同。

2. 合同订立的形式。根据《合同法》，订立合同的形式主要有：①书面形式；②口头形式；③其他形式。法律、行政法规规定必须采取书面形式的，应当采取书面形式，这是强制性规范。

（二）要约

1. 要约的概念。要约，是指特定人向相对人提出合同条件，希望与其订立合同的意思表示。《合同法》第 14 条规定："要约是希望和他人订立合同的意思表示，该意思表示应当符合下列规定：①内容具体确定；②表明经受要约人承诺，要约人即受该意思表示约束。"

2. 要约邀请。又称要约引诱，是指希望他人向自己发出要约的意思表示。

3. 要约的法律效力。

（1）要约生效的时间：到达主义。《合同法》第 16 条规定："要约到达受要约人时生效。采用数据电文形式订立合同，收件人指定特定系统接收数据电文的，该数据电文进入该特定系统的时间，视为到达时间；未指定特定系统的，该数据电文进入收件人的任何系统的首次时间，视为到达时间。"

（2）要约对要约人的拘束力（形式拘束力）。是指要约一经生效，要约人就受到要约的拘束，不得随意撤销要约或变更要约的内容。

要约的撤回。这是指要约人在要约发出后、到达受要约人之前（生效之前）所作的阻止要约发生效力的意思表示。《合同法》第 17 条规定："要约可以撤回。撤回要约的通知应当在要约到达受要约人之前或者与要约同时到达受要约人。"

要约的撤销。这是指要约人在要约生效后所作的取消要约，使其法律效力归于消灭的意思表示。《合同法》第 18 条规定："要约可以撤销。撤销要约的通知应当在受要约人发出承诺通知之前到达受要约人。"《合同法》第 19 条规定："有下列情形之一的，要约不得撤销：①要约人确定了承诺期限或者以其他形式明示要约不可撤销；②受要约人有理由认为要约是不可撤销的，并已经为履行合同作了准备工作。"

（3）要约对受要约人的拘束力。也称要约的实质拘束力或承诺适格，是指受要约人在要约生效时即取得依其承诺而成立合同的权利（法律地位）。《合同法》第 14 条第 2 项规定：要约须"表明经受要约人承诺，要约人即受该意思表示约束"。

4. 要约的失效。《合同法》第 20 条规定，要约在下列情况下失效：①拒绝要约的通知到达要约人。②要约人依法撤销要约。③承诺期限届满，受要约人未作出承诺。《合同法》第 23 条第 1 款规定："承诺应当在要约确定的期限内到达要约人。"④受要约人对要约的内容作出实质性变更。《合同法》第 30 条规定："……受要约人对要约的内容作出实质性变更的，为新要约。有关合同标的、数量、质量、价款或者报酬、履行期限、履行地点和方式、违约责任和解决争议方法等的变更，是对要约内容的实质性变更。"

（三）承诺

1. 承诺的概念和构成要件。

（1）概念。承诺，是受要约人向要约人作出的同意接受要约的意思表示

（《合同法》第 21 条）。

（2）构成要件：①承诺须由受要约人向要约人作出。②承诺的内容应当与要约的内容一致。《合同法》第 30 条规定："承诺的内容应当与要约的内容一致。受要约人对要约的内容作出实质性变更的，为新要约。有关合同标的、数量、质量、价款或者报酬、履行期限、履行地点和方式、违约责任和解决争议方法等的变更，是对要约内容的实质性变更。"《合同法》第 31 条规定："承诺对要约的内容作出非实质性变更的，除要约人及时表示反对或者要约表明承诺不得对要约的内容作出任何变更的以外，该承诺有效，合同的内容以承诺的内容为准。"③承诺须在承诺期限内到达要约人（《合同法》第 23 条）。《合同法》第 23 条规定："承诺应当在要约确定的期限内到达要约人。要约没有确定承诺期限的，承诺应当依照下列规定到达：①要约以对话方式作出的，应当即时作出承诺，但当事人另有约定的除外；②要约以非对话方式作出的，承诺应当在合理期限内到达。"

（3）承诺期限的起算。《合同法》第 24 条规定："要约以信件或者电报作出的，承诺期限自信件载明的日期或者电报交发之日开始计算。信件未载明日期的，自投寄该信件的邮戳日期开始计算。要约以电话、传真等快速通讯方式作出的，承诺期限自要约到达受要约人时开始计算。"

（4）承诺的迟到。是指在承诺期限届满后承诺才到达要约人。《合同法》第 28 条规定："受要约人超过承诺期限发出承诺的，除要约人及时通知受要约人该承诺有效的以外，为新要约。"特殊的承诺迟到，是指因承诺人以外的原因，导致本应在承诺期限内到达的承诺，在承诺期限届满后才到达要约人。《合同法》第 29 条规定："受要约人在承诺期限内发出承诺，按照通常情形能够及时到达要约人，但因其他原因承诺到达要约人时超过承诺期限的，除要约人及时通知受要约人因承诺超过期限不接受该承诺的以外，该承诺有效。"

2. 承诺的方式。《合同法》第 22 条规定："承诺应当以通知的方式作出，但根据交易习惯或者要约表明可以通过行为作出承诺的除外。"

3. 承诺的生效。

（1）承诺生效的时间：到达主义。《合同法》第 26 条规定："承诺通知到达要约人时生效。承诺不需要通知的，根据交易习惯或者要约的要求作出承诺的行为时生效。采用数据电文形式订立合同的，承诺到达的时间适用本法第 16 条第 2 款的规定。"

（2）承诺生效的效果：承诺生效时合同成立（《合同法》第 25 条）。此为一般情况，还存在两个例外：①《合同法》第 32 条规定："当事人采用合同书形式订立合同的，自双方当事人签字或者盖章时合同成立。"例外的例外，《合同法》第 37 条规定："采用合同书形式订立合同，在签字或者盖章之前，当事人一方已经履行主要义务，对方接受的，该合同成立。"②《合同法》第 33 条规定："当事人采用信件、数据电文等形式订立合同的，可以在合同成立之前要求签订确认书。签订确认书时合同成立。"

《合同法》第 36 条规定："法律、行政法规规定或者当事人约定采用书面形式订立合同，当事人未采用书面形式但一方已经履行主要义务，对方接受的，该合同成立。"

4. 合同成立的地点。

（1）承诺生效地。《合同法》第 34 条规定："承诺生效的地点为合同成立的地点。采用数据电文形式订立合同的，收件人的主营业地为合同成立的地点；没有主营业地的，其经常居住地为合同成立的地点。当事人另有约定的，按照其约定。"

（2）合同书的签字/盖章地。《合同法》第 35 条规定："当事人采用合同书形式订立合同的，双方当事人签字或者盖章的地点为合同成立的地点。"

（3）主要义务的履行地。《合同法》第 36 条规定："法律、行政法规规定或者当事人约定采用书面形式订立合同，当事人未采用书面形式但一方已经履行主要义务，对方接受的，该合同成立。"第 37 条规定："采用合同书形式订立合同，在签字或者盖章之前，当事人一方已经履行主要义务，对方接受的，该合同成立。"

5. 承诺的撤回。是指承诺人阻止承诺发生法律效力的行为。《合同法》第 27 条规定："承诺可以撤回。撤回承诺的通知应当在承诺通知到达要约人之前或者与承诺通知同时到达要约人。"

（四）合同的内容和形式

1. 合同的内容。《合同法》第 12 条第 1 款规定，合同的内容由当事人约定，一般包括以下条款：当事人的名称或者姓名和住所；标的；数量；质量；价款或者报酬；履行期限、地点和方式；违约责任；解决争议的方法。

2. 合同的形式。①《合同法》第 10 条第 1 款规定："当事人订立合同，有书面形式、口头形式和其他形式。"②《合同法》第 11 条规定："书面形式是指合同书、信件和数据电文（包括电报、电传、传真、电子数据交换和电子邮件）等可以有形地表现所载内容的形式。"③《合同法》第 10 条第 2 款规定："法律、行政法规规定采用书面形式的，应当采用书面形式。当事人约定采用书面形式的，应当采用书面形式。"

三、合同的效力

（一）有效合同

《合同法》第 8 条规定："依法成立的合同，对当事人具有法律约束力。当事人应当按照约定履行自己的义务，不得擅自变更或者解除合同。依法成立的合同，受法律保护。"

1. 合同的一般生效要件（《民法通则》第 55 条）。①行为人具有相应的民事行为能力。②意思表示真实。③（合同的内容和目的）不违反法律、行政法规的强制性规定，不损害社会公共利益。

2. 合同的特别生效要件。

（1）"法律、行政法规规定应当办理批准、登记等手续生效的，依照其规定。"（《合同法》第 44 条第 2 款）

（2）附生效条件的合同。《合同法》第 45 条第 1 款规定："当事人对合同的效力可以约定附条件。附生效条件的合同，自条件成就时生效……"

（3）附生效期限的合同。《合同法》第 46 条规定："当事人对合同的效力可以约定附期限。附生效期限的合同，自期限届至时生效……"

（4）部分实践合同，须交付实物后合同生效。

（二）无效合同

1. 无效合同的概念。无效合同，是指不具备合同生效要件，在法律上不发生效力的合同。无效合同从订立时起，就没有法律约束力。

无效合同分为全部无效合同和部分无效合同，部分无效合同中无效条款不影响有效条款的效力。《合同法》第 57 条规定，合同无效不影响合同中独立存在的有关解决争议条款的效力。

2. 无效合同的法定事由。根据《合同法》第 52 条，无效合同的法定事由有：①一方以欺诈、胁迫手段订立的合同，损害国家利益的。②恶意串通，损害国家、集体或第三人利益。③以合法形式掩盖非法目的。④损害社会公共利益。⑤违反法律、行政法规强制性规定。

（三）可变更、可撤销合同

1. 可撤销合同的概念。可撤销合同，是指违反了自愿原则，意思表示不真实，通过撤销权人行使撤销权，使合同归于无效的合同。

2. 可撤销事由。

（1）欺诈、胁迫。《合同法》第 54 条第 2 款规定："一方以欺诈、胁迫的手段或者乘人之危，使对方在违背真实意思的情况下订立的合同，受损害方有权请求人民法院或者仲裁机构变更或者撤销。"

（2）乘人之危。《合同法》第 54 条第 2 款规定："一方以欺诈、胁迫的手段或者乘人之危，使对方在违背真实意思的情况下订立的合同，受损害方有权请求人民法院或者仲裁机构变更或者撤销。"

（3）因重大误解订立的合同。

（4）显失公平的合同。

3. 撤销权的消灭。

（1）除斥期间经过。具有撤销权的当事人自知道或者应当知道撤销事由之日起 1 年内没有行使撤销权（《合同法》第 55 条第 1 项）。

（2）放弃撤销权。具有撤销权的当事人知道撤销事由后明确表示或者以自己的行为放弃撤销权（《合同法》第 55 条第 2 项）。

（四）效力待定的合同

1. 效力待定合同的概念。效力待定合同，是指已经成立的合同，是否发生效力，尚未确定，必须经补正后方可生效的合同。无效合同，合同自始不发生效力；可撤销合同，在撤销前，有效，撤销后，合同无效；效力待定合同，是否有效取决于有权人的意思表示。

2. 效力待定合同的种类。

（1）限制民事行为能力人依法不能独立订立的合同。《合同法》第 47 条规定："限制民事行为能力人订立的合同，经法定代理人追认后，该合同有效，但纯获利益的合同或者与其年龄、智力、精神健康状况相适应而订立的合同，不必经法定代理人追认。相对人可以催告法定代理人在 1 个月内予以追认。法定代理人未作表示的，视为拒绝追认。合同被追认之前，善意相对人有撤销的权利。撤销应当以通知的方式作出。"

（2）无权代理人订立的合同。《合同法》第 48 条规定："行为人没有代理权、超越代理权或者代理权终止后以被代理人名义订立的合同，未经被代理人追认，对被代理人不发生效力，由行为人承担责任。相对人可以催告被代理人在 1 个月内予以追认。被代理人未作表示的，视为拒绝追认。合同被追认之前，善意相对人有撤销的权利。撤销应当以通知的方式作出。"

（3）无处分权人订立的处分他人财产的合同。《合同法》第 51 条规定："无处分权的人处分他人财产，经权利人追认或者无处分权的人订立合同后取得处分权的，该合同有效。"

四、合同的履行

合同的履行，是指债务人或者第三人按照法律的规定和合同的约定，全面、适当地完成各自的合同义务，使合同债权得到实现的行为。

（一）合同履行的原则

全面履行原则；协作履行原则；标的履行原则；情势变更原则。

（二）合同履行的具体规则

1. 约定不明确的合同的履行标准。《合同法》第 61 条规定："合同生效后，当事人就质量、价款或者报酬、履行地点等内容没有约定或者约定不明确的，可以协议补充；不能达成补充协议的，按照合同有关条款或者交易习惯确定。"《合同法》第 62 条规定："当事人就有关合同内容约定不明确，依照本法第 61 条的规定仍不能确定的，适用下列规定：①质量要求不明确的，按照国家标准、行业标准履行；没有国家标准、行业标准的，按照通常标准或者符合合同目的的特定标准履行。②价款或者报酬不明确的，按照订立合同时履行地的市场价格履行；依法应当执行政府定价或者政府指导价的，按照规定履行。③履行地点不明确，给付货币的，在接受货币一方所在地履行；交付不动产的，在不动产所在地履行；其他标的，在履行义务一方所在地履行。④履行期限不明确的，债务人可以随时履行，债权人也可以随时要求履行，但应当给对方必要的准备时间。⑤履行方式不明确的，按照有利于实现合同目的的方式履行。⑥履行费用的负担不明确的，由履行义务一方负担。"

2. 增加的履行费用。《合同法》第 71 条第 2 款规定："债务人提前履行债务给债权人增加的费用，由债务人负担。"第 72 条第 2 款规定："债务人部分履行债务给债权人增加的费用，由债务人负担。"

（三）合同履行的特殊规则

1. 为第三人利益的合同（向第三人履行的合同）。《合同法》第 64 条规定："当事人约定由债务人向第三人履行债务的，债务人未向第三人履行债务或者履行债务不符合约定，应当向债权人承担违约责任。"

2. 由第三人履行的合同。《合同法》第 65 条规定："当事人约定由第三人向债权人履行债务，第三人不履行债务或者履行债务不符合约定，债务人应当向债权人承担违约责任。"

3. 因债权人的原因致使履行债务发生困难。《合同法》第 70 条规定："债权人分立、合并或者变更住所没有通知债务人，致使履行债务发生困难的，债务人可以中止履行或者将标的物提存。"

4. 提前履行。《合同法》第 71 条规定："债权人可以拒绝债务人提前履行债务，但提前履行不损害债权人利益的除外。债务人提前履行债务给债权人增加的费用，由债务人负担。"

5. 部分履行。《合同法》第 72 条规定："债权人可以拒绝债务人部分履行债务，但部分履行不损害债权人利益的除外。债务人部分履行债务给债权人增加的费用，由债务人负担。"

6. 政府定价、指导价的调整。《合同法》第 63 条规定："执行政府定价或者政府指导价的，在合同约定的交付期限内政府价格调整时，按照交付时的价格计价。逾期交付标的物的，遇价格上涨时，按照原价格执行；价格下降时，按照新价格执行。逾期提取标的物或者逾期付款的，遇价格上涨时，按照新价格执行；价格下降时，按照原价格执行。"

（四）双务合同履行中的抗辩权

双务合同履行中的抗辩权，是指在符合法定条件时，一方当事人得对抗对方当事人的履行请求权，暂时拒绝履行自己债务的权利。

1. 同时履行抗辩权。是指在没有先后履行顺序的双务合同中，当事人一方在对方未履行债务或履行债务不符合约定时，得拒绝其相应的履行请求的权利。《合同法》第 66 条规定："当事人互负债务，没有先后履行顺序的，应当同时履行。一方在对方履行之前有权拒绝其履行要求。一方在对方履行债务不符合约定时，有权拒绝其相应的履行要求。"

2. 先（后）履行抗辩权。先履行抗辩权，是指在有先后履行顺序的双务合同中，负有先履行义务的一方未履行债务或履行不符合约定时，后履行一方得拒绝其相应的履行请求的权利。《合同法》第 67 条规定："当事人互负债务，有先后履行顺序，先履行一方未履行的，后履行一方有权拒绝其履行要求。先履行一方履行债务不符合约定的，后履行一方有权拒绝其相应的履行要求。"

3. 不安抗辩权。是指应当先履行债务的当事人，有确切证据证明对方当事人出现经营状况严重恶化等法定的丧失或可能丧失履行债务能力的情形（不安事由）时，得在对方恢复履行能力或提供担保前，暂时中止履行债务的权利。《合同法》第 68 条规定："应当先履行债务的当事人，有确切证据证明对方有下列情形之一的，可以中止履行：①经营状况严重恶化；②转移财产、抽逃资金，以逃避债务；③丧失商业信誉；④有丧失或者可能丧失履行债务能力的其他情形。当事人没有确切证据中止履行的，应当承担违约责任。"

五、合同的保全

（一）合同保全的概念和意义

合同保全，是指为了防止债务人财产不当减少，而允许债权人对债务人的不当行为行使撤销权或对第三人行使代位权以保障债权得以实现的一种法律制度。其意义是：①保障债权人债权的实现；②防止债务人财产不当减少，从而威胁到债权人的利益。

（二）债权人的代位权

1. 代位权的概念。代位权是指当债务人怠于行使其对第三人享有的到期债权而对债权人造成损害时，债权人享有以自己的名义行使债务人对第三人的债权的权利。代位权的性质有：

（1）代位权是债权人间接实现自己债权的权利。

（2）代位权是一种法定权利，其结果直接归于债务人，与委托相似。

（3）代位权是一种请求权。

2. 代位权成立的要件。

（1）债权人的债权必须合法有效。

（2）债务人必须对第三人享有到期债权。

（3）债务人对第三人的债权非专属于债务人自身。如抚养金请求权、抚恤金给付请求权等。

（4）债务人怠于行使对第三人的债权。

（5）债务人怠于行使对第三人的到期债权会对债权人造成损害。

3. 代位权的效力。

（1）对债务人的的效力。债权人是以债务人名义行使权利，因而行使代位权所获得的一切权益归于债务人。

（2）对债权人的效力。主要是债权人在所获得的权益中是否有优先受偿的权利。

（3）对第三人的效力。第三人对债务人的一切抗辩权利都是有效的。

（三）债权人的撤销权

1. 撤销权的概念。撤销权，是指当债务人处分自己财产或权利对债权人造成损害时，债权人享有的请求法院撤销债务人该行为的权利。

撤销权与可撤销合同中一方当事人所享有的撤销权不同，主要区别在：撤销权的效力可以及于第三人，即属于债的扩张；而可撤销合同中当事人的撤销权效力不及于第三人，其结果是合同归于无效。

撤销权是债权人间接实现自己的权利，具有请求权和形成权的效力，兼有诉权和实体权的性质。

2. 撤销权的构成要件。

（1）债务人实施了一定的处分自己财产或权利的行为（处分行为分为有偿处分行为和无偿处分行为）。

（2）债务人实施的处分行为必须发生在债成立之时或成立之后。

（3）债务人实施的处分行为会对债权人造成损害。

（4）债务人和受让人主观上必须有恶意或过错。

对无偿处分行为，债权人可以行使撤销权；对有偿处分行为，要考虑保护第三人利益问题。

六、合同的担保

合同担保是指合同的当事人根据法律规定或双方约定，督促债务人履行债务，实现债权人债权所采取的法律措施。合同的担保可以分为人的担保、物的担保和金钱担保。物的担保将在第三章中介绍。

（一）保证

1. 保证的概念和特征。保证是指保证人与债权人约定，当债务人不履行债务时，保证人按照约定履行债务或承担责任的行为。保证关系中有保证人、债权人和债务人三方当事人，形成三种法律关系。

2. 保证合同。是指保证人与债权人订立的在债务人不履行义务时，由保证人按照约定履行债务或承担责任的协议。

保证合同的当事人是保证人和债权人。根据相关法律规定。保证人必须是具有完全民事行为能力的人并且是具有代偿能力的人。但下列组织不能成为保证人：①国家机关不能成为保证人，但经国家批准为使用外国政府或国际经济组织贷款进行转贷的除外；②学校、幼儿园、医院等以公益为目的的事业单位或社会团体；③企业法人的分支机构，但分支机构在法人的授权下，可以在授权范围内订立保证合同；④其他法律规定的情况。

3. 保证方式。根据《担保法》，担保方式有一般担保和连带责任担保。

（1）一般担保，是指当事人在保证合同中约定债务人不能履行债务时，由保证人承担保证责任的保证方式。

（2）连带责任担保，是指当事人在保证合同中约定，保证人与债务人对债务承担连带责任的保证方式。

4. 保证责任的免除。在下列情况下，保证责任可以免除：①在一般保证中，债权人在合同约定的保证期间内或主债务履行期间届满之日起6个月内未对债务人提起诉讼或申请仲裁的；②在同一债权既有保证也有物的担保的情况下，若债权人放弃物的担保的，保证人在放弃的权利范围内免除责任；③保证期间内，债权人许可债务人转让债务的，而未征得保证人同意的；④债权人与债务人变更主合同，而未征得保证人同意的；⑤在主债务因履行、抵销、免除、混同等原因消灭时。

（二）定金

定金是指一方当事人在订立合同之前，预先给对方一定数额的金钱。《担保法》第 89 条规定："当事人可以约定一方向对方给付定金作为债权的担保。债务人履行债务后，定金应当抵作价款或者收回。给付定金的一方不履行约定的债务的，无权要求返还定金；收受定金的一方不履行约定的债务的，应当双倍返还定金。"

七、合同的变更和解除

（一）合同的变更

1. 合同变更的概念。合同的变更，是指已经成立的合同的主体和内容发生变化。合同变更有广义和狭义之分。合同的变更一般只涉及未履行部分。狭义的合同变更，是指合同内容发生的变化。广义的合同变更，是指除合同内容变化外，还包括合同主体的变化。合同的变更一般指的是狭义的合同变更。

2. 合同变更的条件。根据《合同法》第 77 条，合同变更的条件有：①当事人协商一致，可以变更合同；②合同变更事项，依照法律、行政法规规定需要经国家批准的，应当报原批准机关批准。除上述条件外，还有一些特殊情况：①单方利益合同中，获利方放弃自己利益而变更合同的；②新的法律、法规颁布后，造成的履行不能需要变更合同的；③违约方违约而使合同履行成为不必要，守约方有权解除合同。

3. 合同变更的效力。

（1）原则上仅向将来发生效力。

（2）合同的内容发生改变，为债的履行提供新根据。

（3）不影响当事人要求赔偿损失的权利。《民法通则》第 115 条规定："合同的变更或者解除，不影响当事人要求赔偿损失的权利。"

4. 主合同变更对保证责任的影响。《担保法》第 24 条规定："债权人与债务人协议变更主合同的，应当取得保证人书面同意，未经保证人书面同意的，保证人不再承担保证责任。保证合同另有约定的，按照约定。"最高人民法院《关于适用〈中华人民共和国担保法〉若干问题的解释》（以下简称《担保法解释》）第 6 条第 5 项规定："主合同变更或者债权人将对外担保合同项下的权利转让，未经担保人同意和国家有关主管部门批准的，担保人不再承担担保责任。但法律、法规另有规定的除外。"《担保法解释》第 30 条规定："保证期间，债权人与债务人对主合同数量、价款、币种、利率等内容作了变动，未经保证人同意的，如果减轻债务人的债务的，保证人仍应当对变更后的合同承担保证责任；如果加重债务人的债务的，保证人对加重的部分不承担保证责任。债权人与债务人对主合同履行期限作了变动，未经保证人书面同意的，保证期间为原合同约定的或者法律规定的期间。债权人与债务人协议变动主合同内容，但并未实际履行的，保证人仍应当承担保证责任。"《担保法解释》第 39 条规定："主合同当事人双方协议以新贷偿还旧贷，除保证人知道或者应当知道的外，保证人不承担民事责任。新贷与旧贷系同一保证人的，不适用前款的规定。"

（二）合同的转让

1. 合同转让的概念。合同转让，是指合同的主体发生变化。合同转让的特征：①合同转让是主体发生变化，而合同内容没有发生变化；②合同转让使原合同法律关系消灭，而产生新的合同法律关系；③合同转让是由合同双方当事人与第三人协商完成的。

2. 合同转让的条件。根据《合同法》，债权转让只要债权人同意就可以转让，但债权人应该有通知义务。而债务转让要征得债权人的同意，债权人不同意的，不得转让。

法定转让，是指根据法律、法规的规定而进行的转让，不需要征得任何人的同意，而且法定转让中，债务人不得拒绝承担债务。

（三）合同的解除

1. 合同解除概述。

（1）概念。合同解除，是指依法成立的合同，在履行完毕之前，于具备解除事由时，因当事人一方或双方的意思表示或者裁判机构的裁决而归于消灭。

（2）特征。①以有效成立且继续存在的合同为对象；②须具备解除事由（解除条件）；③须有解除行为；④合同解除的效果是消灭合同关系。

2. 协议解除。《合同法》第 2 条第 1 款规定："本法所称合同是平等主体的自然人、法人、其他组织之间设立、变更、终止民事权利义务关系的协议。"第 93 条第 1 款规定："当事人协商一致，可以解除合同。"

3. 单方解除。

（1）约定解除权。当事人在合同中约定为一方或双方保留解除权。《合同法》第 93 条第 2 款规定："当事人可以约定一方解除合同的条件。解除合同的条件成就时，解除权人可以解除合同。"《合同法》第 45 条第 1 款规定："当事人对合同的效力可以约定附条件。附生效条件的合同，自条件成就时生效。附解除条件的合同，自条件成就时失效。"

（2）法定解除权。一般法定解除，是指法律规定的解除合同的条件适用于所有类型的合同。《合同法》第 94 条："有下列情形之一的，当事人可以解除合同：①因不可抗力致使不能实现合同目的；②在履行期限届满之前，当事人一方明确表示或者以自己的行为表明不履行主要债务；③当事人一方迟延履行主要债务，经催告后在合理期限内仍未履行；④当事人一方迟延履行债务或者有其他违约行为致使不能实现合同目的；⑤法律规定的其他情形。"

4. 解除权及其行使。

（1）解除权的概念。解除权，是指于法定或约定的解除条件出现时，一方当事人可依其单方意思表示将合同解除的权利。

（2）解除权的行使。《合同法》第96条规定："当事人一方依照本法第93条第2款、第94条的规定主张解除合同的，应当通知对方。合同自通知到达对方时解除。对方有异议的，可以请求人民法院或者仲裁机构确认解除合同的效力。法律、行政法规规定解除合同应当办理批准、登记等手续的，依照其规定。"

5. 解除权的消灭。《合同法》第95条规定："法律规定或者当事人约定解除权行使期限，期限届满当事人不行使的，该权利消灭。法律没有规定或者当事人没有约定解除权行使期限，经对方催告后在合理期限内不行使的，该权利消灭。"

6. 合同解除的法律后果。《合同法》第97条规定："合同解除后，尚未履行的，终止履行；已经履行的，根据履行情况和合同性质，当事人可以要求恢复原状、采取其他补救措施、并有权要求赔偿损失。"

八、合同权利义务的终止

（一）合同终止的概念

合同终止，是合同权利义务终止的简称，是指合同因某种事由而使合同效力终结，也称为合同的消灭。根据《合同法》第91条，合同终止的情形有：①债务已经按照约定履行；②合同解除；③债务相互抵消；④债务人依法将标的物提存；⑤债权人免除债务；⑥债权债务归于同一个人；⑦法律规定的或当事人约定终止的其他情形。

（二）合同终止的法律后果

1. 合同终止后，尚未履行的不再履行。已经履行的除个别情况外，没有返还问题，即合同终止原则上没有溯及力，只对将来发生效力。

2. 合同终止后，从属于合同的从债随之消灭，如抵押权、质权、留置权等。

3. 合同终止不影响合同中的结算和清理条款的效力。

4. 合同终止以后，当事人应当遵循诚实信用的原则，履行通知、协助、保密等合同的后义务或合同附随义务。

九、违约责任

（一）违约责任的概念与特征

1. 概念。违约责任，是指债务人不履行合同义务或者履行合同义务不符合法定或约定的条件时，依法应向对方承担的民事责任。

2. 特征。

（1）违约责任是当事人不履行合同义务时产生的民事责任，以合同有效为前提。

（2）违约责任可以由当事人在法律允许的范围内约定。

（3）违约责任是违约方向守约方承担的民事责任（相对性）。

（4）违约责任主要是一种财产责任，具有补偿性。

（二）违约责任的构成要件

1. 一般构成要件：违约行为＋损害＋因果关系。

2. 特殊构成要件：违约行为＋损害＋因果关系＋过错。

（三）免责条件

免责条件，是指法律明文规定的当事人对其不履行合同不必承担违约责任的条件。

1. 一般法定免责条件：不可抗力。《合同法》第118条规定："当事人一方因不可抗力不能履行合同的，应当及时通知对方，以减轻可能给对方造成的损失，并应当在合理期限内提供证明。"《合同法》第117条第1款规定："因不可抗力不能履行合同的，根据不可抗力的影响，部分或者全部免除责任，但法律另有规定的除外。当事人迟延履行后发生不可抗力的，不能免除责任。"《担保法解释》第122条规定："因不可抗力、意外事件致使主合同不能履行的，不适用定金罚则。因合同关系以外第三人的过错，致使主合同不能履行的，适用定金罚则。……"

2. 特别法定免责条件。

（1）标的物本身的自然性质、合理损耗。《合同法》第218条规定："承租人按照约定的方法或者租赁物的性质使用租赁物，致使租赁物受到损耗的，不承担损害赔偿责任。"《合同法》第311条规定："承运人对运输过程中货物的毁损、灭失承担损害赔偿责任，但承运人证明货物的毁损、灭失是因不可抗力、货物本身的自然性质或者合理损耗以及托运人、收货人的过错造成的，不承担损害赔偿责任。"

（2）债权人自身的原因（过错）。《合同法》第278条规定："隐蔽工程在隐蔽以前，承包人应当通知发包人检查。发包人没有及时检查的，承包人可以顺延工程日期，并有权要求赔偿停工、窝工等损失。"第302条规定："承运人应当对运输过程中旅客的伤亡承担损害赔偿责任，但伤亡是旅客自身健康原因造成的或者承运人证明伤亡是旅客故意、重大过失造成的除外。前款规定适用于按照规定免票、持优待票或者经承运人许可搭乘的无票旅客。"第311条规定："承运人对运输过程中货物的毁损、灭失承担损害赔偿责任，但承运人证明货物的毁损、灭失是因不可抗力、货物本身的自然性质或者合理损耗以及托运人、收货人的过错造成的，不承担损害赔偿责任。"第370条规定："寄存人交付的保管物有瑕疵或者按照保管物的性质需要采取特殊保管措施的，寄存人应当将有关情况告知保管人。寄存人未告知，致使保管物受损失的，保管人不承担损害赔偿责任；保管人因此受损失的，除保管人知道或者应当知道并且未采取补救措施的以外，寄存人应当承担损害赔偿责任。"

（四）违约责任的方式

1. 强制履行。也称强制实际履行、继续履行、特定履行，是指债务人违约后，如债务履行仍有可能时，债权人可请求其继续履行。《合同法》第109条规定："当事人一方未支付价款或者报酬的，对方可以要求其支付价款或者报酬。"《合同法》第110条规定："当事人一方不履行非金钱债务或者履行非金钱债务不符合约定的，对方可以要求履行，但有下列情形之一的除外：①法律上或者事实上不能履行；②债务的标的不适于强制履行或者履行费用过高；③债权人在合理期限内未要求履行。"

2. 赔偿损失。

（1）概念。赔偿损失，是指一方违约时依法应当承担的赔偿对方所受损失的责任。

（2）类型。

第一，约定赔偿、一般法定赔偿与特别法定赔偿。约定赔偿。《合同法》第114条第1款规定："当事人可以约定一方违约时应当根据违约情况向对方支付一定数额的违约金，也可以约定因违约产生的损失赔偿额的计算方法。"一般法定赔偿。《合同法》第113条第1款规定："当事人一方不履行合同义务或者履行合同义务不符合约定，给对方造成损失的，损失赔偿额应当相当于因违约所造成的损失，包括合同履行后可以获得的利益，但不得超过违反合同一方订立合同时预见到或者应当预见到的因违反合同可能造成的损失。"特别法定赔偿。《消费者权益保护法》第55条规定："经营者提供商品或者服务有欺诈行为的，应当按照消费者的要求增加赔偿其受到的损失，增加赔偿的金额为消费者购买商品的价款或者接受服务的费用的3倍……"

第二，迟延赔偿与填补赔偿。迟延赔偿，是针对迟延履行给债权人造成的损失所作的赔偿。《合同法》第112条规定："当事人一方不履行合同义务或者履行合同义务不符合约定的，在履行义务或者采取补救措施后，对方还有其他损失的，应当赔偿损失。"填补赔偿，是指在不能履行等场合代替本来给付的损害赔偿。《合同法》第113条第1款规定："当事人一方不履行合同义务或者履行合同义务不符合约定，给对方造成损失的，损失赔偿额应当相当于因违约所造成的损失，包括合同履行后可以获得的利益……"

（3）完全赔偿原则。是指除法律另有规定或当事人另有约定外，债务人对因其违约行为给债权人造成的全部损失，都应当予以赔偿。《合同法》第113条第1款规定："当事人一方不履行合同义务或者履行合同义务不符合约定，给对方造成损失的，损失赔偿额应当相当于因违约所造成的损失，包括合同履行后可以获得的利益……"

3. 支付违约金。违约金，是指根据法律规定或合同约定，一方当事人在违约时应向对方支付的一定数额的金钱或其他给付（准违约金）。《合同法》第114条第1款规定："当事人可以约定一方违约时应当根据违约情况向对方支付一定数额的违约金，也可以约定因违约产生的损失赔偿额的计算方法。"

4. 定金。是指当事人为了担保合同的成立或履行等目的，由一方预先向对方给付的一定数量的金钱或其他替代物。《合同法》第115条规定："当事人可以依照《中华人民共和国担保法》约定一方向对方给付定金作为债权的担保。债务人履行债务后，定金应当抵作价款或者收回。给付定金的一方不履行约定的债务的，无权要求返还定金；收受定金的一方不履行约定的债务的，应当双倍返还定金。"《担保法》第89条规定："当事人可以约定一方向对方给付定金作为债权的担保。债务人履行债务后，定金应当抵作价款或者收回。给付定金的一方不履行约定的债务的，无权要求返还定金；收受定金的一方不履行约定的债务的，应当双倍返还定金。"《担保法解释》第120条规定："因当事人一方迟延履行或者其他违约行为，致使合同目的不能实现，可以适用定金罚则。但法律另有规定或者当事人另有约定的除外。当事人一方不完全履行合同的，应当按照未履行部分所占合同约定内容的比例，适用定金罚则。"《担保法解释》第122条规定："因不可抗力、意外事件致使主合同不能履行的，不适用定金罚则。因合同关系以外第三人的过错，致使主合同不能履行的，适用定金罚则。受定金处罚的一方当事人，可以依法向第三人追偿。"

5. 价格制裁。《合同法》第63条规定："执行政府定价或者政府指导价的，在合同约定的交付期限内政府价格调整时，按照交付时的价格计价。逾期交付标的物的，遇价格上涨时，按照原价格执行；价格下降时，按照新价格执行。逾期提取标的物或者逾期付款的，遇价格上涨时，按照新价格执行；价格下降时，按照原价格执行。"

第三节　物　权　法

一、物权总论

（一）物权概述

1. 物权的概念和特征。根据《物权法》，物权是指权利人对特定的物享有直接支配和排他的权利，包括所有权、用益物权和担保物权。物权是和债权对应的一种民事权利，它们共同组成民法中最基本的财产形式。与债权相比，物权具有如下特征：①物权的权利主体是特定的，而义务主体是不特定的。②物权的内容是直接支配一定的物，并排斥他人干涉，在性质上属支配权和绝对权。③物权的客体是物，但特殊情形下权利也可以作为物权的客体。

2. 物权的种类。在我国民法理论上，对物权通常作如下分类：①所有权与他物权。他物权是指所有权以外的物权，亦称定限物权。它是所有权权能与所有权人发生分离，由所有权人以外的人，即他物权人对物享有一定程度的直接支配权，包括用益物权和担保物权。②动产物权和不动产物权。

3. 物权的效力。由于物权是权利人直接支配其标的物的排他性权利。根据物权的这种性质，它具有优先效力、追及效力和物上请求权的效力。①物权的优先效力。也称为物权的优先性，其主要指同一标的物上有数个利益冲突的权利并存时，效力强的权利排斥效力弱的权利的实现。这种效力的强弱既体现在物权与债权之间，也体现在物权与物权之间。前者是指当物权与债权并存时，物权优先于债权。后者是指同一物上有数个物权并存时，先设立的物权优先于后设立的物权。②追及效力。物权的追及效力，是指物权的标的物不管辗转流入什么人的手中，物权人都可以依法向物的不法占有人索取，请求其返还原物。债权原则上不具有追及效力。债权的标的物在没有移转所有权之前，债务人将标的物转让并由第三人占有时，债权人不得请求物的占有人返还财产，只能请求债务人履行债务和承担违约责任。物权的追及效力可被善意取得制度切断。③物上请求权。关于物上请求权，详见"物权的保护"。

4. 物权的基本原则。《物权法》对物权的规定体现了如下三个原则：①物权法定原则。物权法定原则包括两个方面的内容：一是物权种类法定。即当事人不得自由创设法律未规定的新种类的物权。二是物权内容法定。即物权的内容都由法律明文规定，当事人不得在物权中自由创设新的内容。需要特别指出的是，虽然物权法定，但是双方当事人之间设立物权的法律关系本身完全可以是意定的。也就是说，违反物权法定原则并不当然导致当事人的约定无效。②一物一权原则。

一物一权原则包括以下几项内容：一是一个所有权的客体仅为一个独立物。二是一个独立物上只能存在一个所有权。③公示、公信原则。所谓公示，是指物权的权利状态必须通过一定的公示方法向社会公开，使第三人在物权变动时，知道权利状态，维护交易安全。《物权法》规定，不动产物权的设立、变更、转让和消灭，应当依照法律规定登记。动产物权的设立和转让，应当依照法律规定交付。所谓公信，是指当物权依据法律规定进行了公示，即使该公示方法表现出来的物权存在瑕疵，对于信赖该物权存在并已从事物权交易的人，法律承认其法律效果，以保护交易安全。公信原则赋予公示内容以公信力。《物权法》第106条的规定就是公信原则的体现。

（二）物权的变动

1. 基于法律行为的不动产物权变动。《物权法》规定，不动产物权的设立、变更、转让和消灭，经依法登记，发生效力；未经登记，不发生效力，但法律另有规定的除外。根据这条规定，我国的不动产物权的变动原则上采取的是登记生效主义。即不动产物权的各种变动不仅需要当事人的法律行为，而且需要登记。所谓"法律另有规定的除外"，主要是指下列情形：①《物权法》第9条第2款规定，依法属于国家所有的自然资源，所有权可以不登记。②《物权法》第二章第三节规定的非基于法律行为发生的物权变动。③根据现行法律的规定以及国家的实际情况，《物权法》特别规定，特别物权的变动不以登记为生效要件，而是以登记为对抗要件，这些情形主要有：①土地承包经营权的设立。②地役权的设立。

2. 基于法律行为的动产物权变动。《物权法》规定，动产物权的设立和转让，自交付时发生效力，但法律另有规定的除外。可见，当事人虽然就动产物权变动达成协议，但在尚未实际交付标的物以前，动产物权并不发生变动。不过，根据《物权法》，对于船舶、航空器和机动车这些贵重动产，所有权虽采用交付方式即可发生移转，但是如果要发生对抗善意第三人的效力，则应当办理登记。在法律上，交付是指将物或提取标的物的凭证移转给他人占有的行为。交付通常指现实交付，即直接占有的移转。但除了直接交付以外，还有以下几种方式的交付，它们也发生与现实交付同样的法律效果：①简易交付。动产物权设立和转让前，权利人已经依法占有该动产的，物权自法律行为生效时发生效力。②指示交付。动产物权设立和转让前，第三人依法占有该动产的，负有交付义务的人可以通过转让请求第三人返还原物的权利代替交付。③占有改定。所谓占有改定，是指动产物权的让与人与受让人之间特别约定，标的物仍然由出让人继续占有，而受让人则取得对标的物的间接占有以代替标的物的实际交付。这样在双方达成物权让与合意时，视为已经交付。④拟制交付。出让人将提取标的物的权利凭证交付给受让人，以代替物的现实交付。

3. 非基于法律行为的物权变动。是指因为法律规定的原因，如继承、法院生效判决、征收等事实导致物权的产生、变更和消灭。①因法院、仲裁委员会的法律文书引起的物权变动。根据《物权法》第 28 条的规定，因人民法院、仲裁委员会的法律文书导致物权设立、变更、转让或者消灭的，自法律文书生效时发生效力。②因继承和受遗赠取得物权。根据《物权法》第 29 条的规定，因继承或者受遗赠取得物权的，自继承或者受遗赠开始时发生效力。③因合法建造房屋、拆除住房等事实行为引起物权发生变动。根据《物权法》第 30 条的规定，因合法建造、拆除房屋等事实行为设立或者消灭物权的，自事实行为成就时发生效力。④因征收引起的物权变动。所谓征收，就是指国家为了公共利益的需要，在依法作出补偿的前提下，利用公权力强制性地将集体或私人所有的财产征归国有的行为。根据《物权法》，因征收导致物权发生变动的，自征收决定生效时发生效力。需要注意的是，依照上述情形发生物权变动的，取得物权时虽然不需要登记，但当事人在处分该物权时，仍需依照法律规定先办理登记，即将不动产物权登记于自己名下，然后才能完成转让。未经登记，不发生物权效力。

4. 不动产登记制度。不动产登记是指国家登记机构将不动产物权变动的事项记载于不动产登记簿并供公众查阅。《物权法》将登记作为不动产物权的公示方式，除了变更登记外，还规定了如下几种特殊登记制度：①更正登记。所谓更正登记，是指权利人、利害关系人认为不动产登记簿记载的事项有错误时，经其申请，经过权利人书面同意更正或者有证据证明登记确有错误的，登记机构对错误事项进行更正的登记。②异议登记。所谓异议登记，就是指利害关系人对不动产登记簿记载的物权归属等事项有异议的，可以通过异议登记以保护其权利。③预告登记。所谓预告登记，是与本登记相对应的概念，它是指为确保债权的实现、保障将来实现物权等目的，按照约定向登记机构申请办理的预先登记。《物权法》第 21 条规定："当事人提供虚假材料申请登记，给他人造成损害的，应当承担赔偿责任。因登记错误，给他人造成损害的，登记机构应当承担赔偿责任。登记机构赔偿后，可以向造成登记错误的人追偿。"

（三）物权的保护

1. 物权保护概述。所谓物权保护，就是指在物权遭到侵害的情况下，采用法律规定的维护物权人的利益、保障权利人不受侵害的各种保护方法。根据《物权法》第 32 条，在物权受到侵害时，权利人首先可以采用诉讼外和解的方式，即通过相互协商解决有关物权的争议，也可以通过专门的调解机构或者通过司法机关、仲裁机关具有法律效力的调解来解决其有关物权的争议，还可以通过诉讼解决其纠纷。

2. 物权确认请求权。所谓物权确认请求权，是指利害关系人在对物权归属和内容发生争议时，有权请求确认物权归属、明确权利内容。我国《物权法》第33条对此作出了专门规定："因物权的归属、内容发生争议的，利害关系人可以请求确认权利。"可见，物权的确认包括两方面的内容：①对物权归属的确认；②对物权内容的确认。

3. 物权请求权。所谓物权请求权，是指权利人为恢复物权的圆满状态或者防止侵害的发生，请求义务人为一定行为或者不为一定行为的权利。具体包括返还原物请求权、排除妨碍请求权和消除危险请求权。与债权请求权相比，物权请求权有三个特点：①不以相对人的过错为构成要件。例如：甲、乙为邻居，乙所有的树木被台风刮到甲院内。甲可对无过错的乙行使排除妨害请求权，乙（作为树木的所有权人）亦可对无过错的甲行使返还原物请求权。②不以物权人遭受财产损失为构成要件。只要物权遭受侵害或者具有遭受侵害的现实危险，即可成立物权请求权。③在我国，物权请求权不适用诉讼时效。

二、所有权制度

（一）所有权概述

1. 所有权的概念和内容。所有权，是指所有人依法对自己的财产享有的占有、使用、收益和处分的权利。可见，所有权包括四项权能，即占有权、使用权、收益权和处分权。

2. 所有权的取得方式。所有权的取得，是指民事主体获得所有权的合法方式和根据。所有权的合法取得方式可分为原始取得与继受取得两种。继受取得，又称传来取得，是指通过某种法律行为从原所有人那里取得对某项财产的所有权。这种方式是以原所有人对该项财产的所有权作为取得的前提条件。继受取得的根据主要包括：买卖合同、赠与、互易、继承、受遗赠和其他合法原因。原始取得，是指根据法律规定，最初取得财产的所有权或不依赖于原所有人的意志而取得财产的所有权。原始取得的根据主要包括：劳动生产、收益；征收；善意取得；添附；没收；遗失物的拾得；漂流物的拾得、埋藏物和隐藏物的发现。

3. 所有权的种类。所有权的种类就是指所有权的不同类型，所有权的种类是对所有制形式的反映。在我国，所有权的形式主要有国家所有权、集体组织所有权和公民个人所有权，这是我国现阶段所有权的三种基本形式。

（二）业主的建筑物区分所有权

1. 业主的建筑物区分所有权的概念。所谓业主的建筑物区分所有权，是指业主对建筑物内的住宅、经营性用房等专有部分享有所有权，对专有部分以外的共有部分享有共有和共同管理的权利。

2. 专有权。所谓专有部分所有权，简称为专有权，是指区分所有人对其建筑物内的住宅、经营性用房等专有部分所享有的单独所有权。所谓专有部分，是指具有构造上及使用上的独立性，并能够成为分别所有权客体的部分。

3. 共有权。所谓建筑物区分所有人对共有部分的共有权，是指区分所有人依据法律、合同以及区分所有人之间的规约，对建筑物的共用部分、基地使用权、小区的公共场所和公共设施等所共同享有的财产权利。业主对建筑物专有部分以外的共有部分，享有权利，承担义务；不得以放弃权利不履行义务。

4. 共同管理权。所谓共同管理权，是指业主基于专有部分的所有权从而依法享有对业主的共同财产和共同事务进行管理的权利。

（三）相邻关系

1. 相邻关系的概念和特征。相邻关系，是指两个或两个以上相互毗邻的不动产的所有人或使用人，在行使不动产的所有权或使用权时，因相邻各方应当给予便利和接受限制而发生的权利义务关系。在法律上，相邻关系具有以下特点：①相邻关系是依据法律的规定而产生的。②相邻关系的主体必须是两个或两个以上的人，因为一人不可能构成相邻。③相邻关系因种类不同而具有不同的内容。④相邻关系的客体主要是行使不动产权利所体现的利益。

2. 相邻关系的种类。相邻关系产生的原因很多，种类复杂。主要的相邻关系有以下几方面：①因用水、排水产生的相邻关系。②因通行所产生的相邻关系。③因建造、修缮建筑物以及铺设管线所形成的相邻关系。④因通风、采光而产生的相邻关系。⑤因保护环境所产生的相邻关系。⑥因挖掘土地、建造建筑物等发生的相邻关系。

3. 处理相邻关系的原则。在处理相邻关系时，应注意如下原则：①依据法律、法规和习惯处理相邻关系。②团结互助、兼顾各方的利益。③有利生产、方便生活。④公平合理。⑤依法给予补偿。

（四）共有和准共有

1. 共有的概念和特征。所谓共有，是指某项财产由两个或两个以上的权利主体共同享有所有权。共有的法律特征是：①共有的主体不是一个而是两个或两个以上的公民或法人。②共有的客体即共有物是特定的，它可以是独立物，也可以是集合物。③在内容方面，共有人对共有物按照各自的份额享有权利并承担义务，或者平等地享有权利、承担义务。共有可以分为按份共有和共同共有，共有人对共有的不动产或者动产没有约定为按份共有或者共同共有，或者约定不明确的，除共有人具有家庭关系等外，视为按份共有。

2. 按份共有。又称分别共有，是指两个或两个以上的共有人按照各自的份额分别对共有财产享有权利和承担义务的一种共有关系。其特征是：①按份共有人有权依其份额对共有财产享有占有、使用和收益权。②按份共有人有权按照约定管理其共有财产。③按份共有人均享有物权请求权。④按份共有人有权处分其份额。⑤按份共有人享有优先购买权。⑥全体共有人或者持有份额占共有财产 2/3 以上的共有人有权处分共有财产。

3. 共同共有。共同共有是指两个或两个以上的公民或法人，根据某种共同关系而对某项财产不分份额地共同享有权利并承担义务。在我国，共同共有的基本形式有两种，即夫妻共有财产和家庭共有财产。共同共有的特征是：①共同共有根据共同关系而产生，以共同关系的存在为前提。②在共同共有中，共有财产不分份额。③在共同共有中，各共有人平等地享受权利和承担义务。

4. 因共有财产而产生的共同债务。就是指因共有的不动产和动产所产生的债权债务关系。因共有的不动产或者动产产生的债权债务，在对外关系上，共有人享有连带债权、承担连带债务，但法律另有规定或者第三人知道共有人不具有连带债权债务关系的除外；在共有人内部关系上，除共有人另有约定外，按份共有人按照份额享有债权、承担债务，共同共有人共同享有债权、承担债务。偿还债务超过自己应当承担份额的按份共有人，有权向其他共有人追偿。

5. 共有财产的分割。所谓共有财产的分割，就是在共有关系存续期间内，共有人请求按照一定的份额或者均等地分割共有财产为每个共有人所有。共有人可以协商确定分割方式。达不成协议的，共有的不动产或者动产可以分割并且不会因分割减损价值的，应当对实物予以分割；难以分割或者因分割会减损价值的，应当对折价或者拍卖、变卖取得的价款予以分割。

6. 准共有。所谓准共有，是指两个以上单位、个人共同享有用益物权、担保物权等权利。准共有与一般共有不同，其特点在于：①准共有是所有权之外的共有。②准共有的客体主要包括各种他物权。③准共有的有关规则，应当参照法律关于共有的规定。

三、用益物权制度

（一）用益物权概述

1. 用益物权的含义。用益物权是对他人之物在一定范围内使用、收益的定限物权。由此可见：①用益物权以不动产、动产为权利客体。②用益物权以占有、使用、收益为其权利内容。③用益物权是在他人所有之物上设立的权利，是一种他物权。④用益物权的权能并不完全，是一种定限物权。

2. 用益物权的体系。用益物权起源甚早，其种类和内容因历史传统、国情地域不同而不同，深具固有法色彩。我国《物权法》在第三编对用益物权进行了科学化、体系化的整合，确立了土地承包经营权、建设用地使用权、宅基地使用权和地役权四种主要的用益物权。

3. 准物权。是指自然人、法人或者其他组织依法享有的对特定空间内的自然资源进行开发和利用的权利，包括海域使用权、探矿权、采矿权、取水权、养殖权、捕捞权等。由于这些权利的设定、流转、内容和效力等大多通过《海域使用管理法》、《矿产资源法》、《水法》、《渔业法》等特别法加以规定，因此也被称为特别法上的物权，也有学者基于其需通过行政许可的方式取得，而称之为特许物权。

（二）土地承包经营权

1. 土地承包经营权概述。土地承包经营权，又称农村土地承包经营权，是指农业生产经营者以从事农业生产为目的，对集体所有或国家所有的由农民集体使用的土地进行占有、使用和收益的权利。土地承包经营权是 20 世纪 70 年代末期我国农村经济体制改革后实行家庭联产承包责任制而产生的一项权利。

2. 土地承包经营权的取得。土地承包经营权的取得有两种方式：基于法律行为取得和基于法律行为以外的原因取得。前者是指当事人通过订立土地承包经营合同而设定土地承包经营权，这是目前取得土地承包经营权的最主要的方式。后者是基于继承等其他原因取得。我国《农村土地承包法》对于土地承包经营权的继承采取了两种不同的规定：对于家庭承包的，只有林地承包的承包人死亡，其继承人才可以在承包期内继续承包，而耕地或草地等农用地上的土地承包经营权不能继承。

3. 土地承包经营权的流转。是指土地承包经营权人将土地承包经营权或其中的部分权能转移给他人的行为。以家庭联产承包的方式取得的土地承包经营权，在承包经营期限范围内，承包权人有权根据法律规定，采取转包、互换、转让等方式流转土地承包经营权，流转的期限不得超过承包期的剩余期限。通过招标、拍卖、公开协商等方式承包荒地等农村土地，依照农村土地承包法等法律和国务院的有关规定，其土地承包经营权可以转让、入股、抵押或者以其他方式流转。在承包期内，承包地被征收的，土地承包经营权人有权依照法律规定获得相应补偿。

（三）建设用地使用权

1. 建设用地使用权概述。建设用地使用权，是指民事主体依法对国家所有的土地享有占有、使用和收益的权利。建设用地使用权是从国家土地所有权中分离出来的一项民事权利。建设用地使用权独立于土地所有权而存在。建设用地使用权可以在土地的地表、地上或者地下分别设立。新设立的建设用地使用权，不得损害已设立的用益物权。

2. 建设用地使用权的设立。建设用地使用权的取得方式有出让、划拨等方式。其中划拨是无偿取得使用权的方式，因此法律严格限制以划拨方式设立建设用地使用权。《物权法》规定，凡是工业、商业、旅游、娱乐和商品住宅等经营性用地，都应当采取招标、拍卖等公开竞价的方式出让。建设用地使用权的设立还必须向登记机构办理登记，登记是建设用地使用权设立的条件。

3. 建设用地使用权的流转。权利人取得建设用地的使用权后，除法律另有规定的以外，有权将建设用地使用权转让、互换、出资、赠与或者抵押。在转让、互换、出资或者赠与时，附着于该土地上的建筑物、构筑物及其附属设施一并处分。另外，当建筑物、构筑物及其附属设施转让、互换、出资或者赠与的，该建筑物、构筑物及其附属设施占用范围内的建设用地使用权一并处分。

4. 建设用地使用权的消灭。依现行规则，建设用地使用权消灭的事由主要包括：①存续期间届满。②国家因公共利益征收土地。③土地灭失。④建设用地使用权被收回。⑤其他消灭事由。《物权法》规定，如果建设用地使用权用于住宅建设的，则当住宅建设用地使用权期间届满的，可以自动续期。

（四）宅基地使用权

1. 宅基地使用权概述。宅基地使用权，是指以建造住宅及附属设施为目的，对集体所有的土地进行占有和使用的权利。宅基地使用权具有如下特性：①宅基地使用权的主体具有特定性，原则上限于农村居民。②宅基地使用权客体具有特定性，限于集体所有土地。③宅基地使用权的内容具有特定性，仅限于依法建造并保有个人住宅及其附属设施。④宅基地使用权的初始取得具有无偿性。⑤宅基地使用权没有期限限制。

2. 宅基地使用权的设立。依他物权取得的原理，他物权的设立大多依赖于设定他物权的合同，但宅基地使用权通常由村民提出申请，再由有关组织根据一户一宅的原则通过批准程序进行设立。

3. 宅基地使用权的流转。我国不允许宅基地使用权的单独流转，但是同一集体组织的农村村民之间转让私有房屋并不为法律所禁止，因此，宅基地使用权也可以通过房屋转让而一并取得，但不得违反一户一宅的原则。

4. 宅基地使用权的消灭。宅基地使用权因以下事由而消灭：①宅基地因自然原因灭失。②宅基地的收回和调整。③宅基地被征收。④其他原因。

（五）地役权

1. 地役权概述。地役权是指不动产权利人为某特定不动产的便利而使用他人不动产，使其负一定负担的物权。与其他用益物权相比，地役权具有如下特征：①从属性，即地役权不得与需役地相分离单独转让，地役权也不得与需役地的所有权或使用权相分离，作为其他权利的标的。②不可分性，即地役权存在于需役地和供役地的全部，不能分割为各个部分或仅仅以一部分而单独存在。

2. 地役权的设立。地役权自地役权合同生效时设立。当事人要求登记的，可以向登记机构申请地役权登记；未经登记，不得对抗善意第三人。可见，我国对地役权的设定采用的是登记对抗主义。

3. 地役权的转让。地役权是一种从属性权利，因此地役权不能够被单独地转让。

4. 地役权的消灭。地役权是一种不动产物权，不动产物权的一般消灭事由（如期限届满、抛弃、混同、约定的消灭事由发生）当然适用于地役权。地役权消灭的特殊事由主要有：①供役地或需役地的灭失。②地役权的目的事实上已不能实现。③供役地人依法解除合同。如果地役权人滥用地役权或者约定的付款期间届满后在合理期限内经两次催告未支付费用的，供役地权利人有权解除合同使得地役权消灭。

四、担保物权制度

（一）担保物权概述

1. 担保物权的概念。担保物权是指以确保债务的清偿为目的，于债务人或者第三人所有的物或者权利之上所设定，以取得担保作用的一种定限物权。由此可见：①担保物权以确保债权清偿为目的。②担保物权是在他人的物或者权利上设立的权利。③担保物权是一种定限物权。与其他担保制度相比，担保物权具有如下特征：①从属性，即担保物权以主债成立为前提，随主债的转移而转移，并随主债的消灭而消灭。即具有成立、转移、消灭上的从属性。②不可分性，即其所担保的债权的债权人可就担保物的全部行使其权利。③物上代位性，即在担保期间，担保财产毁损、灭失或者被征收等，担保物权人可以就获得的保险金、赔偿金或者补偿金等优先受偿。

2. 担保物权的分类。根据不同的标准，担保物权可作如下分类：①法定担保物权与约定担保物权。②移转占有型担保物权与非移转占有型担保物权。③动产担保物权、不动产担保物权与权利担保物权。④登记担保物权与非登记担保物权。⑤留置性担保物权与优先受偿性担保物权。⑥保全型担保物权与投资型担保物权。

3. 担保物权的效力。担保物权的担保范围包括主债权及其利息、违约金、损害赔偿金、保管担保财产和实现担保物权的费用。

4. 担保物权的消灭。引起担保物权消灭的法律事实，即担保物权的消灭原因。根据我国《物权法》，担保物权的消灭原因有以下几种：①主债权的消灭。②担保物权实现。③债权人放弃担保物权。④法律规定担保物权消灭的其他情形。

（二）抵押权

1. 抵押权概述。抵押权是指债权人对于债务人或第三人提供的、不移转占有而作为债务履行担保的财产，在债务人不履行债务或发生当事人约定的实现抵押权的情形时，可就该财产折价或者就拍卖、变卖该财产的价款优先受偿的权利，包括：①不动产抵押权。②权利抵押权。③动产抵押权。

2. 抵押权的设定。①抵押合同。抵押权的设定应当由双方当事人签订抵押合同。抵押当事人是抵押关系的主体，即抵押关系中享有权利和承担义务的抵押权人和抵押人。当事人在债务履行期届满前，不得与抵押人约定债务人不履行到期债务时，抵押财产归债权人所有。如抵押合同有此条款，则该条款无效，即"流押条款无效"。流押条款无效不影响抵押合同其他条款的效力。②办理抵押登记。抵押登记是指登记机关根据当事人的申请，依照法定程序，将抵押财产上设定的抵押权及抵押权变更、终止等记载于特定的抵押财产登记簿上的行为。我国对于不动产抵押权和权利抵押权采取登记生效主义，对于动产抵押权采取登记对抗主义。

3. 抵押权的效力。抵押权的效力分为对物的效力和对人的效力。前者是指抵押标的物的范围，除当事人另有约定外，抵押物的范围是：①抵押财产。②从物、从权利。③孳息。④代位物。⑤添附物。后者是指对当事人的效力，即抵押权对抵押权人的效力和对抵押人的效力。抵押权可对抵押权人产生如下效力：①抵押权人的优先受偿权。②抵押权人的顺位权。③抵押权人的保全权。④抵押权人的处分权。抵押权可对抵押人产生如下效力：①抵押人对抵押财产的处分权。②抵押人的出抵权。③抵押人的出租权。④抵押人的收益权。⑤抵押人的追偿权。

4. 抵押权的实现。所谓抵押权的实现，是指抵押物所担保的债权已到清偿期而债务人未履行债务时，抵押权人可以行使抵押权，以抵押物的价值优先受偿。《物权法》规定，债务人不履行到期债务或者发生当事人约定的实现抵押权的情形时，抵押权人可以与抵押人协议以抵押财产折价或者以拍卖、变卖该抵押财产所得的价款优先受偿。协议损害其他债权人利益的，其他债权人可以在知道或者应当知道撤销事由之日起 1 年内请求人民法院撤销该协议。如果同一财产向两个以上债权人抵押的，拍卖、变卖抵押物所得的价款按照以下规定清偿：①抵押权已登记的，按照登记的先后顺序清偿；顺序相同的，按照债权比例清偿。②抵押权已登记的先于未登记的受偿。③抵押权均未登记的，按照债权比例清偿。当抵押权与其他物权并存时，也存在位序问题：①同一财产法定登记的抵押权与质权并存时，抵押权人优先于质权人受偿。②同一财产抵押权与留置权并存时，留置权人优先于抵押权人受偿。③如果同一财产有抵押权与《合同法》第 286 条规定的优先受偿权并存时，《合同法》第 286 条规定的优先受偿权优先于抵押权。根据《物权法》第 202 条，抵押权人应当在主债权诉讼时效期间行使抵押权；未行使的，人民法院不予保护。

5. 最高额抵押权。最高额抵押，是指为担保债务的履行，债务人或者第三人对于一定期间内将要连续发生的债权提供担保财产，债务人不履行到期债务或者发生当事人约定的实现抵押权的情形的，抵押权人有权在最高债权额限度内就该担保财产优先受偿。根据我国《物权法》，最高额抵押权的确定事由主要有以下几类：①债权确定期间届满。②新的债权不可能发生。③抵押财产被查封、扣押。④债务人、抵押人被宣告破产或者被撤销。⑤法律规定债权确定的其他情形。

6. 动产浮动抵押权。根据我国《物权法》第 181 条，动产浮动抵押权是指企业、个体工商户、农业生产经营者以现有及将有的生产设备、原材料、半成品、产品抵押，债务人不履行到期债务或者发生当事人约定的实现抵押权的情形时，债权人有权就实现抵押权时的动产优先受偿的权利。浮动抵押最大的制度价值在于，赋予抵押人对抵押财产的自由处分权，使抵押人既能获得来自于债权人的资金支持，又能使自己的正常经营免受不利影响。浮动抵押权设定后，因抵押人可对抵押物自由处分，抵押物具有不特定性，其形态变动不居，价值飘浮不定。

（三）质权

1. 质权概述。质权是指债务人或第三人将出质的财产或权利交债权人占有或控制，作为债权的担保，在债务人不履行债务或者发生当事人约定的实现质权的情形时，债权人以该财产或权利折价或拍卖、变卖所得价款优先受偿的权利。质权的特征是：①质权以占有为公示方法。②质权的标的为动产或财产权利，但不包括不动产。③质权具有留置效力，并就标的物直接支配以实现质权。

2. 动产质权。这是指债务人或者第三人将其动产移交债权人占有，将该动产作为债权的担保，债务人不履行债务时，债权人依法以该动产折价或者以拍卖、变卖该动产的价款优先受偿的权利。

（1）动产质押的设立：①出质人和质权人应当以书面形式订立质押合同。和抵押合同一样，《物权法》规定，出质人和质权人不得在合同中约定在债务履行期届满质权人未受清偿时，质物的所有权转移为质权人所有。但该条款无效不影响质押合同其他部分的效力。②移转动产的占有。仅有质押合同的生效并不能发生质权，只有出质人将出质的动产移交给债权人占有，质权才能成立。在质押期间，质权人也必须控制质押物的占有。

（2）动产质押的效力。动产质权对于出质人而言，会产生如下效力：一是动产出质后，出质人仍享有质物的所有权，但其处分权受到限制。二是债务履行期届满，出质人请求质权人及时行使权利，而质权人怠于行使权利致使质物价格下跌的，由此造成的损失，质权人应当承担赔偿责任。动产质权对于质权人而言，会产生如下效力：①占有质物。②收取质物的孳息。质权人收取孳息，并非取得孳息所有权，而是将孳息作为质押标的。③质物转质权。经过同意的转质，称为承诺转质，承诺转质只能在原质权担保的债权范围内设定，超过的部分不具有优先受偿的效力。转质权的效力优先于原质权。未经同意的转质成为责任转质。《物权法》规定，未经同意的转质，质权人对因转质而发生的损害承担赔偿责任。④因不能归责于质权人的事由可能使质押财产毁损或者价值明显减少，足以危害质权人权利的，质权人有权要求出质人提供相应的担保；出质人不提供的，质权人可以拍卖、变卖质押财产，并与出质人通过协议将拍卖、变卖所得的价款提前清偿债务或者提存。

（3）动产质权的实现。这是指质权人于其债权已届受偿期而未受偿，或者发生当事人约定的实现质权的情形时，以质押财产的价值受偿。动产质权的实现方法有三种，即折价、拍卖、变卖。

3. 权利质权。这是指以所有权以外的可让与财产权为标的而设定的质权。在社会财富的类型逐渐由以有体财产为主转化为以权利为主的情况下，权利质权制度尤为重要。可以出质的权利必须满足如下条件：①须为财产权。②须有让与性。③须为适于设质的权利。根据《物权法》第223条，可以作为权利质押的权利有：①汇票、支票、本票；②债券、存款单；③仓单、提单；④可以转让的基金份额、股权；⑤可以转让的注册商标专用权、专利权、著作权等知识产权中的财产权；⑥应收账款；⑦法律、行政法规规定可以出质的其他财产权利。

（四）留置权

1. 留置权概述。留置权是指债务人不履行到期债务时，债权人所享有的留置其已经合法占有的债务人的动产，并就该动产优先受偿的权利。留置权的特征有：①留置权是法定的担保物权。②留置权以合法占有债务人的动产为要件。③留置权的效力具有双重性。

2. 留置权的成立条件。留置权作为法定的担保物权必须符合法定的条件才能成立。留置权的成立条件是：①债权人合法占有债务人的动产。②占有的动产与债权有牵连关系。占有的动产与债权有牵连关系是指依合法占有的物是债权发生的原因。如保管费请求权的发生，与保管的标的物之间存在牵连关系。《物权法》规定，债权人留置的动产，应当与债权属于同一法律关系，但企业之间留置的除外。③债权已届清偿期且债务人未按规定履行义务。

3. 留置权的效力。留置权的效力分两个层次：①留置标的物。债权人在其债权没有得到清偿时，有权留置债务人的财产，并给债务人确定一个履行期限。根据《物权法》，该履行期限应当为两个月以上。②优先受偿。即债务人超过规定的期限仍不履行其债务时，留置权人可依法以留置物折价或拍卖、变卖所得价款优先受偿。

4. 留置权的实现。这是指留置权人主张和实现留置权利的行为过程。留置权人实现留置权是通过对留置财产的变价受偿来实现，因此，留置权的成立，并不等于留置权，留置权人实现留置权，除了必须具备前面所述的留置权的成立要件之外，还必须依法定的条件、程序及方法进行。实现留置权的条件有：①债权人持续地占有债务人的动产。②债务人在宽限期内仍未履行债务。③不存在妨碍留置权实现的法定或约定情形。实现留置权的程序：①留置权人应对债务人发出履行债务的通知。②折价或变卖、拍卖留置财产必须经过一定期间。

五、占有制度

（一）占有概述

1. 占有的含义。占有是占有人对物的事实上的控制和支配。占有与持有都是人对物的单纯的实体控制，占有须以心素为构成要件，即行为人须有控制标的物的意思。

2. 占有的功能。占有具有如下功能：①保护功能。占有的保护功能，是指占有具有保护现实存在的状态不受第三人侵犯，从而维护法律秩序稳定的功能。②公示功能。占有的公示功能，是指占有具有的表彰本权的作用。

3. 占有的分类。根据不同的标准，占有可进行如下分类：①自主占有与他主占有。②直接占有与间接占有。直接占有是指直接对物进行事实上的管领的控制。而间接占有是指并不直接占有某物，但因为可以依据一定的法律关系而对直接占有某物的人享有返还占有请求权，而对物形成间接的控制和管理。③有权占有与无权占有。有权占有是指基于法律或合同的规定而享有对某物进行占有的权利。

无权占有则指没有权源的占有，如小偷占有赃物等。④善意占有与恶意占有。善意占有指不法占有人在占有他人财产时，不知道或者不应当知道其占有是非法的占有。⑤无过失占有与有过失占有。在善意占有中，如果对于认为自己拥有占有权这一点上无过失的为无过失占有；而有过失的则为有过失占有。⑥无瑕疵占有与有瑕疵占有。和平、公然、善意、无过失、继续的占有称为无瑕疵占有。而不具备上述要件中任何一个的占有称为有瑕疵占有。

4. 占有的推定。占有事实的推定：首先推定占有人是以所有的意思为自己占有，而且是善意、和平及公然占有；其次在占有前后两个时期，有占有证据的，推定其为继续占有。占有权利的推定：占有人在占有物上行使的权利推定为合法。

（二）占有的取得、变更与消灭

1. 占有的取得。占有的取得可以分为原始取得和继受取得。前者是指不以他人的占有为根据而取得对物的占有，如遗失物的拾得、无主物的先占。后者是指基于他人既存的占有而取得对物的占有。

2. 占有的变更。占有的变更，是指占有从一种类型转向另一种类型，比较重要的占有变更主要有：①有权占有变为无权占有；②善意占有变为恶意占有。③他主占有变为自主占有。

3. 占有的消灭。直接占有因占有人取得对占有物事实上的控制和支配而发生，也因占有人丧失对占有物事实上的控制和支配而消灭。对于占有物控制和支配的丧失的认定尚须结合具体事实，依法律规定及一般社会观念予以确认。间接占有的消灭有如下原因：①直接占有人丧失占有。②直接占有人拒绝承认间接占有。③返还请求权消灭。

（三）占有的保护

1. 占有人的自力救济。占有人在其占有受到侵害时，如果侵害人没有比占有人更强的权利，则占有人有权依其占有进行自力救济。对于占有人的自力救济权，各国立法例上并不一致。法国、日本民法对此没有规定，而德国、瑞士民法则明文规定了占有人的自力救济权。

2. 占有保护请求权。又称为占有人的物上请求权、占有人的请求权、占有物上请求权、基于占有而发生的请求权。根据《物权法》第245条，占有的不动产或者动产被侵占的，占有人有权请求返还原物；对妨害占有的行为，占有人有权请求排除妨害或者消除危险。

3. 占有的损害赔偿请求权。当占有遭到破坏时，原占有人不仅可以行使占有保护请求权恢复对标的物的占有圆满状态，还可以就所遭受的损害行使侵权损害赔偿请求权。值得注意的是，占有不得对抗本权，如果是无权占有人，当权利人请求返还原物时，不得以占有保护请求权对抗之。

第四节　婚　姻　法

一、婚姻法概述

婚姻法明确的基本原则有：婚姻自由；一夫一妻；男女平等；保护妇女、儿童和老人的合法权益；计划生育。

二、结婚

（一）结婚的法定条件

结婚是指男女双方按照法律规定的条件和程序，确立夫妻关系的双方民事法律行为。结婚应当具备如下条件：

1. 实质条件。具体包括：①具有结婚合意。②达到法定婚龄。③符合一夫一妻制。④不存在婚姻障碍。婚姻障碍主要有：一是重婚；二是直系血亲和三代以内的旁系血亲；三是患有医学上认为不应当结婚的疾病，但患者在治愈之后，可以获准结婚。

2. 形式条件。即结婚登记。结婚登记是我国法定的结婚程序。结婚是一种要式的身份行为，不能代理。

（二）事实婚姻与同居

没有配偶的男女，未进行结婚登记，并且以夫妻名义同居生活，在 1994 年 2 月 1 日以前，如果符合结婚其他实质条件的，属于事实婚姻。但在 1994 年 2 月 1 日《婚姻登记管理条例》实施以后，不论是否符合结婚实质条件，一律按照同居对待。同时根据婚姻法的精神，如果男女双方完全符合结婚条件，只是没有履行结婚手续的，可责令其补办登记，确立婚姻法律关系。

（三）无效婚姻及可撤销婚姻

1. 无效婚姻。无效婚姻是指欠缺婚姻成立要件的男女结合情形。根据《婚姻法》第 10 条，无效婚姻的情形包括四种：①重婚；②有禁止结婚的亲属关系；③婚前患有医学上认为不应当结婚的疾病，婚后尚未治愈；④未到法定婚龄。需要注意的是，下面两种情形不属于无效婚姻：婚前患有医学上认为不应当结婚的疾病，婚后治愈的；结婚时未到法定婚龄，但是结婚后已经到达法定婚龄的。

2. 可撤销婚姻。根据《婚姻法》第 11 条，因胁迫形成的婚姻关系，属于可撤销婚姻。可撤销婚姻不同于无效婚姻，主要表现在：①主张可撤销婚姻的主体只能是受胁迫一方，另外一方当事人不能提出。②撤销请求既可以向婚姻登记机关提出，也可以向人民法院提出。③撤销权行使有时间限制。时间限制为自结婚登记之日起1年内。被非法限制人身自由的，自恢复人身自由之日起1年内。这个1年的期限为除斥期间，不适用诉讼时效的中止、中断和延长。

3. 婚姻无效及撤销后的法律后果。无效或被撤销的婚姻，自始无效，当事人间不具有夫妻的权利和义务。同居期间所得的财产，由当事人协议处理；协议不成时，由人民法院根据照顾无过错方的原则判决。对重婚导致的婚姻无效的财产处理，不得侵害合法婚姻当事人的财产权益，合法婚姻当事人可以作为有独立请求权的第三人参与诉讼。当事人所生的子女，适用婚姻法有关父母子女的规定。

三、离婚

（一）离婚的概念和方式

离婚是夫妻双方依照法律规定解除婚姻关系的行为，主要有协议离婚和裁判离婚两种形式。当然，就婚姻关系的消灭而言，除了离婚这种方式以外，还可以因为一方当事人的死亡而终止。

（二）协议离婚

协议离婚是指夫妻双方依照法律规定自愿达成离婚协议，从而解除婚姻关系的行为。

协议离婚由民政部门主管。协议离婚必须由当事人双方亲自到婚姻登记管理机关申请离婚登记，婚姻登记管理机关经过审查，对于符合离婚条件的，应当当场予以登记，发给离婚证，注销结婚证。当事人从取得离婚证起，解除夫妻关系。

（三）裁判离婚

1. 裁判离婚的概念。裁判离婚是人民法院对离婚纠纷进行管辖与处理的法律制度。从另一个角度说，凡属由人民法院管辖和处理的离婚纠纷都是裁判离婚。即使当事人在人民法院审理离婚案件过程中达成离婚协议，亦属裁判离婚。《婚姻法》第32条第2款规定，人民法院审理离婚案件，应当进行调解。因此调解原则上是人民法院审理离婚案件的必经程序。如果当事人确因特殊情况无法出庭参加调解的，除本人不能表达意志的以外，应当出具书面意见。当事人不服一审判决的有权依法上诉。第二审人民法院审理上诉案件可以进行调解。经调解双方达成协议的，自调解书送达时起原审判决即视为撤销；第二审人民法院作出的判决是终审判决。凡判决不准离婚和调解和好的离婚案件，没有新情况、新理由，原告在6个月内不得重新起诉。

2. 离婚诉权的限制。《婚姻法》第33条规定："现役军人的配偶要求离婚，须得军人同意，但军人一方有重大过错的除外。"《婚姻法》第34条规定："女方在怀孕期间、分娩后 1 年内或中止妊娠后 6 个月内，男方不得提出离婚……"
但是如果女方提出离婚的或人民法院认为确有必要受理男方离婚请求的，则不受
上述限制。

3. 判决离婚的条件。《婚姻法》第 32 条第 2 款规定，感情确已破裂，调解
无效，应准予离婚。因此准予离婚或不准予离婚只能以感情是否确已破裂为标
准。根据《婚姻法》第 32 条第 3 款，有下列情形之一的，应当认定夫妻感情确
已破裂：重婚或有配偶者与他人同居的；实施家庭暴力或虐待、遗弃家庭成员
的；有赌博、吸毒等恶习屡教不改的；因感情不和分居满 2 年的；其他导致夫妻
感情破裂的情形。

4. 离婚中的其他问题。①探望权。根据《民法通则》及《婚姻法》，离婚
后，不管是否与子女共同生活，都还是子女的法定监护人。而且离婚后未与子女
共同生活的一方，应当支付子女的扶养费，因此离婚后未与子女共同生活的一
方，应当有权探望子女，为此婚姻法规定了父母的探望权。②无过错方的赔偿请
求权。《婚姻法》第 46 条规定，有下列情形之一，导致离婚的，无过错方有权请
求损害赔偿：重婚；有配偶者与他人同居；实施家庭暴力；虐待、遗弃家庭
成员。

四、夫妻关系

（一）夫妻人身关系

1. 夫妻地位平等。根据我国婚姻法，夫妻地位平等，双方都有参加生产工
作的权利，都与参加学习的自由，都有参加社会活动的权利。夫妻双方都有使用
自己姓名的权利。在婚姻存续期间，夫妻中的任何一方都有权使用或依法改变自
己的姓名，他方既不得干涉，也不得盗用、假冒。登记婚姻后，根据男女双方约
定，女方可以成为男方家庭的成员，男方可以成为女方家庭的成员。

2. 配偶权。所谓配偶权，是指基于配偶身份，夫妻之间相互享有的身份权，
具体内容则包括：①同居请求权，即请求对方和自己共同生活的权利。不过该项
权利无法通过诉请法院强制实现，一方违反该项义务达到两年对方可以要求离
婚。②监护权，一方为无行为能力或者限制行为能力时另一方为其监护人。③继
承权，夫妻相互为另一方的第一顺序法定继承人。④失踪和死亡宣告申请权。
⑤贞操请求权，即要求对方不为婚外性交的权利。一方如果和他人发生婚外性关
系，对方可以要求离婚，在离婚的时候可以以其有过错请求损害赔偿（包括精神
损害在内）。⑥扶养请求权，在一方没有收入时有权要求对方扶养。

（二）夫妻财产关系

1. 约定财产制。夫妻双方可以对婚前、婚后取得的财产的归属、处分以及

在婚姻关系解除后的财产分割达成协议，基于意思自治原则，法律自无干预的必要。约定的形式，法律明确要求采取书面形式。约定的财产范围，包括婚前和婚后取得的各种财产。

2. 法定夫妻财产制。是指夫妻双方在婚前、婚后都没有约定或约定无效时，直接适用有关法律规定的夫妻财产制度。根据《婚姻法》第17条，在婚姻关系存续期间任何一方所得的财产，原则上均属于夫妻共同共有财产。此类财产包括工资、奖金；生产、经营所得收益；知识产权的收益（包括实际取得或者已经明确可以取得的财产性收益）；继承、受赠所得财产。此外，《婚姻法》第18条还明确规定，下列财产，为夫妻一方的财产：①一方的婚前财产；②一方因身体受到伤害获得的医疗费、残疾人生活补助费等费用；③遗嘱或赠与合同中确定只归夫或妻一方的财产；④一方专用的生活用品；⑤其他应当归一方的财产。

3. 离婚后的财产处理。双方确定离婚，对于夫妻共同财产由双方协议处理，协议不成的，法院按照照顾子女和女方权益的原则判决。但是离婚时，如果一方有隐匿、变卖、毁损共同财产或企图侵占另一方财产的，对有过错方，法院应判决其少分或不分。另一方当事人如果是在离婚后发现上述行为的，可起诉请求再次分割共同财产。对于夫妻共同债务的处理，由夫妻共有财产偿还。婚姻存续期间夫或者妻一方以个人名义所负债务，原则上按照夫妻共同债务处理，但另一方能证明债权人与债务人明确约定为个人债务的除外。如果能够证明夫妻约定分别财产制，而且第三人知道约定，也按照个人债务处理。夫或者妻一方就共同债务承担连带责任后，可基于合法依据向另一方追偿。夫妻中一方死亡的，生存一方应当对婚姻关系存续期间的共同债务承担清偿责任。

第五节　继　承　法

一、继承权概述

（一）继承权的概念及特征

继承，是指将公民死亡后遗留的个人合法财产依法转移给他人所有的法律制度。在继承中，死者是被继承人，被继承人死亡时遗留的财产是遗产，依法承受遗产的人是继承人。继承权是公民依照法律规定或合法有效遗嘱的指定，享有继承被继承人遗产的权利。其特征是：

1. 继承权性质上是一种财产权。继承权的实质是财产所有权的转移。继承也是财产所有权的取得方式之一。

2. 继承权的发生依据是法律的直接规定或者合法有效的遗嘱。

3. 继承权的主体只能是与被继承人有特定人身关系的公民，而不能是法人、其他社会组织或国家。法人、其他社会组织或国家可以获得被继承人的遗产，但方式只能是接受遗赠或者接受无人继承又无人受赠的遗产而取得被继承人的遗产。而这两种方式都不是基于继承权获得遗产。

4. 继承权实现的前提是被继承人死亡并留有合法的个人财产。

（二）继承权的取得

取得继承权的根据有两种：一是法律的直接规定，二是合法有效遗嘱的指定，即法定继承和遗嘱继承。法定继承是指继承人依照法律的直接规定继承被继承人遗产的继承方式。遗嘱继承是指继承人依照被继承人的遗嘱继承被继承人遗产的继承方式。

1. 法定继承权的取得。法定继承权的取得依据是法律的直接规定。在我国有三种情况可以取得法定继承权，即基于婚姻关系、血缘关系和扶养关系均有可能获得法定继承权。

2. 遗嘱继承权的取得。遗嘱继承权的取得是基于合法有效的遗嘱。需要注意的是，遗嘱人只能在法定继承人的范围内指定遗嘱继承人。如果在遗嘱中指定法定继承人以外的人接受遗产，则属于遗赠的范畴，不是继承。

（三）继承权的放弃

所谓继承权的放弃，是指继承人在继承开始后作出的放弃继承被继承人遗产的权利的意思表示。继承开始后，继承人放弃继承的，应当作出放弃继承的表示。没有表示的，视为接受继承。继承放弃的时间是在继承开始后遗产处理前。继承人放弃继承权的效力，溯及继承开始之时。

（四）继承权的丧失

继承权的丧失，又称为继承权的剥夺，是指在发生法定事由时，取消继承人继承被继承人遗产的资格。继承权丧失的情形既适用于法定继承，也适用于遗嘱继承。根据《继承法》，继承人有下列行为之一的，丧失继承权：①故意杀害被继承人的。②为争夺遗产而杀害其他继承人的。③遗弃被继承人的，或者虐待被继承人情节严重的。④伪造、篡改或者销毁遗嘱，情节严重的。

（五）继承的开始

继承从被继承人死亡时开始。确定继承开始的时间，应以被继承人死亡的时间为准。被继承人死亡包括自然死亡和宣告死亡两种情况。对于宣告死亡的，以法院判决宣告之日为其死亡之日。继承开始的时间具有重要的意义，它是确定遗产范围、继承人范围的时间，也是确定遗嘱的效力、放弃继承权的效力及确定继承人的应继份额的时间。

（六）继承权诉讼

继承权纠纷提起诉讼的期限为 2 年，自继承人知道或者应当知道其权利被侵犯之日起计算。但是，自继承开始之日起超过 20 年的，不得再提起诉讼。这与《民法通则》规定的 20 年的期限有区别：《民法通则》规定的 20 年的开始时间为"权利被侵害之时开始计算"；而继承权纠纷的 20 年的开始时间为"继承开始时"，而实际上继承开始时未必有权利被侵害事实的存在。

二、法定继承

（一）法定继承的适用范围

法定继承是遗嘱继承的对称，是指对于无遗嘱继承的财产，继承人范围、继承顺序、继承人继承的遗产份额及遗产分配原则等均按法律的规定进行的继承方式。根据《继承法》，法定继承主要适用于以下情况：①被继承人生前未与他人订立遗赠扶养协议，或已订立的遗赠扶养协议无效的；②被继承人生前未立遗嘱的；③遗嘱继承人放弃继承权、丧失继承权或者受遗赠人放弃受遗赠权的；④遗嘱继承人、受遗赠人先于遗嘱人死亡的；⑤遗嘱无效部分所涉及的遗产，以及遗嘱未处分的遗产。

（二）法定继承人的范围

根据《继承法》第 10 ~ 12 条的规定，法定继承人的范围包括：①配偶。②子女。子女，包括婚生子女、非婚生子女、养子女和有扶养关系的继子女。③父母。对于子女有遗产继承权的父母，包括生父母、养父母和有扶养关系的继父母。④兄弟姐妹。⑤祖父母、外祖父母。⑥对公、婆尽了主要赡养义务的丧偶儿媳和对岳父、岳母尽了主要赡养义务的丧偶女婿。

（三）法定继承的顺序

继承开始后，并非所有法定继承人都同时参加继承，而是按照法律规定的先后顺序参加继承，顺序在前的法定继承人优先参加继承，只有在没有前一顺序的继承人继承时，才由后一顺序的继承人继承。同一顺序的继承人之间，则无先后次序。我国继承法把法定继承分为两个顺序：第一顺序：配偶、子女、父母；第二顺序：兄弟姐妹、祖父母、外祖父母。丧偶儿媳对公、婆，丧偶女婿对岳父、岳母，尽了主要赡养义务的，作为第一顺序法定继承人。

（四）代位继承

代位继承，是指在法定继承中被继承人的子女先于被继承人死亡的，由被继承人的子女的晚辈直系血亲代位继承其应继份额的法律制度。在代位继承中，先于被继承人死亡的继承人，称为被代位继承人或被代位人；代替被代位人继承遗产的人称为代位继承人或代位人；代位人代替被代位人继承遗产的权利，称为代位继承权。代位继承，须具备以下条件：①被代位人是先于被继承人死亡的被继承人的子女。②代位继承只适用于法定继承。③代位人是继承人的晚辈直系血亲。④被代位人未丧失继承权。⑤代位人一般只能代位继承被代位人应继承的遗产份额，但如果代位人缺乏劳动能力又没有生活来源，或对被继承人尽过主要赡养义务的，可适当多分给遗产。

（五）转继承

转继承，是指继承人在继承开始后，遗产分割之前死亡，其应继承的遗产转由他的合法继承人继承的制度。转继承一旦成立，已死亡的继承人应取得的被继承人的遗产份额即成为其遗产转由其法定继承人继承，并由转继承人直接参与被继承人遗产的分配。

（六）法定继承中的其他问题

在法定继承中，《继承法》第 13 条，如果没有法律规定的特别情况出现，同一顺序的法定继承人的应继承份额应按人数平均分配。但如果有下列特殊情况出现时，则继承人的继承份额可以不均等：①对生活有特殊困难的缺乏劳动能力的继承人，分配遗产时，应当予以照顾。②对被继承人尽了主要扶养义务或者与被继承人共同生活的继承人，分配遗产时，可以多分；有扶养能力和有扶养条件的继承人，不尽扶养义务的，分配遗产时，应当不分或者少分。③继承人协商同意的，也可以不均等。

三、遗嘱继承

（一）遗嘱继承的概念

遗嘱继承，是指被继承人死亡后按其生前所立遗嘱继承其遗产的继承方式。在遗嘱继承中，生前立有遗嘱的被继承人称为遗嘱人或立遗嘱人，依照遗嘱的指定享有遗嘱继承权的人为遗嘱继承人。在遗嘱继承中，遗嘱人可以确定具体的继承人及份额，直接体现被继承人的意志。遗嘱继承的效力优于法定继承。发生遗嘱继承的法律事实有两个，即被继承人死亡和被继承人生前立有合法有效的遗嘱。

（二）遗嘱

1. 遗嘱的概念。遗嘱是遗嘱人生前依法律规定处分其个人财产及与此相关事务，并于其死亡时发生效力的单方民事法律行为。遗嘱不等于遗嘱继承，因为公民既可以依法将个人财产指定由法定继承人中的一人或者数人继承，也可以立遗嘱将个人财产赠给国家、集体或者法定继承人以外的人（《继承法》第 16 条）。而立遗嘱将个人财产赠给国家、集体或者法定继承人以外的人属于遗赠，并非遗嘱继承。

2. 遗嘱的形式。遗嘱有五种法定的形式：①公证遗嘱。是指由遗嘱人亲自申请，经国家公证机关办理的遗嘱。公证遗嘱的证明力最强、证据效力最高。自书、代书、录音、口头遗嘱，不得撤销、变更公证遗嘱。②自书遗嘱。是指遗嘱人亲笔书写的遗嘱。自书遗嘱由遗嘱人亲笔书写，亲自签名，并注明年、月、日。③代书遗嘱。是指由遗嘱人口述，请他人代为书写的遗嘱。为保证代书遗嘱的真实性，应当有两个以上的见证人在场见证，由其中一人代书，注明年、月、日，并由代书人、其他见证人和遗嘱人签名。代书遗嘱虽然可以由其他人代为书写，但要求遗嘱人签名。④录音遗嘱。是指遗嘱人口述，以录音形式制作的遗嘱。录音遗嘱应当有两个以上见证人在场见证。⑤口头遗嘱。是指遗嘱人用口述方式表示对遗产进行处分的遗嘱方式。由于口头遗嘱容易被篡改和伪造，因此法律要求只有遗嘱人在危急情况下才可以立口头遗嘱。口头遗嘱要有两个以上见证人在场见证。危急情况解除后，遗嘱人能够用书面或者录音形式立遗嘱的，所立口头遗嘱无效。这里的"危急情况"一般是指遗嘱人生命垂危或者其他紧急情况（如重大军事行动、意外事故等）。

代书遗嘱、录音遗嘱、口头遗嘱都须有两个以上的见证人在场见证。法律要求见证人必须能客观公正地证明遗嘱的真实性。因此下列人员不能作为遗嘱见证人：①无行为能力人、限制行为能力人；②继承人、受遗赠人；③与继承人、受遗赠人有利害关系的人。包括继承人、受遗赠人的父母、子女、配偶等近亲属，以及继承人、受遗赠人的债权人、债务人、共同经营的合伙人等。

3. 遗嘱的效力。成立合法有效遗嘱，必须具备以下条件：①遗嘱人立遗嘱时有遗嘱能力。②遗嘱必须是遗嘱人的真实意思表示。③遗嘱内容必须合法，不得违反法律和损害社会公共利益。④遗嘱形式符合法律规定的形式要件。一个遗嘱如果不符合上述条件，则遗嘱不发生法律效力，即遗嘱无效。根据《继承法》的规定，无效遗嘱主要有以下几种情况：①无民事行为能力人或限制民事行为能力人所立的遗嘱；②受胁迫、欺骗所立的遗嘱；③伪造的遗嘱；④遗嘱被篡改的，篡改的内容无效；⑤遗嘱没有对缺乏劳动能力又没有生活来源的继承人保留必要的遗产份额的，对应当保留的必要份额的处分无效；⑥遗嘱人以遗嘱处分不属于自己财产的部分内容无效。与民法总论中所说的无效民事行为类型不同，受胁迫、欺骗所立的遗嘱，以及限制民事行为能力人所立的遗嘱属于无效遗嘱。

4. 遗嘱的变更、撤销和执行。遗嘱是在遗嘱人死亡时才开始发生法律效力的单方民事行为，在遗嘱发生法律效力之前，遗嘱人可以随时变更或撤销其所立的遗嘱。遗嘱生效后为实现遗嘱内容所为的行为及程序为遗嘱的执行。故遗嘱执行开始于遗嘱人死亡后遗嘱生效之时。执行遗嘱的人为遗嘱执行人。遗嘱执行人分为以下三种：①遗嘱指定的遗嘱执行人；②法定继承人作为遗嘱执行人；③遗嘱人生前所在单位或继承开始地点的基层组织作为遗嘱执行人。

四、遗赠与遗赠扶养协议

（一）遗赠

遗赠，是指公民以无偿方式将个人财产的一部分或全部赠给国家、集体或法定继承人以外的人，并于遗赠人死后发生法律效力的单方民事行为。在遗赠关系中，立遗嘱人称为遗赠人，接受遗赠财产的人称为受遗赠人或遗赠受领人，遗嘱中指定赠与的财产为遗赠财产或遗赠物。受遗赠人在遗赠生效时必须是活着的人，如果受遗赠人先于遗赠人死亡（法人、社团在遗赠人死亡前解散），则遗赠不生效。

（二）遗赠扶养协议

遗赠扶养协议，是指遗赠人（亦称受扶养人）与扶养人之间订立的关于扶养人承担遗赠人生养死葬义务，遗赠人的财产在死后归扶养人所有的协议。遗赠扶养协议必须采用书面形式，可以分为两种：①公民与公民签订的遗赠扶养协议；②公民与集体所有制组织签订的遗赠扶养协议（《继承法》第31条）。

五、遗产

（一）遗产的范围

遗产是公民死亡时遗留的个人合法财产。遗产不仅包括财产权利，而且包括财产义务，是财产权利与财产义务的统一体。遗产的具体范围包括：公民的收入；公民的房屋、储蓄和生活用品；公民的林木、牲畜和家禽；公民的文物、图书资料；法律允许公民所有的生产资料；公民的著作权、专利权中的财产权利；公民的其他合法财产（《继承法》第3条）。公民的其他合法财产，主要包括有价证券（如股票、票据等）和债权。但某些与公民的人身有关的具有专属性的债权，不能作为遗产。另外，被继承人死亡后，其亲属应得的抚恤金也不属于遗产。

自继承开始，遗产即归继承人；继承人为数人时，各继承人共同继承，对遗产享有共有权。这种共有状态无论经过多长的时间，共有人都有权请求分割共有遗产。在形成共有后，当事人在分割共有财产（即遗产）时，排斥某一共有人（即继承人），应视为侵犯共有权，而非侵犯继承权。

（二）遗产的认定

遗产的范围只限于被继承人生前个人所有的财产及义务。当被继承人为共有财产的权利人之一时，其死亡后，应把死者享有的份额从共有财产中分出。

（三）被继承人债务的清偿

继承人清偿被继承人债务，以接受继承为前提条件。接受遗产的继承人对被继承人的债务的清偿仅以遗产的实际价值为限，超过部分继承人不负清偿责任，但继承人自愿偿还的除外。清偿被继承人债务时，不得取消继承人中缺乏劳动能力又没有生活来源的人必要的遗产份额，而应为其保留适当的遗产。清偿债务的程序和方法一般是，继承开始后，首先应以被继承人的遗产缴纳其生前应缴纳的税款和清偿其生前所欠的个人债务，之后继承人才就余下的遗产进行继承。在遗产已被分割而未清偿遗产债务的情况下，如果既有法定继承又有遗嘱继承、遗赠的，首先由法定继承人用其所得遗产清偿债务，不足清偿时，剩余的债务由遗嘱继承人和受遗赠人按比例用所得遗产偿还；如果只有遗嘱继承和遗赠的，则由遗嘱继承人和受遗赠人按比例用所得遗产清偿遗产债务。

（四）无人继承又无人受遗赠的遗产

无人继承又无人受遗赠的遗产，一般按照下列规则处理：①收归国家或集体所有。无人继承又无人受遗赠的遗产，归国家所有；死者生前是集体所有制组织成员的，归所在集体所有制组织所有。②清偿被继承人债务。取得被继承人遗产的人必须承担清偿被继承人债务的责任。③对应当酌情分给遗产的人分给适当遗产。遗产因无人继承又无人受遗赠收归国家或集体所有时，如果有继承人以外的依靠被继承人扶养的缺乏劳动能力又没有生活来源的人，或者继承人以外的对被继承人扶养较多的人提出取得遗产的要求，应酌情分给其适当的遗产。

第六节　侵权责任法

一、绪论

侵权责任，是指行为人实施一定的侵权行为所应当承担的民事责任。所谓侵权行为，是指行为人由于过错侵害他人的财产或者人身，依法应当承担民事责任的行为，以及依照法律特别规定应当承担民事责任的其他致人损害的行为。

二、侵权法所保护的对象

根据《侵权责任法》第2条的规定，侵权责任法所保护的对象包括生命权、健康权、姓名权、名誉权、荣誉权、肖像权、隐私权、婚姻自主权、监护权、所有权、用益物权、担保物权、著作权、专利权、商标专用权、发现权、股权、继承权等人身、财产权益。

生命权是指自然人以其性命的延续和安全利益为内容的人格权。

健康权是指自然人以其器官的功能利益为内容的人格权。

姓名权是指自然人对于自己的姓名所具有的设定、变更和专用的人格权。

名誉权是指自然人以维护其名誉为内容的人格权。

荣誉权是指公民、法人所享有的，因自己的突出贡献或特殊劳动成果而获得的光荣称号或其他荣誉的权利。

肖像权是指自然人对于自己的形象具有的制作与使用权。

隐私权是指自然人对于自己的隐私的控制权，体现为自然人对自己的生活的控制和不受他人干涉的权利。

婚姻自主权是指自然人自主决定自己婚姻状况，不受他人非法干涉的权利。

监护权是指自然人对于无民事行为能力人和限制行为能力人的人身权益、财产权益所享有的监督、保护的身份权。

所有权是指所有人依法对自己财产所享有的占有、使用、收益和处分的权利。

用益物权是指权利人依法对他人的不动产或者动产享有的占有、使用和收益的权利。

担保物权指的是为确保债权的实现而设定的，以直接取得或者支配特定财产的交换价值为内容的权利。

著作权是指文学、艺术和科学作品的作者依法享有的人身权和财产权。

专利权是指专利权人在法律规定的期限内对其发明创造依法享有的人身权和财产权。

商标专用权是指权利人对于注册商标所享有的专有使用权。

发现权是指发现人因重大科学发现，经评审而获得的荣誉和物质奖励的权利。

股权指股东基于股东资格而享有的、从公司获得经济利益并参与公司经营管理的权利。

继承权是指继承人依法取得被继承人遗产的权利。

三、侵权责任构成要件

（一）侵权责任的构成要件

1. 必须有损害事实的存在。所谓损害，是指因侵权行为侵害民事主体的合法权益造成的妨害权利主体行使权利，影响民事主体权利增值和发展的一种事实状态。

2. 行为人实施了侵犯他人权利的行为，即有加害行为，是指行为人实施的加害于受害人民事权益的不法行为。

3. 侵权人的行为与损害后果之间存在着因果关系。

4. 侵权行为人存在过错，但特殊侵权行为除外。

（二）侵权责任的抗辩事由

侵权责任的抗辩事由主要包括不可抗力、正当防卫、紧急避险、受害人的过错、受害人的同意等。

四、侵权归责原则

在损害发生后，并非所有的损害都能够获得赔偿。现代侵权法规定，应根据归责原则的不同，确定责任的归属。我国《侵权法》规定了两个归责原则：过错责任原则和无过错责任原则。

（一）过错责任原则

过错责任原则也称为过失责任原则，是以行为人故意或者过失作为承担民事责任的要件的认定责任的准则。

判断行为人有无过失，是以行为时是否尽到注意义务作为判断标准。所谓注意义务，是指行为人应尽到合理的注意，以避免给他人的人身或财产造成损害的义务。

过失就是指行为人对受害人应负注意义务的疏忽和懈怠。违反不同的注意义务，构成不同的过失类型：①重大过失。违反普通人的注意义务，为重大过失。②具体轻过失。即违反应与处理自己事务为同一注意的义务。③抽象轻过失。即违反善良管理人的注意义务。

除了一般的过错责任，还有一种是特定的过错责任原则，即法律规定，在特定案件中，适用过错推定原则。过错推定是指根据法律的规定，从损害事实本身推定行为人存在过错，行为人应承担侵权责任，除非行为人能够举证证明自己没有过错方可免责。

但是过错推定需要法律明确规定，现行法律规定下列行为适用过错推定原则：

1. 幼儿园、学校和其他教育机构对无民事行为能力人的责任。

2. 下列情况下，医疗机构的过错推定责任：①违反法律、行政法规、规章以及其他有关诊疗规范的规定；②隐匿或者拒绝提供与纠纷有关的病历资料；③伪造、篡改或者销毁病历资料。

3. 非法占有高度危险物中所有人、管理人的过错推定责任。

4. 动物园的过错推定责任。

5. 建筑物、构筑物或者其他设施脱落、坠落造成他人损害的过错推定责任。

6. 堆放物侵权。

7. 林木折断侵权。

8. 窨井管理人的过错推定责任。

（二）无过错责任原则

无过错责任原则是指不考虑行为人有无过错，只要存在损害事实，就应当承担侵权责任。

适用无过错责任原则需要法律的特别规定，包括下列情形：①雇佣关系中对于用人单位的无过错归责；②产品质量责任；③机动车与行人发生事故的责任；④环境污染责任；⑤高度危险责任。

五、多数人侵权与连带责任

多数人侵权是指 2 个或者 2 个以上的民事主体基于共同故意或者共同过失实施的侵权行为，或者虽然没有共同故意与过失，但是其侵权行为直接结合而导致发生同一损害结果的侵权行为。包括：

1. 共同加害行为。又称狭义的共同侵权行为，是指数人对同一损害以共同的意思联络实施的不法侵害之行为。对于共同加害行为，行为人均需承担连带责任。

2. 教唆与帮助侵权行为。教唆，是指利用言语对他人进行开导、说服，或通过刺激、利诱、怂恿等办法使被教唆者接受教唆意图，进而从事某种侵权行为。帮助，指通过提供工具、指示目标或以言语激励等方式，从物质上或精神上帮助加害人实施加害行为。教唆、帮助他人实施侵权行为的，应当与行为人承担连带责任。

3. 共同危险行为。是指数人共同实施有侵害他人权益之危险性的行为，以致造成对他人的损害，但是不能确定数人中究竟谁是加害人的情形。在共同危险行为情形下，实施行为的多人应承担连带赔偿责任。

4. 无意思联络的共同侵权行为。这是指数个行为人主观上虽无共同故意或者共同过失，但数人分别实施的加害行为造成同一损害结果，如果每个人的侵权行为都足以造成全部损害的，行为人承担连带责任。

5. 无意思联络的分别侵权行为。2 人以上分别实施侵权行为造成同一损害，能够按照过错程度和原因力的大小确定责任大小的，各自承担相应的责任。难以确定责任大小的，平均承担赔偿责任。

连带责任是相对于按份责任而言，是指依照法律规定或者当事人的约定，两个或者两个以上当事人对其共同债务全部承担或部分承担，并能因此引起其内部债务关系的一种民事责任。在共同侵权行为中，受害人可以向共同侵权行为人或者共同危险行为人中的任何一个或者多个请求赔偿，任何一个或者多个都有义务全部赔偿受害人的损失，而一个或者数人赔偿了受害人的损失之后，其债务归于消灭，其他赔偿义务人对于受害人的赔偿义务也归于消灭。

六、特殊侵权行为

特殊侵权行为是指当事人基于与自己有关的行为、物件、事件或者其他特别原因致人损害，依照民法上的特别责任条款或者民事特别法的规定所应当承担的民事责任。

1. 监护责任。监护责任是指无民事行为能力人和限制民事行为能力人因自己的侵权行为致人损害，而由其监护人承担赔偿的法律责任。即在无民事行为能力人、限制民事行为能力人实施了侵权行为，导致他人损害时，监护人无论有无过错，均应当承担赔偿责任，但是如果监护人已经尽到了监护职责，则可以根据案件的具体情况，减轻监护人的赔偿责任。

2. 用工单位侵权责任。对于劳动者执行其职务时给第三者造成的损害，由用人单位承担赔偿责任。如果劳动派遣单位在派遣劳动者时存在过错，则应承担补充责任。

3. 网络侵权责任。网络侵权是指发生在互联网上侵犯他人民事权益的行为。如是网络服务提供者直接侵权，则应承担侵权责任。如是第三人侵权，则看网络服务提供者是否尽到注意义务，如未尽到注意义务，则应承担赔偿责任。

4. 安全保障义务。安全保障义务是指公共场所的管理人或者群众性活动的组织者对于进入公共场所和参加群众性活动的相对人的人身和财产负有的保障其安全的义务。如果负有安全保障义务的当事人没有尽到安全保障的义务，导致相对人的人身、财产受到损害，应当承担相应的赔偿责任。

5. 校园侵权责任。只要造成未成年人的人身损害，学校、幼儿园或者其他教育机构就须承担侵权责任。如果造成损害的是学校、幼儿园或者其他教育机构以外的第三人，则应由第三人按照一般侵权的规定承担侵权责任，而如果第三人没有清偿能力或清偿能力不足，学校、幼儿园或者其他教育机构没有尽到管理职责的，承担相应的补充责任。学校、幼儿园或者其他教育机构进行赔偿后，可以继续向第三人进行追偿。

6. 产品质量责任。产品质量责任是指由产品的缺陷引起的对产品以外的财产或者人造成的损害而形成的赔偿责任。因产品存在缺陷造成损害的，被侵权人可以向产品的生产者请求赔偿，也可以向产品的销售者请求赔偿。因运输者、仓储者等第三人的过错使产品存在缺陷，造成他人损害的，产品的生产者、销售者赔偿后，有权向第三人追偿。

7. 机动车交通事故责任。机动车发生交通事故造成人身伤亡、财产损失的，由保险公司在机动车第三者责任强制保险责任限额范围内予以赔偿。超过责任限额的部分，如是机动车之间发生交通事故的，由有过错的一方承担责任；双方都有过错的，按照各自过错的比例分担责任。如是机动车与非机动车驾驶人、行人之间发生交通事故的，由机动车一方承担责任；但是，有证据证明非机动车驾驶人、行人违反道路交通安全法律、法规，机动车驾驶人已经采取必要处置措施的，减轻机动车一方的责任。交通事故的损失是由非机动车驾驶人、行人故意造成的，机动车一方不承担责任。

8. 医疗损害责任。患者在诊疗活动中受到损害，医疗机构及其医务人员有过错的，由医疗机构承担赔偿责任。

9. 环境污染责任。因污染环境造成损害的，污染者应当承担侵权责任。因污染环境发生纠纷的，污染者应当就法律规定的不承担责任或者减轻责任的情形及其行为与损害之间不存在因果关系承担举证责任。

10. 高度危险责任。从事高度危险作业造成他人损害的，应当承担侵权责任。

11. 动物致人损害和物件致人损害。饲养的动物造成他人损害的，动物饲养人或者管理人应当承担侵权责任，而建筑物、构筑物或者其他设施及其搁置物、悬挂物发生脱落、坠落造成他人损害，所有人、管理人或者使用人不能证明自己没有过错的，应当承担侵权责任。

七、侵权行为民事责任的承担方式

按照《侵权责任法》第15条，侵权责任的承担方式主要有以下几种：

1. 赔偿损失。即指行为人违反民事义务致人损害后，以其财产赔偿受害人所受的损失。这是适用最广泛的承担责任方式。

2. 返还财产。即指侵权行为人将其非法占有或获得的财产移转给原所有人或其他合法的权利人。

3. 恢复原状。即指使受害人的财产恢复到受侵害之前的状态。

4. 停止侵害。即指侵权行为人终止其正在进行或者延续的损害他人合法权益的行为。

5. 排除妨碍。即指侵权行为人排除由其行为造成的妨碍他人权利正常行使和利益实现的客观事实状态。

6. 消除危险。即指侵权行为人消除由其行为引起的现实存在的某种可能对他人合法权益造成损害的紧急事实状态。

7. 消除影响、恢复名誉。即指侵权行为人在其行为造成不良影响的范围内消除对受害人的不利后果，并采取适当方式使受害人的名誉恢复到未受损害之前的状态。

8. 赔礼道歉。即指由侵权行为人以口头或书面的方式向受害人承认错误，表达歉意的承担责任方式。

第十五章 商法基本理论与制度

第一节 商法与商事审判概述

一、商事审判的规范依据

商法的调整对象是商事关系，即商事主体所从事的以营利为目的的经营关系。商事关系包括商事主体、商事行为和商事权利义务等基本要素，因此商事法律也分为商事主体法、商事行为法等。

商事审判的规范依据是商法，但是我国并没有一部统一的商法典，就实质意义上的商法规范而言，除了《民法通则》中的一般性规定之外，还包括《个人独资企业法》、《合伙企业法》、《公司法》、《票据法》、《证券法》、《海商法》、《保险法》、《企业破产法》等一系列商事单行法。以上法律规范均构成我国商法的法律渊源。我国最高人民法院颁布的商事审判的司法解释，也属于商事审判的规范依据。

二、商法的基本原则与商事审判

我国立法民商不分，因此民事审判的一些理念也适用于商事审判。例如民法基本原则如身份平等、意思自治、权利神圣、诚实信用、权利不得滥用等同样适用于商事审判。但是商事关系毕竟有其独特之处，因此商事审判需确立一些自己的理念。

（一）商事审判需尊重私法自治原则

商法以尊重意思自治、促进交易自由为原则，因此商事审判需尊重和保障商主体自由决定商事营业的意志和权利，商事营业不受国家公权力和其他人的非法干预。无论是公司法还是保险法，私法自治原则均有极大的体现。例如从2014年3月1日开始，除法律另有规定外，我国公司设立不再有最低资本额的限制，扩大了公司股东的自治权利，章程可以就更多的事项进行约定，等等。商事审判需秉持私法自治的基本理念，尊重商事关系当事人的自主选择权和决定权。

（二）商事审判需尊重商事效率原则

商法以提高商事效率和经济效益为原则。商法以尽量降低交易成本，提高营业效率为目的。商法为了满足这方面的制度需求，制定了大量促进交易便捷、有利交易完结的具体规则。商事效率原则是对这些规则的原则性概括，也是商事自由原则的进一步扩展。因此，商法中有很多商事活动的程序以及短期时效的规定。

（三）商事审判需遵循交易安全原则

商法在确保商事自由、追求商事效率的同时，必须防范交易风险，保障交易安全，因此商事安全原则也是商法的基本原则之一。为了贯彻此项原则，商法规定了一系列强制性规范。比较典型的是商法实行外观主义规则。以交易人的行为外观为准来认定交易行为的法律效果，即使外观表示与内心真意不相符合，作出的行为亦不能撤销，这是为了保护第三人的信赖利益。但是，商事外观主义适用有一定范围：①仅在其与外部人的合法权益发生冲突之时，方有外观主义适用的余地，而将实际权利人的合法权益置于遭受损失的风险之下；②外部人为善意时；③外观主义仅仅适用于交易第三人。

（四）商事审判需尊重交易公平原则

交易公平原则是指商事主体在商事营业中依法正当行使权利和履行义务，并在商事交易活动中兼顾他人利益和社会公共利益，必须诚实营业，严格履约。

三、商事审判与民事审判的异同

1. 尽管商事审判有独特之处，但是我国民商事审判并不截然分开。因此，商事审判中商法规则优先，民法规则补充。例如公司争讼属于广义的民事案件。但与普通民事案件相比，公司争讼既有特殊性，又有一般性。基于一般法与特别法之间的相互关系，在裁判商事案件时应当遵循商法规则优先适用、民法规则补充适用的基本原则。在公司法没有明文规定或者规定不明的情况下，民法制度包括法人制度、民事法律行为制度、代理制度、物权制度、合同制度、侵权制度、诉讼时效制度等均可补充适用。例如，虽然《公司法》未规定抽逃出资的民事责任，但法官适用侵权法的基本原理可以推导出抽逃出资股东对公司的侵权责任。

2. 商事审判中裁判者不得代替商事主体作出商业判断。换言之，商事审判以合法性为标尺，合理性并非是商事审判中考虑的重点。商主体被假定为合理的经济人，其在思维方式、决策标准、表示方法上均与民事主体存在差异。对于缔约成本、经营风险、营利预期以及是否契合商业公平等，商主体有其独特的价值判断标准。因此，在这一点上，民事审判和商事审判又是不同的。

第二节 个人独资企业与合伙法律制度

一、个人独资企业法律制度

（一）个人独资企业与相关主体的区别

个人独资企业，是指在中国境内设立，由一个自然人投资，财产为投资人个人所有，投资人以其个人财产对企业债务承担无限责任的经营实体。

个人独资企业和一人公司是不同的。一人公司是指只有一个股东的有限责任公司，即公司的投资人为一人，由投资人独资经营，但投资人对公司债务仅负有限责任。个人独资企业和一人公司都是一人出资建立的企业，两者的不同是：①个人独资企业不是企业法人；一人公司作为公司的一种，是企业法人，在公司成立时取得法人资格。②个人独资企业的投资人对企业的债务承担无限责任；一人公司的投资人仅以出资额为限对公司负责，即承担有限责任。③个人独资企业依照个人独资企业法设立；一人公司则须依照公司法设立。

个人独资企业与国有独资公司的区别是：①个人独资企业不具有企业法人资格；国有独资公司则是依法成立的企业法人。②个人独资企业的投资人是自然人；国有独资公司的投资人是国家授权投资的机构或者国家授权的部门。③个人独资企业的投资人对企业的债务承担无限责任；国有独资公司的出资人承担有限责任。

（二）个人独资企业的投资人及其权责

1. 个人独资企业的投资人。是指以其财产投资设立独资企业的自然人。投资人只能是一个自然人，投资的财产必须是私人所有的财产。《个人独资企业法》第16条规定："法律、行政法规禁止从事营利性活动的人，不得作为投资人申请设立个人独资企业。"我国现行法律、行政法规所禁止从事营利性活动的人包括：①法官，即取得法官任职资格、依法行使国家审判权的审判人员；②检察官，即取得检察官任职资格、依法行使国家检察权的检察人员；③人民警察；④国家公务员。

2. 个人独资企业投资人的权利。个人独资企业投资人对企业财产享有所有权，即独资企业成立时的投资和经营过程中积累的财产都归独资企业投资人所有。个人独资企业的有关权利可以依法进行转让或继承。

3. 个人独资企业投资人的责任。个人独资企业投资人对企业债务承担无限责任：以投资人个人财产出资设立的，以投资人的个人财产承担无限责任；以投资人的家庭财产出资设立的，以投资人的家庭财产承担无限责任。

（三）个人独资企业的事务管理

个人独资企业的事务管理主要有三种模式：①自行管理，即由个人独资企业投资人本人对本企业的经营事务直接进行管理。②委托管理，即由个人独资企业的投资人委托其他具有民事行为能力的人负责企业的事务管理。③聘任管理，即个人独资企业的投资人聘用其他具有民事行为能力的人负责企业的事务管理。

委托或聘用管理应订立书面合同。委托管理，须由投资人与受托人签订书面合同，明确委托的具体内容和授予的权利范围。聘用他人管理企业事务，须由投资人与被聘用的人签订书面合同，明确委托的具体内容和授予的权利范围。投资人委托或者聘用的人员管理个人独资企业事务时违反双方订立的合同，给投资人造成损害的，应承担民事赔偿责任。

投资人对受托人或者被聘用的人员职权的限制，不得对抗善意第三人。

（四）个人独资企业的解散与清算

个人独资企业有下列情形之一时，应当解散：①投资人决定解散。②投资人死亡或者被宣告死亡，无继承人或者继承人放弃继承。在投资人死亡或宣告死亡的情况下，如果继承人继承了独资企业，则企业可继续存在，只需办理投资人的变更登记。③吊销营业执照。④法律、行政法规规定的其他解散情形。解散仅仅是个人独资企业消灭的原因，企业并非因解散的事实发生而立即消灭。独资企业的清算即是处理解散企业未了结的法律关系的程序。清算结束，进行注销登记，独资企业才最终消灭。

二、合伙企业的类型与设立

合伙有不同的类型。如果当事人约定设立而未经登记，则为民事合伙；如向企业登记机关提交申请，并领取营业执照，则为商事合伙。按照责任承担方式之不同，可分为普通合伙、特殊的普通合伙和有限合伙。普通合伙中，全体合伙人对合伙企业债务承担无限连带责任。在有限合伙中，普通合伙人对合伙企业债务承担无限连带责任，有限合伙人则以其认缴的出资额为限对合伙企业债务承担责任。

设立合伙企业，应当具备下列条件：①有 2 个以上合伙人。合伙人为自然人的，应当具有完全民事行为能力；②有书面合伙协议；③有合伙人认缴或者实际缴付的出资；④有合伙企业的名称和生产经营场所；⑤法律、行政法规规定的其他条件。普通合伙企业名称中应当标明"普通合伙"字样。

合伙人应按照合伙协议约定的出资方式、数额和缴付期限，履行出资义务，且需向合伙企业登记机关申请登记，取得营业执照，营业执照的签发日期即为合伙企业成立日期。在领取营业执照前，合伙人不得以合伙企业的名义从事合伙业务，但此时已经构成民事合伙。

合伙企业财产由合伙人的出资和合伙经营取得的其他财产两部分组成。对于合伙企业的债务，应先以其全部财产进行清偿；合伙企业不能清偿到期债务的，由合伙人承担无限连带责任。合伙人在合伙企业清算前，不得请求合伙企业财产的清算和分配。

三、合伙事务的执行与合伙的对外代表

合伙事务的执行是指合伙人与合伙之间以及合伙人相互之间的事务管理或决策关系；合伙的对外代表主要涉及合伙与第三人的关系，其以法律行为为主要表现形式，通常通过合伙人（或业务执行人）代表合伙对外为特定的意思表示完成。我国合伙企业法规定除合伙协议另有约定外，经全体合伙人一致同意，可聘任合伙人以外的人担任合伙企业的经营管理人员，该"经营管理人员"既可以对外代表合伙企业，又可以执行合伙内部事务。

《合伙企业法》第29条规定，合伙人分别执行合伙事务的，执行事务合伙人可以对其他合伙人执行的事务提出异议。异议提出后，该项事务的执行应当暂停。当事人可根据第30条通过表决的方式解决合伙人之间的意见分歧。

四、入伙、退伙以及合伙的变更与转让

（一）入伙、退伙

《合伙企业法》第43条规定，新合伙人入伙，除另有约定外，应当经全体合伙人一致同意，并依法订立书面入伙协议。可见，基于合伙的强烈的人合性，合伙人的一致同意是入伙的前提。

退伙分为自愿退伙与强制退伙。自愿退伙，是指当合伙合同对合伙人退伙有明确约定时，某一合伙人以其意思表示终止与其他合伙人间的合伙关系。我国《合伙企业法》第45条规定，具备以下情形时，合伙人依法得在合伙企业存续期间内自愿退伙：①合伙协议约定的退伙事由出现；②经全体合伙人一致同意；③发生合伙人难以继续参加合伙的事由；④其他合伙人严重违反合伙协议约定的义务。在合伙协议未约定合伙期限时，合伙人在不给合伙企业事务执行造成不利影响的情况下，也可以自愿退伙，但应提前30日通知其他合伙人。

强制退伙，是指在法律有特别规定，或合伙合同对退伙原因作出特别约定，或其他合伙人一致或多数同意时，无需退伙人的同意即取消其合伙人资格。《合伙企业法》第48条规定了基于外力原因导致合伙人资格丧失的事由，包括：①作为合伙人的自然人死亡或者被依法宣告死亡；②个人丧失偿债能力；③作为合伙人的法人或者其他组织依法被吊销营业执照、责令关闭撤销，或者被宣告破产；④法律规定或者合伙协议约定合伙人必须具有相关资格（如律师执业资格）而丧失该

资格的；⑤合伙人在合伙企业中的全部财产份额被人民法院强制执行；⑥合伙人被依法认定为无民事行为能力人或限制民事行为能力人，且其他合伙人未能一致同意其转为有限合伙人。

（二）转让、继承

合伙份额可以转让。除合伙协议另有约定外，合伙人向合伙人以外的人转让其在合伙企业中的全部或者部分财产份额时，须经其他合伙人一致同意。合伙人之间转让在合伙企业中的全部或者部分财产份额时，应当通知其他合伙人。合伙人向合伙人以外的人转让其在合伙企业中的财产份额的，在同等条件下，其他合伙人有优先购买权；但是，合伙协议另有约定的除外。

合伙份额可以继承。我国《合伙企业法》第50条规定，合伙人死亡或者被依法宣告死亡的，对该合伙人在合伙企业中的财产份额享有合法继承权的继承人，按照合伙协议的约定或者经全体合伙人一致同意，从继承开始之日起，取得该合伙企业的合伙人资格。有下列情形之一的，合伙企业应当向合伙人的继承人退还被继承合伙人的财产份额：①继承人不愿意成为合伙人；②法律规定或者合伙协议约定合伙人必须具有相关资格，而该继承人未取得该资格；③合伙协议约定不能成为合伙人的其他情形。

五、合伙的解散与清算

合伙企业有下列情形之一的，应当解散：①合伙期限届满，合伙人决定不再经营；②合伙协议约定的解散事由出现；③全体合伙人决定解散；④合伙人已不具备法定人数满30天；⑤合伙协议约定的合伙目的已经实现或者无法实现；⑥依法被吊销营业执照、责令关闭或者被撤销；⑦法律、行政法规规定的其他原因。

合伙企业解散后，应当由清算人进行清算。清算人由全体合伙人担任；经全体合伙人过半数同意，可以自合伙企业解散事由出现后15日内指定一个或者数个合伙人，或者委托第三人担任清算人；在此期间内未确定清算人的，合伙人或者其他利害关系人可以申请人民法院指定清算人

合伙企业清算应当通知债权人，并进行公告。在清算期间，清算人应完成清理财产、处理未结事务、清理债权债务等工作，清算完成后，应办理注销登记。

六、有限合伙

有限合伙企业由普通合伙人和有限合伙人组成，普通合伙人对合伙企业债务承担无限连带责任，有限合伙人以其认缴的出资额为限对合伙企业债务承担责任。

除非法律有例外规定，有限合伙企业由2个以上50个以下合伙人设立。有限合伙企业至少应当有一个普通合伙人，有限合伙企业名称中应当标明"有限合

伙"字样。在出资方式上，普通合伙人仍适用合伙企业法的一般规则，有限合伙人不得以劳务出资。此外，有限合伙企业的登记事项中应载明有限合伙人的姓名或者名称及认缴的出资额。

在有限合伙中，只有普通合伙人具有执行合伙事务的权利。有限合伙人仅承担出资的义务，并不以其劳动参与合伙经营，因而也不参与合伙事务的执行。

第三节 公 司 法

一、公司概述

公司是以营利为目的而依法设立的具有法人资格的企业法人。公司具有三个最基本的特征：①公司应依法成立。②公司以营利为目的。以营利为目的是公司与机关、事业单位和社会团体法人的主要区别所在。③公司是法人。公司与其他商事组织如独资企业、合伙企业的主要区别在于，公司具有法人的属性。公司的法人属性使公司财产与公司成员的个人财产完全区别开来，从而使公司能够以自己的名义独立地从事民事活动、享受民事权利和承担民事义务。因此，与独资企业、合伙企业不同，公司的股东对公司的债务的清偿责任仅以其出资额为限，即公司股东对公司债务承担有限责任。我国公司法只规定了两种公司形式：①有限责任公司；②股份有限公司。

根据公司的内部管理系统不同，可以将公司分为本公司和分公司。本公司是一个公司法人的总机构，而分公司则是本公司管辖之下的法人的分支机构，没有独立的法人资格。分公司没有独立的财产，其财产属本公司所有。分公司不独立享受权利和承担义务，其经营所得归属于本公司，其债务和其他责任也归属于本公司；分公司可以在本公司授权范围内以自己的名义进行业务活动，也可以代表公司进行诉讼，但是分公司不能独立承担财产责任。当它的财产不足以抵偿债务时，应由本公司来清偿。分公司虽然不具有法人资格，但是它具有经营资格，须向公司登记机关办理登记，领取营业执照。

母公司和子公司是基于控制关系形成的公司类型。母公司是一种控制性公司，凡拥有另一公司的相对多数股份，且能够对之加以实际控制的，即为母公司，被控制者为子公司。子公司具有法人资格，拥有独立的财产，能够独立享受权利和承担责任。在本质上，母公司就是子公司的控股股东。

依公司国籍可以将公司分为本国公司、外国公司和多国公司。在我国，凡是依照中国法律在中国境内登记成立的公司，都是本国公司。依照外国法律在中国境外登记成立的公司，则为外国公司。所以，外商在中国设立的中外合资经营企业、中外合作经营企业和外商独资企业，都是中国公司。但是，外国公司在中国境内设立的分支机构，不具有中国法人的资格，不属于中国公司。

二、公司名称、住所及能力

（一）公司名称

公司名称是公司成立必须具备的条件之一。公司名称是公司人格的具体表现，是公司区别于其他民事主体的标记。公司名称具有排他性，在一定范围内，一个公司只能使用特定的经过注册的名称。一般要求公司名称中必须冠以公司登记地的地名。而冠以"中国"、"中华"、"全国"、"国际"字样的公司，则必须经国家工商行政管理局核准。同时，公司名称还必须表明公司的法律性质。凡为有限责任公司者，其名称中必须含有"有限责任公司"字样；凡为股份有限公司者，其名称中必须含有"股份有限公司"字样。具体地说，我国公司的名称应当标明：地域、商号、行业或经营特点和公司类型。

公司名称登记一般与公司开业登记同时进行，如有特殊缘由，可在开业登记之前单独申请公司名称登记。公司名称可以转让，但应当伴随公司本身的全部或部分进行转让。

（二）公司住所

住所的法律效力主要有：①据以确定公司的诉讼管辖地和诉讼文书送达地。②在合同关系中，住所地是判定合同履行地的标准之一。③在一般情况下，据以确定公司的登记机关。④在涉外活动中，住所地是认定法律适用的标准之一。

公司以其主要办事机构所在地为住所。当公司只有一个办事机构时，即以该机构所在地为住所。若公司有位于不同地方的两个以上的办事机构，则应确定其中一个为主要办事机构，如公司总部、总公司等，为其住所地。但在法律上，应以公司的登记为准。

（三）公司的权利能力和行为能力

公司的权利能力，是指公司作为独立的法律主体享有权利并承担义务的资格。公司与自然人不同，公司的权利能力受到公司固有性质的限制，公司无从取得专属于自然人的权利，而某些法律政策上的原因，也使公司权利能力受到限制。公司是不是具有行为能力在于立法者对公司本质的认识。我国民法采取法人实在说，并明文规定法人有行为能力。公司的行为能力，是指公司以自己的意志通过自身的行为取得权利并承担义务的资格。

公司的意志是通过公司的法人机关来形成和表示的。法人机关就是公司的意思机关。公司的法人机关是由股东会、董事会和监事会组成的。公司的行为能力主要是指：民事行为能力，即公司设立，变更和消灭民事法律关系的能力；侵权行为能力，即公司因自己的行为致人损害时，应当承担民事责任；犯罪能力，即公司的行为违反法律，构成犯罪时，公司应依法承担刑事责任。

三、公司资本与利润

（一）2014 年公司法资本制度的变革

我国《公司法》经修改后于 2014 年 3 月 1 日正式实施，除法律、行政法规另有规定外，公司设立不再有最低资本额的限制，验资要求、货币出资比例要求等一并废除。

从广义上而言，公司资本制度可以分为公司设立的资本制度和公司存续的资本制度。诸如最低资本制度、现金比例要求等都属于公司设立的资本制度。股东不得抽回出资、保证出资的真实性、不得欺诈性转移资产等属于公司存续的资本制度。本次资本制度变革，是对公司设立资本制度的修改，意在降低公司成立门槛，但未对公司存续资本制度作实质修改。换言之，不得抽回出资、保证出资的真实性、不得欺诈性转移资产等依然是投资人的法定义务。

从资本制度类型而言，我国公司法资本制度依然属于法定资本制度。实缴还是认缴并非是法定资本与授权资本的本质区别。授权资本的特点是授权董事会决定股份发行，股东会不再决定股份发行之数额、期限等，授权资本的制度背景是公司股权分散且由董事会中心主义主导的公司治理。但我国本次资本制度改变并无如此内容亦无如此背景。2014 年 3 月 1 日开始，尽管我国公司设立时不再受最低资本额的限制，也无需在设立时实际缴纳资本，但是投资人还是需要确定认缴的数额，并将认缴的数额总和登记在册，这即注册资本。注册资本是投资人认缴的投资额总和。投资人认缴的数额即是该投资人需要承担的有限责任额度。

在本次资本制度变革后，股东对公司的出资义务依然存在，该义务源自投资人的认缴这一承诺。出资人的认缴在性质上属于取得股权的交易对价，且出资人需保证出资的真实有效。公司成立后，股东出资之资本构成公司财产，倘若股东可以随意抽回，则意味着公司财产不独立，但是对于公司而言，"无财产即无人格"。可见，股东对公司履行出资义务，保证出资的真实，不得抽回出资，是确保公司财产独立、维护公司制度的核心所在。

（二）公司的收益分配制度

公司的收益分配有法定顺序，未弥补亏损前不得分配利润。公司收益分配的法定顺序如下：①缴纳所得税；②在公司已有的法定公积金不足以弥补上一年度公司亏损的情况下，弥补亏损；③提取法定公积金；④有限责任公司按照实缴出资比例或者约定的比例进行分配，股份有限公司按照股份比例，对股东进行分配。

四、有限责任公司基本制度

有限责任公司，也称有限公司，是指依公司法成立，由不超过一定人数的股东出资组成，每个股东以其认缴的出资额为限对公司承担责任，公司以其全部资产对公司的债务承担责任的企业法人。

（一）有限责任公司的设立

有限责任公司的设立，应当具备如下条件：①股东人数符合法律规定，即由50个以下股东成立。股东可以是自然人，也可以是法人或者其他营业组织。②有限责任公司的注册资本为章程登记的全体股东认缴的出资额。2014年3月1日开始，除27类公司外，公司注册资本不再有法定最低限额的要求。③股东需共同制订公司章程。有限责任公司的章程由全体股东订立，形式上要求有全体股东的签名、盖章。④有公司名称，并建立符合法律规定的组织机构。⑤有固定的生产经营场所和必要的生产经营条件。

股东出资的形式可以是货币，也可是实物、工业产权、非专利技术、土地使用权等，凡是具有流通性、经济价值可以确定的财产，均可以出资。2014年3月1日开始，货币出资比例已经取消，公司法也不再要求验资。公司成立后，如发现作为出资非货币财产实际价额显著低于公司章程所定价额的，交付该项出资的股东负有补交差额的义务。对于这项补交义务，公司设立时的其他股东承担连带责任。

有限责任公司由发起人发起设立，所有股东均为发起人。发起人首先签订发起协议。发起人在公司设立阶段，要承担一定的义务。发起人对以发起人名义签署的合同，要承担责任，如果公司设立失败，发起人要对发起阶段的债务承担连带责任（具体参见《公司法解释（三）》第2～5条的规定）。设立有限责任公司，应当由全体股东指定的代表或者共同委托的代理人向公司登记机关申请名称预先核准。预先核准的公司名称保留期为6个月。预先核准的公司名称在保留期内，不得用于从事经营活动，不得转让。

设立有限责任公司，应当由全体股东指定的代表向公司登记机关申请设立登记。公司申请登记的经营范围中有法律、行政法规规定必须报经审批的项目的，应当在申请登记前报经国家有关部门批准。营业执照的签发日期，为公司成立日期。公司成立后，凭营业执照刻制印章，开立银行账户，申请纳税登记。

（二）有限责任公司股东资格的认定

认定股东资格须以投资人与公司的合意为依据；在证据上，认定股东资格的证据可以分为形式证据和实质证据。这就投资人与公司之间的身份关系而言，应当是合理的。但是，现实中的股东资格纠纷，却有比较多的形态，即存在投资人之间、投资人与公司之间、投资人或公司与公司外第三人之间就股东资格产生的纠纷。

对于不同主体之间的纠纷，裁判者须寻找不同类型纠纷中的股东资格的合意。例如投资人之间就股东资格的合意，可以表现在发起人协议、章程和股权转让协议之中。其中，章程经过了公司的确认，比起发起人协议和股权转让协议中的股东资格的合意，更具有证明效力；投资人与公司之间就股东资格的合意，则最主要表现在股东名册上，但是章程和工商登记的股东记载事项，亦经过了公司的确认，但是效力上比不上股东名册；投资人或公司与公司外第三人之间，并无股东资格的任何合意，只不过工商登记公示了股东资格进而具有公信力而已，因而对外而言，工商登记作为股东资格认定的主要依据。

（三）有限责任公司股权的转让

公司成立后，股东不得抽回出资。所谓抽回出资，就是退股，即股东要求公司购买其股份。公司法不允许股东向公司转让股份，但允许股东向本公司的其他股东或者本公司股东以外的其他人转让股份。有限责任公司内部的股份转让不受限制。股东之间可以相互转让其全部或部分股权。股东向股东以外的人转让其出资时，必须经其他股东过半数同意，不同意转让的股东应当购买该转让的出资，如果不购买该转让的出资，视为同意转让。

在股东对外转让股份获得同意的情况下，其他股东还可以行使优先购买权。对于经同意转让的股份，其他股东有同等条件下享有优先购买权。

（四）有限责任公司的组织机构

有限责任公司的组织结构，通常分为股东会、董事会及经理和监事会。规模较小的有限责任公司可以只用1名董事和1名监事。

1. 股东会的职权。①决定公司的经营方针和投资计划；②选举和更换非由职工代表担任的董事、监事，决定有关董事、监事的报酬事项；③审议批准董事会的报告；④审议批准监事会或者监事的报告；⑤审议批准公司的年度财务预算方案、决算方案；⑥审议批准公司的利润分配方案和弥补亏损方案；⑦对公司增加或者减少注册资本作出决议；⑧对发行公司债券作出决议；⑨对公司合并、分立、解散、清算或者变更公司形式作出决议；⑩修改公司章程；⑪公司章程规定的其他职权。

2. 股东会会议的召开。股东会会议分为定期会议和临时会议。定期会议应当依照公司章程的规定按时召开。代表1/10以上表决权的股东，1/3以上的董事，监事会或者不设监事会的公司的监事提议召开临时会议的，应当召开临时会议。有限责任公司设立董事会的，股东会会议由董事会召集，董事长主持；董事长不能履行职务或者不履行职务的，由副董事长主持；副董事长不能履行职务或者不履行职务的，由半数以上董事共同推举 1 名董事主持。有限责任公司不设董事会的，股东会会议由执行董事召集和主持。董事会或者执行董事不能履行或者不履行召集股东会会议职责的，由监事会或者不设监事会的公司的监事召集和主持；监事会或者监事不召集和主持的，代表1/10以上表决权的股东可以自行召集和主持。

3. 股东会的表决程序。股东会的议事方式和表决程序，除《公司法》有规定的以外，由公司章程规定。股东会对公司增加或者减少注册资本，分立、合并、解散或者变更公司形式作出的决议，以及修改章程的决议，必须经有代表 2/3 以上表决权的股东通过。

4. 董事会（执行董事）及经理。有限责任公司的董事会成员为 3 ~ 13 人，由股东会选出的董事组成。董事每届任期不得超过 3 年。董事任期届满，连选可以连任。董事在任期届满前，股东会不得无故解除其职务。

5. 监事会是公司的监督机关。公司经营规模较大的，设立监事会，其成员不少于 3 人。监事会应在其组成人员中推选 1 名召集人。监事会由股东代表和适当比例的公司职工代表组成，具体比例由公司章程规定。监事会中的职工代表由公司职工民主选举产生。公司股东人数较少和规模较小的，可以设 1 ~ 2 名监事，不设监事会。董事、经理和财务负责人不得兼任监事。监事的任期每届为 3 年。监事任期届满，连选可以连任。监事会或者监事的职权为：检查公司财务；对董事、经理执行公司职务时违反法律、法规或者公司章程的行为进行监督；当董事和经理的行为损害公司利益时，要求董事和经理予以纠正；提议召开临时股东会；公司章程规定的其他职权。监事可以列席董事会会议。

6. 董事、监事、经理的任职。有下列情形之一的，不得担任公司的董事、监事、经理：①无民事行为能力或者限制民事行为能力；②因贪污、贿赂、侵占财产、挪用财产或者破坏社会主义市场经济秩序，被判处刑罚，执行期满未逾 5 年，或者因犯罪被剥夺政治权利，执行期满未逾 5 年；③担任破产清算的公司、企业的董事或者厂长、经理，对该公司、企业的破产负有个人责任的，自该公司、企业破产清算完结之日起未逾 3 年；④担任因违法被吊销营业执照、责令关闭的公司、企业的法定代表人，并负有个人责任的，自该公司、企业被吊销营业执照之日起未逾 3 年；⑤个人所负数额较大的债务到期未清偿。公司违反上述规定选举、委派董事、监事或者聘任高级管理人员的，该选举、委派或者聘任无效。

五、一人公司基本制度

一人有限责任公司，是指只有一个自然人股东或者一个法人股东的有限责任公司。一个自然人只能投资设立一个一人有限责任公司。该一人有限责任公司不能投资设立新的一人有限责任公司。一人有限责任公司应当在公司登记中注明自然人独资或者法人独资，并在公司营业执照中载明。

一人有限责任公司章程由股东制定。一人有限责任公司不设股东会。股东作出决定时，应当采用书面形式，并由股东签名后置备于公司。一人有限责任公司应当在每一会计年度终了时编制财务会计报告，并经会计师事务所审计。一人有限责任公司的股东不能证明公司财产独立于股东自己的财产的，应当对公司债务承担连带责任。

六、国有独资公司基本制度

国有独资公司，是指国家单独出资、由国务院或者地方人民政府授权本级人民政府国有资产监督管理机构履行出资人职责的有限责任公司。其特征是：①投资者的单一性。国有独资公司的投资者只有一个。②财产的全民性。作为投资的财产是国家的财产。在公司运营以后，原投资财产以及由此滋生积累的财产仍然具有全民所有制性质。③投资者责任的有限性。国有独资公司是具有法人资格的企业，其财产、经营均独立于投资者。

国有独资公司章程由国有资产监督管理机构制定，或者由董事会制订报国有资产监督管理机构批准。国有独资公司不设股东会，由国有资产监督管理机构行使股东会职权。国有资产监督管理机构可以授权公司董事会行使股东会的部分职权，决定公司的重大事项，但公司的合并、分立、解散、增加或者减少注册资本和发行公司债券，必须由国有资产监督管理机构决定；其中，重要的国有独资公司合并、分立、解散、申请破产的，应当由国有资产监督管理机构审核后，报本级人民政府批准。国有独资公司设董事会，董事每届任期不得超过 3 年。董事会成员中应当有公司职工代表。董事会成员由国有资产监督管理机构委派；但是，董事会成员中的职工代表由公司职工代表大会选举产生。董事会设董事长 1 人，可以设副董事长。董事长、副董事长由国有资产监督管理机构从董事会成员中指定。

国有独资公司设经理，由董事会聘任或者解聘。经理依照《公司法》第49条规定行使职权。经国有资产监督管理机构同意，董事会成员可以兼任经理。国有独资公司的董事长、副董事长、董事、高级管理人员，未经国有资产监督管理机构同意，不得在其他有限责任公司、股份有限公司或者其他经济组织兼职。国有独资公司监事会成员不得少于 5 人，其中职工代表的比例不得低于1/3，具体比例由公司章程规定。

七、股份有限公司基本制度

股份有限公司，又称股份公司，系指全部资本分成等额股份，股东以其所持股份为限对公司承担责任，公司以其全部资产对公司债务承担责任的法人。股份公司的全部资本分为等额股份。股份是金额相等的公司资本的最小构成单位。股东以其所认股份为限对公司承担责任。

（一）股份有限公司的设立条件

发起人符合法定人数，即发起人的人数为 2～200 个人，其中须有过半数在中国境内有住所；有符合公司章程规定的全体发起人认购的股本总额或者募集的实收股本总额；股份发行、筹办事项符合法律规定；发起人制订公司章程，采用募集方式设立的经创立大会通过；有公司名称，建立符合股份有限公司要求的组织机构；有公司住所。

投资人可以用实物、工业产权、非专利技术、土地使用权等具有流通性且经济价值可以确定的财产出资。股份有限公司的注册资本为在公司章程登记的认缴资本总额。2014 年 3 月 1 日开始，股份有限公司注册资本的最低限额已经取消，但是，法律、行政法规对法定最低限额另有高于此数额的规定时，从其规定。

（二）股份有限公司的设立方式

股份有限公司的设立方式有发起设立和募集设立两种：①发起设立，是指由发起人自行认购公司应发行的全部股份而设立公司。②募集设立，是指发起人认购一部分股份，剩余股份向社会公开募集的设立方式。

（三）股份有限公司的组织机构

1. 股东大会。股东大会由全体股东组成。股份有限公司的股东主要来自以下人员：①股份有限公司的发起人，依照法律规定认购股份，公司成立后，即成为公司股东；②在公司设立过程中的认股人，由于其认购了公司的股份，公司成立后便成为该公司股东；③公司发行新股的认股人，由于其认购了公司新发行的股份，在新股发行程序结束后就成为股东。

股东主要有下列权利：出席或委托代理人出席股东大会行使表决权；查阅公司章程、股东大会会议记录和财务会计报告，对公司的经营提出建议或者质询；按其持有股份比例取得股息和红利；公司发行新股时，享有新股认购权；依法转让股份；公司终止后依法取得公司的剩余财产；公司章程规定的其他权利。

股东大会的职权，由《公司法》第 37 条规定。股东大会应当每年召开 1 次年会。有下列情形之一的，应当在两个月内召开临时股东大会：①董事人数不足本法规定人数或者公司章程所定人数的 2/3 时；②公司未弥补的亏损达实收股本总额 1/3 时；③单独或者合计持有公司 10% 以上股份的股东请求时；④董事会认为必要时；⑤监事会提议召开时；⑥公司章程规定的其他情形。

股东大会会议由董事会召集，董事长主持；董事长不能履行职务或者不履行职务的，由副董事长主持；副董事长不能履行职务或者不履行职务的，由半数以上董事共同推举一名董事主持。董事会不能履行或者不履行召集股东大会会议职责的，监事会应当及时召集和主持；监事会不召集和主持的，连续 90 日以上单独或者合计持有公司 10% 以上股份的股东可以自行召集和主持。召开股东大会会议，应当将会议召开的时间、地点和审议的事项于会议召开 20 日前通知各股东；临时股东大会应当于会议召开 15 日前通知各股东；发行无记名股票的，应当于会议召开 30 日前公告会议召开的时间、地点和审议事项。单独或者合计持有公司 3% 以上股份的股东，可以在股东大会召开 10 日前提出临时提案并书面提交董事会；董事会应当在收到提案后 2 日内通知其他股东，并将该临时提案提交股东大会审议。临时提案的内容应当属于股东大会职权范围，并有明确议题和具体决议事项。股东大会不得对前两款通知中未列明的事项作出决议。无记名股票持有人出席股东大会会议的，应当于会议召开 5 日前至股东大会闭会时将股票交存于公司。

股东出席股东大会会议，所持每一股份有一表决权。但是，公司持有的本公司股份没有表决权。股东大会作出决议，必须经出席会议的股东所持表决权过半数通过。但是，股东大会作出修改公司章程、增加或者减少注册资本的决议，以及公司合并、分立、解散或者变更公司形式的决议，必须经出席会议的股东所持表决权的 2/3 以上通过。公司法和公司章程规定公司转让、受让重大资产或者对外提供担保等事项必须经股东大会作出决议的，董事会应当及时召集股东大会会议，由股东大会就上述事项进行表决。股东大会选举董事、监事，可以依照公司章程的规定或者股东大会的决议，实行累积投票制。股东可以委托代理人出席股东大会会议，代理人应当向公司提交股东授权委托书，并在授权范围内行使表决权。股东大会应当对所议事项的决定作成会议记录，主持人、出席会议的董事应当在会议记录上签名。会议记录应当与出席股东的签名册及代理出席的委托书一并保存。

2. 董事会及经理。董事会由 5～19 人组成，是集体执行公司事务的、必要的机构。董事会就重大公司事务形成决议，表达董事会成员的共同意思，故为集体执行公司事务的机构。董事会会议每年至少要召开两次。

董事会行使以下法定职权：①负责召集股东大会，并向股东大会报告工作；②执行股东大会决议；③决定公司的经营计划和投资方案；④制定公司的年度财务预算方案，决算方案；⑤制定公司的利润分配方案和弥补亏损方案；⑥制订公司增加或者减少注册资本的方案以及发行公司债券的方案；⑦拟订公司合并、分立、解散的方案；⑧决定公司内部管理机构的设置；⑨聘任或解聘公司经理，根据总经理的提名，聘任或者解聘公司副经理、财务负责人，决定其报酬事项；⑩制定公司的基本管理制度，董事会的法定职权不限于执行公司内部事务。例如：任免公司经理，就是以公司名义与第三人签订雇佣合同和解除雇佣合同；执行股东大会增加资本的决议，就是以公司名义向非特定第三人招募股份。

根据我国公司法，董事对公司负有以下禁止性义务，董事、高级管理人员不得有下列行为：①挪用公司资金；②将公司资金以其个人名义或者以其他个人名义开立账户存储；③违反公司章程的规定，未经股东会、股东大会或者董事会同意，将公司资金借贷给他人或者以公司财产为他人提供担保；④违反公司章程的规定或者未经股东会、股东大会同意，与本公司订立合同或者进行交易；⑤未经股东会或者股东大会同意，利用职务便利为自己或者他人谋取属于公司的商业机会，自营或者为他人经营与所任职公司同类的业务；⑥接受他人与公司交易的佣金归为己有；⑦擅自披露公司秘密；⑧违反对公司忠实义务的其他行为。董事、高级管理人员违反前款规定所得的收入应当归公司所有。

（四）股份有限公司的股份发行和转让

股份发行的规则主要有以下各项：

1. 股票发行价格可以按票面金额，也可以超过票面金额（即股票溢价发行），但不得低于票面金额。股票溢价发行的，必须经过国务院证券管理部门批准。股票溢价发行所得的溢价款，应当列入公司资本公积金。

2. 股票应载明以下事项：①公司名称；②公司登记成立的日期；③股票种类、票面金额及代表的股份数；④股票的编号。股票应由董事长签名，公司盖章。发起人的股票，应当标明发起人股票字样。

3. 公司向发起人、国家授权投资机构、法人发行的股票，应当为记名股票，并应当记载该发起人、机构或者法人的名称。

4. 公司向股东交付股票的时间，必须在公司成立之后。公司成立之前不得向股东交付股票。

股份转让的基本规则有以下各项：

1. 股份持有人的转让自由。股东持有的股份可以自由转让，但有例外。发起人持有的本公司股份，自公司成立之日起1年内不得转让。公司公开发行股份前已发行的股份，自公司股票在证券交易所上市交易之日起1年内不得转让。公司董事、监事、高级管理人员应当向公司申报所持有的本公司的股份及其变动情况，在任职期间每年转让的股份不得超过其所持有本公司股份总数的 25%；所持本公司股份自公司股票上市交易之日起 1 年内不得转让。上述人员离职后半年内，不得转让其所持有的本公司股份。公司章程可以对公司董事、监事、高级管理人员转让其所持有的本公司股份作出其他限制性规定

2. 股份转让场所。股东转让其股份，应当在依法设立的证券交易场所进行或者按照国务院规定的其他方式进行。

3. 记名股票的转让。记名股票，由股东以背书方式或者其他合法方式转让。记名股票的转让，由公司将受让人的姓名或者名称及住所记载于公司股东名册。记名股票转让后未记载于公司股东名册的，不得以其转让对抗公司；也就是说，未记载于股东名册的记名股票受让人对公司主张权利时，公司有权拒绝。股东大会召开前 20 日内或者公司决定分配股利的基准日前 5 日内，不得进行前款规定的股东名册的变更登记。但是，法律对上市公司股东名册变更登记另有规定的，从其规定。

4. 无记名股票的转让。无记名股份的转让，实行交付生效主义，只要股东将股票交付给受让人，即发生转让的效力。

第四节　破　产　法

一、破产法律制度概述

破产是指当债务人即将出现破产原因或者已经出现破产原因时，对债务人实施的挽救性程序以及就债务人的总财产实行的概括性清算程序的统称。破产的概念有狭义和广义之分。狭义上的破产是指破产清算制度，是指当债务人不能清偿到期债务，并且资不抵债或者明显缺乏清偿能力时，为满足债权人正当合理的清偿要求，在法院的指挥和监督之下，就债务人的总财产实行的以分配为目的的清算程序；广义上的破产是指由破产清算程序与破产和解、破产整顿等预防性程序共同构成的一个统一的破产法律制度体系。

《企业破产法》第 2 条规定，企业法人不能清偿到期债务，并且资产不足以清偿全部债务或者明显缺乏清偿能力的，依照本法规定清理债务。但是，《企业破产法》第 135 条规定："其他法律规定企业法人以外的组织的清算，属于破产清算的，参照适用本法规定的程序。"可见，其他组织的破产清算可以参照破产法的规定进行。《企业破产法》第 2 条规定了破产的原因或标准为：①债务人不能清偿到期债务并且资不抵债；②债务人不能清偿到期债务并且明显缺乏清偿能力。只要符合两项标准中的一项，就等于债务人达到了破产界限。

　　破产案件只能由债务人所在地法院管辖，这是破产案件地域管辖的普遍原则。《企业破产法》第 3 条规定："破产案件由债务人住所地人民法院管辖。"我国破产法未对破产案件的级别管辖作出规定。通常，我国破产案件的级别管辖主要是以企业设立时核准登记的工商行政管理机关的等级高低来划定的。最高人民法院和各省、市、自治区高级人民法院对破产案件一般不享有管辖权。

　　二、破产申请与受理

　　破产程序的开始，应由相关主体提出破产申请。能够提出破产申请的主体有三类：债务人可以向人民法院提出重整、和解或者破产清算申请；债务人不能清偿到期债务，债权人可以向人民法院提出对债务人进行重整或者破产清算的申请；企业法人已解散但未清算或者未清算完毕，资产不足以清偿债务的，依法负有清算责任的人应当向人民法院申请破产清算。

　　债权人提出破产申请的，人民法院应当自收到申请之日起 5 日内通知债务人。债务人对申请有异议的，应当自收到人民法院的通知之日起 7 日内向人民法院提出。人民法院应当自异议期满之日起 10 日内裁定是否受理。除此之外，人民法院应当自收到破产申请之日起 15 日内裁定是否受理。有特殊情况需要延长前两款规定的裁定受理期限的，经上一级人民法院批准，可以延长 15 日。

　　人民法院受理破产申请的，应当自裁定作出之日起 5 日内送达申请人。债权人提出申请的，人民法院应当自裁定作出之日起 5 日内送达债务人。债务人应当自裁定送达之日起 15 日内，向人民法院提交财产状况说明、债务清册、债权清册、有关财务会计报告以及职工工资的支付和社会保险费用的缴纳情况。

　　人民法院裁定不受理破产申请的，应当自裁定作出之日起 5 日内送达申请人并说明理由。申请人对裁定不服的，可以自裁定送达之日起 10 日内向上一级人民法院提起上诉。人民法院受理破产申请后至破产宣告前，经审查发现债务人不符合本法第 2 条规定情形的，可以裁定驳回申请。申请人对裁定不服的，可以自裁定送达之日起 10 日内向上一级人民法院提起上诉。

　　人民法院裁定受理破产申请的，应当同时指定管理人。人民法院应当自裁定受理破产申请之日起 25 日内通知已知债权人，并予以公告。

　　三、破产受理的法律效力

　　（一）破产受理对债务人的效力

　　1. 债务人法定代表人及有关人员的相关义务。自人民法院受理破产申请的裁定送达债务人之日起至破产程序终结之日，债务人的有关人员承担下列义务：①妥善保管其占有和管理的财产、印章和账簿、文书等资料；②根据人民法院、管理人的要求进行工作，并如实回答询问；③列席债权人会议并如实回答债权人的询问；④未经人民法院许可，不得离开住所地；⑤不得新任其他企业的董事、监事、高级管理人员。

2. 债务人丧失财产管理权和处分权。人民法院受理破产申请后，债务人丧失对自己财产的管理权和处分权，企业整体为管理人所接管。

3. 债务人个别清偿行为的无效。《企业破产法》第16条规定："人民法院受理破产申请后，债务人对个别债权人的债务清偿无效。"

（二）破产受理对债权人的效力

1. 未到期债权视为到期。《企业破产法》第46条规定："未到期的债权，在破产申请受理时视为到期。附利息的债权自破产申请受理时起停止计息。"

2. 债权人按期申报债权。我国《企业破产法》规定，人民法院受理破产申请后，应当确定债权人申报债权的期限。债权申报期限自人民法院发布受理破产申请公告之日起计算，最短不得少于30日，最长不得超过3个月。债权人应当在人民法院确定的债权申报期限内向管理人申报债权，债权人未依照本法规定申报债权的，不得依照本法规定的程序行使权利。但债务人所欠职工的工资和医疗、伤残补助、抚恤费用，所欠的应当划入职工个人账户的基本养老保险、基本医疗保险费用，以及法律、行政法规规定应当支付给职工的补偿金，不必申报，由管理人调查后列出清单并予以公示。职工对清单记载有异议的，可以要求管理人更正；管理人不予更正的，职工可以向人民法院提起诉讼。

3. 管理人对于待履行合同的选择权。人民法院受理破产申请后，管理人对破产申请受理前成立而债务人和对方当事人均未履行完毕的合同有权决定解除或者继续履行，并通知对方当事人。管理人自破产申请受理之日起2个月内未通知对方当事人，或者自收到对方当事人催告之日起30日内未答复的，视为解除合同。管理人决定继续履行合同的，对方当事人应当履行；但是，对方当事人有权要求管理人提供担保。管理人不提供担保的，视为解除合同。

四、破产财产、破产费用与共益债务制度

（一）破产财产

破产财产，是指破产程序开始后为保证破产分配的顺利进行，依法由破产管理人收集和管理起来的破产人的全部财产。《企业破产法》第30条规定："破产申请受理时属于债务人的全部财产，以及破产申请受理后至破产程序终结前债务人取得的财产，为债务人财产。"

在我国当前企业破产情况下，并非所有财产都属于破产财产，有些财产应排除在破产财产之外，这些财产概括起来主要有：已作为担保标的物的财产；破产企业内党团、工会等社会团体的财产；破产企业兴办的社会公益事业；虽归破产企业占有和使用，但所有权或最终处分权不属于破产企业的财产等。

（二）破产费用

破产费用，是指法院在受理破产案件时收取的案件受理费以及破产程序进行中为全体债权人利益和程序进行所必需而支付的各项费用的总称。共益债务则是指在破产程序进行中，为全体债权人利益或为程序进行之必需而对破产财团产生的一切请求权的统称。

人民法院受理破产申请后发生的下列费用，为破产费用：①破产案件的诉讼费用；②管理、变价和分配债务人财产的费用；③管理人执行职务的费用、报酬和聘用工作人员的费用。人民法院受理破产申请后发生的下列债务，为共益债务：①因管理人或者债务人请求对方当事人履行双方均未履行完毕的合同所产生的债务；②债务人财产受无因管理所产生的债务；③因债务人不当得利所产生的债务；④为债务人继续营业而应支付的劳动报酬和社会保险费用以及由此产生的其他债务；⑤管理人或者相关人员执行职务致人损害所产生的债务；⑥债务人财产致人损害所产生的债务。

五、债权人会议

依法申报债权的债权人为债权人会议的成员，有权参加债权人会议，享有表决权。债权尚未确定的债权人，除人民法院能够为其行使表决权而临时确定债权额的外，不得行使表决权。对债务人的特定财产享有担保权的债权人，未放弃优先受偿权利的，不享有表决权。债权人可以委托代理人出席债权人会议，行使表决权。代理人出席债权人会议，应当向人民法院或者债权人会议主席提交债权人的授权委托书。债权人会议应当有债务人的职工和工会的代表参加，对有关事项发表意见。债权人会议设主席1人，由人民法院从有表决权的债权人中指定。债权人会议主席主持债权人会议。

债权人会议行使下列职权：①核查债权；②申请人民法院更换管理人，审查管理人的费用和报酬；③监督管理人；④选任和更换债权人委员会成员；⑤决定继续或者停止债务人的营业；⑥通过重整计划；⑦通过和解协议；⑧通过债务人财产的管理方案；⑨通过破产财产的变价方案；⑩通过破产财产的分配方案；⑪人民法院认为应当由债权人会议行使的其他职权。债权人会议应当对所议事项的决议作成会议记录。

第一次债权人会议由人民法院召集，自债权申报期限届满之日起15日内召开。以后的债权人会议，在人民法院认为必要时，或者管理人、债权人委员会、占债权总额1/4以上的债权人向债权人会议主席提议时召开。召开债权人会议，管理人应当提前15日通知已知的债权人。债权人会议的决议，由出席会议的有表决权的债权人过半数通过，并且其所代表的债权额占无财产担保债权总额的1/2以上。但是，本法另有规定的除外。

债权人认为债权人会议的决议违反法律规定，损害其利益的，可以自债权人会议作出决议之日起 15 日内，请求人民法院裁定撤销该决议，责令债权人会议依法重新作出决议。债权人会议的决议，对于全体债权人均有约束力。

六、破产重整与破产和解制度

（一）破产重整

重整是指经由利害关系人的申请，在法院的主持和利害关系人的参与下，对具有重整原因和重整能力的债务人进行生产经营上的整顿和债权债务关系上的清理，以使其摆脱财务困境，重获经营能力的破产预防制度。

在重整期间，经债务人申请，人民法院批准，债务人可以在管理人的监督下自行管理财产和营业事务。管理人负责管理财产和营业事务的，可以聘任债务人的经营管理人员负责营业事务。在重整期间，对债务人的特定财产享有的担保权暂停行使。但是，担保物有损坏或者价值明显减少的可能，足以危害担保权人权利的，担保权人可以向人民法院请求恢复行使担保权。在重整期间，债务人或者管理人为继续营业而借款的，可以为该借款设定担保。债务人合法占有的他人财产，该财产的权利人在重整期间要求取回的，应当符合事先约定的条件。在重整期间，债务人的出资人不得请求投资收益分配。在重整期间，债务人的董事、监事、高级管理人员不得向第三人转让其持有的债务人的股权。但是，经人民法院同意的除外。

在重整期间，有下列情形之一的，经管理人或者利害关系人请求，人民法院应当裁定终止重整程序，并宣告债务人破产：①债务人的经营状况和财产状况继续恶化，缺乏挽救的可能性；②债务人有欺诈、恶意减少债务人财产或者其他显著不利于债权人的行为；③由于债务人的行为致使管理人无法执行职务。

（二）破产和解

破产和解，是指为了预防和避免债务人宣告破产起见，由债务人和债权人会议，按照特别多数决规则达成防止债务人进入破产清算程序的协议，以及围绕该协议的履行而设置的一项破产预防制度。

破产和解又叫强制和解，和解协议的达成并不需要全体无担保债权人一致同意，只要债权人会议按照一定的多数决规则表决通过和解协议并获得法院的认可，就对全体债权人具有法律约束力。

七、破产清算

（一）破产宣告

按照《企业破产法》第 2 条，人民法院宣告债务人破产清算的，必须符合债务人"不能清偿到期债务"，并且"资不抵债"或者"明显缺乏清偿能力"的破产原因要件，否则，依照第 12 条第 2 款，人民法院可以在作出破产宣告裁定之前，驳回当事人的申请。

人民法院依照本法规定宣告债务人破产的，应当自裁定作出之日起 5 日内送达债务人和管理人，自裁定作出之日起 10 日内通知已知债权人，并予以公告。债务人被宣告破产后，债务人称为破产人，债务人财产称为破产财产，人民法院受理破产申请时对债务人享有的债权称为破产债权。

（二）破产财产的分配与破产程序的终结

破产分配是指本着债权公平原则，将破产财产按各债权人的应受偿顺序和应受偿比例在债权人之间进行的清偿程序。

破产财产在优先清偿破产费用和共益债务后，依照下列顺序清偿：①破产人所欠职工的工资和医疗、伤残补助、抚恤费用，所欠的应当划入职工个人账户的基本养老保险、基本医疗保险费用，以及法律、行政法规规定应当支付给职工的补偿金。破产企业的董事、监事和高级管理人员的工资按照该企业职工的平均工资计算。②破产人欠缴的除前项规定以外的社会保险费用和破产人所欠税款。③普通破产债权。破产财产不足以清偿同一顺序的清偿要求的，按照比例分配。

破产人无财产可供分配的，管理人应当请求人民法院裁定终结破产程序。管理人在最后分配完结后，应当及时向人民法院提交破产财产分配报告，提请人民法院裁定终结破产程序。人民法院应当自收到管理人终结破产程序的请求之日起 15 日内作出是否终结破产程序的裁定。裁定终结的，应当予以公告。人民法院裁定终结破产程序后，管理人应当自破产程序终结之日起 10 日内，持裁定向破产人的原登记机关办理注销登记。除了存在诉讼或者仲裁未决情况外，管理人于办理注销登记完毕的次日终止执行职务。

第五节　保　险　法

一、保险法的基本原则

（一）最大诚实信用原则

我国《保险法》第 5 条规定："保险活动当事人行使权利、履行义务应当遵循诚实信用原则。"诚信原则是民法上的基本原则，在保险法中更具有重大意义，因而被称为最大诚信原则。该原则具体体现为：

1. 投保人的如实告知义务。订立保险合同，保险人就保险标的或者被保险人的有关情况提出询问的，投保人应当如实告知。投保人故意或者因重大过失未履行前款规定的如实告知义务，足以影响保险人决定是否同意承保或者提高保险费率的，保险人有权解除合同。投保人故意不履行如实告知义务的，保险人对于合同解除前发生的保险事故，不承担赔偿或者给付保险金的责任，并不退还保险费。投保人因重大过失未履行如实告知义务，对保险事故的发生有严重影响的，保险人对于合同解除前发生的保险事故，不承担赔偿或者给付保险金的责任，但应当退还保险费。

2. 保险人的说明义务。订立保险合同，采用保险人提供的格式条款的，保险人向投保人提供的投保单应当附格式条款，保险人应当向投保人说明合同的内容。对保险合同中免除保险人责任的条款，保险人在订立合同时应当在投保单、保险单或者其他保险凭证上作出足以引起投保人注意的提示，并对该条款的内容以书面或者口头形式向投保人作出明确说明。对于保险合同中的免责条款，保险人未作提示或者明确说明的，该条款不产生效力。

（二）保险利益原则

人身保险的投保人在保险合同订立时应当具有保险利益，财产保险的被保险人在保险事故发生时应当具有保险利益。如果不存在保险利益，则保险可能沦为赌博，丧失了保险的基本功能。

（三）近因原则

近因是指促成保险标的发生损害的直接原因，在效果上对损害的发生具有支配力的原因。在保险法中，只有当危险事故的发生与损失结果之间存在直接因果关系（近因）时，保险人才对损失负赔偿责任。

二、保险合同基本原理

（一）保险合同的种类

以保险标的为标准，可将保险合同分为财产保险合同和人身保险合同。财产保险合同，是指投保人与保险人签订的以财产及其有关利益为保险标的的保险合同。人身保险合同是指投保人与保险人签订的以人的寿命和身体为保险标的的保险合同。人身保险合同主要包括人寿保险合同、意外伤害保险合同以及健康保险合同。

以保险责任的顺序为标准，保险合同可以分为原保险合同和再保险合同。原保险合同，也称第一次保险，即普通的人身保险合同和财产保险合同。再保险合同，又称第二次保险或分保险，是指保险人将其所承担的保险责任，以分保形式，部分转移给其他保险人而订立的保险合同。再保险接受人不得向原保险的投保人要求支付保险费。原保险的被保险人或者受益人不得向再保险接受人提出赔偿或者给付保险金的请求。再保险分出人不得以再保险接受人未履行再保险责任为由，拒绝履行或者迟延履行其原保险责任。

（二）保险合同的主体

保险合同的主体包括当事人、保险合同关系人和保险合同辅助人。保险合同的当事人，即订立保险合同的双方当事人，包括保险人和投保人。保险人，也称承保人，是依法成立的，与投保人订立保险合同，并根据保险合同的约定，享有收取保险费权利，负担给付保险金义务的人。我国《保险法》第 10 条第 3 款规定，保险人是指与投保人订立保险合同，并按照合同约定承担赔偿或者给付保险金责任的保险公司。

投保人，又称要保人、保单持有人，是指向保险人提出投保请求，在保险合同成立后负有缴纳保险费的义务，享有变更、解除、终止保险合同权利的人。

三、保险合同的效力及其解除

（一）保险合同的生效

投保人提出保险要求，经保险人同意承保，保险合同成立。保险人应当及时向投保人签发保险单或者其他保险凭证。保险单或者其他保险凭证应当载明当事人双方约定的合同内容。当事人也可以约定采用其他书面形式载明合同内容。依法成立的保险合同，自成立时生效。投保人和保险人可以对合同的效力约定附条件或者附期限。

（二）保险合同的解除

保险合同的解除，是指在保险合同期间内出现解除合同的事由时，因一方当事人或双方当事人的意思表示，而使保险合同关系归于消灭的法律行为。

除本法另有规定或者保险合同另有约定外，保险合同成立后，投保人可以解除合同，保险人不得解除合同。投保人原则上享有任意解除权，可以随时解除保险合同，保险人不得提出异议。但是，一些特殊保险合同，例如货物运输保险合同和运输工具航程保险合同，保险责任开始后，投保人、保险人均不得解除合同。机动车交通事故责任强制保险、客运承运人责任保险等强制保险，投保人必须参加，一般不允许投保人任意解除保险合同。

保险人非依法律明文规定或者约定，不得任意解除合同。我国《保险法》规定，出现以下情形的，保险人可以解除合同：①投保人违反如实告知义务。②被保险人或受益人谎称发生保险事故或故意制造保险事故。③投保人、被保险人未尽维护保险标的安全义务。④标的危险程度增加。⑤误报年龄超过合同限制的。⑥人身保险合同已逾复效期。⑦保险标的部分损失并已赔付保险金。

四、保险合同的履行

保险合同的履行是指保险合同成立且生效后，保险合同的主体行使权利、承担义务的过程。

保险合同成立生效后，投保人应当按照约定支付保险费。被保险人应当遵守国家有关消防、安全、生产操作、劳动保护等方面的规定，维护保险标的的安全。保险事故发生时，被保险人应当尽力采取必要的措施，防止或者减少损失。如被保险人未采取适当的施救措施致使损失扩大的，不得就扩大的损失要求保险人赔偿。

在合同有效期内，保险标的的危险程度显著增加的，被保险人应当按照合同约定及时通知保险人，保险人可以按照合同约定增加保险费或者解除合同。被保险人未履行前款规定的通知义务的，因保险标的的危险程度显著增加而发生的保险事故，保险人不承担赔偿保险金的责任。

投保人、被保险人或者受益人知道保险事故发生后，应当及时通知保险人。该通知义务只要由投保人、被保险人或受益人其中一人或数人及时通知即为正当履行。如保险人通过其他途径已经知悉保险事故发生的，免除对方的通知义务。

保险事故发生后，按照保险合同请求保险人赔偿或者给付保险金时，投保人、被保险人或者受益人应当向保险人提供其所能提供的与确认保险事故的性质、原因、损失程度等有关的证明和资料。保险人按照合同的约定，认为有关的证明和资料不完整的，应当及时一次性通知投保人、被保险人或者受益人补充提供。

五、人身保险合同

人身保险合同，是指保险人与投保人约定的，投保人向保险人支付保险费，当被保险人死亡、伤残、疾病或者达到合同约定的年龄、期限等条件时，由保险人承担给付保险金责任的合同。人身保险合同包括人寿保险合同、意外伤害保险合同以及健康保险合同三种基本类型。

人身保险合同有一些特殊的规定，构成了人身保险合同的特殊条款。

1. 年龄误报条款。投保人申报的被保险人年龄不真实，并且其真实年龄不符合合同约定的年龄限制的，保险人可以解除合同，并按照合同约定退还保险单的现金价值。保险人行使合同解除权，适用本法第 16 条第 3 款、第 6 款的规定。投保人申报的被保险人年龄不真实，致使投保人支付的保险费少于应付保险费的，保险人有权更正并要求投保人补交保险费，或者在给付保险金时按照实付保险费与应付保险费的比例支付。投保人申报的被保险人年龄不真实，致使投保人支付的保险费多于应付保险费的，保险人应当将多收的保险费退还投保人。

2. 自杀条款。以被保险人死亡为给付保险金条件的合同，自合同成立或者合同效力恢复之日起 2 年内，被保险人自杀的，保险人不承担给付保险金的责任，但被保险人自杀时为无民事行为能力人的除外。保险人依照前款规定不承担给付保险金责任的，应当按照合同约定退还保险单的现金价值。

3. 犯罪免责条款。因被保险人故意犯罪或者抗拒依法采取的刑事强制措施导致其伤残或者死亡的，保险人不承担给付保险金的责任。投保人已交足 2 年以上保险费的，保险人应当按照合同约定退还保险单的现金价值。

六、财产保险合同

财产保险合同，是指投保人与保险人约定的以财产及其有关利益为保险标的的协议。财产保险合同主要以补偿财产的实际损失为目的。因此存在一些特别规则，例如超额保险的超额部分无效，保险人有代位求偿权等。

保险代位求偿权，是指在补偿性保险合同中，保险人赔偿被保险人的损失后，所取得的被保险人享有的依法向负有民事赔偿责任的第三者请求赔偿的权利。我国《保险法》第 60 条第 1 款规定："因第三者对保险标的的损害而造成保险事故的，保险人自向被保险人赔偿保险金之日起，在赔偿金额范围内代位行使被保险人对第三者请求赔偿的权利。"

第六节　票　据　法

一、票据概述

票据是指出票人依据票据法签发的、约定由自己或委托他人于见票时或者确定的日期，向持票人或受款人无条件支付一定金额的有价证券。我国票据法规定的票据种类为汇票、本票和支票。

票据是有价证券。票据作为完全有价证券，其权利与票据的占有不可分离，票据上权利的发生、转移、行使，均须依票据才能进行。

票据是文义证券。票据所创设的权利义务内容，完全依票据上所载文义而定，而不能进行任意解释或者根据票据以外的任何其他文件确定。即使票据上记载的文义有错，也要以该文义为准。

票据是无因证券。票据上的法律关系只是单纯的金钱支付关系，权利人享有票据权利只以持有票据为必要，至于这种支付关系的原因或者说权利人取得票据的原因均可不问，即使这种原因关系无效，对票据关系也不发生影响。

票据是要式证券。票据必须依照票据法的规定签发。

二、票据法上的法律关系

票据上的当事人包括基本当事人和非基本当事人。基本当事人是构成票据上的法律关系的必要主体，这种主体不存在或不完全，票据上的法律关系就不能成立，票据也就无效。基本当事人指出票人、受款人和付款人。非基本当事人是指在票据发出后通过各种票据行为而加入票据关系中成为票据当事人的人，如背书人、保证人、参加付款人、预备付款人等。票据上的非基本当事人在各种票据行为中都有自己特定的名称，所以同一当事人可以有两个名称，即双重身份，如汇票中的付款人在承兑汇票后称为承兑人，第一次背书中的被背书人就是第二次背书中的背书人等。

票据的基础关系包括原因关系、资金关系等。原因关系是指票据的当事人之间交付票据的理由，包括出票人与受款人之间，背书人与被背书人之间因支付货物价金及其他合同的给付事宜和票据本身的转让的起因。原因关系存在于授受票据的直接当事人之间，票据如经转手，其原因关系则断开。

资金关系是指存在于汇票出票人与付款人之间、支票出票人与银行之间的基础关系。汇票和支票的出票人之所以委托付款人付款，付款人之所以愿意付款（或承兑），是因为他们之间有一定的约定代为给付的关系。

三、票据权利

（一）票据权利的概念和种类

票据权利，是指持票人向票据债务人请求支付票据金额的权利，包括付款请求权和追索权。付款请求权是票据的第一次权利，又称为主票据权利。付款人包括汇票的承兑人，本票的出票人、付款人，保付支票的付款人、参加承兑人、参加付款人等。付款请求权须满足以下条件：①持票人持有处在有效期内的票据，其中汇票和本票的有效期自票据到期日起2年以内。见票即付的本票和本票，自出票日起2年以内；支票自出票日起6个月以内。如果票据已经过了此期限，持票人的票据权利消灭。②持票人须持原票据向付款人提示付款，如果不能提供票据原件的，不能请求付款，付款人也不得付款。③持票人只能请求付款人支付票据上确定的金额，付款人须一次性地将债务履行完毕。④持票人得到付款后，必须将票据交给付款人。

追索权，是指持票人行使付款请求权受到拒绝承兑或拒绝付款时，或有其他法定事由请求付款未果时，向其前手请求支付票据金额的权利。由于这一请求是在第一次请求未果后的再次请求，所以将其称为第二次请求权，是票据权利的再次行使。追索权的追索对象视票据种类的不同，可以分别包括出票人、背书人、保证人、承兑人和参加承兑人，这些人在票据中的地位是连带债务人；持票人可以不按照汇票债务人的先后顺序向其中的任何一人、数人或者全体行使追索权。持票人对汇票债务人中的一人或者数人已进行追索的，对其他汇票债务人仍可行使追索权。被追索人清偿债务后，与持票人享有相同的权利。

（二）票据权利的取得

票据权利的取得存在一些基本的规则：①持票人就是票据收款人，收款人享有出票人给予的票据权利。②凡是通过连续背书取得票据的，在票据上记名的持票人就合法地取得了票据权利。③凡取得票据时是善意或无重大过失的，就合法地取得票据权利。

（三）票据权利的行使和保全

票据权利的行使，是指票据权利人向票据债务人提示票据请求履行票据债务的行为。狭义的票据权利行使，仅指请求付款（行使付款请求权），进行追索（行使追索权）。广义的票据权利行使，还包括请求承兑、请求定期付款。票据权利的保全，是指票据权利人为防止票据权消灭所进行的行为。

（四）票据权利的消灭

票据权利的消灭，是指票据上的付款请求权或者追索权因法定事由的出现而归消灭。票据权利消灭的法定事由有：①票据债务人付款之时，持票人将票据交付付款人，票据关系终止，票据终止。②被追索人清偿票据债务及追索费用。持票人遇有不获承兑、不获付款时，得向背书前手或者出票人及其他有被追索义务的人行使追索权，请求偿还票面金额、利息及为追索而支付的费用，被追索人清偿相应债务后取得票据，原有票据权利即归消灭。③票据时效期间届满。④票据记载事项欠缺的，丧失票据权利，但持票人享有利益返还请求权。⑤保全手续欠缺。持票人为保全票据权利，应完成保全手续，手续欠缺的，不生保全效力，票据权利仍归消灭。在此场合，消灭的是追索权。

（五）票据权利的瑕疵

票据的伪造和变造。票据的伪造是指伪造人假冒出票人或者其他票据当事人的名义进行签章和其他记载事项的行为；票据的变造是指采用技术手段改变票据上已有的内容，或者增加、减少票据记载内容。票据上有伪造、变造的签章的，不影响票据上其他真实的签章的效力。票据上其他记载事项被变造的，在变造之前签章的人，对原记载事项负责；在变造后签章的人，对变造之后的记载事项负责；不能辨别是在票据被变造之前或者之后签章的，视同在票据被变造之前签章。

票据的更改是指合法地更改票据上的记载事项，必须是有法定更改权限的人依法更改票据上可以更改的记载事项。票据金额、日期，收款人名称不得更改，更改的票据无效。对票据上的其他记载事项，原记载人可以更改，更改时应当由原记载人签章证明。

可以更改的其他记载事项是指除金额、日期和收款人名称之外的事项，包括付款人名称、付款日期、付款地、出票地等事项。付款人（或委托付款人）一般是银行，如果出票人有两个以上的银行账户，其在出票时就可能因账户情况变化而变更银行，付款地也可能相应改变；付款日期往往和对方履行合同的时间相关，如果对方提前或推迟履行合同，出票人也可相应地变更付款日期，须注意的是，如果出票人不填写付款日期的，票据则视为见票即付；票据上未记载出票地的，出票人的营业场所、住所或者经常居住地为出票地。

四、汇票

（一）汇票概述

汇票是由出票人签发的，委托付款人在见票时或者在指定日期无条件支付确定的金额给收款人或持票人的票据。汇票具有如下特点：①须在票据上标明"汇票"字样。②汇票须有无条件支付一定金额的委托的字样。③汇票是确定一定的日期才履行支付义务的票据，汇票有见票即付和指定日期支付两种，这点与支票不同，支票均为见票即付的票据。

汇票依据不同的标准，可分为银行汇票与商业汇票、即期汇票和远期汇票等种类。银行汇票是指汇款人将款项存在当地银行，由银行签发给汇款人持往异地办理转账结算或支取现金的票据。商业汇票是指收款人或付款人（或承兑申请人）签发，由承兑人承兑，并于到期日向收款人或被背书人支付款项的票据。按承兑的不同，可以分为商业承兑汇票和银行承兑汇票，商业承兑汇票是由收款人签发，经付款人承兑，或由付款人签发并承兑的票据。这种汇票由付款人自己承兑，自己保证自己的信用，一旦出现支付不能时，收款人或被背书人的票据权利将得不到银行信用的支持，因而这是一种信用程度比较低的汇票。银行承兑汇票是由出票人签发，并由承兑申请人向开户银行申请，经银行审查同意承兑的票据。这种汇票因为由银行承兑，有银行的信用作担保，收款人或持票人的票据权利能够得到比较可靠的保障。

即期汇票和远期汇票。即期汇票是指未载明付款期限，或载明凭票即付或见票即付或凭票提示即付等字样，见票即期付款的汇票。远期汇票是指约定一定的期日付款的汇票，可分为定期付款汇票、出票后定期付款汇票和见票后定期付款等三种。远期汇票是交易活动中收取款项方给付款方的一种信用，这种信用可在市场上转让、贴现、质押。

（二）汇票的转让

汇票以背书方式转让。以背书转让汇票，背书应当连续。出票人在汇票上记载"不得转让"字样的，汇票并不是严格不得转让。背书人在汇票上记载"不得转让"字样的，其后手背书转让的，原背书人对后手的被背书人不承担保证责任。将汇票金额的一部分转让的背书或将汇票金额分别转让给 2 人以上的背书，无效。背书不得附有条件，背书附有条件的，所附条件不具有汇票的效力。

汇票可以设定质押，质押时应当以背书记载"质押"字样，被背书人依法实现其质权时，可以行使汇票权利。但票据质权人以质押票据再行背书质押或者背书转让的，背书行为无效。出票人在票据上记载"不得转让"的，其后手以此票据进行质押的，通过质押取得票据的持票人不享有票据权利。背书人在票据上记载"质押"字样，其后手再质押的，原背书人对后手的被背书人不承担票据责任，但不影响出票人、承兑人以及原背书人之前手的票据责任。贷款人恶意或有重大过失从事票据质押贷款的，质押行为无效。以汇票设定质押时，出质人在汇票上只记载了"质押"字样未在票据上签章的，或者出质人未在汇票、粘单上记载"质押"字样而另行签订质押合同、质押条款的，不构成票据质押。

（三）承兑及保证

承兑是指汇票付款人承诺在到期日支付汇票金额的一种票据行为。只有汇票才有承兑制度。付款人加盖承兑印章并签章后，成为汇票的主债务人。定期付款或出票后定期付款的汇票，持票人应当在汇票到期日前向付款人提示承兑，见票后定期付款的汇票，持票人应当自出票日起 1 个月内向付款人提示承兑。汇票未按照规定期限提示承兑的，持票人丧失对前手的追索权。承兑的例外：见票即付的汇票无须承兑，付款人不得以该汇票未经承兑而拒绝立即付款，否则就构成拒绝付款，并须承担相应的行政责任和财产责任。

汇票保证是指保证人对合法取得汇票的持票人所享有的汇票权利，承担保证责任。被保证的汇票，保证人应当与被保证人对持票人承担连带责任。汇票到期后，被保证人不能付款的，持票人有权向保证人请求付款，保证人应当无条件足额付款。保证人清偿汇票债务后，代位取得汇票权利，可以行使持票人对被保证人及其前手的追索权。保证人为 2 人以上的，保证人之间承担连带责任。

保证人不承担被保证人的债务因汇票记载事项欠缺而导致无效的责任。国家机关、以公益为目的事业单位、社会团体、企业法人的分支机构和职能部门作为票据保证人的，票据保证无效，但经国务院批准为使用外国政府或者国际经济组织贷款进行转贷，国家机关提供票据保证的，以及企业法人的分支机构在法人书面授权范围内提供保证的除外。

票据保证无效的，票据的保证人应当承担与其过错相应的民事责任。保证不得附有条件。附有条件的，不影响保证人对汇票承担的付款责任。即汇票上记载的保证事项中虽然有保证人提出担保付款的先决条件，但这些条件将不被法律所承认，视同为无记载。

（四）汇票的付款

见票即付的汇票，自出票日起1个月内向付款人提示付款；定日付款、出票后定期付款或者见票后定期付款的汇票，自到期日起10日内向承兑人提示付款。持票人未按照前述规定期限提示付款的，在作出说明后，承兑人或者付款人仍应当继续对持票人承担付款责任。

持票人请求付款的，付款人必须当日足额付款，否则就会影响付款人或银行的信用，并且还应承担相应的财产责任。持票人获得付款的，应当在汇票上签收，并将汇票交给付款人。持票人委托银行收款的，受委托的银行将代收的汇票金额转入持票人账户，视同签收。持票人的汇票权利得到实现，汇票债务人的责任全部解除。付款人及其代理付款人付款时，应当审查汇票背书的连续，并审查提示付款人的合法身份证明或者有效证件。

（五）追索权

汇票到期被拒绝付款的，持票人可以对背书人、出票人以及汇票的其他债务人行使追索权。追索权是持票人在第一次请求付款受到拒绝后，行使的第二次请求权，第一次请求权是请求主债务人（付款人）付款，这是持票人的基本票据权利，在主债务人拒绝付款或无力付款时，持票人可行使第二次请求权，要求所有在汇票上签名的人中的一人、数人或全体人员，偿付汇票金额。

追索权行使的原因包括：①汇票到期被拒付的；②汇票未到期，但是被拒绝承兑的；③汇票到期日前，承兑人或付款人死亡、逃匿的；④汇票到期日前，承兑人或付款人被依法宣告破产的，或者因违法被责令终止业务活动的。

持票人行使追索权时，应当提供被拒绝承兑或被拒绝付款的有关证明：①提供承兑人或者付款人开出的拒绝承兑证书或拒绝付款证书。②因承兑人或付款人死亡、逃匿或者其他原因，不能取得拒绝证明的，可以依法取得其他有关证明，包括医院、公安机关等部门出具的死亡证明书，司法机关出具的失踪证明，如宣告失踪和宣告死亡判决书等。③承兑人或付款人被法院宣告破产的司法文书，被企业登记机关注销企业法人资格，以及承兑人或付款人被解散、歇业在企业登记管理机关登记文件的正、副本等文件具有拒绝证明的效力。

通知是持票人承兑汇票或请求付款受到拒绝时，行使追索权前，将拒绝的事实书面告诉其前手及所有汇票债务人的一种票据行为，其内容应当记明汇票的主要记载事项；并说明该汇票已经被退票，持票人应当自收到被拒绝承兑或者被拒绝付款的有关证明之日起 3 日内，将被拒绝事由书面通知其前手；其前手应当自收到通知之日起 3 日内书面通知其再前手，以此类推。未按上述期限通知的，持票人仍可行使追索权。但是，因延期通知给其前手造成损失的，须承担相应的赔偿责任，赔偿金额以汇票金额为限。

被追索人清偿债务时，持票人应当交出汇票和有关拒绝证明，并出具所收到利息和费用的收据。被追索者清偿债务后，与持票人享有同一追索权利，再向其他汇票债务人行使追索权。依此顺序，直至该汇票的债权债务关系因履行或其他法定原因而消灭为止。当持票人为出票人的，对其前手无追索权；当持票人为背书人的，对其后手无追索权，持票人有权请求债务人偿还该汇票的本金、偿还汇票金额自到期日或者付款提示日起至清偿日止的利息，以及取得有关拒绝证明和发出通知书的费用，包括通讯费、差旅费等费用。

五、本票和支票

本票是指出票人签发的，承诺自己在见票时无条件支付确定的金额给收款人或者持票人的票据。我国票据法上的本票是指银行本票。

支票是指由出票人签发的，委托办理支票存款业务的银行或者其他金融机构在见票时无条件支付确定的金额给收款人或持票人的票据。

第四编　行政审判篇

第十六章　行政案件的受理审查

第一节　行政案件受理的基本原则

行政诉讼制度作为我国解决"官民纠纷"的重要司法途径，既是保障作为行政相对人的公民、法人或者其他组织权益的最直接、最有效的法律制度之一，也是维护国家和社会和谐稳定的重要手段。行政诉讼不告不理。如果"告"而不"理"，行政诉讼活动便无以展开。因此，畅通行政诉讼受理渠道，是保障行政诉讼制度有效发挥其各项功能和作用的重要前提。同时，畅通行政诉讼受理渠道，也有助于引导广大社会成员以理性、合法的方式表达利益诉求，解决与公权力之间的争议，最大限度地减少社会不和谐因素，增进"官民"之间的理解与信任。人民法院对于行政案件的受理，应当坚持以下原则：

一、诉权保障原则

从法律规定上讲，提起行政诉讼，只要符合法定的起诉条件，人民法院就应当予以立案。诉权保障是人民法院受理行政案件的一项重要原则，其不仅关系着对起诉人行政权益的救济问题，而且关系着司法权威的发挥、官民关系的和谐、国家社会的稳定、执政党地位的巩固。因此，人民法院必须充分认识对公民、法人或者其他组织行政诉权加以保障的重要意义，正确认识行政案件受理工作的重要性，认真解决公民、法人或者其他组织告状难的问题，坚决贯彻诉权保障原则。

二、依法受理原则

依法受理原则要求人民法院对于符合起诉条件的行政案件要依法受理，根据《行政诉讼法》第42条规定，人民法院接到起诉状，经审查，应当在7日内立案或者作出裁定不予受理。原告对裁定不服的，可以提起上诉。如果人民法院收到起诉状不做任何答复，不仅违反依法受理原则，而且不利于诉权保障。因此，在行政诉讼中贯彻依法受理原则，人民法院应当杜绝收了诉状不答复、不立案或不出裁定的做法。人民法院即使认为起诉不应当受理，也应当在不予受理裁定中阐明不予受理的理由，同时还应当注意保护起诉人的上诉权。

三、便民原则

人民法院对于公民、法人或者其他组织的起诉是否受理，需要审查，在这一过程中，应当注意贯彻便民原则，如人民法院对起诉人履行及时释明义务，就体现着便民内容。这也是最高人民法院《关于执行〈中华人民共和国行政诉讼法〉若干问题的解释》（以下简称《行政诉讼法解释》）第44条第2款的规定。按照这一规定，公民、法人或者其他组织的起诉不符合起诉条件但可以补正或者更正的，人民法院应当及时告知当事人，并应当指定期间责令补正或者更正。人民法院对于在其指定期间予以补正或者更正而满足起诉条件的起诉，应当依法受理。《行政诉讼法》第42条有关人民法院应当在7日内作出有关法律文书的规定，虽然表面上是对人民法院立案审查期限的规定，但实质上是对人民法院应当对起诉及时进行审查的要求，以避免人民法院收到起诉状久拖不决或弃之不理等情形。

需要注意的是，对于便民原则应作广义理解。人民法院在对行政案件受理审查过程中，贯彻便民原则应当体现在各个方面，采取各种便民措施方便当事人起诉。例如，诉讼风险提示、告知相关的诉讼权利和义务，绝不能例行公事走过场；对于自己不能书写起诉状的当事人，人民法院工作人员应当予以帮助等。

第二节　行政案件受理的条件

行政诉讼的受理，是指人民法院对公民、法人或者其他组织提起的行政诉讼依法进行审查，对认为符合法定起诉条件的予以立案，从而引起行政诉讼程序开始的诉讼行为。人民法院在接到起诉状后，应当依法组成合议庭，在法定期限内对原告的起诉是否符合条件进行审查。

根据我国《行政诉讼法》的有关规定，在我国提起行政诉讼必须符合以下条件：①原告是认为具体行政行为侵犯其合法权益的公民、法人或者其他组织；②有明确的被告；③有具体的诉讼请求和事实根据；④属于人民法院受案范围和受诉人民法院管辖。

提起行政诉讼，除了要符合上述起诉条件外，还应符合行政诉讼法有关起诉期限和是否需要行政复议前置的规定。

因此，受理行政诉讼的起诉，应当从上述诸方面进行审查。

一、诉求属于司法审查受案范围

（一）行政行为与具体行政行为

《行政诉讼法解释》取消了从狭义上对"具体行政行为"所作的限定，采用了"行政行为"的表述；同时，《行政诉讼法》和《行政诉讼法解释》都未给"行政行为"下一个完整的定义。但是，从我国行政诉讼法对行政诉讼受案范围所作的有关规定来看，目前可诉行政行为还仅限于具体行政行为，即具有国家行政职权的机关、组织及其工作人员作出的，与行使国家行政职权有关的，对公民、法人和其他组织的权益产生实际影响的行为以及相应的不作为。

这里可诉的行政行为主要包括以下若干要素：

1. 职权要素。包括两层涵义：①可诉行政行为应当是具有国家行政职权的机关、组织以及工作人员实施的行政行为以及相应的不作为。职权要素体现了行为主体必须是行政主体，具有国家行政职权，或者是国家行政机关，或者是法律、法规授权的组织。《行政诉讼法解释》将职权要素扩大到"规章"授权，意味着对由规章授权的组织实施的行政行为以及相应的不作为不服提起行政诉讼的，人民法院应当受理。②行政主体行使的权力具有公权力性质，即行政职权，是与行使国家行政职权有关的行政行为以及相应的不作为，具有社会管理性。社会管理性决定了可诉行政行为应当具有外部性，这意味着涉及行政组织内部职能配置的行政行为不具有可诉性。

2. 单方处分要素。包括两层涵义：①可诉行政行为是行政主体单方意思的表示，基于行政主体单方意志作出。②该行政行为引起了行政法律关系的变动，对于行政相对人、公民、法人或者其他组织的权利、义务产生了设立、变更、终止等行政法上的处分效力。

3. 具体规制要素。包括两层涵义：①可诉行政行为的作出，对于特定的人、特定的事应当具有针对性或者影响力。②可诉行政行为具有现实规制效力和可执行性。

据此，只要法律未对行政诉权作出限制性规定，同时也不属于《行政诉讼法》和《行政诉讼法解释》规定的人民法院不予受理的行政案件排除情形，公民、法人或其他组织不服由具有国家行政职权的机关、组织及其工作人员作出的影响其权益的行政行为，都可以向人民法院提起行政诉讼。

（二）排除司法审查的行为类型

1. 《行政诉讼法》规定人民法院不予受理的行政案件。

（1）控告行政机关所为的国家行为的行政案件。所谓国家行为，是指国务院、中央军事委员会、国防部、外交部等根据宪法和法律的授权，以国家的名义实施的有关国防和外交事务的行为，以及经宪法和法律授权的国家机关宣布紧急状态和总动员等行为。

（2）控告行政法规、规章或者行政机关制定、发布的具有普遍约束力的决定、命令的行政案件。

（3）控告行政机关对行政机关工作人员的奖惩、任免等决定的行政案件。行政机关对行政机关工作人员奖惩、任免的决定，是指行政机关作出的涉及该行政机关公务员权利义务的行为，属于不可诉行政行为。根据《国家公务员暂行条例》的规定，行政机关公务员的权利义务范围比较广泛，不仅包括该条例规定的权利义务，还包括宪法和法律规定的其他权利义务。

（4）法律规定由行政机关最终裁决的具体行政行为。虽然行政诉讼法中的表述是"裁决"，但根据目前我国单行法的有关规定来看，行政诉讼排除范围，既包括行政裁决，也包括行政决定。所以，这里的所谓"最终裁决"是指行政机关依据法律规定作出的行政（复议）处理决定，当事人不服申请复议，或者经复议但不能再申请复议或者提起行政诉讼。

2. 最高人民法院司法解释规定不属于人民法院受理的行政案件。根据《行政诉讼法解释》第1条第2款规定，下列行政行为亦不属于人民法院行政诉讼的受案范围：

（1）公安、国家安全等机关依照刑事诉讼法的明确授权实施的行为。

（2）调解行为以及法律规定的仲裁行为。

（3）不具有强制力的行政指导行为。

（4）驳回当事人对行政行为提起申诉的重复处理行为。

（5）对公民、法人或者其他组织的权利义务不产生实际影响的行为。

二、原告具有行政诉讼主体资格

（一）原告及其原告资格

所谓行政诉讼的原告，是指认为具有国家行政职权的机关或组织及其工作人员的具体行政行为侵犯其合法权益，依法以自己的名义向人民法院提起行政诉讼的公民、法人和其他组织。公民、法人或其他组织具有行政诉讼权利能力，认为行政机关或组织作出的具体行政行为或相应的不作为侵害了自己的合法权益或对该具体行政行为或相应的不作为不服，并认为与自己有法律上的利害关系，即具备了行政诉讼的原告资格；依法以自己的名义向人民法院提起行政诉讼，即成为行政诉讼的原告。为了在审判实践中，更好地把握对这一概念的理解，最高人民法院有关司法解释规定：原告是与具体行政行为有法律上利害关系的公民、法人或者其他组织。如下列情形即属于与具体行政行为有法律上利害关系的情形：

1. 被诉的具体行政行为涉及其相邻权或者公平竞争权的。

2. 与被诉的行政复议决定有法律上利害关系或者在复议程序中被追加为第三人的。

3. 要求主管行政机关依法追究加害人法律责任的。

4. 与撤销或者变更具体行政行为有法律上利害关系的。

起诉人与被诉行政行为有法律上的利害关系，是判断其具有行政诉讼原告资格的关键，也是人民法院受理其起诉的条件之一。根据最高人民法院《关于行政诉讼证据若干问题的规定》（以下简称《行政诉讼证据规定》）关于举证责任的分配的规定，是否具备行政诉讼原告资格，举证责任由起诉人承担。为此，准确把握举证责任的强度是正确判断起诉人是否具备原告资格的关键。是否符合起诉条件，需要的是初步证明责任，因此，只要起诉人能够说明其有可保护权益，且该可保护权益存在受到被诉行政行为侵害的可能性即可。特别是根据法律的明确规定，公民、法人和其他组织认为具体行政行为侵害其合法权益的，即有权提起行政诉讼。这里的"认为"，是原告的主观认识，至于其合法权益是否实际被侵害，是人民法院对被诉具体行政行为进行实体审查的内容，而不是判断起诉人是否具备原告诉讼主体资格时进行审查的内容。

（二）公民及其原告资格的转移

我国公民是指具有中华人民共和国国籍的自然人。外国人、无国籍人在我国领域内进行行政诉讼，依法同我国公民享有同等的行政诉讼权利和行政诉讼义务。

根据《行政诉讼法》的有关规定，有权提起行政诉讼的公民已经死亡，其近亲属可以作为原告提起诉讼。这里有关近亲属的规定与刑事诉讼法、民事诉讼法不尽相同，应当注意，其包括死亡公民的配偶、父母、子女、兄弟姐妹、祖父母、外祖父母、孙子女、外孙子女和其他具有抚养、赡养关系的亲属。近亲属提起诉讼的，应当以自己的名义，即不应把已经死亡的公民列为原告。公民因被限制人身自由而不能提起诉讼的，其近亲属可以依其口头或书面委托以该公民的名义提起诉讼。

（三）法人和其他组织及其原告资格的确定和转移

一般情况下，法人作为原告提起行政诉讼，由其法人代表作为诉讼代表人；其他组织作为原告提起行政诉讼，由其负责人或管理人作为诉讼代表人。但是诉讼代表人并不一定是法定代表人或负责人。为此，最高人民法院司法解释从诉讼代表人方面对法人和其他组织在特殊情况下的原告资格进行了规范，规定：合伙企业向人民法院提起诉讼的，应当以核准登记的字号为原告，由执行合伙企业事务的合伙人作诉讼代表人；其他合伙组织提起诉讼的，合伙人为共同原告。不具备法人资格的其他组织向人民法院提起诉讼的，由该组织的主要负责人作诉讼代表人；没有主要负责人的，可以由推选的负责人作诉讼代表人。同案原告为 5 人以上，应当推选 1 ~ 5 名诉讼代表人参加诉讼；在指定期限内未选定的，人民法院可以依职权指定其诉讼代表人，具体人数由人民法院视具体案件的需要确定。

此外，最高人民法院司法解释对下列一些特殊情况下有关当事人的行政诉权和原告资格作了具体规定，以保护其权利人的合法权益：①联营企业、中外合资或者合作企业的联营、合资、合作各方，认为联营、合资、合作企业权益或者自己一方合法权益受具体行政行为侵害的，均可以自己的名义提起诉讼。②农村土地承包人等土地使用权人对行政机关处分其使用的农村集体所有土地的行为不服，可以自己的名义提起诉讼。③非国有企业被行政机关注销、撤销、合并、强令兼并、出售、分立或者改变企业隶属关系的，该企业或者其法定代表人可以提起诉讼。④股份制企业的股东大会、股东代表大会、董事会等认为行政机关作出的具体行政行为侵犯企业经营自主权的，可以企业名义提起诉讼。有权提起诉讼的法人或者其他组织终止的，承受其权利的法人或者其他组织可以作为原告提起诉讼。

在有代理人为诉讼行为的案件中，应当注意对代理人的资格和权限进行审查。对于法定必须由法定代理人或者指定代理人、代表人为诉讼行为，未由法定或者指定代理人、代表人为诉讼行为的，由诉讼代理人代为起诉，其代理不符合法定要求的，人民法院不予受理；已经受理的，裁定驳回起诉。

三、受诉法院具有管辖权

行政诉讼的管辖，是指人民法院之间受理第一审行政案件的分工和权限的划分。行政诉讼的管辖与主管不同：人民法院对当事人提起的行政诉讼案件属于本法院管辖的，才能予以受理；对于属于人民法院主管但不属于本法院管辖的，应裁定不予受理，并告知当事人向有管辖权的人民法院起诉；如果已经受理才发现不属于本法院管辖的，应将案件移送给有管辖权的人民法院。

（一）级别管辖及其最新调整

级别管辖，是指上下级人民法院之间受理第一审行政案件的分工和权限划分。根据行政诉讼法的有关规定，行政诉讼的级别管辖在基层人民法院、中级人民法院、高级人民法院和最高人民法院这四级人民法院之间进行分配。根据现行法律规定，专门人民法院、人民法庭不审理行政案件，也不审查和执行行政机关申请执行其具体行政行为的案件。

关于级别管辖，实践中应当关注的是基层法院与中级法院有关一审管辖权的分配。根据行政诉讼法与最高人民法院司法解释，这一分配是通过列举式明确规定的。因此，除法定由上级人民法院管辖或集中管辖的第一审行政案件之外，基层人民法院对行政案件具有普遍管辖权。同时，也说明重点要把握属于中级人民法院管辖的行政案件。根据有关规定，下列案件通常应由中级人民法院管辖：

1. 《行政诉讼法》规定应由中级人民法院管辖的行政案件。

（1）确认发明专利权的案件和海关处理的案件。

（2）对国务院各部门或者省、自治区、直辖市人民政府所作的具体行政行为以及相应的不作为提起诉讼的案件。

（3）本辖区内重大、复杂的案件。

2. 最高人民法院司法解释规定应由中级人民法院管辖的行政案件。根据《行政诉讼法解释》和最高人民法院《关于行政案件管辖若干问题的规定》，中级人民法院还管辖以下行政案件：

（1）被告为县级以上人民政府，且基层人民法院不适宜审理的案件，但以县级人民政府名义办理不动产物权登记的案件除外。

（2）社会影响重大的共同诉讼、集团诉讼案件。共同诉讼是指行政案件当事人一方或双方为 2 人以上，因同一具体行政行为发生的行政案件而必须共同进行的行政诉讼，或者因同类具体行政行为发生的行政案件，人民法院认为可以合并审理的行政诉讼。行政诉讼中的集团诉讼是指行政案件原告一方或第三人涉及社会组织的诉讼。

（3）重大涉外或涉及香港特别行政区、澳门特别行政区、台湾地区的案件。

（4）涉 WTO 行政案件。

（5）被告或第三人是证券交易所的案件。

（6）其他重大、复杂案件。

但应注意，根据《最高人民法院关于专利、商标等授权确权类知识产权行政案件审理分工的规定》，下列行政案件不由行政审判庭审理：

（1）不服国务院专利行政部门专利复审委员会作出的专利复审决定和无效决定的案件。

（2）不服国务院专利行政部门作出的实施专利强制许可决定和实施专利强制许可的使用费裁决的案件。

（3）不服国务院工商行政管理部门商标评审委员会作出的商标复审决定和裁定的案件。

（4）不服国务院知识产权行政部门作出的集成电路布图设计复审决定和撤销决定的案件。

（5）不服国务院知识产权行政部门作出的使用集成电路布图设计非自愿许可决定的案件和使用集成电路布图设计非自愿许可的报酬裁决的案件。

（6）不服国务院农业、林业行政部门植物新品种复审委员会作出的植物新品种复审决定、无效决定和更名决定的案件。

（7）不服国务院农业、林业行政部门作出的实施植物新品种强制许可决定和实施植物新品种强制许可的使用费裁决的案件。

（二）地域管辖以及有关特殊规则

行政诉讼的地域管辖，是指同级人民法院之间对第一审行政案件的管辖分工问题。《行政诉讼法》第17条规定："行政案件由最初作出具体行政行为的行政机关所在地人民法院管辖……"据此，行政诉讼的一般地域管辖即是按照最初作出具体行政行为的行政机关或组织所在地来确定管辖法院，即采用被告所在地原则。

1. 行政复议与行政诉讼管辖上的衔接规则。

（1）经行政复议后的一般管辖规则。《行政诉讼法》第17条规定："……经复议的案件，复议机关改变原具体行政行为的，也可以由复议机关所在地法院管辖。"该条规定意味着经复议的案件，复议机关维护原具体行政行为的，仍然由最初作出具体行政行为的行政机关所在地法院管辖；复议机关改变具体行政行为的，公民、法人或其他组织对复议机关改变原具体行政行为的决定不服，在复议机关与最初作出具体行政行为的行政机关或组织不在同一地的情况下，可以选择向最初作出具体行政行为的行政机关所在地的人民法院提起行政诉讼，也可以选择由复议行政机关所在地的人民法院管辖。

这里，需要掌握何谓行政复议决定改变原具体行政行为。根据最高人民法院有关司法解释的规定，复议决定具有下列情形之一的，即属于"改变原具体行政行为"：①改变原具体行政行为所认定的主要事实和证据的；②改变原具体行政行为所适用的规范依据且对定性产生影响的；③改变原具体行政行为处理结果的。所谓改变处理结果，是指行政复议决定撤销、部分撤销或者变更原具体行政行为处理结果的情况。

（2）对行政复议与行政诉讼衔接类型不同的管辖规则。行政复议与行政诉讼衔接类型不同，也会影响到法院对管辖问题的处理。根据现有法律、法规规定，行政复议与行政诉讼的衔接目前有以下类型：

第一，行政复议前置。即公民、法人或者其他组织对具体行政行为不服向人民法院提起行政诉讼之前，应当先向行政复议机关申请复议。对行政复议机关做出的复议决定仍不服或者行政复议机关不作为的，才可以向人民法院提起行政诉讼。这种模式下，不经行政复议不得提起行政诉讼，耽误了行政复议申请期限，亦即意味着丧失了行政诉权。

行政复议前置，必须有法律、法规的明确规定。从目前的有关规定来看，公民、法人或者其他组织对行政机关作出的行政行为不服，欲寻求权利救济的，以自由选择是否先申请复议再提起行政诉讼为原则，以法定复议前置为例外。

"前置"这一概念本身表明，复议前置并非意味着行政复议决定为终局决定，但是根据我国《行政复议法》的规定，复议前置且终局的情况是存在的。严格地讲，复议前置且终局，就是要排除司法审查。所以，通常情况下，复议前置并非终局。只有满足了法律规定的有关条件，公民、法人或者其他组织对须前置的行政复议决定不服，才不得再提起行政诉讼。这是我国行政诉讼与行政复议衔接关系中最为特殊的一种情况。如《行政复议法》第30条第1款规定了必须前置，第2款规定了前置终局。在该规定的情况下，决定行政复议决定是否是终局决定的包括三个条件：行政争议性质、复议主体因素和复议决定依据。即行政争议是自然权属争议，行政复议机关是省级人民政府，行政复议决定的依据是国务院或者省级政府对行政区划的勘验调整或征用土地的决定。目前，行政诉讼前置且终局的案件仅此一种，要求同时满足《行政复议法》第30条两款规定的情况。掌握此类案件，需要明确这一法律规定两款之间的关系：第2款是第1款的特例，是以满足第1款的条件为前提的。如果某个案件同时符合这两款的规定情形，就意味着不仅需要复议前置，还是复议终局。即使诉到法院，法院亦不应受理。如果某个案件只是符合第1款的规定，需要先申请复议。但复议决定并不符合第2款的规定情形，则当事人如果对复议决定不服，还可以到法院起诉。

第二，行政复议与行政诉讼自由选择。这是当事人选择救济程序的一般模式，适用于绝大部分行政纠纷。如果一个案件同时属于行政诉讼与行政复议受案范围，当事人既可以直接选择向法院起诉，也可以选择先向复议机关申请复议，对复议决定仍不服再提起行政诉讼。

复议选择又分为两种情况：①复议诉讼自由选择，复议并非终局；②复议诉讼自由选择，但复议终局。

前者即当事人对行政行为不服，可以先申请行政复议，对复议决定不服再提起行政诉讼，也可以不经行政复议直接提起行政诉讼。如果当事人既提起了行政诉讼，又申请了行政复议，则由先受理的机关管辖；同时受理的，则由当事人再做一次选择。这里需要注意的是，凡法律、法规只明确规定可以"直接起诉"的，即明确公民、法人或者其他组织对行政主体作出的具体行政行为不服，可以直接通过提起行政诉讼的方式寻求救济的，或者"未做任何规定"的，即法律、法规对于公民、法人或者其他组织不服行政主体作出的具体行政行为如何寻求权利救济未作出任何规定的，都属于行政复议与行政诉讼自由选择型，公民、法人或者其他组织对行政主体作出的有关行政行为不服，既可以选择直接向法院起诉，也可以选择先向复议机关申请复议，对复议决定仍不服再提起行政诉讼。

后者在行政诉讼与行政复议衔接关系中比较少见。其含义是：当事人如对特定行政争议不服，既可以提起行政诉讼，也可以申请行政复议，而一旦申请了行政复议，复议机关的决定就具有终局的效力，对该决定当事人不得再提起行政诉讼。

第三，只能复议不能诉讼。如果法律明确规定公民、法人或者其他组织对有关行政行为不服，可以申请行政复议，同时明确规定行政复议决定为最终决定的，或者未同时明确规定对行政复议决定不服可以提起行政诉讼的，即意味着该行为不属于司法审查范畴，即使诉到人民法院，人民法院亦不得受理。如《审计法》第48条第2款规定："被审计单位对审计机关作出的有关财政收支的审计决定不服的，可以提请审计机关的本级人民政府裁决，本级人民政府的裁决为最终决定。"再如《出境入境管理法》第64条规定："外国人对依照本法规定对其实施的继续盘问、拘留审查、限制活动范围、遣送出境措施不服的，可以依法申请行政复议，该行政复议决定为最终决定。其他境外人员对依照本法规定对其实施的遣送出境措施不服，申请行政复议的，适用前款规定。"

第四，既不得复议也不得诉讼型。这实际上属于前述提及的不属于人民法院受案范围的情形。如《出境入境管理法》第36条规定："公安机关出入境管理机构作出的不予办理普通签证延期、换发、补发，不予办理外国人停留居留证件、不予延长居留期限的决定为最终决定。"第81条第2款规定："外国人违反本法规定，情节严重，尚不构成犯罪的，公安部可以处驱逐出境。公安部的处罚决定为最终决定。"

2. 涉及不动产行政案件的管辖规则。我国《行政诉讼法》第19条确立了行政诉讼不动产专属管辖原则，规定"因不动产提起的行政诉讼，由不动产所在地人民法院管辖"。一般来讲，因不动产提起的行政诉讼，主要是指公民、法人或其他组织因不服行政机关对不动产所有权或使用权所作的处理决定或者裁决而向人民法院提起的诉讼。涉及不动产的行政案件，由不动产所在地人民法院管辖，既便于人民法院对案件的审理，也便于审理过程中对涉及不动产的事实进行调查、勘验现场，及时作出判决，还便于生效判决的执行。这种管辖制度之所以称为专属管辖，就是因为这类案件只能依法由不动产所在地人民法院管辖，其他人民法院无管辖权，当事人亦无选择的余地。

（1）常见涉及不动产的行政案件。在我国，国土资源管理、住房与城乡建设管理、海洋管理、林业管理、环保管理、城乡规划管理、城市管理监察等主管行政主体以及基层人民政府，在行使其管理职能时，往往会涉及不动产。

第一，上述主管部门作出涉及不动产的处理决定引起的行政诉讼。如针对涉及国土资源的规划许可，行政处罚，房屋建设、拆除与征收许可或决定，房屋登记，房屋规划认定等行政行为提起的行政案件。这些行政行为往往都是上述主管部门针对不动产做出的，当事人诉至法院，都属于不动产专属管辖。特别是最高人民法院《关于审理房屋登记案件若干问题的规定》第 7 条明确规定：房屋登记行政案件由不动产所在地人民法院管辖。

第二，有关自然资源主管部门或者基层人民政府作出的涉及自然资源权属的处理决定引起的行政诉讼。如因确认土地、森林、草原、湖泊等的所有权或使用权的行政裁决行为或者权属登记行政行为引起的行政诉讼。

第三，对违法占地、违法建设进行行政处置如行政处罚、强制拆除等行政行为引起的行政诉讼。司法实践中，对违法建设是否属于不动产的认识存在争议，因而各地法院在确定管辖权上的做法也不尽一致。但对人民法院所管辖的各类诉讼来看，应当将涉及违法建设的行政案件作为涉及不动产行政案件对待，适用专属管辖原则。

第四，环保主管部门作出的涉及环保不动产行政行为引起的行政诉讼。如有关环保主管部门针对涉及污染土地、水流、农作物等事项作出的行政行为如行政处罚、行政强制措施等，或者要求有关环保主管部门履行保护涉及不动产合法权益的法定职责引起的行政诉讼，由被污染的土地、水流、农作物等所在地的人民法院专属管辖。

（2）常见涉及不动产行政案件专属管辖的例外。有些行政案件，虽然涉及不动产，但按一般地域管辖规定确定管辖法院，构成涉及不动产行政案件专属管辖的例外。如：

第一，被诉具体行政行为涉及不动产但并非针对不动产权属作出的行政案件。

第二，因不动产建设许可所引起的行政案件。如认为上述许可行为影响相邻权的利害关系人对有关许可行为提起的行政诉讼。

第三，涉及不动产的补偿裁决等行政行为引起的行政案件。如有关主管部门对征地、房屋拆迁等不动产补偿争议作出的行政裁决或其他行政行为引起的行政案件。

第四，涉及不动产登记的其他行政行为引起的行政案件。如根据最高人民法院《关于审理房屋登记案件若干问题的规定》第 7 条规定，房屋登记行政案件有下列情形之一的，可由不动产所在地人民法院管辖，也可由被告所在地人民法院管辖：①请求房屋登记机构履行房屋转移登记、查询、复制登记资料等职责的；

②对房屋登记机构收缴房产证行为提起行政诉讼的；③对行政复议改变房屋登记行为提起行政诉讼的。

从上述第③项规定可见，涉及不动产的行政复议机关作出不予受理决定或者不作为等有关行政行为引起的行政案件，应当适用上述规定。

第五，要求行政机关履行涉及不动产的法定职责，行政机关不作为引起的行政案件。

（3）涉及不动产行政案件管辖中应当注意之处。

第一，选择管辖问题。在确定不动产管辖法院时，如果出现两个法院都有管辖权的情形，适用选择管辖规则。如上文中所述，涉及房屋登记的其他行政行为引起的行政案件，不动产所在地人民法院和被告所在地人民法院都有管辖权。公民、法人或者其他组织可以选择向有管辖权的人民法院之一提起行政诉讼。同时向两个人民法院提起行政诉讼的，适用共同管辖的处理规则。

第二，不动产界域不在一个行政区划的问题。不动产的界域可能因为某些原因不在一个行政区划内，由于所涉区域都属于该不动产所在地，故当事人有权选择不动产所在任一行政区划的人民法院管辖。

第三，涉及国有资产产权界定的问题。对该问题，最高人民法院有过明确规定：涉及国有资产产权界定的行政案件，应当根据不同情况确定管辖法院。产权界定行为直接针对不动产作出的，由不动产所在地人民法院管辖。但产权界定行为针对包含不动产在内的整体产权作出的，则不适用专属管辖。

第四，指定管辖问题。在选择管辖或者共同管辖中，如果发生需要指定管辖的情形，指定管辖不受专属管辖的约束，即可以指定不动产所在地以外的人民法院管辖。

第五，单独对涉及不动产行政行为提起行政赔偿诉讼的问题。公民、法人或者其他组织提起的行政赔偿诉讼涉及不动产时，如果是一并提起的，由不动产所在地法院管辖；如果是单独提起的，则由赔偿义务机关所在地法院管辖。

这里需要注意的是，赔偿义务机关的法律地位可能会影响管辖人民法院的确定。例如，如果赔偿义务机关是县级以上人民政府，则应由中级人民法院管辖，如果是一并提起的，则应由不动产所在地的中级人民法院管辖。如果赔偿义务机关是省级以下政府组成部门，则应由不动产所在地的基层人民法院管辖。

3. 限制人身自由行政案件的管辖规则。

（1）限制人身自由案件的一般管辖规则。《行政诉讼法》第18条规定："对限制人身自由的强制措施不服提起的诉讼，由被告所在地或者原告所在地人民法院管辖。"《行政诉讼法解释》第9条第1款规定："行政诉讼法第18条规定的

'原告所在地'，包括原告的户籍所在地、经常居住地和被限制人身自由地。"这里，《行政诉讼法》规定中的用词是"强制措施"，而限制人身自由的行政行为，除强制措施外，还有行政处罚。因此，司法实践中产生了对该法规定管辖的认识上的分歧，甚至比较有权威的理解也没有将涉及人身自由的两类行政行为都包括在内。

但是，此处的"限制人身自由的行政强制措施"应作广义理解，既包括限制人身自由的强制措施，也包括限制人身自由的行政处罚行为。依据是《行政诉讼法解释》第 2 款规定。从该规定可以看出，对于行政诉讼法有关"限制人民身自由的行政强制措施"不能作狭义理解。只要是限制人身自由的具体行政行为引起的行政诉讼案件，只要一个具体行政行为对公民的人身自由进行了限制，法律上就不应对其管辖法院区别对待。

不仅如此，对于限制人身自由的行政行为亦应作广义理解，既包括法定行为，如行政拘留、传唤、留置盘查、扣留、强制隔离、强制戒毒等，也包括事实行为，如"办学习班"、"指定地点进行教育"、"强制变相协管"等。

（2）限制人身自由案件的特殊管辖规则。《行政诉讼法解释》第 9 条第 2 款规定："行政机关基于同一事实既对人身又对财产实施行政处罚或者采取行政强制措施的，被限制人身自由的公民、被扣押或者没收财产的公民、法人或者其他组织对上述行为均不服的，既可以向被告所在地人民法院提起诉讼，也可以向原告所在地人民法院提起诉讼，受诉人民法院可一并管辖。"最高人民法院《关于审理行政赔偿案件若干问题的规定》第 11 条规定："公民对限制人身自由的行政强制措施不服或者对行政赔偿机关基于同一事实对同一当事人作出限制人身自由和对财产采取强制措施的具体行政行为不服，在提起行政诉讼的同时一并提出行政赔偿请求的，由受理该行政案件的人民法院管辖；单独提起行政赔偿诉讼的，由被告住所地或原告住所地或不动产所在地的人民法院管辖。"根据该两项规定，如果发生其中规定的情形，有关行政相对人可以不受《行政诉讼法》有关地域管辖一般规则的限制，适用该两项规定，选择管辖法院，受诉人民法院可以一并管辖。

（三）裁定管辖

行政诉讼的裁定管辖，是指人民法院在遇到法律没有明确规定的特殊情况时，根据有关司法解释的规定，由有权法院以裁定的方式确定行政案件管辖法院的一种制度。除了通常意义上的一般裁定管辖之外，为了减少行政干预，保护当事人的行政诉权，保证法院公正审判，最高人民法院在法律允许的范围内出台了若干司法解释，对行政案件的管辖进行调整。

1. 异地管辖。所谓异地管辖，是指依照法律规定，对于有管辖权的基层人民法院不适宜管辖的第一审行政案件，经原告申请、基层人民法院报请或者中级人民法院决定，由中级人民法院根据情况需要，指定由其辖区内的其他基层人民法院管辖。从而也形成了行政诉讼异地管辖制度。

（1）异地管辖的条件。最高人民法院作出了《关于行政案件管辖若干问题的规定》。根据其规定，异地管辖一般应当具备以下条件：①当事人以案件重大复杂为由或者认为有管辖权的基层人民法院不宜行使管辖权，直接向中级人民法院起诉的；②当事人向有管辖权的基层人民法院起诉，受诉人民法院在 7 日内未立案也未作出裁定，当事人向中级人民法院起诉的；③基层人民法院对其管辖的第一审行政案件，认为需要由中级人民法院审理或者指定管辖，可以报请中级人民法院决定的。

（2）异地管辖的处理。中级人民法院可以根据情况需要，对于具备上述异地管辖条件的行政案件，指定本辖区其他基层人民法院管辖。中级人民法院对基层人民法院管辖的第一审行政案件，根据案件情况，也可以指定本辖区其他基层人民法院管辖。

（3）级别管辖的调整。在上述情况下，上级法院根据不同情况也可以决定由自己管辖，从而形成级别管辖的调整。

需要注意的是，这里司法解释规定的是"可以"实行异地管辖，所以，如果情况允许，上级人民法院也可以裁定由原具有管辖权的人民法院管辖，包括要求有管辖权的人民法院依法受理和决定由报请的人民法院审理，或者告知当事人向有管辖权的人民法院起诉。

严格地讲，异地管辖属于指定管辖范畴，这里单独列出，意在突出最高人民法院《关于行政案件管辖若干问题的规定》这一司法解释的内容。根据最高人民法院《关于行政案件管辖若干问题的规定》，中级人民法院指定管辖的裁定应当在 7 日内分别作出，并分别送达被指定管辖的人民法院及案件当事人；对基层人民法院报请中级人民法院决定的指定管辖裁定还应当送达报请的人民法院；执行本规定的审理期限，提级管辖的，从决定之日起计算；指定管辖或者决定由报请的人民法院审理的，从收到指定管辖裁定或者决定之日起计算。

对于指定管辖裁定，不适用管辖异议的规定。

2. 集中管辖。根据最高人民法院《关于开展行政案件相对集中管辖试点工作的通知》（以下简称《集中管辖试点通知》）规定，所谓行政诉讼集中管辖，是指上级人民法院通过统一指定方式，将部分基层人民法院管辖的一审行政案件，交由其他基层人民法院集中管辖的制度。该制度目前尚处于试点阶段，为此，在试点区域，人民法院对于应在集中管辖法院起诉或应由集中管辖法院受理的行政案件，应当向原告示明。

3. 管辖异议。所谓管辖异议，是指行政诉讼的当事人认为受诉人民法院对其所涉案件没有管辖权，而向受诉人民法院提出的不服该法院管辖的意见或主张。《行政诉讼法》没有关于"管辖异议"的具体规定。为了解决当事人提出管辖异议的问题，《行政诉讼法解释》第 10 条规定："当事人提出管辖异议，应当在接到人民法院应诉通知之日起 10 日内以书面形式提出。对当事人提出的管辖异议，人民法院应当进行审查。异议成立的，裁定将案件移送有管辖权的人民法院；异议不成立的，裁定驳回。"

4. 移送管辖。移送管辖属于裁定管辖范畴。上述异地管辖的许多规则实际上就是以裁定管辖为法律基础、法理基础的。

移送管辖是指人民法院受理行政案件后，经审查认为本院对该案无管辖权时，将该案移送给有管辖权的人民法院审理。根据该规定，移送管辖必须同时具备下列三个条件：一是移送的案件是人民法院已经受理的行政案件；二是移送案件的人民法院发现自身对已受理的行政案件没有管辖权；三是接受移送案件的人民法院必须对移送的行政案件确有管辖权。

移送管辖一般发生在同级法院之间，是对一般地域管辖的补充。但从有关行政案件管辖的规定来看，行政诉讼的移送管辖也可以发生在不同审级之间，从而构成对一般级别管辖的补充。移送管辖要以裁定的方式进行，移送管辖裁定对受移送的人民法院具有约束力。受移送的人民法院不得再自行移送。所谓"不得自行移送"，是指移送案件的人民法院所作出的移送案件裁定，对接受移送案件的人民法院具有约束力，受移送的人民法院应当依法审理，不得以任何理由将其退回移送的人民法院，也不能对移送的案件再自行移送给其他人民法院。如果确是移送错误，接受移送的人民法院对移送的案件依法确无管辖权或者审理确有困难的，应当说明理由，依照指定管辖的规则办理，报请上级人民法院指定管辖。经上级人民法院作出指定管辖裁定后移送的案件，不属"自行移送"。行政诉讼法这样规定，其目的既是为了避免人民法院之间相互推诿或者争夺管辖权，又是为了防止拖延诉讼，及时保护当事人的合法权益。

5. 指定管辖。指定管辖是指上级人民法院依法以裁定的方式，指定其所属某一下级人民法院管辖某一行政案件。根据行政诉讼法的规定，有下列情况之一的，适用指定管辖：一是有管辖权的人民法院由于特殊原因不能行使管辖权。二是人民法院对管辖权发生争议，协商不成。

（1）"特殊原因"的指定管辖。这里的"特殊原因"通常有两种：一是事实原因，如遭遇洪水等自然灾害或者发生意外事件等客观事实不可抗拒；二是法律原因，如出现法定需要集体回避、不宜审理的情形或者由于某种特殊原因无法组成合议庭无法审理等情形。

（2）发生争议的指定管辖。"管辖权争议"包括积极争议和消极争议，前者即互相争夺管辖权，后者即互相推诿管辖权。

上述异地管辖内容，也属于发生争议的指定管辖范畴。上文单列，是为了突出最高人民法院有关异地管辖的规定。鉴于此，这里不再赘述。

（3）指定管辖的程序规定。发生管辖权争议后，依法应由发生管辖争议的人民法院自行协商解决；发生争议的人民法院分属不同的中级人民法院的，由中级人民法院进行协商；分属不同高级人民法院的，由高级人民法院进行协商。协商不成时，应由争议的法院各自上报它们共同的上一级法院，也有争议法院单独上报的。上报应各自行文，陈述自己的理由，由它们共同的上级人民法院指定管辖。指定管辖应当在案件立案受理、移送行政审判庭后进行。报请上级人民法院指定管辖时，应当逐级进行。上级人民法院接到报请指定管辖的呈文后，应当进行审查，综合考虑本辖区内各下级人民法院的受案数量、审判力量及相邻地区距离的远近等因素，及时作出指定管辖的决定，保证审判力量与案件数量之间适当平衡，保证审判公正和及时进行。指定管辖的决定应以法院公函形式下达，被指定管辖的法院在收到指定管辖决定书后，应当另行立案审理。

6. 管辖权的转移。经上级人民法院决定或者同意，把下级人民法院有管辖权的行政案件移送上级人民法院审理，或者把上级人民法院有管辖权的行政案件移送下级人民法院审理，叫做管辖权的转移。根据《行政诉讼法》的规定，管辖权的转移必须同时具备以下三个条件：①转移的案件必须是人民法院已经受理的案件；②移交案件的人民法院对此案具有管辖权；③移交案件的人民法院与接受案件的人民法院之间具有上下级审判监督关系，即管辖权的转移必须是在具有审判监督关系的上下级人民法院之间进行。

这里需要注意的是，人民法院行使的是审判权，上下级法院之间不存在隶属关系，管辖权的转移基于上下级法院之间的审判监督关系，是级别管辖的补充和变更。

7. 共同管辖。

（1）共同管辖与选择管辖。共同管辖是指两个以上的人民法院对同一案件都有管辖权。选择管辖，是指两个以上人民法院对同一案件都有管辖权时，当事人可以选择向其中一个人民法院起诉。由此可见，共同管辖和选择管辖既有联系又有区别，是一个问题的两个方面，但是视角不同。前者以人民法院是否拥有管辖权为视角，后者则以当事人可以如何行使起诉权为视角。前者以后者为基础和前提条件，是对后者的落实和实现。正因为共同管辖的存在是当事人选择管辖的前提，所以，可以这样理解：法律规定共同管辖和选择管辖的实质，在于把管辖选择权赋予当事人。因此，对于存在共同管辖的行政争议，原告有权从对自己有利的考虑选择向任一有管辖权的人民法院提起行政诉讼，最终诉讼究竟由哪个法院管辖，应当依原告的选择而定，被选中的法院应当尊重当事人所做的选择，不得随意将案件移送到另一有管辖权的人民法院。原告在向其所选择的人民法院提起诉讼后，选择权便因此而消灭，管辖也因此而确定。

（2）共同管辖与选择管辖的发生情形。从司法实践来看，行政诉讼中的共同管辖和选择管辖主要有下列情形：①因诉讼主体的牵连关系发生的共同管辖。如因联合执法发生同一诉讼的几个被告住所地、经常居住地在两个以上人民法院辖区内，各该人民法院都有管辖权。②因诉讼客体的牵连关系发生的共同管辖。如同一案件的标的物分散在两个以上法院辖区或者跨越两个以上法院辖区的，各该人民法院都有管辖权。③经过行政复议的案件，复议机关改变原具体行政行为的，最初作出具体行政行为的行政主体所在地的人民法院和复议机关所在地的人民法院都有管辖权。④当事人对限制人身自由的具体行政行为不服而提起的诉讼，被告所在地人民法院和原告所在地（包括户籍地、住所地、被限制人身自由地）的人民法院都有管辖权。

根据《行政诉讼法解释》的有关规定，如果行政机关基于同一事实既对人身又对财产实施行政处罚或者采取行政强制措施，受到行政强制措施影响的公民、法人或者其他组织对该所有处罚或强制行政行为均不服，也会发生原告所在地和被告所在地人民法院共同管辖的情形。

（3）对发生共同管辖的处理。如果发生共同管辖问题，根据《行政诉讼法》和最高人民法院的司法解释，由原告选择其中一个人民法院提起诉讼。原告向两个以上有管辖权的人民法院提起诉讼的，由最先收到起诉状的人民法院管辖。需要注意的是，根据现行行政诉讼法的规定，在这一点上，民事诉讼法的规定与之不同。如果因共同管辖而发生管辖权争议，则按照指定管辖的有关规则处理。

四、起诉的被告应当明确

行政诉讼的被告，是指被原告起诉指控侵犯其行政法上的合法权益或与之发生行政争议，而由人民法院通知应诉的作出被诉行政行为或行政不作为的行政机关或组织。在实践中确定行政诉讼被告的情况主要有：

1. 以最初作出被诉行政行为的行政机关为被告。根据有关法律、法规的规定，以最初作出被诉行政行为的行政机关为被告的情况主要有以下几种：①法律、法规没有规定必须复议前置，公民、法人或其他组织对行政主体作出的具体行政行为或相应的不作为不服，直接向人民法院提起行政诉讼的；②法律、法规规定对行政主体作出的具体行政行为或相应的不作为可以选择行政复议或行政诉讼的情况下，公民、法人或其他组织选择提起行政诉讼的；③法律、法规规定必须复议前置，经向复议机关申请复议后，公民、法人或其他组织对复议机关维持原具体行政行为的复议决定不服，向人民法院提起行政诉讼的；④法律、法规规定必须复议前置，经向复议机关申请复议后，复议机关逾期不作复议决定或不予答复，公民、法人或其他组织对原具体行政行为不服，向人民法院提起行政诉讼的。上述情况下，如果被诉具体行政行为是经上级行政主体批准作出的，则应以在对外发生法律效力的文书上署名的行政主体为被告。

2. 以行政复议机关为被告。根据有关法律、法规的规定，以行政复议机关为被告的情况主要有以下几种：①法律、法规规定必须复议前置，经向复议机关申请复议后，公民、法人或其他组织对复议机关改变原具体行政行为的行政复议决定不服，向人民法院提起行政诉讼的；②法律、法规规定必须复议前置，经向复议机关申请复议后，复议机关逾期不作复议决定或不予答复，公民、法人或其他组织对行政复议机关行政不作为不服，向人民法院提起行政诉讼的。

3. 以两个以上的行政机关或组织为共同被告。以两个以上的行政机关或组织为共同被告的情况主要有以下几种：①公民、法人或其他组织对两个以上行政机关或组织作出同一具体行政行为不服，向人民法院提起行政诉讼的；②公民、法人或其他组织对两个以上行政机关或组织作出的同类具体行政行为不服，分别向人民法院提起行政诉讼，人民法院认为可以合并审理的；③公民、法人或其他组织对两个以上行政主体依职权共同组建并赋予行政管理职能但不具有独立承担法律责任能力的机构，以自己名义作出的具体行政行为不服，提起行政诉讼的。需要注意的是，具有国家行政职权的机关或组织和不具有国家行政职权的机关或组织共同署名作出行政行为所引起的行政诉讼，不具有国家行政职权的机关或组织不能作为行政诉讼中的共同被告，但是，原告若对其提出赔偿请求，其可以作为第三人参加诉讼。

4. 以法律、法规、规章授权行使行政职权的组织为被告。法律、法规、规章对行政机关的内部机构、派出机构等有执法授权特别规定的，公民、法人或其他组织对该内部机构或派出机构依授权作出的具体行政行为不服或对其超出授权范围作出的具体行政行为不服，向人民法院提起行政诉讼的，应以该内部机构或派出机构为被告。这里确定行政诉讼的被告时有三点需要明确：①司法解释增加了有关规章授权的情形。②以自己的名义作出具体行政行为的行政主体的内设机构或其他组织能否成为适格被告，关键要看其是否有法律、法规或规章的授权。③这里增加规章授权的情形，只是对经规章授权实施行政行为的组织作为行政诉讼的被告资格的承认，并不涉及规章的授权是否合法的问题。涉及个案的规章授权是否合法，需待人民法院对该案进行具体审理后才能确定。

5. 以委托授权的行政机关为被告。公民、法人或其他组织对行政机关委托的组织所作的具体行政行为不服提起行政诉讼的，委托的行政机关是被告。行政主体在没有法律、法规或规章规定的情况下，授权其内设机构、派出机构或者其他组织行使行政职权的，应当视为委托。在审判实践中，一要注意对行政机关委托的"组织"不能作狭义的理解，二要注意对行政机关"委托"的行为不能作狭义的理解。

6. 以人民政府的派出机关为被告。根据《行政复议法》的有关规定，地区行政公署作为省人民政府的派出机关，可以对不服县级人民政府具体行政行为的案件进行行政复议。如果地区行政公署的复议决定改变了原具体行政行为，当事人不服提起行政诉讼，则该行政公署可以在行政诉讼中作被告。

7. 行政机关被撤销时被告的确定。根据《行政诉讼法》的规定，行政机关被撤销的，继续行使其职权的行政机关是被告。如果没有继续行使其行政职权的行政机关或组织，应由作出撤销决定的行政机关或其指定的行政机关或组织为被告。

8. 经批准行政行为被告的确定。对于经批准行政行为，当事人不服，向人民法院提起行政诉讼的，如果有最终的行政行为，应以作出对外发生法律效力的行政行为的行政主体为被告，即"谁名义，谁被告"。但是如果审批机关或者报批机关不履行法定职责而影响当事人权益的，当事人不服，可以其为被告提起履责之诉。

9. 协助作出行政行为的被告的确定。被诉行政行为经协助共同完成或由协助行政主体独立完成时，协助的行政主体应否列为被告，需视具体情形而定：如果协助单位具有行政主体资格，行政行为的作出是由协助的行政主体与请求协助的行政主体共同署名的，应当列为共同被告；被诉行政行为由协助的行政主体独立以自己的名义作出的，应以负责协助的行政主体为被告。

审查起诉时，只要求原告起诉时有明确的被告，所以，原告起诉有明确的被告即符合法定的起诉条件。原告起诉的被告是否适格，则需法院进行审查确定。如果发现原告起诉时存在错列被告或者存在其他被告不适格的情形，法院有向原告释明的义务。如果法院向原告释明正确的被告，而原告拒绝变更的，法院应当裁定不予受理或者驳回起诉。这里需要注意的是，在存在共同被告的情况下，如果原告经法院释明不同意追加被告，则不能裁定不予受理或者驳回起诉。对于原告不同意追加为共同被告的行政主体，法院应当通知其作为第三人参加诉讼。

五、正确计算起诉期限

《行政诉讼法》并未明确将"起诉期限"规定为原告提起行政诉讼的条件，但如果原告起诉不符合行政诉讼法规定的起诉期限，将影响人民法院对其起诉的受理。所谓行政诉讼的起诉，是指公民、法人或者其他组织认为行政机关或组织及其工作人员的具体行政行为侵犯了自己的合法权益，依法向人民法院提出诉讼请求，要求人民法院行使国家审判权，对其合法权益予以保护的行为。在这一概念中，"依法"二字的含义非常广泛，除符合法定起诉条件之外，还应符合有关起诉期限。根据行政诉讼法的规定，原告提起行政诉讼必须在法律规定的期限内提出，如果超过起诉期限，即丧失诉权。行政诉讼的起诉期限主要有：

1. 公民、法人和其他组织对具体行政行为不服直接向人民法院提起诉讼的，应当在知道作出具体行政行为之日起 3 个月内提出。

2. 经过行政复议的案件，具体的法律、法规没有对当事人起诉期限作具体规定的，申请复议人不服复议决定，可以在收到复议决定书之日起 15 日内向人民法院提起诉讼。

3. 复议机关应当在收到公民、法人和其他组织复议申请书之日起 2 个月内作出复议决定，逾期不作决定的，申请人可以在复议期满之日起 15 日内向人民法院提起诉讼。

4. 法律对期限有特别规定的，依特别规定。

5. 因不可抗力或者其他特殊情况耽误法定期限的，在障碍消除后的 10 日内，原告可以申请延长期限，是否准许由人民法院决定。

6. 行政机关作出具体行政行为时，或者复议机关在作出复议决定时，未告知公民、法人或者其他组织诉权或者法定起诉期限，起诉期限从公民、法人或者其他组织知道或者应当知道诉权或者起诉期限之日起计算，但从知道或者应当知道具体行政行为或复议决定内容之日起最长不得超过 2 年。

7. 公民、法人或者其他组织不知道行政机关作出的具体行政行为内容的，其起诉期限从知道或者应当知道该具体行政行为内容之日起计算。对涉及不动产的具体行政行为从作出之日起超过 20 年，其他具体行政行为从作出之日起超过 5 年提起诉讼的，人民法院不予受理。

8. 由于不属于起诉人自身的原因超过起诉期限的，被耽误的时间不计算在起诉期间内。因人身自由受到限制而不能提起诉讼的，被限制人身自由的时间不计算在起诉期间内。

9. 公民、法人或者其他组织申请行政机关履行法定职责，行政机关在接到申请之日起 60 日内不履行的，公民、法人或者其他组织向人民法院提起诉讼，人民法院应当依法受理。法律、法规、规章和其他规范性文件另有规定的，从其规定。公民、法人或者其他组织在紧急情况下请求行政机关履行保护其人身权、财产权的法定职责，行政机关不履行的，起诉期间不受 60 日规定的限制。

六、符合与行政复议的关系规定

行政复议与行政诉讼的衔接关系，前文有关行政诉讼管辖部分已经述及，这里不再赘述。《行政诉讼法》并未明确规定行政复议与行政诉讼的衔接关系为原告提起行政诉讼应当符合的条件，但是，根据有关法律、法规规定，如果原告起诉不符合有关与行政复议关系的规定，也会影响人民法院对其起诉的受理。对原告起诉影响最大的，是法律、法规规定行政复议前置程序。

这里需要注意的问题之一是：行政复议前置，与行政复议终局不同，前者依法规也可以规定，后者只能由法律规定。法定行政复议前置的，未经行政复议或者超过申请行政复议期限，当事人不得直接起诉。所以，耽误法定行政复议期限，势必影响当事人行政诉权的行使。

这里需要注意的问题之二是：在行政复议前置的规定上，有时甚至会突破法律适用的一般规则，如特别法优于一般法。如有关自然资源权属争议的行政裁决，当事人不服，有关自然资源法如《土地管理法》规定的是可以直接向人民法院起诉，而《行政复议法》规定的是行政复议前置。

第三节　行政案件二审案件的立案审查

一、上诉

上诉是指行政诉讼当事人不服地方各级人民法院第一审尚未生效的行政裁判，在法定期限内提出上诉状，请求上一级人民法院对该案进行审理和裁判的一种诉讼制度。根据行政诉讼法的规定，当事人不服人民法院第一审判决的，有权在判决书送达之日起 15 日内向上一级人民法院提起上诉。当事人不服人民法院第一审裁定的，有权在裁定书送达之日起 10 日内向上一级人民法院提起上诉。最高人民法院所作的第一审行政判决、裁定，行政诉讼当事人不服，不得提起上诉。

人民法院应当依法对行政诉讼当事人的上诉是否合法进行审查。当事人行使上诉权提起上诉，依法必须同时具备以下几个条件：

1. 必须是法定的上诉人和被上诉人。

2. 必须有法律允许提起上诉的对象。行政诉讼当事人提起上诉的对象依法必须是地方各级人民法院第一审尚未发生法律效力的行政裁判。

3. 必须在法定期限内提起上诉。上诉期限从判决书或裁定书合法送达以后第 2 天开始计算。因不可抗拒的事由或者其他正当理由耽误上诉期限的，在障碍消除后 10 日内可以申请顺延期限，是否准许，由人民法院决定。

4. 上诉必须递交上诉状。

5. 必须交纳诉讼费用。

二、对上诉的受理

原审人民法院收到上诉状后，应当进行审查，认为符合上诉条件的，应当在 5 日内将上诉状副本送达对方当事人和其他当事人；对不符合要求的上诉状，应限期让上诉人补充、修改；对不符合上诉条件的，应当通知当事人。对方当事人应当在收到上诉状副本之日起 10 日内提出答辩状。原审人民法院应当在收到答辩状之日起 5 日内将答辩状副本送达当事人。原审人民法院在收到上诉状、答辩状后，应当在 5 日内连同全部案卷和证据，报送第二审人民法院。已经预收诉讼费用的，一并报送。原审人民法院审查上诉状，发现本院行政判决、裁定确有错误，仍应按上诉程序报送上一级人民法院审理，不能另行组成合议庭按审判监督程序自行改判。被上诉人不提出答辩的，不影响第二审人民法院开庭审理。被上诉人也可以在法庭辩论时答辩。

上一级人民法院收到全部案卷、上诉材料和证据后，经审查认为符合法律规定的条件，即可按第二审程序审理。

如果上诉人上诉超过法定期限，应由第一审人民法院裁定驳回上诉。

第十七章 行政案件的审理与执行程序

第一节 行政诉讼基本原则在审判程序中的运用

一、行政诉讼基本原则概述

行政诉讼法基本原则是指由宪法、法律规定确认或体现的，反映我国行政诉讼客观规律和本质要求，对行政诉讼具有普遍指导意义和规范作用，在解决和处理行政争议案件或进行行政诉讼过程中必须遵循的基本行为准则。

根据我国法律的有关规定，行政诉讼法基本原则可以分为一般原则，即三大诉讼均适用的原则，和行政诉讼特有原则。前者有：人民法院对行政案件独立行使审判权原则；必须以事实为根据，以法律为准绳原则；当事人在诉讼中法律地位平等原则；合议、回避、公开和两审终审原则；当事人有权进行辩论原则；使用本民族语言、文字进行行政诉讼的原则；检察机关有权对行政诉讼活动实行法律监督原则等。后者有：对被诉具体行政行为以及相应的不作为是否合法进行审查原则；不适用调解和反诉原则等。限于篇幅，仅就一些行政诉讼特有的原则进行阐释。

二、合法性审查原则

我国《行政诉讼法》第 5 条规定："人民法院审理行政案件，对具体行政行为是否合法进行审查。"根据这一规定，合法性审查成为人民法院审理行政案件的主要任务和核心内容。所谓审查具体行政行为合法性，是指人民法院通过依法审理行政案件，对具体行政行为是否合法进行审查并作出裁判。根据这一原则，公民、法人或者其他组织提起行政诉讼应是认为行政机关或组织的具体行政行为以及相应的不作为违法侵犯其合法权益，人民法院才予受理；人民法院审理行政案件审查的对象是被告作出的具体行政行为以及相应的不作为；审查的内容是被诉具体行政行为以及相应的不作为是否合法。

行政诉讼之所以实行合法性审查原则，是由司法权与行政权的关系和我国行政诉讼立法宗旨决定的。在我国，行政权和司法权都由国家权力机关的权力派生，受国家权力机关制约。行政权和司法权彼此独立，各有自己的职权范围和活动领域。只是根据《行政诉讼法》的特别授权，司法权才能通过自身的行为实现对行政权的监督。同时，监督不是干预，更不是代替，不能影响行政权的正常运转。否则，国家职能分工的平衡状态会遭到破坏，也有悖于行政诉讼的立法宗旨。行政诉讼的目的是为了保护公民、法人和其他组织的合法权益，维护和监督行政机关依法行使行政职权。两者都与具体行政行为的合法性密切相关。行政机关或组织的具体行政行为合法，理应得到人民法院的维护。违法的具体行政行为可能侵犯公民、法人和其他组织的合法权益，理应受到人民法院的监督。人民法院只有通过审查具体行政行为是否合法，并作出相应裁判，才能达到行政诉讼的目的。所以，行政诉讼实行合法性审查原则。

坚持审查具体行政行为合法性原则，并不绝对排斥人民法院对某些具体行政行为合理性进行审查。通过法律特别授权，人民法院也可以在合法性审查的基础上，对具体行政行为的合理性进行审查，作出裁判，以求公正。例如，为使行政机关能对国家和社会大量错综复杂的行政事务作出适当处理，行政机关在法定范围内享有一定的自由裁量权。行政机关在法定范围内行使自由裁量权作出的行政行为，原则上人民法院无权干预。但是，《行政诉讼法》规定，人民法院对行政处罚显失公正的，可以判决变更。变更判决就是一种涉及行政自由裁量权的司法行为。这是包容在合法性审查原则之内的合理性审查。

三、不适用调解原则和反诉的原则

（一）不适用调解结案原则

我国《行政诉讼法》第 50 条规定：“人民法院审理行政案件，不适用调解。”这一规定的含义是指人民法院审理行政案件，不能以调解的方式结案。但它并非意味着人民法院在行政诉讼过程中不能对原、被告进行思想或法制宣传工作。人民法院审理行政案件，不能以调解的方式结案，主要是因为行政案件当事人双方的法律关系不同于民事法律关系。民事诉讼当事人双方是平等主体，各自有权在法律规定的范围内处分自己的实体权利和诉讼权利。根据《民事诉讼法》的规定，人民法院审理民事案件，应当根据自愿和合法的原则进行调解。而行政诉讼的当事人双方是具有国家行政职权的行政机关或组织和行政相对人，他们之间是管理与被管理、命令与服从的行政法律关系。一方面，作为被告的行政机关所拥有的行政管理职权，同时也是一种职责。根据依法行政原理，行政机关应当依法行使其行政权力，不能随意处分，特别是其作出的具体行政行为实质上是一种执法活动，例如，税务机关征税，只能按税法规定征收，不能任意减免或增多。加之行政行为的效力性决定一经作出，非经法定程序，任何人不得随意撤销，行政机关不能因规避法律、怕当被告而作出无原则让步，人民法院也不能要求行政机关在依法作出的行政行为面前无原则地让步，从而达到以调解方式结案的目的。另一方面，人民法院行政审判权的主要内容是对被诉行政行为进行合法性审查，因此，人民法院审理行政案件，应当就被诉的行政行为或相应的不作为是否有事实根据、是否合法进行审查，并依法作出相应的裁判。

尽管《行政诉讼法》作出了"行政案件不适用调解"的规定，但是，从行政诉讼立法的精神上看，并没有限制和禁止人民法院通过一定的工作，促使行政机关主动纠正错误，并以准许原告撤诉的方式结案。所以，根据《最高人民法院关于行政诉讼撤诉若干问题的规定》的规定，对于被诉行政行为存在违法或不当情况的，人民法院可以向被诉行政主体提出改变的建议，以使原告申请撤诉，从而达到解决行政争议的目的。最高人民法院的上述规定是应行政诉讼现实发展形势的需要作出的，而且与《行政诉讼法》的立法精神也不矛盾。从《行政诉讼法》第51条规定的表述和精神来看，隐含着"和解"的内容："被告改变其所作的具体行政行为，原告同意并申请撤诉"，其实就是一个和解的过程。最高人民法院上述司法解释的名称虽然指向的是"行政诉讼撤诉若干问题"，但用意并非对整个撤诉制度作出规定，正如其引言中指出的，意在通过对被诉行政主体在行政诉讼过程中改变被诉具体行政行为及当事人申请撤诉行为的审查进行规范，达到妥善化解行政争议的目的，从而更好地发挥行政审判的功能。前任全国人大常委会法工委主任胡康生同志在其《〈行政诉讼法〉立法过程中的若干问题》一文中也曾指出："行政机关的具体行政行为有错误，经法院指出后，行政机关主动纠正，原告同意申请撤诉的，都能达到息讼的目的。这样做不仅是可以的，而且是应当提倡的。"

尽管《行政诉讼法》第51条的规定为创立这种协调处理行政案件的机制预留了制度空间，但是，目前人民法院审理行政案件仍然不得以调解的方式结案。

不适用调解原则的例外情况，涉及对有关行政赔偿案件的处理。根据《行政诉讼法》第67条第3款的规定，行政赔偿诉讼可以适用调解。法律、法规对金钱赔偿的数额未作具体规定，因此，在法律法规规定的幅度内，人民法院在查明案件事实真相、分清是非曲直的基础上，对行政诉讼附带行政赔偿诉讼的案件，可以对金钱赔偿的数额进行调解，然后作出判决；对单独提起行政赔偿诉讼的案件，也可以调解的方式结案。

（二）不适用反诉原则

不适用反诉原则的理由和行政机关不享有起诉权的理由是相同的。行政机关或组织不享有起诉权是因为行政机关或组织的行政管理权是以国家强制力作后盾的，是国家进行行政管理的行为，对于相对人来说，是必须要服从的。而且国家行政机关是国家法律的执行机关，其依职权作出的行政行为是执行国家法律法规的行为，对相对人有当然的法律效力，相对人不服从要承担法律后果。所以，行政机关无需再借助于另外一种力量来保证其行为产生法律效力或借助于人民法院的强制力以制裁违法者，也不需要借助于人民法院来保护由于相对人不服从其管理而损害的权益。行政机关或组织不适用反诉原则，除了上诉理由外，还因为：①相对于相对人来说，行政机关或组织是强者，本来它就拥有强大的行政权力，如果允许其在已作出行政行为的基础上再有反诉权，则在行政诉讼中难以体现和实现行政诉讼当事人法律地位平等原则；②行政机关或组织的被诉具体行政行为或相应的不作为应当是依法作出的，行政机关或组织不能在其依法作出行政行为或不作为后，因相对人向人民法院提起诉讼而又要求人民法院加重对原告人的处罚或增加原告人的负担或义务，否则，既改变了其依法作出的行政行为或不作为，有违依法行政的原则，也有悖于合法性审查原则和不适用调解原则。所以，行政诉讼不适用反诉。

第二节 行政案件审理程序

一、一审行政案件的审理

（一）审理前的准备

审理前的准备，是指人民法院为了保证审判工作的顺利进行和案件得到正确及时的处理，在案件受理之后，开庭审理之前依法进行的各项准备工作。审理前的准备是行政诉讼程序的重要组成部分，是开庭审理前的必经阶段，主要有以下内容：

1. 确定审判人员，依法组成合议庭。合议庭审判人员确定以后，应当在 3 日内告知行政诉讼当事人并告知有关的诉讼权利和义务。

2. 向当事人送达起诉状和答辩状副本。人民法院应当从立案之日起 5 日内将起诉状副本发送被告，被告应当在收到起诉状副本之日起 10 日内向人民法院提交作出具体行政行为的有关材料，包括作出被诉具体行政行为的证据和所依据的规范性文件，并提出答辩状。人民法院应当在收到答辩状之日起 5 日内，将答辩状副本发送原告。被告不提出答辩的，不影响人民法院的审理。

3. 审查诉讼文书和证据材料。

4. 为不通晓当地民族语言文字的诉讼参加人提供翻译。

5. 确定开庭审理的期日、地点并通知有关诉讼当事人和其他诉讼参与人。人民法院应当在开庭前 3 日将开庭的时间、地点等通知当事人和其他诉讼参与人。案件实行公开审理的,应发出公告,允许旁听。

(二)开庭审理

开庭审理是指合议庭在当事人和其他诉讼参与人的参与下,在审判法庭上依照法定程序,对被诉行政机关或组织的具体行政行为进行审查并作出裁判的诉讼活动。开庭审理一般由以下几个阶段组成:

1. 预备阶段。由书记员查明当事人和其他诉讼参与人是否到庭,向当事人、诉讼参加人和旁听群众宣布法庭纪律。如有当事人未到庭,应查明未到庭的原因并报告审判长,由审判长决定是否延期审理。

2. 法庭审理开始阶段。由审判长宣布开庭、公布案由,宣布合议庭组成人员及书记员以及参与人等名单,宣布当事人在法庭上的权利和义务,并询问当事人是否申请回避。

3. 合法性审查阶段。包括法庭调查和法庭辩论。法庭调查,即由当事人陈述以及对证据进行质证等。法庭辩论,即在法庭的主持下,当事人及其诉讼代理人围绕案件事实、证据、定性结论、观点以及法律适用等提出自己的观点,并互相辩驳,进而对被诉具体行政行为的合法性进行总体评价。这两个阶段也可以交叉进行。

4. 合议庭评议阶段。由合议庭成员秘密地对当事人各方所提出的理由和根据进行综合性的分析、评价和认定,在确认案件事实和适用法律的基础上,对行政案件作出裁判。合议庭评议案件以不公开方式进行,实行少数服从多数的原则。合议庭评议应当制作笔录,任何不同意见都应当记录在案,合议庭成员都应当在笔录上签名。需要交审判委员会讨论的案件,也要将合议庭合议的意见一并报审判委员会。审判委员会的决定,合议庭必须执行。

5. 公开宣判阶段。由人民法院向当事人和其他诉讼参与人以及旁听群众公开宣告行政案件审判结果。宣判一律公开进行。根据行政案件审理的具体情况,宣判可以当庭进行,也可以定期进行。当庭宣判的,应于审判之日起 10 日内将判决书送达当事人,定期宣判的,应当在开庭 3 日前通知当事人以及诉讼代理人,并公告开庭时间、地点、案由等。宣判后立即将判决书送达当事人。公开宣判标志着行政诉讼第一审程序的结束。根据行政诉讼法的规定,人民法院应当在立案之日起 3 个月内作出第一审判决。有特殊情况需要延长的,由高级人民法院批准,高级人民法院审理第一审案件需要延长的,由最高人民法院批准。

二、财产保全与先予执行

(一)财产保全

行政诉讼中的财产保全,是指人民法院为了使其将来生效的行政诉讼裁判能够得以执行，在行政诉讼案件作出裁判前或者行政机关或组织的具体行政行为确定的权利人申请人民法院强制执行前，依照法定程序对有关财产采取的保护性强制措施。根据最高人民法院有关司法解释的规定，人民法院对于因一方当事人的行为或者其他原因，可能使具体行政行为或者人民法院的生效裁判不能执行或者难以执行的案件，可以根据对方当事人的申请作出财产保全的裁定；当事人没有提出申请的，人民法院在必要时也可以依法采取财产保全措施。当事人申请财产保全的，应当提供担保，申请人拒不提供担保的，人民法院可以驳回当事人的财产保全申请。人民法院在接到财产保全申请后，对于情况紧急的，应当在 48 小时内作出裁定，裁定一经作出应当立即执行。当事人对财产保全裁定不服，可以申请复议，但复议期间不停止裁定的执行。如果申请人申请财产保全有错误，申请人应当赔偿被申请人因财产保全所遭受的损失。如果人民法院依职权主动采取的财产保全措施有误，符合国家赔偿法规定的，人民法院应当依法给予受害人以司法赔偿。

（二）先予执行

行政诉讼中的先予执行，是指人民法院在行政诉讼裁判作出之前，根据一方当事人的申请，裁定由有给付义务的一方当事人预先向对方当事人为一定给付行为的措施。根据最高人民法院有关司法解释的规定，人民法院审理起诉行政机关没有依法发给抚恤金、社会保险金、最低生活保障费等案件，可以根据原告的申请，依法书面裁定先予执行。当事人对先予执行的裁定不服的，可以申请复议，复议期间不停止裁定的执行。如果最后生效的判决原告败诉，人民法院应撤销先予执行的裁定，并应执行回转。如因先予执行造成被申请人财产损失，申请人应当赔偿。如果原告胜诉，先予执行的部分应在被告应为之给付中扣除。

三、撤诉与缺席判决

（一）撤诉

所谓撤诉，是指行政诉讼的原告在起诉被人民法院受理后，于人民法院宣告裁判之前，按照法定程序向人民法院要求撤回自己诉讼请求的诉讼活动。根据《行政诉讼法》有关"人民法院对行政案件宣告判决或裁定前，原告申请撤诉的，或者被告改变其所作的具体行政行为，原告同意并申请撤诉的，是否准许，由人民法院裁定"和"经人民法院两次合法传唤，原告无正当理由拒不到庭的，视为申请撤诉；被告无正当理由拒不到庭的，可以缺席判决"的规定，撤诉分为申请撤诉与推定撤诉两种。

申请撤诉应当符合一定的条件，经人民法院审查。人民法院裁定准予原告撤诉必须具备以下条件：①提出撤诉申请的必须是原告一方当事人；②申请撤诉必须自愿；③申请撤诉必须符合法律规定，不得影响或侵犯国家、集体、他人的合法权益，不得规避法律；④申请撤诉必须在宣告裁判前提出。

对人民法院准予撤诉的裁定不能上诉，也不能申请复议。对于被告改变被诉具体行政行为，原告申请撤诉未予准许或原告不申请撤诉的，人民法院应继续审理原被诉具体行政行为。原告起诉被告不作为，在诉讼中被告作出具体行政行为，原告不撤诉的，参照上述规定处理。原告或者第三人对改变后的具体行政行为不服提起诉讼的，人民法院应当就改变后的具体行政行为进行审查。因此，被告在一审期间改变被诉具体行政行为的，应当书面告知人民法院。

对于因未按规定解决诉讼费用问题而按撤诉处理的，原告在法定期限内再次起诉，并依法解决了诉讼费用预交问题的，人民法院应予受理。

（二）缺席判决

行政诉讼中的缺席判决，是指人民法院合议庭开庭审理案件时，在一方当事人拒绝出庭参加诉讼的情况下，经过依法审理作出的判决。行政诉讼缺席判决适用于以下几种情况：

1. 被告不到庭。根据《行政诉讼法》的规定，经人民法院两次合法传唤，被告无正当理由拒不到庭的，可以缺席判决。

2. 被告未经法庭许可中途退庭，又拒不返回的。

3. 原告或者上诉人申请撤诉，人民法院裁定不予准许，经合法传唤无正当理由拒不到庭，或者未经法庭许可而中途退庭的，人民法院可以缺席判决。

4. 第三人经合法传唤无正当理由拒不到庭，或者未经法庭许可中途退庭的，不影响案件的审理。

四、诉讼中止与终结

（一）诉讼中止

诉讼中止，是指在行政诉讼进行过程中，由于出现某种无法克服和难以避免的特殊情况，诉讼程序无法继续进行而由人民法院裁定暂时停止诉讼的程序制度。根据行政诉讼法的有关规定，有下列情形之一的，中止诉讼：①原告死亡，须等待其近亲属表明是否参加诉讼的；②原告丧失诉讼行为能力，尚未确定法定代理人的；③作为一方当事人的行政机关、法人或者其他组织终止，尚未确定权利义务承受人的；④案件涉及法律适用问题，需要送请有权机关作出解释或者确认的；⑤一方当事人因不可抗力的事由不能参加诉讼的；⑥案件的审判须以相关民事、刑事或者其他行政案件的审理结果为依据，而相关案件尚未审结的；⑦以生效的人民法院裁判文书或者仲裁机构裁决文书确认的事实作为定案依据，但发现裁判文书或者裁决文书认定的事实有重大问题的；⑧其他应当中止诉讼的情形。

中止诉讼应当由人民法院作出裁定。裁定一经作出，即产生法律效力，当事人对人民法院的诉讼中止裁定不得提起上诉，也不得申请复议。导致诉讼中止的原因一经消除，即恢复诉讼。诉讼中止前当事人所进行的诉讼行为对诉讼恢复后参加诉讼的当事人具有法律上的约束力。

（二）诉讼终结

行政诉讼终结是指在行政诉讼进行期间，由于存在或者发生法定情况，诉讼无法继续进行下去或者继续进行已经没有任何意义，人民法院裁定结束诉讼的程序制度。根据行政诉讼法的有关规定，有下列情形之一的，终结诉讼：①原告死亡，没有近亲属或者近亲属放弃诉讼权利的；②作为原告的法人或者其他组织终止后，其权利义务的承受人放弃诉讼权利的；③原告死亡，除有特殊情况外，中止诉讼满 90 日其近亲属仍无人表明要求参加诉讼的；④原告丧失诉讼行为能力，除有特殊情况外，中止诉讼满 90 日仍未确定法定代理人参加诉讼的；⑤作为一方当事人的行政机关、法人或者其他组织终止，除有特殊情况外，中止诉讼满 90 日仍未确定权利义务承受人的。

终结诉讼人民法院应当作出裁定。诉讼终结裁定一经作出，即产生法律效力，当事人对人民法院的诉讼终结裁定不得上诉，也不得申请复议。对于诉讼终结的案件，当事人不能就同一案件再提起行政诉讼，人民法院也不再行使审判权。

五、上诉案件的审理

人民法院对上诉案件，认为事实清楚的，可以实行书面审理。是否实行书面审理，取决于案件的事实是否清楚。当事人对原审人民法院认定的事实有争议的，或者第二审人民法院认为原审人民法院认定事实不清楚的，第二审人民法院应当开庭审理。

人民法院对上诉行政案件的审理，既是法律审又是事实审，不受原审裁判与当事人上诉范围的限制。

根据《行政诉讼法》的规定，人民法院审理上诉行政案件，应当在收到上诉状之日起 2 个月内作出终审裁决。如有特殊情况需要延长的，由高级人民法院批准。高级人民法院审理上诉案件需要延长的，由最高人民法院批准。

六、审判监督程序

（一）审判监督程序概述

行政诉讼的审判监督程序是指人民法院对已经发生法律效力的行政判决、裁定，发现违反法律、法规规定，依法对行政案件提出再次进行审理予以纠正错误的特殊审判程序。包括自行再审、指令再审、提审和抗诉。自行再审是指人民法院自行按照审判监督程序对本院裁判已经生效的行政案件进行再审。指令再审是指上级人民法院按审判监督程序，指令下级人民法院对裁判已经生效的行政案件再审。提审是指上级人民法院按审判监督程序，对下级人民法院裁判已经生效的行政案件提级再审。抗诉是指上级人民检察院按照审判监督程序对下级人民法院裁判已经生效的行政案件提起抗诉，进行再审。

审判监督程序又称提起再审程序。

（二）提起再审行政案件的条件

根据《行政诉讼法》的规定，按照审判监督程序对行政案件提起再审必须同时具备两个要件：

1. 形式要件，即提起再审的行政案件，只能是判决、裁定已经发生法律效力的行政案件。

2. 实质要件，即发现已经发生法律效力的行政判决、裁定违反了法律、法规的规定。

（三）提起再审行政案件的程序

根据提起再审行政案件的主体不同，有三种不同的程序：

1. 人民法院院长通过审判委员会决定再审。各级人民法院院长对本院已经发生法律效力的行政判决、裁定，发现违反法律、法规规定，认为需要再审的，应当提交审判委员会讨论决定是否再审。

2. 上级人民法院提审或指令再审。上级人民法院发现下级人民法院已经发生法律效力的行政判决、裁定违反法律、法规规定，认为需要再审的，可以提级由自己再审，也可以指令下级人民法院再审。

3. 人民检察院抗诉。人民检察院对人民法院已经发生法律效力的判决、裁定，发现违反法律、法规的，有权按照审判监督程序提出抗诉。人民法院对人民检察院按照审判监督程序提出抗诉的案件，应当进行再审，并且在开庭审理人民检察院抗诉的案件时，应当通知人民检察院派员出庭。人民检察院无正当理由不派员出庭，不影响人民法院开庭审理。人民检察院应当认真履行其法律监督职能，依法对行政诉讼进行监督。

（四）再审行政案件的审理程序

按照审判监督程序决定再审的案件，应当裁定中止原判决的执行；裁定由院长署名，加盖人民法院印章。上级人民法院决定提审或者指令下级人民法院再审的，应当作出裁定，裁定应当写明中止原判决的执行；情况紧急的，可以将中止执行的裁定口头通知负责执行的人民法院或者作出生效判决、裁定的人民法院，但应当在口头通知后 10 日内发出裁定书。执行中止的裁定作出后，还应送达有关当事人。

人民法院按照审判监督程序再审的案件，发生法律效力的判决、裁定是由第一审人民法院作出的，按照第一审程序审理，所作的判决、裁定，当事人可以上诉；发生法律效力的判决、裁定是由第二审人民法院作出的，按照第二审程序审理，所作的判决、裁定，是发生法律效力的判决、裁定；上级人民法院按照审判监督程序提审的，按照第二审程序审理，所作的判决、裁定是发生法律效力的判决、裁定。人民法院审理再审案件，应当另行组成合议庭。经过再审，人民法院认为原生效判决、裁定确有错误，在撤销原生效判决或者裁定的同时，可以对生效判决、裁定的内容作出相应的裁判；也可以裁定撤销原生效判决或者裁定，发回作出生效判决、裁定的人民法院重新审判。

对于人民检察院抗诉的再审行政案件，提出抗诉的人民检察院在开庭审理前可以撤回抗诉。案件是否继续，由人民法院裁定。人民法院对抗诉的行政案件审查后，如果认为原行政判决、裁定认定事实清楚，证据确实充分，适用法律、法规正确，程序合法的，应裁定驳回抗诉，维持原判决、裁定；如果认定原判决、裁定违反法律、法规规定的，应依法予以纠正。

第三节　行政诉讼执行程序

一、行政诉讼执行的概念

行政诉讼的执行是指人民法院和享有执行权的行政主体在义务人逾期拒不履行发生法律效力的法律文书所确定的义务时，依照法定程序，强制义务人履行义务的活动。根据《行政诉讼法》的有关规定，行政诉讼的执行大体上有以下几种：①作为行政相对人的公民、法人或其他组织拒不履行人民法院的生效行政裁判，由自身享有强制执行权的行政机关依法强制执行，或由人民法院依法强制执行；②作为行政诉讼当事人的行政机关或组织拒不履行人民法院的生效行政裁判，由人民法院强制执行；③作为行政相对人的公民、法人或其他组织对具有国家行政职权的机关或组织作出的具体行政行为，在法定期限内既不起诉也不履行，由自身享有强制执行权的行政机关依法强制执行，或经有关行政机关或组织申请，由人民法院依法强制执行。

二、行政诉讼的执行主体

行政诉讼的执行主体是指行政诉讼执行法律关系的主体，包括执行组织、执行当事人、执行参与人等。

（一）执行组织

行政诉讼的执行组织是指依法有权进行行政诉讼执行活动、采取执行强制措施的国家机关。根据《行政诉讼法》的规定，行政诉讼的执行组织包括人民法院和依法享有行政强制执行权的行政主体。

1. 人民法院。人民法院的生效行政裁判以由第一审人民法院执行为原则，非诉行政案件的执行以由基层人民法院执行为原则。当出现特殊情况第一审人民法院认为需要由第二审人民法院执行时，或基层人民法院认为需要上级人民法院执行时，可以报请第二审人民法院或上级人民法院执行，但对于报请执行案件的执行管辖，最后取决于第二审人民法院或上级人民法院的决定。

2. 享有执行权的行政主体。当负有义务的一方当事人为作为行政相对人的公民、法人或其他组织时，享有执行权的行政主体也可以成为执行人民法院生效行政裁判的执行组织。如果没有法律、法规的明确授权，行政主体则不能成为行政诉讼的执行主体。另外，享有执行权的行政主体仅在法律授权范围内享有执行权。

（二）行政诉讼执行当事人

行政诉讼的执行当事人是指申请人和被执行人。申请人通常是指执行根据所确定的享有权利的一方当事人。被执行人则是执行根据所确定的负有义务而又逾期拒不履行的人。当执行根据是人民法院审判行政案件的结果时，行政诉讼的执行当事人与行政案件的当事人存在着同一性。但是在行政主体为执行组织的执行案件中，实质上的申请人实际上成了执行组织，所以，执行当事人则一般只有被执行人一方，即作为行政相对人的公民、法人和其他组织。

案外异议人是指对执行组织强制执行的对象主张权利的人。案外异议人可能是也可能不是行政案件中的当事人，但是其主张权利的行为有可能影响生效法律文书的执行程序或结果。所以，案外异议人的利益和地位不应忽略。

（三）行政诉讼执行参与人

行政诉讼的执行参与人是指执行组织的执行人员和当事人以外的参与行政诉讼执行程序的人。行政诉讼执行参与人包括申请人的委托代理人和有义务协助执行的当事人的成年家属、所在单位、翻译人员以及其他应当协助或参与执行的组织和个人。

三、行政诉讼的执行根据

行政诉讼的执行根据是指行政诉讼执行申请人据以提出执行申请和人民法院据以采取执行措施的生效法律文书。其包括以下几种：

1. 人民法院的生效行政判决书。
2. 人民法院的生效行政裁定书。
3. 人民法院的生效行政赔偿判决书。
4. 人民法院的生效行政赔偿调解书。
5. 人民法院作出的具有执行内容的生效决定。
6. 行政机关或组织作出的合法、生效具体行政行为。

四、执行对象

行政诉讼的执行对象是指行政诉讼的执行根据所确定的、行政诉讼执行组织的执行活动或行为所指向的客体，一般包括财物、行为、人身等。

五、执行程序

（一）执行的提起

执行的提起方式有申请执行、移送执行、委托执行。

1. 申请执行。申请执行是生效法律文书所确认的权利方当事人、作出生效具体行政行为的行政机关或组织，在义务方当事人拒不履行生效法律文书所确定的义务时，在法定期限内依法要求有管辖权的人民法院予以强制执行的诉讼行为。

以申请执行的根据为标准，可以将申请执行分为申请执行人民法院的生效行政裁判和申请执行行政机关的生效具体行政行为。申请执行的执行根据不同，申请执行的条件亦有所区别。

2. 移送执行和委托执行。移送执行和委托执行是人民法院内部运转程序。所谓移送执行，通常是指人民法院的审判人员根据案件需要，依职权将人民法院生效的行政裁判文书移交给执行人员执行，从而引起执行程序发生的行为。移送执行时应当填写移交执行书，写明被执行案件的编号、案由、执行事项和要求、被执行人的有关情况等，连同执行根据以及其他需要移交的案卷材料一并交给执行人员。

委托执行通常是指人民法院因被执行人或执行对象不在本辖区范围内而委托其所在地人民法院代为执行的行为。根据有关法律规定，受委托的人民法院收到委托函件后，15 日内开始执行，并将执行情况函告委托的人民法院。

（二）行政诉讼执行的审查和准备

人民法院对符合条件的执行申请，应当立案受理，并通知申请人；对不符合条件的执行申请，应当裁定不予受理。执行申请是否符合申请条件，需经人民法院审查。

人民法院生效行政裁判的执行申请和行政主体生效具体行政行为的执行申请

首

的审查有所区别：

对于前者，符合执行条件立案受理的执行案件，人民法院应当通知被执行人在指定的期限内履行义务，告知不自觉履行的后果。只有在被执行人在指定的期限内拒不履行的，人民法院才能采取强制执行措施。对于不符合执行条件不予受理的执行案件，人民法院应当作出不予执行的裁定。如果发现作为执行根据的人民法院的生效行政裁判确有错误，审查人员应提出书面意见报院长审查处理。如果执行根据是由上级人民法院或者异地人民法院作出的，审查人员可以提出书面意见，经院长批准，报请上级人民法院或函请异地人民法院审查处理。在此期间，法律文书暂缓执行。

对于后者，人民法院接到行政主体执行其具体行政行为案件的申请后，应当在 5 日内受理。行政主体对法院不予受理的裁定有异议的，可以在 15 日内向上一级法院申请复议，法院应当在 15 日内作出裁定。人民法院对申请非诉执行的具体行政行为应当审查合法性，但原则上只做形式审查，例外情况下才转化为实质审查。

1. 形式审查。人民法院对行政主体强制执行的申请进行书面审查，认为符合形式要件、具备执行效力、没有明显违法的情形的，应当自受理后 7 日内裁定予以执行。

2. 实质审查。

（1）条件：人民法院发现行政主体申请强制执行的行政行为明显违法，包括明显缺乏事实根据、明显缺乏法律法规依据或者有其他明显违法并损害被执行人合法权益情形的，即转入实质审查。

（2）时限：人民法院在进行实质审查的过程中，可以听取被执行人和行政主体的意见，并自受理之日起 30 日内裁定是否执行。裁定不予执行的应当说明理由，并在 5 日内将裁定送达行政机关。行政机关不服裁定的，可以在 15 日内向上一级人民法院申请复议，后者在 30 日内作出裁定。

根据行政强制法的规定，为保障公共安全，紧急情况下行政主体可以申请人民法院立即执行。经院长批准，人民法院应当自作出执行裁定之日起 5 日内执行。

非诉执行的其他制度，与行政机关自己强制执行的相关制度相同或类似。

被执行人在接到执行通知后仍拒不履行义务的，人民法院应开始准备强制执行。为了使强制执行得以顺利进行，人民法院应当在执行前做好充分准备。

六、涉及行政诉讼执行程序的几种情况

（一）财产保全

行政主体或者具体行政行为确定的权利人申请人民法院强制执行前，有充分理由认为被执行人可能逃避执行的，可以申请人民法院采取财产保全措施。权利人申请强制措施的，应当提供相应的财产担保。人民法院依行政主体的申请对被执行人的财产进行保全后，经对被申请执行的具体行政行为进行审查，认为其违法或不具有可执行性，因此而给被执行人造成财产损失的，应由作为申请人的行政主体负行政赔偿责任。人民法院对当事人提出的财产保全申请应当进行审查，根据审查结果作出是否予以财产保全的裁定。

（二）执行中止

执行中止是指执行程序开始以后，由于出现某种法定原因，人民法院暂时中断执行程序，待这些法定原因消除后，又恢复执行程序的情形。人民法院中止执行，应当作出中止执行裁定。当事人对中止执行裁定不服不能上诉。引起执行中止的法定原因消除后，人民法院应当恢复执行，也可由申请人提出恢复执行申请。执行程序恢复后，执行中止以前所实施的执行行为仍然有效。发生中止执行的情形主要有以下几种：

1. 申请人表示可以延期执行。
2. 案外人对执行标的提出确有理由的异议。
3. 一方当事人死亡或终止，需要等待他人继承或承受其权利义务的。
4. 人民法院认为应当中止执行的其他情况。

中止执行中如遇应当终结执行的情况，则应改为终结执行。

（三）执行终结

执行终结是指执行程序开始后，因出现某种法定事由，执行程序已无法或者无需继续进行，从而结束执行程序的情形。能够引起执行程序终结的原因有四种：

1. 申请人撤销执行申请。
2. 作为执行根据的法律文书被撤销。
3. 作为被执行人的公民死亡，无遗产可供执行又无义务承担人。
4. 人民法院认为应当终结执行的其他情形。

终结执行的，人民法院应当制作终结执行裁定书，并送达双方当事人。对人民法院终结执行的裁定，当事人不服可以申请复议，但不得上诉；申请复议不影响该裁定的执行。

（四）执行完毕

执行完毕是指通过执行程序的履行和执行措施的实施等，实现了作为执行根据和生效法律文书规定的内容和要求，从而结束执行程序的情形。执行费用应由被执行人承担。执行完毕，人民法院应当办理有关手续，将执行中的法律文书、材料证据整理归档。委托代为执行的，执行的人民法院应将执行情况函告委托的人民法院。

（五）执行回转

执行回转是指执行完毕后，因作为执行根据的法律文书被依法撤销或者其他原因，执行人员采取相应措施，将因执行实现的权利义务恢复到执行前的状态。执行回转是一种执行救济形式。在执行回转程序中，原执行程序中的申请人和被执行人的法律地位、权利义务反置。执行回转的执行根据应当是纠正原执行根据的生效法律文书。

七、执行措施

执行措施是指行政诉讼的执行组织运用国家强制力，依法强制生效法律文书所确定的义务人履行为其确定的义务，或使生效法律文书的内容得以实现的法律手段或方法。行政诉讼法对行政诉讼双方当事人分别作为被执行人时所适用的执行措施作了不同的规定。

（一）适用于行政主体或组织及其主要负责人或者直接责任人员的执行措施

1. 对应当归还的罚款或者应当给付的赔偿金，通知银行从该行政机关的账户内划拨。

2. 在规定期限内不执行的，从期满之日起，对该行政机关按日处50元至100元的罚款。

3. 向该行政机关的上一级行政机关或者监察、人事机关提出司法建议。

4. 拒不履行判决、裁定，情节严重构成犯罪的，依法追究主管人员和直接责任人员的刑事责任。

5. 行政机关拒不履行人民法院生效判决、裁定的，人民法院在依照《行政诉讼法》对行政机关予以处理的同时，可以对其主要负责人或者直接责任人员予以罚款处罚。

（二）适用于作为行政相对人的公民、法人或其他组织的执行措施

对行政相对人的执行，我国《行政诉讼法》只作了原则规定："公民、法人或者其他组织拒绝履行判决、裁定的，行政机关可以向第一审人民法院申请强制执行，或者依法强制执行。"因此，根据《行政诉讼法解释》有关"人民法院审理行政案件，除依照行政诉讼法和本解释外，可以参照民事诉讼的有关规定"的

规定，对行政相对人的执行，主要依据《民事诉讼法》的有关规定。根据《民事诉讼法》的有关规定，其主要措施有：

1. 冻结、划拨被执行人的存款。
2. 扣留、提取被执行人的收入。
3. 查封、扣押、拍卖、变卖被执行人的财产。
4. 强制交付特定物和履行特定行为。
5. 人民法院认为需要采取的其他执行措施。

除以上主要执行措施外，人民法院还可以根据行政案件执行的具体情况和需要，采取其他相应的强制执行措施，以保障生效法律文书内容的实现。

第十八章 行政诉讼证据制度

行政诉讼证据制度是行政诉讼制度的重要组成部分，它既是人民法院查明案件事实的重要途径，也是当事人维护自己合法权益的重要方式。规定我国的行政诉讼证据制度的法律文件主要是《中华人民共和国行政诉讼法》（1989）、《最高人民法院关于执行〈中华人民共和国行政诉讼法〉若干问题的解释》（1999），和《最高人民法院关于行政诉讼证据若干问题的规定》（2002）。

第一节 行政诉讼证据的概念和种类

一、行政诉讼证据的概念

行政诉讼证据是指在行政诉讼中用来证明待证案件事实是否客观存在的一切材料和事实。

根据不同的标准，行政诉讼的证据在理论上可以划分为不同的种类：

1. 直接证据与间接证据。

2. 言词证据与实物证据。

3. 原始证据与传来证据。

4. 可定案证据与一般证据。

二、行政诉讼法定证据的种类及提供要求

《行政诉讼法》第31条按照诉讼证据的具体形式，将行政诉讼的证据划分为以下七类，《行政诉讼证据规定》明确规定了提供证据的要求：

（一）书证与提供书证的要求

书证，是指以文字、符号、图案等所记载的内容表达的与案件事实有关的思想或者行为的书面材料，如行政机关的文件、文书、函件、处理决定等。作为行政机关作出具体行政行为的依据的规范性文件，是行政机关在诉讼中必须提交的书证。

当事人向人民法院所提供的书证，除法律、法规、司法解释和规章对书证的制作形式另有规定外，一般应当符合下列要求：

1. 原则上应提供书证的原件，在提供原件确有困难时，可以提供与原件核

对无误的复印件、照片、节录本，但必须注意与原件核对无误。原本、正本和副本均属于书证的原件。

2. 提供由有关部门保管的书证原件的复制件、影印件或者抄录件的，应当注明出处，经该部门核对无异后加盖其印章。

3. 当事人提供报表、图纸、会计账册、专业技术资料、科技文献等书证的，应当附有说明材料。

4. 被告提供的被诉具体行政行为所依据的询问、陈述、谈话类笔录，应当有行政执行人员、被询问人、陈述人、谈话人签名或者盖章。当事人向人民法院提供外文书证，应当附有由具有翻译资质的机构翻译的或者其他翻译准确的中文译本，并由翻译机构盖章或者翻译人员签名。

（二）物证与提供物证的要求

物证，是指以物品、痕迹等客观物质实体的外形、性状、质地、规格等证明案件事实的证据。

当事人向人民法院提供物证的，原则上应当提供原物，在提供原物确有困难时，可以提供与原物核对无误的复制件或者证明该物证的照片、录像等其他证据；如果原物为数量较多的种类物时，当事人应当提供其中的一部分。

（三）视听资料与提供视听资料的要求

视听资料，是指能够以其存储的声音、影像、文字符号等信息数据为内容来证明案件事实的手段，如音像带、计算机数据信息等。

当事人向人民法院所提供的计算机数据或者录音、录像等视听资料，应当符合下列要求：

1. 当事人应向法院提供有关资料的原始载体，在提供原始载体确有困难时，可以提供复制件。

2. 当事人应注明制作方法、制作时间、制作人和证明对象等。

3. 声音资料应当附有该声音内容的文字记录。对于当事人向人民法院提供的外国语视听资料，当事人应同时附有由具有翻译资质的机构翻译的或者其他翻译准确的中文译本，并由翻译机构盖章或者翻译人员签名。

（四）证人证言与提供证人证言的要求

证人证言，是指直接或者间接了解案件情况的证人关于案件待证事实的陈述。

一般情况下，证人应当出庭陈述证言，但如确有困难不能出庭，经人民法院许可，可以提交书面证言。精神病人、未成年人作证应与其心理健康程度、心智成熟程度相适应。

当事人向人民法院提供证人证言应当符合下列要求：

1. 写明证人的姓名、年龄、性别、职业、住址等基本情况。

2. 需有证人的签名。如果证人不能签名的，应当以盖章等方式证明。

3. 应注明证人出具证言的日期。

4. 应附有居民身份证复印件等证明证人身份的文件。

（五）当事人陈述及其要求

当事人陈述，是指本案当事人在诉讼中向人民法院所作的关于待证案件事实的陈述和承认。

（六）鉴定结论与提供鉴定结论的要求

鉴定结论，是指由法定鉴定部门或人民法院指定的鉴定部门中具有专业技术特长的鉴定人，利用专门的仪器、设备、专业知识和技能，就与案件有关的专门问题所作的技术性结论。根据鉴定对象的不同，可分为医学鉴定、文书鉴定、技术鉴定、会计鉴定、化学鉴定、物理鉴定等。

被告行政机关向人民法院提供的在行政程序中采用的鉴定结论应当符合下列条件：

1. 应当载明委托人和委托鉴定的事项。

2. 应有向鉴定部门提交的相关材料。

3. 应有鉴定的依据和使用的科学技术手段。

4. 应有鉴定部门和鉴定人鉴定资格的说明。

5. 应有鉴定人的签名和鉴定部门的盖章。对于通过分析获得的鉴定结论，还应当说明分析过程。

（七）勘验笔录、现场笔录及其提供要求

勘验笔录，是指行政机关工作人员或者人民法院审判人员对与行政案件有关的现场或者物品进行勘察、检验、测量、绘图、拍照等所作的记录。

勘验笔录应当由勘验人、当事人、在场人签名；勘验现场时绘制的现场图，应当注明绘制的时间、方位、绘制人姓名和身份等内容；当事人如果对勘验结论有异议，可在举证期限内申请重新勘验，是否准许由人民法院根据案件的具体情况决定。

现场笔录，是指行政机关工作人员在行政管理过程中对与行政案件有关的现场情况及其处理所做的书面记录。

被告行政机关向人民法院提供的现场笔录，除法律、法规和规章对现场笔录的制作形式有特别规定外：

1. 须由法定的制作主体制作。行政执法人员制作的现场笔录，应当由执法人员签名。

2. 应当于发现行政违法行为的当场及时制作完成，不能事后补制。

3. 应当载明制作现场笔录的时间、地点和事件等内容，并由执行人员和当事人签名。当事人拒绝签名或者不能签名的，应当注明原因。有其他人在现场的，可由其他人签名。

（八）对域外证据的要求

1. 当事人向法院提供在中国领域外形成的证据，应当说明证据的来源。

2. 要求经所在国公证机关证明，并经中国驻该国使领馆认证，或履行中国与证据所在国订立的有关条约中规定的证明手续。

3. 当事人提供在港、澳和台湾地区内形成的证据，应当具有按照规定办理的证明手续。

第二节　行政诉讼举证责任

一、举证责任的概念

举证责任是诉讼法中的一个重要概念。完整的行政诉讼的举证责任由证据提出责任或推进责任（程序责任）以及说服责任（实体责任）两部分构成。证据推进责任是指向法庭提供证据证明案件事实的责任；证据说服责任是指在特定事实真伪不明时由负有说服责任的一方当事人承担举证不能的法律后果。在我国，过去的立法并未直接使用过这一概念，1989 年颁布的《行政诉讼法》第一次出现"举证责任"这一用语。《行政诉讼法》第 32 条规定："被告对作出的具体行政行为负有举证责任……"，从而在立法上明确了作为被告的行政机关应当提供证据证明被诉具体行政行为的合法性，当被告不提供或者不能提供证据证明具体行政行为合法时，则由被告承担败诉的法律后果。

二、被告的举证责任

《行政诉讼法》第 32 条规定，被告对作出的具体行政行为负有举证责任，应当提供作出该具体行政行为的证据和所依据的规范性文件。《行政诉讼证据规定》的第 6 条进一步规定，原告可以提供证明被诉具体行政行为违法的证据。原告提供的证据不成立的，不免除被告对被诉具体行政行为合法性的举证责任。这是我国行政诉讼制度中确立由行政机关对具体行政行为的合法性承担举证责任的法律依据。

按照《行政诉讼证据规定》，被告应当在收到起诉状副本之日起 10 日内，提供据以作出被诉具体行政行为的全部证据和所依据的规范性文件。被告不提供或者无正当理由逾期提供证据的，视为被诉具体行政行为没有相应的证据。被告因不可抗力或者客观上不能控制的其他正当事由，不能在前款规定的期限内提供证据的，应当在收到起诉状副本之日起 10 日内向人民法院提出延期提供证据的书面申请。人民法院准许延期提供的，被告应当在正当事由消除后 10 日内提供证据。逾期提供的，视为被诉具体行政行为没有相应的证据。

《行政诉讼证据规定》还确立了被告补证的规则：第 2 条规定，原告或者第三人提出其在行政程序中没有提出的反驳理由或者证据的，经人民法院准许，被告可以在第一审程序中补充相应的证据。

在诉讼过程中，被告及其诉讼代理人不得自行向原告和证人收集证据。

三、原告的举证

根据《行政诉讼证据规定》，行政诉讼中原告在下列情形下应当提供证据：

1. 公民、法人或者其他组织向人民法院起诉时，应当提供其符合起诉条件的相应的证据材料。

2. 在起诉被告不作为的案件中，原告应当提供其在行政程序中曾经提出申请的证据材料。

3. 在行政赔偿诉讼中，原告应当对被诉具体行政行为造成损害的事实提供证据。

原告或者第三人应当在开庭审理前或者人民法院指定的交换证据之日提供证据。因正当事由申请延期提供证据的，经人民法院准许，可以在法庭调查中提供。逾期提供证据的，视为放弃举证权利。原告或者第三人在第一审程序中无正当事由未提供，而在第二审程序中提供的证据，人民法院不予接纳。

人民法院向当事人送达受理案件通知书或者应诉通知书时，应当告知其举证范围、举证期限和逾期提供证据的法律后果，并告知因正当事由不能按期提供证据时应当提出延期提供证据的申请。

四、证据的调取

在诉讼中，人民法院的责任主要是对当事人提供的证据进行审查判断，提供证据主要是当事人的责任，法院调取证据应限定于少数特定情形。法院调取证据可分为依职权调取证据和依申请调取证据两种情形。

1. 依职权调取证据的情形。依据《行政诉讼证据规定》，在下列情形下，人民法院有权向有关行政机关以及其他组织、公民调取证据：

（1）涉及国家利益、公共利益或者他人合法权益的事实认定的。

（2）涉及依职权追加当事人、中止诉讼、终结诉讼、回避等程序性事项的。

2. 依申请调取证据的情形。原告或者第三人不能自行收集，但能够提供确切线索的，可以申请人民法院调取下列证据材料：

（1）由国家有关部门保存而须由人民法院调取的证据材料。

（2）涉及国家秘密、商业秘密、个人隐私的证据材料。

（3）确因客观原因不能自行收集的其他证据材料。

人民法院不得为证明被诉具体行政行为的合法性，调取被告在作出具体行政行为时未收集的证据。

当事人申请人民法院调取证据的，应当在举证期限内提交调取证据申请书。调取证据申请书应当写明下列内容：

（1）证据持有人的姓名或者名称、住址等基本情况。

（2）拟调取证据的内容。

（3）申请调取证据的原因及其要证明的案件事实。

人民法院对当事人调取证据的申请，经审查符合调取证据条件的，应当及时决定调取；不符合调取证据条件的，应当向当事人或者其诉讼代理人送达通知书，说明不准许调取的理由。当事人及其诉讼代理人可以在收到通知书之日起3日内向受理申请的人民法院书面申请复议一次。人民法院应当在收到复议申请之日起5日内作出答复。人民法院根据当事人申请，经调取未能取得相应证据的，应当告知申请人并说明原因。

人民法院需要调取的证据在异地的，可以书面委托证据所在地人民法院调取。受托人民法院应当在收到委托书后，按照委托要求及时完成调取证据工作，送交委托人民法院。受托人民法院不能完成委托内容的，应当告知委托的人民法院并说明原因。

五、证据的保全

证据保全是指在证据可能灭失或以后难以取得的情况下，人民法院根据诉讼参加人的请求或依职权主动采取措施，对证据加以确定和保护的措施。

根据《行政诉讼法》第36条的规定，人民法院既可以依职权也可以依当事人申请启动证据保全。

当事人根据《行政诉讼法》第36条的规定向人民法院申请保全证据的，应当在举证期限届满前以书面形式提出，并说明证据的名称和地点、保全的内容和范围、申请保全的理由等事项。

人民法院是否采取证据保全措施，应根据具体案情来确定。如果人民法院同意证据保全的申请，应作出准许裁定并及时采取证据保全措施；如果人民法院不接受证据保全的申请，则应当裁定不予保全并说明理由。当事人申请保全证据的，人民法院可以要求其提供相应的担保。法律、司法解释规定有诉前保全证据的，依照其规定办理。

人民法院依照《行政诉讼法》第36条规定保全证据的，可以根据具体情况，采取查封、扣押、拍照、录音、录像、复制、鉴定、勘验、制作询问笔录等保全措施。

人民法院保全证据时，可以要求当事人或者其诉讼代理人到场。人民法院保全证据时，应当制作保全证据的笔录。

第三节　证据的对质、辨认与核实

一、质证规则

行政诉讼的质证是指在法庭的主持下，当事人对当庭出示的证据进行辨认和对质，围绕证据的关联性、真实性、合法性及证据的证明力进行辩论的活动。是审查证据的重要环节。《行政诉讼法》第31条第2款规定，证据经法庭审查属实，才能作为定案的根据。《行政诉讼法解释》第31条第1款和《行政诉讼证据规定》第35条第1款规定，未经庭审质证的证据，不能作为定案的依据。行政诉讼的质证规则主要有：

1. 证据应当在法庭上出示，并经庭审质证。未经庭审质证的证据，不能作为定案的依据。当事人在庭前证据交换过程中没有争议并记录在卷的证据，经审判人员在庭审中说明后，可以作为认定案件事实的依据。

2. 经合法传唤，因被告无正当理由拒不到庭而需要依法缺席判决的，被告提供的证据不能作为定案的依据，但当事人在庭前交换证据中没有争议的证据除外。

3. 涉及国家秘密、商业秘密和个人隐私或者法律规定的其他应当保密的证据的，不得在开庭时公开质证。

4. 当事人申请人民法院调取的证据，由申请调取证据的当事人在庭审中出示，并由当事人质证。人民法院依职权调取的证据，由法庭出示，并可就调取该证据的情况进行说明，听取当事人意见。

5. 当事人应当围绕证据的关联性、合法性和真实性，针对证据有无证明效力以及证明效力大小，进行质证。经法庭准许，当事人及其代理人可以就证据问题相互发问，也可以向证人、鉴定人或者勘验人发问。当事人及其代理人相互发问，或者向证人、鉴定人、勘验人发问时，发问的内容应当与案件事实有关联，不得采用引诱、威胁、侮辱等语言或者方式。

6. 对书证、物证和视听资料进行质证时，当事人应当出示证据的原件或者原物。但有下列情况之一的除外：①出示原件或者原物确有困难并经法庭准许可以出示复制件或者复制品；②原件或者原物已不存在，可以出示证明复制件、复制品与原件、原物一致的其他证据。视听资料应当当庭播放或者显示，并由当事人进行质证。

7. 法庭在质证过程中，对与案件没有关联的证据材料，应予排除并说明理由。法庭在质证过程中，准许当事人补充证据的，对补充的证据仍应进行质证。法庭对经过庭审质证的证据，除确有必要外，一般不再进行质证。

8. 在第二审程序中，对当事人依法提供的新的证据，法庭应当进行质证；当事人对第一审认定的证据仍有争议的，法庭也应当进行质证。按照审判监督程序审理的案件，对当事人依法提供的新的证据，法庭应当进行质证；因原判决、裁定认定事实的证据不足而提起再审所涉及的主要证据，法庭也应当进行质证。"新的证据"是指以下证据：①在一审程序中应当准予延期提供而未获准许的证据；②当事人在一审程序中依法申请调取而未获准许或者未取得，人民法院在第二审程序中调取的证据；③原告或者第三人提供的在举证期限届满后发现的证据。

二、证人出庭作证

在行政诉讼中，证人证言是法定证据种类之一。证人出庭作证体现直接言词原则，是程序正义的重要载体。按照《行政诉讼证据规定》，证人出庭作证规则主要有：

1. 凡是知道案件事实的人，都有出庭作证的义务。有下列情形之一的，经人民法院准许，当事人可以提交书面证言：①当事人在行政程序或者庭前证据交换中对证人证言无异议的；②证人因年迈体弱或者行动不便无法出庭的；③证人因路途遥远、交通不便无法出庭的；④证人因自然灾害等不可抗力或者其他意外事件无法出庭的；⑤证人因其他特殊原因确实无法出庭的。

2. 不能正确表达意志的人不能作证。根据当事人申请，人民法院可以就证人能否正确表达意志进行审查或者交由有关部门鉴定。必要时，人民法院也可以依职权交由有关部门鉴定。

3. 当事人申请证人出庭作证的，应当在举证期限届满前提出，并经人民法院许可。人民法院准许证人出庭作证的，应当在开庭审理前通知证人出庭作证。当事人在庭审过程中要求证人出庭作证的，法庭可以根据审理案件的具体情况，决定是否准许以及是否延期审理。

4. 有下列情形之一，原告或者第三人可以要求相关行政执法人员作为证人出庭作证：①对现场笔录的合法性或者真实性有异议的；②对扣押财产的品种或者数量有异议的；③对检验的物品取样或者保管有异议的；④对行政执法人员的身份的合法性有异议的；⑤需要出庭作证的其他情形。

5. 证人出庭作证时，应当出示证明其身份的证件。法庭应当告知其诚实作证的法律义务和作伪证的法律责任。出庭作证的证人不得旁听案件的审理。法庭询问证人时，其他证人不得在场，但组织证人对质的除外。证人应当陈述其亲历的具体事实。证人根据其经历所作的判断、推测或者评论，不能作为定案的依据。

6. 当事人要求鉴定人出庭接受询问的，鉴定人应当出庭。鉴定人因正当事由不能出庭的，经法庭准许，可以不出庭，由当事人对其书面鉴定结论进行质证。鉴定人不能出庭的正当事由，参照《行政诉讼证据规定》第41条的规定。对于出庭接受询问的鉴定人，法庭应当核实其身份、与当事人及案件的关系，并告知鉴定人如实说明鉴定情况的法律义务和故意作虚假说明的法律责任。

7. 对被诉具体行政行为涉及的专门性问题，当事人可以向法庭申请由专业人员出庭进行说明，法庭也可以通知专业人员出庭说明。必要时，法庭可以组织专业人员进行对质。当事人对出庭的专业人员是否具备相应专业知识、学历、资历等专业资格等有异议的，可以进行询问，由法庭决定其是否可以作为专业人员出庭。专业人员可以对鉴定人进行询问。

三、证据的审核与认定

证据的审核与认定，是指法庭在当事人举证、质证的基础上，经过对证据的审查核实，对证据的证明力及是否作为定案依据进行认定的诉讼活动。主要包括对证据的审查和认定两个环节。

（一）对证据的审查

人民法院审查证据一般包括以下几个方面的内容：

1. 对证据的关联性进行审查。法庭应当对经过庭审质证的证据和无需质证的证据进行逐一审查和对全部证据综合审查，遵循法官职业道德，运用逻辑推理和生活经验，进行全面、客观和公正的分析判断，确定证据材料与案件事实之间的证明关系，排除不具有关联性的证据材料，准确认定案件事实。

2. 对证据的合法性从以下方面进行审查：①证据是否符合法定形式；②证据的取得是否符合法律、法规、司法解释和规章的要求；③是否有影响证据效力的其他违法情形。

《行政诉讼证据规定》具体列举的违法性证据主要有以下情形：①严重违反法定程序收集的证据材料；②以偷拍、偷录、窃听等手段获取侵害他人合法权益的证据材料；③以利诱、欺诈、胁迫、暴力等不正当手段获取的证据材料；④当事人无正当事由超出举证期限提供的证据材料；⑤在中华人民共和国领域以外或者在中华人民共和国香港特别行政区、澳门特别行政区和台湾地区形成的未办理法定证明手续的证据材料；⑥当事人无正当理由拒不提供原件、原物，又无其他证据印证，且对方当事人不予认可的证据的复制件或者复制品；⑦被当事人或者他人进行技术处理而无法辨明真伪的证据材料；⑧不能正确表达意志的证人提供的证言；⑨不具备合法性和真实性的其他证据材料。上述证据材料不能作为定案的依据。

对被告在行政程序中采纳的鉴定结论，原告或者第三人提出证据证明有下列情形之一的，人民法院不予采纳：①鉴定人不具备鉴定资格；②鉴定程序严重违法；③鉴定结论错误、不明确或者内容不完整。

以违反法律禁止性规定或者侵犯他人合法权益的方法取得的证据，不能作为认定案件事实的依据。这是从证据的一般合法性要求进行的审查，也是对证据合法性的最低要求。除此之外，《行政诉讼证据规定》规定了以下特有的合法性认定规则：

（1）被告在行政程序中依照法定程序要求原告提供证据，原告依法应当提供而拒不提供，在诉讼程序中提供的证据，人民法院一般不予采纳。

（2）被告及其诉讼代理人在作出具体行政行为后或者在诉讼程序中自行收集的证据；被告在行政程序中非法剥夺公民、法人或者其他组织依法享有的陈述、申辩或者听证权利所采用的证据；原告或者第三人在诉讼程序中提供的、被告在行政程序中未作为具体行政行为依据的证据，不能作为认定被诉具体行政行为合法的依据。

（3）复议机关在复议程序中收集和补充的证据，或者作出原具体行政行为的行政机关在复议程序中未向复议机关提交的证据，不能作为人民法院认定原具体行政行为合法的依据。

3. 对证据的真实性从以下方面进行审查：①证据形成的原因；②发现证据时的客观环境；③证据是否为原件、原物，复制件、复制品与原件、原物是否相符；④提供证据的人或者证人与当事人是否具有利害关系；⑤影响证据真实性的其他因素。

（二）对证据的认定

法庭经过审查，证据材料符合以上相关性、合法性及真实性的要求，则要对这些证据材料的证明力进行认定。

1. 最佳证据规则。《行政诉讼证据规定》第63条规定，证明同一事实的数个证据，其证明效力一般可以按照下列情形分别认定：①国家机关以及其他职能部门依职权制作的公文文书优于其他书证；②鉴定结论、现场笔录、勘验笔录、档案材料以及经过公证或者登记的书证优于其他书证、视听资料和证人证言；③原件、原物优于复制件、复制品；④法定鉴定部门的鉴定结论优于其他鉴定部门的鉴定结论；⑤法庭主持勘验所制作的勘验笔录优于其他部门主持勘验所制作的勘验笔录；⑥原始证据优于传来证据；⑦其他证人证言优于与当事人有亲属关系或者其他密切关系的证人提供的对该当事人有利的证言；⑧出庭作证的证人证言优于未出庭作证的证人证言；⑨数个种类不同、内容一致的证据优于一个孤立的证据。

2. 自认规则。《行政诉讼证据规定》第 65 ~ 67 条确立了行政诉讼中的自认规则。具体如下：①在庭审中一方当事人或者其代理人在代理权限范围内对另一方当事人陈述的案件事实明确表示认可的，人民法院可以对该事实予以认定。但有相反证据足以推翻的除外。②在行政赔偿诉讼中，人民法院主持调解时，当事人为达成调解协议而对案件事实的认可，不得在其后的诉讼中作为对其不利的证据。③在不受外力影响的情况下，一方当事人提供的证据，对方当事人明确表示认可的，可以认定该证据的证明效力；对方当事人予以否认，但不能提供充分的证据进行反驳的，可以综合全案情况审查认定该证据的证明效力。

3. 下列事实法庭可直接认定：①众所周知的事实；②自然规律及定理；③按照法律规定推定的事实；④已经依法证明的事实；⑤根据日常生活经验法则推定的事实。对于上述事项，当事人有相反证据足以推翻的除外。

原告确有证据证明被告持有的证据对原告有利，被告无正当事由拒不提供的，可以推定原告的主张成立。

生效的人民法院裁判文书或者仲裁机构裁决文书确认的事实，可以作为定案依据。但是如果发现裁判文书或者裁决文书认定的事实有重大问题的，应当中止诉讼，通过法定程序予以纠正后恢复诉讼。

4. 下列证据不能单独作为定案依据：①未成年人所作的与其年龄和智力状况不相适应的证言；②与一方当事人有亲属关系或者其他密切关系的证人所作的对该当事人有利的证言，或者与一方当事人有不利关系的证人所作的对该当事人不利的证言；③应当出庭作证而无正当理由不出庭作证的证人证言；④难以识别是否经过修改的视听资料；⑤无法与原件、原物核对的复制件或者复制品；⑥经一方当事人或者他人改动，对方当事人不予认可的证据材料；⑦其他不能单独作为定案依据的证据材料。

5. 证据认定的时间。庭审中经过质证的证据，能够当庭认定的，应当当庭认定；不能当庭认定的，应当在合议庭合议时认定。人民法院应当在裁判文书中阐明证据是否采纳的理由。

6. 证据认定错误的处理。法庭发现当庭认定的证据有误，可以按照下列方式纠正：①庭审结束前发现错误的，应当重新进行认定；②庭审结束后宣判前发现错误的，在裁判文书中予以更正并说明理由，也可以再次开庭予以认定；③有新的证据材料可能推翻已认定的证据的，应当再次开庭予以认定。

第十九章 行政审判中的法律适用与裁判方式

第一节 行政审判法律适用

一、行政审判法律适用的含义及特点

行政审判法律适用，是指人民法院在审理行政案件，审查具体行政行为合法性的过程中，具体运用法律规则作出裁判的活动。

行政审判法律适用不同于法院在民事审判、刑事审判中的法律适用，也不同于行政主体在行政执法活动中的法律适用，它具有以下几个特点：

1. 适用的主体是人民法院。这一特点使行政审判的法律适用与行政行为的法律适用相区别。

2. 性质具有监督性。人民法院对行政案件的审理，其中一个重要方面是对行政主体作出具体行政行为时是否正确适用法律进行审查，具有监督行政主体适用法律合法性的性质。

3. 适用的法律范围广泛。行政审判适用法律的范围除了行政主体适用的法律规范，还包括人民法院在审理行政案件过程中需要适用的行政诉讼方面的法律和有关司法解释。

4. 适用的形式具有多样性。根据《行政诉讼法》的规定，人民法院审理行政案件，以法律、行政法规、地方性法规、自治条例和单行条例为依据。审理行政案件，参照规章。对于规章以下的规范性文件，人民法院审理行政案件时可以参考。

二、行政审判法律适用的规范

行政审判法律适用的规范，是指人民法院在审理行政案件过程中，用来判断被诉具体行政行为合法性的法律标准和尺度。《行政诉讼法》第 52 条、第 53 条对行政审判法律适用的规范作了明确规定。在我国，立法主体的层级、权限、效力等级的不同，决定了行政审判适用法律规范在效力等级上存在差异。

（一）行政审判法律依据及其范围

《行政诉讼法》第 52 条规定，人民法院审理行政案件，以法律和行政法规、地方性法规为依据。地方性法规适用于本行政区域内发生的行政案件。人民法院

审理民族自治地方的行政案件时以该民族自治地方的自治条例和单行条例为依据。

1. 法律。在我国，法律包括全国人民代表大会制定的基本法律和全国人民代表大会常务委员会制定的普通法律。

2. 行政法规。行政法规是国务院依据宪法和法律，依照法定程序制定的在全国范围内具有普遍约束力的规范性文件。行政法规的效力低于宪法和法律，只要行政法规不与宪法、法律相抵触，均应成为人民法院审理行政案件的依据。

3. 地方性法规。在我国，可以制定地方性法规的主体包括省、自治区、直辖市和较大市的人民代表大会及其常务委员会。地方性法规在不同宪法、法律、行政法规相抵触的前提下，在本行政区域内适用。

4. 自治条例和单行条例。自治条例和单行条例是民族自治地方的人民代表大会依照宪法、民族区域自治法和其他法律规定的权限，结合当地的政治、经济和文化特点，所制定的规范性文件。《行政诉讼法》规定，人民法院审理民族自治地方的行政案件，以该民族自治地方的自治条例和单行条例为依据。

5. 法律和行政法规的解释。根据《立法法》、《行政法规制定程序条例》关于法律、行政法规解释的规定，全国人大常委会的法律解释，国务院或国务院授权部门公布的行政法规解释，人民法院也应作为审理行政案件的法律依据，具有和所解释的法律法规相同的效力。

6. 司法解释。《人民法院组织法》和《立法法》规定，最高人民法院对于在审判过程中如何具体应用法律、法令的问题进行解释。最高人民法院司法解释是人民法院审理行政案件的法律依据，人民法院在审理行政案件适用司法解释时，应当在裁判文书中援引。

7. 国际条约及其他国际法规范。《行政诉讼法》第 72 条规定："中华人民共和国缔结或者参加的国际条约同本法有不同规定的，适用该国际条约的规定。中华人民共和国声明保留的条款除外。"人民法院在行政审判中对国际条约的适用，主要发生在涉外行政诉讼案件中。一般而言，人民法院在行政审判中对国际条约的适用应以已经国内法转换为前提。

（二）行政审判中参照规章

行政规章包括部门规章和地方政府规章。部门规章的制定主体包括国务院各部、委员会、中国人民银行、审计署和具有行政管理职能的直属机构。地方政府规章的制定主体包括省、自治区、直辖市人民政府和较大市的人民政府。部门规章在效力上与省级政府制定的规章是一致的，高于较大市人民政府规章的效力。当部门规章与地方政府规章之间就同一事项规定不一致时，由国务院裁决。

《行政诉讼法》第 53 条第 1 款规定，人民法院审理行政案件可以参照规章。这里的"参照"是指人民法院在审理行政案件时可以参考、依照规章的有关规定，既不能完全以规章为依据，也不能完全撇开规章，其在本质上是赋予了人民法院对规章的选择使用权。"参照"与"依据"的区别关键在于："依据"是人民法院对法律、法规无条件地适用；而"参照"则是有条件地适用，即对合法、有效的规章可以适用，而对与上位法相抵触、不一致的规章，法院有权不予适用。《行政诉讼法》关于人民法院审理行政案件参照规章的规定，体现了人民法院对规章具有一定的司法监督权。

（三）其他规范性文件的参考适用

规章以下的其他规范性文件主要包括国务院部门的规定、县级以上人民政府及其部门的规定、乡镇人民政府的规定等。

《行政诉讼法解释》第 62 条第 2 款规定："人民法院审理行政案件，可以在裁判文书中引用合法有效的规章及其他规范性文件。"人民法院在审理行政案件时，对于规章以下的其他规范性文件，只要它不与法律、法规、规章相抵触，就应当认可其合法性，对于行政机关依据此种规范性文件作出的具体行政行为也应当予以肯定。对于与上位法明显抵触的规范性文件，人民法院应当不予适用，同时通过司法建议的方式要求有关行政机关修改完善该规范性文件。

第二节　行政诉讼裁判方式

行政诉讼裁判方式是行政诉讼程序终结的最后结果，是指人民法院审理行政案件，对所涉及的实体问题及程序问题所作的处理。具体而言，行政裁判方式包括行政判决、行政裁定及行政审判过程中的程序性决定。

一、行政判决方式及适用条件

行政判决是行政诉讼判决的简称，是指人民法院审理行政案件终结时，根据所查清的事实，依法对行政案件实体问题所作出的处理决定。行政判决是人民法院解决行政争议的基本手段，也是人民法院审理行政案件和当事人参加诉讼的结果的表现形式，还是人民法院履行宪法和法律赋予的审判职能，依法监督行政机关依法行政，保障相对人合法权益的集中体现。

（一）一审判决方式及适用条件

根据《行政诉讼法》第 54 条及《行政诉讼法解释》的规定，一审判决主要包括维持判决、撤销判决、履行判决、变更判决、驳回诉讼请求判决和确认判决六种形式。这六种判决形式，法律地位不同，适用条件也不同。

1. 维持判决。维持判决是人民法院通过审理，在查清全部案件事实的情况下，确认被诉的具体行政行为合法且适当，对被诉的具体行政行为予以维持的判决形式。

判决维持具体行政行为，不仅仅是认定被诉具体行政行为合法，还认定该具体行政行为具有法律效力，并且确认该具体行政行为继续保持根据其内容发生的法律效力。在客观效果上，维持判决一方面否定原告的诉讼请求，另一方面则是肯定被告所作的具体行政行为，是人民法院通过行政诉讼维护行政机关依法行使行政职权的主要表现。

根据《行政诉讼法》第54条第1项的规定，人民法院判决维持被诉具体行政行为的，必须同时满足以下三个条件：

（1）事实清楚，证据确凿。被诉具体行政行为所认定的事实必须是清楚的，且每一事实都须有相应的证据支持，足以证明被诉具体行政行为所认定的事实不仅存在，而且确实、充分。

（2）适用法律、法规正确。①对这里适用的法律法规要从广义上来理解，不仅包括法律、行政法规、地方性法规，还包括合法有效的规章及其他规范性文件。在特定情况下，还要考察是否符合法律目的、原则和精神。②具体行政行为所适用的法律规范必须是与本案法律关系相适应的法律规范。

（3）符合法定程序。法律法规对具体行政行为的步骤、顺序、方式、时限已作明确规定的，必须严格遵守法律规定；法律法规没有明确规定，也应当满足最基本的程序要求，实现最低程度的程序正义。

2. 撤销判决。撤销判决，是人民法院经过对案件的审理，认定被诉具体行政行为一般违法，从而部分或全部撤销被诉具体行政行为的判决形式。根据《行政诉讼法》第54条第2项，撤销判决可以分为三种具体类型：①全部撤销，适用于具体行政行为的全部违法或具体行政行为部分违法但具体行政行为不可分的情形；②部分撤销，适用于具体行政行为部分违法且具体行政行为可分的情形；③判决撤销并责令被告重新作出具体行政行为，适用于违法具体行政行为被撤销后，有关行政争议并未彻底解决，尚需被告对行政争议涉及事项作出处理的情形。

判决撤销具体行政行为，不仅仅是认定被诉具体行政行为一般违法，还溯及既往地否定该具体行政行为所具有的法律效力，尤其是拘束力和执行力。在客观效果上，撤销判决一方面肯定原告的诉讼请求，另一方面则是否定被告所作的具体行政行为，是人民法院通过行政诉讼保护相对人的合法权益、监督行政机关依法行使行政职权的主要表现。

判决撤销的具体行政行为，应同时具备以下条件：

（1）被诉具体行政行为违法。即主要证据不足，适用法律、法规错误，违反法定程序，超越职权，滥用职权等。

（2）具有可撤销内容。撤销判决是溯及既往地否定该具体行政行为所具有的法律效力。因此，撤销判决必须针对判决时仍然存在且仍然具有法律效力或者法律效果的具体行政行为。若该具体行政行为依法不存在，或者法律效力已经丧失且无进一步法律效果的，则应当认定为"不具有可撤销内容"。这是撤销的原本内涵对人民法院司法撤销权的限制。

3. 履行判决。履行判决，是人民法院经过审理认定行政机关负有法定职责，无正当理由拒不履行或拖延履行的，责令被告限期履行法定职责的判决形式。从法律效果上讲，履行判决是确认违法判决与重作判决的结合。也就是说，履行判决，不仅认定被诉的不作为违法，还责令被告履行法定职责。履行判决适用于不作为行政案件，但并不是适用于不作为行政案件的唯一判决形式，确认违法、驳回诉讼请求判决在法定情形下也可以依法适用于不作为行政案件。起诉被告不作为的行政案件，适用履行判决必须同时符合以下四个条件：

（1）被告负有法定职责。行政机关作为行政管理主体在依法享有职权的同时，还负有必须履行的法定职责。这些法定职责是法律、法规或者规章为保障国家利益、公共利益以及公民、法人或者其他组织的合法权益而设定的，这些职责是行政机关不能拒绝履行的。行政机关依法承担法定职责，是人民法院作出履行判决的前提。如果特定的法定职责不属于被告承担，就不能判决被告履行。

（2）需要被告实际履行。一般地，行政机关实际履行法定职责，需要相对人的申请；如果没有相对人的申请，当然也就谈不上法定职责的履行。但是，根据案件具体情形，行政机关应当主动履行法定职责的，无需当事人的申请。

（3）不履行或拖延履行。行政机关有职责就应当履行，如果行政机关在法定期限内不履行或拖延履行，且无正当理由的，则会损害相对人合法权益，从而构成不作为违法。认定是否构成不履行或者拖延履行，确定履行职责的法定期限十分重要。对此，根据《行政诉讼法解释》第 36 条规定，履行法定职责期限一般为 60 日；如果法律、法规、规章和其他规范性文件明确规定了其他期限的，适用该规定；相对人在紧急情况下请求行政机关履行保护其人身权、财产权的法定职责的，行政机关应当及时履行，即履行职责的法定期限是根据紧急程度确定的合理期限。

（4）履行仍有实际意义。如果判决被告履行法定职责已经没有实际意义，则不应判决被告履行，而应判决确认被告不作为违法。

4. 变更判决。变更判决，是人民法院经审理，认定行政处罚行为显失公正，运用国家审判权直接予以改变的判决形式。变更判决是人民法院行使司法变更权，对具体行政行为的合理性进行审查的具体体现。对行政处罚的变更判决，实际是撤销被诉行政处罚的同时作出新的处罚决定。其与撤销判决最大的区别在于：变更判决直接确定了当事人的权利与义务，因此便于实现行政审判的任务。但从国家职能分工来看，审判机关与行政机关应当相互尊重各自的权力，如果过多地赋予法院司法变更权，则会造成审判权对行政权的过多干预，但若过少地赋予法院司法变更权，也不利于及时解决行政争议。根据现行《行政诉讼法》，人民法院在行政诉讼中对具体行政行为进行监督和审查的核心是其合法性，所以《行政诉讼法》第54条第4项对人民法院行使司法变更权作出变更判决，规定了以下严格条件：①对象条件。变更判决只能针对行政处罚行为作出，对于其他具体行政行为，人民法院无权作出变更判决。②基础条件。被诉的行政处罚必须在形式上是合法有效的，即证据确凿，适用法律、法规正确，符合法定程序，在法定职权范围内等。若被诉的行政处罚在形式上是违法的，则应当根据具体情形作出撤销、确认违法或无效等判决。③理由条件。判决变更的理由是该行政处罚显失公正。人民法院并非对任何有瑕疵的行政处罚都有权变更，人民法院只能对显失公正的行政处罚适用变更判决。所谓行政处罚显失公正，是指行政处罚虽然在形式上不违法，但处罚结果明显不公正，损害了被处罚人或者其他利害关系人的合法权益。行政处罚应当与违法行为的事实、性质、情节以及社会危害程度相当；如果行政处罚明显地与违法行为的事实、性质、情节以及社会危害程度不相当，则构成"畸轻畸重"，属于显失公正。行政机关作出行政处罚时，同样情况不同对待，或者不同情况同等对待，构成违反平等原则。若该违反平等原则的情形重大明显的，也属于显失公正。但是，行政处罚只是与违法行为的事实、性质、情节以及社会危害程度存在细微的差距，或者"不同等对待"只是轻微违反平等原则，则属于可以忍受的瑕疵，应当认定为行政机关的自由裁量空间，人民法院不能对此作出变更判决。

5. 确认判决。确认判决，是人民法院通过对被诉具体行政行为的审查，确认被诉具体行政行为合法或者违法，有效或者无效的一种判决类型。按照被诉具体行政行为合法与否的结果，确认判决可分为确认具体行政行为合法或有效的判决与确认被诉具体行政行为违法或无效的判决。

确认合法或有效的判决需要符合以下两个条件：①被诉具体行政行为合法；②人民法院不适宜判决维持或者驳回原告诉讼请求。如果依法能够作出维持判决或者驳回原告诉讼请求判决的，则不能作出确认合法或有效判决。

确认违法或无效的判决主要适用于以下几种情况：

（1）被告不履行法定职责，但判决责令其履行法定职责已无实际意义的。

（2）被诉具体行政行为违法，但不具有可撤销内容的。

（3）被诉具体行政行为依法不成立或者无效的。

（4）被诉具体行政行为违法，但撤销该具体行政行为会给国家利益或者公共利益造成重大损失的，人民法院应当作出确认被诉具体行政行为违法的判决，并责令被诉行政机关采取相应的补救措施；造成损害的，依法判决承担赔偿责任。

6. 驳回诉讼请求判决。根据《行政诉讼法解释》第 56 条的规定，有下列情形之一的，人民法院应当判决驳回原告的诉讼请求：

（1）起诉被告不作为理由不能成立的。原告认为被告不履行法定职责而起诉，人民法院受理后经审理发现被告没有相应法定职责或者在受理前已经履行法定职责的，则应当认定为起诉被告不作为理由不能成立。

（2）被诉具体行政行为合法但存在合理性问题的。

（3）被诉具体行政行为合法，但因法律、政策改变需要变更或者废止的。

（4）其他应当判决驳回诉讼请求的情形。

（二）二审判决方式及适用条件

二审判决，是指人民法院依据二审程序对被诉具体行政行为和一审判决进行审查后作出的判决方式。二审判决是终审判决，当事人不得再对其提出上诉。根据《行政诉讼法》和《行政诉讼法解释》的规定，二审判决一般有维持判决和依法改判两种形式。

1. 维持原判。维持原判是指二审人民法院通过对上诉案件的审理，确认一审判决认定事实清楚，适用法律法规正确，从而作出的驳回上诉人上诉，维持一审判决效力的判决方式。适用维持原判必须同时具备两个条件：

（1）原审判决认定事实清楚，即一审判决对具体行政行为合法性的认定和裁判有确实充分的事实基础和证据支持。

（2）适用法律法规正确，即一审法院审查具体行政行为并作出裁判所依据的法律法规是正确的。

2. 依法改判。依法改判是指二审法院直接纠正一审判决错误内容的一种判决形式。依法改判适用于两种情形：①原判决认定事实清楚，但适用法律法规错误。②原判决认定事实不清、证据不足或者违反法定程序可能影响案件正确判决的，二审法院可以在查清事实后改判。

二审法院在改变一审判决时，应当在对一审判决作出判决时，一并对被诉具体行政行为的合法性作出判决。

3. 撤销原判、发回重审。撤销原判、发回重审是指二审法院经过审理，认定一审判决事实不清、证据不足，或者由于违反法定程序可能影响案件正确判决的，作出撤销一审判决，将案件发回一审法院进行重新审理并重新作出判决的裁定方式。

按照《行政诉讼法》和《行政诉讼法解释》的规定，撤销原判、发回重审的适用情形主要有：

（1）一审判决认定事实不清，证据不足。

（2）违反法定程序可能影响案件正确判决的。

（3）一审判决遗漏当事人或诉讼请求的。

原审判决遗漏了必须参加诉讼的当事人或者诉讼请求的，第二审人民法院应当裁定撤销原审判决，发回重审。原审判决遗漏行政赔偿请求，第二审人民法院经审查认为依法不应当予以赔偿的，应当判决驳回行政赔偿请求。原审判决遗漏行政赔偿请求，第二审人民法院经审理认为依法应当予以赔偿的，在确认被诉具体行政行为违法的同时，可以就行政赔偿问题进行调解；调解不成的，应当就行政赔偿部分发回重审。当事人在第二审期间提出行政赔偿请求的，第二审人民法院可以进行调解；调解不成的，应当告知当事人另行起诉。

二、行政诉讼裁定

行政诉讼的裁定是指人民法院在审理行政案件过程中或执行案件过程中，就程序问题所作出的判定和处理。

（一）行政裁定的适用范围

根据《行政诉讼法》和《行政诉讼法解释》第63条的规定，行政诉讼中的裁定主要适用于下列情形：①不予受理；②驳回起诉；③管辖异议；④终结诉讼；⑤中止诉讼；⑥移送或者指定管辖；⑦诉讼期间停止具体行政行为的执行或者驳回停止执行的申请；⑧财产保全；⑨先予执行；⑩准许或者不准许撤诉；⑪补正裁判文书中的笔误；⑫中止或者终结执行；⑬提审、指令再审或者发回重审；⑭准许或者不准许执行行政机关的具体行政行为；⑮其他需要裁定的事项。

（二）行政裁定的法律效力

裁定作为法院的裁判方式之一，与判决一样，都有一定的法律效力。行政诉讼裁定的效力有两种情况：

1. 针对一审法院作出的不予受理、驳回起诉和管辖权异议的裁定，当事人可在一审裁定作出之日起10日内向上一级人民法院提出上诉，逾期不上诉的，一审法院的裁定即发生法律效力。

2. 对其他情形的裁定，当事人无权提出上诉，一经宣告或者送达，即发生法律效力。

三、行政诉讼决定

行政诉讼的决定，是指人民法院为了保障行政诉讼的顺利进行，依法对行政诉讼中的特殊事项或当事人提出的特殊请求所作的处理。行政诉讼决定所要解决的问题是发生在行政诉讼过程的特殊事项，它既不同于行政裁定解决的程序问题，也不同于行政判决所解决的实体问题。

根据行政诉讼法的规定并结合行政审判实践，行政诉讼中的决定主要有：①对当事人提出的回避申请作出是否准许回避的决定；②对妨害行政诉讼正常进行的行为采取强制措施的决定；③对行政诉讼过程中诸如延长审理期限、减免诉讼费等其他一些程序事项作出的决定；④审判委员会对重大、疑难案件的处理决定；⑤有关执行程序事项的决定。

第三节 行政案件的协调和解

一、行政案件协调和解的重要意义

所谓行政诉讼协调和解，是指在行政诉讼过程中，行政主体与行政相对人在人民法院的主持和协调下，以行政法上的权利和义务为内容进行协商，形成合意，行政相对人申请撤诉，从而终结行政诉讼的活动。

《行政诉讼法》明确规定"行政诉讼不适用调解"，这一规定被视为行政诉讼法的一个重要原则，一直适用至今。为了适应行政审判实践的需要，使越来越多的行政案件通过协调、和解解决的方式或路径合法化，2008 年最高人民法院适时地颁布实施了《关于行政诉讼撤诉若干问题的规定》，打破了行政诉讼追求一种审理模式的格局。

西方有一句法谚，"差一点的和解也胜过完善的诉讼"。美国学者戈尔丁曾经指出："调解需要一种高于运用法律能力的特殊技巧。"行政诉讼引入协调机制，应当说，是对行政法官提出了更高的要求。"合法的决定往往并不是唯一的。行政职权的个案使用离不开行政主体的掂量、比较、评估、权衡和决定。这本身就隐含着对公权力的处分"。行政争议进入诉讼之后，并非完全限制行政主体公权力就其已为行政行为的继续行使。两方面的因素使我们认识到，在行政审判实践中，简单地通过裁判解决行政争议，并非最佳选择，单纯追求一种裁判方式，有时不仅不能做到案结事了，而且往往导致争议双方矛盾加剧，而寻求行政纠纷的多元解决机制，注重争议双方的沟通和理解，往往会收到更好的结案效果，使个案司法的社会效果与法律效果相统一，甚至是做到"三赢"。几年来的司法实践证明，在行政审判中引入协调和解工作机制，重要意义显而易见：

1. 有利于减少官民对抗，最大限度地化解行政争议，促进社会和谐。人民法院对行政案件进行协调，直接表现就是能够缓解争议双方的对抗情绪，特别是如果行政主体发现其被诉行政行为存在失当或违法之处，直接予以改变，使行政相对人的诉求利益直接实现，不仅有利于减少行政相对一方的心理负担、经济上的负担，节约诉讼成本，而且有利于争议双方的沟通和理解，减少双方之间的直接对抗，有利于实现个案的"案结事了"，最大限度地化解个性化的官民矛盾，促进社会和谐。

2. 有利于促进行政主体自纠不足、依法行政，保障行政相对人合法权益。人民法院以行政争议进行协调，有利于行政主体自行发现被诉具体行政行为中的不足和欠缺，进行弥补，显示出行政主体对行政相对人的合法权益的尊重，从而取得行政相对人的谅解，还有利于节约行政管理成本，提高行政执法权威，促进依法行政。

3. 有利于缓解法院诉讼压力，改善行政诉讼的外部司法环境。多年来的行政审判实践显示，外部司法环境的优良与否，直接影响着当地行政诉讼的发展状况和水平，反过来也影响着当地的依法行政的执法状况和水平。人民法院对行政争议进行协调，促进争议双方直接接触，面对面平等地进行沟通，使相互抵触的心态逐渐趋于平和，最终达成和解，以原告申请撤诉结案，不仅是个案诉讼的终结过程，也是将行政诉讼的功能不断地向社会展示、发挥的过程。实践证明，行政诉讼开展得好的地方，行政执法环境、行政审判的司法环境也比较好。而司法环境的优良指数，与法院进行行政审判工作的压力成反比，与对行政相对人的权益保护力度成正比。

4. 有利于提高办案效率，降低司法成本，节约司法资源。从近些年的涉诉信访率与一审案件增长率来看，行政诉讼的涉诉信访率要大大高出民事诉讼和刑事诉讼。涉诉信访案，占据大量的司法资源，同理也消耗着大量的司法成本，使行政审判的既判力大打折扣。这充分说明，行政诉讼，往往不会终结于行政裁判的作出，协调和解工作机制在行政审判工作中的地位和作用也因此而得以提升。

二、行政案件协调和解的基本原则

行政诉讼中协调和解机制的引入，使当事人能够充分、自由地表达意志、处分权益，但是，行政诉讼合法性审查原则同时也决定了人民法院在行政案件审理中进行协调工作应当遵循以下基本原则：

（一）依法协调原则

依法协调原则，是指人民法院对当事人进行协调的过程以及达成和解的内容，应当符合法律的规定，包括程序性规定，也包括实体性规定。依法协调原则重点强调人民法院对当事人双方的协调活动必须依法进行，同时要对双方达成的和解方案的合法性进行监督。在协调过程中，允许当事人对自己的权利做出处分，但当事人的处分不得违背国家政策、法律的规定，不得损害国家、集体和其他公民的权益。这是依法协调原则的基本要求。人民法院通过协调解决行政争议，并不是要放弃对被诉行政行为的合法性审查，而是要在查明事实，查明是否违法，分清是非，不损害国家利益、公共利益和他人合法权益的前提下，依法做好协调工作。否则，就有违行政诉讼目的。

需要注意的是，行政诉讼引入协调工作机制，并不是强调协调取代裁判。对于依法不能协调的案件，应当依法裁判。只有依法协调，才能最终达到保护公民、法人和其他组织的合法权益之目的，监督和促进行政机关依法行政。

（二）自愿参与协调原则

在对行政案件审理过程中，人民法院进行协调，能够达成协调和解目的，需要当事人各方对自己权益的处分让渡。所以，或者由当事人申请，或者由人民法院根据利益衡量的原则提出和解的方案，人民法院应当始终充分尊重行政主体与行政相对人的各方意愿，不得强迫任何一方接受协调。自愿即尊重当事人意思自治，是人民法院进行协调的本质属性，是协调的核心原则，是衡量协调是否真正依法进行的标尺。在行政诉讼中引入协调工作机制，必须坚决杜绝"以权压人"、"以压促调"、"以判压调"、"以拖压调"等现象发生，否则会适得其反，不仅难以实现法律效果与社会效果相统一，还会导致合意解决行政争议的功能难以真正发挥。通过协调无法达成和解的，人民法院应当终止协调，及时作出裁判。同时，不能为了协调和解久拖不决，忽视法定审限，当判不判。

这里需要注意的是，自愿与合法之间的关系并非总成正比。通过协调促使达成和解协议必须以当事人自愿为前提，但当事人自愿的，并不等于即是合法的。人民法院在进行协调过程中，应当处理好二者的关系。

（三）有限协调原则

尽管实践证明，协调和解是解决行政争议的有效方式，但行政行为的公权性质决定了必有一些行政案件不适用协调，即协调适用的范围应当注意贯彻有限协调原则。贯彻这一原则，不仅是对行政诉讼协调的范围作出限制，而且会限制协调权的滥用，确保行政诉讼立法宗旨的实现。这一原则要求人民法院对于法律中明确限制性规定的，必须在法律规定的范围内进行协调，法律没有限制性规定的，协调不得损害公共利益和他人合法权益。

以行政机关在行为时受法律、法规约束的程度为标准，具体行政行为分为羁束行政行为和自由裁量行政行为。对于羁束行政行为的内容、方式、程度等已由法律、法规作出明确、具体规定的，行政机关只能严格按照规定执行，不存在自由选择可能，对这种具体行政行为不能进行协调。如限制人身自由、吊销证照等行政公权性较强的行政行为即不便进行协调工作。

另除此之外，如果行政相对人的诉求明显不能成立，或者当事人对于诉求不具有合法处分权的行政案件，人民法院也不宜进行协调。

（四）平等对待原则

平等对待原则是行政诉讼当事人法律地位平等原则的延伸，应当在行政诉讼中引入协调和解机制。由于被告行政主体在行政法律关系中拥有行政执法权而较行政相对人处于优势地位，因此，在行政诉讼协调过程中，应当特别注意贯彻这一原则。贯彻这一基本原则，要求人民法院在进行协调过程中，应当平等对待各方当事人，平等地适用法律和保护权益。人民法院在行政诉讼中进行协调，必须以当事人地位平等为基础，只有坚持当事人地位平等，才有助于杜绝"以权压人"、"以压促调"等现象的发生，才能确保进行协调的平等基础。

三、行政案件协调和解的适用范围

以下几种情形在行政诉讼中可进行协调：

1. 被诉具体行政行为存在明显或重大违法，被告得自行变更或者撤销的案件。行政机关的具体行政行为存在明显或重大违法，又被行政相对人诉到法院，如果被告不自行纠错，也会被人民法院根据合法性审查原则予以撤销。这种情形就给了人民法院对行政争议进行协调的余地。对这类案件，人民法院在作出或者宣告裁判之前，法官在协调过程中，可以向被告示明被诉行政行为的违法情形，包括程序和实体两方面，以及存在的瑕疵，同时给予其适当的建议和意见，促使其自行纠正被诉行政行为，变更或撤销原瑕疵行政行为，这样既可促进被告行政主体依法行政，规制行政行为，又可满足原告的合法诉求。如果被诉行政行为因其违法而给原告造成了损失，协调时可能还会涉及被告对原告的赔偿问题。

2. 因行政自由裁量权行使引发的案件。通常对于行政自由裁量行为，行政主体在作出具体行政行为时拥有较大的自由选择余地。如对行政相对人违法事实的选择、采取行政措施的选择、作出处罚行为时对幅度与方式的选择等。行政自由裁量权的存在，同样给了人民法院进行协调的空间。协调的过程，就是行政法官与被告在保证行政行为合法性的前提下寻求更加合理化的过程，促使被告在其行政自由裁量权范围内，改变被诉行政行为不甚合理的地方，使行政行为更趋合法、适当，符合依法行政的目的。

3. 对平等主体之间的民事纠纷进行行政裁决引发的行政案件。行政裁决是指行政机关依照法律授权，对平等主体之间发生的、与行政管理活动密切相关的特定民事纠纷进行审查，并作出裁决的具体行政行为。行政裁决行为的目的是解决民事争议，现实生活中比较常见。如行政主管部门对拆迁补偿争议作出的行政裁决、对治安纠纷作出的行政裁决、对自然权属争议作出的行政裁决等。对行政裁决不服，可以向人民法院提起行政诉讼。在行政诉讼过程中，如果民事争议的双方当事人变更其主张甚至放弃其民事权利主张，或者行政裁决中的确存在着显失公正等违法之处，都会使人民法院因此而拥有进行协调的基础。而对于民事争议，本身就存在调解余地，将协调工作机制引入这类案件的审理，协调的空间更大，其不仅可以在原告与被告方之间进行，亦可以在原告和第三人之间进行。所以，审理涉民事行政裁决案件，引入协调工作机制，促进当事人之间的和解，是最理想的选择。

4. 涉及财产给付或行为给付的行政案件。涉及财产给付或者行为给付的行政案件不在少数，如行政征收案件、行政补偿案件、行政赔偿案件、要求被告履行法定职责案件、行政合同案件等。涉及财产给付、行为给付的行政案件中，如果存在幅度问题，或者存在自由裁量权问题，或者存在违法侵权问题，或者存在不公平问题等，都会为人民法院进行协调提供可能性。

四、行政案件协调和解的结案方式

由于《行政诉讼法》明确规定，行政诉讼不适用调解，即使经人民法院协调之后，当事人之间达成协议，行政诉讼亦不能以调解的方式结案。为了使行政诉讼协调和解有个适当的表现方式，最高人民法院出台了《关于行政诉讼撤诉若干问题的规定》。根据该规定，经协调，当事人之间可以达成和解协议，在达成和解协议的基础上，以当事人申请撤诉的方式结案。这是目前对协调行政案件多数人民法院采取的普遍结案方式。撤诉裁定一经送达，即发生法律效力，适用生效裁定的一般规定。

这里需要注意的是，经人民法院协调当事人之间达成的和解协议，人民法院一是要注意进行合法性审查，二是要监督和解协议的履行，三是在必要时要给予适当的救济。

第二十章 行政赔偿

第一节 行政赔偿诉讼概述

一、行政赔偿诉讼的概念

行政赔偿诉讼是指人民法院根据行政赔偿请求人的赔偿请求，在行政赔偿诉讼参加人的参加下，依照法定程序和赔偿原则，最终解决行政赔偿争议的活动。行政赔偿诉讼作为行政赔偿救济程序中的终极程序，是一种特殊的行政诉讼形式，它既不同于行政处理阶段的救济，也不同于一般的行政诉讼。从上述概念中我们可以看出它包括以下几方面含义：

1. 行政赔偿诉讼的主持者是人民法院。与行政处理不同，行政赔偿诉讼的过程，是人民法院行使司法审判权的过程。在行政赔偿诉讼过程中，人民法院享有主持和指挥诉讼程序依法进行的职权，双方当事人及其他诉讼参加人和参与人都应服从人民法院的主持和指挥，依法行使自己的诉讼权利，履行自己的诉讼义务。公民、法人或其他组织根据《行政诉讼法》和《国家赔偿法》的规定，单独就所受损害向行政机关提出赔偿请求或与申请行政复议一并提出赔偿请求时，行政机关行使的是行政赔偿争议的行政处理权，而不是司法审判权，这种处理只具有行政行为的性质，不具有诉讼的性质。故行政处理阶段不称其为行政赔偿诉讼。

2. 行政赔偿诉讼的主要任务是解决行政赔偿争议。与一般的行政诉讼不同，行政赔偿诉讼中虽然也要审查被诉行政行为的合法性问题，但审查被诉行政行为是否合法是为解决行政赔偿争议服务的，其最终要解决的是行政赔偿争议；而一般的行政诉讼则主要是审查被诉行政行为的合法性，最终解决的是被诉行政行为是否合法的问题。一般行政诉讼的核心内容是判断行政机关或组织及其工作人员的具体行政行为以及相应的不作为是否合法；而行政赔偿诉讼的内容不仅包括认定行政机关或组织及其工作人员的具体行政行为以及相应的不作为是否合法，还包括认定所涉行政行为是否给赔偿申请人造成损害以及是否应当或如何承担赔偿责任。

3. 行政赔偿诉讼是行政赔偿争议的最终解决途径。当公民、法人或其他组织与具有国家行政职权的行政机关或组织及其工作人员发生行政赔偿争议后，也可以通过调解、行政处理、行政复议等方式解决。但当这些解决方式的结果不能被受侵害人接受时，行政赔偿争议并未最终解决。因为受侵害人依法有权就行政赔偿争议向人民法院提起行政赔偿诉讼。一旦行政赔偿争议经由人民法院通过行政赔偿诉讼程序解决，其调解或判决、裁定发生法律效力后，行政赔偿争议即告终止。行政赔偿争议双方当事人都得遵守人民法院作出的调解、判决或裁定。因此，行政赔偿诉讼是解决行政赔偿争议的最终途径。

4. 行政赔偿诉讼适用法定的特别程序进行。刑事、民事、行政几大诉讼都有其专门的诉讼程序。行政赔偿诉讼程序没有自己专门的诉讼法规定，主要是行政诉讼法、国家赔偿法中作了一些规定。从这些规定来看，其诉讼程序既不同于民事诉讼程序，也不同于一般的行政诉讼程序，而是有其特殊的起诉、审理、举证责任、期间和期限，以及判决、裁定的要求和规定。

二、行政赔偿诉讼的特点

根据行政诉讼法、国家赔偿法有关行政赔偿诉讼的规定，行政赔偿诉讼具有以下一些特点：

1. 单独提起行政赔偿诉讼的必须经过行政机关先行处理。根据有关法律规定，有两种提起行政赔偿诉讼的方式：单独提起和一并提起。在提起行政诉讼时一并提出行政赔偿请求的，有关法律并不要求该请求在与行政诉讼一并提起之前，必须经过有关行政机关的先行处理。但对于申请人单独要求行政赔偿的，则要求在提起行政赔偿诉讼之前，必须先经过行政赔偿义务机关的处理。对行政机关的处理不服方可向人民法院提起行政赔偿诉讼。

2. 行政赔偿诉讼不适用复议前置。行政诉讼法、国家赔偿法、行政复议法都没有关于行政赔偿诉讼适用行政复议前置的规定。行政机关对申请人单独提出的行政赔偿请求所作的先行处理，申请人不服，依法可以直接向人民法院起诉，不必再经过行政复议程序。先行处理不是行政复议。根据有关法律规定，行政赔偿申请人可以在不服行政机关或组织的具体行政行为以及相应的不作为提起行政复议时一并提出赔偿请求，对行政复议机关作出的行政赔偿决定不服，可以直接向人民法院提起行政赔偿诉讼，有关法律未规定需再经过行政复议；公民、法人或其他组织向人民法院提起行政诉讼时一并提出的行政赔偿请求，依法也不适用复议前置。而一般的行政诉讼，法律规定必须复议前置的，未经过行政复议，人民法院依法是不予受理的。

3. 行政赔偿诉讼由双方当事人分负举证责任。在行政赔偿诉讼中，决定被告是否承担赔偿责任的因素有两个：一是被诉侵权的行政行为或相应的不作为是否违法；二是该行为是否对赔偿申请人造成了实际损失。对被诉行为是否合法的举证责任依法应由被告行政机关或组织承担，对因受被诉行为侵害造成损失的事实的举证责任依法应由赔偿申请人承担。即使被告对被诉行为的合法性未能履行举证责任，如果原告举证不能，也达不到取得赔偿的诉讼目的。这与一般行政诉讼被告对被诉行为的合法性承担完全的举证责任有所不同。

4. 行政赔偿诉讼可以适用调解。行政诉讼不适用调解，这是行政诉讼区别于民事诉讼的一大特点，也是行政诉讼的一项特有原则。但是根据《行政诉讼法》的有关规定，行政赔偿诉讼可以适用调解。可以适用调解，不是必须适用调解。人民法院适用调解依法应当坚持在合法、自愿的基础上进行；调解不成的，应当依法及时作出裁判。

根据行政赔偿诉讼的上述特点可以看出，行政赔偿诉讼是与行政诉讼有着密切联系，但又与行政诉讼存在着某些区别的一种特殊的诉讼制度。

第二节 行政赔偿诉讼的当事人

根据国家赔偿法、行政诉讼法和最高人民法院《关于审理行政赔偿案件若干问题的规定》（以下简称《行政赔偿规定》），行政赔偿诉讼的当事人包括行政赔偿请求人、行政赔偿义务机关和行政赔偿诉讼的第三人。

一、行政赔偿请求人

（一）行政赔偿请求人与行政赔偿诉讼的原告

我国《行政诉讼法》第 67 条第 1 款规定："公民、法人或者其他组织的合法权益受到行政机关或者行政机关工作人员作出的具体行政行为侵犯造成损害的，有权请求赔偿。"《国家赔偿法》第 6 条第 1 款也规定："受害的公民、法人和其他组织有权要求赔偿。"这是我国对行政赔偿请求人一般资格的法律规定。根据这些规定，行政赔偿请求人是指因其合法权益受到行政机关或组织及其工作人员违法侵害而依法有权要求行政赔偿的公民、法人或其他组织。行政赔偿请求人一旦向人民法院提起行政赔偿诉讼或提出行政赔偿请求，即成为行政赔偿诉讼的当事人。一般情况下，行政赔偿请求人在行政赔偿诉讼中只能作为行政赔偿诉讼的原告。

（二）行政赔偿诉讼原告资格的转移

我国《国家赔偿法》第 6 条第 2 款规定："受害的公民死亡，其继承人和其他有扶养关系的亲属有权要求赔偿。"《行政赔偿规定》第 15 条规定："受害的公民死亡，其继承人和其他有扶养关系的亲属以及死者生前扶养的无劳动能力的人有权提起行政赔偿诉讼。"根据这些规定,当有权提起行政赔偿诉讼的作为行政赔偿请求人的公民死亡,其作为行政赔偿诉讼的原告资格依法可以转移给他的继承人或与他有扶养关系的亲属或他生前扶养的无劳动能力的人。接受死亡公民行政赔偿诉讼原告资格的公民有权以行政赔偿请求人的身份向人民法院提起行政赔偿诉讼。

我国《国家赔偿法》第6条第3款规定:"受害的法人或者其他组织终止的,其权利承受人有权要求赔偿。"《行政赔偿规定》第16条规定:"企业法人或者其他组织被行政机关撤销、变更、兼并、注销,认为经营自主权受到侵害,依法提起行政赔偿诉讼,原企业法人或其他组织,或者对其享有权利的法人或其他组织均具有原告资格。"根据这些规定,当企业法人或其他组织被行政机关撤销、变更、兼并、注销而终止时,如认为自己的经营自主权受到了侵害,不仅承受其权利的法人或者其他组织享有行政赔偿请求权,而且该原企业法人或其他组织或对其享有权利的法人或其他组织均享有行政赔偿的请求权,依法有权作为原告提起行政赔偿诉讼。

我国《国家赔偿法》第40条规定:"外国人、外国企业和组织在中华人民共和国领域内要求中华人民共和国国家赔偿的,适用本法。外国人、外国企业和组织的所属国对中华人民共和国公民、法人和其他组织要求该国国家赔偿的权利不予保护或者限制的,中华人民共和国与该外国人、外国企业和组织的所属国实行对等原则。"这就是说,我国法律按照"国民待遇原则",承认外国人、外国企业和组织在我国领域内作为行政赔偿请求权人的资格,他们在我国境内要求行政赔偿的,与我国公民、法人或其他组织享有同等的权利义务。同时,我国法律也实行"对等原则",对不保护或限制我国公民、法人或其他组织在其国家内要求国家赔偿的国家的外国人、外国企业和组织实行对等原则。

二、行政赔偿义务机关

(一)行政赔偿义务机关与行政赔偿诉讼的被告

行政赔偿义务机关是指具有国家行政职权,因本身或所属工作人员行使职权行为违法侵犯公民、法人或其他组织合法权益,而依法应当承担行政赔偿责任的行政机关或组织。因行政赔偿诉讼原告指控侵犯其合法权益而被人民法院通知应诉的行政赔偿义务机关即为行政赔偿诉讼的被告。确定了行政赔偿义务机关,也就明确了行政赔偿诉讼的被告资格。需要注意的是,行政赔偿义务机关与行政诉讼的被告是不相同的,所以行政诉讼的被告并不一定就是行政赔偿诉讼的被告。

（二）行政赔偿义务机关的认定

我国《行政诉讼法》第68条第1款规定："行政机关或者行政机关工作人员作出的具体行政行为侵犯公民、法人或者其他组织的合法权益造成损害的，由该行政机关或者该行政机关工作人员所在的行政机关负责赔偿。"《国家赔偿法》第7条第1款规定："行政机关及其工作人员行使行政职权侵犯公民、法人和其他组织的合法权益造成损害的，该行政机关为赔偿义务机关。"根据这些规定，一般情况下，作出侵害行为的工作人员所属的行政机关或组织即为行政赔偿义务机关。但在某些特殊情况下，行政赔偿义务机关的认定较为复杂。为此，《国家赔偿法》第7、8条以及《行政赔偿规定》第17～19条就如何在某些特殊情况下具体认定行政赔偿义务机关作了明确的规定：

1. 两个以上行政机关共同行使行政职权时侵犯公民、法人和其他组织的合法权益造成损害的，共同行使行政职权的行政机关为共同赔偿义务机关。两个以上行政机关共同侵权，赔偿请求人对其中一个或者数个侵权机关提起行政赔偿诉讼，若诉讼请求为可分之诉，被诉的一个或数个侵权机关为被告；若诉讼请求为不可分之诉，由人民法院依法追加其他侵权机关为共同被告。

2. 法律、法规授权的组织在行使授予的行政权力时侵犯公民、法人或其他组织的合法权益造成损害的，被授权的组织为赔偿义务机关。

3. 受行政机关委托的组织或者个人在行使受委托的行政权力时侵犯公民、法人或其他组织的合法权益造成损害的，委托的行政机关为赔偿义务机关。

4. 经复议机关复议的，最初造成侵权行为的行政机关为赔偿义务机关，但复议机关的复议决定加重损害的，复议机关对加重的部分履行赔偿义务。复议机关的复议决定加重损害的，赔偿请求人只对作出原决定的行政机关提起行政赔偿诉讼，作出原决定的行政机关为行政赔偿诉讼的被告；赔偿请求人只对复议机关提起行政赔偿诉讼的，复议机关为行政赔偿诉讼的被告。如果赔偿请求人对作出原决定的行政机关和复议机关一并提起行政赔偿诉讼的，作出原决定的行政机关和复议机关为行政赔偿诉讼的共同被告。

5. 行政赔偿义务机关被撤销的，继续行使其职权的行政机关为赔偿义务机关；没有继续行使其职权的行政机关的，撤销该赔偿义务机关的行政机关为赔偿义务机关。

6. 行政机关依据《行政诉讼法》第66条的规定申请人民法院强制执行具体行政行为，由于据以强制执行的根据错误而发生行政赔偿诉讼的，申请强制执行的行政机关为行政赔偿诉讼的被告。

三、行政赔偿诉讼的第三人

行政赔偿诉讼的第三人与行政诉讼的第三人不同，是指与行政赔偿案件的处理结果有法律上的利害关系的，行政赔偿请求人之外的其他公民、法人或其他组织。我国《国家赔偿法》和《行政诉讼法》未对行政赔偿诉讼第三人的资格和地位作出具体规定，但根据《行政赔偿规定》第15条关于"与行政赔偿案件处理结果有法律上的利害关系的其他公民、法人或者其他组织有权作为第三人参加行政赔偿诉讼"的规定，非行政赔偿请求人的其他公民、法人或其他组织，只要与行政赔偿案件的处理结果存在法律上的利害关系，即可成为该行政赔偿诉讼案件的第三人参加到诉讼中来。

第三节　行政赔偿诉讼的提起与受理

一、行政赔偿诉讼的提起

（一）提起的方式

根据《行政诉讼法》第67条和《国家赔偿法》第9条的规定，受害人提起行政赔偿诉讼有两种方式，即一并方式和单独方式。

1. 一并方式。《行政诉讼法》第67条第1款规定："公民、法人或者其他组织的合法权益受到行政机关或者行政机关工作人员作出的具体行政行为侵犯造成损害的，有权请求赔偿。"这一规定就是指行政相对人在受到行政机关或组织具体行政行为以及相应的不作为侵害后，在提起行政诉讼要求撤销、变更行政机关或组织违法的具体行政行为或确认其相应的不作为违法的同时，还可以就因此而受到的损害一并提起行政赔偿诉讼。这是将两种不同性质的诉讼并案审理的诉讼，其目的是节省人力、物力，简化程序，节省时间。同时，行政赔偿诉讼是以行政诉讼的判定结论为先决条件的，它们之间的这种必然联系使得通过并案审理，更有利于正确解决行政争议。

2. 单独方式。《行政诉讼法》第67条第2款规定："公民、法人或者其他组织单独就损害赔偿提出请求，应当先由行政机关解决。对行政机关处理不服，可以向人民法院提起诉讼。"这一款是对单独提起行政赔偿诉讼的规定。单独方式以其特殊的诉讼程序进行，下列几种情况通常以单独方式提起行政赔偿诉讼：①行政机关与行政相对人对具体行政行为或相应的不作为的违法性问题已无争议，相对人提出的行政赔偿问题没有解决，相对人认为有必要提起行政赔偿诉讼的。②复议机关认定原具体行政行为或相应的不作为违法，并予撤销或变更或确认，但未解决行政赔偿问题，相对人认为有必要就行政赔偿问题提起诉讼的。

③相对人提起行政诉讼后，人民法院认定具体行政行为违法，判决行政机关败诉，但未解决行政赔偿问题，相对人认为有必要单独提起行政赔偿诉讼的。

（二）提起的条件

从国家赔偿法和行政诉讼法的有关规定来看，我国法律没有对公民、法人或其他组织在提起行政诉讼时一并提起的行政赔偿诉讼或在行政诉讼过程中提出的行政赔偿请求另行规定起诉或请求的条件。但根据《行政赔偿规定》第21条的规定，公民、法人或其他组织单独提起行政赔偿诉讼的，应当符合以下条件：

1. 原告具有请求资格。根据我国《行政诉讼法》和《国家赔偿法》的有关规定，其合法权益受到行政机关或者行政机关工作人员作出的具体行政行为侵犯造成损害的公民、法人或者其他组织，享有赔偿请求权。也就是说，行政机关或组织及其工作人员违法行使的行政职权行为对公民、法人或其他组织的合法权益产生了实际影响，公民、法人或其他组织认为行政机关或组织及其工作人员违法行使的行政职权行为，侵犯了自己的合法权益并造成了损害，就具有了行政赔偿诉讼的请求资格。这里的"认为"，是一种主观标准，审理的结果，不一定是原告"认为"的情况，但提起行政赔偿诉讼的请求权人的权益必须与行政机关或组织及其工作人员行使行政职权之间存在一定的联系，否则，其就无权提起行政赔偿诉讼。

另外，根据《行政诉讼法》和《国家赔偿法》的有关规定，可以提起行政赔偿诉讼的行政侵权受害人不仅包括直接受害人，还包括已经死亡的公民的继承人、其他有扶养关系的亲属以及死者生前扶养的无劳动能力的人，已经终止的企业法人和其他组织或对其享有权利的法人或其他组织等。按照《行政赔偿规定》第25条的规定，受害的公民死亡，其继承人和有扶养关系的人提起行政赔偿诉讼的，应当提供该公民死亡的证明及赔偿请求人与死亡公民之间的关系证明，以表明其具有请求资格。

2. 有明确的被告。行政赔偿诉讼的被告必须是因其违法行使行政职权造成相对人损害并负有赔偿义务的行政机关或组织。这里包括三层含义：①被告必须是负有赔偿义务的行政机关或组织。②被告违法行使了行政职权。相对人对行政机关或组织合法地行使行政职权造成的损害不能提起行政赔偿诉讼。同时，如果不是行使行政职权的行为也不能提起行政赔偿诉讼。③被告的违法行为造成了相对人的损害。

3. 有具体的赔偿请求和受损害的事实根据。具体的赔偿请求包括两个方面的内容：①要求人民法院对行政机关或组织作出的行政行为或相应的不作为的违法性以及侵害其合法权益造成的损害的确认。②要求行政机关给予赔偿的方式、范围与数额等。赔偿请求就是权利主张，没有权利主张就没有诉讼目的。因此，原告提起行政赔偿诉讼必须明确上述赔偿请求。

受损害的事实根据是赔偿请求的前提条件和基本理由。原告在提出赔偿请求的同时，必须提供支持诉讼请求的受损害的事实根据。当然，原告提出的事实根据是否真实可靠，只有待人民法院审理后才能加以判定。

4. 加害行为为具体行政行为的，该行为已被确认为违法。根据我国《国家赔偿法》和《行政诉讼法》的有关规定，对具体行政行为造成损害进行行政赔偿的前提是该行政行为违法。如果具体行政行为不存在违法问题，也就谈不上行政赔偿问题。前文我们已经提到单独提起行政赔偿诉讼的几种情况，这些情况下，不论是行政机关先行处理过的，还是经过行政复议的，抑或是经过行政诉讼的，加害具体行政行为均已被行政机关或复议机关或人民法院确认为违法，都不再存在对具体行政行为是否合法的争议问题。否则，加害具体行政行为的合法性问题尚未解决的，不能单独提起行政赔偿诉讼。

5. 赔偿义务机关已先行处理或超过法定期限不予处理。单独提起行政赔偿诉讼适用行政先行处理原则。根据我国《行政诉讼法》的有关规定，公民、法人和其他组织单独就行政损害赔偿提出请求，应当先由行政机关解决。行政机关先行处理后，当事人不服，才能向人民法院提起行政赔偿诉讼。因此，行政处理是提起行政赔偿诉讼的前置程序。如果没有经过行政处理而单独提起行政赔偿诉讼的，人民法院不予受理。

根据《国家赔偿法》的有关规定，行政赔偿义务机关应当自收到行政赔偿请求人提出的行政赔偿申请之日起2个月内依照该法第四章的规定给予赔偿。行政赔偿义务机关在收到赔偿申请之日起满2个月不作处理的，行政赔偿请求人有权依法向人民法院提起行政赔偿诉讼。

6. 属于人民法院行政赔偿诉讼的受案范围和受诉人民法院管辖。根据《国家赔偿法》和《行政赔偿规定》的有关规定，人民法院受理行政赔偿案件的范围与国家赔偿法规定的行政机关或组织侵害公民、法人或其他组织合法权益并造成损害，受害人有权取得赔偿权利的情形以及行政诉讼法规定的有关行政诉讼受案范围大体上是一致的；不属于行政赔偿诉讼范围的，即人民法院不予受理的行政赔偿案件应由法律作出明确的排除规定。根据《行政诉讼法》的有关规定，法律对行政赔偿争议未作排除规定的，应当属于人民法院的受害范围，受害人即有权向人民法院提起行政赔偿诉讼。《行政赔偿规定》还就行政赔偿诉讼案件的管辖作了具体规定，行政赔偿诉讼同行政诉讼一样，依法必须向有管辖权的人民法院提出。

7. 符合法律规定的起诉期限。由于行政赔偿诉讼存在一并提起行政赔偿诉讼和单独提起行政赔偿诉讼两种提起方式，"法律规定的起诉期限"主要有以下两种情况：

（1）一并提起行政赔偿诉讼。这种诉讼以行政诉讼为主行政赔偿诉讼为辅，但两者又不可分，因此《行政赔偿规定》第23条规定，公民、法人或者其他组织在提起行政诉讼的同时一并提出行政赔偿请求的，其起诉期限按照行政诉讼起诉期限的规定执行。行政诉讼的期限比较复杂，如果需要一并提起，就必须在提起行政诉讼时或在提起行政诉讼后至人民法院一审庭审结束前，提出行政赔偿请求。因此，提起行政赔偿诉讼的期限也就是行政诉讼的起诉期限。如果行政诉讼超过了法定期限，起诉人丧失了起诉权，行政诉讼无从提起，就无所谓行政并行政赔偿诉讼了。如果行政赔偿诉讼没有超过法定期限，只可以单独提起行政赔偿诉讼。

（2）单独提起行政赔偿诉讼。根据《国家赔偿法》第13条规定，赔偿义务机关应当自收到申请之日起2个月内依照该法第四章的规定给予赔偿；逾期不予赔偿或者赔偿请求人对赔偿数额有异议的，赔偿请求人可以自期间届满之日起3个月内向人民法院提起诉讼。《行政赔偿规定》第22条也规定，赔偿请求人单独提起行政赔偿诉讼，可以在向赔偿义务机关递交赔偿申请后的2个月届满之日起3个月内提出。这里应当注意的是关于"期间届满"的规定，就是说，行政赔偿请求人实际上最多有从赔偿义务机关收到申请书之日起5个月的起诉期限。例如，赔偿义务机关收到赔偿申请人申请书之后1个月就作出了不予赔偿的决定，那么，该赔偿申请人在收到决定书后4个月内起诉都有效。

此外，根据《行政赔偿规定》第24条规定，赔偿义务机关作出赔偿决定时，未告知赔偿请求人诉权或者起诉期限，致使赔偿请求人逾期向人民法院起诉的，其起诉期限从赔偿请求人实际知道诉权或者起诉期限时计算，但逾期的期间自赔偿请求人收到赔偿决定之日起不得超过2年。

二、行政赔偿诉讼的受理

关于行政赔偿诉讼案件的受理，国家赔偿法和行政诉讼法均未作出具体规定。根据《行政赔偿规定》第26、27条的规定，人民法院对行政赔偿请求人单独提起的行政赔偿诉讼，是否受理以及如何受理，应当按照以下规定进行：

1. 当事人先后被采取限制人身自由的行政强制措施和刑事拘留等强制措施，因强制措施被确认为违法而请求赔偿的，人民法院按其行为性质分别适用行政赔偿程序和刑事赔偿程序立案受理。

2. 人民法院接到原告单独提起的行政赔偿起诉状，应当进行审查，并在7

日内立案或者作出不予受理的裁定。

3. 人民法院接到行政赔偿起诉状后，在 7 日内不能确定可否受理的，应当先予受理。审理中发现不符合受理条件的，裁定驳回起诉。

当事人对不予受理或驳回起诉的裁定不服，可以在裁定书送达之日起 10 日内向上一级人民法院提起上诉。

第四节 行政赔偿案件的审理、裁判与执行

一、行政赔偿案件的审理

根据《行政赔偿规定》的有关规定，当事人在提起行政诉讼的同时一并提出行政赔偿请求，或者因具体行政行为和与行使行政职权有关的其他行为侵权造成损害一并提出行政赔偿请求的，人民法院应当分别立案，根据具体情况可以合并审理，也可以单独审理。人民法院审理行政赔偿案件，就当事人之间的行政赔偿争议进行审理与裁判。行政赔偿诉讼具有独立性，但其具体审理程序原则上适用行政诉讼程序。现就区别于行政诉讼程序的几项重要程序，说明如下：

（一）行政赔偿诉讼适用调解程序

《行政诉讼法》第 50 条规定："人民法院审理行政案件，不适用调解。"但对审理行政赔偿诉讼，《行政诉讼法》第 67 条第 3 款明确规定："赔偿诉讼可以适用调解。"可见，在是否适用调解程序上，行政赔偿诉讼与行政诉讼是有严格区别的。可以调解，这意味着人民法院在审理行政赔偿诉讼案件时，可以运用调解手段，依法促使当事人互谅互让，达成调解协议。根据《行政赔偿规定》第 30 条规定，人民法院对行政赔偿案件的调解，在坚持合法、双方当事人自愿的前提下，可以就赔偿范围、赔偿方式和赔偿数额进行调解。在调解过程中赔偿请求人对其诉讼请求可以行使放弃、变更权；赔偿义务人可以行使其自由裁量权，行政赔偿诉讼当事人各自享有的不同的权利，是确立调解制度的基础。但行政赔偿诉讼中的调解制度与民事诉讼中的调解制度仍有所区别：民事诉讼中的双方当事人对其财产一般都享有处分权，对其财产的处理有一定的随意性，因此，调解中受到的制约较少，只要双方自愿，都可行使放弃权、变更权。行政赔偿诉讼的当事人，只有一方即赔偿请求人享有处分权，而行政赔偿义务人只享有一定的自由裁量权，而自由裁量权是在法律规定的幅度内决定具体适用的方式、数额。这是因为行政赔偿义务人一般是国家机关，其赔偿经费是国家拨款，因此，赔偿义务机关无权对国家财产任意处分。由于上述原因，行政赔偿诉讼中的调解不是必经程序，也不强调着重调解。同时，行政赔偿诉讼的调解还必须坚持以下原则：

1. 必须坚持合法原则，不得损害国家和公共利益。赔偿义务主体不能为了"和平"解决纠纷，以牺牲国家和公共利益为代价，只能在法律规定的范围内行使其自由裁量权进行调解。

2. 必须坚持自愿原则。调解的基础是自愿，在不损害国家利益和公共利益的同时，也不能采取不正当的方式损害赔偿申请人的利益。

3. 要在查明事实，分清责任的基础上进行调解。调解必须以事实为根据，以法律为准绳，必须在证据充分、责任分明的基础上进行调解，这不仅是依法调解的需要，也有利于进行追偿。

上述原则要贯穿在行政赔偿诉讼调解的全过程中。坚持这些原则，人民法院负有重要的责任。因此，调解要在人民法院的主持下，依照法定程序进行。

（二）行政赔偿诉讼的举证责任

《行政诉讼法》对行政诉讼的举证责任作了明确的规定，即被告对作出的具体行政行为负有举证责任，而没有就行政赔偿诉讼的举证责任作出规定。但很显然，行政诉讼的举证责任是不能完全适用于行政赔偿诉讼的。同样，民事诉讼的举证责任也不能完全适用于行政赔偿诉讼。根据行政赔偿诉讼的特点，《行政赔偿规定》第32条和《行政诉讼法解释》第27条都对行政赔偿诉讼的举证责任规定了由当事人分担的原则，即原告在行政赔偿诉讼中对自己的主张承担举证责任，而被告有权提供不予赔偿或者减少赔偿数额方面的证据。在一并提起的行政并行政赔偿诉讼中，证实行政机关即赔偿义务主体具体行政行为是否合法应由行政机关负举证责任。就是说，无论是一并提出的行政赔偿诉讼，还是单独提起的行政赔偿诉讼，原告应在提出赔偿请求时提供证明因受被诉行为侵害而造成损失的事实根据和材料。证实损害事实的内容主要包括：赔偿义务机关的违法行为与损害事实之间的因果关系；损害事实的具体情况；损害所带来的后果以及请求赔偿的具体数额等。

二、行政赔偿诉讼案件的裁判

行政赔偿诉讼可以在提起行政诉讼时一并提起，也可以单独提起，还可以在进行行政诉讼过程中随时提出行政赔偿请求。不论是以何种方式提起的行政赔偿诉讼，人民法院对当事人提出的行政赔偿请求都可以进行调解，调解成立的，应当制作行政赔偿调解书。调解书除写明基本情况、事实根据外，还要写明达成协议的具体内容。与行政诉讼一并提起的行政赔偿案件，其调解书也要另行制作。调解不成的，应当就行政赔偿争议作出明确的裁判。人民法院对单独提起的行政赔偿案件所作出裁判的法律文书的名称为行政赔偿判决书和行政赔偿裁定书。

根据《行政赔偿规定》的有关规定，人民法院对赔偿请求人未经确认程序而直接提起行政赔偿诉讼的案件，在判决时应当对赔偿义务机关致害行为是否违法予以确认。赔偿请求人要求人民法院确认致害行为违法涉及的鉴定、勘验、审计等费用，由申请人预付，最后由败诉方承担。对于当事人提出的行政赔偿请求，人民法院应当认真进行审查，对当事人遭受的损害责任依法严格地进行认定。被诉的具体行政行为违法且给请求人造成实际损害的，应当判决被告依法承担赔偿责任。被告的具体行政行为违法但尚未对原告合法权益造成损害的，或者原告的请求没有事实根据或法律根据的，人民法院应当判决驳回原告的赔偿请求。对属于《国家赔偿法》第 5 条规定的下列情形之一的，国家不承担赔偿责任：

1. 行政机关工作人员实施的与行使职权无关的个人行为。行政机关工作人员的行为受其双重身份影响，分为职务行为和个人行为。实施与职权无关的涉及个人感情、利益等因素的行为，诸如一些民事行为、社交行为等，属于个人行为。有些行为明显是利用职务之便或利用其公务身份谋取私欲或泄私愤的行为，应认定为是个人行为。而在行政执法过程中滥用职权的行为，例如，工商管理人员挟私报复，吊销报复对象的个体户营业执照，虽然有许多个人因素在里边，但应认定其为职务行为。职务行为一般是在客观上具有行使职权特征的行为，如前述吊销营业执照的行为，显然是行使职权的行为。区分职务行为和个人行为在这里具有重要的意义，它关系到人民法院是否受理受害人提起的行政赔偿诉讼。对于因个人行为造成损害的，国家不负赔偿责任。

2. 公民、法人和其他组织自己的行为致使损害发生的。行政机关及其工作人员在行使职权时因为公民、法人和其他组织自己的行为给他们造成的损害，国家不承担赔偿责任。例如，受害人故意冒名顶替代人受过接受行政处罚；行为人不如实陈述事实导致行政机关作出错误决定等。

3. 法律规定的其他情形。

人民法院判决被告承担赔偿责任必须有具体的内容，如具体的赔偿方式、赔偿数额等。关于行政赔偿方式和有关赔偿数额的计算标准，《国家赔偿法》都作了具体规定。即使人民法院对行政赔偿争议进行调解，对于赔偿方式和赔偿数额的调解也应当依法进行。

根据《行政赔偿规定》的有关规定，人民法院审理单独起诉的第一审行政赔偿案件的期限为 3 个月，第二审为 2 个月；审理一并提起的行政赔偿案件的期限与审理该行政案件的期限相同。如因特殊情况不能按期审结，需要延长审限的，应当按照行政诉讼法的有关规定报请批准。

三、行政赔偿案件的执行

发生法律效力的行政赔偿判决、裁定和调解协议，当事人必须履行。当事人一方拒不履行的，另一方当事人可以在法定期限内申请人民法院强制执行。申请执行的期限，申请人是公民的为 1 年，申请人是法人或者其他组织的为 6 个月。